KB097313

돌봄의 사회학

당사자 주권의 복지사회로

돌봄의 사회학

우에노 지즈코 지음
조승미 · 이혜진 · 공영주 옮김

오월의봄

한국어판 서문

급속한 저출생, 고령화를 경험하고 있는 동아시아에서 고령자 돌봄 문제는 각국이 직면한 중대 과제이다. 일본에서는 2000년에 개호보험법이 시행된 바 있는데, 이 책은 개호보험 시행 이후 고령자 돌봄 현장의 경험적 연구와 이를 뒷받침한 이론적 근거를 논한 연구서이다.

복지 선진국 북유럽을 비롯해 서구권에서는 고령자 복지 부문을 포함해 '복지국가'를 지향해왔는데, 1980년대에 들어 복지국가의 위기론이 나오면서 복지다원사회에 대한 논의가 등장했다. 이 과정에서 일본에 개호보험이 도입되었다(1997년 제정, 2000년 시행). 개호보험제도는 초기에 독일과 영국 모델의 절충안이라고 이야기되었으나, 시행 후 세계 그 어디에도 없는 독자적인 제도가 되었다.

일본의 독자들에게는 개호보험제도가 널리 알려져서 이 책에서는 상세히 설명하지 않았다. 한국 독자들에게는 일본의 개호보험제도가 이해하기 어려울 수도 있는데, 이 제도를 모델 삼아 2008년부터 실시된 노인장기요양보험제도를 떠올리면 좋겠다. 요개호도별 5단계 구분[장기요양등급 판정], 이용료 상한선 설정[월

한도액], 시설에 들어갈지 집에서 돌봄을 택할지 선택할 수 있는 점 [재가급여, 시설급여], 본인 부담률[한국의 경우 재가급여 이용자는 장기요양급여 비용의 15%, 시설급여 이용자는 20%, 일본은 재가급여·시설급여 일률 10%]을 보면, 일본의 개호보험이 좀 더 촘촘하게 설계되어 있으나 큰 틀에서 노인장기요양보험은 개호보험을 따랐다. 제도 자체에 대한 비교연구는 연구자의 논문 등을 참고해보면 좋겠다.

개호보험이 일본 사회에 끼친 가장 큰 변화는 무엇보다 돌봄은 가족만의 책임이 아니라고 보는 국민적 합의가 성립되었다는 것이다. 이를 나는 '가족혁명'이라 부르고 있다. 가족주의가 굳건한 아시아에서는 육아도 고령자 돌봄도 실상 100% 가족 책임으로 귀결되어왔고, 이런 상황에서 개호보험은 '돌봄의 사회화'의 첫걸음에 지나지 않는다. 그러나 적어도 돌봄의 부담을 일부나마 공적 책임으로 인정하는 제도가 성립되었고, 사회보험인 개호보험의 강제 가입 요건은 눈 깜짝할 새 이용자의 권리의식을 고양했다.

사회보험은 사회연대를 통한 리스크 및 부담의 재분배에 대해 국민적 합의가 성립했다는 것을 뜻한다. 미국과 같이 계층격차가 너무 커서 평균이 의미가 없는 곳은 사회연대에 대한 합의를 이루기 어렵다. 그래서 미국에는 공적인 건강보험이 없고 더욱이 개호보험제도의 성립은 기대할 수조차 없다. 1990년대 일본에서 개호보험, 2000년대 한국에서 노인장기요양보험이 성립된 것은 아직 우리가 사회연대를 유지하는 사회에 살고 있다는 증거다.

개호보험법이 시행된 지 24년이 흘렀다. 초창기 4조 엔 규모였던 일본의 개호보험 시장은 20년이 지나자 14조 엔으로 확대되었고, 그동안 돌봄 현장은 눈에 띄게 성장했다. 관료의 계획에는 없던 자생적 돌봄사업들이 시민사회에서 생성되어 발전해왔으며, 그사이 정부는 시민사회의 돌봄사업을 개호보험에 포함시켰다. 이 중에는 '돌봄이 필요한 사람은 누구도 거절하지 않는 방식'으로 아이, 장애인, 고령자를 가리지 않고 받아들이는 '(민가 활용형) 소규모 다기능 공생 지역밀착 서비스', 또 내 집과 같은 분위기에서 임종을 맞이할 수 있는 '홈 호스피스'와 같은 시민사업체의 사례 등이 있다. 이는 당장 해결이 필요한 이용자들의 '니즈'에 응답한 시민사업체의 뜻깊은 시도이며, 개호보험제도는 이 시민사업체의 의지와 활동을 '먹고살 수 있는 일거리'로 바꾸었다. 이것이 이 책에서 내가 '사私'(가족)도 '민民'(시장)도 '관官'(정부)도 아닌 '협協'(시민사회) 부문에 기대했던 이유이며, 시민사업체의 돌봄 현장을 찾아다닌 성과이기도 하다.

또 일본 역사상 최초의 경험인 개호보험이 지난 24년간 시행되면서, 돌봄 현장의 경험은 더욱 풍부해지고 스킬이 상승했으며 인재가 양성되었다. 개호보험이 시작될 때는 불가능했던 고령자 1인 가구의 재택 돌봄도 이제 가능하다는 점을 확실히 이야기할 수 있게 되었다.

복지 선진국에 비해 일본의 고령자 돌봄 예산과 인적 자원의 투입량은 적은 편이지만, 돌봄의 질은 뒤지지 않는다는 점을 나는 돌봄 현장을 다니면서 실감하고 있다. 지난 24년간 개호보험의 감시자로서 나는 돌봄 현장이 확실히 진화했다고 증언할 수 있다. 시민사회의 경험 축적은 사회의 큰 자산이다.

그런데도 돌봄노동자에 대한 낮은 처우는 계속되고 있으며 이는 돌봄노동을 깎아내리는 돌봄노동관을 반영한다. 지금껏 정책 설계자들은 돌봄이 아무나 할 수 있는 비숙련 노동이며 더욱이 '여자가 집에서 해오던 공짜 노동'이라고 여겨왔다. 돌봄노동의 싼 임금은 여태껏 정책 설계자들이 돌봄을 받는 고령자의 처우가 그만하면 족하다고 생각하고 있다는 점을 말해준다. '쓸모없어진 노인은 사회의 짐'이라고 보는 노인차별 의식이 그 뒤에 숨어 있다. 성차별과 연령차별이 겹치는 영역이 바로 돌봄에서 드러난다.

2000년대 이후 격차를 심화해온 신자유주의 노선으로 인해 개호보험은 다시 재가족화와 시장화의 위기를 맞이하고 있다. '돌봄의 사회화'의 첫걸음은 두 번째, 세 번째 걸음으로 나아가지 못하고 있는데, 그 어떤 제도도 권리도 우리의 손에 저절로 들어오지는 않는다. 우리가 요구하던 것과는 다른 것이 주어지는 수도 있다. 이미 우리가 쟁취했다고 생각한 제도나 권리조차 방심하고 있는 사이에 앗아갈 수 있다. 24년째에 들어선 일본의 개호보험은 요즘 위기를 맞이하고 있다.

비슷한 사회적 배경에서 일본의 고령화를 목격한 한국의 독자들에게 일본의 경험은 남의 일이 아닐 것이다. 이 경험에서 배워야 할 것은 배우고 단점을 뛰어넘어 한국사회에 알맞은 고유한 돌봄문화를 만들어야 한다. 그 책임은 이 책을 읽는 독자 여러분에게 있다.

2024년 봄

우에노 지즈코

차례

일러두기 및 용어 설명

1. **케어**care: 일본에서는 외래어 'care'를 번역하지 않고 발음 그대로 '케어'라고 한다. 이 책에서는 특별한 경우(용어 '유니트 케어', 책 제목 등은 '케어'를 그대로 씀)가 아니면 '케어'를 '돌봄'으로 옮겼다.
2. **개호**介護: '타인을 돕는다'는 뜻의 '개介', '지켜준다'는 뜻의 '호護'를 합한 조어로 '고령자 돌봄'을 의미한다. 최근에는 '장애인 돌봄'을 가리키는 말로도 폭넓게 쓰이고 있다. 개호보험법에서 '개호'란 보행, 배설, 식사, 입욕 등 일상생활에 필요한 편의를 제공하는 일을 뜻한다. 이 책에서 개호보험상의 용어가 아닌 경우 '돌봄' '고령자 돌봄'으로 옮겼다.
3. **개호보험**: 일본의 고령화에 따라 1997년 제정, 2000년 시행된 일본의 노인장기요양보험. 65세 이상, 특정 질환을 앓는 40~64세의 요개호자가 피보험자이며, 보험료는 연금과 건강보험에서 공제된다. 여기에 더해 국가와 지자체에서 재원을 지원한다. 이용료 가운데 본인 부담금은 10%이다.
4. **요개호도**要介護度: 일본의 장기요양등급으로 '요지원'은 일상생활은 가능하나 목욕 등 일부 도움이 필요한 상태, '요개호도 1'은 보행, 기립 등이 불안정하고 목욕과 배설 등에서 일부 도움이 필요한 상태, '요개호도 2'는 보행, 기립 등이 불가능하며 목욕과 배설에 도움이 필요한 상태, '요개호도 3'은 입욕, 배설, 의복 입고 벗기 등에 전면적인 도움이 필요한 상태, '요개호도 4'는 식사와 목욕, 배설, 의복 입고 벗기 등 일상생활에 전면적인 도움이 필요한 상태, '요개호도 5'는 의사를 전달하기 어려워 전면적인 도움이 필요한 상태를 말한다.
5. **개호자**介護者, **피개호자**被介護者, **요개호자**要介護者: '개호자'는 일상생활에서 도움이 필요한 이들을 지원하는 이, '피개호자'는 개호·개호서비스를 받는 이를

말한다. '요개호자'는 개호보험의 개호서비스를 받을 필요가 있다고 인정된 사람이다.

6. **개호서비스**: 개호보험상의 서비스. 이용자가 집에서 서비스를 받는 방문개호와 시설에서 서비스를 받는 시설 서비스로 나뉜다.

- 방문개호訪問介護: 개호보험의 이용자가 집에서 생활하며 받는 서비스로 '재택개호' '재택지원' '재택서비스'라고도 한다. 크게 '신체개호身體介護'와 '생활원조生活援助' 서비스가 있다. '신체개호'는 식사, 입욕, 배설, 옷 갈아입기, 체위 변경, 이동 등의 도움을 주는 서비스이고, '생활원조'는 조리, 청소, 세탁, 장보기 등의 도움을 준다. '생활원조'는 개호보험 시행 초기에 '가사원조家事援助'라고 불렸다.
- 거택개호居宅介護: 집에서 생활하면서 받을 수 있는 서비스. 방문개호, 집과 시설을 오가는 데이서비스, 쇼트스테이 등을 다 포함한다. 장애인종합지원법에서는 장애인 이용자에 대한 방문개호(신체개호, 생활원조, 이동 지원 등)를 일컫는 용어이다. '거택서비스'라고도 한다.
- 데이서비스day service: 주간보호서비스. 개호보험법상에서는 '통소개호通所介護'라고 한다. 평일(9~4시)에 이용자가 집에서 시설에 다니면서 식사(점심), 입욕, 배설 등 신체원조를 받고 체온, 혈압, 맥박 측정, 체조, 레크리에이션 등 신체기능 유지나 향상의 도움을 받는다.
- 쇼트스테이short stay: 단기보호서비스. 개호보험법상에서는 '단기입소'라고 한다. 일시적으로(1일에서 30일간) 숙박을 하며 서비스를 받는다. 특별양호노인홈 등과 같은 장기요양시설이나 데이서비스 시설에서 이용할 수 있다.
- 케어매니저care manager: 개호보험을 이용하려는 이와 상담해 케어 플랜(개호서비스계획서)을 작성하고, 서비스 제공 현황을 모니터링하는 이. 개호보험법상에서는 '개호지원전문원'이라고 한다. 사업자의 부정 청구를 감시하는 역할도 하는데, 보통 지자체나 개호 시설 소속이나, 거택개호 사업소에서 위탁을 받아 프리랜서로 일하는 경우도 있다. 한국의 노인장기요양보험에는 없는 제도이다.
- 케어 워커care worker: 고령자를 돌보는 돌봄노동자에 대한 일반적인 일본어 통칭은 '헬퍼(홈헬퍼)' '개호복지사(개호사)'이다. 문어체나 학술용어로는 '케어 워커' '워커' '케어 노동자' '개호노동자'라고 한다. 이 책에서 돌봄노동자와 혼용하여 번역했다.

- 홈헬프home help: 개호보험의 방문개호서비스를 말한다.
- 헬퍼helper: 방문개호서비스를 하는 이. 개호보험법상으로는 '방문 개호원'이라고 하며, '홈헬퍼' '개호 헬퍼'라고도 한다. 고령자나 장애인의 자택을 방문해 신체개호, 생활원조 서비스를 한다. 한국의 요양보호사와 마찬가지로, 일정 시간 이상(주 20시간 이상) 근무하면 사회보험(고용·산재·연금·건강)이 적용된다. 한국의 경우 고령자 돌봄은 '요양보호사', 장애인 돌봄은 '활동지원사'(활동보조인)라고 하나, 일본에서는 구분 없이 '헬퍼'라고 통칭한다.
- 개호복지사: 개호복지사 자격증을 소유한 사람들로 주로 시설에서 근무하는 이들을 일컫는다. 일반적으로 '헬퍼'로 통칭한다.
- 특별양호노인홈: 개호보험제도로 운영하는 공적 장기요양시설. 지자체가 보조금을 내서 건축하고, 사회복지법인이나 지자체의 공공단체가 운영하며, 유니트 케어를 갖춘 곳이 많다. 한국의 국공립 요양시설(장기요양기관)처럼 일본에도 입소 대기자 수가 많은데, 2014년 개호보험이 개정된 후 기존의 '요개호도 1' 이상에서 '요개호도 3' 이상 중증 고령자로 입소 자격을 좁히면서 대기자가 줄어들었다.
- 소규모 다기능형 거택개호: 고령자, 아동, 장애인을 구분하지 않고 거택개호서비스를 제공하는 소규모 시설.
- 유니트 케어unit care: 개인실(1인실)을 갖추고, 6~8개의 개인실을 한 유니트로 해서 돌보는 방식. 한 유니트에 거실과 주방, 화장실, 목욕시설 등이 제공된다.

7. **워커즈콜렉티브**workers' collective: 참가자 전원이 출자자이며 노동자 겸 경영자인 비영리·협동 시민사업체. 1980년대에 일본 각 지역에서 생협을 모체로 결성되었다. 구성원 전체가 출자액에 상관없이 1인 1표의 의결권을 갖고, 노동의 대가를 함께 논의해 분배한다.
   - 복지 워커즈콜렉티브: 지역사회에서 필요한 복지사업을 하는 워커즈콜렉티브. 방문개호, 장애인 이동 지원, 육아 지원, 방과 후 데이서비스(아동 지원), 소규모 다기능형 거택개호 등의 활동을 한다.
8. 본문에 옮긴이가 붙인 각주는 '-옮긴이'로 표기했다.
9. 본문에 옮긴이가 덧붙인 내용은 '[ ]'로 묶어 표시했다.

서문

돌봄, 공조의 사상과 실천

대지진이 지나고

대지진[1]을 겪은 지 얼마 지나지 않아 이 책을 출간하니 감회가 새롭다.

동일본 대지진에서 재해를 당한 이들이 전부 얼마나 될지 아직 밝혀지지 않았으나 사망자와 실종자는 2만 명을 넘을 것으로 예측된다. 2011년 4월 17일 현재 알려진 사망자만 해도 1만 3802명인데, 그중 약 65%가 노인이다. 지진, 해일, 화재 속에서 겨우 목숨을 건져 피난소로 대피했지만 노인들은 차례로 목숨을 잃었다.[2]

---

1 2011년 3월 11일 일본의 동북 지방에서 발생한 강도 9.0의 지진. 지진 후 해일로 큰 인명 피해가 있었으며, 해일의 여파로 비상전원 공급 장치의 전력이 끊긴 후쿠시마 원자력발전소에서도 폭발 사고가 일어났다.-옮긴이

2 재해로 겪은 정신적 스트레스, 낯선 피난소 생활로 인해 노인들이 갑작스러운 심근경색, 폐렴 증상 등으로 하나둘 목숨을 잃었다.-옮긴이

비상사태에 노인은 약자가 된다. 장애인, 환자, 아이, 여자도 마찬가지다. 그리고 약자의 취약성은 비상시에 더 드러난다. 강자 혹은 비상시를 미리 대비한 사람, 정보가 충분하거나 기지를 발휘한 사람은 목숨을 건지겠지만, 1995년 고베 대지진에서 그랬듯 이번 동일본 대지진에서도 아이를 데리러 집으로 돌아간 부모들, 연로한 부모를 데리고 나오려 집으로 돌아간 자식들은 화염이나 해일에 휩싸였다.

이번 대지진에서 가장 인상적인 장면은 입원해서 움직일 수 없는 환자들을 데리고 필사적으로 안전한 장소로 이동한 병원의 직원들, 휠체어를 타는 노인들을 업고서 옥상으로 이동한 고령자 시설의 직원들이었다. 그러다가 목숨을 잃은 사람도 있었다. 이 이야기는 미담으로 보도되었는데, 인명의 경중을 따지는 식의 보도는 나오지 않았다. 일각에서는 자연재해가 일어나는 비상 상황에서 인간이 저절로 강자와 약자로 나뉘고, 약자는 얼마든지 도태될 수 있다고 한다. 그간 노인이나 장애인의 돌봄을 논하는 자리에서 나는 이런 야만적인 선택에 관한 주장을 수도 없이 들었다. 지금도 이런 관점은 어딘가에 숨어 있을 수 있으나, 적어도 이번 대지진 때 이런 논조의 보도는 나오지 않았다.

요즘에는 전문직 종사자들의 직업윤리가 높아서 이런 미담이 나온다고들 한다. 의사나 간호사, 돌봄노동자와 같은 이들이 소방관처럼 자기 목숨을 걸고 직업적 사명을 완수하려 했다는 것이다.

여기에 덧붙이고 싶은 사실은, 일본에서 개호보험介護保険이 시행된 후 10여 년 남짓한 기간에 노인의 목숨과 삶을 지키는 것을 직업적 사명으로 삼은 사람들이 크게 늘었다는 점이다. 이런 직업에 종사하는 이들을 응원하는 국민적 합의도 형성되어왔다. 이번에 재해를 입은 지역에서는 노인을 먼저 배려했는데, 만일 개호보험이 시행되기 전이었더라면 상황은 달랐을 듯싶다. 이번 대지진이 개호보험 실시 후에 일어났다는 점을 다행이라고 여겨야 할지도 모르겠다. 대지진이 일어나기 전에 개호보험이 만들어진 것이 일종의 구원이라고 할 수 있지 않을까? 재해 상황에서 약자를 배려하는 태도는 성숙한 문명의 증거라고 할 수 있을 것이다.

돌봄을 주제로 삼다(1부)

개호보험제도가 생기지 않았더라면, 나는 이 책을 쓰지 못했을 것이다.

개호보험에 의해 역사상 처음으로 '요개호要介護 고령자'가 탄생했고 '개호서비스'라는 준시장 서비스 상품이 등장했다. 또 '개호介護'를 직업으로 하는 이들이 일본 전국에서 300만 명 이상 등장했으며, 연간 약 8조 엔 규모의 개호서비스 상품 시장도 생겨났다. 말하자면, 개호에 관한 연구 대상, 즉 정책과 제도, 사업자와 노동자, 이용자와 그 가족, 현장의 다양한 실천 등이 나타났기 때문에 나는 이 책을 쓸 수 있었다.

어떤 이론이든 연구든 현실의 변화를 뒤쫓게 마련이다. 나는 현실의 변화에 따라 개호보험법 시행 직전에 이 분야의 연구에 뛰어들었다. 나 자신이 나이 들기 시작하는 등 개인적 변화도 있었는데, 이런 시기에 연구자로서 고령자 돌봄을 둘러싼 사회사적 변화에 보조를 맞출 수 있었던 것을 다행스럽게 생각한다.

이 책의 주요한 연구 주제는 '고령자 돌봄介護'이다. 여기서 나는 '고령자 돌봄'의 상위 개념으로 '돌봄care' 개념을 택했다. 여태까지 주로 육아에서만 한정적으로 써온 '돌봄'이라는 개념을 육아, 개호, 장애인 돌봄, 간병, 배려 등을 아우르는 상위 개념으로 확장해 재정의함으로써, 가사와 육아에서 전형적으로 드러난 '부불不拂노동'(요즘은 재생산노동이라고 한다) 영역에 관한 이론을 다른 영역에도 모두 적용할 수 있기 때문이다.

이런 이론화 작업을 위해 몇 가지 과정을 거쳐야 했다.

1부에서는 먼저 이 책의 전제가 될 이론적 입장을 제시했다.

1장에서는 연구 대상의 영역을 확정했다. 여기에서 나는 '돌봄'이란 역사적으로 구축된 개념이라는 점을 밝혔다. 돌봄 개념은 자칫하면 무한정 확대하기 쉽다. 가령 돌봄이란 말은 '타자에 대한 배려'나 '보살핌, 챙김' 등으로도 확장되는데, 심지어 '자기에 대한 돌봄'이라는 말도 쓰인다. 1장에서는 돌봄 개념이 그간의 연구에서 어떻게 쓰여왔는지 살피면서, 애초에 육아에 한정해서 말하던 돌봄 개념이 어떻게 개호, 간호, 장애인 돌봄 등으로 확장되고 해석되는지 그 과정을 검토했다. 또 일본에서 돌봄이란 말이 왜 '케어care'로 보급, 정착되었는지도 살폈다.

이 책에서는 돌봄에 관한 메리 데일리의 정의를 따른다.

> 의존적 존재인 성인 또는 아이의 신체적이며 정서적인 요구를, 그것이 수행되는 규범적, 경제적, 사회적 구조상에서 충족시키는 것에 관여된 행위와 관계. (Daly 2001: 37)

이렇게 돌봄을 정의하는 순간, 이 책의 이론적 입장은 분명해진다.

첫째, 돌봄을 복수의 행위자가 관여하는 상호행위, 상호관계로 파악한다. 따라서 돌봄은 사회학적인 연구 주제가 될 수 있다. 사회학이란 행위에 대한 연구다. 행위란 사회적 행위, 즉 상호행위이자 개인과 개인 간의 현상interpersonal phenomena이다.

둘째, '의존적 존재'를 1차적인 니즈needs의 원천으로 삼음으로써 '당사자 주권'의 입장을 확실히 한다. 당사자 주권에 대해서는 3장에서 상세히 논했다.

셋째, 돌봄을 '타인에게 이전 가능한 행위'이자 노동으로 파악한다. 여기서는 생존에 관한 여러 행위 가운데 '타인에 의해 대체 불가능한 생명 유지 활동'과 '타인에게 이전 가능한 생명 유지·재생산 활동'을 구별하고, 부불노동론에서 나온 '가사노동의 제3자 기준third party criterion'을 적용한다. 이로써 돌봄에 대해 여태까지 축적되어온 부불노동 이론, 나아가 이후 전개된 재생산노동 이론을 모두 적용할 수 있다.

2장에서는 돌봄 연구 중에서도 가장 먼저 연구된 돌봄에 대한 윤리를 검토했다. 사회학도 규범 이론으로부터 자유로울 수 없다. 또 앞에서 제시한 돌봄의 정의와 마찬가지로 돌봄이 일어나는 맥락을 보면 돌봄에는 규범적, 경제적, 사회적 구조가 관여한다. 이에 돌봄에 관한 규범 이론을 비판적으로 검토함으로써 이러한 이론에 젠더 편향gender bias이 있다는 점을 분명히 밝혔다. 일본은 물론 영미권에서도 돌봄에 관한 이론이 전개될 때 젠더 편향이 반복해서 일어나고 있다.

원래 부불노동 이론은 여성이 가정에서 행하는 가사, 육아, 고령자 돌봄 등의 노동에 대해 기존 경제학이 '젠더 몰이해gender-blind'(젠더를 인식하지 않는 것) 관점인 것에서 시작됐다. 돌봄은 주로 여성이 행하는 보이지 않는 노동인데, 돌봄을 주제로 한 논의에서 젠더를 빼는 것, 마치 돌봄에 여성의 관여가 없는 듯 여기는 것 또한 젠더 몰이해 입장으로 비판받아야 한다.

이 책에서 나는 '돌봄의 윤리'로 상징되는 돌봄에 관한 규범 이론에 대해 다음과 같은 두 가지 입장을 제시했다.

첫째, 돌봄은 언제나 '좋은 것'이라고 할 수 없다. 돌봄이 양의적이라는 점을 잊어서는 안 된다. 우리는 돌봄을 좋은 것으로만 여기기 쉽다. 그러나 돌봄은 돌봄을 하는 쪽에서도, 받는 쪽에서도 될 수 있으면 '피하고 싶은 부담, 무거운 짐, 성가신 것'일 수 있다. 둘째, 이 책은 돌봄이 돌봄을 하는 쪽과 받는 쪽의 상호행위라는 점을 전제로, 다음과 같은 네 가지 권리로부터 돌봄 개념을 구성해 '돌봄의 인권human rights to care'이라는 접근 방식을 채택했다. 여기에서도 돌봄은 고마운 것일 수도, 고맙지 않은 것일 수도 있으므로 양의적이다. 네 가지 권리란 다음과 같다.

① 돌봄을 할 권리.
② 돌봄을 받을 권리.
③ 돌봄을 하라고 강요당하지 않을 권리.
④ (부적절한) 돌봄을 받으라고 강요당하지 않을 권리.

따라서 '좋은 돌봄'이란, 돌봄을 받는 이와 돌봄을 하는 이가 모두 만족해야 한다. 이에 대해서는 복지경영을 다룬 10장에서 논의했다.

덧붙여 이 책에서 핵심적이면서도 일종의 규범이라 할 수 있는 나의 입장은 3장의 '당사자 주권'에 대한 논의다. 나는 돌봄을 정의할 때, 복수의 행위자에 의한 상호행위성을 전제로 삼는다. 이때 상호행위의 비대칭성은 아무리 강조해도 지나치지 않는다. 돌봄은 니즈가 있는 곳에서 발생한다. 이 순서를 거꾸로 파악하면 안 된다. 니즈는 사회적으로 구축된다. 돌봄을 받는 쪽이나 주는 쪽 또는 그 쌍방이 인식하지 않는 한 돌봄은 성립되지 않는다. 또 니즈의 귀속처를 '당사자'라고 하는데, 그 니즈에 대한 주체화 과정이 성립된 것을 '당사자 주권'이라고 한다.

돌봄은 자연현상과 다르다. 니즈('필요'라고도 할 수 있다)가 인식되지 않는 한 저절로 충족되지 않는다. 갓난아이조차도 울거나 몸을 통해 니즈를 표출하고 이를 양육자가 인식하는 과정을 통해 상호행위가 성립한다. 모성애가 자연스러운 것도, 본능적인 것도 아니라는 점이 밝혀진 오늘날, 갓난아기의 어떤 니즈에는 대응하며 또 어떤 니즈에는 대응하지 않을까 하는 물음 또한 문화와 역사에 따라 변한다. 즉, 사회적으로 구축되는 질문인 것이다.

돌봄을 받는 이와 제공하는 이의 관계는 비대칭적이다. 상호행위로서 돌봄을 살피면, 돌봄을 주는 쪽은 줄 수도 주지 않을 수도 있지만, 받는 쪽은 그렇지 못하기 때문이다. 이 비대칭적 관계는 권력관계로 쉽게 바뀔 수 있다. 반대로 돌봄에 선행하는 권력관계가 돌봄의 관계에 겹칠 수도 있다. 가족의 지배·종속관계, 젠더, 계급, 인종 등 갖가지 사회적 속성이 돌봄이 일어나는 상황에 관여한다. 그리고 착취나 강제, 억압이나 차별이 생길 수 있다. 따라서 이러한 돌봄관계의 비대칭성이라는 사회적 맥락에서 돌봄을 하는 쪽도 받는 쪽도 돌봄의 억압성을 문제화할 필요가 있다.

돌봄의 상호행위성은 돌봄을 하는 쪽, 받는 쪽 쌍방이 돌봄의 '당사자'인 점을 상정한다. 그러나 이 경우에도 돌봄을 하는 쪽과 받는 쪽의 비대칭적 관계가 관여하므로, 돌봄을 받는 쪽이 1차적 니즈의 '당사자'여야 한다. 이 점은 반복해서 강조한다.

당사자가 니즈의 귀속처라고 할 때, 나는 이 책에서 후생경제학자 아마르티아 센의 역량capability 접근법[3]을 방법론으로 채택했다. 역량 접근법을 통해 우리는 돌봄을 받는 당사자의 니즈를 주관적이면서도 객관적으로 측정하고, 비교할 수 있다. 돌봄을 하던 이가 돌봄관계를 벗어나더라도, 돌봄을 받는 쪽의 니즈는 사라지지 않는다. 돌봄을 하는 쪽의 니즈는 돌봄관계에 놓임으로써 발생하는 2차적인 것이고, 이 관계를 떠나면 없어지는 것이다.

나는 돌봄이라는 상호행위에 관여하는 다양한 행위자 전부를 당사자로 파악하지는 않는다. 그 대신, 1차적인 니즈의 귀속처와 그 외의 행위 요소를 구별한다. 이렇게 함으로써 이론적으로도 실천적으로도 '당사자' 개념이 그저 확대, 팽창하는 사태를 막을 필요가 있다.

---

3 재화나 서비스의 공정한 분배를 두고 역량의 관점으로 접근해 살피는 아마르티아 센의 방법론. 여기서 역량(잠재 능력)이란 선택지(기회)의 집합을 포함하는 개념으로, 선택지가 적은 사람은 역량이 박탈된 상태라고 볼 수 있으므로 그에게 더 많은 재화나 서비스의 분배가 이뤄져야 한다. 저자는 3장에서 아마르티아 센의 역량 접근법을 통해 돌봄을 받는 쪽의 니즈와 관련한 당사자성에 대해 상세히 논한다.-옮긴이

좋은 돌봄이란 무엇인가(2부)

2부에서는 고령자 돌봄으로 주제를 한정해 깊게 이론적으로 고찰했다.

4장의 제목이기도 한 '돌봄에 근거는 있는가'는 두려운 질문이다. '육아'에는 근거가 있는데 '고령자 돌봄'에도 근거가 있느냐는 질문이다. 육아에 한정적으로 쓰인 '돌봄'을 상위 개념으로 삼고 확장해 해석할 때, '재생산노동' 개념을 재정의해야 한다. 4장에서는 사회학자 오오카 요리미쓰의 비판을 인용했는데, 나 자신을 포함해 돌봄 연구를 하는 이들은 이론적 검토를 빠뜨린 채 돌봄을 확장해 해석해왔다. 이는 일본어권도 그렇지만 영어권 역시 마찬가지다. 4장에서 나는 《가부장제와 자본주의》에서 출발해 이 책 《돌봄의 사회학》으로 전개해온 나의 이론적 계보를 스스로 비판적으로 검증했다. 이 과정에서 여태까지 나의 이론화 작업에 국가라는 요소가 부재했다는 점을 알게 되었다.

고령자 복지를 염두에 두면, 그 고찰 대상으로 재분배제도를 살필 수밖에 없다. 또 근대사회에서 강제력 있는 재분배제도는 국가 외에는 없다. '재생산' 비용을 재분배하는 제도가 사회복지인데, 이때 무엇이 '재생산'에 해당하는지 또한 사회적으로 구성된다. 재생산 영역의 확대에 따라 '돌봄'을 확장해서 해석해온 나를 포함한 연구자들은 현실의 변화에 따라 이론 연구를 해왔다. 학문을 하는 사람으로서 학문이 현실의 변화를 선도한다기보다 단지 따르는 것에 불과했다는 점은 면목 없는 일이나, 그래도 현실의 변화를 따라가는 편이 그렇지 않은 편보다는 훨씬 나을 것이다.

역사적으로 보면, 오늘날 복지국가로 알려진 국가들에서는 재생산 비용 중 고령자 부양 비용의 재분배, 즉 연금제도가 육아 비용의 재분배보다 먼저 시작되었다. 이는 납세자들이 일찍이 고령자 부양 비용을 '탈가족화'(요스타 에스핑 안데르센의 용어)하는 데 합의했다는 것을 뜻한다. 그것을 단지 재생산 비용이라고 부르지 않았을 뿐이다. 따라서 고령자 복지가 '재생산'에 포함되지 않은 이유는 다음과 같다고 볼 수 있다. 가족에 존재하나 보이지 않는 비용인 부불노동의 주요 대상이 육아에 집중된 역사적 현실이 지금까지 돌봄에 관한 연구에도 반영된 것이다. 그런데 부양뿐만 아니라 고령자 돌봄도 '보이지 않는 노동', 더욱이 핵가족 이데올로기에서는 존재하더라도 '인식되지 못하는 노동'이었다. 이 노동이 유럽 사회에서 비로소 가시화된 것이다. 초고령사회가 도래함에 따라 고령자에 대한 경제적 부양 이상으로 돌봄에 대한 부담이 가시화되었다는 점도 있다. 문명사회에서 고령자 돌봄 기간이 길어지게 된 것이다. 그런데 여기서 발생한 비용을 '탈가족화'할지 말지에 대한 국민적 합의가 성립되어야 했다.

이렇게 생각하다보면, 5장의 제목이기도 한 '가족 돌봄은 당연한 것인가'와 같은 물음이 저절로 떠오른다. 5장에서 나는 '가족 돌봄의 신화'를 비판했다. 여기서 '신화'라고 부르는 것은 '근거가 없는 신념의 집합'을 일컫는다. 5장에서 나는 비판적 검토를 통해 '옛날에는 좋았는데' '옛날에는 가족이 서로 잘 돌봤다'고 하는 향수에 젖은 담론이 근거가 없다는 점을 짚었다. 돌봄 문제 전문가들은 이미 가족 돌봄이 '신화'에 불과하다는 점을 공통적으로 이해하고 있다. 거꾸로 '가족 돌봄'이야말로 극히 근대적인 문제로 등장했다고도 할 수 있다.

6장과 7장에서는 상호행위인 돌봄의 주체 각각의 시점에서 '돌봄'과 그 경험을 살폈다. '돌봄'에 대해 많이들 이야기하지만, 사실 우리는 돌봄을 주는 쪽과 받는 쪽에게 돌봄이 어떤 경험인지 잘 모른다. 돌봄을 주는 쪽에게는 서비스의 제공이며, 받는 쪽에게는 니즈의 충족이다. 따라서 돌봄관계란 서비스와 니즈의 교환이라고 바꿔 말할 수도 있다. 니즈 충족은 제3자로 대체할 수 없지만, 서비스 제공은 제3자로 대체할 수 있다. 바로 이 점이 돌봄이 노동인 근거다. 돌봄관계를 "대체할 수 없는" 인격적 관계로 보는 것을 거부하는 입장(Himmelweit 1995=1996)도 있는데, 6장에서 이를 비판적으로 검토한다.

돌봄을 노동으로 정의할 때, 비로소 다른 노동과 돌봄을 비교할 수 있다. '부불노동' 이론이 가장 크게 공헌한 점은 '여자가 가정에서 하는 일'을 '노동'으로 정의함으로써 다른 모든 노동과 비교할 수 있는 공약가능성commensurability[4]을 획득한 점이다. 그 결과 노동으로서 돌봄의 가치를 다른 노동과 비교할 수 있게 되었고 그 교환가치, 즉 시장가격을 논할 수 있게 되었다. 이 책에서 나는 돌봄노동의 다양한 실천 현장을 살폈는데, 어떠한 계산 방식을 택하더라도 '돌봄노동'의 가격이 서비스 노동 가운데 낮은 평가를 받고 있다는 점을 썼다. 이 과정을 검토하면 "왜 돌봄노동의 가격은 싼가?"라는 거대한 물음이 드러난다.

---

4 사회학에서 서로 다른 패러다임에 속한 가치들을 비교할 수 있는지 가능성을 따져보는 것. 예컨대 자유와 평등은 그 가치가 서로 공약 불가능하다. 공약가능하다는 것은 비교할 수 있는 공통의 척도나 기준이 있는 것을 말한다.-옮긴이

7장에서는 '돌봄이란 어떤 노동인가?' 하는 질문만큼이나 이야기된 바 없는 주제를 다뤘다. 여태까지 돌봄에 관한 이론에서는 강력한 온정주의paternalism가 활개 쳐왔기 때문에, 돌봄을 받는 쪽은 수혜 대상이긴 했어도 권리의 주체가 되지는 못했다. 반면 당사자 주권 입장에서는 돌봄을 받는 쪽의 니즈 충족이란 어떤 경험인지를 밝혀왔다. 그리고 여기서 우리는 돌봄을 받는 쪽의 침묵, 즉 돌봄을 제공하는 쪽이 돌봄을 받는 쪽의 목소리를 듣지 못해온 현실과 만나게 된다.

돌봄을 받는 쪽의 주장은 그리 많지 않지만, 찾아보면 '돌봄받기의 프로'(小山内美智子 1997)로서 장애인이 주장해온 바가 있다. 돌봄을 받는 경험은 자신의 신체를 타자에게 맡기는 마치 도박과도 같은 행위이며, 잘될 수도 있지만 그렇지 않을 수도 있다. 또 돌봄이 필요한 당사자조차, 그에게 돌봄은 될 수 있으면 피하고 싶은 행위이기도 하다. 그런데 데이터를 보면, 장애인은 비교적 리스크를 무릅쓰고서 자신의 니즈를 표출해온 데 비해, 일본의 고령자는 니즈의 주체인 '당사자가 되지 못했다'는 점을 분명히 알 수 있다.

8장에서는 당사자 주권의 입장을 더 깊게 논의한다. 이 입장에서 돌봄의 질이란, 돌봄을 받는 쪽의 판정에 따를 수밖에 없다. 당사자 주권이란, 돌봄을 받는 당사자들이 무엇이 필요한지를 놓고 전문가나 제3자가 판정하는 온정주의에 가장 대항하는 입장이다. 따라서 '좋은 돌봄'의 기준이란 다음과 같다. 집단 돌봄이 아닌 개별 돌봄, 시설 돌봄이 아닌 재택 돌봄, 시설 내 다인실 돌봄이 아닌 개인실 돌봄이다. 총체적으로 말하자면, 당사자의 개별성에 대응하는 돌봄, 니즈가 있는 당사자를 중시하는 돌봄이 좋은 돌봄이라고 할 수 있다. 인지증認知症[5] 고령자의 돌봄에서는 '인간 중심 케어person-centered'[6]라는 관점이 나왔는데, 이런 당사자 중심의 개별성에 대한 요구가 딱히 인지증 고령자의 돌봄 영역에만 한정된 것은 아니다.

개별 돌봄의 이념에서 보자면, 집단 돌봄이나 시설 돌봄은 그 한계가 분명하다. 하지만 단지 재택 돌봄이라든지 개인실이 있는 돌봄이라고 해서, 좋은 돌봄을 보장하는 것도 아니다. 재택이나 개인실과 같은 것은 하드[물리적 공간] 조건에 불과하며, 필요조건이긴 해도 충분조건은 아니다. 오늘날 개별 돌봄에서는 주택[하드]과 서비스[소프트]를 분리하는 방법을 장려하는데, 시설 내에서 개인실이 있는 돌봄을 적용하는 유니트 케어unit care 방식은 훗날 본다면 역사적인 과도기의 산물일 수도 있다.

여기서 당사자 주권에 대해 한 가지 덧붙일 것이 있다. 당사자 주권이 당사자의 니즈를 즉각적으로 충족시킨다는 뜻은 아니라는 점이다. 당사자도 좋은 돌봄을 요구하기 위해서는 서비스의 질을 판정하는 능력을 갖춰야 한다. 서비스를 이용할 때 이용자로서 일종의 '소비자 교육'이 필요하다. 즉 돌봄을 주는 쪽도 받는 쪽도 함께 성장해나가야 한다.

---

5 일본에서 2005년부터 치매를 대신해 사용하고 있는 말. 일본 후생노동성은 치매에 '어리석다'라는 뜻이 있어 차별적인 의미가 포함되어 있다는 여론에 따라 2004년 국민투표를 통해 치매 명칭을 인지증으로 바꾸었다.-옮긴이

6 영국의 토머스 키트우드가 주창한 개념으로 기존에 의학이나 치료 중심에서 벗어나, 인지증 고령자 한 사람 한 사람의 개성, 기호를 중시한다. 개별 케어individualized care라고도 한다.-옮긴이

협 부문의 역할(3부)

3부에서는 개호보험을 적용해 고령자 돌봄사업을 실천하는 현장을 살폈다. 이 논의에서 전제해야 할 것은 누가 서비스를 담당하는지, 즉 부불노동론에서 재생산 비용의 분배 문제로 알려진 물음에 답하는 것이다.

9장에서는 빅토르 페스토프, 레스터 샐러먼, 교고쿠 다카노부, 요스타 에스핑 안데르센 등의 선행연구를 비판적으로 검토했다. 그 후 나는 관官(국가)·민民(시장)·협協(시민사회)·사私(가족)의 사원 모델을 제시했다. 선행 이론가 중 페스토프, 샐러먼, 교고쿠는 국가·시장·시민사회로 이뤄진 삼원 모델, 에스핑 안데르센은 국가·시장·가족의 삼원 모델로 정리했는데, 여기에는 한계가 있다. 복지는 '보완주의 원리'로 성립하고 작동해왔는데, 이는 '시장의 실패'는 국가가 보완하고 '국가의 실패'는 시민사회가 보완해왔다고 여기는 것을 말한다.

그런데 이 보완주의 원리는 '가족의 실패'를 전제로 삼는다. 여기서 가족의 실패란 실패한 가족, 즉 사별이나 별거, 이혼 등으로 흩어진 가족 구성원을 일컬었다. 그래서 복지 대상이 혼자 사는 노인, 한부모 여성 등에 한정되어왔다. 반대로 말하자면, 가족 구성원이 다 모여 있다면 문제가 없다고 여겨져온 것이다. 이는 가족에 의존하는 보수주의적 복지체제다. 가족은 훨씬 이전부터 그 기능을 상실하여 유명무실해졌다. 이 사실은 이미 2010년 일본의 언론을 떠들썩하게 했던 '사라진 노인 사건'[7]에서도 드러났다. 또 근대가족에 대한 그간의 선행연구에서는 겉으로는 제대로 기능하는 것처럼 보이는 가족도 내부에 돌봄이라는 무거운 짐을 지고 있다는 점, 전부터 사실상 '너무 많은 짐을 실은 방주'란 점을 밝힌 바 있다. 역사적으로 보자면 가족의 실패는 이미 예상된 일인데 단지 국가나 연구자가 그것을 인정하지 않았을 뿐이다.

가족의 실패, 시장의 실패, 국가의 실패로부터 우리는 어떠한 부문도 [복지의 공급에] 한계가 있음을 알 수 있다. NPO[비영리단체]에 관한 연구자들이 강조하는 협 부문(시민사회)에도 한계는 있다. NPO만으로 가족의 실패, 시장의 실패, 국가의 실패 전부를 보완하기에는 무리이다. 어떤 부문에도 한계가 있고, 그러므로 각 부문이 서로를 보완해 그 역할을 할 필요가 있다는 생각에서 비롯한 이론이 바로 기존의 복지국가론을 대체하는 '복지다원사회론'이다. 복지의 행위 주체는 국가만이 아니다.

경제란 "재화와 서비스의 생산과 분배 시스템"이라는 칼 폴라니(Polanyi 1944=1975)의 경제에 관한 정의에 따르면, 가족·시장·국가·시민사회 부문은 각기 증여·교환·재분배·호혜성의 영역에 대응한다. 역사상 어떤 사회에서도 이 네 가지의 경제가 동시에 존재하지 않은 적은 없다. 단지 이 경제 부문 간의 배분이 달랐던 것뿐이다. 이렇게 본다면, 문제는 이 네 가지 영역 중 어떤 하나의 영역을 다른 하나의 영역으로 대체하는 것이 아니라 네 가지 영역을 어떻게 최적으로 혼합할 것이냐이다. 이를테면 고령자 돌봄

---

7 일본에는 행방불명된 100세 이상의 노인, 즉 공적 기록으로는 생존해 있지만 생사 여부나 소재지를 파악할 수 없는 노인이 많은데, 노인이 사망한 후 사망신고를 하지 않고 유가족들이 노인들의 연금을 부정 수급해왔다는 것이 드러났다.-옮긴이

에서 그것의 사회화가 어떻게 진행되든지 간에, 가족의 역할이 사라지는 것은 아니다. 장기간에 걸친 생활 경험에 기반을 둔 "돌봄의 연결망"(Fineman 2004=2009)은 돌봄관계에서도 대체 불가능한 역할을 한다. 또 복지다원사회에서 유일하게 법적인 강제력을 갖고서 재분배제도의 역할을 하는 국가는 복지의 기반을 정비해 제도적 조건을 갖춰야 할 책임이 있다.

돌이켜보면 근대는 가족·시장·국가라는 3종 세트가 만능으로 기능한다고 믿고 이를 의심하지 못했던 시대였다. 그리고 21세기는 가족·시장·국가로 이뤄진 근대가 한계를 드러낸 시대였다.

많은 이가 새로 등장한 제4 부문인 시민사회, 즉 '협 부문'에 기대하고 있다. 나도 예외는 아니다. 나를 포함해 협 부문 연구자는 가족·시장·국가와 같은 근대 3종 세트를 눈엣가시로 여기고 기존의 공동체론을 해체하려고 했다. 여태까지 '시민사회'라고 불린 영역은 항상 근대 3종 세트의 '잔여 부분'으로만 논의되었기 때문이다. 이러한 잔여 부분에서 기존과는 다른 새로운 '공동성common'이 생겨나고 있다. 나는 이 공동성을 추구하는 것이 기존 전통적인 공동체의 복구라고 생각하지 않는다. 그것은 우리가 근대를 한 번 통과한 후, 그러니까 가족의 실패, 시장의 실패, 국가의 실패를 몸소 겪고서 새로운 공동성의 틀을 짜려 하는 것이다. 자조自助도 아니고 공조公助도 아닌, 바로 공조共助라는 틀이다.

협 부문도 역사적 산물이다. 샐러먼이 비영리 부문이라고 제시한 이 영역은 그의 정의를 통해 비로소 개념화되었다. 그런데 이 부문이 원래 없던 것은 아니다. 개념화에 따라 비로소 가시화된 영역이고, 그간 무시할 수 없는 활동으로 성장해온 영역이다. 오늘날 미국에서는 그 규모가 GDP의 10% 가까이 차지할 정도다.

마찬가지로 일본에서도 협('비영리협동'이라고도 함) 부문은 급속히 성장해왔다. 그러자 비로소 연구자들도 연구 주제로 다루게 되었는데, 1998년 만들어진 NPO법[특정비영리활동촉진법]과 개호보험법으로 일본의 협 부문 돌봄에는 순풍이 불어왔다. NPO법은 그 이전에는 존재하지 않았던 NPO라는 복지사업체를 만들어냈고, 개호보험은 고령자 돌봄 시민사업체 성립을 위한 기반을 제공했다. 특히 복지 분야에서 개호서비스를 하는 NPO가 우후죽순 생겨났다.

이런 가운데 나는 특히 생활협동조합(이하 생협) 계통의 복지사업에 강한 관심을 갖게 되었다. 이유는 두 가지였다. 첫째, 생협 계통의 사업은 NPO법이 만들어지기 전부터 공조共助의 이념에 따라 복지서비스를 담당해온 역사가 있다. 둘째, 개호보험법이 생기면서 여성들이 가정에서 해오던 부불노동이 밖으로 나와 임금이 지불되는 노동으로 변모한 역사적 변화가 일어났기 때문이다. 생협 계통 사업체에서 활동해온 이들은 대부분 중장년층 기혼 여성들이며 가사와 육아 경험이 있다.

10장, 11장, 12장에서 나는 규슈에 거점을 둔 그린코프연합의 복지 워커즈콜렉티브workers' collective를 활동 사례로, 개호보험이 시행되기 직전부터 시행 후까지 생협 복지사업의 변모를 실증연구했다.

개호보험 성립은 분명 시민사업체에 그전에는 유상 자원봉사(아주 적은 보수만 받는 자원봉사)에 지나지 않던 공조 활동을 경제 활동으로 사업화할 수 있는 천재일우와도 같은 기회였다. 이 시기에 생협은 식재료에서 복지서비스로 사업을 전개하기 위한 경영 전략을 세우는 중요한 단계로 나갔다.

13장은 생협이 경영 전략을 전개할 때 젠더 편성 과정을 어떻게 하는지 역사적으로 검증한 내용을 다룬다. 나는 생협에서 잉태된 복지 워커즈콜렉티브가 생협의 조직론, 운동론에 관한 강한 문제 제기나 내부 분쟁을 촉발할 수도 있겠다고 예측했는데, 나와 함께 연구했던 박희숙으로부터 그것은 단지 나의 바람에 지나지 않는다고 혹평을 받기도 했다(千田 2011: 372). 이 예측은 틀렸을 수도 있고 맞았을 수도 있다. 환경의 변화와 함께 기존의 젠더 편성이 전복되지 않고 그저 재편에 그쳐온 사실이 역사적으로 냉엄하게 존재한다. 전쟁도, 불황도, 정보혁명도 젠더 편성을 전복하지 못했다. 개호보험도 마찬가지일 수 있으나, 지금[2011년]은 개호보험이 시행된 지 10여 년이 지났을 뿐이라 역사적 결론을 내리기에는 이르다.

10장에서는 복지경영에 대한 개념과 의의를 살폈다. 어떤 사업체든 운동체든 경영을 빼놓을 수 없다. 그런데 협 부문의 경영은 영리사업 경영과 똑같아서는 안 된다. 복지사업의 목적은 복지의 달성이지 영리 추구가 아니다. 다시금 상호행위로서 돌봄의 정의를 짚어보자면, 복지경영이란 단지 고객 만족이나 효율 추구가 아니라 '돌봄을 주는 쪽과 받는 쪽 양쪽의 이익을 최대화'하는 경영을 목표로 삼아야 할 것이다. 왜냐하면 좋은 돌봄이란 양쪽 모두의 만족을 바탕으로 해야만 비로소 성립하는 것이기 때문이다. 돌봄을 주는 쪽에서 나오는 불만은 비대칭적 약자인 돌봄을 받는 쪽에게 반드시 영향을 미친다. 동시에 복지경영은 지속가능성을 담보해야 하는 것이어야 한다.

이 책에서는 선행연구를 검토해 복지경영의 개념을 다음과 같이 정의했다. ① 돌봄을 받는 쪽과 주는 쪽 양쪽의 이익을 최대화할 것, ② 지속가능한 사업일 것, ③ 소프트[돌봄서비스]와 하드[물리적 공간]를 아우르는 경영 관리일 것, ④ 참여하는 시민 합의와 자원 조달 능력이 있을 것, ⑤ 사회적 설계의 제안과 실천을 가능하게 할 것. 협 부문의 선진적인 사례를 살펴보면, 이 다섯 가지 조건에 다 맞는 복지경영에 이르렀다고 할 수 있다. 게다가 이윤을 내면서 세금도 낸다.

14장에서는 생협 외의 NPO 복지사업의 실천 사례를 다뤘다. '소규모 다기능형 거택개호'라는 독특한 실천 사례 중 선진적인 사례로 고노유비도마레このゆびとーまれ를 연구 대상으로 했다. 1993년 고노유비도마레가 문을 열기까지 '소규모 다기능'이란 세상에 존재하지 않던 복지서비스였고, 이 무렵은 개호보험의 도입과 시행이 전혀 이야기되지 않던 시절이었다. 고노유비도마레를 살핀 이유는 이 사례가 집에서 시설에 다니는 것을 포함해 재택 지원 등에서 개별 돌봄의 이상에 가장 가까운 사업이기 때문이다. 참고할 만한 사례가 하나도 없던 시절에 이러한 복지사업에 뛰어든 개척자들이 씨앗을 뿌렸고, 2006년에는 드디어 후생노동성이 지정한 모델 사업이 되었다. 나중에 행정이 관여한 '소규모 다기능형 서비스'도 만들어졌는데, 이는 협 부문이 개척해온 것과 비슷해 보이긴 하나 실제로는 다른 성격의 것이라는 점은 본문을 읽으면 알 수 있을 것이다.

15장에서는 협 부문의 대조적인 사례로 관 부문을 살폈다. 중앙정부든 지방정부든 유권자가 비용 부담에 합의만 한다면 이상에 가까운 복지공동체를 만들 수는 있다. 아키타현 다카노스 마을[현 기타아키타시]은 이러한 합의를 도출하는 데 일단 성공했고, 또 '일본에서 제일가는 복지 마을'을 만들었다고 이야기되었으나 그 영광이 오래 유지되지 못했다. 높은 수준의 복지를 유지하기 위한 주민의 부담을 놓고 [복지] 반대파가 성공적으로 캠페인을 벌여 기존 합의가 번복되었고 결국 다카노스 마을의 복지는 무너졌다. 그렇다면 왜 잠시나마 다카노스 마을의 복지는 성공했을까? 또 왜 좌절되었을까? 그것도 같은 유권자들의 선택에 의해서 말이다. 이 사례에 관해서는 여러 선행연구가 있으나 이 두 질문에 동시에 답하지 못했고, 나는 연구자로서 한꺼번에 답해야 했다.

다카노스 마을의 복지가 실패한 배경에는 1990년대에서 2000년대에 일어난 지방분권 개혁, 일본의 시市·정町·촌村 행정 단위 합병이 있다. 또 한 지자체의 재량을 뛰어넘는 수준에서 정치적 환경이 격하게 변했다. 그런데 이게 다는 아니다. 관에 대한 과도한 의존도 이 마을의 복지가 실패한 배경이다. 좋은 행정을 하든 그렇지 못하든 행정은 행정일 따름이다. 협 부문의 성공 사례와 비교하면, 이 차이는 더욱 두드러진다. 이런 점 때문에 협 부문 사업체에서 활동하는 이들은 행정의 과도한 제도 변경이나 정권 교체에 휘둘리지 않도록 돌봄사업을 구축해왔다. 또 협 부문 사업체가 성공했던 이유는 현장의 수요와 밀착되어 있었기 때문이다.

16장에서는 3부의 논의를 정리했다. 선행연구를 바탕으로 관·민·협·사 부문 가운데 협 부문이 왜 나머지 세 영역에 비해 경쟁에서 우위를 보이는지를 살폈다. 협 부문은 오늘날까지 큰 점유율을 보이지는 못하지만 앞으로 더욱 성장이 기대된다.

앞서 든 소규모 다기능형 시설뿐만 아니라 NPO의 복지사업에는 선진 사례가 많다. 그리고 그 대부분의 시민사업체에서는 주로 여성이 활동하고 있다. NPO는 일본에서 개호보험이 생기고 나서 갑자기 등장한 것이 아니며, 그전부터 조금도 지체할 수 없는 당사자의 니즈에 대처해온 역사가 있다. 복지 관련 NPO 사업은 이 책에서 택한 입장인 '당사자 주권' 이념과 가장 가깝다. 조사를 해봐도 이용자의 만족도가 높다. 또 선진 사례로 알려진 업체들은 개호보험이 실시되기 이전부터 사업을 계속해온 경우가 많은데, 개호보험 시행 안팎의 이행기에 사업을 연착륙시켰다고 할 수 있다. 개호보험은 이 여성들의 사업에 안정된 경영 기반을 안겨주었다.

NPO의 복지사업이 선진적이라고 할 때, 자원봉사 활동의 세 가지 조건인 ① 자발성 ② 무상성 ③ 선진성을 모두 충족한다. NPO의 경우 '무상성'은 '비영리성'으로 바꿔 말할 수 있다. 내가 NPO를 비롯해 협 부문에 기대하는 이유는, 당사자의 니즈에 가장 가까운 위치에서 선진적인 돌봄사업 모델을 창조했기 때문이다. 이 사업에서 어느 정도 채산성이 있다고 증명된다면, 가장 큰 자금력을 가진 영리법인도 사업에 참가하게 될 것이다. 영리법인이 모방해 따라온다면, 협 부문에서는 한 발 더 앞서 나가야 한다. 이런 의미에서 선진성이라는 것은 시민사회의 강점이자 과제이기도 하다. 협 부문은 시장과의 경쟁에서 항상 이겨야 하는 숙명에 놓여 있다.

그런데 똑같이 개호보험제도하에서 경영을 하는데, 왜 특정 시민사업체는 선진적이라는 평을 받고 다른 시민사업체는 그렇지 못한가? 같은 조건에서 경쟁을 하는데, 왜 차이가 생기는가? 왜 어느 시민사업체는 좋은 돌봄을 하고 다른 시민사업체는 그렇지 못한가? 선진 사례는 협 부문에서 많이 찾아볼 수 있는데, 이 성공 사례에는 다음과 같은 공통점이 있다.

① 이념과 이상이 높은 경영자가 ② 도덕성과 능력이 뛰어난 워커를 ③ 저임금으로 조달했다는 조건이다. 공통점을 보면, 높은 신념과 경영자의 헌신이 노동자인 워커들의 낮은 노동조건에 대한 불만을 억제하는 효과를 일으켰다고 할 수 있다.

사회학자 소에다 요시야가 지적했듯, 사회과학을 한다면 이러한 '성공 사례'를 '기적'이라고 부를 수는 없다(上野·副田 2011: 23). 맞는 말이다. 그런데 나는 이런 기적 속에 협 부문의 돌봄에 관한 위태로움과 희망이 모두 섞여 있다고 생각한다.

돌봄의 미래(4부)

4부에서는 돌봄의 미래를 검토했다. 돌봄의 미래를 생각할 때, 우리는 계속해서 "왜 돌봄노동의 가격은 싼가?"라고 물어야 한다. 선진 돌봄 사례를 기적이라 볼 수 있는지 아닌지와 같은 논의도 이 물음과 관련 있다. 돌봄이라고 하는 노동, 즉 사회에서 중요하면서도 보수가 적은 돌봄노동에 대체 어떤 사람들이 동원되는가? 그리고 앞으로 점점 더 어려운 처지에 놓일 것으로 예상되는 이 노동력에 어떤 사람들이 동원될 것인가?

17장은 이 물음에 답하는 내용이다.

돌봄노동의 공급이 어려워질 것이라며 위기의식을 느끼는 사람들은 현재의 노동조건이 바뀌지 않을 것이라고 전제한다. 그런데 노동 시장이 수급 균형에 의한 가격 메커니즘을 따른다고 본다면, 공급을 유도하기 위해서는 가격을 올리면 된다. 이는 분명한 이치이다. 가령 돌봄과 관련된 직종 가운데서도 의사는 3K[힘들고 위험하며 불결한]라고 하지만 의사가 되고자 하는 사람은 끊이질 않는다. 부담과 책임은 무겁지만 이에 상응하는 높은 사회적 지위와 보수가 따르기 때문이다. 한편 간호사나 개호복지사의 경우는 그 노동력이 부족할 수밖에 없는 환경이다. 일본에서 개호복지사 자격증이 있는 이들 가운데 돌봄 현장에서 일하는 비율은 약 50%에 불과하다는 데이터도 있다. 개호보험 수급계획을 세우고 관리하는 케어매니저care manager도 마찬가지다. 자격 취득 요건이 어려운데도, 실제 취업률은 자격증 취득자의 절반 정도에 그친다. 개호복지사든 케어매니저든 개호보험이 실시되기 전에는 일본에 없던 직종이다. 개호보험 시행 초기에는 인력이 절대적으로 부족하다고 해서 많은 이가 자격증을 따기 위해 쇄도했다. 각지에 양성 기관도 설립되었고 대학에도 관련 학과가 설치되는 등 뜻하지 않은 붐이 일었다. 하지만 금세 시들해졌고 학생 정원을 줄이는 학교도 생겼다. 언론에서는 돌봄노동자의 노동조건이 열악하고 전망도 없다고 보도한다. 현장에 있는 경영자들은 언론이 부정적인 영향을 미쳤다고 비판하나, 언론 보도에는 근거가 있다.

그리고 새로 돌봄노동 시장에 들어온 이들은 외국인 노동자들이다. 나는 일찍이 협 부문에서 고령자 돌봄노동의 가격 파괴 현상을 비판적으로 논할 수 있는 시기는 노동 시장의 문호가 일본 국내에 닫혀 있을 때뿐이라고 지적한 바 있다. 복지 선진국들을 보면 불 보듯 뻔한데, 저임금을 받는 외국인 노동자들에 의해 고령자 돌봄수준이 높게 유지되고 있다는 점은 부정할 수 없다.

현 상태와 같이 낮은 노동조건이 계속된다면, 고령자 돌봄에서 노동력 부족 현상은 계속 나타날 것이다. 그런데도 노동조건을 바꾸지 않은 채 노동자를 다른 나라에서 조달하면 된다고 보는 것이다. 즉 세계화인데, 이는 노동력의 이동을 점점 더 쉽게 하는 세계사적인 변화를 일컫는다. 선진국 여러 나라를 보면 이미 '글로벌 돌봄 연쇄care chain'[8]가 일어났는데, 일본은 공식적으로 외국인 노동자의 진입을 막고 있어서 예외일 뿐이다.

2009년부터 논의를 시작한 경제동반자협정Economic Partnership Agreement으로 일본에서 인도네시아인 및 필리핀인 간호사와 개호복지사를 도입할지는 아직 예측할 수 없다.[9] 왜냐하면 이 협정의 정책적 의도는 애초에 일본 국내의 간호 및 개호 노동력 부족을 해소하기 위해서가 아니기 때문이다. 또 현재 일본 정부의 논의대로 연간 500명 규모로 외국인 노동력을 개방을 한다고 해도, 간호·개호 시장 전체의 규모로 보면 매우 적은 인원이다. 일본 정부도, 사용자 단체도 본격적인 외국인 노동력 개방으로 방향을 전환

---

8 돌봄노동이 선진국으로 이주한 가난한 제3세계 출신 여성의 저임금·감정노동으로 귀결되고, 제3세계에서는 돌봄이 필요한 이가 돌봄을 받지 못하는 현상. 또는 제3세계 출신 여성의 이주를 통한 재생산노동의 국제적 분업을 말한다. 앨리 혹실드가 고안해낸 말이다..-옮긴이

9 2019년부터 일본은 특정기능 비자에 개호직을 도입했으나 비자 취득 외국인 노동자 가운데 개호 직종 취업자는 많지 않다. 일본인 노동자와 비슷한 처우(임금 등)를 받지만 개호기능시험, 일본어능력시험을 통과해야 한다.-옮긴이

했다고는 할 수 없다.

그러나 거시적으로 보면 일본도 피할 수 없이 '글로벌 돌봄 연쇄'의 하나가 될 텐데, 개발도상국에서 온 돌봄노동자가 일본의 노인을 돌보게 될 것이다. 출신국에서는 중산층에 속하는 이 노동자가 일본에 와서 돌봄노동자로 일할 때, 이들이 모국에 남기고 온 가족을 돌보는 이는 모국에서 더 낮은 계층에 속한 노동자일 것이다. 또 지방이나 농촌 출신 돌봄노동자들의 고향에 있는 가족을 보면, 조부모가 손주를 돌보고 있다. 이 손주들이 커서 떠나면 나이 든 조부모를 돌볼 이는 아무도 없게 된다. 외국인 노동자가 선진국의 노인을 극진히 돌보는 순간, '글로벌 돌봄 연쇄'의 말단에서는 돌봄의 붕괴가 일어난다.

왜냐하면 돌봄노동의 가격이 싸기 때문이다. 또 가격을 올리려고 하지 않기 때문이다. 왜 돌봄노동의 가격은 싼가? 왜 돌봄노동의 가격을 올리려고 하지 않는가?

여기 몇 차례나 강조하며 되풀이하고 싶은 물음이 있다. 《가부장제와 자본주의》 마지막 문장에 나는 다음과 같이 썼다.

> 왜 인간의 생명을 낳아 기르고, 죽음 이전의 인간을 돌보는 노동, 즉 재생산노동은 여타의 모든 노동의 아래에 놓이고 마는가? …… 우리 앞에는 이 근원적인 문제가 남아 있다. 이 문제가 해결되기까지 페미니즘의 과제는 영원히 남아 있을 것이다. (上野 1990: 307-308; 上野 2009d: 389)

마치며: 희망은 있다

마지막 18장에서는 차세대 복지사회의 구상을 논했다. 희망이 없는 건 아니다. 치료약이 없는 상태가 아니다. 이미 제도도 설계되어 있고, 정책 제언도 나와 있다. 마음만 먹으면 실천 계획을 금방 찾을 수 있다. 사실상 남은 문제는 사회적 합의를 어떻게 형성하고, 어떻게 실천할지다.

이번 대지진은 일찍이 겪지 못한 일이었지만, 그렇다고 예상되지 않았던 건 아니다. 또 비상사태라고들 하지만 우리가 겪은 다양한 문제가 예상 밖의 것은 아니다. 그전부터 우려하면서도 대처하지 못했던 과제들이 수면에 떠올랐을 뿐이다. 그래서 이 책에서 논한 협 부문의 중요성, 서로 돕는 공조와 지원, 나눔의 소중함을 알고 주목해야 할 때이다.

'재해 유토피아'라는 말이 있다. 수난을 당한 공동체 구성원들은 짧은 순간이나마 서로 나눌 수 있다는 이상을 실현했다. 행정당국도 경찰도 제대로 기능하지 못했는데도 홉스가 말한 '만인에 대한 만인의 투쟁', 약육강식의 야만은 일어나지 않았다.

이런 현상을 굳이 일본의 국민성이 훌륭하다고 운운하며 설명할 필요는 없다. 또 대지진으로 피해를 가장 많이 본 도호쿠 지역 사람들의 지방색이 그렇다고 설명하지 않아도 되고, 전근대적인 혈연, 지연사회가 아직 도호쿠 지역에 남아 있어서라고 여길 필요도 없다. 민주주의와 시민사회가 성숙한 증거라고 생각하면 된다. 시민사회는 어떠한 조건 가운데 놓인 타자라도 나와 똑같은 인격을 지닌 인격체이자 개인으로서 존중할 수 있는 상상력에 바탕을 두고 있기 때문이다. 재난은 나만 겪는 게 아니다. 나는 이번 대지진에서 큰 피해를 보지 않았지만, 남의 일이 아니었다. 내가 할 수 있는 것이 있다면 할 수 있는 범위에서 돕고 지원하는 시민의식이 이제 지역과 국경을 넘어 이 정도의 규모와 수준으로 확장된 것이다.

약자에 대한 마음도 달라지고 있다. 어느 누구도 노인들은 살 만큼 살았으니 구하지 않아도 된다고 여기지 않았다. 대피소에서는 의료를 요청하는 목소리뿐 아니라 돌봄에 대한 요청도 나왔다. 의료 관계자뿐만 아니라 케어 워커care worker도 대피소에 와달라고 요청되었다. 병들거나 늙고 아파서 누워 있는 이들, 휠체어를 탄 이들에게 도움의 손길을 내미는 움직임이 있었다.

우리가 도달한 사회는 이와 같다.

희망을 품어도 좋다.

대지진이 일어난 2011년 봄에

우에노 지즈코

1부

돌봄을 주제로 삼다

1장 돌봄이란 무엇인가

왜 돌봄을 논하는가

왜 돌봄을 논하는가?

그저 돌봄이 필요한 이들이 있어서일까? 이 답으로는 충분하지 않다. '돌봄이 필요한 이들'과 같은 개념은 사회적으로 구성된다. 역사와 사회에 따라 어떤 상태가 돌봄을 필요로 하는지가 변한다. [일본어사전] 《고지엔広辞苑》에 '개호介護'는 1983년에 수록되었다. 역사적으로 '요개호[돌봄이 필요한] 고령자要介護高齢者'라는 개념 자체가 새로운 것이다. 이 개념은 개호보험 시행 후 쓰는 법률용어이기도 하다. 오늘날 객관적으로 볼 때 '요개호 상태'에 해당하는 고령자는 과거에는 실상 대부분 버림받았다. 돌봄은 저절로 발생한 자연현상이 아니다. 일본에서 외래어 'care'를 일본 맥락에서 번역하지 않고 '케어'라고 읽고 쓴 것은 최근 일이다. 케어는 '아이의 케어'(육아)나 '고령자 케어'(개호)를 말할 때 쓰지만, 장애인의 경우는 케어라는 용어를 쓰지 않고 '개조介助, assist'라고 쓰는 사람들이 있다.

돌봄을 사회문제로 인식하기 시작한 것은 최근이다. 일각에서는 돌봄을 사회문제로 보게 된 원인이 초고령화, 또 이에 따른 돌봄 부담이 늘었기 때문이라고 한다. 그러나 사회가 어떤 것을 문제로 인식할지는 사회마다 다르다. 아무리 나이 든 이가 많아도 그들을 돌봄의 대상으로 여기지 않고 사회가 책임지지 않으면 사회에서 돌봄의 부담이 발생하지 않는다.[1] 과거에는 육아나 고령자 돌봄을 사적 영역으로 치부했기 때문에 아무도 그것을 사회문제로 인식하지 못했다. 그러나 젠더 연구에서는 사적 영역이 공적 영역에서 배제되어 보이지 않게 됐을 뿐이라는 점, 나아가 사적 영역은 공적으로 만들어진 영역이란 점을 밝혔다. '개인적인 것은 정치적인 것'이라는 슬로건을 내세운 페미니즘에서 출발한 젠더 연구는 사적 영역을 정치화했다. 그 뒤 사적인 행위로 여겨졌던 돌봄은 눈에 보이는 사회문제가 되었다.

왜 돌봄을 말하는가? 이 물음은 역사적인 것이며, 따라서 물음 그 자체에 역사적인 의의가 있다. '돌봄'이라는 새로운 용어가 등장하자 지금까지 마치 없는 것처럼 여겨지던 물음들을 떠오르게 했고, 그 누구도 '문제'라고 생각하지 않았던 것들을 '문제화problematize'하는 효과가 발생했다.[2]

나는 돌봄을 이 책의 주제로 설정했다. 돌봄이 문제로 등장해 사회적으로 배치되어 새로운 사회 영역으로 나타난 가운데, 대안

---

1 이에 해당하는 관행으로 [노인 버리기 풍습인] '우바스테姥捨て'를 떠올리면 된다. '부담'이 될 사람이 눈앞에서 안 보이면 '부담'이 없는 것으로 여긴다.

이 될 수 있는 사회적 비전의 가능성을 논하려 한다. 이 장대한 논의를 시작하기 전, 우선 질문을 하고 싶다. 돌봄이란 무엇인가? 이런 기본적인 질문에서 출발하는 이유는 다음과 같다. 돌봄이라는 내포connotation와 외연denotation도 명확하지 않은 용어를 너무 제각각으로 쓰고 있기 때문이다.

돌봄이란 무엇인가

영어 'care'는 라틴어 'cura'에서 유래한 말로 '걱정, 노고, 불안' 또는 '배려, 헌신' 두 가지 뜻으로 사용한다(森村 2000: 84). 철학자 모리무라 오사무는 'care'의 어원인 'cura'에는 '부담'과 '배려'라는 상반된 뜻이 담겼다고 했다. 돌봄이 주는 쪽에게도 받는 쪽에게도 부담이라는 측면의 소극적 의미가 있음을 떠올려보자. 내가 알기로 일본어권 논자 중 돌봄이 "될 수 있는 한 피하고 싶고 성가시며 무거운 짐"이라고 말한 사람은 사이슈 사토루[3] 한 명뿐이다(最首 2005: 236). 돌봄은 으레 윤리적인 측면에서 무조건 좋은 것으로 여겨지는데, 돌봄의 이런 측면을 지적하는 것은 돌봄을 둘러싼 논의의 해독제와 진배없다.

---

2 이런 점에서 '돌봄'은 마르크스주의 페미니즘의 '부불노동unpaid work'과 가깝다(上野 1990; 2009). 그러나 부불노동은 마르크스주의 관점에서 생산노동과 비생산노동에 두루 적용되는 개념이고, 불가피하게 [임금이 지불되지 않는 잉여노동을 포함한] 생산노동을 포함하게 된다. 이에 반해 돌봄은 재생산노동에 한정되어 있어 더 직접적으로 '가족'과 '젠더'를 문제 영역으로 삼을 수 있다.

3 일본의 생물학자이자 사회학자로 다운증후군이 있는 딸이 있다.-옮긴이

영어권에서는 돌봄을 어떻게 쓰는지 보자. 동사 'care'(돌보다)는 'care of'(돌보다), 'care about'(배려하다, 마음을 쓰다)와 같이 다의적으로 쓴다. 명사 'care'에는 '돌봄, 배려, 관심, 걱정'과 같은 뜻이 있다. 돌봄에 초점을 맞춘다면 신체적, 물리적 측면, 관심이나 배려에 초점을 맞춘다면 심리적 측면을 강조하는 셈이다. 형용사 'caring'(돌보는)은 모성과 연결되어 가령 'caring mother'(돌보는 어머니)와 같이 쓰이는데, 이때는 'nurturing mother'(자녀를 양육하는 어머니)와 뜻이 같다. 관련 연구사를 살피면 먼저 돌봄은 자식 돌봄을 가리키다가 나중에는 고령자 돌봄, 환자 간호, 장애인 돌봄, 마음 돌봄과 같이 점차 확장해서 쓰게 되었다.[4]

사회보장, 복지 영역에서 언제부터 일반적으로 '돌봄'이라는 말을 쓰기 시작했는지는 명확하지 않다. 영어권에서는 1980년대 즈음부터 사용하기 시작해 1990년대에는 연구서가 차례로 등장했다. 그러나 대부분 1차적으로 돌봄을 육아child care와 같은 의미로 받아들였고, 고령자 돌봄elder care을 포함하는 포괄적 용어로는 조심스럽게 사용했다. '돌봄의 사회화'라고 할 때는 육아를 공적으로 지원하는 것을 뜻했고, 이때 아이 돌봄을 담당하는 이는 엄마(또는 부모)였다. 그래서 1990년대 초 역사학자 에밀리 에이블이 '부모를 돌보는 딸'을 주제로 연구서를 낸 것은 가히 충격적이었다(Abel

---

4 에밀리 에이블의 《누가 고령자를 돌보는가?: 공공 정책과 성인 딸의 경험》(Abel 1991)은 돌봄을 고령자 돌봄의 의미로 특화했고, 미국에서 고령자 돌봄 문제를 드러내는 데 선구적 역할을 했다. 개인의 자립을 이상으로 삼은 미국에서는 실제로 가족 내 고령자 돌봄이 있는데도 없는 것처럼 여겼다. 이 책에는 실제로 딸에게 돌봄을 받고 있는데도 정신적, 감정적으로 돌봄을 부인하는 고령자가 등장한다.

1991). 핵가족 이데올로기가 중심인 가운데, 노부모와 성인 자녀의 세대 분리를 당연시한 사회에서 겉으로 보면 '고령자 문제'는 없는 것처럼 보인다. 에이블은 자녀, 특히 딸이 노부모 돌봄의 부담을 지는 게 현실인데도 사회에서 비가시화되어 있다고 주장했다.

'케어'라는 용어의 사용 양상은 일본에서 반대로 나타난다. 일본에서는 자녀 돌봄을 '보육'이나 '육아'라고 하는데, 영어로 '보육센터child care center'에 대응하는 용어로 이른 시기부터 '보육원'이라는 용어를 써왔다. 일본에서 '돌봄(케어)'이라는 용어를 쓰기 시작한 것은 1990년대 이후로, 고령자 돌봄 분야에서 먼저 사용했다.[5] 그 후에는 영어권 연구 동향에서 영향을 받아 육아, 고령자 돌봄, 장애인 돌봄, 때에 따라 간호를 포함한 포괄적 용어로 돌봄을 썼는데, 이런 돌봄 개념에 해당하는 적절한 일본어가 없어서 영어 그대로 '케어'라고 쓴다.

돌봄이라는 용어에는 두 계보가 있는데, 하나는 간호학, 다른 하나는 복지 분야다. 간호학 분야에서는 의료cure와 간호care를 구별하고, 간호의 의료에 대한 자율성을 높이려는 간호업계의 전략에 따라 적극적으로 '케어'라는 용어를 쓴다. 복지 분야를 보면, 고령자 돌봄의 부담에 대응해, 고령자 돌봄을 가시적인 주제로 삼고 복지 정책에 넣으려는 연구자들에 의해 '돌봄'이라는 용어가 채택되

5 1990년대 일본에서 개호보험제도를 검토하는 가운데 '돌봄의 사회화'라는 용어는 '고령자 돌봄(장애인 돌봄을 포함)의 사회화'와 같은 뜻으로 사용되었다(市野川 2001). 이상하게도 여기에 '육아의 사회화'는 포함되지 않았는데, 영어권에서 많은 연구자가 '돌봄의 사회화'를 주로 '육아의 사회화'를 의미하는 것으로 말하는 것과 대조적이다.

었다. 복지 분야에서 돌봄이라는 용어를 쓰자 노인 의료 개혁 여건이 좋아졌다. 사회적 입원[6]으로 고령자 관련 의료비 부담의 증가에 대해, 의료와 고령자 돌봄을 구별함으로써, 고령자 복지를 의료 정책에서 분리해 제도 설계할 수 있게 됐기 때문이다.

비교적 최신 연구 동향을 반영한 《현대사회복지사전現代社会福祉辞典》(秋元他編 2003)을 보면 사전 항목에 '케어[돌봄]'는 없고 '개호[고령자 돌봄]' 항목을 보게끔 되어 있는데, 이 항목을 보면 "영유아를 돌보는 것" "자립할 수 없는 사람을 돕는 것"을 가리킨다고 나와 있다(秋元他編 2003: 43). 또 사회복지학의 고유 개념인 좁은 범주의 '개호(복지)'와 넓고 깊은 의미의 '개호'를 구별한다. 후자는 '인간이 살아가는 동안 기본적으로 더 좋은 대인관계를 추구하는 행위로, 돌봄에 가까운 뜻'이라고 쓰여 있다. '돌봄에 가까운 뜻'이라고 하면서도 '돌봄'에 관한 정의는 없다. 그래서 사전에서 말하는 '돌봄'의 뜻을 유추할 수밖에 없는데, '돌봄'이 사회적으로 볼 때 좋은 인간관계 전부를 포함한 광범위한 개념이 되고 말아 분석 개념으로는 쓸모가 없다. 이 사전에서는 '돌봄' 개념을 광범위한 의미로 ① 대인관계에 대응하는 것이자 ② 돌봄은 '좋은 것'이라는 규범적 함의를 넣어 '돌봄' 개념을 정의했다는 점을 알면 된다.

일본에서 간행된 책 가운데 '돌봄(케어)'이 제목에 들어간 가장 오래된 책은 미국 철학자 밀턴 마이어로프가 쓴 《케어의 본질》

---

6 의학적으로 입원할 필요가 없고 자택에서 요양해야 하는 고령자나 정신장애인 등이 돌볼 사람이 없거나 가족이 돌봄을 거부해 병원에 장기간 입원하며 생활하는 상태.-옮긴이

(Mayeroff 1971=1987)이다.[7] 이 책은 복지나 의료 연구 동향과 아무 관련이 없고, 일본어판 제목이 시사하듯 초역사적 본질주의적 지향이 분명하다. 이 책의 원서는 1971년에 출간됐고, 일본에서는 1987년에 번역 출간되었는데 이 책이 일본 시장에서 수용된 과정은 그 자체로 역사적 검증이 필요하며 이에 대해서는 2장에서 후술한다.

마이어로프에 따르면, 돌봄의 정의는 다음과 같다.

> 한 사람의 인격을 돌본다는 것은 가장 깊은 의미에서 그 사람의 성장과 자아실현을 돕는 것이다. (Mayeroff 1971=1987: 13)

마이어로프가 구체적인 돌봄 사례로 제시한 것은 부모의 자녀 돌봄이다. 교사가 학생을 보살피는 것, 나아가 개인이 자신의 아이디어를 성장시키는 것 등을 돌봄 개념으로 확장한 사례도 포함된다. 고령자 돌봄 사례는 나오지 않는다.

'케어'를 제목으로 사용한 책은 번역서를 제외하고는 많지 않다. 이는 이 용어가 일본에서 성숙할 시간이 불충분했다는 점을 시사하는데, 2000년대에 들어 사회학자 미쓰이 사요가 《케어의 사회학: 임상 현장과의 대화》(三井 2004)라는 책을 의욕적으로 펴냈다. 그런데 이 책 내용은 의료사회학 분야의 간호 노동을 논하지만 육아와 고령자 돌봄은 다루지 않아, 책 제목을 보고 기대한 독자는

---

7 일본어 공역자 두 명이 원서 제목 "On Caring"을 《케어의 본질》로 바꾸었다. 원서는 '케어'를 역사적인 사회현상이라고 한다.

허탕을 친 기분이었을 것이다. 미쓰이는 케어(돌봄)를 "타인의 삶을 지탱하는 활동 총칭"(三井 2004: 2)이라고 정의하는데, 이는 매우 비한정적 함의다.[8] 이런 막연한 정의에 따르면 거의 모든 인간 활동이 '돌봄'에 포함되므로,[9] 분석에 아무런 도움이 안 된다. '돌봄'을 제목에 단 책 대부분이 대체로 '돌봄'을 정의하지 않거나, 정의하더라도 추상적 본질 규정에 그친다. 또 돌봄의 정의가 너무 막연해 논의를 전개하는 데 쓸모가 없는 경우가 많다.

돌봄의 정의

나는 메리 데일리가 편집하고 국제노동기구ILO에서 간행한 《돌봄노동Care Work》에서 쓴 '돌봄'의 정의를 사용한다. 왜냐하면 ① 돌봄을 논하기 위해서 글로벌 관점으로 번역어를 대조해볼 수 있고, ② 2001년 간행된 이 책은 연구사를 근거로 수용 가능한 타당성을 갖고 있으며, ③ 이 책의 집필진이 돌봄의 정의에 관해 합의를 이뤘기 때문이다. 이 책에 따르면, "가장 타당한 돌봄"이란 다음과 같다.

---

8 돌봄을 비한정적으로 정의했지만, 미쓰이는 이 책에서 돌봄의 범위를 간호직을 중심으로 한 '준의료직' 업무에 한정한다. 책 제목만큼 내용은 전혀 도전적이지 않고 돌봄의 사회학에 관한 내용은 아니라고 생각해서 나는 이 책의 제목이 미쓰이의 저작과 중복되는 것을 개의치 않았다.

9 이런 식이면 생산 활동이나 교환 활동도 타인의 삶을 지탱하는 행위라고 할 수 있으므로 여타의 사회적 행위 중에서 간호 또는 돌봄을 식별할 수 없다.

> 의존적 존재인 성인 또는 아이의 신체적이며 정서적인 요구를, 그것이 수행되는 규범적, 경제적, 사회적 구조상에서 충족시키는 것에 관여된 행위와 관계. (Daly 2001: 37)

나는 이 정의에 동의한다. 이렇게 돌봄을 정의하면 다음과 같은 여섯 가지 효과가 있다.

첫째, 이 정의에는 사회적, 역사적 맥락의존성이 명시되어 있어서(즉 사회학적이다) 돌봄을 사회적, 역사적으로 비교 가능한 개념으로 삼을 수 있다.

둘째, 돌봄이 상호작용이라는 점이다. 이 또한 돌봄을 사회학적으로 살펴볼 수 있다는 이점이 있다. 돌봄이란 돌봄을 주는 사람과 받는 사람의 '상호행위interaction'이고 복수의 행위자actor '사이'에 발생한다. 돌봄에 관한 정의를 보면 대부분 앞에서 언급한 마이어로프나 미쓰이처럼 돌봄을 하는 사람의 행위로 돌봄을 인식하므로 그 귀속처가 돌봄을 하는 사람에게 제한된다. 마이어로프의 논의처럼, 오로지 돌봄을 하는 사람만 언급하는 것으로 끝나는 것이다. 돌봄을 받는 사람은 고작 우발적인 반응체 혹은 측정기 정도로 언급될 뿐이다. 한편 돌봄을 '서비스'(상품)로 보면, 돌봄 행위가 돌봄을 하는 사람으로부터 분리(소외)된 행위라서 상품처럼 전달할 수 있고 교환이 가능한 것으로 여긴다. 노동자에게 노동이 그러하듯 말이다. 돌봄을 상호행위로 간주하면, 어느 한쪽에 귀속시키지 않고 사회적 '관계'로 볼 수 있는 강점이 생긴다. 돌봄을 논할 때는 복수의 행위자를 염두에 둬야 한다.[10]

셋째, 역할과 그 수행이 일어나는 사회적 배치를 포함할 수 있게 된다. 이러한 정의가 있으면 젠더, 계급, 인종과 같은 변수를 넣고 비교할 수 있다.

넷째, 성인과 아이를 포함해 개호, 장애인 돌봄, 간호, 육아를 모두 아우를 수 있다. 다섯째, 신체와 정서(돌봄과 배려) 양쪽을 포괄할 수 있다. 여섯째, 규범에서 실천까지 포함할 수 있어 규범적 접근법, 서술적 접근법이 모두 가능하다.[11] 정확히 말하자면, 돌봄에 관한 규범을 사회적 맥락과 같은 변수로 다룸으로써 돌봄에 관한 규범적 접근을 탈구조화해서 볼 수 있다. 그런 점에서 이는 뛰어나고 사회학적인 연구 방법이다.

돌봄노동이란 무엇인가

돌봄에 노동을 붙이면 '돌봄노동'인데, 돌봄과 돌봄노동은 어떻게 다를까?

제목에 "Care Work"(돌봄노동)를 쓴 영어권의 대표적 서적으로는 앞에서 언급한 데일리의 편저(Daly 2000)와 마돈나 해링턴 메이어의 편저(Meyer 2000)가 있다. 이 두 책에서는 돌봄과 돌봄노동을 서로 대체할 수 있는 개념으로 사용한다. 메이어의 책을 보면, 그는 돌봄을 명시적으로 정의하지 않고, 에이블의 〈돌봄에 관

---

10 또 개인 내부intra-personal가 아닌, 개인과 개인 사이inter-personal를 대상으로 하는 것이야말로 사회학의 가장 타당성 있는 영역이라고 할 수 있다.

11 규범적 접근이란, '돌봄은 좋은 것이어야 한다'와 같이 당위성을 포함한 입장이고, 서술적 접근이란 돌봄이 어떻게 서술되는지 살피는 입장이다.-옮긴이

한 역사적 전망〉(Abel 2000)이라는 논문을 수록해 돌봄 개념이 역사적으로 어떻게 변해왔는지 논한다. 맥락에 따라 돌봄의 정의가 달라진다면, (잠정적인 정의 말고는) 돌봄에 관해 정의를 내릴 수 없는 게 당연하다. 데일리나 메이어는 돌봄이 애정과 노동 양쪽을 포함한 것이라 인정했는데, 돌봄이 어디서부터 애정이고 어디서부터 노동인지 여전히 상황에 따라 다르므로 결정할 수 없다.

돌봄에 관한 저작은 대부분 페미니스트가 쓴 것인데 이들이 돌봄노동을 명백한 논의 대상으로 삼은 이유는 '가사노동' '부불노동' '사랑의 노동' 등에 관한 이론이 그간 쌓여왔기 때문이다. 또 돌봄노동 개념을 사용하면 노동이 아닌 특수한 돌봄 사례를 이론화할 수도 있다. 부불노동이라는 개념 또한 이미 논의되어왔으므로, 돌봄노동 가운데 유상노동과 무상노동 양쪽을 다 고찰할 수 있다.[12]

예를 들어, 에이블은 〈돌봄에 관한 역사적 전망〉에서 19세기에 상류계급의 고령자, 환자, 장애인, 자녀는 하녀나 유모 등 가사노동자가 돌봤고, 가사노동자들은 정작 자기 가족을 돌볼 수 없는 딜레마를 겪었다고 지적한다. 돌봄이 '중간계급' 기혼 여성의 무상노동이 된 것은 근대가족이 성립된 후에 일어난 일이다. 따라서 돌봄은 젠더, 계급, 인종, 민족이 변수로 깊숙이 작용한다

이 책에서 나는 기본적으로 페미니스트의 돌봄노동론을 계승한다. 이 점에서 데일리 등이 주장하는 "돌봄은 마땅히 노동으로 다뤄야 한다"는 입장을 공유한다(Daly 2001: 59).[13]

---

12 이 점에서 이 책은 일종의 부불노동론을 담은 나의 책 《가부장제와 자본주의》(上野 1990; 2009d)의 속편이라고 할 수 있다.

13 데일리의 원문 표현을 약간 고쳤다.

돌봄의 개념화

데일리의 편저는 돌봄을 개념화하려는 시도인데, 돌봄의 정의를 논하는 과정에서 동요와 발전을 볼 수 있다.

이 책에는 데일리와 책 서론을 공동으로 쓴 가이 스탠딩의 글이 있다. 스탠딩은 돌봄노동을 "한 사람 또는 그 이상의 사람들에게 신체적, 심리적, 정서적, 그리고 발달의 필요를 채우는 노동"이라고 정의했다(Standing 2001: 17). '발달'이라는 단어로부터 이 책에서 논의하는 돌봄이 주로 육아를 가리킨다는 점을 알 수 있다.

스탠딩은 다음과 같이 돌봄노동을 도식화했다.

> 돌봄노동=시간(소요시간+대기시간)+노력+기능+사회적 기술+정서적 투자+스트레스(돌봄받는 이의 니즈를 제대로 충족시켰는지에 대한 불안+감독자나 주위의 기대를 만족시켰는지에 대한 불안). (Standing 2001: 18)

스탠딩의 이 도식에 돌봄노동의 모든 요소가 들어갔는지 검토할 필요가 있다. 우선 돌봄노동의 요소로 보수 항목(경제적인 것이든 사회적인 것이든 정서적인 것이든)이 빠졌다. 또 이 도식에서도 돌봄노동은 돌봄을 주는 사람에게만 귀속하는 행위의 일종으로 간주된다. 여기에 데일리는 관계의 개념을 덧붙였다.

데일리는 "병자, 고령자, 장애인 및 의존적 아이들을 돌보는 것과 관련되는 행위와 관계"라고 돌봄에 대한 '관습적 정의'를 거론하며 돌봄을 정의했다(Daly 2001: 34). ① '관계' 개념을 덧붙이고,

② 아이뿐만 아니라 성인까지 '의존적인' 존재라고 언급했다. ③ 이 관습적 정의는 돌봄을 설명하는 데 '돌봄'이라는 용어를 사용하므로 순환적 정의에 불과하다.

또 돌봄 분야의 대표적 연구자 낸시 폴브레는 이 편저에 수록한 〈미국의 돌봄을 설명하며〉에서 데일리가 내린 정의가 "관습적"이라며 중요한 비판을 했다(Folbre 2001; 176). 폴브레는 데일리의 정의로는 ① '스스로 움직일 수 있는 성인도 돌봄을 필요로 한다'는 점을 개념화할 수 없고, ② '의존적'이라는 것이 어떤 상태를 말하는지 판정이 어려우며, ③ '행위' 가운데, 돌봄에 해당하는 것과 돌봄에 해당되지 않는 것의 경계선을 어떻게 설정할지 결정할 수 없다고 비판했다. 폴브레의 비판은 상당히 중요하다. 첫 번째 비판은 누구에게도 의존하지 않는다는 로빈슨 크루소 같은 '자립한 개인' 신화를 우려해서 나온 것이다. 실제 많은 성인(남성)이 다른 성인(여성)의 돌봄 대상이라는 점을 볼 때, 성인 사이에 돌봄이 없다고 할 수 없다. 두 번째 비판은 '의존적'인 것의 경계를 문제 삼았다. 예를 들면, 몇 살부터가 의존하는 인구인지는 극히 정치적으로 결정된다. 설사 의존하는 인구에 포함되더라도 실제로 의존적인지 아닌지, 얼마나 의존적인지는 개인차가 크다. 또 스스로 움직일 수 있는 성인인데도, 의존적인 존재를 떠맡았기 때문에 자기 자신까지 의존적인 존재가 되는 경우(육아를 하거나 고령자를 돌보는 성인 여성)도 있다.[14] 세 번째 비판의 돌봄과 돌봄이 아닌 것의 경계선을

14 페미니스트 법학자 마사 파인먼은 의존적인 존재를 "1차적 의존"으로, 의존적인 존재를 떠맡아서 자신까지 의존적인 존재가 되는 것을 "2차적 의존"으로 구별했다(Fineman 1995=2003).

보자. 예를 들어 신체적, 정서적 돌봄 외의 세탁, 청소는 돌봄에 포함되는가,[15] 장보기나 장보기를 위해 돈을 버는 행위는 돌봄인가와 같은 식으로 확장하다보면, 대부분의 활동은 돌봄에 포함되고 마니, 돌봄 개념은 효력을 상실한다.

폴브레는 현실에서 경험적 연구를 위해서, 잠정적인 경계선을 (맥락의존적으로) 필요할 때마다 설정할 수밖에 없다고 하면서, "추상적 개념 논의를 벗어나 좀 더 복잡하게 얽힌 경험연구 영역으로 들어가서 돌봄을 정의하자"고 제안했다(Folbre 2001: 179).

다시 한번 여기에서 데일리가 도출한 잠정적 돌봄의 정의를 살펴보자.

> 의존적 존재인 성인 또는 아이의 신체적이며 정서적인 요구를, 그것이 수행되는 규범적, 경제적, 사회적 구조상에서 충족시키는 것에 관여된 행위와 관계. (Daly 2001: 37)

앞서 논의 과정을 돌아보면, 돌봄의 개념과 정의는 그다지 의미가 없다. 돌봄 및 돌봄노동의 개념이 맥락의존적이라는 것을 확인하면 된다. 이 점에서 이 책의 질문을 다음과 같이 바꿀 수 있다. 어떤 맥락에서 어떤 행위가 돌봄이 되는가? 또 어떤 맥락에서 돌

---

15 개호보험에서는 돌봄의 범위를 '신체개호'와 '생활원조'로 구분해 무엇이 '개호'에 해당하고, 무엇이 '개호'에 해당하지 않는지 알 수 있다. 상세하게 기술된 '부적절한 개호보험 이용 목록'을 보면 된다. 예를 들어, 이용자가 요구한다고 해도 헬퍼가 개를 산책시키거나 잡초를 뽑는 행위는 개호보험이 적용되는 돌봄 행위가 아니다.

봄은 노동이 되는가?

이것은 부불노동론을 논하고 정립하는 과정에서 페미니스트가 제시한 물음을 되풀이한 것이나 마찬가지다. 예를 들어, 페미니스트들은 '가사란 무엇인가?' '육아란 무엇인가?' 또는 '섹스란 무엇인가?' 하는 본질주의적인 물음을 대신해 '어떤 맥락(조건)에서 가사, 육아, 그리고 섹스는 사랑의 행위가 되는지' '어떤 맥락(조건)에서 가사, 육아 그리고 섹스는 노동이 되는지'를 물었다. 현실적으로 보면, 인간의 모든 활동은 사랑에서 노동까지 모든 스펙트럼을 포괄하기 때문이다. 이러한 활동은 한편에서는 '유상'으로 행해지며, 그래서 '유상'과 대비해 '무상노동'으로 개념화할 수 있다. 돌봄에서도 마찬가지로 이 논의를 적용할 수 있다.[16]

16 이를테면 조반나 달라 코스타는 《사랑의 노동》(Dalla Costa 1978=1991)에서 성행위를 "사랑의 노동"으로 논하고 있다. 달라 코스타에 따르면, 자신의 노동을 공짜로는 팔지 않는다는 점에서 성노동자는 기혼 여성보다 가부장제의 착취로부터 상대적으로 자립한 셈이다. 또 가토 슈이치는 "무상의 성"과 같은 개념이 "상품화된 성" 개념과 함께 성립했다고 분석한 바 있다(加藤 1995). 가토는 성의 상품화를 다룬 논의에서 돈으로 접근할 수 있는 여성이 있기 때문에, 이와 "차이를 두는 것"으로 "아마추어 여성"의 성은 봉인되거나 '무상'이 된다고 분석한다.

2장 돌봄이란 무엇이어야 하는가: 돌봄에 관한 규범 이론

돌봄에 대한 규범적 접근

사회학에는 서술적 접근법과 규범적 접근법이 있다. 돌봄의 사회학은 필연적으로 규범적 접근법을 포함하지 않을 수 없다. 이 책에서 나는 돌봄을 '사랑의 행위'가 아닌 '돌봄노동'으로 다룬다. 애초부터 나는 페미니스트의 부불노동론에서 비롯된 문제의식을 가지고 있기 때문이다. 마찬가지로 페미니스트 연구자인 데일리와 그 동료들 역시 "돌봄은 노동으로 다뤄야 한다"고 했고, 다음과 같은 규범을 포함한 주장을 제시했다.

첫째, 돌봄의 가치는 존중받아야 한다.
둘째, 돌봄은 노동으로 다뤄야 한다.
셋째, 젠더에 공정하게 돌봄을 배분해야 한다. (Daly 2001: 59)

사회학에서 규범적인 접근법을 취할 때는 돌봄이 그 자체로 좋은 것이라고 전제하지 않는다. '어떤 조건에서 돌봄이 좋은 것으로 간주되나?' 혹은 '돌봄노동은 어떤 사회적 조건에서 공정한 노동이 될 수 있는가?'와 같이 사회학적으로 질문한다. 즉 행위가 놓인 사회적인 맥락을 시야에 넣는다. 이렇게 문제 너머에 있는 메타 수준에서 물음을 제기함으로써 비로소 그 이면에 있는 물음을 던질 수 있다. 즉 '돌봄은 어떤 조건에서 참기 힘든 억압이 되고 강제가 되는가?' '돌봄은 어떤 사회적 배치에서 불공정하고 열악한 노동이 되는가?'와 같이 상대적 관점을 포함한 물음이다.

나는 2장을 돌봄의 권리를 넓은 의미에서 인권의 한 종류, 사회권의 하나로 파악한 '돌봄에 관한 인권적 접근', 규범적 입장에 입각해 썼다. 이에 관해 쓰기 전, 먼저 인문사회과학 중에서도 규범과학의 성격이 있는 철학과 윤리학, 교육학 분야에서 돌봄을 어떤 방식으로 이야기해왔는지 검토한다. 규범과학에서 말하는 돌봄 이론을 비판적으로 검토하면, 어떤 것이 돌봄이 아닌지 알 수 있다.

돌봄에 대한 규범과학

돌봄에 대한 규범적 접근에는 크게 두 가지 계보가 있다. 하나는 그 자체로 규범과학의 일종인 철학, 특히 윤리학이고, 또 하나는 교육학이다. 이러한 규범과학의 특징은 돌봄이 무엇인지가 아니라 무엇이어야 하는가에 대해 많이 언급한다는 점이다. 여기서 나는 주로 일본에서 돌봄의 개념이 본질주의로 수용되어온 것을 비판하고자 한다.[1] 사회적 맥락을 뛰어넘어 본질주의적으로 접근할수록 사회학적인 접근과는 맞지 않는다.

1장에서 말했듯, 일본의 간행물 중 제목에 '돌봄(케어)'이 들어간 첫 번째 책은 마이어로프의 번역서다. 철학자 와시다 기요카즈, 윤리학자 가와모토 다카시는 'care'를 '돌봄'으로 번역하지 않고 영어 그대로 '케어'로 썼다. 돌봄에 대한 철학적, 윤리학적 접근법에는 다음과 같은 공통점이 있다.

첫째, 돌봄을 그 자체로 '좋은 것'으로 인식한 규범성이 있다.

둘째, 돌봄을 논할 때 추상적이고, 과도한 일반화를 한다. 따라서 어떤 행위가 실천적, 구체적으로 돌봄에 해당하는지에 관련한 서술은 극히 드물다.

셋째, 본질주의, 즉 탈맥락성이다. 바꿔 말해, 사회적 조건이 아무리 바뀌어도 타당한 보편성을 지향한다.

넷째, 탈젠더성이다. 이는 사회적 맥락을 무시하고 논의한 끝에 나온 결과이기도 하다. 사회적 맥락에는 젠더 외에도 인종, 계급이 있는데, 특히 내가 젠더를 강조하는 이유는 주로 젠더 관련 연구자들이 돌봄을 주제로 연구를 해왔는데도, 본질주의적 논의에서는 신기하게도, 어쩌면 고의라고 여겨질 정도로 현실에서 돌봄이 젠더화된 사실을 무시하고 부인한다. 그 결과 젠더화된 돌봄을 기정사실로 받아들이고 마는 성차별주의에 빠진다.

---

1 그 밖에 종교학자 야기 세이치 등도 돌봄을 본질적으로 논했는데(八木 2004; 増田·山本 2004), 이런 논의는 전부 규범성, 추상성, 과도한 일반화, 탈맥락성, 탈젠더성과 같은 특징이 있다.

돌봄에 대해 본질적으로 접근한 논의에서는 '돌봄이란 원래 무엇인가?'라고 물으며 규범적 접근법을 취한다. 그러나 실제 돌봄은 사회적 맥락에 따라 다르다. 사랑에서 나온 행위일 수도 있고, 억압과 착취로 강제된 노동일 수도 있다. 이렇듯 다양한 모습이 나타나는 개인과 개인의 상호행위가 돌봄이다. 본질적인 접근방식으로 파악하면 '돌봄은 본질적으로 X이다. 현실의 돌봄이 Y와 같다면, Y는 X여야 한다. 그래서 강제노동과 같은 돌봄은 있어서는 안 될 것'이라고 부인하는 수밖에 없다. 이런 식으로 돌봄에 접근하면, 돌봄의 실천적, 구체적 내용에 관해 무관심해지고, 결과적으로는 지금 상태 그대로를 인정하는 정치적 효과를 낳는다.

나의 관심은 본질적이지 않은 접근법이며 다음과 같다.

① 규범적이 아니라 서술적, 경험적으로 접근한다.

② 규범적 접근법 자체를 사회적 맥락(역사화)에 놓고 본다.

다음부터 나는 돌봄에 관한 규범적 접근법이 사회적 맥락에서 벗어나 있음을 검토하고, 사회적 조건으로 돌봄을 재맥락화할 것이다.

돌봄의 본질

마이어로프의 "On Caring"(Mayeroff 1971=1987)[2]은 돌봄의 고전으로 자주 언급된다(Kuhse 1997=2000; 森村 2000). 일본어 번역판 제목은 《케어의 본질》인데, 1987년에 초판 3000부가 간행된 후 2004년에 12쇄를 발행했고, 추정치로 누계 2만 부가 넘게 팔렸다. 이 책은 일본어판 제목대로 돌봄의 본질을 다루고 있다. 일본에 별로 알려지지 않은 마이어로프의 책이 원서가 나온 지 15년이 넘어서야 번역본이 간행되었다는 점을 고려해볼 때, 1980년대부터 1990년대까지 일본에서 돌봄론에 대한 관심이 커졌고, 또 일본에서 돌봄에 관한 논의가 본격적으로 진행되지 않았던 배경하에서 영어 'care'가 그대로 번역어 제목에 들어갔다는 점도 이 책이 일본에서 상업적으로 성공한 이유일 것이다.

마이어로프는 "한 사람의 인격을 돌보는 것은 그 한 사람의 성장과 자아실현에 도움을 주는 것이고, 여기에 가장 깊은 뜻이 있다"고 돌봄을 정의한다(Mayeroff 1971=1987: 13). 마이어로프에 따르면, 돌봄이란 1차적으로는 "기르는 것"을 말하는데, 돌봄 대상은 한 사람의 인격이나 이상, 아이디어 등으로 광범위하게 확대할 수 있다. 또 자녀, 학생, 친구, 공동체도 돌봄 대상으로 폭넓게 포함한다. 마이어로프는 돌봄 활동의 구체적인 사례로 아버지의 활동을 든다. "아버지는 자녀의 성장과 자아실현을 돕는다. 아버지는

---

2 마이어로프는 뉴욕주립대 철학 교수로 컬럼비아대에서 철학 박사학위를 받았다. "On Caring"은 철학자 루스 난다 앤셴이 총괄 편집한 '세계전망총서The World Perspecitives Series'의 하나로 간행되었다. 이 총서에는 에리히 프롬의 《사랑의 기술》, 폴 틸리히의 《신앙의 역동성》 등이 포함돼 있다. 이 책의 일본어판 번역자는 도호쿠대 의학부 교수 다무라 마코토, 고등학교 영어 교사 무카노 노리유키이며, 이전에 나이팅게일의 저서를 공역하기도 했다. 이들의 옮긴이 후기를 보면 "10년 전부터 이 책에 관심이 있었다. 이 책은 유례가 없는 놀라운 서적"이라고 찬사를 보낸다(Mayeroff 1971=1987: 229). 당시 일본에서 '케어'는 익숙한 용어가 아니었고, 아직 학문의 연구 주제가 아니었던 것을 고려하면 이들의 관심은 선구적이다. 공역자의 경력을 볼 때 간호에 대한 관심으로 이 책을 번역했다는 점을 알 수 있는데, 만약 이 시기가 아니었다면 일본어판 제목에 '케어'가 붙었을지는 불확실하다.

자녀를 가장 중대한 의미로 돌본다"(Mayeroff 1971=1987: 184)고 했다. 그런데 이 책은 신기하게도 어머니의 돌봄은 거의 언급하지 않는데, 마이어로프가 어머니의 돌봄을 무시한 것일 수도 있고, 혹은 어머니가 자녀를 신체적으로 돌보니까 어머니의 돌봄은 동물적이고, 아버지가 정신적으로 자녀를 돌보는 것이 오직 자녀를 "인격적으로 성장"시킬 수 있다고 생각한 것처럼 읽을 수도 있다.

마이어로프의 정의에 따르면, 돌봄 행위는 돌보는 사람에게 귀속되므로, 돌봄의 의미를 성찰하는 것은 돌보는 이의 과제이다. 그래서 돌봄의 "의미"란 돌봄을 하는 사람 "자신의 성장"이자 "돌봄을 통한 자아실현"이며, "삶의 의미"의 발견이며, 나아가 "돌봄 대상에 대한 감사"이다. 이렇게 이상적 견해로 쓴 돌봄에는 '돌봄은 X이다'와 같이 서술적 명제가 아니라, '돌봄은 X여야 한다'는 규범적 명제가 함의되어 있다. 이 경우 돌봄을 통한 자아실현은 '돌봄을 통해 자아실현을 해야 한다'와 같은 명제로, 바꿔 말해 이상에서 강제 또는 강박으로 쉽게 전환될 수 있다. 이런 명제에 입각한다면, 돌봄을 자아실현이라 여기지 않는 돌봄 제공자를 미성숙하고 열등한 인격으로 여길 것이다. 그런데 이 책을 쓴 마이어로프는 어땠을까? 그가 기혼자인지 자녀가 있는지 모르지만,[3] 자녀가 있다면 적어도 책을 쓸 때 자녀를 돌볼 시간을 할애할 수 없었을 것이다. 반대로 자신이 자녀 돌봄을 통해 자아실현을 했더라면 이

---

3 책에 등장하는 사례가 주로 아버지, 대학교수의 경험이라 마이어로프가 아버지라는 점을 쉽게 추측할 수 있다. 자기 자신 말고는 연구 현장이 없다고 할 수 있는 많은 철학자가 자신의 경험 밖으로 나올 수 없는 점을 마이어로프가 의도치 않게 증명한 것 같다.

책을 쓸 필요도 없었을 것이다. 그럼 대관절 그는 누구한테 돌봄을 통해 자아실현을 하라고 주장한 것일까? 이것이 문제다. 실상 여성이 대부분 돌봄을 하므로, 이 책은 여성에게 자아실현을 하라고 규범을 강제하는 효과를 야기한다. 그렇게 되면 여성에게 그 외의 다른 방법으로는 자아실현을 하지 말라는 식의 억압이 될 수도 있다. 이런 책에 대해 우리는 이미 데일리가 말했듯, "설교는 그만!"(Daly & Standing 2001: 2)이라고 하면 족하다.

일본의 철학자인 모리무라 오사무는 《케어의 윤리》에서 마이어로프를 돌봄 이론의 개척자로 평가한다(森村修 2000). 2000년에 낸 책에 마이어로프를 참조한 것이 놀라운데, 모리무라가 마이어로프를 높이 평가한 내용이 바로 내가 비판하려는 부분이다. 모리무라는 마이어로프가 "자신과 분리된 무엇에 또는 누군가에게 도움을 주면 비로소 나는 충족할 수 있다"고 한 것을 인용하며 다음과 같이 썼다.

> 왜 우리는 돌봄이 필요한가? 왜 자신과 타자를 돌봐야 하는가? 단적으로 말해 그 이유는 돌봄이 우리 삶에 의미를 부여하기 때문이다. (森村修 2000: 91)

모리무라는 마이어로프가 내린 돌봄의 정의를 더 넓혔는데, 그것은 "타자에 대한 돌봄"과 "자신에 대한 돌봄"이 같다고 한 것이다. 정확히 짚자면, 모리무라는 "타자를 돌봄으로써 비로소 자신을 돌볼 수 있다"고 썼다. 그는 "자신을 돌보는 것은 삶에 의미를 부여하는 것"이라고 했는데, 이는 마이어로프의 논의와 마찬가지다. 규범적 함의는 얼마든지 쉽게 '강제'로 바뀔 수 있다. 마치 "남을 돌보는 것은 남을 위한 것이 아니라, 당신 자신을 위한 것"이라고 한 것과 같다. 그렇게 되면 돌보는 사람은 '돌봄 자체가 보수이자 보람이다'와 같이 생각하지 않으면 인격적으로 성숙한 사람이 아니라는 식으로 억압당할 수도 있다.

규범적 함의에 덧붙여 마이어로프의 논의를 더 분석해 비판하자면, 다음 네 가지를 지적할 수 있다.

첫째, 돌봄 대상을 인격, 아이디어를 포함하는 식으로 과도하게 확장하면서, 결국 돌봄은 정의를 내리지 못한 개념이 되고 말았다. 분석과 서술의 타당성을 잃었다.

둘째, 돌봄이 자녀 돌봄으로 한정된다. 환자, 장애인, 고령자에 대해서는 언급하지 않았다.

셋째, 돌봄이 의존과 보호, 관리 대상으로 제한되어 온정주의를 피할 수 없게 되었다.

넷째, '아버지의 돌봄'을 자주 언급하고 있는 것과 대조적으로 '어머니의 돌봄'은 완벽하게 보이지 않는다. 나는 이런 식의 논의에서 돌봄을 탈젠더화하는 담론 정치가 작동되고 있다는 점을 강조한다. 돌봄을 실천하는 현장을 보면 돌봄이 젠더화되어 있다는 사실이 파악되는데도, 젠더를 돌봄과 아무 상관없는 것처럼 다룬다. 이는 탈젠더화라는 담론 수행의 효과를 불러일으킨다. 이런 탈젠더화 담론 정치에는 저자의 성차별 의식이 반영되었다는 점도 지적할 수 있다. 마이어로프는 아버지의 돌봄이 어머니의 돌봄보다 가치가 있다고 했기 때문이다.

다시 데일리의 문장을 인용한다.

> 돌봄이 증여이자 도덕적 행위라 설교한 이들은 돌봄의 선택지가 제한적이라는 점을 무시했다. 많은 이에게는 돌봄이 증여나 도덕이라고 생각할 여유조차 없다. (Daly & Standing 2001: 2)

마이어로프는 자발적으로 선택한 아버지의 돌봄을 높이 평가하지만, 그것이 가능한 배경에는 어머니의 돌봄이 있다는 전제를 잊어버렸거나 고의로 묵살했다. 이런 점에서 마이어로프의 책은 현실 돌봄에 나타난 젠더를 '보기 좋게' 탈젠더화시켰으며, 또 돌봄을 남성적인 것으로 다시금 젠더화하는 담론의 정치를 실천하고 있다.

길리건의 '돌봄의 윤리'

일본에서 돌봄이라는 말이 영어 그대로 '케어'로 정착한 데는 가와모토 다카시가 페미니스트 발달심리학자 캐럴 길리건의 《다른 목소리로》(Gilligan 1982=1986)를 소개한 것이 중요한 역할을 했다.[4] 가와모토는 《현대윤리학의 모험》(川本 1995) 5장 〈케어와 정

4 이 책의 원서 제목은 "In a Different Voice"(1982)이다. 'Voice'에는 '목소리'라는 뜻과 능동태와 수동태를 지칭할 때의 문법용어인 '태態'라는 뜻도 있다. 길리건은《다른 목소리로》에서 발달심리학자 콜버그가 여성의 도덕성을 낮게 평가한 주장과 논의에 도전했다. 길리건은 19~33세 여성 29명을 인터뷰해서 여성이 원치 않는 임신을 하고 중절할 때 그 의사결정의 도덕적 딜레마를 논하면서, 여성은 책임과 배려, 인간관계 네트워크를 중심으로 (임신중절을 비롯해) 상황의존적으로 의사를 결정하는데, 이러한 입장은 상황초월적인 개인주의 입장보다 도덕적으로 우위에 있다고 주장했다.

의: 페미니즘〉에서 길리건의 논의를 소개하고 평가했다. 여기에서 그는 자유주의liberalism의 정의론에 대항해 길리건이 말한 '케어의 윤리'를 근거로 삼아 정의론을 전개했다. 앞서 언급한 철학자 모리무라도 길리건을 긍정적으로 평가했다. 모리무라가 인용한 문헌이 일본 자료인 것으로 볼 때, 그는 길리건의 책이 아니라 가와모토의 책에서 영향을 받은 것 같다. 이러한 일본의 윤리학 동향은 1990년대 이후 영미권에서 '돌봄의 윤리ethics of care'가 윤리학의 주제로 등장한 것을 반영한 흐름이다. 이때 번역어를 보면 기묘한 정치학을 살펴볼 수 있다.

일본어판 《다른 목소리로》를 보면, 신기하게도 '케어'라는 단어가 한 번도 안 나온다. 일본의 번역자는 원서에서 길리건이 쓴 'care'를 '배려'(마음 씀씀이)로 번역했다. 번역판에는 '책임의 윤리' '배려의 윤리'와 같은 단어가 나오는데, 가와모토는 이것을 '케어의 윤리'라고 재명명했다.[5] 이런 점에서 길리건이 말한 '돌봄의 윤리'를 '케어의 윤리'로 일본의 철학·윤리학계에 소개한 가와모토의 공적은 지대하다.

길리건의 책은 미국 내에서 높이 평가받았지만, 한편 캐서린 맥키넌[6]과 같은 급진적 페미니스트들에게는 엄중하게 비판받기도

5 《현대윤리학의 모험》에는 〈개호·보살핌·배려: 케어를 문제화하다〉라는 제목의 장이 있다. 이 점을 보면, 가와모토가 '케어'를 '개호' '돌봄' 또는 '배려'라고 다의적으로 번역할 수 있다는 점을 충분히 인지했다고 짐작할 수 있다. 가와모토는 2005년 자신이 편집한 서적에 《케어의 사회윤리학》이라는 제목을 붙여 한층 명시적으로 '케어'라는 용어를 썼다.

6 1980년대 반포르노 운동에 적극 참여한 미국의 페미니스트 변호사다. 표현의 자유를 다룬 저서 《수정하지 않은 페미니즘Feminism Unmodified》(1987)에서 "남성에게 유리한 여성관을 긍정한다"며 길리건을 비판했다.-옮긴이

했다.[7] 일본에서도 길리건을 둘러싼 페미니스트 논쟁이 일어났는데, 이때 나는 비판적 입장을 취했다.[8]

그러나 가와모토가 열정적으로 소개하지 않았다면, 길리건은 일본에서 페미니스트 그룹 외에 남성 주도의 철학·윤리학계에서 논쟁할 만한 사상가로 언급되지 못했을 것이고, 논쟁은 페미니스트들의 싸움 정도로 그쳤을 것이다. 또 만약 '케어의 윤리'가 '배려의 윤리'로 일본에서 널리 알려졌다면, 과연 주목을 받았을지도 의문이다.

그런데 'care'를 어떻게 번역할지 번역어를 둘러싼 담론의 정치를 간과할 수는 없다. 번역할 때 일어나는 이 담론의 정치에는 먼저 첫째, 길리건에 대한 재평가가 있다. 길리건에 따르면 돌봄(배려)이란 주로 여성이 발달시켜온 도덕성이다. 이것은 상호의존, 배려와 관심, 의무와 책임의 관념을 복합적으로 포함한 도덕적 기준이며, 개인의 권리와 의무를 중시하는 권리의 윤리와 같은 일관성은 없으나 자아와 타자의 연결 등 상황의존성에 따라 도덕적 우

---

7 길리건은 《다른 목소리로》로 미국교육연구학회의 출판상을 받았고, 같은 해 페미니즘 잡지 《미즈Ms》에서는 '올해의 여성'으로 선정되었다. 한편 수전 팔루디는 《백래시》(Faludi 1991=1994)에서 길리건의 논의는 1980년대 페미니즘이 가정으로 회귀한 현상이라며 비판했다. 나의 길리건 비판은 《차이의 정치학》(上野 2002a)을 참조하라.

8 나는 《차이의 정치학》에서 길리건의 논의를 백래시 현상으로 보고 비판했지만, 페미니스트 에하라 유미코는 임신중절에 대한 자기결정권을 주장한 길리건의 논의를 긍정적으로 평가했다(江原 1995). 한편 에하라 유미코가 번역하고 감수한 발레리 브라이슨의 《페미니스트 논쟁》(Bryson 1999=2004: 105)에는 길리건의 논의에 대한 언급에서 ['care'에 관해] '책임의 윤리' '케어의 윤리'로 번역되어 있다. 가와모토가 길리건의 논의를 평가하고 '케어의 윤리'로 명명한 것이 영향을 끼쳤을 것이다.

위에 있다. 길리건은 자신의 연구에서 스승이던 심리학자 로런스 콜버그의 남성중심적인 발달 이론이 남성의 도덕성보다 여성의 도덕성을 열등한 위치에 놓는다고 비판했다. 이런 이의 제기를 감안하면 길리건에게 젠더적 시각이 있다는 것을 의심할 여지는 없다. 그러나 길리건의 연구는 이미 남성에 의해 좋게 평가된 '여성다움'의 특성을 좋게 평가하는 것으로 본질주의에 기여하고 말았다. 생물학적 본질주의는 아니나 문화 본질주의를 불러일으켜 성차를 고정하는 데 이바지했다. 철학자 모리무라는 길리건의 돌봄 윤리학을 "여성적(여성다운) 윤리학feminine ethics"이라고 하며, "페미니스트 윤리학feminist ethics"과 구별했다(森村 2000: 114). 또 미국에서 《다른 목소리로》가 간행된 시기는 레이건 정권으로, 페미니즘에 대한 반발인 백래시backlash가 한창이었던 때다. 이 시기 미국의 보수 세력은 당시 길리건의 논의와 같은 페미니즘에서 나오던 "가정, 여성다움으로 여성들이 물러나는 현상"을 환영했다(上野 2002a). 묘하게도 남성들은 길리건을 높이 평가했고, 여성들은 낮게 평가했다.

둘째, 가와모토나 남성 연구자들이 길리건을 높게 평가하자, 이로 인해 길리건의 논의에 담긴 젠더성은 완벽히 누락되어 탈젠더화의 정치를 수행하는 결과를 불러일으켰다. 길리건은 '정의의 윤리'를 남성의 도덕, '케어의 윤리'를 여성의 도덕으로 삼은 뒤 그 도덕적 성향을 이야기했는데, 남성 연구자들은 이 두 가지 윤리에서 젠더에 관한 논의는 쏙 빼놓고 두 가지 윤리가 상호보완적이라며, 남녀불문하고 적용할 수 있는 원리로 만들고 말았다. 그런가하면 페미니스트들 중에서도 남성 연구자들과 마찬가지 방식으로 길리건을 재평가한 이도 있었다(江原 2000; 山根 2004).

2000년대에 들어서 가와모토는 《케어의 사회윤리학》을 엮었는데, 이 책에서 "최고의 필자를 선택했다"고 자부했다(川本編 2005). 그의 말처럼 이 책에는 오늘날 돌봄을 말할 때 빼놓을 수 없는 중요한 연구자들이 참여했고, 가와모토가 쓴 서문인 〈케어의 사회윤리학으로의 초대〉도 훌륭한 논고다. 이제 나는 우선 이 책을 살핀 후, 가와모토에 대한 비판을 이어가려 한다.

첫째, 책 제목에 '사회윤리학'이 붙어 있는 데서 알 수 있듯 이 책은 사회적 맥락을 감안한 책이다. 이 점은 현장에 있는 많은 실천가들[의사, 간호사, 개호복지사 등]을 집필진으로 넣은 편집 방침을 봐도 알 수 있다.

둘째, 사회적 맥락을 감안해 돌봄이 언제나 좋은 것이라는 전제에 의문을 표하면서 돌봄이 '마지못해' 하거나, '성가신 것'일 수도 있다는 가능성을 넣었다.[9]

셋째, 이 책에서 다루는 돌봄의 영역은 의료, 간호, 개호, 교육으로 모두 네 가지인데, 여기에 육아나 장애인 돌봄은 빠졌다. 일부러 이 네 가지 영역만을 넣은 건 아니겠지만, 이렇게 '육아'가 주변적으로 다뤄지는 건 영어권과 비교해볼 때 매우 특수하다.

가와모토는 책 말미에 "젠더 문제에 어떻게 대처하면 될까?"라고 묻고 이렇게 답한다.

---

9 그러나 이러한 돌봄의 이중성에 대한 언급은 충분히 이론으로 성립되었다고 볼 수 없다. 이에 반해, 이 책에서 내가 채택한 돌봄에 대한 인권적 접근은 돌봄의 자발성과 강제성을 함께 개념화할 수 있는 이론 장치다.

> 여성이 고령자 돌봄의 '길'을 걷지 않을 수 없다면, 일단 이런 조건을 받아들여서 고령자 돌봄과 젠더의 관계를 '반反사실적으로'[고령자 돌봄을 주로 여성이 담당하는 현실과 반대되나] 바람직하게 연결할 수 있도록 구상해보자. 이게 정공법일 것이다. (川本編 2005: 27-28)

여기서 가와모토가 말한 정공법이란 대체 누구에게 하는 소리인가? 사회윤리학에 대한 정공법이란 소리인가? 윤리학은 젠더에 대한 판단을 일단 유보한다는 접근법을 취하겠다는 소리인가? 페미니스트 윤리학자라면 이 주장에 동의하지 않을 것이다. 비판적으로 젠더를 사고하는 윤리학에서는 학문의 표면적 초월, 즉 젠더 중립성을 비판 대상으로 삼기 때문이다. 가와모토는 책에서 "돌봄을 옳게 나눌 것을 지지할 수 있도록 방패막이 될 제도를 마련하는 게 한 가지 과제"라고 거론했다(川本編 2005: 3). 젠더 연구자라면 가와모토가 "돌봄을 옳게 나눌 것"이라고 한 것을 즉시 "돌봄을 공정하게 분배할 것"이라고 고쳐 쓸 것이다. 돌봄에는 젠더가 크게 관여하고 있으며, 돌봄 문제는 젠더 문제다. '문제'는 무엇이며, 누구에게 '문제'인가? 누구에 의해, 무엇 때문에 '문제화'되었는가? 가와모토가 길리건한테서 배웠다고는 하나, 돌봄에서 문제화해야 할 정치성을 탈정치화한다면, 여기에는 또 하나의 정치가 수행되고 있다고 하겠다.

길리건 이후, '돌봄의 윤리' 논쟁

길리건의 《다른 목소리로》가 나온 후, '돌봄의 윤리' 대 '정의의 윤리' 논쟁을 추적한 역작은 철학자 시나가와 데쓰히코의 《정의와 인접한 것: 책임이라는 원리와 케어의 윤리》(品川 2007)이다. 시나가와는 '돌봄의 윤리' 대 '정의의 윤리'의 논쟁사를 적절하고 정확히 정리했기에 다소 길지만, 인용한다.

> 돌봄의 윤리를 둘러싸고, 돌봄의 윤리 대 정의의 윤리 논쟁이 전개되었다. …… 논쟁에서 대립한 진영은 '길리건파 대 콜버그파'에서, 점차 '길리건과 길리건의 옹호자 대 길리건을 비판한 페미니스트'로 옮겨갔다. 길리건이 발굴한 돌봄의 관점은 많은 여성이 역사적으로 경험해온 가치관을 반영하긴 했다. 반면 같은 이유로, 역사적인 사실을 윤리적으로 긍정하면서도 여성에 대한 억압을 재생산할 위험도 있다. 길리건이 이야기한 돌봄의 윤리에 대해 페미니스트들은 각양각색으로 반응했다. 한쪽에는 길리건이 말한 윤리를 부정한 이가 있었다. 이를테면 맥키넌은 "여성이 스스로 남성에게 유리한 여성관에 맞추려는 태도"라며 길리건의 논의를 부정했다.
>
> 또 다른 한쪽에는 여성과 연결된 도덕적 초월성을 말한 이가 있었다. 노딩스다. 그 중간에는 길리건이 제기한 문제에 자극을 받아 돌봄의 관점을 중시하면서도 한층 넓은 사회적 맥락에서 돌봄의 윤리를 펼치려는 이들도 있었다. 논의에는 다양한 스펙트럼이 있지만 전반적으로 반페미니스트의 주장과 대립한다. 이들은

대부분 정의의 윤리를 지지할 것이다. (品川 2007: 193)

철학, 윤리학의 주류인 '정의론'에서는 실상 돌봄의 윤리를 무시했고, 돌봄을 논할 때라도 젠더 몰이해 방식으로 돌봄을 논해왔다. 그래서 돌봄의 윤리 대 정의의 윤리 논쟁에 참가한 남성 연구자들은 시나가와가 말했듯 "돌봄의 관점을 중시하면서도 한층 넓은 사회적 맥락에서 돌봄의 윤리를 펼치려는 이들"이자, 돌봄의 윤리와 정의론 사이에 위치한 이들이며, 자신이 속한 정의론 속에서는 소수였다.

시나가와가 언급한 바와 같이, 길리건의 '돌봄의 윤리'를 좀 더 극단적으로 본질주의적 형태로 논의한 이는 교육학자 넬 노딩스다. 노딩스의 《케어링: 윤리와 도덕 교육에 관한 여성의 접근》(Noddings 1984=1997)은 오늘날 돌봄을 말할 때, '케어'보다 '케어링caring'이라는 용어를 선호하는 연구자 대부분이 근거로 삼는 책이다. 책의 부제 중 '여성의 접근a feminine approach'은 직역하자면 '여성다운 접근'이라고 할 것이다. 노딩스의 논의에서 '케어링 사회caring society'란 서로를 돌보는 모성적 사회이며, 이런 사회를 이상으로 그린다.

노딩스에게 '케어링'이란 돌봄을 받는 타자의 "복리, 보호, 향상"을 위해, 타자를 "수용하고, 응답하고, 공감하고, 관여"하는 것이다(Noddings 1984=1997). 그러기 위해 필요한 것은 대상에 대한 '몰입'이며, "자신을 비우고 타자의 경험을 받아들이고 반응"해야 한다. 노딩스가 케어링의 전형적 사례로 든 것은 어머니와 자식 관계이다. 그 이유는 "자연스러운 관계에서 사랑이 절로 솟기 때문"

이다. 이렇듯 타자와의 관계는 대면성, 개별성을 갖는 고유한 것이다. 따라서 "자신이 돌봄의 책무를 짊어지고 있는 사람들을 저버리지 않는 한, 내가 굶고 있는 아프리카의 아이들을 돌봐야 할 책무는 없다"(Noddings 1984=1997)고 하면서, 보편주의인 '정의의 윤리'를 부정했다.

노딩스의 입장을 비판하자면, ① 노딩스는 후기구조주의 젠더 이론[10]이 부정한 생물학적 본질주의를 더욱 강화하고 말았다. 길리건 논의의 문화적 본질주의보다 더하다. 더욱이 노딩스의 주장은 ② 우리가 경험하는 현실과 다르다. 현실을 보면 자신이 낳은 아이를 사랑하지 않아서 돌봄을 포기하거나 학대하는 엄마도 많다.

한편 생명윤리학자 헬가 커스는 '케어링' 개념을 사용하면서도, '정의의 윤리' 입장에서 노딩스를 크게 비판했다(Kuhse 1997=2000). 커스는 '돌봄의 윤리'를 '정의의 윤리'로 통합할 수 있다면서 특수주의적인 '돌봄의 윤리'가 갖는 한계를 비판하고, 그러면서 보편주의적 '정의의 윤리' 입장에 선다. 커스는 "돌봄과 정의가 대립하게 된 것은 젠더 문제가 아니다"라고 했지만, 그렇다고 반페미니즘 진영에 가세하지는 않았다. "진짜 문제는 어떤 윤리학 이론이 남성적인지 여성적인지가 아니다. …… 그 윤리학 이론에 남성 우위의 편향이 있는지 아닌지, 즉 여성의 이익을 부정하고 여성을 남성에게 종속시키는 움직임이 있는지 그것을 증명하는 것이다"(Kuhse 1997=2000: 176). 이어서 커스는 "케어링에는 찬성하

10 사회적 성차를 의미하는 젠더뿐 아니라 생물학적 차이인 섹스, 섹슈얼리티도 사회적 구축물임을 주장한다. 대표적 사상가로 주디스 버틀러가 있다.-옮긴이

나, 돌봄의 간호 윤리에는 반대한다”(Kuhse 1997=2000: 179)고 분명히 했는데, 그 이유는 ‘돌봄의 간호 윤리nurse ethics’는 간호직과 같은 직업 특수 윤리가 설정됨으로써 간호사가 무제한으로 희생하고 봉사하는 것을 유발할 수 있기 때문이다. 이와 같은 이유를 들어, 커스는 노딩스와 같이 무한정 ‘몰입’하도록 요구당하는 돌봄은 그게 교육이든 간호든 간에, 현장에서는 아주 위험하다고 주장했다.

> 노딩스가 주장한 바와 같이 간호에서 모든 간호사와 환자가 철저히 마주할 것을 요구하거나 돌봄의 이상을 그토록 높이 설정하면, 상당히 위험하다. …… 이렇게 성취 불가능한 목표를 달성하라고 마냥 북돋우면, 간호사는 좌절감에 빠져들 뿐만 아니라 …… 자기 일에 대한 자부심을 잃어버릴 수도 있다. (Kuhse 1997=2000: 188-189)

커스가 간파했듯, 길리건과 노딩스가 말한 ‘돌봄의 윤리’는 페미니스트 관점의 동기와 의도에서 나왔다고 해도 “페미니즘에 반하는 역설”을 초래해 “현대 페미니즘에 위험한 동향”이 될 수 있다. 시나가와도 “돌봄의 윤리로는 돌보는 사람에 대한 착취를 억제할 수 없다”(品川 2007: 189)면서 노딩스에 대한 비판을 소개했다. “돌보는 사람으로 역할이 부과된 여성이 노딩스가 말하는 식으로 윤리론을 내면화하면, 해당 이론은 여성에게 돌봄관계를 유지하도록 강요하는 억압 이데올로기로 작용한다”고 했다(Bubeck 1995: 207). 또 커스는 간호직에 대해서도 “노딩스가 말하는 돌봄의 윤리란, 간호사 역할을 의사를 보조하는 봉사로 제한한 전통적 은유의 재탕에 불과하고 여성에게 차별로 작용할 이중 기준을 온존하게끔 할 것이다"라고 지적했다(Kuhse 1997=2000: 207).

커스는 노딩스의 논의를 두고 "이미 익숙한 것을 여자가 설교한 것일 뿐"이라며 가차 없이 비판했다(Kuhse 1997=2000: 207). 여성 연구자의 논의에서도 젠더에 대한 영향이 남성 연구자의 논의와 별다를 바 없다면, 우리는 데일리가 이미 말했듯 "설교는 그만!"이라고 여성 연구자에게도 똑같이 대꾸할 수 있다.

나도 길리건과 노딩스의 논의에 비판적 입장이다. 그러나 이들을 비판하기 위해 커스처럼 보편주의적인 정의의 윤리 입장에서 "여자도 보편주의 윤리학에 설 수 있다"고 증명할 생각은 없다. 돌봄의 윤리가 "광범위한 반응을 불러온 이유는 근대의 윤리 이론에서 그다지 언급한 적 없던 이질적 가치를 주장했기 때문"이다(品川 2007: 145). 돌봄의 윤리와 정의의 윤리는 양자택일의 문제가 아니며, 한쪽이 다른 쪽에 동화되거나 통합될 것도 아니다. 버지니아 헬드가 지적했듯, "돌봄의 윤리" 대 "정의의 윤리" 간에 "혼란스러운 논쟁"에 이르렀다는 점을 받아들이자(Held 2006). 그러려면 돌봄의 윤리와 정의의 윤리는 서로 근원적으로 바꿀 수 없다는 점, 즉 그 환원 불가능성을 인정하면 된다.

임상철학의 돌봄론

또 한 가지 돌봄 이론으로, 일본에서 독자적으로 전개된 임상철학의 돌봄론을 소개한다. 임상철학을 주창한 와시다 기요카즈는 돌봄론 연구를 심화했는데, 《듣기의 힘》의 〈8장 호모 파티엔스〉에서 돌봄을 논했다(鷲田 1999). 호모 파티엔스는 '괴로워하는 사람'이라는 뜻으로, 'patient'(환자)의 어원인 라틴어 'patiens'에서 유래했다고 한다. 임상철학이라 명명한 와시다의 돌봄론은 의료임상을 염두에 뒀다. 와시다는 의료임상 중에서도 간호 현장을 철학으로 풀어내려 시도했다. 와시다에 따르면 "돌봄은 괴로워하는 사람이 있다는 단지 그 이유만으로 전혀 미루지 않고 타자의 곁에 있는 것이며, 이것은 고통당하는 이의 괴로움을 줄이고자 뭔가를 하는 것, 즉 의료cure와 구별할 수 있다"고 한다(鷲田 1999). 하지만 '무조건 함께 있어주는 것'을 돌봄이라고 한다면, 간호직 종사자들은 동의하지 않을 것이다. 와시다의 논의는 간호직 종사자들의 무급 잔업이나 감정노동을 더욱 강화하는 결과로 이어질 수 있다. 노딩스의 논의를 비판하며 살핀 것처럼, 이런 돌봄론은 '억압적 이데올로기'로 작용할 수 있다.

와시다는 다음과 같은 활동을 '돌봄의 원형'으로 거론했다.

> 젖을 물리고, 젖이 묻은 입가를 닦아준다. 떨어뜨린 장난감을 주워주고, 똥 범벅이 된 엉덩이를 닦아준다. 머리, 턱 아래, 겨드랑이 아래를, 또 손가락 사이와 허벅지 사이를 정성껏 씻겨준다. 이런 경험이 돌봄이다. (鷲田 1999: 252)

이 서술은 마이어로프가 말한 '돌봄 활동'과는 대조적이라 흥미롭다. 첫째, 와시다가 말한 돌봄의 원형은 곧 본질주의라고 봐도 무방할 정도다(어머니만 젖을 물릴 수 있기 때문이다). 둘째, 마이어로프와 달리 와시다는 돌보는 경험이 아니라 '돌봄을 받은 경험', 그것도 완전한 수동성의 경험을 원형이라고 봤다. 마이어로프는 돌봄을 오직 돌보는 쪽에서 설명했고, 자신이 '돌봄을 받는 쪽'이 될 수도 있다는 점은 전혀 고려하지 않았다.

와시다는 완전한 수동성이 "돌봄의 근원에 있어야 할 경험"이라고 이야기하면서, 그것을 "존재의 보살핌"이라고 바꿔 말한다. "나, 정말, 살아도 되는 건가요?"라는 물음에 "당연하지. 넌 그대로 살아도 돼"라고 응답하는 무조건적인 긍정을 와시다는 돌봄이라고 했다(鷲田 1999: 252). 나는 이런 사례에 나타난 어법상의 젠더나 지위 지표에 민감하다. 일본어의 어법은 대화에서 성별, 나이, 지위를 쉽게 알 수 있는데, 와시다의 저 문답에서 질문한 쪽은 연하의 여성이고 답한 쪽은 연상의 남성(혹은 성별을 불문하고 연장자)으로 볼 수 있다. 와시다는 이 성별, 나이의 배치가 역전될 수 있다는 가능성(고령자 돌봄에서는 종종 그럴 수 있다)을 고려하지 않은 것으로 보이고, 이런 점에서 와시다의 돌봄 개념도 마이어로프처럼 가부장적이다.

와시다도 길리건을 높이 평가한다. 이런 평가에서 '혼란이나 애매모호함, 어중간함'으로 여겨지는 '여성의 도덕적 약점'은 '타자에 대한 배려(돌봄)'라는 점에서 모두 '여성의 도덕적 강점'으로 바뀐다. 길리건의 논의는 여성이 남성보다 도덕적 우위에 있다고 설명했는데, 이런 논의는 페미니스트한테서는 엄한 비판을 받았으나, 가와모토나 와시다와 같은 남성 철학자들로부터는 지지를 받았다. 이러한 모순은 대체 뭘 뜻할까? 와시다는 '돌봄'을 탈젠더화하지 않았지만, '돌봄의 원형'을 본질적인 것으로 이야기함으로써 남자를 돌봄의 안전지대에 자리매김해두었고, 한편으로는 가령 무조건적 긍정이 돌봄이라는 식으로 돌봄을 추상성이 높은 보편적 개념으로 비약하고 말았다. 가와모토와 마찬가지로 와시다 역시 탈젠더화의 담론 정치를 실천했다고 할 수 있다.

우리가 물어야 하는 돌봄은 자연화naturalization되고 본질화된 돌봄, 또 보편적 개념으로 비약한 돌봄이 아니다. 우리는 이런 돌봄의 반대편에 있는 돌봄을 물어야 한다. 즉 역사적, 사회적, 문화적 맥락에서 돌봄이 어떻게 배치되고 수행되는가와 같은 경험적 물음이다. 철학자도 윤리학자도 이런 물음에는 답하려 하지 않았다. 그 이유는 이들이 속한 학문의 본질일까 아니면 한계일까?[11]

'케어링'을 살피다

이 책에서 내가 돌봄을 가리키는 용어로 '케어링'을 쓰지 않은 이유를 덧붙이려 한다.

지금껏 논했듯 돌봄에 대한 규범과학을 보면, 주로 돌봄을 하는 쪽이 돌봄을 설명해왔다. 이런 규범적 이론화 작업에서는 돌봄의 상호성을 강조하는 경향이 있다. '케어링' 용어를 선호하는 연

11 이런 물음을 던지면, 필시 학문마다 고수하는 범주가 있다고 답을 할 것이다. 그러나 본질적인 물음이 어떠한 사회적 조건에서 나오는지 생각해보자. 철학자나 윤리학자의 탐구 자체도 사회적 조건에 의존적이라는 점을 지적하지 않을 수 없다. 이런 점을 자각하지 않는다면, 학문은 그 자체의 보수성에 편하게 안주하는 것으로 끝나게 된다.

구자는 노딩스나 커스처럼 교육학이나 간호학 분야에 많다. 케어링이라는 용어는 가르치거나 기르고 간병하는 행위와 친화적이고, '배려하는, 잘 돌보는, 깨닫는, 세심한'과 같은 뜻의 형용사로 쓸 수 있어서 교사나 간호사 등 총체적으로 모성적인 것으로 여겨지는 직업에 잘 대응하기 때문이다. 그런데 기이하게도 마이어로프는 자신의 '부성적父性的' 돌봄론에서 '케어링'이라는 용어를 쓰지 않는다. 교육학자 노딩스와 마찬가지로 마이어로프는 가르치고 기르는 것을 돌봄의 핵심으로 간주했는데도 말이다. 또 같은 의료 분야지만 간호학에서는 '케어링'이라는 용어를 선호하지만, 가령 의사를 "케어링 하는[잘 돌봐주는] 의사"라고 하지는 않는다. 이렇듯 '케어링'의 용례로 보건대, ① 주로 돌봄을 하는 쪽이 사용하고, ② 여성의 돌봄을 일컬어 사용하는 경향이 있음을 알 수 있다.

일본의 가족사회학자 사사타니 하루미는 '케어링연구회'를 조직하는 등 '케어링'을 선호하는데, 여기에서 '케어링'을 모조리 '케어'로 바꿔도 논지는 같다. 즉 그는 '케어'의 대체어로 '케어링'을 쓰는 것이다. 어떤 개념이 다른 개념과 같은 의미인지 아닌지 판단하려면 문맥에 그 개념을 대입해서 의미가 변하는지 아닌지 증명하면 된다. '케어링'을 '케어'로 모두 대체할 수 있는데 굳이 두 가지 용어를 구별해서 쓸 이유는 없다.

그렇다면 '케어'와 '케어링'을 굳이 구분해서 무엇을 기술할 수 있게 되는가? 케어링을 선호하는 이론가들은 돌봄을 주는 쪽의 능동성과 주체성을 강조하는 경향이 있다. 그렇지만 이런 경우 돌봄을 받는 쪽에 대해서는 '케어링'이라고 하지 않고 수동태로 '케어드cared'라고 쓰고 개념화해야 맞다.

'케어링'을 이야기하는 이론가들은 돌봄을 제공하는 이도 돌봄을 받는 이로부터 역시 돌봄을 받고 있다는 듯 '상호적인 케어링 mutual caring'을 말한다. 그렇지만 돌봄을 주는 쪽과 받는 쪽의 관계는 실제로 돌봄을 주고받는 상호적 관계가 아니다. 돌보는 쪽과 돌봄을 받는 쪽 사이에는 압도적 비대칭성이 있다. 그 관계는 호혜적이지도 않고, 등가도 아니다. '케어링'이라는 용어를 써서 상호성을 강조하면, ① 돌봄의 비대칭성은 은폐되고, ② 이에 따라 돌봄 행위는 무조건 '좋은 것'으로 구성되며, ③ 결국 돌봄이 부정적 행동이 될 우려가 있음을 은폐하는 효과도 있다. 그래서 나는 '케어링'이라는 용어를 쓰지 않는다.

돌봄의 맥락을 살피다

지금까지 돌봄을 핵심 개념으로 삼은 철학, 윤리학, 교육학의 규범적 돌봄 이론을 비판적으로 개관했다. 돌봄에 대한 철학적, 윤리학적 접근법을 남김없이 살폈느냐고 묻는다면, 내가 놓친 부분도 있겠지 싶다. 그런데 나의 의문은 규범적으로 돌봄에 접근하는 철학적, 윤리학적 방법론이 그 논리 전개상 필연적으로(즉 이미 학문 영역에 내재된 형태로) 돌봄의 사회적 성격, 특히 젠더성을 무시하고 은폐하는 영향력을 갖는지 여부였다. 한편 페미니스트 윤리학(金井 2005; 杉本貴代栄 2000; 内藤 2000)이나 페미니스트 철학에서 기존의 관점을 비판하지 않은 것은 아니므로, 규범과학 전체가 반드시 젠더를 벗어난 논의를 했다고 할 수는 없다. 오히려 내가 2장에서 언급한 연구자들은 주로 페미니스트들이 제시한 돌봄 문제에 민감하게 반응한 괜찮은 학자들일 수도 있다. 하지만 그들이 페미니즘의 성과를 전유해 탈젠더화의 담론 정치를 수행하고 말았다는 점을 놓쳐서는 안 된다.

페미니스트 정치철학자 오카노 야요는 고대 그리스 철학이 예상과 달리 돌봄의 젠더성, 계급성을 인식했다고 지적했다. 오카노는 한나 아렌트가 그리스 철학의 돌봄 가치관을 접하고, "생명의 욕구를 육체로 충족시키려 봉사하고", 노동자로서 "여자와 노예는 동일한 범주에 속한다"라고 언급한 바를 소개한다(Arendt 1958=1994; 岡野 2010: 40). 오카노는 아렌트의 논의에 더해 정치학자 조안 트론토의 논의를 소개하면서(Tronto 1996), 아리스토텔레스가 "노예노동과 돌봄노동을" 동일시했다는 의견을 제시한다. 이에 따르면, 돌봄은 "저속한" 노동이고, 분별 있는 시민이 행할 것이 아니다(岡野 2010: 41). 오히려 정치적 시민이란 돌봄의 육체적 노동을 여자와 노예에게 강제함으로써 돌봄노동의 부담에서 벗어나, 고상한 공적 생활과 정신생활을 하는 사람을 말한다.

왜 철학이나 철학의 한 분야인 윤리학 계보에 속한 돌봄 이론가들은 위와 같은 그리스 철학을 깡그리 잊어버린 듯, 돌봄을 찬양할까? 서양철학의 원류가 그리스 철학인데도 말이다. 그리스 철학이 돌봄을 열등한 사람의 열등한 노동(고역, labor)으로 간주한 것을 보면, 마이어로프가 왜 돌봄을 특별히 '부성적'이고 '정신적'인 것으로 생각했는지, 또 유독 아렌트, 트론토, 오카노와 같은 여성 철학자들만이 그리스 철학에 주의를 환기했는지 알 수 있다. 어쨌든 돌봄이 '좋은 것'이나 '필요한 것'이라 하더라도, 고귀하다는 사람들은 돌봄을 가능하면 피하고 싶은 고역으로 인식했다는 것을 우리는 기억해야 한다.

철학자나 윤리학자와 달리, 사회학자의 돌봄론은 돌봄의 윤리를 논한 경우라 할지라도 이론이 더 경험적이며 실천적이다. 돌봄의 윤리를 논한 사회학자의 연구로는 대니얼 챔블리스가 1996년에 쓴 《돌봄을 넘어서》가 있다(Chambliss 1996=2002). 조직론을 연구하는 사회학자 챔블리스는 상세한 관찰과 인터뷰 조사를 기초로 간호직의 윤리적 딜레마를 논했는데, 결론이 명쾌하다. 윤리를 묻기 위해서는 선택의 자발성이 있어야 하고, 그다음에 책임을 따져야 한다는 것이다. 간호직 종사자 대부분은 의사와 권력관계에서 종속되는 위치에 있다. 간호직 종사자가 현실에서 '자율적 결정'을 하고 있지 않을 때 간호직 종사자들의 '윤리'를 따지기는 어렵다. 챔블리스는 간호직이 겪는 종속적 상황을 여성, 또 '여성 직종' 대부분에서 일하는 여성들이 공통적으로 겪는다고 지적했는데, 이 점도 잊어서는 안 될 것이다. 돌봄을 하는 사람들, 돌봄노동자들이 겪는 상황도 마찬가지로 종속적이다. 돌봄이 강제노동과도 같은 현실일 때, 거기에서 윤리를 묻는 게 무슨 소용인가? 챔블리스가 확실한 결론을 낼 수 있었던 이유는 '돌봄이 어때야 하는지'가 아니라, 경험적 관찰에 근거해 '돌봄이 실제로 무엇인지'를 연구했기 때문이다. 이와 같은 태도는 '돌봄의 사회학'을 할 때도 필요하다. 챔블리스가 간호 노동을 권력관계의 맥락에서 이해한 바와 같이, '젠더'는 권력과 관련한 변수다.

몇 차례나 반복해서 말하고 있지만, 돌봄의 규범적 접근법에 대해서 우리는 데일리가 말한 것처럼 "설교는 그만!" 하고 답하면 된다. 돌봄의 사회학은 돌봄 행위를 사회적 조건에서 일어난 경험으로 살피는 맥락화를 뜻한다.

돌봄에 대한 인권적 접근

사회학에는 규범적 접근법과 기술적記述的 접근법 두 가지가 있다. 사회학이 경험과학이라고 해서 가치판단을 제외한 기술적 접근법만으로 이루어지는 것은 아니다. 기술적 접근법은 무엇을 어떻게 기술할지와 같은 물음 자체에 규범적 판단을 포함하므로, 경험과학에서 가치판단을 배제할 수는 없다. 가령 '요개호 고령자'라는 개념은 그 자체로 '돌봄을 필요로 하는, 즉 돌봄을 제공받아야 마땅하나, 적절한 돌봄을 받고 있지 못할 우려가 있는 고령자'와 같은 판단을 포함한다. 애초에 고령자에게 적절하고 바람직한 상태가 무엇인지 전제하지 않았다면 요개호 상태를 판정할 수 없다.

앞서 돌봄의 사회학은 돌봄 행위를 맥락화하려는 시도라고 언급했다. 이런 시도는 철학, 윤리학과 같은 규범과학의 접근법과 달리, 돌봄을 그 자체로 좋다고 간주하지 않는다. 그 대신 어떤 맥락에서 돌봄이 '좋은 것'인지, '바람직한 인간관계'가 될 수 있는지, 돌봄이 '억압'과 '강제'가 될 수 있는지 낱낱이 해부하듯 살핀다.

나는 돌봄의 사회학에서 전제가 되는 규범적 접근법으로 ① 돌봄의 인권적 접근법, ② 당사자 주권 두 가지를 주장한다. 이 두 가지는 분리하기가 어려운데, 경험적으로 볼 때 이론화 작업과 현장연구에 실천적 효과가 있다는 점을 설명해나가려 한다.

나는 1장에서 돌봄을 데일리 등이 논의한 대로 정의했고, 그들은 또한 돌봄에 대한 '인권적 접근법'을 제창했다. 이 접근법은 돌봄의 상호행위성과 돌봄의 양의성을 아울러 잘 설명할 수 있다고 판단하는데, 이 접근법을 약간 수정한 모델을 제시하려 한다.

'인권human rights'이란 말 그대로 '시민권의 집합a set of civil rights'이다. 복수의 시민권의 범위가 어디까지인지는 역사와 사회의 맥락에 따라 변한다.[12] 역사적으로 보면 생명과 재산을 지키는 기본적 인권에 더해 초상권과 일조권 등 다양한 권리가 사회권으로 인정되어왔다. 나는 인권에 대해 초역사적 접근법을 시도하지 않는다. 돌봄의 권리는 특정한 역사적 맥락에서 등장했으며, 특정한 사회적 조건에서 비로소 권리로 성립된 것이다. 따라서 돌봄에 대한 인권적 접근법은 규범적 접근법이긴 하나, 역사성이 있다. 돌봄의 권리를 두고 역사성을 강조하는 것은 돌봄에 관한 보편주의적 규범을 전제로 삼지 않아도 된다는 것을 뜻한다. 그리고 다음 두 가지 효과도 있다.

첫째, 돌봄을 탈자연화하는 효과가 있다. 돌봄은 '자연스런 관계'에서 나오는 것이 아니고 '모성 본능'도 아니며, 사회적 권리로 만들어야 할 사회적 구성물이라는 점을 분명히 할 수 있다. 둘째, 일정한 사회적 조건을 명시함으로써 돌봄의 사회적 재배치에 관한 전망을 제시할 것이다.[13]

데일리와 그 동료들은 돌봄에 대한 인권적 접근법에서 돌봄

12 인권과 시민권의 관계 및 그 역사성에 관해서는 나의 논문(上野 2003b)을 참조하라.

의 권리가 다음 세 가지 권리의 집합이라고 했다.

① 돌봄을 할 권리.

② 돌봄을 받을 권리.

③ 돌봄을 하라고 강요당하지 않을 권리.

데일리 등은 돌봄의 권리를 우선 '돌봄을 할 권리'와 '돌봄을 받을 권리'로 나눈다. 이들은 돌봄을 상호행위로 정의한 후, 논리정연하게 돌봄에 관여할 복수의 관계자를 상정해 돌봄을 할 권리와 받을 권리를 넣었다. 또 돌봄을 하라고 강요당하지 않을 권리를 더했다. 그런데 강제성의 유무를 기준으로 해서 적극적 돌봄과 소극적 돌봄을 대비해보면, 돌봄을 하는 쪽뿐만 아니라 돌봄을 받는 쪽의 권리도 추가해야 논리적으로 일관적이고 총체적이다.[14] 그래서 나는 다음을 추가했다.

④ 돌봄을 받으라고 강요당하지 않을 권리.

---

13 돌봄의 사회적 재배치를 사회학자 요시다 다미토가 쓴 과학론 용어로 바꿔 말한다면, 설계과학[응용과학을 일컫는 요시다 다미토의 독자적 개념이다. 인식한 지식에 더해 문제를 해결하는 데 유효성과 실천력이 있는 응용과학을 가리킨다]의 역할을 한다고 할 수 있다(吉田 2010). 인권적 접근법, 당사자 주권으로 돌봄의 사회적 재배치를 시도하는 나의 기준은 '[연구가] 젠더에 공정한가'이다. 젠더 연구는 '설계과학'으로서 강력한 의의가 있다.

14 내가 '돌봄을 받으라고 강요당하지 않을 권리'를 추가하게 된 것은 2004년 가을학기에 도쿄대에서 개설한 사회학 특강 '돌봄의 사회학'을 수강한 대학원생 아라이 아유미에게서 힌트를 얻은 덕분이다. 감사의 말을 전한다.

앞으로 언급할 돌봄에 대한 인권적 접근법의 사원四元 모델은 데일리 등이 직관적으로 제시한 '돌봄의 인권'을 내가 논리적으로 나눠 수정한 것이다. 우선 X축에 돌봄을 받는 사람과 돌봄을 하는 사람을 놓는다. 1장에서 정의했듯, 돌봄은 복수의 관여자 사이에 성립하는 '상호행위'이기 때문이다. Y축에는 돌봄의 자기결정성을 설정하고 양극에 적극성과 소극성, 능동성과 수동성을 놓았다. 돌봄의 양의성, 즉 '좋은 것'이기도 하지만, '피하고 싶은 것'이기도 한 돌봄의 양면성을 상대화하기 위해서다. 선택할 수 있는 돌봄은 바람직한 것이라고 할 수 있지만, 선택할 수 없는 돌봄은 '억압'이나 '강제'이다. 돌봄의 이러한 양의성에 항상 유의해야 한다. 나중에 다시 말하겠지만, 아마르티아 센이 자원 배분과 기회의 집합으로 능력을 측정하고 정의한 것은 내가 돌봄의 인권적 접근법으로 제시한 사원 모델과 아주 잘 들어맞는다.

이를 도식으로 표현하면, 다음과 같다(〈그림 1〉).

다시 말하지만, 데일리 등이 세 가지 권리의 집합으로 설명한 돌봄의 인권은 내가 수정해 제시한 모델에서는 다음 네 가지 권리의 집합으로 나타난다.

돌봄의 인권human rights to care

① 돌봄을 할 권리a right to care.

② 돌봄을 받을 권리a right to be cared.

③ 돌봄을 하라고 강요당하지 않을 권리a right not to be forced to care.

④ 돌봄을 받으라고 강요당하지 않을 권리a right not to be forced to be cared.

〈그림 1〉 돌봄에 대한 인권적 접근법: 사원 모델

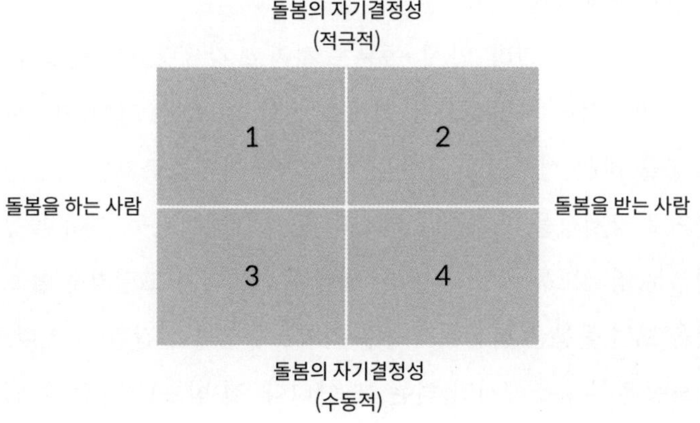

이 가운데, 역사적으로 볼 때 가장 처음 등장한 것은 '돌봄을 할 권리'이다.[15] 이것은 친밀한 관계에 있는 타자(자녀 포함)를 직접 돌볼 권리를 가리킨다. 실상 젠더, 계급, 인종에 따라 많은 남녀는 '돌봄을 할 권리'를 빼앗겨왔다. '모성'이 역사적 산물이라는 점은 이미 상식이 된 지 오래다. 이는 가족사 연구의 성과로, 모성에 대한 연구가 처음 등장했을 때부터 모성은 억압적인 동시에 해방적이라는 점이 알려졌다. 자녀를 직접 양육할 권리는 중간계급의 이데올로기였고, 상류계급이나 하류계급은 자녀를 직접 돌보고 기를 권리를 빼앗겼다. 그런데 중간계급의 기혼 여성은 '전업주부'가 되면 노동 시장의 배제를 경험한다. 또 모성 이데올로기는 여성이 모성을 갖는 것을 자연스럽고 당연하게 여기게끔 해서 어머니에

15 에이블은 자신의 논문 〈돌봄의 역사적 전망〉(Abel 2000)에서 '돌봄을 할 권리'를 역사적으로 차근차근 살폈다.

게 억압적으로 작용하는 반면, 친권소송의 경우는 어머니에게 매우 유리하게 작용한다.

'돌봄을 할 권리' 안에 '돌봄을 하라고 강요당하지 않을 권리'를 포함시켜야 자발성과 선택성을 논할 수 있다. 그런 의미에서 '돌봄을 하는 성性'으로 여성을 자연화한 이데올로기는 자연성을 근거로 강제성을 야기한다. 데일리 등이 꿰뚫어봤듯, 가족 돌봄은 대부분 강제노동forced labor이다. 예컨대 며느리가 고령자를 돌보는 것을 보면 돌봄은 현실에서 종종 강제노동임을 실감할 수 있다. 강제노동은 수용소에서만 하는 게 아니다. 집 밖으로 나갈 수 없는 사람에게 가족은 또 다른 강제수용소가 될 수 있다. 강제수용소와 마찬가지로, 가족 안에도 학대가 있고 강제노동이 있다는 점은 역사적으로도 증명할 수 있다.[16]

'돌봄을 할 권리'에 비해 '돌봄을 받을 권리'는 역사적으로 보면 늦게 등장했다. 고령자나 장애인은 방치나 유기라고밖에 할 수 없는 상황에서 오랜 기간 살았다. 어린이들도 돌봄을 받을 권리를 행사했다고는 하기 어렵다. 돌봄을 받을 권리는 어린이, 고령자, 장애인 등 사회적 약자의 권리이기 때문에 국가나 공동체가 그 구성원들의 복지well-being에 책임이 있다고 한 복지국가(또는 복지사회)와 이에 기초한 사회권 이념이 등장하지 않으면 나올 수 없다. UN 아동권리협약이 다른 인권협약에 비해 뒤늦게 나온 것을 봐도 '어린이의 권리'와 같은 개념이 늦게 성립했다는 점을 알 수 있다.

---

16 심리상담가 노부타 사요코는 《가족수용소》(信田 2003)라는 책을 출간했다. 가족에게서 도망칠 것을 선택할 수 없는 사람들에게 가족은 '강제수용소'가 될 수 있다.

한편 '돌봄을 받으라고 강요당하지 않을 권리'를 개념화하지 못했다는 점에서 데일리 등의 논의에 다음과 같은 두 가지 비판을 할 수 있다.

첫째, '돌봄' 개념을 상호행위로 정의했지만 실상 그 해석은 '돌봄을 하는 사람'의 행위에 편향되었다. 둘째, 돌봄을 받는 사람에게 돌봄은 무조건 좋을 것이라고 해석한 경향이 있다. '돌봄을 받으라고 강요당하지 않을 권리' 말 앞에 '부적절한' 또는 '바람직한'과 같은 형용사를 넣어보면, 이 권리가 얼마나 중요한지 이해할 수 있다. '부적절한 돌봄을 받으라고 강요당하지 않을 권리'는 사회적 약자에게 지극히 중요하다. 예의범절을 가르치거나 훈육한다는 명목으로 일어나는 자녀 학대, 또 보호한다는 명목으로 고령자의 손과 발을 묶는 신체 구속이 일상적으로 일어나는 돌봄 상황에서, 이 권리는 '돌봄을 받을 권리'만큼 없어서는 안 되는 것이다.

나아가 돌봄 그 자체의 폭력성과 억압성에 주의를 기울일 필요가 있다. 노딩스는 타자를 무한정 수용하고 공감하는 돌봄을 강조했는데, 이에 대한 시나가와의 비판은 매우 중요하다. "노딩스는 돌봄 논의에서 돌보는 이와 돌봄을 받는 이가 한 몸이 되는 것이 중요하다고 더욱 강조했는데, 뒤집어보면 이것은 돌봄을 통해 돌보는 상대를 지배할 수 있는 폭력성에 둔감한 것이다"(品川 2007).

돌봄은 그 자체로 언제나 좋은 것이 아니다. 과도한 돌봄, 부적절한 돌봄, 돌봄을 받는 사람이 원하지 않는 돌봄은 억압이자 강요다. 이렇듯 돌봄의 양의성을 논리적으로 도출한 모델을 구성하는 게 중요하다. 이 중요성은 3장에서 이야기할 '당사자 주권'과도 관련이 있다.

'돌봄을 할 권리'를 '돌봄을 하라고 강요당하지 않을 권리'와 연결한 것과 마찬가지로, '돌봄을 받을 권리'를 '돌봄을 받으라고 강요당하지 않을 권리'와 연결함으로써 돌봄을 받는 이의 자기결정권을 담보할 수 있다. 이런 점에서 공적 기관이 이용자의 의향과 상관없이 멋대로 돌봄 내용을 결정한 행정기관과 전문가의 온정주의는 '돌봄을 받을 권리'와 '돌봄을 받으라고 강요당하지 않을 권리'에 대한 침해다.[17]

물론 인권과 마찬가지로, '돌봄의 권리'도 많은 경우 침해당한다. 일정한 사회적 조건이 갖춰지지 못하면 권리를 행사하기 어렵다. 데일리처럼 나도 돌봄의 인권이 실현되는 정도에 따라 '좋은 사회'를 판단하는 규범적 입장을 공유하는데, 단지 권리만 주장한다면 이 책은 규범적 주장에 머무를 뿐이며, 한낱 이상주의로 그치고 말 것이다. 이 책이 설계과학이기 위해서는, 돌봄의 권리가 '실행 가능한 조건feasibility'을 탐구해야 한다. 복지국가론, 복지사회론에서는 복지가 실행 가능한 조건을 주제로 삼아온 바 있다.

그렇다면 이 네 가지 '돌봄의 권리'를 보장하기 위한 사회적 조건은 무엇일까? 순서대로 논해보자.

우선 돌봄을 할 권리에 자기결정성이 있으려면 돌봄을 하기로 선택한 것으로 인한 사회적 손실이 없어야 한다. 돌봄의 제공자가 돌봄을 하기로 하든 안 하든, 손실도 이득도 보지 않을 제도, 즉 '선택에 대해 중립적인 제도'가 필요하다. 아이나 고령자를 돌보기

---

17 장애운동가 나카니시 쇼지와 나는 《당사자 주권》(中西·上野 2003)이라는 책을 함께 썼는데, '당사자 주권'이란 사회적 약자가 주장하는 자기결정권으로 사회권인 '돌봄의 권리'라고도 할 수 있다.

로 한 당사자는 많은 경우, 돌봄을 하는 대신 자신의 경제적 자립을 잃고 말아 스스로 의존적 존재가 될 수밖에 없다. 스탠딩은 돌봄을 할 권리를 논하며, "돌봄을 하면 체계적으로 폄하를 당한다"고 지적했다(Standing 2001: 19). 돌봄을 하기로 선택함으로써 노동을 하지 못해 의존적 존재가 되며, "사회적 지위가 낮아지고", 게다가 "멸시와 동정의 대상이 될 수도 있기" 때문이다(Standing 2001: 17-19). 데일리 등이 지적했듯, 돌봄은 그 행위에 대한 평가가 높은데도, 돌봄을 하는 데 대한 사회적 평가는 명백히 낮다. 뒤틀린 사회현상이다.

돌봄을 할 권리를 행사해 사회적 손실을 입는 것을 '돌봄 패널티care penalty'라고 한다. 돌봄을 하기로 선택한 사람을 두고 "돌봄을 하니 훌륭하다"고 사회적으로 평가하면서도, 그는 마치 사회에서 벌칙을 받기라도 하듯 평생에 걸쳐 손실을 경험한다. 일본 후생성에 따르면 육아를 위해 직장을 그만둔 여성은 생애임금[18] 중 일실이익逸失利益[19]이 1억 2000만 엔이다(厚生省 1998). 이게 돌봄을 하는 여성에 대한 '패널티'가 아니라면 대체 뭐란 말인가? 돌봄 패널티를 방지하려면 돌봄을 할 권리를 선택한 이의 소득이나 취업을 보장해야 한다.

한편 '돌봄을 하라고 강요당하지 않을 권리'는 돌봄을 하지 않기로 선택한 사람한테 자신의 선택에 대한 대안(제3자에 의한 돌봄 공급이나 돌봄서비스 상품 구입 가능성)이 어느 정도 있는지에 달렸다.

---

18 노동 시장에 나와 은퇴할 때까지 받는 급여 총액.-옮긴이

19 손해 발생 사실이 없었다면 얻을 수 있으리라 보는 이익.-옮긴이

대체 선택지가 없다면 그 권리는 없는 것이나 마찬가지이고, 돌봄은 강요가 될 것이다. 개호보험으로 돌봄을 사회화한 목적은 대체 선택지를 공급하기 위해서다. 개호보험법 책정 과정에서 가족 돌봄자에게 현금 급여를 지급하는 방안이 논의 대상이 된 적이 있는데, 이러한 현금 급여 지급은 ① 제3자에 의한 대체 서비스가 이용 가능한 선택지로서 충분히 있을 때 정당화될 수 있다. 또 ② 대체 서비스를 선택하지 않고 스스로 돌봄을 하기로 한 가족 돌봄자가, 가족을 돌보지 않고 일을 계속한 경우와 동등한 금액으로 소득이 보장된 경우에만 정당화될 수 있을 것이다.[20]

돌봄을 받는 사람의 권리는 어떨까? '돌봄을 받을 권리' '돌봄을 받으라고 강요당하지 않을 권리'는 '돌봄을 할 권리'와 '돌봄을 하라고 강요당하지 않을 권리'보다 침해받고 있다. 돌봄을 하는 쪽과 돌봄을 받는 쪽 간에 결정적으로 비대칭성이 있기 때문이다. 돌봄을 하는 사람에게는 언제든 돌봄관계에서 벗어날 선택지가 있는데 반해, 돌봄을 받을 니즈가 있는 사람은 벗어날 수 없다. 돌봄을 받는 이가 돌봄관계를 벗어난다는 것은 생명의 위험을 의미한다.

복수의 행위 주체를 포함한 상호행위가 돌봄이라는 점을 전제한다고 해서, 행위자 간 비대칭성을 부정할 수는 없다. 그럼에도 규범적 돌봄 이론 대부분에서는 돌봄의 상호성을 전제로 삼은 오류를 범한다. 돌봄을 하는 이와 받는 이의 호혜적 '케어링 사회'를 주창하는 사람들은 '돌봄의 상호성'을 강조하나, 실제는 돌봄을 하

---

20 사회복지학자 모리카와 미에는 이러한 내용으로 논지를 펼친 바 있다(森川 2004). 이 책 2부에서 돌봄의 선택과 강제에 관해 다시 거론한다.

는 쪽과 받는 쪽이 호환되지 않는 경우가 흔하다. 아이와 고령자, 장애인을 돌보는 이가 그 돌봄을 받는 이들로부터 돌봄을 받을 가능성은 거의 없다. 아이에 대한 돌봄을 두고, 나중에 부모가 고령이 되면 자녀가 돌봐주므로 세대 간에 시간차가 나는 상호성을 인식하기도 하나, 현실에서 그런 교환성은 불균등한 경우가 많다. 더군다나 상호성의 원칙으로는 양육받은 적도 없는 며느리가 시부모를 돌보는 것을 정당화할 수 없다. 이런 상호성의 원칙은 "타자를 돌보는 것이 결국 자신을 돌보는 것과 같다"라는 식의 마이어로프의 논의에서 드러나듯, 기만적 이념이자 수사학이다. 마이어로프와 노딩스는 '자신을 돌보는 것=타자를 돌보는 것'을 통해 자기 인생의 의미와 만족감을 얻을 수 있다고 하나, 이러한 수사학은 '타자를 돌보는 것에서 인생의 의미를 찾아야 한다'는 규범 명제로 바뀐다. '돌봄의 상호성'과 같은 수사학이 단지 은유에 그칠 때는 그나마 낫겠지만, 이미 지적했듯 이런 수사학은 돌봄을 하는 사람에게 억압적 이데올로기로 작용한다.

돌봄은 하는 사람과 받는 사람의 상호행위이긴 하나, 결코 호혜적이지도 않고 대등한 교환도 아니다. 호혜성이 없는 교환에서는 제공자와 제공받는 자 간에 채권·채무관계가 발생한다. 그 결과 사회적으로 보면 돌봄을 받는 자가 돌봄을 하는 자보다 약자가 된다. 따라서 돌봄을 받을 권리에서는 제3자가 반드시 그 권리를 옹호해야 할 필요가 있다. 그런데 이 경우에도 의사결정의 대리, 대행으로 인해 돌봄을 받는 당사자의 의사결정권이 침해될 가능성이 남아 있다. 여기서 대등성을 담보하는 것은 계약관계이고, 금전적 보수이다. 돌봄의 유상성은 돌봄을 하는 쪽과 돌봄을 받는 쪽의 비대칭성을 완화하기 위해 필요하다. 그러나 여기서도 우리는 돌봄은 무상일 때 사회적 가치가 높고, 유상일 때 사회적 가치가 낮은 기묘한 딜레마와 마주치는 것이다. 그래서 돌봄에 관해 살피려면 돌봄이 성립된 역사적인 맥락에 따라 뒤엉킨 규범적, 사회적, 경제적, 심리적 요소를 하나씩 풀면서 논의해야 한다.

이 책에서 나는 돌봄을 상호행위로 인식하는 입장을 취한다. 이러한 입장을 취하면 돌봄의 권리 또한 돌봄을 하는 이와 돌봄을 받는 이의 복수성, 나아가 적극성과 소극성과 같은 양의성을 파악할 수 있다.

3장 당사자란 누구인가: 니즈와 당사자 주권

당사자란 누구인가

이 책에서 택한 근본적이고 규범적인 이념 한 가지는 '당사자 주권'이다. 가장 기본적 인권으로는 단순히 생명과 재산을 지키는 소극적인 권리뿐만 아니라 자기결정권, 즉 자신의 운명을 자신이 결정할 자유라는 권리가 있다. 국민주권이란 집단의 자기통치권이며, 그중 특히 참정권은 가장 중요한 권리로 여겨진다. 자신이 속한 집단의 운명을 자신이 결정할 권리가 바로 참정권이기 때문이다. 과거 여성운동이 가장 먼저 참정권을 요구한 이유도 마찬가지다.

'당사자 주권'이란 장애운동가 나카니시 쇼지[1]와 내가 함께 쓴 《당사자 주권》(中西·上野 2003)에서 만들어 쓰기 시작한 용어로, '주권'과 같이 강한 말을 붙인 것은 '타자에게 양도할 수 없는 최고의 권리'라는 뜻을 담았기 때문이다. 인권의 확장에 따라 획득한

'돌봄의 권리'는 당사자 주권에 근거해야 한다. 돌봄의 권리에서 적극적 권리와 소극적 권리를 나누는 축은 돌봄을 주거나 받는 데 자기결정권이 있는지 없는지를 바탕으로 설정할 수 있다.

당사자 주권과 유사한 개념으로는 '당사자 주체' '이용자 중심' '소비자 주권'과 같은 용어가 있다. 사회복지학에는 전부터 '당사자 주체'라는 개념이 있었는데, 이는 펠리스 비에스텍의 '사회복지 실천 7대 원칙'에서 비롯했다. 이 원칙은 실천 현장의 지원 관련 원칙으로, 클라이언트는 자신의 문제를 자신이 판단하고 결정할 자유가 있다는 것이다. 당사자 주체의 자기결정은 영어로 'self-determination'인데, 이는 클라이언트가 결과에 책임을 지는 것을 수반한다는 의미에서 자유주의 인간관, 즉 자기결정 능력을 가진 주체가 자기결정권을 행사한다고 본 시민사회 계약의 원칙과 다르지 않다. 물론 이 원칙이 지원을 받는 사람의 자기결정 능력을 존중한다는 점에서 사회복지 실천론에 대등한 계약관계 원칙을 집어넣은 것은 평가할 만하다. 그러나 뒤집어보면, 대등한 개인을 가정하기 때문에 사람들의 역량이 고르지 않다는 점(이에 대해서는 뒤에 다시 언급한다)을 감추는 결과를 낳는다. 또 당사자에 해당하는 용어가 영어의 '클라이언트'라는 점 등을 보면, 전문가 중심주의임을 알아챌 수 있다. 사회복지사social worker라는 직업이 먼저 존재하기 때문에 클라이언트가 등장한 것이라서, 거꾸로는 불가능하다.

---

1 1944년생 일본의 장애인운동가다. 20세에 교통사고로 사지가 마비되는 후천적 장애를 입었고, 일본의 장애인 이동권 투쟁과 장애인 탈시설 자립운동을 이끌었다. 1986년 일본 최초로 장애인 자립생활센터를 설립했고 DPI(Disabled Peoples' International, 국제장애인연맹) 일본회의 의장을 지냈다.-옮긴이

'사회복지사-클라이언트' 관계의 주격은 사회복지사 쪽에 있다. 마찬가지로 '이용자 중심'과 같은 용어에도 서비스 공급자 측의 온정주의가 보이며, '소비자 주권'과 같은 용어는 생산자와 제조업 중심 사회에서 수동적 구매 유도 대상에 지나지 않는 소비자한테도 결정권이 있다고 하는 식의 빈말처럼 들린다. 애초에 있어야 할 권리가 존중되지 않으므로 일부러 용어를 만들어 말하지 않으면 안 된다는 점에서, '당사자 주권'은 '소비자 주권'과 마찬가지로 들릴 수 있지만, 여기서 '당사자'는 단순히 소비자나 이용자는 아니다.

일본어 조어 '당사자 주권'이라는 말은 영어로는 딱 들어맞는 전문용어가 없다. '자기결정권'을 글자 그대로 'self-determinism'으로 번역하면 신자유주의적 시각의 '자기결정·자기책임'과 같은 용어와 혼동될 위험이 있다. 그러므로 이 책에서 나는 '자기결정권'이라는 용어 사용을 피하며 '당사자 주권'이라고 쓰고, 영어로는 사회적 약자의 자기통치권을 뜻하는 '개인 자율individual autonomy'을 잠정적으로 사용하기로 한다.[2]

당사자 주권이란 용어는 '당사자'와 '주권'이라는 두 가지 말로 나눌 수 있다. 그런데 여기서 당사자는 누구일까? 사회복지학에서는 '당사자'라는 말을 자주 썼다. 1장에서 언급한 《현대사회복지사전》에는 '당사자 참가' '당사자의 조직화' 항목이 있는데, '당사자'에 해당하는 영어 표기는 'persons with disabilities'[장애가 있는 사람들]'이다(秋元他編 2003: 344). 일본어권에서 '당사자'라는 말은 '사건이나 문제의 당사자'라는 식으로 사용되는데, 암묵

---

2 이는 문화인류학자 하라 히로코의 제안에 따랐다. 감사의 말을 전한다.

적으로 부정적 의미가 담겨 있다. 당사자는 영어로 번역하기 어려운 용어다. 여기서 다시 영어로 번역해본다면, 단지 'persons with disabilities'에 한정되지 않고, 확장성을 지니고 있다. 'the party involved'라든지 'the person concerned' 또는 'the person in question'으로 번역할 수 있다. 'the party involved'란 '어떤 상황과 문제에 휘말린 복수의 관계자'를 가리키므로, 돌봄의 상호행위성을 전제로 삼은 이 책에 어울릴 수 있겠다. 또 'the person concerned'란 지금 화제나 관심(배려) 대상인 해당 인물을 뜻한다. 여기서 해당 인물은 배려와 관심의 객체이지, 주체가 아니므로 언제나 3인칭이다. 'the person in question'이란 말에는 '문제의 인물'이라는 뜻이 있으니 논외로 봐야 할 것이다. '화제의 주인공'이라는 함의도 있으나, 이 역시 3인칭을 가리킨다. 이처럼 영어에는 당사자를 한 단어로 표현한 단어가 없고, 또 주격 위치를 나타낸 말이 없다. 일각에서는 '당사자'라는 말의 적절한 번역어를 찾기보다 일본어 발음 그대로 'Tojisha'라고 세계에 유통하자는 의견도 있다.

일본에서 처음 '당사자 주권'이라는 용어를 사용한 이는 사회학자 다테이와 신야다. 다테이와는 1990년대 발간한 저서에서 '당사자 주권'을 썼는데, 이후에 별다른 논의를 전개하지 않았다. 나카니시와 나는 다테이와가 쓴 것과는 별개로 '당사자 주권'을 생각해낸 것인데, 당시 다테이와가 이 말을 썼다는 것을 몰랐다. 다테이와가 '당사자 주권'을 쓴 배경은 '이용자 중심' '소비자 주권'이라는 말에서 유추해 생각해낸 용어일 가능성도 있다.

이런 점에서 '당사자 주권' 개념은 독창적이긴 하나, 갑자기 나온 게 아니다. 일련의 장애학[3] 연구 동향 속에서 '당사자 주권'이란 용어가 나왔다고 봐야 할 것이다.[4]

과거 소비자가 '소비자 주권' 없이 살았던 것처럼, 오랜 기간 장애인은 지원 대상이면서도 실제로는 지원 내용에 관한 자기결정권을 빼앗겨왔다. 따라서 장애학에서 '당사자 주권' 개념이 나온 건 우연이 아니다. 장애인에 국한하지 않고 여성, 고령자, 환자, 어린이 등 사회적 약자가 '당사자 능력'을 빼앗겨왔다는 사실을 전제로 삼고, 이들의 자기결정권을 주장하려면 '당사자 주권'이라는 용어가 긴요했다. '당사자 주권'은 무엇보다 사회적 약자를 권리의 주체로 세우기 위해 요구되는 개념이다.

니즈를 귀속시키는 주체

나카니시와 나는 문제 상황에 관여된 사람이나 장애가 있는 이, 또는 문제를 안고 있는 개인으로서가 아니라, 주권이라는 용어에 걸맞게 권리 주체로서 '당사자'를 개념화했다. 《당사자 주권》을

3 장애학disability studies은 1970년대 영국과 미국을 중심으로 발전한 연구 분야로 기존의 의료나 사회복지 시점에서 장애나 장애인을 파악하는 것이 아니라, 당사자들의 경험을 중시하고 변혁에 대한 장애인의 기여를 중시하며 장애를 분석하는 학문, 지식 운동이다. 일본의 장애학은 장애인운동단체 푸른잔디회青い芝の会의 1960~1970년대 우생보호법 개정안 반대운동, 탈시설 자립생활운동 등을 거쳐 발전해왔다.-옮긴이

4 일본의 장애학회는 2004년에 발족했고 초대 회장은 시각장애인 사회학자 이시카와 준이다. 장애학의 동향에 관해서는 다음을 참고할 것. 石川·長瀬(1999), 石川·倉本(2002).

쓰고 5년 뒤 나카니시와 나는 편저《니즈 중심의 복지사회로: 당사자 주권의 차세대 복지 전략》(2008)[5]을 발간했다. 이 책에서 우리는 당사자를 '니즈를 귀속시키는 주체'로 정의했다. 물론 당사자가 권리의 주체라는 점에서 자유주의에서 말하는 개인이라는 점은 틀림없다. 그러나 이에 더해 당사자는 '자신의 니즈가 충족되는 것이 마땅한 권리의 주체'이기도 하다. 여기서 '니즈'란 돌봄을 받는 니즈다. 즉, 당사자에게는 '니즈'가 있다. 사회적 불이익을 당하고 있기에 '사회적 약자'가 된 이들이 바로 당사자다.

당사자란 니즈를 귀속시키는 주체다.

그리고 '니즈'가 귀속하는 주체로 당사자를 정의하기 위해서는, 먼저 근본적으로 '니즈'가 무엇인지 검토해야 한다.

'니즈need, needs'는 경제학 용어이기도 하고 사회복지학 용어이기도 하다. 영어를 직역하면 '필요', 즉 충족되어야 할 요구가 결핍된 상태다.

그런데 실제로 모든 니즈가 충족되는 것은 아니다. 경제학에서는 니즈 중 구매력과 연결된 것만 '수요demand'라고 한다. 시장 시스템에서는 수요와 공급이 자원 배분 메커니즘을 결정하는 주요 변수다. 따라서 니즈, 특히 구매력과 연결되지 않은 니즈는 시장 외 배분 메커니즘에 기대야 하고, 바로 이 점이 복지를 소환하는

---

5 이 책의 구성은 다음과 같다. 1장 당사자란 누구인가?/ 2장 돌봄서비스 시스템과 당사자 주권/ 3장 고령자의 니즈 생성 과정/ 4장 니즈는 왜 잠재된 상태인가/ 5장 복지다원사회에서 협 부문의 역할/ 6장 복지사업에서 비영리·협동 부문의 실천/ 7장 세 가지 복지 정부 체계와 당사자 주권/ 8장 앞으로 사회보장 정책과 장애 복지/ 9장 낙관적이어도 괜찮다/ 10장 당사자 주권의 복지 전략.

근거다. 복지가 시장의 보완 원리로 작용한다고 해도 그렇다.

일본의 사회복지학에서 가장 널리 알려진 '니즈'에 대한 정의는 사회복지학자 미우라 후미오가 말한 것으로, 다음과 같다.

> 어떤 기준에 기초해 파악한 상태가 사회적으로 개선, 해결을 필요로 한다고 사회적으로 인정될 경우, '니즈가 있는(지원이 필요한) 상태'라고 할 수 있다. (秋元他編 2003)

이 정의에 따르면 제3자에 의해 사회적으로 '니즈'가 결정되고 말아 당사자가 개입할 여지가 없다. 사회복지학에서 쓰는 개념을 검토하면, '니즈'를 판정하는 이는 당사자가 아니라 제3자다. 제3자가 우위라는 개념으로 '니즈'가 구성됨을 알게 된다.[6]

사회복지학에서 니즈는 그 관여자에 따라 '객관적 니즈'와 '주관적 니즈'로 분류된다. 객관적 니즈는 사회적 승인을 동반하므로, 주관적 니즈보다 더 적절하다고 보는 규범적 함의가 전제된다. 사회복지학 일부에는 니즈와 디맨드를 구분하는 독자적 논의가 있는데, 이 논의에서는 니즈를 객관적 필요, 디맨드를 주관적 요구에 상응하는 것으로 여긴다. 이러한 용법을 보면, 니즈와 디맨드를 구분하는 용법은 경제학과 뚜렷이 구별될 뿐만 아니라, '니즈에는 대응해야 하나, 디맨드[요구]를 너무 받아들이면 안 된다'는 식으로

---

6 2008년 1월 20일 열린 공개 심포지엄 〈나카니시 쇼지·우에노 지즈코 편저 《니즈 중심의 복지사회로》를 독해하다〉에서 나는 "니즈론은 여태껏 제대로 검토된 적이 없다"고 발언했는데, 나중에 한 사회복지학자는 "미우라 후미오가 제시한 니즈론은 사회복지학에서 손댈 수 없는 성역"이라고 논평했다.

쓰는 것처럼, 디맨드에 부정적인 함의가 있는 게 명백하다. 니즈와 디맨드를 구분하는 용법 자체는 시혜적이며 온정주의적이라고 할 수 있다. 나중에 다시 말하겠지만, '당사자 주권'은 이러한 온정주의에 민감하게 대항하는 이념이다. 그래서 이 책에서 나는 '디맨드'를 온정주의적 의미로는 쓰지 않는다.

또 사회복지학에서 니즈는 지원 수준에 따라 '드러난 니즈'와 '잠재된 니즈'로 분류된다. 전자는 당사자가 자각한 니즈이고, 후자는 전문가나 제3자가 판정한 니즈를 말한다. 이런 정의를 보면, 드러난 니즈보다 잠재된 니즈에 대한 지원 수준이 높다. 즉, 당사자의 판단력을 낮게 보고 당사자를 대신해 그 니즈를 판정하는 전문가 대행주의, 또 전문가가 당사자에게 언제나 '선의를 가진 타자'일 것이라고 인식하는 온정주의가 배경에 있다. 하지만 실제 제3자가 지원을 결정할 때 항상 선의가 있다고는 할 수 없다. 당사자가 주관적으로 드러낸 니즈가 제3자보다 더 높은 지원 수준을 원할 가능성이 고려되지 않는다. 과거 선별적 복지를 하던 '조치措置'[7] 시대에는 행정기관이나 제3자가 복지서비스 수준을 판정했는데, 당사자의 니즈 수준을 밑도는 복지서비스를 하는 경우조차 '과도한 지원으로 인해 자립을 해친다'고 하는 식의 온정주의적 수사로 판정이 정당화되었다. 아니, 이것은 오히려 현실에서는 사회보장비 지출을 억제하려는 지자체의 요구에 응한 것이라고 할 수 있다.

사회복지학에서 자주 인용하는 브래드쇼의 네 가지 사회적

---

7 조치란 행정 권한을 갖고 있는 이[제3자]가 당사자의 의향과 상관없이 복지서비스의 대상과 내용을 결정, 제공하는 제도를 말한다.

욕구 유형에는 '규범적 니즈normative needs' '인지된 니즈felt needs' '표출된 니즈expressed needs' '상대적 니즈comparative needs'가 있다. 이 가운데 규범적 니즈는 객관적 니즈, 나머지 셋은 주관적 니즈에 해당한다. 주관적 니즈 중 '드러난 니즈'는 '인지된 니즈'와 '표출된 니즈'로 하위 분류한다. 이 분류는 분명 '인지된 니즈'나 '표출된 니즈'를 개념으로 만들었고, 그 차이를 개념화했다는 데 공이 있다고 할 수 있지만, 인지에 이르지 못한, 말 그대로 '잠재된' 니즈에는 개념을 부여하지 않았다. 다른 사례와 비교해 니즈가 드러나게 되는 것을 말하는 '상대적 니즈'가 언뜻 '잠재된 니즈'와 비슷해 보일 수 있으나 그렇지 않다. '잠재된 니즈'는 제3자가 판정하지만 '상대적 니즈'는 당사자가 판정한다. 브래드쇼의 유형은 당사자를 주 판정자로 삼는다. 예를 들어, 제3자는 '표출된 니즈'는 알 수 있지만 '인지된 니즈'는 당사자가 표출하지 않는 한 알 수가 없다. 하지만 여기서는 '규범적 니즈'를 최우선으로 여기므로, 사회적 결정을 당사자의 결정보다 우위에 두고 있다고 할 수 있다.

나는 이 책에서 사회복지학의 전통을 벗어나 '니즈'를 이론적으로 다시금 정의하고자 한다.

이 책에서 나는 돌봄이란 돌봄을 제공받는 사람과 제공하는 사람의 사이에 일어나는 상호행위라는 입장을 일관되게 취한다. 바꿔 말하면, 돌봄이란 제공받는 사람의 니즈와, 제공하는 사람의 서비스를 교환하는 행위라고 할 수 있다. 니즈가 먼저 있고 서비스가 발생하는 것이지, 그 반대는 아니다. 또 니즈에 맞지 않는 서비스는 도움이 되기는커녕 부적절해서 억압이 될 수도 있다. 그래서 니즈를 무엇보다 당사자에게 귀속시키는 것이 마땅하다. 그런데

〈그림 2〉 니즈의 네 가지 유형

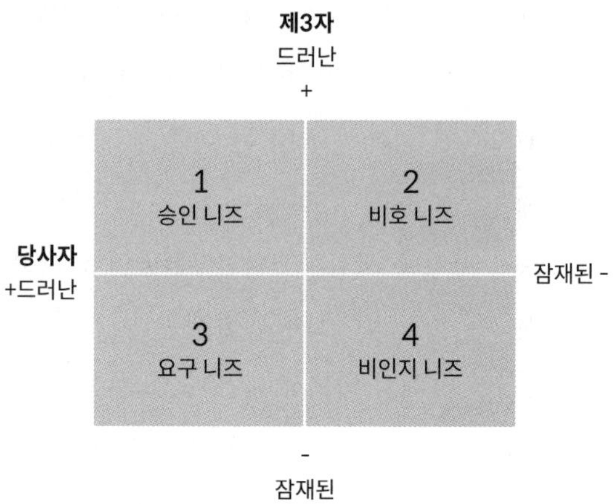

도 용어의 정의상, 사회적인 것으로 여겨지는 니즈는 사회적 승인을 거쳐야만 비로소 객관적 니즈가 된다.

돌봄이 상호행위이듯, '니즈' 또한 상호행위 과정에서 생겼다고 가정해보자. 이렇게 하면 니즈의 판정자로 당사자와 제3자를 구별하는 동시에, '니즈'의 생성 과정 중 잠재된 것과 드러난 것을 구별할 수 있다. 니즈가 드러났는지 잠재되어 있는지는 당사자, 제3자 모두 관련이 있다. 각 사분면에 위치한 니즈에 다음과 같이 이름을 붙인다(〈그림 2〉).

① 승인 니즈: 당사자 드러난, 제3자 드러난
② 비호 니즈: 당사자 잠재된, 제3자 드러난
③ 요구 니즈: 당사자 드러난, 제3자 잠재된
④ 비인지 니즈: 당사자 잠재된, 제3자 잠재된

이상의 각 니즈를 기존의 용어법과 대응해보면, 그 차이가 잘 드러난다.

① '승인 니즈'는 당사자가 드러내고, 제3자가 승인한 니즈, 사회적으로 충족되어야 하는 것으로 기존 용어로는 '드러난 니즈', '객관적 니즈'라고 할 수 있다. 그런데 승인을 받았다고 해서 니즈가 곧 충족되지는 않는다. 이는 종종 사회적인 목표, 규범적으로 봤을 때 이뤄야 바람직한 니즈 정도로 그친다.

② '비호 니즈'는 당사자에게는 잠재적이나, 제3자에게는 드러난 니즈다. 기존 용어로는 '잠재된 니즈'에 해당하나 나는 이 책에서 이 말을 쓰지 않는다. 왜냐하면 제3자를 '니즈'의 판정자로 본 온정주의를 전제하기 때문이다. 나는 이를 의도적으로 '비호 니즈'라 명명했는데, 그 이유는 '당신을 위해 좋은 것을 해준다'는 식으로 제3자의 온정주의가 내포되었다는 점을 나타내기 위해서다. 제3자가 항상 선의가 있다고 볼 수 없고 그것이 언제나 적절하다고도 할 수 없다. 단순히 '제3자가 대변한 니즈' '대행한 니즈'라고 중립적으로 쓰는 게 나을 수도 있다.

③ '요구 니즈'는 '비호 니즈'와는 반대다. 당사자한테는 드러났지만, 제3자에게는 잠재적인, 브래드쇼의 용어로 말하면 '인지된 니즈'와 '표출된 니즈'다. 니즈를 사회적인 것이라고 정의한다면, '요구 니즈' 개념은 그 자체가 모순적일 수도 있다. 사회적 승인을 얻지 못한 당사자의 '주관적 니즈'를 두고 단순히 '당사자가 제멋대로 고집부리는 것'이라고 범주화해 무시할 수 있기 때문이다. 이처럼 사회복지 영역에서 니즈 개념은 자주 '수요'로 다뤄져왔다. '고집부리는 것'과 '니즈' 사이, 이 책에서 내가 쓰는 용어로 말하자

면 '요구 니즈'에서 '승인 니즈'로 이행하는 과정, 바꿔 말해 사회복지 관계자가 말한 '수요'와 '니즈' 사이에 있는 회색지대가 바로 '니즈'가 사회적으로 생성되는 과정이라고 할 수 있다. 당사자운동은 당사자의 니즈를 승인하라고 요구하며 투쟁한 권리운동의 궤적이다. 장애인 자립생활운동은 24시간 돌봄을 받으며 자립생활을 하는 것을 '요구 니즈'에서 '승인 니즈'로 바꾸었다(中西·上野 2003).

이 점은 '비호 니즈'에 대해서도 똑같이 말할 수 있다. '비호 니즈'는 제3자가 권력관계에서 우위임이 전제되어 있다. 권력은 무엇보다 '상황을 정의할 권리'와 다름없다. 가령 자각하지 않은 당사자에게 제3자(전문가나 행정기관)가 "당신은 병이 있으니, 이런저런 치료를 받아야 한다"고 선고할 수 있다. 이 권력이 결정하는 니즈가 '비호 니즈'다. 이것이 '승인 니즈'로 이행하려면, 당사자가 니즈를 드러내는 것, 즉 규범적 니즈를 받아들이는 과정이 있어야 한다. '비호 니즈'와 '승인 니즈'의 경계는 (당사자의) 무지나 저항 혹은 사회적 니즈 사이에 있는 회색지대라고 할 수 있다. 이행 과정에는 설득이나 이해, 또는 강제성이 있을 것이다. 그런데 '요구 니즈'에서 '승인 니즈'로 이행하는 것과 달리, '비호 니즈'에서 '승인 니즈'로 이행하는 것은 승인 니즈의 규범적 변화를 초래한다. 즉 변화에 적응해야 하는 것이 다르다. '요구 니즈'에서 '승인 니즈'로 이행할 때는 당사자가 변화에 적응해야 하고, '비호 니즈'에서 '승인 니즈'로 이행할 때는 사회가 변화에 적응해야 한다.

마지막으로 당사자에게도 제3자에게도 드러나지 않은 ④ '비인지 니즈'를 범주로 만들어보자. 브래드쇼가 말한 '인지된 니즈'의 바로 전 단계라고 할 수 있다. 당사자가 느끼지 못한 니즈를 니즈라고 하는 것은 논리적 모순으로 여길 수도 있겠으나, 이 범주를 설정하는 것은 의미가 있다. 잠재된 니즈가 드러나는 것은 어디에도 경계를 설정하지 못한 채 연속적으로 일어나는 과정이기 때문이다. 브래드쇼가 말한 '상대적 니즈'가 비인지 니즈에 해당한다고 봐도 좋을 것이다. 당사자나 제3자는 대부분 타자(혹은 다른 사회나 다른 시대)와 비교하고 나서 그전에 미처 알지 못했던 니즈를 알아차리게 된다. 타자(혹은 다른 사회나 다른 시대)의 니즈나 필요는 인정되는데, 왜 자신(자신이 속한 사회나 시대)의 니즈나 필요는 인정되지 못하는가? 이런 비교를 계기로 상대적 박탈감을 느끼고 니즈를 드러내게 된다. 저널리스트 오쿠마 유키코는 《누워만 있는 노인의 나라와 그렇지 않은 나라》(1991)에서 "일본의 고령자가 시설에서 계속 누워만 있는 것은 누워서 지내게 하기 때문"이라고 하며, 이렇게 하지 않는 북유럽 복지 선진국을 관찰했다. 이 책은 시설에 입소한 노인은 누워 있는 게 당연하다고 본 일본 사회에 경종을 울렸다. 장애운동가 나카니시가 전개한 장애인 자립생활운동을 보면, 시설에서 나오는 것을 생각조차 해보지 못한 장애인 당사자들이 탈시설한 뒤 자립해 생활하는 선구적 롤모델을 제시했다. 그렇게 다른 장애인들에게도 할 수 있다고 힘을 불어넣었다. '비인지 니즈'를 드러내는 과정에서는 당사자뿐만 아니라, 제3자도 행위 주체로서 '승인 니즈'의 규범을 바꾸는 역할을 할 수 있다.

비교는 변수를 통제한 실험을 할 수 없는 사회학이나 역사학에서 빼놓을 수 없는 중요한 연구 방법이다. 인간의 상상력은 그다지 풍부하지 않다. 다른 사회나 다른 시대와의 비교를 통해 비로소 현재 사회가 다른 모습을 할 수 있는 가능성, 즉 사회의 잠재성에 관한 상상력을 획득할 수 있다.[8] 미셸 푸코의 계보학도 이런 가능성을 상상하기 위한 방법이었다. 니즈를 드러나게끔 하는 것은 지금과 다른 사회를 만들어낼 힘과 떼어놓고 생각할 수 없다. 그래서 나와 나카니시는《당사자 주권》에서 다음과 같이 썼다.

> 니즈는 원래 있는 것이 아니라, 만드는 것이다. 니즈를 만드는 것은 또 다른 사회를 구상하는 것이다. (中西·上野 2003: 3)

당사자 개념의 난립

돌봄의 상호행위성을 강조하는 입장에서는 '돌봄'이 일어나는 장면에 돌봄을 제공하는 쪽과 돌봄을 제공받는 쪽이라는 복수의 주체가 있다고 지적해왔다. 이때 한쪽에 당사자성이 있다고 가정한다면, 다른 한쪽에도 당사자성이 있다고 가정할 수 있다. 이렇게 되면 요개호자의 당사자성뿐만 아니라, 돌보는 가족의 당사자성, 돌봄노동자의 당사자성 등을 가정할 수 있다.

당사자는 편리한 말이다. 2003년에《당사자 주권》이 출간된

8 일본의 고대 여성사학자 다카무레 이쓰에는 학생 시절, 일본의 고대 헤이안 시대 중엽에 쓰인 회상록《사라시나닛키更級日記》를 읽고 당시의 결혼이 근대적 결혼 방식과 다른 것을 알고 충격을 받았다. 이를 계기로《초서혼 연구招婿婚の研究》(高群 1953)와 같은 대작을 남겼다. [다카무레 이쓰에는《초서혼 연구》에서 초서혼, 즉 데릴사위제가 일본 고대에 결혼의 한 형태로 존재했고, 이때 재산은 딸이 상속했다. 다카무레는 이를 논하며 가부장적 가족제도가 역사적으로 고정불변한 것이 아니라고 주장했다.]

후 인플레이션이라 할 정도로 당사자 개념이 난립했다. 누가 당사자냐고 물을 때, 요개호자에 더해, 가족과 돌봄노동자 및 전문가, 심지어 사회적 약자를 만들어내는 주류 사회의 다수조차 차별 당사자, 억압 당사자라고 보는 확장된 쓰임새가 가능하다고 보았다. 이런 식이면 세상에 당사자가 아닌 사람은 아무도 없다고 할 수 있을 정도다.

더욱이 당사자 개념은 의도치 않은 결과를 초래했다. 당사자 연구뿐만 아니라 당사자를 둘러싼 메타 이론 영역, 예를 들어 당사자 개념의 효용과 한계, 그 권력성에 관한 비판이나 내적 성찰까지 나왔다(貴戸 2004; 野崎 2004).[9] "당사자만 니즈에 대해 연구할 수 있는 것은 아니"라거나, "당사자가 말한다고 해서 전부 옳은 건 아니"라는 비판도 제기되었다.

당사자를 '니즈의 귀속 주체'라고 한정적으로 정의하면, 위와 같은 난립을 가라앉힐 수 있다. 논의를 더 펼치려면 니즈의 생성과정에 연관된 관여자를 나눠 살펴야 한다. 나는 니즈의 유형론을 제시해 당사자와 제3자를 나눴다. 그 이유는 당사자가 니즈에 대한 가장 우선적인 귀속처이며, 당사자의 니즈가 아니고서는 그 어떤 니즈도 있을 수 없다는 입장을 택했기 때문이다. 나는 지금도 여전히 이 입장은 아무리 강조해도 지나침이 없다고 본다. 당사자의 니즈는 가장 먼저 생긴 1차적인 니즈다. 돌봄을 제공하는 이의 니즈는 어디까지나 당사자의 니즈가 있기 때문에 생긴 2차적인 니

9 가령 사회학자 도바 가쿠가 학술지 《사회학평론》 주제별 연구 동향에서 당사자성을 주제로 거론한 것(土場学 2007) 등과 같이 단기간에 이 분야의 지식이 축적되었다.

즈다. 이 책에서 내가 몇 차례나 반복해 쓰고 있지만, 돌봄을 제공받는 쪽은 그 니즈에서 벗어날 수 없는 주체인 데 반해, 돌봄을 제공하는 쪽은 관계를 벗어날 수 있다. 설사 돌봄을 제공하는 쪽이 죄책감을 느끼거나 사회적 제재를 받는다고 해도 그렇다. 이렇듯 양쪽 사이에는 압도적인 비대칭성이 있다. 당사자성을 놓고 봤을 때 그 정도가 다른 것이다. 이처럼 1차 니즈와 거기서 계속 파생된 2차, 3차…… 니즈를 구별할 수 있다.

제3자에는 다양한 행위자가 있다. 가족, 동료집단peer[동일한 당사자성을 지닌 그룹], 케어 워커(돌봄노동자), 사업자, 전문가, 관료, 정부, 국가, 국제사회 등이다. 이러한 행위자를 각기 나눠서, 행위자와 당사자 간, 행위자들끼리, 상호행위와 교섭 과정 가운데 니즈가 생성된다고 보면, 상호행위가 일어나거나 협의하는 과정은 더 복잡해진다.

《니즈 중심의 복지사회로》에서 사회학자 사이토 아키코는 고령자의 니즈 생성 과정을 주의 깊게 썼다. 사이토의 사례 분석을 보면, 데이서비스day service 이용자는 자신이 다니는 서비스 시설의 동료 고령자와 정보를 교환하거나 교류함으로써 상대적 니즈를 갖게 되기도 하고, 특정 개호복지사가 고령자의 니즈를 '짐작하거나' '눈치채서' 고령자가 자신의 니즈를 드러내거나 인정받는다. 사이토는 다른 사례도 언급했는데, 가족에게는 니즈를 드러내기를 꺼리지 않는 고령자가 집을 방문한 헬퍼에게는 니즈를 드러내지 않기도 한다. 즉, 사이토가 말했듯 "관계 속에서 니즈가 생겨난다"(齋藤 2008a: 85). 관계성에서 나온 니즈는 "돌봄의 제공자와 신뢰관계 속에서 당사자의 니즈가 수용됨"에 따라 생성된 것이고, 상호행위와 협의가 낳은 것이다. 물론 이런 협의가 매번 성공하는 것은 아니다.

역량 접근법

앞선 논의처럼 니즈를 유형에 따라 이론화하더라도 실제로 니즈가 무엇인지 답한 것이라고는 할 수 없다. 앞서 인용한 미우라의 니즈에 관한 정의, 즉 "어떤 기준에 기초해 파악한 상태가 사회적으로 개선, 해결을 필요로 한다고 사회적으로 인정될 경우, '니즈가 있는(지원이 필요한) 상태'라고 할 수 있다"는 어떤 기준이든 상태든 간에 깊이 들어가 살핀 것은 아니다.

나는 《니즈 중심의 복지사회로》에 수록한 경제학자 오사와 마리의 논문에서 택한 후생경제학welfare economics의 접근법, 아마르티아 센이 언급한 역량 접근법에 따라 니즈가 무엇인지 살피려 한다. 역량 접근법으로 니즈를 보면, 왜 니즈가 특정 사람들에게 불균형하게 귀속되는지, 또 니즈를 사회적으로 충족시키기 위한 재화, 서비스 배분의 불균형을 정당화할 근거는 무엇인지, '요구 니즈'뿐만 아니라 '비호 니즈'도 일정한 역할을 하는지 등 여러 의문에 답할 수 있다.

후생경제학은 개인의 복지에 초점을 맞춘다. 니즈 개념은 경제학에도 있고, 센의 역량 접근법은 이 니즈 개념을 바탕으로 한다. 기존 경제학에서는 개인의 선호preference가 무엇이든 그것을 완전히 가치중립적 변수로 다룬다. 이와 달리, '새로운 후생경제학'을 내세워 경제학을 혁신한 센은 선호와 니즈를 구별했다. 선호가 니즈를 반영한다고 할 수 없기 때문이다.

센과 함께 책을 쓴 경제학자 고토 레이코가 잘 정리한 '역량'에 대한 내용을 살펴보자.

> 실제로 본인이 선택한 상태, 혹은 본인의 평가에 따라 최대로 간주한 상태, 또는 본인의 평가와 관련 없이 본인이 달성할 수 있는 상태. 이런 상태의 집합, 즉 그 상태가 될 수 있는 기회의 집합이 역량이다. (セン·後藤 2008: 20)

오사와는 "인간으로 생활할 수 있고 사회에 참여할 수 있는 역량이 결손된 상태에서 니즈가 생성된다"고 하며, "역량은 재화와 서비스 분배의 효용과 같은 관점이 아니라, 개개인의 복지 관점에서 평가해야 한다"고 말했다(大沢 2008a: 180). 센과 고토가 말했듯, "선택 가능성이라는 측면에서 역량은 자유와 떼려야 뗄 수 없는 관계"다(セン·後藤 2008: 21).

센이 말한 '복지 자유welfare freedom'란 "전염병에서 벗어나는 것, 균형 잡힌 영양을 섭취하는 것, 자유롭게 이동하는 것, 자신의 기분이나 생각을 적절히 표현하는 것, 필요한 정보를 정확히 이해하는 것 등과 같이 인간의 행동이나 존재양식에 관한 기본적인 능력이 얼마나 풍부하게 실현될 수 있는지를 나타내는 개념"이다(セン·後藤 2008: 77). 이 개념을 사람들이 평범하게 영위하는 보통 생활이라고 가정해보자. 이에 대해 오사와는 "일반적으로 사람들이 보통 생활을 영위하는 데 필요불가결한 재화와 서비스가 무엇인

지에 대해서는 각자가 속한 시대와 사회에서 느슨하게 합의가 형성되어 있다"고 했다(大沢 2008a: 182).

그런데 아무리 좋은 생활을 꾸려간다고 해도, 이 생활이 자유로운 선택에 따른 결과가 아니면 역량은 결핍되었다고 할 수밖에 없다. 《불평등의 재검토》에서 센은 자유와 역량을 복지의 척도로 삼자고 주장한다. 센은 "복지를 달성하기 위한 자유(혹은 기회)"와 이러한 자유에 따라 "할 수 있게 된 기능(혹은 성과)"을 구별했다. 그러고 나서 "기능이란 복지를 구성하는 요소이며, 역량이란 이러한 기능을 추구할 자유"라고 했다(Sen 1992=1999: 62). 따라서 실질소득, 부, 자원, 기본재 등과 같은 재화, 서비스의 분배만으로는 복지수준을 측정할 수 없다.

> 어떤 생활양식을 선택한다는 것은 어떻게 그 선택을 했는지에 따라 다르다. (Sen 1992=1999: 73)

이러한 역량 접근법은 앞서 제시한 돌봄에 대한 인권적 접근법과 잘 조화된다. 똑같이 고령자를 돌보는 가족이 있다고 할지라도, 그 돌봄이 자유로운 선택의 결과인지 아니면 대체할 선택지가 없는 '강제노동'의 결과인지에 따라 함의는 전혀 다르다. 또 자유로운 선택으로 가족을 돌보는 경우라고 해도, 그것이 기회비용의 상실과 맞바꾼 선택인지, 아니면 소득을 보장해주는 복지제도를 기반으로 한 선택인지에 따라 함의가 다르다.[10]

인도 출신의 경제학자로 빈곤과 불평등을 연구한 센은 니즈와 선호가 언제나 일치하지는 않는다는 사실을 간파했다. "사람은 얻을 수 있는 것만 바라는" 경향이 있기 때문이다. 선택지가 없는데, 개인이 선호를 나타내는 경우는 거의 없다. 즉 선택지 집합(기회 집합)이 적은 개인은 높은 니즈가 있더라도, 그것을 충족할 만한 선호를 표명하지 않으며, 낮은 수준에 만족하는 경향이 있다. 그래서 '효용'에 따른 니즈를 가정하는 접근법은 부적절하다. 기회의 집합이 적은 개인에게 '자유'가 있다고 볼 수 없다. 그뿐만 아니라 선택지가 적다면 선택에 따른 결과에 대해 개인에게 책임을 묻기도 적절치 않다. 책임은 선택할 자유가 있어야 따라오는 것이기 때문이다.[11]

역량 접근법에 바탕을 두면, 임신 중인 여성이나 장애가 있는 사람은 보통 생활을 달성하기 위해 통상적 재화, 서비스 분배 이상으로 부가적 분배를 요구할 근거가 있다. 즉, 다른 사람보다 훨씬 불균등한 결손 상태(니즈)에 있는 개인이므로, 이러한 개인의 니즈에 응답해 재화와 서비스를 후하게 분배하는 것이 공평하다고 할

---

10 센이 들고 있는 흥미로운 예는 단식과 기아의 차이이다. "단식은 단식 말고도 선택지가 있는데도 굶기로 한 것이다. 굶고 있는 사람의 달성된 복지를 검토할 경우, 그 사람이 단식을 하는 것인지 아니면 충분히 식량을 얻을 수단이 없는 것인지 아는 것이 직접적인 관심사이다"(Sen 1992=1999: 73). 또 '달성된 복지'만 복지제도의 평가 기준으로 삼은 입장도 다음과 같이 비판했다. "표준화된 소비자 이론을 보면, 소비자가 고를 수 있는 선택지 중 가장 좋은 선택지를 미리 제외한다 해도, 소비자에게 어떤 불이익도 불러일으키지 않는다고 해석한다"(Sen 1992=1999: 73). 이러한 입장이 부적절하다는 것은 가령 국민에 의한 선택의 자유(민주주의적 결정)가 없다면, 개발독재의 결과로 생긴 국민경제의 번영은 억압과 다를 바 없다는 점을 봐도 지지할 수 있을 것이다.

11 "풀타임 고용기회가 있으면 그걸 선택하겠는가?" 하고 육아 중인 여성 파트타임 노동자에게 질문하면, 대부분 그러지 않겠다고 답하는데, 이를 근거로 '여성은 파트타임 노동을 선호한다'고 성급하게 결론 내리는 것은 잘못이다.

수 있다.

시각장애인 장애학 연구자 이시카와 준(石川 2004)이 언급한 '배려'라는 표현을 빌려 말하자면, 우리 사회는 눈이 보이는 사람에 대해서는 충분히 "배려"하는 사회이며, 눈이 보이는 비장애인의 사회는 시각장애인에 대해 "배려가 부족하다". 따라서 시각장애인은 불균등한 니즈를 갖고 있다고 할 수 있다.

고토에 따르면, '니즈'는 다음과 같은 결정 과정을 거친다.

> 역량을 보장하는 것은 본인의 의사와 완전히 동떨어져 결정할 사항이 아니다. 개인의 의사 표시만으로 개인의 어떤 역량을 보장해야 할지 정할 수 없다고 해도 그렇다. 이 결정은 사람들의 주관적 평가에 따라 내릴 수 있는 것은 아니나, 그렇다고 해서 사람들의 인식과 평가를 초월한 사실로 이론적으로나 선험적으로 주어진 것도 아니다. 결국 사회를 구성하는 사람들이 사회적으로 선택함으로써 결정해야 한다. (セン·後藤 2008: 22)

센과 고토에 따르면, 니즈의 결정 과정은 "공공의 토의를 통한 니즈의 발견", 즉 "자신의 니즈, 자신과 같은 사람들의 니즈, 또 일반적인 니즈를 평가하는 성찰적이며 공공적인 활동을 통해 점차 형태를 갖추게 된다"(セン·後藤 2008: 20). 이렇듯, 역량 접근법은 니즈의 생성 과정을 중시한다. 이것을 통해 니즈가 사회적이라는 점, 당사자와 제3자 간 교섭과 상호작용에 의한 생성 과정이라는 점을 알 수 있다. 내러티브 접근법에서, 내러티브는 발화자와 이 발화를 수용하며 듣는 이의 상호교섭 과정에서 비로소 성립된

다는 점이 밝혀진 것처럼, 니즈(특히 '표출된 니즈')도 그 주체와 니즈를 수용하는 제3자 간 상호행위와 교섭 과정을 통해 비로소 생성되는 것이라는 점을 쉽게 이해할 수 있다.

1차적 니즈와 파생적 니즈

이 책에서 나는 니즈 유형론으로, 우선 1차적 니즈의 귀속 주체와 여타 행위 주체를 확실히 구별하기 위해 당사자/제3자 범주를 택했다. 당사자 니즈를 1차적 니즈라고 한다면, 제3자가 누구든 제3자의 니즈는 1차적 니즈에서 파생한 2차적 니즈, 3차적 니즈라고 해야 한다. 이는 마사 파인먼이 '의존의 사적 영역화'라고 하는 근대가족을 두고 아이나 고령자의 의존을 1차적 의존primary dependency, 이러한 의존적 존재를 돌볼 책임을 지면서 파생한 여성의 의존을 2차적 의존secondary dependency이라고 한 것에 따른 것이다(Fineman 1995=2003). 여성의 의존을 두고 '여성 문제'라고 하나, 이런 문제 대부분은 여성의 '2차적 의존'에 의한 것으로 여성 자신이 의존적이라는 것을 뜻하지는 않는다. 따라서 '2차적 의존' 문제가 해결되면, '여성 문제' 대부분(전부는 아니더라도)은 해결될 수 있을 것이다.

센의 역량 접근법을 적용해보면, 당사자는 확실히 역량이 결손된 상태(니즈)를 경험한다고 할 수 있으나, 가족이나 케어 워커, 사업자, 전문가, 관료 등 제3자는 역량의 결손을 경험하지 않는다. 가족과 케어 워커는 당사자의 1차적 니즈에 응답한 상호행위를 통해서 파생적 니즈의 당사자가 된다고 할 수 있다. 이러한 2차적, 3차적 니즈에는 돌봄을 제공하는 이의 고유한 니즈(돌봄을 해서 생긴 부담과 구속, 스트레스와 번아웃 등)도 포함된다. 또 당사자의 승인 니즈를 충족시키는 것, 돌봄을 제공하는 쪽이 부적절하다고 여긴 당사자의 '요구 니즈'와 끊임없이 교섭하는 것, 돌봄을 받는 쪽이 아직 자각하지 못했지만 필요하다고 판단한 '비호 니즈'를 제공하는 것 등과 같이 다양한 상호행위를 가정해볼 수 있다. 2차적 니즈는 돌보는 이와의 가족관계, 동거 여부, 친밀한 정도, 성차 등으로 차이가 난다.

제3자 중에서도 제도를 설계하거나 집행하는 관료 및 행정 관계자의 이해관계를 보면, 제3자의 2차적 니즈는 '비호 니즈'조차 되지 못하는 경우가 많다. 관료 및 행정 관계자의 '비호 니즈'는 복지 예산을 일정하게 억제한다는 방침을 가진 정부나 지자체의 이익에 지나지 않는 수도 있다.

이렇듯 제3자 행위 주체는 다양한 차원으로 존재하며, 각각 고유한 이해관계가 있다. 이들을 2차, 3차, 4차 등 파생적 니즈의 당사자라고 할 수도 있으나, 여기서는 우선 당사자를 1차 니즈의 귀속 주체로 한정함으로써 당사자나 니즈 개념의 난립을 가라앉힌 후 각 행위 주체를 나누고자 했다. 이런 방법으로 본다고 해서, 각 행위 주체 간 상호행위와 교섭 과정에 대해 분석이 안 된다고는 할 수 없다. 이론적 분절화를 통해 우리는 다양한 행위 주체 간 역학관계를 밝혀낼 수 있다.

이러한 맥락에서 말하자면 나와 나카니시가 제기한 당사자 주권 개념은 파생적 니즈보다 당사자의 1차적 니즈를 가장 우선해야 한다는 규범적 입장이다. 1차적 니즈 없이 파생적 니즈는 발생하지 않는다. 어떠한 지원이든 서비스든 제도든 정책이든 당사자의 1차적 니즈와 대응해 검증해야 한다.

고토는 센의 역량 접근법에 대해 "개인의 사회성을 존중하면서 복지의 순서를 결정하고, 또 복지를 보장할 방법을 궁리하면서 개인의 주체성을 존중하는 훌륭한 접근법"이라고 평가했다(セン·後藤 2008: 22). 니즈를 당사자와 제3자 사이의 상호행위 과정에서 생성되어 드러난 것으로 파악한 나의 입장도 센의 역량 접근법과 일치한다.

예외는 가족이다. 선택할 수 없이 강제로 해야 하는 돌봄인 경우, 바꿔 말해 돌봄을 선택하는 것 말고는 기회가 매우 적은 개인(대부분은 기혼 여성)은 틀림없이 역량 면에서 결손을 경험한다. 그래서 데일리가 가족 돌봄을 '강제노동'이라고 한 것이다. 이때 역량 접근법을 통해 우리는 고령자를 돌보는 가족의 니즈에 대해 특별히 재화나 서비스를 분배해야 한다고 당위성을 부여할 수 있다. 하지만 이런 경우에도 당사자의 '1차적 니즈'와 가족의 '2차적 니즈'는 구별해야 한다. 돌봄의 실천 현장에 있는 케어 워커와 사업자는 '1차적 니즈'와 '2차적 니즈' 사이에서 자주 갈등을 겪고, 그 결과 어떤 니즈를 우선해야 하는지 딜레마를 경험한다. 예를 들어, 요개호 당사자는 집에 있기를 원하는데, 가족의 '2차적 니즈'는 고령자가 집에서 조금이라도 나가주기를 원하는 것이다. 데이서비스나 쇼트스테이shotr stay는 당사자의 '1차적 니즈'에 응해서가 아니라, 가족의 '2차적 니즈'에 응해 생겼다는 것은 각종 조사로 증명된 바 있다. 나카니시는 이 부분을 더 확실하게 짚었는데, "복지서비스는 가장 먼저 당사자의 니즈를 충족시키는 것이 원칙이란 점에서 보면, 부모나 가족의 니즈라고 할 수 있는 데이서비스나 쇼트스테이는 배제할 수 있다"고 말한다(中西·上野 2008: 231).

장애인 자립생활운동을 돌아보면, 장애인 당사자가 자립생활을 하기 위해 맨 처음 타협해야 할 상대는 가족이었다. 가족은 사랑이라는 이름으로 당사자의 자립생활을 가로막았다. 그러나 가족이라고 해도 당사자의 니즈를 대표, 대변할 수 있는 것은 아니다. 이런 니즈를 두고 "너를 위한 것"이라고 말하기는 하나, 실은 가족의 니즈일 뿐이다. 가족(이라는 제3자)에 대해 '니즈'라는 용어를 써서 '니즈' 개념의 난립을 초래하기보다는, 오히려 '이해관계'라고 한정적으로 부르는 게 나을지도 모른다. 가족은 요개호 당사자와는 다른 고유한 이해관계를 갖고 있는데, 이 이해관계가 사회적으로 인지된 니즈라고 본다면 니즈의 귀속 주체로서 '가족 당사자'가 성립한다. 이런 데서 문제를 느껴 쓴 책이 편저인 《돌봄 그 사상과 실천 4: 가족 돌봄, 가족을 돌보는 것》(上野他編, 2008d)[12]이다. 오늘날 일본 사회에서는 가족 개호자의 돌봄, 케어 워커의 스트레스에 대한 돌봄이 사회적 니즈로서 인정받고 있다. 그러나 이때도 니즈의 차원을 나누고 구별해야 할 것이다.

---

12 이 책의 편집위원은 우에노 지즈코, 오쿠마 유키코, 오사와 마리, 진노 나오히코, 소에다 요시야인데, 다음 여섯 권으로 구성돼 있다. 1권 '돌봄이라는 사상', 2권 '돌보는 것', 3권 '돌봄을 받는 것', 4권 '가족 돌봄, 가족을 돌보는 것', 5권 '돌봄을 지탱하는 구조', 6권 '돌봄을 실천하는 장치'.

당사자인 것과 당사자가 되는 것

> 당사자란 1차적 니즈가 귀속하는 주체다.
>
> 이 정의에는 ① 당사자가 니즈의 귀속처라는 점, ② 이에 대한 주체화의 계기 두 가지 사항이 포함되어 있다. 따라서 당사자는 단순히 객관적으로 봤을 때 니즈가 귀속하는 것으로 판정된 '문제를 안고 있는 개인'이 아니라, '자신의 니즈를 드러낸 개인'이다. 니즈의 귀속처라는 것은 특정한 사회적 속성을 나타낸 것에 지나지 않으나, 사회적 위치position에서 능동적인 정체화identification, 즉 '위치에 따른 주체화positional subjectification'를 성취하면 당사자가 되는 것이다. 나는 《당사자 주권》에서 당사자인 것과 당사자가 되는 것은 다르다고 썼다. 당사자인지 아닌지는 그 사람의 능동적인 정체화가 있는지 여부에 따른다. 동일한 역량을 가졌다거나 동일한 사회적 위치에 있다고 객관적으로 판정된 사람들 전부가 당사자가 되지는 않는다. 게다가 이들 모두가 '요구 니즈'를 인정하라고 요구하며 당사자로서 운동을 벌이는 것도 아니다. 니즈의 생성 과정을 중시하여 니즈를 동태動態로 본 나의 입장에서는 니즈가 자신에게 귀속한다는 것을 자각해 받아들인 주체가 당사자라고 정의한다.[13]

《당사자 주권》에서 '당사자'를 정의한 내용을 인용한다. 여기서 우리는 '당사자인 것'과 '당사자가 되는 것'의 차이를 직관적인 형태로 제시했다.

> 당사자란 '문제를 안고 있는 사람들'과 같은 뜻이 아니다. 문제를 만들어낸 사회에 적응해버리면, 니즈는 생기지 않는다. 결핍

과 부족에서 니즈(필요)가 나온다. 현재 나의 상태가 앞으로는 이렇게 됐으면 좋겠다고 생각하고서 부족한 것을 파악하고 새로운 현실을 이루려는 구상력을 가졌을 때 비로소 자신의 니즈가 무엇인지 이해하게 되는데, 이때 그 사람은 당사자가 된다. 니즈는 원래 있는 것이 아니라, 만드는 것이다. 니즈를 만드는 것은 또 다른 사회를 구상하는 것이다. (中西·上野 2003: 2-3)

나카니시와 나는 '당사자'를 통상적으로 쓰던 '문제를 안고 있는 개인'이 아닌, '니즈의 주인공'으로 정의했다. 자신의 니즈가 충족되는 데에 사회적인 책임이 있다고 본 권리 주체를 당사자라고 한 것이다. 따라서 단순히 당사자라는 것만으로는 불충분하다. 당사자가 될 계기가 있어야 한다.

나는 이 아이디어를 셰인 페란에게서 얻었다(Phelan 1994=1995).[14] 게이라는 것을 숨기지 않던 푸코가 "열심히 게이가 된다"[15]

---

13 이 점을 감안하면, 차별에 관한 많은 이론이 풀지 못한 수수께끼를 풀 수 있다. 그것은 왜 차별을 당하는 이가 스스로 해체하기를 원하는 범주(여성, 장애인, 동성애자 등)를 일단 받아들이는가 하는 '모순'이다. '위치'는 사회적으로 결정된 범주이지만, 그에 대한 '위치적 주체화'는 주체의 범주에 대한 동일화를 가리킨다. 주디스 버틀러는 알튀세르의 [주체는 타자의 호명에 의해 형성된다는] 호명 이론을 가져와서, 제3자에 의한 '위치' 매김이 있고 여기에 자신을 동일시하는 동일화를 거쳐야 주체의 정체성을 구성할 수 있다고 했다. 즉, 주체의 정체성은 사후적으로 구성된다는 설명이다. '여성' '장애인' '동성애자'와 같이 호명된 범주를 받아들임(종속화subjectification=주체화)으로써, 비로소 위치적 주체화가 성립한다.

14 페란에 관해 알려준 마쓰모토 류야에게 감사의 말을 전한다.

15 해당 인용은 일본에서 출간된 푸코의 인터뷰집 《동성애와 생존의 미학同性愛と生存の美学》(1987)에서 나온 말이다.-옮긴이

고 말한 것을 인용하면서 페란은 게이/레즈비언인 것의 '커밍아웃coming out'은 번번이 '비커밍아웃becoming out'이라고 했다. '게이/레즈비언임'은 객관적으로 정의할 수 있는 것이 아니고 '게이/레즈비언임'을 받아들인 주체의 전략이자 성적 주체화 과정이라는 뜻이다. 커밍아웃을 할 때마다 주체는 게이/레즈비언이 되는 것이라는 성적 주체화를 선택하는 것이다. 이 실천을 페란은 '비커밍아웃'이라고 한 것이다. 또 성적 주체화 과정에는 '게이/레즈비언의 권리 주장'과 그에 따른 차별에 대한 고발이 수반된다. 따라서 주체가 되는 것은 커밍아웃 단 한 번으로 끝나지 않는 끊임없는 운동의 과정이다. 따라서 동성애 행위를 하는 것과 게이/레즈비언 정체성을 갖는 것은 전혀 다른 문제다.

마찬가지로 돌봄을 받을 필요가 있는 '요개호자要介護者'인 것과 '요개호자'의 정체성을 갖고 당사자가 되는 것은 다른 문제다.[16] 요개호자 당사자가 되려면 니즈를 드러내고 정체화하는 계기가 있어야 한다.

그런데 당사자가 사회운동으로 잠재된 니즈를 드러내는 주체로 중요한 역할을 함으로써, 나중에 당사자가 아닌 이들의 니즈가 충족되는 경우가 자주 발생한다. 이 사실은 사회운동론에서는 잘 알려져 있는데, 말하자면 '무임승차'다. 사회적 약자 가운데 남한테

16 일본의 개호보험법에서 개호 인정을 받으려면 본인의 신청이 필요하다. 제3자 기관에서 인정한다고 해도 그쪽에서 마음대로 와서 판정해주는 것은 아니다. 따라서 요개호 인정 과정에는 피보험자 스스로가 돌봄을 받을 권리가 있다고 보는 권리의식이 처음부터 있어야 한다. 개호보험을 이용하지 않을 작정으로 개호를 신청하는 고령자는 없다.

편승해 자신이 요구하지 않은 권리를 얻은 사람들이 있긴 하나, 그렇다고 해도 권리가 자동으로 주어지는 것은 아니다. C형 간염 소송에서 알 수 있다시피, 당사자를 권리를 요구한 사람(소송에 참여한 사람)으로 한정할지, 아니면 객관적 판정 기준에 해당하는 사람 전체를 대상으로 할지, 즉 니즈를 어떤 범위까지 확장 또는 제한할지가 정치적 쟁점이었다.[17] 개호보험에서도 '요개호자'는 자기가 신고하는 개념이다. 돌봄이 필요하다고 신청해 인정을 받지 않는 한, '요개호자'가 될 수 없다. 개호보험에서 1호 피보험자[18]는 자동으로 개호서비스를 받는 요개호자가 되는 것이 아니고, 자신이 선택해 '요개호자'가 된다. 따라서 요개호자의 규모나 수준을 객관적으로 판정하거나 예상하는 것은 근거도 없고 무의미하다. 2006년 개호보험 개정 때 요개호도要介護度를 재검토한 것에서 볼 수 있는 것처럼, '요개호 상태'에 대한 정의는 개호서비스 공급의 규모와 수준을 설정하는 정치적 고려 안에서 결정된다.

'요개호 당사자'란, 요개호의 니즈를 드러내며 그 니즈가 사회적으로 충족되어야 함을 요구한 권리 주체를 말한다. 그렇지 않은 고령자는 객관적으로 볼 때 같은 건강 상태라 해도 당사자가 될 수 없다. '당사자가 되는 것'에 의미가 생긴다는 것은 개호보험과 같은 실생활 사례를 대입해보면 금방 이해할 수 있을 것이다.

---

17 혈액제제를 투여받고 C형 간염 바이러스에 감염된 발병자들이 2002년 국가를 대상으로 소송을 제기한 사건. 원고 측은 일본 정부에 피해자 구제와 재발 방지 등을 요구했고 2008년 합의가 성립되었다. 원고 측은 해당 소송의 원고 외에 피해자 전체에 대한 일률 구제를 요구했는데, 일본 정부는 소극적인 태도를 보이다가 2008년에 이와 관련된 특별조치법을 입법해 일률 구제했다.-옮긴이

18 행정구역 내에 주소를 둔 65세 이상의 고령자.-옮긴이

그런데 '당사자가 되는 것'이 매번 쉽지는 않다.

의존증에 관한 상담 전문가 노부타 사요코는 알코올 의존에 "당사자는 없다"고 했다.

> 곤란한 사람이 있으니 그 사람을 지원하기 위해 손을 내밀어야 한다는 것. 바로 이것이 당사자한테 필요한 지원일 것이라 확신하는 식으로, 지원받는 사람의 니즈와 지원하는 사람의 배려가 처음부터 일치할 것이라고 전제하면 안 된다. 예상한 그대로 결과가 나오는 그런 지원 관계를 바라면 안 된다. (信田 2008: 148)

노부타가 "당사자가 없다"고 한 것은 의존증이 있는 사람이 그만큼 당사자가 되기는 어렵다는 뜻이다. 예컨대 알코올 의존자는 자신의 건강이나 가족관계, 사회적 지위를 파괴할 위험보다 술을 마실 것을 '선호'한다. 이러한 선호를 두고 노부타는 "알코올 의존이 있는 사람이 당사자가 되기를 거부하는 것"이라고 표현했다. "스스로 알코올 의존자라고 인정하는 것, 즉 당사자가 되는 것은 그전까지 살아온 인생을 포기하고 낯선 세계로 들어가는 것과 같다"고 했다(信田 2008: 148).[19]

그렇다면 당사자 능력이 결핍된 사람들, 가령 아이나 인지증

---

19 이것을 노부타는 "어딘가 범죄자와 유사하다. 범죄자에 대한 형벌은 처벌과 동시에 가해자로서 당사자성을 가지게 하기 위해 집행된다"(信田 2008: 148)고 지적한다. 센이 말하는 바와 같이 자유가 없는 곳에 책임은 없다. 그렇게 되면 기회 집합이 풍부한(역량이 높은) 개인이 저지른 범죄와 기회 집합이 빈곤한 개인이 저지른 범죄는 당연히 책임의 무게가 다를 것이다.

에 걸린 사람의 경우는 어떨까? 노부타는 아동 학대를 예로 들면서 전문가에게 당사자성이 있다고 선언했다. 유아나 아이는 자신에게 가해진 학대 행위를 학대 행위로 인식할 수 없으니 이들을 학대 피해자로 판정하는 이는 그 행위를 학대로 정의한 관계자들, 즉 아동상담소 직원이나 교사, 아동을 상담한 의사나 전문가이다. 어떤 사건이 학대라고 할 때, 전문가는 전문성과 권위를 근거로 상황에 대해 정의를 내릴 수 있는 권리를 행사한다. 이렇게 하면, 동일한 사건을 학대가 아닌 훈육이라 할 때와 전혀 다른 영향을 미친다. 전문가는 '비호 니즈'를 발견하고 주체가 된다. 그래서 마치 도발하는 논조로 노부타가 "전문가가 학대라고 명명하면, 그렇게 본 전문가가 당사자가 되는 것"이라고 한 것이다. 학대를 받은 아동을 부모에게서 분리하는 '니즈'를 충족하려면, 경우에 따라 친권을 뺏는 등 공적 개입이 필요하다. 노부타는 "상황에 대해 내린 정의를 공유하고 지지하며 대응책을 제시할 전문가, 상담가 동료, 행정 관계자의 관여 없이 아동에 대한 지원은 이뤄지지 못한다"고 지적했다(信田 2002). 학대를 당한 아동의 '니즈'는 이렇게 여러 주체 간 상호행위 과정에서 생성된다.

그런데 전문가는 전문가만의 고유한 이해관계가 있다. 원조자인 전문가는 피원조자의 의존을 필요로 하는데, 이 점에서 이들의 파생적 니즈는 1차적 니즈에 따른다. 마치 어떤 엄마가 자신의 부모 위치를 잃지 않으려고 자식의 자립을 막는 것과 같이, 전문가가 피원조자에게 의존하게 되는 도착적 상황은 얼마든지 일어날 수 있다. 상호행위 과정에서 지원자나 전문가도 '니즈'의 당사자임은 틀림없으나, 이러한 니즈는 어디까지나 파생적인 것이고, 1차적 니즈가 없다면 성립할 수 없다. 또 이 파생적 니즈는 최종적으로 1차적 니즈의 귀속처인 당사자에 의해 그 정당성을 판정받아야 한다. 최종 시점에 당사자가 부재하거나 판정 능력이 없을 때는 나중에 능동적인 정체화[위치에 따른 주체화] 과정을 통해 사후적으로 당사자가 될 사람에 의해 정당성을 판정받아야 한다.

나는 이러한 점을 신진 사회학자 기도 리에에게 배웠다. 기도는 학교 다닐 때 등교 거부를 했는데, 후에 대학원에 가서 등교 거부 현상을 연구하면서(貴戸 2005) 스스로 당사자성을 획득했다. 기도가 연구로 밝힌 것은, 등교를 거부하는 학생과 가장 가까운 아군이라 할 부모나 지원자도 당사자인 학생과는 별도의 이해관계가 있다는 점이다. 기도에 따르면, 등교를 거부하는 학생을 지원하는 이들의 논리는 "등교 거부도 선택할 수 있다"는 것이었는데, 이 논리가 학생의 심적 부담을 줄이거나 자책하는 부모의 마음을 위로하는 담론 자원인 측면은 분명 있다고 했다. 그런데 이 논리의 직접적 결과를 책임지는 이는 등교를 거부한 학생 본인이다. 등교를 거부한 학생에게 등교 거부란 학교에 가도 안 가도 그만일 수 있는 자유로운 선택이 아니다. 학교에서 따돌림이나 억압을 겪는 등 기회 자원을 크게 제약받은 상황에서 어쩔 수 없이 궁지에 몰려 선택하게 된 것, 일종의 강제가 된 게 등교 거부다. 학교에 가는 것과 안 가는 것은 등가의 선택이 아니며 인생을 죽 따라다니는 비대칭적 배분에 관한 선택이다. 지원자들의 논리는 이 논리에서 나온 결과를 책임져야 하는 학생을 더욱 궁지에 몰아넣는다. 이 연구의 함의는 다음과 같다. 지원자나 부모가 대변한 당사자의 니즈는 최종적으로 당사자 본인이 판정해야 한다. 설령 그 판정에 긴 시간이 걸

리더라도 그렇다.

《니즈 중심의 복지사회로》에 수록된 사회복지학자 가스가 기스요의 논문 〈니즈는 왜 잠재된 상태인가: 고령자 학대 문제와 늘어나는 아들 가해자〉는 많은 시사점을 준다. 가스가는 고령자 학대 사건에서 친아들이 가해자인 경우가 가장 많은 사실을 두고 "부모 자식 간 학대(그중에서도 가해자가 아들이고 피해자가 어머니인 사건, 특히 싱글로 무직 상태인 아들인 경우)는 왜 드러나기가 어려운가?"라고 묻고, 가해자도 피해자도 당사자성을 잃은 채 학대 문제가 잠재되어 있는 구조를 해석했다.

가스가는 현행 고령자학대방지법['고령자 학대 방지, 고령자의 양호자에 대한 지원 등에 관한 법률']에 문제가 있다고 지적한다. 생활을 꾸릴 수 없는 지경이 된 아들에게 양호자(보호자)로서 책임을 지우는 문제가 있다는 것이다. 가스가는 다음과 같은 해결책을 제시했다.

> 현행 고령자학대방지법은 고령자 학대 방지와 양호자 지원이라는 두 가지 측면의 성격을 가지고 있다. 당사자에게 가족 돌봄이 필요한지 아닌지 따지지 말고 '양호자 지원'이라는 측면을 없애야 한다. 당사자가 학대받는 상황을 명백히 밝히고, 이에 대응한 구체적인 지원책과 재원을 마련해서 실효성이 있게 해야 한다.
> (春日 2008a: 122)

가스가도 나와 마찬가지로 니즈의 귀속처를 명시할 것, 고령자 당사자의 니즈와 고령자를 돌보는 이의 니즈를 구별할 것을 제시했다.

고령자 지원에서 그 서비스와 제도가 적절한지에 대해 1차적 니즈의 귀속처인 당사자가 최종으로 판정해야 한다고 보면 어떨까? 우리는 여기서 아동 학대와 고령자 학대의 비대칭성을 알 수 있다. 아동 학대의 경우 부모 자식 간 분리를 당연시하고 이를 위한 전문가의 위기 개입이 정당화된다. 반면 고령자 학대는 피해자가 자신을 학대한 배우자나 자녀와 세대를 분리하는 것에 동의하지 않으면 전문가의 위기 개입이 정당화되지 않는다.

센의 역량 접근법으로 생각해보자. 고령이 된 어머니가 자신의 연금에 기생하며 사는 자녀가 자신을 경제적, 신체적 학대를 해도 참고 견디는 것은 단지 자녀에 대한 책임을 느껴서가 아니다. 자신이 선택할 수 있는 기회 집합이 한정되어 다른 선택지를 상상할 수 없기 때문이다. 만약 자녀(가령 싱글 무직 상태의 중장년층 아들)가 노부모에게 기생해서 사는 것 외의 선택지가 있다면, 노부모도 세대 분리를 선택할 수 있다.

자녀가 아니라 남편에게 학대(가정폭력 등)를 받고 있다면 세대 분리는 더 쉽다. 가스가는 《고령자와 젠더》에서 "그간 남편의 폭력에 시달려온 여성은 자신을 때린 남편과 떨어져 고령자 시설을 주거지로 선택하고서야 비로소 평안한 일상생활을 할 수 있게 되었다"고 했다(春日 2008b). 기회 집합이 제한된 당사자에게는 당사자의 '선호' 외의 선택지를 제공하는 것도 지원의 중요한 부분 중 하나다.

마치며: 당사자의 니즈가 중요

《니즈 중심의 복지사회로》의 서문을 인용하며 이 장을 마치려 한다. 나카니시와 나는 〈누구를, 무엇을 위한 복지인가?〉라는 글에서 이렇게 썼다.

> 어떤 서비스건 니즈를 충족시키려고 만드는 것이다. 당사자의 니즈에 따라 제도나 정책의 영향과 결과를 최종적으로 판정해야 한다. 당사자의 니즈에 따르지 않은 제도나 정책은 아무런 도움이 안 될뿐더러, 쓸모도 없고, 때로 해롭다. (上野·中西 2008: 3)

제도, 정책, 서비스를 맨 처음, 또 맨 마지막으로 판정할 이는 니즈의 당사자이다. 이 점은 아무리 강조해도 지나침이 없다.

2부

좋은 돌봄이란 무엇인가

4장 돌봄에 근거는 있는가

왜 고령자를 돌보는가

왜 고령자[1]를 돌보는가? 이는 실로 두려운 질문이다. 고령자 돌봄을 정당화할 근거가 실제로 없기 때문이다. 역사적으로 봐도 돌봄이 필요한 고령자를 돌보지 않아온 현실이 있다. 이론적으로도 실천적으로도 고령자 돌봄은 새롭게 등장한 수요이므로, 당연하다고 볼 수만은 없다.

1장에서는 육아부터 고령자 돌봄介護, 장애인 돌봄介助, 나아가 교육이나 심리적 돌봄에 이르기까지 돌봄이 광범위하다는 점을 짚었다. 돌봄을 다룬 일반적인 이론에서는 이런 것들이 하나의 범주로 묶여 있고, 공통점이 있다고 전제한다. 그러나 차이를 무시할

---

1 이 책에서는 '노인' 대신 '고령자'라는 용어를 쓰고 인용 외에는 '노인'이라는 용어는 쓰지 않는다.

수 없다. 이 책의 제목은 '돌봄의 사회학'이나, 고령자 돌봄에 한해 돌봄을 논한다. 여기서는 먼저 광범위한 돌봄 개념 중 육아와 고령자 돌봄은 어떻게 다른지, 고령자 돌봄을 논할 근거는 무엇인지 검토한다. 서구의 돌봄 연구에서 돌봄을 육아에만 제한했다가 나중에 고령자 돌봄을 논하게 된 데는 이유가 있다. 조산으로 태어난 아이를 돌보는 것은 필수적이라고 여긴 데 반해, 고령자 돌봄은 당연한 것도, 꼭 해야 하는 것도 아니었기 때문이다.

스웨덴에 유학 경험이 있는 신진 사회학자 오오카 요리미쓰는 《왜 노인을 돌보는가》(大岡 2004)에서 페미니즘의 돌봄 이론에 의문을 제기한다. 핵심을 찌르는 제목이다.[2]

서구에서 돌봄은 명백히 육아만 해당됐다. 비교복지체제론[3]이 여성주의로부터 비판받을 때도, 그 비판 대상은 육아로 한정됐지 고령자 돌봄은 해당 사항이 아니었다. 오오카는 여성주의 관점에서 복지국가론을 비판한 것으로 유명한 다이앤 세인스버리의 편저 《복지국가를 젠더화하기》(Sainsbury 1994)를 예로 들었다. 오오카는 여성주의 입장에서 세인스버리가 '남성 생계부양자male

---

2 오오카의 책과 비슷한 제목의 《풀어보자, 개호의 사상: 왜 인간은 노인을 돌보는가》(増田·山本 2004)라는 책이 있다. 이 책은 종교학자부터 치위생사까지 폭넓은 저자들이 주로 기독교 윤리학의 입장에서 돌봄에 대해 쓴 책인데, 저자들의 관심사가 제각각이고 일관성이 없다. 저자 중 한 명인 한 성서학자는 "고령자 돌봄의 본질이 인격적인 관계"라고 하면서 형이상학적으로 돌봄의 본질적 당위성을 이야기한다. 이런 종류의 책은 실천적인 데 관심이 없다고 봐야 할 것이고, 내가 관심을 둔 실천적인 물음에는 답하지 않는다. 이 책 2장에서 돌봄에 대한 윤리학적 접근을 비판했던 것처럼, 이런 종류의 초월적 돌봄 이론에 대해 우리는 "설교는 그만"이라고 말하면 된다.

3 서구에서 복지체제가 국가별로 다른 특징으로 발전했다고 보고 이를 분석하고 연구하는 이론.-옮긴이

breadwinner-여성 돌봄 수행자female care-taker 모델'로 인해 보육서비스가 발전하지 못했다고 짚은 것은 타당하나, '노인 복지'(오오카의 용어)가 발달한 이유는 설명하지 못했다고 비판했다.

실상 복지국가에서도 사회 정책은 고르게 발전하지 못했다. 육아 지원책, 고령자 복지 정책, 장애인 복지 정책 등 육아나 고령자 돌봄을 둘러싼 여러 정책은 분명 일관성도 통합성도 없다. 역사적으로도 그렇다. 육아 지원책을 보자면, 그건 '아동 복지'(오오카의 용어) 정책이라고도 할 수 없는 수준이다. 애초에 육아 지원책은 여성에게 좋은 정책이 아니고, 여성을 노동력으로 만들기 위한 노동 정책이다. 여성 노동력의 직접 수익자인 사기업은 여성을 노동력화하는 비용을 내지 않는다. 대신 국가가 이 비용을 부담한다. 가령 기업 탁아소를 만들게 해서 여성 노동력의 직접적 수익자인 사기업이 여성의 노동력화에 따른 비용을 내도록 하는 게 아니라, 국가가 공공 탁아소 등을 통해 그 비용을 대신 부담한다. 즉 기업에 친화적인 정책이다.[4] 고령자 복지 정책도 고령자의 인권이나 존엄에 대한 배려에서 나온 것인지 의심스럽다. 정책 결정 과정을 감안하면, 젊은 세대의 고령자 돌봄 부담을 경감하기 위한 국민적 합의에 따라 고령자 복지 정책이 나왔다고 할 수 있다.

오오카가 예리하게 지적했듯, 육아에 들어맞는 이론이 고령자 돌봄에 들어맞는다고 볼 수 없다. 거꾸로도 마찬가지다. 돌봄의 개념을 다룰 때 육아, 고령자 돌봄, 장애인 돌봄을 한꺼번에 논하는 것은 신중해야 한다. 그리고 페미니즘 관점의 돌봄 이론에서 육아에만 한정해 사용하던 돌봄 개념이 확장해 고령자 돌봄까지 포함하게 된 과정 역시 이론적 재검토가 필요하다.

오오카는 노동력 재생산론은 물론 마르크스주의 페미니즘도 비판한다. 이 비판 대상에는 나도 포함된다. 오오카는 '노동력 재생산론'으로는 고령자 돌봄의 근거를 설명할 수 없다고 말한다. 오오카는 "노동력을 재생산하기 위해 복지국가가 있다고 논리를 구성하면, 노인이나 장애인 등 장래 노동력으로 기대할 수 없는 이에 대한 돌봄을 국가에 요구할 수 없다"고 하면서 "노동력을 재생산한다는 관점에서 본다면, 아동 복지와 노인 복지에 필요한 논리는 다르다"고 말했다(大岡 2004: 18).[5]

---

4 1986년 일본에서 일어난 아그네스 논쟁[여성 탤런트 아그네스 찬이 출산 후 쉬려 했으나 방송국에서 출연을 종용하자 아이를 데리고 방송국에 출근한 데 대해 벌어진 논쟁]을 생각해보자. 아이를 데리고 출근하면 당연히 어머니인 여성 노동자의 노동으로 수혜를 입는 기업이 기업 탁아 시설을 갖춰야 하나, 당시 일본에서는 받아들이지 않았다. 1960년대에 '우체통보다 더 많이 보육소를 만들자'는 운동이 일어나서 공공 탁아 시설이 지어졌고 보육률도 높은 수준에 달했기 때문이다. 한편 기혼 여성의 취업률이 눈에 띄게 높은 미국에서는 공공 탁아 시설에 대한 요구가 낮을 뿐만 아니라 보급 또한 충분치 않았다. 미국 국민은 기혼 여성 노동자를 고용해 수익을 얻는 기업을 대신해 납세 부담을 지려 하지 않았기 때문이다. 일본 최초의 탁아소는 전신전화공사(현 NTT)가 설치한 기업 내 탁아 시설로, 숙련 노동자인 전화교환수가 출산 후에도 장기간 일을 계속하게끔 하기 위해 만든, 즉 기업 이익의 관점에서 나온 탁아소였다. 구 공산권 국가에서는 어디든 공공 탁아 시설이 충분히 마련되어 있었는데, 이는 국가 총동원체제하에 진행된 여성의 노동력화에 따른 것이었다. 이는 역사적으로도 확실히 밝혀진 사실이다(アグネス論争を楽しむ会編 1998; 上野·前·田中 1993).

5 오오카는 "집에서 노인을 돌봐야 하는 여성이 홈헬프 서비스 덕분에 밖으로 일하러 나갈 수 있게 되었다"면서, "여성의 노동력이 창출되는 측면에서 노인 복지가 노동력 재생산에 해당하기도 한다"며 판단을 유보했다(大岡 2004: 29). 그러나 이렇게 말하면 돌봄 행위가 재생산노동이라는 정의에 맞지 않고, 여성이 고령자를 돌봐야 한다는 규범 없이 돌봄 행위를 설명할 수 없다. 집에서 여성이 고령자를 방치만 하는 선택도 있기 때문이다. '왜 노인을 돌보는가'라고 고령자 돌봄의 근거를 따질 때, 오오카처럼 고령자를 돌봐야 한다는 전제를 깔고 논의를 시작하면 순환논증의 오류에 빠지게 된다.

〈그림 3〉

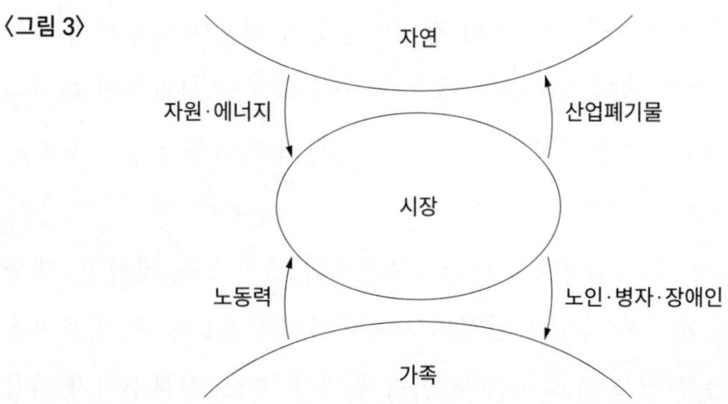

〈그림 4〉

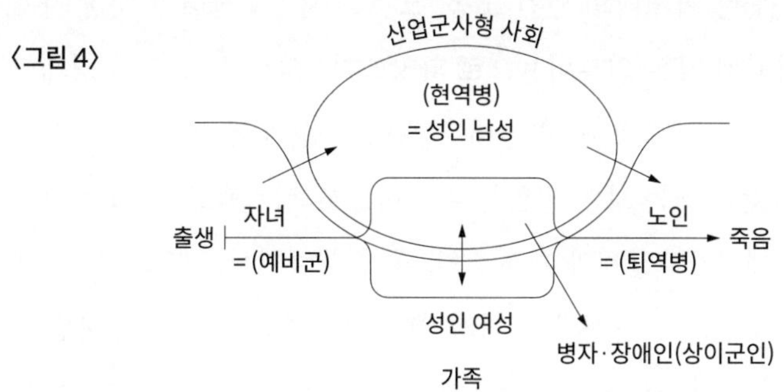

오오카는 내 저서(上野 1985; 1990)에 대해서는 "우에노는 재생산노동 개념을 육아에서 노인 돌봄으로 확대했는데, 이론 검토 없이 암묵적으로 재생산노동의 개념을 정의했다"고 분석했다. 이 비판은 경청해야 할 부분이다.

여기서 오오카가 비판한 내용을 요약해보자. 〈그림 3〉, 〈그림 4〉는 내가 재생산노동을 설명하기 위해 《가부장제와 자본주의》에 실었던 도표인데(上野 1990: 8-9), 시장이 외부화한 가족 영역에서 인간이 생산, 재생산되는 주기를 나타낸다. 오오카는 이 도표를 들어 "이렇게 재생산노동의 개념을 설명하면 육아는 재생산노동에 해당할 수 있으나, 고령자나 장애인 돌봄은 차세대 노동력의 재생산에는 해당되지 않는다"라며, 나를 포함해 마르크스주의 페미니즘 쪽에서는 이렇다 할 설명 없이 재생산의 개념을 확장한다고 비판했다(大岡 2004).

오오카의 지적대로 내가 《자본제와 가사노동》에서 쓴 재생산노동 개념은 육아에 한정된 개념이다(上野 1985).[6] 즉 마르크스가 말했듯, 출산과 육아를 '타인의 재생산'[7]으로, 자본주의가 시장화하지 못한 마지막의 인간 노동, 그것을 시장화한다면 시장 자체가 성립되지 않는 외부비용으로 파악했다.[8] 그런데 그 당시 경제학자 다케나타 에미코 등이 이미 가정에서 큰 부담이 된 고령자 돌봄이 내 논의에는 보이지 않는다는 비판을 제기했고, 그래서 나는 1990년에 《가부장제와 자본주의》를 출간하면서(上野 1990), 재생산노동에 고령자 돌봄을 포함시켰다. 오오카의 인용에 의하면(다른 사람이 내 저작을 인용하는 것을 재인용하는 것도 이상한 일이지만) "두 가지 재생산노동, 즉 육아 노동과 나이 든 부모를 돌보는 노동" "나

6 내가 이때 논거로 삼았던 나탈리 소콜로프(Sokoloff 1980=1987)는 가사노동에 노인 돌봄을 전혀 포함하지 않았는데, 이는 노인 돌봄이 가시화되지 않는 미국적 특성이 반영된 것일 수 있다. 또 여기서 국가의 역할을 충분히 고려하지 않은 것 역시 미국적 특성일 수 있다.

7 나는 재생산 비용에 1차 사회화[유아기에서 아동기에 이르기까지 가족이나 친족 집단]뿐만 아니라 2차 사회화[아동기부터 성인기 전까지 학교나 또래집단, 미디어 등]도 포함했는데, 어린이의 사회화 기간이 길어진 근대의 역사적 배경을 고려했기 때문이다.

8 저자는 《자본제와 가사노동》(1985)에서 마르크스의 노동력 재생산 개념을 적용하여 현재의 노동력(임금노동자 자신) 재생산, 출산과 육아로 미래(타인)의 노동력 재생산을 파악했고, 시장은 이러한 재생산을 담당하는 외부(가족)가 없다면 존립하지 않는다고 했다.-옮긴이

이 든 부모를 돌보는 노동이라는 재생산(의 종점에 있는)노동"(上野 1990: 240) "생명을 낳고 그 죽음을 돌보는 노동('재생산노동')"(上野 1990: 307)이라는 문장들로 고령자 돌봄을 재생산노동에 확실히 포함시켰다. 오오카는 "출산·육아=재생산노동이라는 우에노의 본래 정의를 따른다면 고령자 돌봄은 재생산노동이 아닐 것"인데(大岡 2004: 20), 그럼에도 우에노는 "왜 재생산 개념을 출산과 육아에만 제한하다가, 이제야 고령자 돌봄을 포함했는가?"라고 묻는다(大岡 2004: 21).

이에 대해 나는 1985년에는 협의의 재생산 개념을 택했는데, 1990년에는 광의의 재생산 개념을 채택하기에 이르렀다고 항변할 수도 있다. 그러나 오오카가 지적했듯 재생산 개념을 확장해 재정의할 때, 이론적인 설명이나 정당화를 하지 않고 지나쳤으니 그 비판은 옳다.

나는 오오카의 물음에 해답이 있다고 보지만, 오오카의 답이 맞는다고는 말할 수 없다. 오오카는 내가 가부장제, 즉 "성별에 따른 노동의 분리"만 문제화한 결과로 돌봄을 다뤘고, "가족에 갇혀 있는 돌봄을 큰 문제로 여기지 않는다"고 했지만 그 지적은 틀렸다. 성별을 분리한 노동은 공과 사의 분리를 통해 "재생산을 사적 영역으로 배분"하는 것으로 이어진다. 가부장제를 "재생산 비용을 분배하는 문제"(瀨地山 1996)로 보자면, 여기에는 [재생산]노동의 성별 배치뿐만 아니라 "재생산의 사적 영역화(재생산을 사적 영역으로 배당하는 것)"에 대한 비판도 뒤따른다고 할 것이다. 돌봄이 가족 안에 갇혀 있다는 점은 중대하다고 한 오오카의 지적은 옳다. 나도 《가부장제와 자본주의》에서 이미 이런 점을 지적한 바 있다.

쉽게 말해 오오카의 주장은 다음과 같다. '육아 지원'과 '노인 돌봄'은 각기 달라서, 육아 지원에 대해서는 (아이는 다음 세대 노동력이므로) 사회가 비용을 부담할 것을 노동력 재생산론으로 정당화할 수 있으나, '노인 돌봄'은 그렇지 않다는 것이다. 그렇다면 '노인 돌봄'은 다른 방식으로 정당화할 근거가 필요하다. 그래서 오오카는 '왜 노인을 돌보는가?' 하고 문제를 제기한 것이다.

이 물음은 좋다. 그런데 오오카는 예상치 못한 방향으로 자신의 주장을 펼쳐나간다. 오오카는 에밀 뒤르켐의 종교사회학을 바탕으로 노인을 돌보는 최종적 근거로 '인격 숭배'를 말한다(大岡 2004: 30). 인격 숭배는 인간이 민족적 공동성을 매개로 죽은 이들을 포함해 조상을 숭배하는 것으로 이어진다. 오오카의 주장을 몇 차례 읽어봐도, 오오카가 말하는 자유주의 이론에 바탕을 둔 '인격' 개념은 '자립한 의사결정 능력이 있는 인격'을 가리키는 것이라, 죽은 이들을 인격 숭배와 관련된 논의에 포함할 수 있는지 없는지, 또 이것이 어떻게 조상 숭배로 연결되는지 확실치 않다. 게다가 국가를 '확대한 가정'이라고 간주하며('state'를 '국國'으로 번역하지 않고 '국가國家'라고 번역한 데에는 '나라=가정'을 같은 선상에서 파악하려는 기획이 있지 않은가 한다), 죽은 이와 고령자를 동일시해 공통의 민족성을 상정하는 것에 대한 근거는 제시하지 않았다.[9]

오오카는 "노인 복지의 근거는 약자 보호를 위해 '국민의 가정 folkhemmet', 즉 확대한 가정을 경계로 삼은 논리에서만 나올 수 있다"

9 고령자는 죽은 이도, 죽어가는 이도 아니다. 또 고령자가 죽은 이와 공통성이 있다고 해서 그것이 곧 고령자 돌봄의 근거라고 할 수는 없다. 노인 버리기 풍습이 있는 사회에서도 죽은 이를 공양하거나 조상을 숭배할 수 있다.

고 했다(大岡 2004: 36). 이 지적은 '국민의 가정'이라는 이념[10]이 있는 스칸디나비아 국가에는 맞지만, 보편성이 있다고 볼 수는 없다. 그런데 여기서 확대한 가정에 경계가 있다고 보는 지적은 복지국가의 배타성을 잘 설명한다. 이러한 '가족국가'관도, '인격 숭배'로 말하는 공통성도, 베네딕트 앤더슨의 표현을 빌리자면 '상상의 공동체imagined community'와 다름없으므로, 모두 근거가 없는 신념이 모인 것이고, 따라서 종교라고 부를 수밖에 없다. 그리고 뒤르켐처럼 종교를 집합적 표상으로 본다면, 종교는 사회적인 합의에 의한 역사적 산물이므로 시대와 문화에 따라 달라진다. 이러한 규범을 고령자 돌봄에 대한 '최종적인 근거'로 삼는 것은 적절하지 않다.

왜 고령자를 돌보는가?

이 근원적인 물음에 대한 오오카의 논의에서는, 마르크스주의 페미니즘의 재생산론에 고령자 돌봄을 정당화할 근거가 없다고 비판한 전반부만 옳다. 후반의 논의는 본인이 종교사회학자라서 그 분야의 논의를 넣기 위해 이치에 맞지 않는 말을 끌어다 쓴 셈이다. 그러니까 전반부에서 고령자 돌봄에 근거가 없음을 파헤치는 논의는 자신의 주장이 근거가 없음을 드러내는 식으로 끝나고 말았다.[11]

---

10 비교복지체제론에서 통상 북유럽의 복지국가를 가리키는 은유로 통용된다. 보통 '인민의 집' 또는 '민중의 집'으로 번역하나, 복지국가가 해당 국민에게만 적용되는 배타성이 있다는 저자의 주장이 이어지므로, 맥락을 고려해 '국민의 가정'으로 번역했다.-옮긴이

11 오오카의 논의에서 전반부에 다룬 마르크스주의 페미니즘에 대한 비판과 후반부에 다룬 뒤르켐의 종교사회학적 입장은 논의 사항이 서로 전혀 다르다. 또 전반 논의에서 제기한 문제를 후반 논의에서 답하지 못했다. 오오카의 논의는 전반과 후반에 단절이 있어서 정합성이 없다.

오오카의 논의를 정리해보자. '왜 고령자를 돌보는가'라는 물음은 ① 근원적이고, ② 마르크스주의 페미니즘에 대한 비판은 예리했으나, ③ 고령자 돌봄은 여전히 근거가 없는 채로 남아 있다.

돌봄은 재생산노동인가

다시 재생산론으로 돌아가자. 두 가지를 물을 수 있다.

① 재생산노동에 고령자 돌봄을 포함하는 것은 타당한가?

② 그렇다면 재생산론으로 무엇을 할 수 있나?

첫 번째 질문에는 이론적, 경험적으로 답할 수 있다. 이론적으로 보면, 생산·재생산 주기에는 생산, 유통, 소비에 더해 이전, 폐기, 처분 과정이 있다. 이 과정을 놓치면 환경오염이나 폐기물 등 외부비용을 과소평가하게 된다. 나는 《가부장제와 자본주의》에서 '산업폐기물'과 산업사회의 '노인, 장애인, 병자, 상이군인' 간에 논리적인 유사성을 찾아볼 수 있다고 썼는데(上野 1990; 2009), 이 해석은 타당하다고 생각한다. 생산·재생산 주기에 물질적 재화뿐만 아니라 생명을 포함해보자.[12] 생명의 생산·재생산 주기에 폐기, 처분 과정을 덧붙이는 것은 그저 지금까지 생산에 관한 이론이 간과한 요소를 보충하는 것에 불과하다. '생명의 폐기, 처분'이란 표현에 눈살을 찌푸릴 수 있겠으나, 문명사회란 인간의 폐기, 처분 과

12 경제학에서는 인간을 인력이나 인적 자원으로 보고 생산과 배분의 대상으로 삼는다. 인적 자원의 생산을 문제 삼는다면, 그 폐기 과정도 재생산 주기에 포함해야 타당할 것이다.

정이 길어진 시대, 바꿔 말해 생명 유지에 대한 비용이 비싸진 시대라고 봐도 좋을 것이다. 공적 영역에서 재화나 생명의 생산, 나아가 그것들의 폐기, 처분 과정을 배제하고 보이지 않게끔 한 것, 그러니까 죽음이나 병, 장애를 보이지 않게끔 한 것은 돌봄과 같은 외부비용에 대한 과소평가로 이어졌다. 그래서 '산업폐기물'과 산업사회의 '노인, 장애인, 병자, 상이군인' 간에는 이론적인 유사성이 있다고 주장할 수 있다.

이론을 확장해서 해석하는 이유는 우리가 경험하는 현실이 바뀌었기 때문이다. 인구의 고령화에 따라 돌봄 문제가 가시화한 역사적 요인이 있다. 이론이 현실의 변화를 예상하기보다는 현실의 변화를 따라가는 경우가 일반적이다. 인류가 한 번도 경험해본 적 없는 역사적인 사태인 인구의 고령화에 직면해 새로운 영역이 등장했고 이에 따라 개념의 확장이 요구된다. 이는 경험적으로도 타당하다.

그런데 개념을 확장하는 것만으로는 불충분하다. 산업사회가 오랫동안 외부비용을 지불하지 않았던 사실(이 때문에 환경오염이나 공해와 같은 큰 부채를 안게 됐음은 물론이고), 즉 인간의 재생산에 외부비용이 있음을 인식하는 문제와 사회가 외부비용의 값을 치르기로 합의할지는 서로 다른 문제이기 때문이다. 또 인구 고령화가 바로 외부비용을 늘릴지 그렇지 않을지도 검증할 필요가 있다. 고령화는 영양, 위생, 의료나 돌봄의 수준을 끌어올린 결과이지 원인이 아니기 때문이다. 평균수명이 늘어난 것은 고령자의 생활수준이 총체적으로 좋아졌다는 점에 기인한다. 거꾸로 말해 고령자를 방치한다면,[13] 그들의 수명은 줄어들 것이다. 돌봄을 잘하는 것과 고령자가 누워서 지내는 기간이 긴 것은 상관관계가 있으므로, 소득 계층에 따라 평균수명을 측정하면, 소득이 높을 경우 오래 사는 것으로 결과가 적나라하게 드러난다.

마르크스주의 페미니즘이 내놓은 가사노동론에 따르면, 가사가 무엇인지에 대해 이론적인 답을 낼 수는 없다. 여러 가지 가사노동의 항목을 열거해서 경험적으로 답을 내기도 어렵다. 가사란 기술記述 개념이지 분석 개념은 아니다. "산업화 과정에서 시장 외부에 남겨진 부불노동 가운데 도시의 임금노동자 세대에 할당된 재생산노동이 가사"라고 역사적이고 경험적으로 정의하는 것에 그칠 수밖에 없다. '시장 외부에 남은 부불노동'에는 농가에서 자가 소비를 위한 생산노동도 포함된다. 그러나 자급자족 경제subsistence economy에서는 어디까지가 마르크스가 말하는 생산노동이고, 어디서부터가 아닌지 선을 긋기가 어렵다. 가사란 도시의 임금노동자 세대에서 주로 여성에게 배당되어온 부불노동이며, 사후적으로 발견한 노동 개념이다. 프랑스의 페미니스트 사회학자 크리스틴 델피는 이것을 "가사노동에 대한 도시적 기준urban criteria"이라고 불렀다(Delphy 1984=1996).[14]

가사노동의 범위는 역사적으로 변한다고 할 수 있다. 첫째, 가사의 수준이 주로 기술과 계층에 따라 역사적으로 변동하기 때문이다.

이불을 빨아 깔고 따뜻한 요리를 만들어서 입고 항상 청결한

---

13 방임neglect을 학대의 일종으로 보기 시작한 것은 최근이다.

14 '가사노동에 대한 도시적 기준'이 성립한 후에야 비로소 농가 주부의 노동 가운데 생산노동과 가사노동을 경험적으로 구별할 수 있었다.

속옷을 입는 것과 같은 일은 예전에는 상류층만 가능한 생활이었는데, 이제 많은 사람이 하게 되면서 가사에 대한 요구수준이 대폭 상승했다. 이를 '의장노동擬装労働'[15]이라고 부르는 사람도 있지만(梅棹 1959; 上野 1982), '문화적인 최소한의 생활수준'은, 일단 성립하면 사회규범으로서 기능하기 때문에 그것을 무시할 수는 없다. 둘째, 시장과 시장의 외부에 배치한 가사노동의 경계가 역사적으로 변하기 때문이다. 이제 가사노동도 상품화되었다. 또 가사는 타자에게 이전 가능한 '제3자 기준'이 있다. 예를 들어, 세탁은 아내에게 맡길 수도 있고, 가정부에게 맡길 수도 있고, 세탁업자의 서비스를 살 수도 있다. 가사노동에 대한 역사적 연구를 보면, 일찍이 가정부나 하녀가 행하던 가사노동을 중간계급 주부가 스스로 행하게 되었고, 그 후 서비스 상품으로서 시장화가 진행되었다는 점을 알 수 있다(Oakley 1974=1986).

그런데 여기서 마르크스주의 페미니즘의 용법에 따라, 가사노동에 대한 기술적 개념을 재생산노동이라고 해보자. 육아를 예로 든다면 앞의 두 가지 역사적 변동 과정이 잘 들어맞는다. 첫째, 육아에 요구하는 기대수준이 대폭 높아졌기 때문에 세대 내 육아비용이 높아졌다. 이를 근대가족론[16]에서는 '아이 중심주의'라고 부

15 노동처럼 보이도록 한 '속임수 노동'이라는 뜻. 1980년대 일본에서 주부의 지위, 가사노동에 대한 경제적 평가 등을 문제시해 페미니스트와 작가, 평론가 사이에서 논쟁(주부 논쟁)이 일어났는데, 당시 정보학자이자 민속학자인 우메사오 다다오가 고안해낸 말이다.-옮긴이

16 1970년대 가족사회학자들이 민주적이며 보편적 이상으로 제시된 근대의 가족관을 탈구축한 일련의 연구를 말한다. 근대가족이 실제로는 시장화나 산업화에 따라 진전된 성별 분업체제라는 점을 밝힌 것이 핵심이다.-옮긴이

른다(Shorter 1975=1987; 落合 1989; 山田昌弘 1994). 근대화에 따라 출생아 수가 감소한 것은 '아이 중심주의'의 결과이지 원인이 아니란 점은 근대가족론에서 상식이다. 중세까지는 아이를 버리거나 죽이거나 파는 관행이 있던 탓에 아이의 생존율이 낮았다. 그렇다고 이 같은 행위를 아동 학대라고 비난하지도 않았다.

둘째, 육아(타인을 재생산하는 것)에도 '제3자 기준'이 있다. 출산을 제외하고, 그 직후부터 수유를 포함한 다른 모든 양육 행동은 외주화, 즉 타자에게 이전할 수 있기 때문이다. 전근대에 상류층에서는 유모에게 육아를 맡겼는데, 그 후에는 생물학적 엄마가 전업 육아를 하는 것으로 바뀌었다. 그러다가 이것도 여성의 노동참여에 따라 '사회화'되었다(육아의 사회화에는 시장화와 비시장화라는 두 가지 선택지가 있다). 게다가 생식기술의 발전으로 수태, 임신, 출산까지 외주화할 수 있게 되었으니, '재생산의 시장화'는 이제 어쩌면 꿈이 아닐 수도 있다. 악몽이 아니라면 말이다.

계층 문제로 본 고령자 돌봄

고령자 돌봄에도 마르크스주의 페미니즘의 재생산론을 적용할 수 있을까?

역사적으로 보면 첫째, 고령자 돌봄의 요구수준이 높아졌고 그 결과 돌봄 기간이 길어졌다. 영양, 위생, 의료수준이 향상해서 평균수명이 늘어났다. 즉 사람들이 쉽게 죽지 않게 되었다. 고령자 돌봄 부담이 증가한 데에는 고령자의 상태가 더욱 악화하고, 돌봄

기간이 늘었다는 피할 수 없는 요인이 있다.

둘째, 고령자 돌봄을 외주화하는 것, 즉 대체 선택지가 없었다는 점을 들 수 있다. 전근대사회나 노예제하의 미국에서는 하인이나 하녀, 노예가 상류계급의 노인이나 장애인을 돌봤다고 알려져 있지만, 대중적인 고령화가 역사적으로 전례가 없던 곳에서는 가족에 의한 고령자 돌봄을 대체하는 선택지가 미성숙했다. 애초에 가족 돌봄이 일반적이었는지, 가족에게 돌볼 능력이 있었는지도 의심스럽다. "옛날에는 가족이 아이도, 노인도 돌봤다"고 향수에 젖어 말하는 이도 있지만 이는 그야말로 노스탤지어일 뿐이다. 곧 가족이 고령자를 돌본다는 '돌봄의 가족화' 그 자체가 역사적으로 새로운 현상인 것이다.

게다가 고령자 돌봄에는 육아에는 없는 다음과 같은 두 가지 요인이 관여한다. 고령자와 자식 세대의 자산이라는 경제적 요인이다.

어린이와 달리 고령자는 자신보다 나이가 적은 이들을 통제하는 권력과 위신, 부와 같은 재화를 가지고 있다. 화폐경제가 없는 사회에서도 고령자는 권력을 위신으로 바꿔 젊은이들을 통제하는 식으로 지배했다. 최소한으로 정의하면 가부장제는 "(나이 든) 남성이 여성과 젊은 남성을 지배하는 것"(上野 1990; 2009d)이라고 할 수 있는데, 여기에는 젠더뿐만 아니라 세대라는 변수도 포함된다. 고령자를 부양하는 데에는 효행 규범의 강제력뿐만 아니라, 부와 위신과 같은 재화를 매개로 일어나는 압력도 있다. 요즘도 고령자가 재산 상속을 수단으로 해서 여러 자식 사이를 오가기도 한다.

자식 세대의 자산 요인이란, 자식 세대의 여유 유무다. 설령 부모가 요개호 상태더라도 부양 능력이 없는 자식 세대에게는 '문제'가 아니다. 역설적이지만, 돌봄이 '문제'가 되는 것은 자식 세대가 돌봄을 선택할 여유가 있을 때뿐이다. 널리 알려진 일본의 고령자 동거율(65세 이상 고령자가 자식 세대와 한집에서 사는 비율)을 보자. 서구에 비해 일본의 고령자 동거율은 매해 낮아지는 편이라고는 하나, 2010년 시점으로 봐도 아직 40%대를 유지한다. 그런데 여기에 계층 변수를 넣어보면, 상류층과 하류층에서는 고령자와 자식 세대가 동거하는 비율이 내려가고, 중간층에서만 높다. 계층과 동거율은 상관없어 보이는데, 그렇다면 이 데이터를 어떻게 해석할 것인가? 상위층에서는 스스로 생활을 꾸려갈 능력이 높은 고령자가 자식과 따로 살기를 선택하고, 하위층에서는 부양 능력이 없는 자식 세대가 고령자 부모 돌봄을 포기하는 형식으로 부모와 따로 산다. 이에 비해 중간층에서는 돌봄을 포기하는 것은 아니고, 그렇다고 해서 부모와 따로 살기를 택할 정도로 경제적 여유는 없다. 그래서 중산층 자식 세대는 어쩔 수 없이 부모와 동거하는 경우가 많다. 부모 세대와 자식 세대가 같이 살게 되면, 노부모가 돌봄이 필요할 때 자식은 이를 벗어날 수 없으므로 돌봄 문제가 부각된다. 물론 자식 세대가 부모와 동거를 하더라도 실상 돌봄 문제가 무시되거나 방임되는 식으로 학대가 얼마든지 일어날 수 있다.

이렇듯 경제적 요인을 고려하면 고령자 돌봄이란 실상 '계층 문제'이고, 이 점에서는 가사나 육아와 다를 바 없다는 것을 알 수 있다. 가사를 전담하는 전업주부나 육아에만 전념하는 여성의 존재를 뒷받침하는 것은 주부 이데올로기나 모성 이데올로기는 물론, 계층 이데올로기도 작용한다. 1장에서 살폈듯 에이블의 역사적 관점에 따르면(Abel 2000), 고령자 돌봄의 권리는 후대에 등장한 것에 불과하고, 최근까지도 하위계층에게는 없는 것이나 마찬가지인 문제다.

가족 돌봄이란 무엇인가:
재생산 비용 분배를 다시 논하며

다시 한번 앞서 든 물음으로 돌아가보자.

① 재생산노동에 고령자 돌봄을 넣는 것이 타당한가?

② 재생산노동에 고령자 돌봄을 포함하면, 재생산론에서 무엇이 가능할까?

첫 번째 물음에 대해서는 앞서 답을 했다. 즉, 가사에 대한 경험적 정의에 역사적으로 고령자 돌봄이 포함되어왔고, 그 비중이 커졌다는 점이다. 모든 이론적 개념은 경험하는 현실의 변화에 따라 변하므로, 광의의 가사노동에 고령자 돌봄을 포함하는 것이 타당하다. 경험적 현실을 좇아 인식하고 이론화하는 것일 수도 있으나, 현실에 기반을 둔 이론화가 낫다. 또 이론적으로 볼 때, 고령자 돌봄을 재생산노동이라 부를 수 있는 이유는 '인간의 생산'(또는 '생명의 생산')을 가리키는 데 도달한 '재생산' 개념이 생산, 유통, 소비 과정 가운데 이전, 폐기, 처분을 포함한다고 볼 수 있기 때문이다. 이렇게 해서 재생산노동을 생명의 탄생에서 사망에 이르기까지 인간 생명의 주기와 관련된 모든 노동이라고 다시 정의할 수 있다. 재생산노동에 육아, 고령자 돌봄, 장애인 돌봄을 모두 포함하고,

상위 개념으로 '돌봄'을 쓸 수 있다. 생명의 재생산 과정 가운데, 돌봄 개념을 주로 성장과 관련된 개념으로 간주한 것은 인간의 전반 과정만 강조되고 후반 과정을 놓친 결과라고 해석할 수 있다. 마찬가지로 재화의 주기에 관해서도 전반의 주기만 강조한 것이 생산주의다. 돌봄에는 재생산 과정의 두 가지 측면, 생명의 성장기와 쇠퇴기의 모든 것이 관련되어 있으며, 이에 따라 돌봄의 개념을 육아뿐 아니라 고령자 돌봄, 장애인 돌봄, 간병, 간호로 확장할 수 있다.

따라서 이 책에서 나는 ① '돌봄노동'을 '재생산노동'과 같은 뜻으로 쓸 것이다. 그중에서 ② '고령자 돌봄'은 '육아'보다 역사적으로 늦게 등장한 개념임을 인정하며, 이런 점을 고려해 ③ '고령자 돌봄'의 현장에 초점을 맞출 것이다.

이렇게 돌봄을 이론적으로 정의하면 재생산노동론의 틀로 고령자 돌봄을 논할 수 있다.

그런데 두 번째 물음은 아직 풀지 못했다. 재생산노동으로 고령자 돌봄을 재정의하면, 이로써 무엇이 가능할까 하는 물음이다.

마르크스주의 페미니즘은 가사노동을 재생산 비용의 분배 문제로 풀었다. 재생산노동이 세대 내에서 완결되지 않는다고 간주한다면, 재생산 비용의 분배 문제를 해결하는 데는 ① 사적 영역화privatization ② 사회화socialization(국가화라고도 한다) ③ 상품화commodification(시장화marketization라고도 한다)라는 세 가지의 선택지가 있다.[17]

여기서 다시금 가사노동 문제가 무엇이었나를 돌아보자. 가사노동에서 문제는 ① 사회가 존속하기 위해 불가결한 노동인 재생산 비용을 시장의 외부, 즉 가족에게 ② 부당하게도 임금을 지불하지 않는(가격을 인정하지 않는) 노동으로, ③ 성별 분리하에 오직 여성에게만 배당한 것이라는 점이었다. 이런 문제 설정을 통해 비로소 "왜 여자만 가사를 하는지"에 대해 "부당하다"는 답을 얻을 수 있었다. 그리고 실제로 시장은 외부에 몰래 재생산 비용을 의존해왔으며, 이에 따라 '시장의 자기완결성'은 허구에 불과하다는 점이 고스란히 드러났다.

고령자 돌봄에 대해서도 똑같이 말할 수 있다. 가족 돌봄은 '의존의 사적 영역화privatization of dependency'에 따른 결과다(Fineman 1995=2003). 그렇기 때문에 애초에 '사적 영역화' 외의 선택지를 제시하지 않는 한, 고령자 돌봄은 개념화할 수 없다. 역사적으로 볼 때 가사노동 개념이 시장 노동과 같은 시기에 시장 노동과의 대비를 통해 성립한 것처럼, 가족 돌봄도 사회화든 상품화든 가족이 돌보는 것이 아닌 방법의 돌봄(비가족적인 돌봄)과 대비해야만 비로소 개념화할 수 있다. 복지국가의 기원이 19세기 구빈법에 있다고 보는 입장에서는 국가라는 행위 주체는 시장의 성립과 동시에 '시장의 실패'를 보완하는 제도를 준비했고, 그 배경에 '가족의 실패'가

17 여기서 용법을 정리해둔다. 재생산 개념이 마르크스주의의 생산·재생산 개념에서 벗어나 페미니즘 문맥에서 '생명의 재생산 활동'을 함의하는 것으로 재정의되어 유통되고 있는 것처럼, '사적 영역'이라는 용어도 마르크스 이론에서는 시장을 말했으나, 최근에는 가족이나 세대로 제한해 사용하고 있어서 그 용례를 따랐다. 한편 사회화에는 원래 공공화와 시장화 두 가지가 있는데 여기서 국가를 행위 주체로 한 공공화의 의미로 제한하고자 국가화라는 용어를 썼다. 좀 더 상세히 말하자면, 공공화도 국가화와 시민사회화로 하위 분류를 할 수 있는데, 이에 관해서는 9장에서 후술한다. 사회화 가운데 시장화는 상품화라고도 쓴다. 최근 비교복지체제론에서 '상품화'(또는 '탈상품화')라는 개념을 사용해 이미 널리 퍼져 사용되므로, 시장화 대신 상품화를 사용한다.

있음을 암묵적으로 전제한다. 그러나 이러한 주장은 정확하지 않다. 근대가족 형성기의 '가족' 개념은 그 실패를 논하기에 앞서 성립조차 하지 않았다. 파인먼이 말한 것처럼 '근대가족'은 그 형성 과정을 통해 '의존의 사적 영역화', 즉 재생산 비용을 가족 영역에 배당한 후에야 성립한 것이다.

이 논의를 다시 확인하자. 고령자 돌봄을 재생산노동에 포함하면 이론적, 실천적으로 무엇이 가능한가? 바로 고령자 돌봄이라는 재생산 비용의 분배 문제에 대한 답을 역사적 관점으로 풀 수 있다. 즉 가족, 시장, 국가, 바꿔 말해 고령자 돌봄을 둘러싼 사적 영역화, 시장화, 국가화 세 가지 영역에서 역사적으로 재생산 비용을 어떻게 배당해왔는지 그 변화를 논함으로써, 가족 돌봄을 상대화해서 볼 수 있게 된다. 이론적으로 보자면 육아와 고령자 돌봄은 분명 서로 독립적인 인간 활동이나, 돌봄을 상위 개념으로 삼아 여태까지 재생산노동론이 축적한 모든 것을 사용할 수 있다. 또 이 문제는 비교복지체제론에서 에스핑 안데르센 등이 연구한 가족화, 상품화, 탈상품화[18] 논의와 연결된다(Esping-Anderson 1990=2001).

18 자본주의 시장에 의존하지 않고 생계를 유지할 수 있는 정도, 즉 노동자가 노동 시장에서 노동력이라는 상품을 판매(상품화)하지 않고도 살 수 있는 정도를 말한다. 가령 노동 시장에서 일할 수 없는 상황에 처했을 때 국가가 어느 정도 수준의 급여를 제공해주는지의 정도를 말하며, 탈상품화 수준이 높을수록 복지 선진국을 의미한다.-옮긴이

사회적 부양은 정당화할 수 있는가

가족 돌봄을 다른 말로 '사적 부양'이라고 하고, 비가족 돌봄은 '사회적 부양'이라고 한다. '가족 돌봄' 개념이 비가족 돌봄과 동시에 성립한 것처럼, 사적 부양도 사회적(공적) 부양과 상호 배타적으로 개념화되었다. 이런 상황에서 '사회적 부양'을 어떻게 정당화할 것인가? 이것은 장애인 복지학자 이와사키 신야가 제기한 근원적인 물음이다(岩崎 2002).[19]

고령자 돌봄을 정당화하는 근거를 묻든 사회적 부양을 정당화하는 근거를 묻든, 이와 같은 근원적 물음을 제기할 때 '가족 돌봄'을 암묵적으로 당연하게 전제한다. 그래서 이의 물음은 실상 '사회적 돌봄이나 사회적 부양은 어떻게 정당화할 수 있는가'로 바꿀 수 있다. '가족 돌봄'을 어떻게 정당화할지에 대해서는 결코 물음을 제기하지 않는다[20](이에 대해서는 5장에서 상세히 다룬다).

사회복지(일반적으로 고령자 돌봄이나 사회적 부양을 포함하는 개념으로 사용하는 용어)를 사회적으로 정당화하는 근거로 자주 인용하는 것이 '사회연대social solidarity'설이다. 그런데 이와사키는 "손때가 묻고 닳아서 못 쓰게 된 물건처럼, 아무도 믿지 않게 된 말"(岩崎

---

19 이와사키 신야는 장애인 돌봄에 대한 관점으로 '사회적 부양'이라는 용어를 쓴다.

20 고령자 돌봄을 정당화하는 근거를 질문한 오오카가 내세운 '국민의 가정' 개념을 보자. 가정을 확대하면 국가에 의한 돌봄을 정당화할 수 있다는 입장을 취하는데, 이렇게 되면 집에서 고령자 돌봄을 하는 것이 자연스럽고 당연하게 된다. 오오카의 논의는 '가정 내부'로는 들어가지 않는다. 오오카가 가부장제 개념을 전혀 이해하지 못했다는 점을 알 수 있다.

2003: 119)이라고 하면서 사회연대설 대신 좀 더 합리적인 근거를 찾으려고 한다. 이런 자세는 좋다.

사회연대설은 사회구성원이 서로 존엄을 인정하는 이타설에 입각한다. 그런데 ① 다른 윤리적 입장과 마찬가지로, 인간에게 본래 그러한 이타성이 있다고 상정하는 것은 주관적 바람에 불과하거나 아니면 논증도 반증도 불가능한 공준명제에 지나지 않는다. ② 또 연대의 기반을 어디까지 둘지, 즉 어느 범위까지 집단 구성원으로 인정할지 하는 문제가 있어서 필연적으로 배타성을 수반한다. 이 점은 복지국가론에 대한 비판으로 잘 알려져 있다.

물론 복지에 규범성이 있다는 점은 피할 수 없다. 이와사키에 의하면 "사회적 부양 시스템"이란 "사회규범에 기초를 두고 제도화한 사회 시스템"이다(岩崎 2003: 71). 사회규범은 "사회적 합의"라는 말로 바꿀 수 있다. 그래서 이런 정의는 단순히 역사적인 것이다. 초월성도 윤리성도 요구하지 않는다. 이와사키는 사회적 부양에 대해 '자선, 우애, 온정'과 같은 '내적 동기'를 드는데, '인간의 본질'이 이타적인지는 논외로 치더라도 '서로 도와야 하는 게 사회규범'이라고 본다면 사회적 부양 시스템은 제도적으로(즉 관습적으로) 성립된 것이라고 할 수 있다. 인간은 애정이 없어도 사회적 부양을 할 수 있고, 또 사회복지를 해야 한다는 규범이 있다면 사회적 부양을 하지 않을 때 죄책감을 느낄 수도 있다.

이런 논의를 통해 이와사키는 자유주의의 근대 시민사회 이해에 바탕을 두고, '자립사회 실패 비용'으로서 '사회적 부양 시스템'을 파악했다. 그리고 그 전제에는 '자립사회의 신화', 즉 '자립한 공리적 개인'으로 구성되어야 할 시장 시스템이 사실상 그것만으로 완결되지 않는다는 마르크스주의 페미니즘과 공통된 인식을 가지고 있다.

이와사키는 근대 시민사회가 다음과 같은 이중 분배 시스템으로 성립했다고 본다. 하나는 자립 주체에 의한 합리적인 재화와 노동 교환으로 이루어진 시장 시스템이고, 또 하나는 사적 부양에 의한 (2차적) 분배 시스템이다. 그런데 이와사키의 '사회적 부양 시스템'이란 '제3의 분배 시스템'이다. 즉 "사회적 부양에서 사적 부양을 제외하고서, 노동력의 교환도 사적 부양도 아닌, 니즈를 기반으로 재화(물건이나 서비스)를 사회적으로 재분배하는 시스템(제3의 분배 시스템)"이다.

이런 논의는 복지국가론에서 말하는 '시장의 실패'와 겹치는 부분도 있지만, '가족의 실패'를 포함해 논리적으로 구성했다고 볼 수 있다. 자유주의의 시민사회론이 한편으로는 시장에서 합리적인(공리적인) 개인을 전제로 하면서도, 다른 한편으로 가정에서 가족과 자신의 이익을 무조건 나누는 이타적 개인을 상정한 이중적 기준의 인간관을 택한 것은 일관성이 없다. 이와사키는 자유주의에 기초해 시민사회를 이해하고 있으나, 시민사회의 이중성을 지적했다는 점에서 '자립 주체로 구성한 시스템'이 '자립'하거나 '완결'된 것이 아니라 실은 제2, 제3의 분배 시스템에 의해 보완될 수밖에 없다는 점을 밝혔다.

그러나 이와사키도 제2의 분배 시스템인 사적 부양을 당연하게 보는데, 그 사적 영역에 종속된 사람은 주부와 아이다. 여성은 아이와 같은 '1차적 의존'을 받아들임으로써 '2차적 의존'을 떠안게 되는 것일 뿐, 처음부터 '자립 주체'라고 할 수 있다. 거꾸로 생각해보자. 이와사키가 말하는 '자립 주체'란 재생산노동을 여성에게 의존함으로써 실상 의존적 존재이면서도 자신이 의존하고 있다는 점을 잊어버리고 살 수 있는 남성 주체에 지나지 않는다. 이와사키가 말하듯 '자립사회'란 '신화'에 불과하다.

이제 정리해보자. 사회적 부양 시스템에는 시장의 실패와 가족의 실패 두 가지를 다 보완해야 할 역할이 있고, 이것은 자립사회를 유지하기 위한 비용이자 집합적 이익을 최대화하기 위한 수단이다. 이러한 논의로부터 이와사키는 '장애인'이란 '자립사회'가 만들어낸 파생적 범주이며, '자립사회'라는 이념에 따라 '할 수 없게 된disabled' 것으로 규정된 사람들이라고 한다.[21] 그래서 이와사키는 정상화normalization[22]를 "자립을 요구하는 사회나 국가의 작위作爲·부작위不作爲에 의해 그 가치가 평가절하된 이들이 손해 입은 것에 대해 이의를 제기하고 보상을 요구하는 것"이라고 자신의 말로 재정의한다. 윤리를 들어 논의를 전개하지 않고, 자립사회의 논리에 따라 사회적 부양을 정당화하려는 이와사키의 논리 전개 방식은 훌륭하다. 그런데 여전히 해결할 수 없는 몇 가지 문제가 남아 있다.

첫째, 국가가 시장의 실패나 가족의 실패에 비용을 지불해야 할 근거는 없다는 점이다. 복지국가론에 관한 논의는 국가 외에도

---

21 이렇게 장애disability의 원인을 신체적 손상으로만 보는 것이 아니라, 사회적인 것, 사회적인 억압의 측면으로 보는 입장을 장애의 사회적 모델이라고 한다. 이 개념이 성립되기까지 장애학이 크게 기여했다. 장애학에 대해 상세히 알고자 한다면 이시카와 준과 나가세 오사무 등의 저서를 참고하라(石川·長瀬 1999; 石川·倉本 2002).

22 장애인 복지의 이념 중 하나로, 한 사회의 모든 구성원은 동등한 권리와 기회를 가져야 하므로 장애인 역시 비장애인과 동등한 사회구성원으로 존중받아야 하며 생활이 제한되거나 분리되어서는 안 된다는 것.-옮긴이

다원적인 행위 주체를 포함한 복지사회론으로 나아가고 있다(武川 1999). 가족, 시장, 국가, 시민사회 가운데 어느 영역이 이런 실패에 대한 비용을 지불해야 할지 분배에 관한 문제는 따로 논의할 필요가 있다.

둘째, 자립사회는 당연하게도, 시장이나 가족의 실패에 대한 비용을 줄이려 할 것이라는 점이다. 이렇게 되면 이 비용의 발생 자체를 억제하려는 방식, 즉 우생 정책으로 나아갈 수 있다. 세계에서 가장 복지 선진국이라고 일컫는 스웨덴이 비교적 최근까지 장기간에 걸쳐 장애인의 단종(불임)수술을 실시해왔다는 점을 보자. 이 사실을 들으면 스웨덴을 이상향으로 생각하는 사람들은 충격을 받지만, 복지국가가 합리적 선택을 했다고 본다면 딱히 놀랄 일도 아니다. 오오카가 말하듯 스웨덴 사회는 '인격 숭배'나 '개인의 존엄'을 위해 고도의 복지를 실현해온 것이 아니다. 스웨덴은 국민의 합의에 따라 소득격차를 줄이도록 강한 재분배 정책을 선택해왔기 때문에 '합리적'으로 비용을 경감하려 했다.

놀랍게도, 고령자 돌봄이나 사회적 부양의 근거를 이야기하는 모든 논의가 '사적 부양'이라고 부르는 가족 돌봄을 당연하게 여긴다. 시장에서 자기 이익을 최대화하려고 이기적으로 행동하는 공리적인 개인이 있는데, 이 개인이 가족에게는 어디까지나 관대하게 나눠 갖는 이타적인 가장일 것이라 볼 수 있는가? 자유주의의 인간관은 일관성이 없다. 이 점은 정말 의심해볼 만하다. 페미니즘은 세대(가정) 안에 개입해 돌봄의 사적 영역화 내부에 있는 성별 정치에 문제를 제기해왔다. '돌봄의 사적 영역화'라는 용어는 가족 돌봄에 근거가 있는지 여부를 묻게 하는 효과가 있다.

가족에게 고령자 돌봄의 책임이 있는가

가족이 고령자를 돌보는 것은 정말 당연한가? 가족에게 돌볼 책임이 있는가? 좀처럼 묻지 않고, 또 두려운 이 질문에는 의외의 답이 기다리고 있다.

일본의 복지에서는 가족을 마치 복지 재원처럼 여기며 가족 돌봄을 당연시해왔다(大沢編 2004). 나는 2장과 3장에서 가족 돌봄은 달리 대체할 선택지가 없다면 강제노동이 될 수 있다고 썼다. 민법학자 우에노 마사카즈는 "어디까지 누구의 역할로 돌봄을 강제할 것인가?"라는 질문을 제기했다(上野雅和 2001). 여기서 강제란 '법적 강제'를 말하는 것으로, 우에노는 가족이 고령자를 돌볼 책임에 법적 근거가 있는지를 질문한 것이다.

결론부터 말하자면 현행 일본 민법에는 가족 돌봄 의무는 없다. 이것이 우에노가 내린 결론이다.

일본의 민법(1948년 개정)에서 부양의무 범위는 직계친족간, 부부간로 제한되어 있고, 직계가족의 부양의무를 보면, ① 부모가 자식을 보호하고 생활을 유지할 의무, ② 자식이 부모의 생활을 부조할 의무가 있다. ①은 부모한테는 설령 자기 생활을 희생해서라도 자식의 생활을 뒷받침해야 할 의무가 있다는 점을 말한다. ②는 자식이 자기 생활에 여유가 있다면 부모를 도울 의무를 말한다. 이렇게 부모와 자식의 부양의무는 서로 비대칭적이다. ①에는 친권에 따라 아이를 감독하고 교육할 의무가 있다. 또 부부간에는 동거, 협력할 것 외에 부조할 의무가 있는데, 이를 합쳐서 협력부조協力扶助의 의무라고 한다.

그런데 직계가족이나 부부 사이에 돌봄이 필요한 사태가 발생한다면 어떻게 될까? 민법이 규정한 의무는 생활을 부조할 경제적 의무뿐이므로 간병 등의 돌봄 의무는 없다.

> 간병 등의 돌봄은 부양의무자가 임의로 이행한다면 부양의무 이행이라고 할 수 있는데, 대가를 청구할 권리는 없다. 법적으로 강제할 수는 없다. (上野雅和 2001: 93)

돌봄이 필요한 친족이 있는 경우, 법으로 가능한 것은 제3자에 의한 돌봄에서 발생한 비용을 직계친족한테 청구하는 것이다. 돌봄에는 간병비 부담을 받아들이는 '급부 돌봄'[23]과 부모와 같이 살면서 부담하는 돌봄이 있는데, 후자의 경우 돌봄이 필요한 당사자(부모)의 니즈를 자식이 무시·묵살·방치하는 경우라 하더라도 법을 어겼다고 할 수는 없다. 현행 민법에서는 간병을 뒷받침할 근거가 없는 것이다.

법을 해석하기에 따라 경제적인 요소뿐만 아니라 어디까지를 돌봄이라고 정할지 그 니즈도 확장할 수 있다. 그런데 법을 넓혀서 해석한다 해도 돌봄에 대한 니즈를 누가 판정할지, 또 누구한테 니즈를 충족할 책임이 있는지 생각해보면, 자식이 부모를 돌볼 책임을 다하지 않는다고 해서 법적으로 처벌할 수 있으리라고 보기 어렵다. 부모와 같이 사는 자식에게도 책임을 묻기 힘든데 같이 살지 않는 자식에게는 더 힘들 것이다. 자식의 배우자에게는 더욱 그

---

23 부모의 돌봄 비용을 자식이 내는 것.-옮긴이

렇다. 왜냐하면 법은 직계친족간 부양의무만 규정하고 있기 때문이다. 단 부모 자식 관계에서 부모가 자식에 대한 양육을 방임하는 것은 '학대죄'다. 이를 넓혀 해석한다면, 고령자를 돌보지 않는 자식에 대해서도 똑같이 학대 책임을 물을 수 있을 것인데, 그 귀책 대상이 누구일지가 쟁점이 될 것이다. 직계친족이란 부모와 같이 살거나 살지 않는 모든 자식을 말하는데, 부모와 동거하는 자식의 책임이 중할지, 또 귀책 대상에 동거하는 자식의 배우자를 포함할지, 아니면 부모와 따로 사는 자식한테 (애초에 부모와 따로 사는 것을 자식이 부모의 돌봄 니즈를 방임한다고 보고) '방임'의 책임을 더 강하게 물을지 등이다. 그러나 나는 이러한 가정이 쓸데없다고 본다. 아무리 보수적인 가족주의자라 할지라도 이런 법을 제정하거나 지지할 것이라고 보지 않기 때문이다.

민법의 한계를 보충하기 위해 일본에는 2006년 고령자학대방지법이 생겼다. 때리거나 차는 것과 같은 육체적인 학대뿐만 아니라, 구속하는 것이나 방임하는 것(식사를 주지 않는 것이나 유기, 방치)도 포함했다. 이 법률은 고령자를 돌보는 이를 '양호자'라고 하고, 양호자의 책임을 묻고 양호자를 지원하라고 하는데, 친족 말고는 양호자의 개념을 정의하기 어렵다. 이 법에서 양호자는 "고령자를 현재 부양하고 보호하는 사람이며, 양개호시설養介護施設[24] 종사자 등이 아닌 자"라고 정의했다. 이 정의 가운데 친족과 같은 가족관계에 대한 정의는 전혀 보이지 않는다. 이 경우 타인이라 해도 부

24 노인복지법에 규정된 노인복지시설, 유료노인홈 및 개호보험법에 규정된 노인복지시설, 노인보건시설 등을 말한다.-옮긴이

모와 같이 살고만 있다면 며느리에게는 양호자 책임을 묻고, 부모와 별거하고 있는 자식에게는 책임을 묻지 않게 되는가? 또 부모와 같이 사는 아들과 며느리 가운데 누가 더 양호자로서 중한 책임을 질지가 불명확하다. 현재 양호자가 고령자를 방치하면 법률 위반인데, 간병이 필요한 상태가 된 노부모를 두고 그간 간병을 하지 않았고 앞으로도 하지 않을 자식에게 양호자로서 책임을 물을 수 있을지, 친족이 아닌 자가 자원봉사로 간병을 하다가 학대한 경우도 학대죄를 적용할 것인지 등 다양한 물음을 더 제기할 수 있다.

전후에 새 민법이 등장하고서 자식이 부모를 돌볼 의무는커녕 부양의무조차 없다는 인식이 시민들 사이에 넓게 퍼졌다.[25] 가족사회학자 유자와 야스히코는 1948년 민법 개정 시행 후 2년이 지난 1950년에 다음과 같이 말했다.

> 민법은 가족제도를 폐지한 것이니, 당연히 부모를 부양할 의무도 폐지한 것이라고 보는 인식이 널리 퍼졌다. (湯沢 1998: 239)

가족법제사를 연구해온 이들에게 배울 수 있는 점은 다음과 같다. 첫째, 가족 돌봄에는 법적인 근거가 없다는 점, 둘째, 사회의식을 보면 부모를 부양할 의무(개호 의무)가 있다고 인식하지 않았다는 점이다.

---

25 패전 후 일본 신민법에서는 부모가 자식을 돌보는 것은 부양의무인 반면, 자식이 부모를 돌보는 것은 부조로 간주했다. 즉 자식이 자신의 생활을 확보한 후 부모를 돌보는 것을 의무로 규정했기 때문에 자식의 부양의무가 없어졌다는 인식이 퍼졌다.-옮긴이

그런데도 가족 돌봄은 언제부터 어떻게 당연하게 여겨졌을까? 또 가족 돌봄은 정말 바람직한 것일까? 가족의 외부에 있는, '돌봄의 사회화'에 따른 여러 선택지는 바람직하다고 여겨지는 가족 돌봄을 보완할 대안이 되지 않는가? 불충분한 이류 대안에 불과한가? 이런 질문을 하다보면 우리는 더 핵심적인 질문으로 나아갈 수 있다. 가족 돌봄이 제일 좋은 것인가?

가족 돌봄은 무조건 좋은 것인가

이 장에서 논의한 것을 정리해보자.

'돌봄에 근거가 있는가'라는 규범적인 물음에 나는 본질주의적이면서 보편적인 방식으로는 답하지 않는다. 규범 또한 역사적인 문맥에서 만들어진 사회적 구축물이므로 역사성을 초월한 보편적인 규범은 존재하지 않는다고 보기 때문이다. 오오카나 이와사키가 던진 '돌봄에 근거가 있는가'란 질문을 사회학적으로 다시 고쳐본다면, "사람들은 고령자 돌봄을 두고 어떠한 사회적 맥락하에서, 어떠한 근거를 구하는가"라고 할 수 있다. 이렇게 물음을 고쳐 써보면, 오오카나 이와사키가 고령자 돌봄이나 장애인 돌봄의 근거로 '조상 숭배'나 '사회연대'를 해야 한다고 말한 것도 이 시대에 동원한 담론 전략의 하나라고 볼 수 있다.

4장에서 내가 분명히 하려고 했던 점은 다음과 같다. 돌봄에 근거나 정당성을 찾으려는 논자들은 공적(사회적)인 돌봄의 근거나 정당성을 물음으로써, 암묵적으로 사적(가족적)인 돌봄을 당연하고 자연스러운 것으로 간주한다. 그래서 사적인 돌봄을 자신들의 질문에서 배제하는 경향이 있다. 국가를 '(돌봄 영역에서) 큰 집'으로 보는 신념 자체가 작은 집, 즉 사적 영역에서 하는 돌봄은 당연하고 자연스럽다는 전제를 깔고 있다. 오오카는 가족 돌봄을 자연스러운 것으로 다루면서 문제를 제기하지 않았다. 그랬기 때문에 틀림없이 오오카는 조상 숭배를 '큰 집'(돌봄 영역에서 큰 역할을 할 국가)에 대한 개념으로 확장해 돌봄의 정당성을 물을 수 있었던 것이다. 하지만 그러면서도 조상을 숭배할 근거는 따지지 않았다.

내 입장은 철저하게 맥락에 따른 것, 사회적인 것이다. 만일 사회가 존속해야 한다는 조건이 주어진다면 이 사회에 생산(재화, 서비스의 생산과 재생산)과 재생산(생명의 생산과 재생산)이 똑같이 필요하다. 여기까지는 공준명제다. 그런데 무엇을 생산이라고 하고 무엇을 재생산에 포함할지는 역사와 사회에 따라 다르다. 우리가 경험으로 알 수 있는 것은 재생산 영역의 범위가 역사적인 상황에 따라 변했다는 점이고, 재생산에 대한 자원 배분 또한 변해왔다는 현실이다. 그런 변화를 일으킨 것이 사회적 합의인데, 사회적 합의는 우여곡절을 거치며 갈등 속에 있었다. 비록 사회적 합의의 근거로 사회연대설 같은 담론 자원을 동원한다고 해도, 어디까지 연대해야 할지의 범위는 항상 물어야 할 것이 되고 말았다. 실상 사회는 누구를 재생산해야 할지 그 구성원을 택하면서 사람을 배제, 포섭, 선별하며 서열을 세우기도 한다. 사회에 따라 재생산할 가치가 없다고 판단한 생명도 있었다. 이런 의미에서 '조상 숭배'나 '사회연대'는 보편주의적인 이념이라고 할 수 없다.

어쩌면 '사회는 존속해야 한다'는 조건 자체가 의심스러운 것일지 모른다. 들쥐(래밍)가 집단자살을 하는 것처럼 역사상 모두가 멸망을 향해 다가간 사회가 있었을지도 모른다. 흔적이 남지 않아서 우리가 모를 뿐이다. 생산도, 재생산도 자연스러운 과정일 수는 없다. 그렇지 않다면 오늘날 스스로 재생산을 하지 않기로 선택한 생애 비혼자가 대규모로 등장한 점도 설명할 수 없을 것이다.[26] 마르크스가 말한 "시장이 노동력의 재생산을 노동자의 본능에 맡길 수 있던 시대"는 벌써 지나가버렸다. 좀더 정확히 말해, 마르크스가 말한 시대가 역사상 유례없는 시대였다고 할 것이다.

이러한 점을 전제로 4장에서 논의한 바는 다음과 같다. 첫째, 재생산 과정에 고령자 돌봄을 넣는 것은 경험적으로 타당성이 있고, 또 이론적으로도 유효하다. 둘째, 공적 돌봄에 근거가 있는지 묻기 전에 우리는 '사적 돌봄에 근거가 있는가?'를 물어야 한다. 이 물음에 대한 답은 법적으로는 없는 것이나 마찬가지였다. 그렇다면 규범적으로는 어떤가? 사적 돌봄(가족 돌봄)은 규범을 따지기도 전에 자연스럽고 당연한 것으로 여겨졌다. 그렇기 때문에 나는 방향을 바꿔 이렇게 질문한다. '사적 돌봄은 자연스러운가?' '왜 사적 돌봄을 당연하게 여기는가?' 사적 돌봄을 무조건 좋은 것으로 여기는 한 그 마력에서 헤어날 수 없기 때문이다. 사적 돌봄의 신화는 해체해야 한다. 그렇지 않으면 공적 돌봄은 언제까지나 가족 돌봄을 보완하는 차원의 이류 대체물에 그칠 것이다.

다음 장에서는 '가족 돌봄' 모델을 검토한다.

---

26 비혼화와 함께 고령화, 저출산화 동향을 겪어온 일본은 50세까지 한 번도 결혼한 적이 없는 생애 미혼자가 2020년 기준 남성은 4명당 1명꼴로 25.7%, 여성은 6명당 1명꼴로 16.4%다.-옮긴이

5장 가족 돌봄은 당연한 것인가

가족 돌봄은 자연스러운가

동물의 세계를 보면 육아는 해도 고령자를 돌보지는 않는다. 고령자를 돌보는 것은 인간의 뛰어난 행위다. 무엇이 고령자를 돌본다는 것인지는 역사와 사회에 따라 변한다. '효'라는 덕목 자체가 고령자 돌봄이 자연적 현상이 아니라 인위적인 규범적 행위라는 점을 나타낸다. 가족사 연구에서는 모성애도 본능이 아니라 역사적인 구축물이라는 점, 그래서 모성애가 규범적인 제도라는 점을 증명했다. 만약 모성애가 자연스럽고 본능적인 것이라면 그 상실이나 붕괴는 일어날 수 없다.[1]

4장에서 나는 가족이 고령자를 돌보는 데는 아무런 법적 근거가 없다고 썼다. 그렇다면 '가족 돌봄'은 관습일 뿐인가? 보수적인 이들이 그리워하며 자주 화제로 삼는 '가족 돌봄'은 가족제도로 지켜야 할 전통인가? 애초에 '가족 돌봄'이란 무엇인가? 5장에서는 이런 질문을 검증하고 '가족 돌봄'에 나타난 새로운 동향을 논한다. 이을 둘러싼 현실을 밝히고 '가족 돌봄'이 어떻게 미시적, 거시적으로 자리매김되는지 고찰하려 한다.

가족 돌봄이란 무엇인가

에릭 홉스봄이 말하듯, 오늘날 많은 이가 "전통"이라고 여기는 것은 실상 역사가 짧은 사회현상이며 근대의 성립과 함께 등장한 "만들어진 전통"이다(Hobsbawm & Ranger 1983=1992). 역사학계에서는 이런 점을 차례로 밝혀왔는데, 일본에서는 많은 법제사학자들이 '가家제도'[2]도 전통적인 것이 아니라, 근대 메이지 국가의 발명품이라는 점을 지적했다. 이에 더해 가족사회학자 센다 유키는 "가제도"가 현대가 되어서도 다시금 "봉건적"으로 재구성되었다고 했다(千田 1999; 2011). 그럼 역사적으로 이 제도에서 고령자 돌봄은 어떠했는가? 복지 전문가들은 가족에 의한 고령자 돌봄 그 자체가 역사적으로 새로운 사회현상이라고 지적한다.

---

1 가족사회학자 다마 야스코는 《모성애라는 제도》(田間 2001)에서 모성애가 제도로 구축되어왔음을 밝혔다[모성을 둘러싼 정치학을 주제로 한 이 저작에서 다마 야스코는 아이를 버리거나, 죽인 여성, 그리고 중절한 여성에 관한 방대한 양의 신문기사를 분석해 제도로서 모성이 여성을 비롯해 남성, 아이 등 인간 존재를 어떻게 억압해왔는지 그 메커니즘을 해석했다].

2 일종의 호주제로 직계 장남이 호주가 되어 가업이나 가산을 관리하고 가족을 통솔하며 재산을 단독으로 상속받는다. 1898년 민법에서 규정되었다가 제2차 세계대전 후 법적인 부분은 폐지됐으나 일본 사회의 생활이나 의식에 남아 있는 가부장적 제도다.-옮긴이

왜 그럴까? 첫째, 과거에는 평균수명이 짧았기 때문이다. 일본에서 [인구총조사인] 국세조사国勢調査가 시작된 해는 1920년으로 그 이전에는 신뢰할 만한 인구통계가 없었다. 이 시대의 평균수명은 여자가 46.54세, 남자가 44.82세이며 사망 원인 1위는 결핵이나 감염증이었다. 영양과 위생 수준이 낮은 대다수 사회에서는 많은 이가 40대에 감염증으로 사망하므로 고령기를 맞이하는 이들이 적다. 이후 사망 원인 1위가 암이 된 것은 감염증이 통제되고 나이 듦에 따른 질환이 가장 큰 사망 원인이 되고 나서였다.[3]

물론 이 시기의 평균수명을 산정할 때, 태어난 지 1년이 되지 않은 영유아 사망률이 높다는 점을 감안하면, 영유아기를 넘기고 살아남은 사람 대부분은 평균수명이 약 50세라고 가정할 수 있다. 그러나 자신이 50세가 됐을 때, 자신의 부모가 살아 있을 확률은 극히 낮았다. 이는 오늘날 50대가 고령이 된 부모를 돌보는 적령기라는 점과 비교해볼 때 극명하게 대조적이다.

이렇듯 고령자[4]라는 인구학적 존재는 역사적으로 새로운 현상이다. 인구 고령화율은 장수화와 저출산의 함수다. 즉 장수화가 진행해도 출생률이 낮아지지 않으면 고령화는 일어나지 않는다. UN의 통계에 따르면 2000년 인구 고령화율은 이른바 선진 지역에서 14.3%이나, 개발도상 지역에서는 5.1%다. 고령자 인구비가

---

3 1999년 인구동태조사에 따르면 사망 원인 상위 세 가지는 악성신생물(암), 심장질환, 뇌혈관질환인데, 모두 나이 듦에 따라 일어나는 병이다. 이는 이 질환들이 사인이 될 정도로 일본인이 장수하게 되었다는 증거로 볼 수 있다.

4 일본의 인구통계에서는 1960년까지 60세 이상을 '노년 인구'로 잡았다. 1956년 UN이 65세 이상을 '고령자'로 정의하자 이를 받아들여 일본에서도 1965년부터 국세조사에서 65세 이상을 '노년 인구'로 정했다.

전체 인구의 7% 이상인 사회를 '고령화사회', 14% 이상인 사회를 '고령사회'라고 부르는데, 이에 따르면 일본은 1970년에 '고령화사회'에 돌입했고 1994년에 '고령사회' 단계로 들어갔다. 그러니까 인구학적으로 보면 '고령화사회'가 되기까지 고령자는 소수에 그쳤다.

그런데 이 고령자들이 돌봄이 필요한 고령자인지 아닌지는 또 다른 문제다. 왜냐하면 이 상태가 되고서 생명을 연장하는 것은 경제, 영양, 위생, 의료, 돌봄수준 등에 의존하기 때문이다. 현대가 되기 전에는 돌봄을 필요로 하는 기간이 장기화하지 않았다.

두 번째, 동거에 따른 부모 부양 관행을 보자. 오랜 기간 일본에서 65세 이상 고령자가 자식과 동거하는 비율은 80%에 달할 정도로 높은 수준이었다. 그러다 서서히 감소하는 경향을 나타내는데, 동거 비율이 50%대로 내려온 것이 1999년이다. 2008년에는 44%로 떨어졌다. 구 민법에는 부모의 재산을 장남에게만 상속하는 가독상속家督相續이 있었는데, 여기에는 장남이 부모를 부양한다는 것이 전제되어 있었다. 그런데 과연 이 당시, 부모 세대는 과연 피부양자였을까? 전근대사회의 은거隱居[5] 연령은 40~50대였다. 그런데 부모 세대가 자식 세대와 같이 살던 집을 자식 부부에게 물려주고 은거할 새집으로 이사를 하더라도 농가 세대에서는 일가족이 모두 계속 농사를 지었으므로, 고령자 범주에 들어가지 않는 부모 세대는 가족의 일원으로 가계에 공헌했다. 또 가계 실권을 길게 쥐고 있던 경우도 있었다. 자영업자 대부분이 그렇듯, 가족이 경영

---

5 호주가 생전에 가장권을 갖는 가독의 지위에서 사퇴하는 관행.-옮긴이

공동체인 경우, 동거하는 부모 세대를 피부양자로 보는 것은 부적절하다. 생산노동에 공헌하지 않는 경우조차, 조부모 세대는 생산력으로 가치가 높은 며느리를 대신해서 가사나 육아를 부담했다.

셋째, 조부모·부모·손자의 3세대 동거 가족의 동거 기간이 현재보다 훨씬 짧았다. 근대의 가족주기 평균치를 보면 며느리가 장남과 결혼한 후 시아버지가 죽기까지 평균 8년, 그 후 시어머니가 죽기까지 3년으로, 며느리가 시부모와 동거하는 기간은 평균 11년으로 짧았다.[6] 게다가 동거 기간의 대부분을 부모 세대는 활동을 하며 보내므로 동거 기간이 곧 부양 기간이라고 볼 수 없으며, 부양 기간이라고 해도 그것이 돌봄을 요하는 기간이라고 볼 수 없다.[7]

넷째, 인구학적으로 볼 때 자식 세대가 부모와 동거할 확률이 낮았다. 근대사회는 어디든 다산다사多産多死에서 다산소사多産少死로 인구 전환을 겪었다. 일본은 근대에 여성의 평균 출생아 수가 5명대로 많은 편이었다. 이때 부모 세대에서 자식 세대와의 동거율을 계산해보면 80%로 높았지만, 자식 세대에서 부모 세대와의 동거율을 계산해보면 (자식 세대의) 형제자매가 많을수록 낮아졌다. 오랫동안 사회학계에서는 일본의 첫 번째 국세조사가 이루어진 1920년에 집계한 핵가족률이 54%로 매우 높다는 점을 의아하게

---

6 가족사회학자 유자와 야스히코의 《도설 가족 문제》(湯沢雍彦編 1979), 국립부인교육연구회의 《1994년판 통계로 보는 여성의 현황》(国立婦人教育研究会編 1994) 등의 자료에 따랐다. 여성 역사가들은 '가제도'에서 '해악'으로 꼽는 고부갈등은 전근대가 아니라 근대에 생긴 문제임을 지적했다(ひろた 2005). 며느리와 시어머니가 같이 사는 기간이 눈에 띄게 늘어난 것은 근대에 들어 평균수명이 길어졌기 때문이다.

7 노부모 부양 기간을 비교하면 1920년 평균 5.3년, 1991년 평균 20.3년으로 약 4배가 늘었다(国立婦人教育研究会 1994: 17).

여겨왔으나, 지금은 앞의 세 번째 이유처럼 가족주기상 동거 기간이 짧고, 인구학상 형제자매 수가 많기 때문이라고 본다(盛山 1993; 落合 1994). 그러니까 출생아 수가 5명대고, 그중 셋이 남아라면 장남이 부모와 동거할 확률은 3분의 1이다. 또 근대가족의 평균 가족주기 27년 가운데, 자식 세대가 부모와 11년간 같이 산다고 해도 나머지 16년간 장남 세대가 그 자녀 세대의 결혼 전까지 핵가족으로 산다. 평균 가족주기 27년 가운데 11년은 약 3분의 1이다. 또 1920년의 세대 구성 중 부모와 장남 가족이 같이 사는 직계가족 비율이 약 31%라는 점을 보면, 위의 부양 기간 시뮬레이션이 타당하다는 걸 알 수 있다. 합계 출산율, 즉 여성이 평생 낳는 평균 출생아율이 5명대에서 2명대로 극적으로 떨어진 때가 1960년대 10년간이다. 이후 일본에서는 처음으로 모두가 장남 아니면 장녀인 저출산 세대가 등장했다.

이상과 같이, 고령자 돌봄 중 같이 사는 가족에 의한 가족 돌봄은 결코 일반적이지 않았고 인구학적으로 봐도 다수를 차지한 적이 없었다.

가족 돌봄은 언제부터 문제가 됐나

앞서 본 것처럼 가족 돌봄은 역사적으로 새로운 현상이다. 그리고 그것은 '문제화problematization'하는 것을 통해 현상으로 드러났다. 여기에서는 주로 《증보 고령자 생활연표 1925~2000년》을 살피면서 일본에서 고령자 돌봄이 문제화되어온 역사를 재구성한다

(河畠·厚美·島村 2001).

1982년 UN 주최 세계고령화총회World Assembly on Ageing의 분과 회의인 세계고령화문제회의Vienna International Plan of Action에서는 고령자 인구 비율이 7% 이상인 사회를 고령화사회, 14% 이상인 사회를 고령사회로 규정했다. 앞서 언급했듯이 일본 사회는 1970년에 고령화사회에 돌입했고, 1994년에 고령사회 단계가 되었다. UN 주최의 회의명에 '문제'라는 말이 들어간 점에 주의해보자. 고령화는 그 성립 초기부터 대처해야 할 문제로 등장했다.

일본에서 고령자 문제가 집중적인 정책 과제로 부상한 때는 노인복지법이 생긴 1963년인데, 이때를 전환기로 볼 수 있다.[8] 노인복지법은 일부 저소득층 고령자에 대한 대책을 넘어서, 모든 고령자를 대상으로 한 인권과 생활, 취업 보장 등의 시책을 일관되게 정비하려는 것이었다. 이 법에 이르기까지 그 전사를 간략하게 살펴보자.

1925년 제1회 전국양로사업대회가 열려 구호법救護法 제정을 결의했다. 구호법은 1929년 공포해 3년 후인 1932년 시행됐다. 당시 대상자는 고령자 약 3만 명, 시설 수용자 약 2000명이었다.

> 수용 시설은 양로원인데 국 하나에 반찬 하나 있는 밥이 나오고, 8명에서 10명이 한 방에서 북적거리며 사는 게 생활이다. (河畠·厚美·島村 2001: 4)

---

8 이 책에서 나는 '노인' 대신 '고령자'라는 용어를 일관되게 사용하나, 역사상 개념으로 '노인' '노인 복지' 등의 용어가 쓰일 경우는 출전에 따라 그대로 표기했다.

고령자를 시설에 수용하게 된 기원은 구호법이다. 사회복지학자 가스가이 노리코가 《개호 라이프스타일의 사회사》(春日井 2004)에서 지적한 것처럼, 구호법에 따라 고령자를 시설에 넣자 "시설에 들어간 노인에 대한 차별적 시선"이 생겼고, 또 "'높은 나리들이나 나라에 신세를 진다'고 부끄러워해 시설에서 돌봄을 받는 것을 기피하는 분위기"가 정착했다(春日井 2004: 30). 이런 복지에 대한 낙인은 한편으로는 가족에게 집에서 고령자 돌봄을 강요하는 압력으로도 작용했다.

1938년 후생성이 설치되었다. 복지국가의 전쟁 기원설[9]은 이제 상식이지만(富江 2007; 副田 2008), 전시체제하의 고령자 시책은 후퇴했다.[10] 통제경제하에서 고령자의 배급량을 일반 성인보다 줄였고[11] 노인이나 어린이는 거치적거리니 시골로 피난을 보냈다(河畠·厚美·島村 2001: 6). 한편 남성 일손을 전쟁터에 뺏긴 농촌에서 실질적으로 농업 생산을 지탱한 이는 여성과 고령자였다.

1947년 임시 국세조사에 이어, 1950년이 되자 제2차 세계대전 후 처음으로 국세조사가 실시되었다. 당시 총인구 8320만 명

---

9 복지국가가 전쟁국가의 전시 국민동원과 밀접하게 연결되어 있으며, 현대의 복지 자본주의는 전시체제의 연장선상에 있다고 주장하는 학설.-옮긴이

10 4장에서 돌봄을 정당화하는 문제를 논했는데, 여기서도 적용해볼 수 있다. 복지의 모든 분야가 함께 전진하지는 않는다. 전시하에서 고령자 복지는 후퇴했으며, 장애인 복지는 단지 후퇴한 정도가 아니라, 나치의 우생 정책에서 보듯, 단종이나 시설 수용까지 행해졌다. 사회학자 오오카 요리미쓰는 아동 복지, 고령자 복지, 장애인 복지에는 각기 서로 다른 정당화 근거가 필요하다고 주장했는데, 그의 말이 옳다고 생각한다.

11 쌀 배급량을 보면 성인은 하루 2홉合 5작勺인데 60세 이상 고령자는 2홉 1작으로 제한되었다.

중 고령자는 7.6%라고 발표했는데, 이 무렵은 아직 60세 이상이 노년 범주에 포함된 때였다. 평균수명은 여성이 61.4세, 남성이 58세였는데, '인생 60년 시대'를 맞이했다고 떠들썩했다.[12] 인구학상 노년에 대한 정의가 65세 이상이 된 시점은 1956년 UN 보고서에서 65세 이상 인구 비율이 7% 이상인 사회를 고령화사회로 부르고 나서이다.

'노인 문제'가 사회적으로 서서히 인식되기 시작한 것은 고도경제성장기가 되어서다. 1956년 제1회 일본 노년학회, 1957년 노인의 건강과 복지를 향상시키는 국민회의, 1961년 제1회 노인클럽 전국연락대회가 열렸다. 1956년에는 처음으로 후생백서가 간행됐는데, '노령자 대책'이 한 항목으로 거론되면서 고령자 문제는 '사회문제'라는 인식이 나타났다(河畠·厚美·島村 2001: 24).[13]

1959년에 국민연금법이 제정된 것도 눈여겨볼 만하다. 사회보장제도에서 소득보장(화폐 급부)과 대인서비스 급부는 차의 양 바퀴처럼 한 세트인데, 이 책에서 나는 개호서비스만 다루고, 소득보장과 소득재분배 제도는 다루지 않는다.

이러한 시대적 배경에서 1963년 노인복지법이 제정되고 1964년에는 후생성에 사회국 노인복지과가 설치됐다. 노인복지법

---

12 1950년 효고현에서 처음 9월 15일을 '노인의 날'로 제정했는데 이듬해 전국으로 퍼졌다. 1966년에 이날을 휴일로 정하며 '경로의 날'로 지정했다.

13 '노령자 대책'이라는 용어 사용을 보면, 여성 정책이 등장한 초기 행정 당국의 대응을 연상할 수 있다. 초기 행정 당국에서는 '여성대책과'라는 명칭을 사용해서 비난받았는데, 이는 당시 행정 당국이 대책을 세울 대상으로 본 것은 조직폭력배 정도였기 때문이다. 마찬가지로 '노령자'에 대해서도 행정 당국이 대책을 세울 대상으로 보고 있다는 점을 알 수 있다.

으로 '노인가정봉사원제도'가 처음 생겨 공적인 재택 개호서비스가 시작됐는데, 서비스 대상은 저소득층으로 제한했다. 고령자 시설은 양호養護, 특별양호特別養護, 경비輕費 이렇게 세 종류로 정비되었다.[14] 시설이나 재택 이용 대상을 저소득층으로 한정했는데, 행정 당국의 판단으로 서비스 수급 내용을 정하고 시설 '수용'(당시 행정 용어)을 했다. 구호법하에서 고령자 복지는 구호법의 계보를 이어받은 생활보호법처럼, 행정 당국의 온정주의를 바탕으로 서비스 이용에 대한 낙인을 수반했다. 나중에 개호보험법을 다시 서술하겠으나, 2000년 개호보험법은 고령자 복지를 "온정주의에서 계약으로", 또 "시혜에서 권리"로 극적으로 바꾸었다(炭谷 2003; 中西·上野 2003).

시설 돌봄에 더해 오늘날 '재택개호'로 알려진 '홈헬프 서비스'를 처음 실시한 것은 1956년 나가노현에서 '가정양호부家庭養護婦'라는 제도를 도입하면서부터다. 그 이후 '홈헬프 서비스'는 오사카시, 후세시, 나고야시에서 차례로 실시했고 1961년에 18개 시·정·촌에서 도입했는데, 이를 '독거노인가정순회봉사원'이라고 불렀다. 1962년에는 도쿄도에서 '홈헬퍼' 제도를 도입했는데,[15] 대상자는 생활보호[기초생활수급]를 받는 65세 이상의 가족이 없는 고령자였다. 이후에도 가정봉사원은 저소득층 독거 고령자를 대

---

14 양호 시설은 요개호도에 상관없이 고령자가 거주한다. 특별양호 시설은 요개호도 수준이 높은 고령자가 거주한다. 경비 시설은 노인복지법에 기초해 무료 또는 저렴한 비용을 내고 거주한다.-옮긴이

15 "당시 홈헬퍼 모집에 800여 명에 이르는 여성이 응모해 심사 결과 65명이 뽑혔다"(河畠·厚美·島村 2001: 34).

상으로 했는데 행정 당국은 가족 밖으로 밀려난 고령자만 '대책'을 세워야 할 대상으로 봤다. 같이 사는 가족이 있는 경우는 서비스를 받을 수 없었다. 거꾸로 말해, 가족은 돌봄의 당연한 자원으로 여겨졌다.

이와 같은 역사적 과정을 통해 알 수 있는 점은 고령자 복지란 시장의 실패나 가족의 실패에 대한 보완물로 자리매김했다는 점이다. 4장에서도 이 점을 언급한 바 있는데, 우리는 여기서 다시금 확인할 수 있다. 복지의 대상이 될 고령자를 가족의 도움을 받지 못하는 이들로 제한했다.

이런 가운데 같이 사는 가족이 있는 고령자에 대한 돌봄이 문제가 된 시기는 1960년대 말이 되어서였다. 1967년 도쿄도와 나가노현 사회복지협의회는 전국에서 처음으로 〈몸져누운 노인 실태 조사〉를 실시했다.[16] 또 1968년에는 전국사회복지협의회가 전국의 민생위원 13만 명의 협력을 얻어 전국 규모로 집에서 누워 있는 노인을 조사해 결과를 발표했다. 이에 따르면 집에서 지내는 몸져누운 노인은 약 20만 명이었고, 이 가운데 '배설 돌봄'이 필요한 이는 전체 중 55%, 이들을 돌보는 이는 며느리가 49%, 배우자(대부분은 아내)가 27%, 딸이 14%였다.

1969년에는 후생성이 60세 이상 고령자 9000명을 대상으로

---

16 '몸져누운寝たきり'이라는 일본어 표현은 당시 널리 보급되지 못해서 대신 한자어 '와상 노인'을 쓸 것을 검토했다고 한다. 나중에 《아사히신문》 전 논설위원인 오쿠마 유키코는 와상 노인이 실제로 "몸져누웠다든지 누워서 일어나지 못하는" 것이 아니라 "누워만 있도록 해서 누워만 있는 것"이라며, "몸져누운=와상"이란 용어를 "몸져누워 있게 한寝かせきり"이란 용어로 바꾸자는 캠페인을 펼쳤다(大熊 1991; 朝日新聞論説委員室·大熊 1996).

〈전국노인실태조사〉를 실시해 결과를 발표했다. 이에 따르면 자식과 같이 사는 고령자는 전체 중 절반가량인데 부부만 사는 세대는 11%, 혼자 사는 세대는 4.2%였다. 이후 부부만 살거나 혼자 사는 세대 유형은 계속 늘어 2010년에는 부부만 사는 세대가 28.6%, 혼자 사는 세대가 20.2%로 급속히 증가했다. 1960년대까지 '노인 문제'는 혼자 살거나 저소득층이거나 병약해서 경제적 자원도 돌봄 자원도 없는 이들만의 문제로 인식되었다. 가족이 같이 살며 노후를 돌보는 것을 당연시하던 시대에 행정 당국은 가정 밖으로 밀려난 고령자만을 대상으로 삼으면 그만이었다.

이런 상황에 경종을 울린 것이 1972년 아리요시 사와코의 베스트셀러 소설 《황홀한 사람》(有吉 1972)이었다. 사회파 작가를 자임하던 아리요시는 당시 막 부흥하기 시작한 노년학 분야 전문가를 만난 후, 이를 바탕으로 치매 노인[17]을 돌보는 가족의 장렬한 현실을 그렸다.[18] 사회구성주의social constructionism 용어로 말하자면, 이 소설은 며느리의 간병 부담을 그리며 그것에 이의를 제기하는 방식으로 '가족 문제'를 '사회문제'로 바꾼 것이다(Spector & Kitsuse 1987=1990; 中河・平 2000).[19] 주인공 며느리 아키코는 행정 지원을 받으려고 시청에 찾아가지만 노인복지 담당 공무원은 "노인이 있으면 가족 중 누군가는 어쩔 수 없이 희생해야죠. 가정주부가 정신

---

17 치매는 2004년 '인지증'으로 개칭했는데 여기서는 당시 역사적 명칭을 그대로 썼다.

18 이 소설의 판매 부수는 200만 부가 넘어 "전후 최대의 베스트셀러"(木本 1988)가 되었다. 이 소설을 낸 신초샤新潮社는 사옥을 증축할 때 사옥 명을 소설 원제를 따라 '황홀 빌딩'이라고 붙였다.

바짝 차리고 하는 수밖에 없잖아요"라고 내뱉는다. 당시 [일본공산당 기관지인] 《아카하타赤旗》에는 "일본의 노인 정책은 실제 막다른 곳에 이르렀음을 보여준다"고 지적하는 서평이 실렸다.

1968년 초 〈집에서 몸져누워 있는 노인 실태조사〉를 한 후 알게 된 몸져누운 노인 수는 전국적으로 20만 명이었는데, 1978년에는 36만 명, 1993년에는 '치매 노'인을 포함해 개호가 필요한 상태에 이른 고령자가 90만 명, 1997년에는 '치매성 노인'과 몸져누운 노인 수를 합하면 100만 명이 넘었다. 2025년에는 이 수치가 230만 명에 이를 것이라고 한다(若尾他 1997; 上野 2000: 63).

그런데 이 무렵의 실태조사는 돌봄을 요하는 고령자를 파악하는 정도에 그쳤다. 고령자를 돌보는 가족의 부담을 문제 삼은 것은 훨씬 뒤의 일이다. 1986년에 전국사회복지협의회가 전국 최초로 〈자택에서 치매 노인을 돌보는 가족 실태조사〉를 실시한다. 이 조사에 따르면 가족과 함께 사는 '치매' 노인의 90%는 가족 돌봄에 의존하고 있었는데, 가족 내 돌봄이 공적 지원을 받지 못하는 점이 부각되었다(若尾他 1997).

---

19 《황홀한 사람》은 고령자를 돌보는 부담(특히 며느리의 부담)을 다룬 측면이 있고 한편으로는 치매에 대한 불안과 노화에 대한 공포를 부추긴 측면이 있다. 소설가 아리요시와 평론가 히라노 겐의 대담을 보면, 이 책의 독자 가운데, 고령의 남성 독자는 주로 후자를, 중년의 여성 독자는 전자의 메시지를 읽은 경향이 있다고 한다. 하지만 아리요시 역시 며느리의 돌봄을 당연시하며, 며느리의 무거운 부담만을 문제 삼은 것에 불과하다. 나는 문학비평서 《우에노 지즈코가 사회학으로 보는 문학》(上野 2000)에서 《황홀한 사람》을 '노인 개호 문학'으로 보고 논한 바 있는데, 나는 이 책이 나온 지 23년이 지나 간행된 사에 슈이치의 소설 《황락黄落》(佐江 1995)과 이 책을 비교했다. 《황락》에서는 며느리가 시부모를 돌보는 것을 당연하게 보는 확고한 규범의 자명성이 흔들린다.

그때까지는 오로지 가족끼리 서로 돕는 자조 노력을 해야 했다. 1980년에 교토에서 '치매 노인이 있는 가족 모임呆け老人をかかえる家族の会'이 발족했고, 1년이 지나자 전국에서 가족 모임이 10개가 생겼는데 회원 수는 960명이었다. 마침내 1983년 일부 보건소에서 정신위생 상담의 일환으로 '치매 상담 창구'를 개설했다. 그러나 저소득층이 아니거나, 돌보는 가족이 있는 고령자는 공적 지원을 받을 방도가 없었다. 각지에 생긴 가족 모임이 한 달에 한 번 자원봉사로 데이서비스를 제공함으로써 가족의 부담을 줄인 것에 지나지 않았다.

같은 해 전국 최대 생협인 나다고베생협灘神戸生協[20]에서는 '생협 생활 서로 돕는 활동'이라는 유료 재택 복지서비스를 제공하는 사업을 시작했다. 9장에서 상세히 논하겠으나 이는 오늘날 협協 부문이라 불리는 시민사업체의 시작이다. 고령자를 돌보는 무거운 부담에 허덕이면서 공적 지원을 기대하고 마냥 기다리고만 있을 수 없는 현실에서, 생협 사람들은 서로 돕는 이념을 실현하려 움직이기 시작했다.

1983년에는 '고령화사회를 좋게 만드는 여성 모임高齢化社会をよくする女性の会'[21]이 발족했는데, 이 모임은 일본의 인구 고령화율이 14%

---

20 1921년에 설립해, 생태주의적 관점을 기반으로 한 안전한 먹거리의 생산, 유통, 소비 활동을 벌였다. 1991년 조합원 수가 100만 세대를 넘어선 후 이름을 '생활협동조합 코프 고베'로 바꿨다. 1996년에는 조합이 운영하는 도시형 노인홈이자 재택 복지서비스를 실시하는 특별양호노인홈 '협동의 원協同の苑'을 개소했다.-옮긴이

21 성평등한 고령사회를 만들 것을 목표로 교토에 사는 페미니스트 여성들이 발족한 모임. 고령사회의 문제를 조사, 연구하고 관련 정보를 수집하는 활동을 하고 있다(http: //wabas.sakura.ne.jp).-옮긴이

를 넘긴 1994년에 '고령사회를 좋게 만드는 여성 모임'으로 개칭했다. 이 무렵 요코하마에서는 신문 칼럼니스트인 86세의 남성이 치매에 걸린 아내를 돌보다가 지쳐 아내를 목 졸라 죽인 사건이 발생해 충격을 줬다. '고령사회를 좋게 만드는 여성의 모임' 대표 히구치 게이코는 "남편은 아내가 돌봄이 필요한 상태가 되면 살해한다"며 젠더 편향을 비판했다.[22] 이렇듯 치매 노인을 돌보는 가족이 얼마나 많은 부담을 지는지가 차츰 문제화되었다. '고령사회를 좋게 만드는 여성 모임'은 회원을 대상으로 독자적인 조사, 연구를 차례로 실시했고 그 결과를 내놓았는데, 1997년 제2회 〈가족 돌봄에 대한 실태조사〉에서는 가족 간병인의 고령화에 따라 노인 돌봄이 장기화, 중증화, 다중多重화되고 있다고 지적했다.

이러한 가운데 1994년에 호소카와 내각이 '신新골드플랜'[23]을 발표하면서 개호보험 구상이 나왔다. 약 6년가량의 검토를 거쳐 개호보험법은 1997년 국회에서 가결되었고, 2000년 4월부터 시행되었다. 이 과정에서 '개호의 사회화를 추진하는 1만 인 시민위원회介護の社会化を進める一万人市民委員会' '고령사회를 좋게 만드는 여성 모임'이 정책 결정에 중요한 행위 주체 역할을 했다. 개호보험은 획기적인 제도였다. 그전까지 저소득층, 독거노인에게만 한정했던 공적

22 피고 남편에 대한 여론은 동정적이었는데 피고는 법정에서 징역 3년에 집행유예 3년이란 관대한 판결을 받았다. 그런데 만일 이 사건이 여성이 저지른 사건, 가령 남편 간병이나 시부모 돌봄, 부모 돌봄에 지친 여성이 저지른 살해 사건이라면 어떤 반응을 보였을까?

23 1989년의 '고령자 보건복지 추진 10개년 전략'(통칭 골드플랜)을 확충하기 위한 일본 정부의 구상안. 고령자 복지와 관련해 재택, 시설 서비스, 인력 양성 확보 등의 내용이 담겼다.-옮긴이

서비스를 돌보는 가족이 있는 중산층 재택 고령자로까지 확대했기 때문이다. 가족 돌봄을 탈자연화하기 위해 한발 더 내디딘 셈이다. 개호보험에 대한 평가와 검증은 7장 이후에 다루기로 하고 여기에서는 가족 돌봄을 문제화하게 된 과정 자체가 비교적 최근의 현상이란 점을 다시금 확인해둔다.

가족 돌봄자는 누구인가

가족이 고령자를 돌본다는 것은 말 그대로 가족 중 한 사람이 고령자를 돌본다는 뜻이다. 그런데 여기서 '가족을 돌보는 이介護者'는 대체 누구일까?

후생노동성의 〈국민생활기초조사〉는 "요개호 고령자를 돌보는 가족관계"를 배우자, 자녀, 자녀의 배우자로 나눠왔는데, 아주 최근에야 이 카테고리에 성별 구분을 넣기 시작했다. 2002년 통계에 따르면 요개호 고령자 가운데 친족과 동거하는 이는 전체 71.1%인데, 그중 배우자가 25.9%, 자녀가 19.9%, 자녀의 배우자가 22.5%다. 이 데이터로는 배우자가 아내인지 남편인지 자식의 배우자가 며느리인지 사위인지 알 수 없다. 이런 통계를 '젠더에 관여하지 않는gender indifferent 통계'라고 한다. 젠더에 관여하지 않는다는 것은 '젠더 중립적gender neutral'이라는 게 아니라, 오히려 '젠더에 민감하지 않은gender insensitive' 통계라는 뜻이다. 이미 2장에서 돌봄에 관한 규범 이론이 담론으로서 갖는 탈젠더화 경향을 비판했듯, 현실에서 드러나는 젠더 편향적인 배경을 무시하고 반영하지 않는 통계는 실제 아무런 도움이 되지 않을뿐더러 중립성을 가장한다는 점에서 젠더 정치를 은폐하는 효과가 있다. '젠더 통계gender statistics'[24]는 이런 점을 문제 삼아왔다(伊藤 1997).

젠더 통계를 위해 2002년 〈국민생활기초조사〉는 부록으로 고령자를 돌보는 가족을 성별로 구분해 살핀 표를 붙였는데, 이에 따르면 며느리(22.1%), 아내(17.6%), 딸(12.3%) 순이었고, 전체 가족 중 52.0%를 차지한다. 그다음이 남편(8.2%), 아들(7.6%) 순이었다. 기타 여성 친족 1.9%는 손녀나 질녀일 것으로 추정되고, 그다음은 사위(0.5%)였다. 한편, 가족을 돌보는 사람 가운데 남성 비율이 점차 늘어나고 있는데 이는 고령자 부부 세대가 늘어난 결과로, 배우자 카테고리에 들어가는 남성, 즉 남편이 아내를 돌보는 형태가 늘어났음을 반영한다. 이 데이터로 알 수 있듯 여성의 역할 특히 며느리의 돌봄은 여전히 뿌리 깊게 남아 있으나, 점차 줄어드는 경향이 있다.

여태까지 고령자를 돌보는 이는 당연히 같이 사는 친족일 것이라고 여겼으나 최근 조사에서는 고령자 세대가 분리되면서 돌보는 친족 가운데 별거하는 이들이 포함되었다. 계속 동거, 부양, 돌봄이 한 세트처럼 논의됐으나 이제 분리되고 있는 것이다. 이런 동향을 배경으로 고령자 세대구조가 변화하고 있고 동거에 관한 규범도 흔들리고 있음을 알 수 있다. 이를 검토해보자.

다양한 데이터를 종합하면 1990년대 이후 다음과 같은 변화

---

24 '성인지 통계'라고도 한다. 젠더 간 불평등을 양적으로 파악하기 위해 성별 구분을 하는 통계로, 남녀 특히 여성이 직면한 구체적인 과제에 대한 발생 원인을 살피고 해결할 정책을 입안하기 위해 사용한다.-옮긴이

가 급속도로 일어나고 있다.

첫째, 고령자 세대와 자식 세대가 분리하는 경향이 있다. 이미 썼듯 고령자가 자식, 손주와 사는 3세대 동거율은 낮아졌으며 이를 대신해 부부 세대가 늘어났다. 오늘날 부부가 함께 사는 동안은 자식과 세대를 별도로 유지하는 관행이 정착했다. 부부 한쪽이 요개호 상태가 되더라도 별거가 유지되는 경향이 있는데, 이런 경향으로 고령자를 돌보는 배우자의 비율이 올라간 결과가 나왔다. 가족 돌봄자 중 남성 비율이 높은 것은 이 배우자 카테고리 가운데 남성, 즉 아내를 간병하는 남편이 늘었음을 말한다. 일본에서 부부간 나이 차는 고령자일수록 크고, 대체로 남편이 아내보다 나이가 많지만, 요개호 상태가 되는 순서는 나이순이라고 할 수 없다.

둘째, 고령자가 자식과 같이 사는 경우라 할지라도, 그 자식이 장남이라고 단정할 수 없을 정도로 장남이 부모님을 모셔야 한다는 규범이 흔들리고 있다. 이를 두고 '수정 직계가족' '선택적 확대가족'이라고 부르는 가족사회학자도 있다. 시부모가 큰며느리와 안 맞는 경우 차남 세대와 동거를 한다든지, 장남 부부가 해외에 일하러 나가 있어 근처에 살던 삼남 가족과 같이 사는 경우, 혹은 딸 부부와 같이 사는 경우도 늘었다. 또 자식이 순서대로 결혼한 결과, 막내와 부모가 사는 형태의 동거도 적지 않다. 2세대 주택[25]에 살거나 가까운 거리에서 세대를 분리해 사는 경우도 있는데,[26] 이 경우 모계형 거주(아내 쪽 친족과 가까이 사는 것)를 선호하는 경향이 있다. 특히 여성의 취업률이 높아지면서 도시에서는 친정엄마

25 한 주택에서 부모와 자식이 세대를 분리해 사는 것.-옮긴이

가 딸의 출산 후 육아를 도와주기를 기대하며 딸 세대가 거주지를 친정과 가깝게 정하는 경향이 강해졌다. 또 같이 사는 상대를 선택함에 따라, 부모 세대 쪽에서도 부모를 부양하거나 돌보는 데 더 기여한 자식 순대로 유산을 배분하려는 경향도 나타났다. 또 거꾸로 유산 상속을 수단 삼아 부모가 여러 자식을 통제하려는 경향도 나타났다.

셋째, 부모 세대와 자식 세대의 동거 시작 시기가 늦어지고 있다. 자식이 결혼하는 동시에 부모 세대가 자식 세대와 같이 사는 경우가 줄었고, 이에 따라 부모가 고령화되고 돌봄이 필요한 상황이 발생한다. 배우자가 먼저 세상을 떠나고 혼자가 되는 것과 같은 생애주기상의 변화를 계기로 부모 중 한 사람이 뒤늦게 자식 세대와 동거를 시작하는 경향도 나타난다. 이를 '중도 동거'라고 부르는데, 대부분은 자식이 부모를 불러들이는 형태의 동거로 거주지를 바꿔야 하는 쪽은 부모 세대다. 또 자식과 뒤늦게 같이 살게 되면, 부모는 이미 자식 세대의 가족에 확립된 가족 분위기에 맞추도록 요구받는다. 고령이 되거나 요개호 상태가 된 후 자식과 동거를 시작한 부모는 성장기에 함께 살지 않은 손주 입장에서는 그다지

---

26 세대 구성 통계를 보면, 자식 세대와 고령자 부모 세대가 같이 사는지 따로 사는지만 구별할 뿐, 자식 세대가 부모 세대와 가까이에 살지만 별거하는 카테고리는 포함되어 있지 않다. 또 가까이 산다고 할 때 어느 정도를 가까운 거리로 할지 정해진 기준이 없다. 공간적, 시간적 거리를 고려해 동일 부지 내 인접해 거주하는 경우부터 차로 15분 이내로 이동할 수 있는 거리까지 사람에 따라 근접 기준이 다르다. 1980년대 오사카부의 한 조사에서는 신혼부부가 주거지를 선택할 때 그 조건은 "아내의 친정에서 대중교통으로 갈아타는 일 없이 15분 이내 지역"인 경우가 가장 많았다. 이 시기부터 이미 모계형 주거를 선호한다는 것을 알 수 있다.

친숙한 사이가 아니고, 가족에 기여하는 구성원이 아니라 가족의 부담이 되는 구성원으로 여겨져 자식 가족과 잘 소통하지 못하는 경우도 있다. 고령자 '행복도 조사'를 보면 다른 거주 형태에 비해 자식과 '중도 동거'를 한 고령자의 행복도는 낮게 나온다.

넷째, 자식이 부모와 같이 사는 경우라 하더라도 살림은 분리하는 경향이 강하다. 전에는 같은 세대 내에서 같이 가계를 꾸렸기 때문에 부모와 같이 사는 것이 곧 부양이라고 봤으나 연금제도의 확립으로 고령자가 반드시 경제적 약자는 아니게 됐고, 부모 세대의 부양과 돌봄 비용에서 '수익자 부담' 원칙이 급속도로 퍼지면서 가계가 분리되었다. 가족은 전에 가계공동체였고 세대주의 단독 수입이 말 그대로 싱글 포켓(지출하는 지갑이 하나)이었지만, 맞벌이 부부가 일반화되면서 한 세대 안에 가계 지출이 가능한 수입원이 2개나 3개인 게 당연해졌다. 그뿐만 아니라 돌봄의 유상화와 외주화가 진전되면서 수익자 부담(본인의 연금 범위 내에서 개호 비용을 내는 것)이 일반화되었다. 이런 점은 개호 비용의 출처를 묻는 각종 조사 결과로 알려졌는데(春日 2001a; 上野 2005),[27] 이런 조사를 보면 연금이 없거나 연금을 적게 받는 고령자가 심각한 상황에 놓여 있음을 알 수 있다.

이처럼 고령자가 가족과 같이 사는 양상은 급속도로 변하고 있다. 동시에 자식 세대와 같이 사는 게 고령자의 행복이고 자식이 부모와 같이 사는 게 마땅하다고 보는 규범도 변화를 요구받고 있

---

27 내가 개호 비용 부담을 조사한 결과에서도 고령자 본인이 개호 비용을 부담하는 비율이 높았다. 최근에 가스가 기스요도 가계 분리 경향이 나타난다고 지적했다.

다. 자식과 같이 사는 데 대한 의식조사 결과를 보면 남녀 모두 젊을수록 "자식과 같이 사는 게 좋다"고 답하는 경우가 줄어드는 경향이 나타난다.

자식과의 거리가 멀다는 물리적인 이유나 자식이나 부모가 각자 사정이 있어서 어쩔 수 없다는 이유만으로 세대 분리가 일어나는 것은 아니다. 계층별 부모 자식 동거율 데이터를 보면, 고령자가 자식과 같이 사는 비율은 상위층과 하위층에서 낮고 중간층에서 높은 산 모양 그래프를 그린다. 따라서 부모와 자식이 같이 살든 따로 살든 계층별로 서로 다른 이유가 있다고 짐작할 수 있다. 상위층은 세대를 둘로 유지할 수 있을 정도로 여유가 있어서 별거를 선호하는 '선택적 별거'를, 하위층은 자식 세대가 부모를 맡을 정도로 여유가 없어서 '(부모) 방임형 별거'를, 중간층에서는 방임은 하지 않으나 세대 분리를 유지할 만큼 경제적 여유가 없는 이들이 '하는 수 없이' 또는 '떨떠름하게' 부모 세대와 같이 사는 경우가 많다고 추측된다. 즉 선택할 여유가 있다면 나서서 자식과 따로 살기를 택할 고령자가 적지 않다는 점이다. 자식과 같이 사는 것이 곧 행복이라고 보는 규범이 흔들리고 있다고 봐야 한다.

흥미롭게도 고령자 자살 통계를 보면 친족과 같이 사는 고령자가 홀로 사는 고령자보다 자살률이 높다. 우울증 환자가 회복기에 자살을 꾀하듯, 자살은 에너지가 필요한 능동적인 행위이며, 주위에 있는 타자에게 말로 하지 못하는 메시지라는 성격도 띠고 있다. 이 점을 감안하면 친족과 같이 사는 고령자의 자살률이 높게 나온 통계는 조금도 이상하지 않다. 자식이나 자식의 가족에게 무시나 학대를 당했다는 이유로 항의하듯 자살하는 경우도 있다. 부모 자식 간 세대 분리를 당연하게 여기는 서유럽이나 북유럽의 고령자를 두고, 일본의 가족제도를 지지하는 보수적인 이들은 홀로 사는 고령자를 '고독한 노인'이라고 하며 북유럽 고령자의 자살률이 높다는 이야기를 자주 꺼낸다. 고령자 자살률 국제 비교 결과는 데이터로 금방 반증할 수 있다. 북유럽보다 일본의 고령자 자살률이 높기 때문이다. 이제 일본에서도 고령자와 자식 세대의 분리는 상식처럼 여긴다. 남의 시선을 의식하거나 부모와 자식 세대가 같이 살아야 한다고 보는 '동거 규범'으로 인해 '반강제적'으로 부모 자식 세대가 같이 살기를 택하는 것은 고령자에게도 자식에게도 꼭 바람직하다고만 할 수 없다.

가족 돌봄은 사회복지의 자산인가

그럼에도 일본의 고령자 복지는 동거하는 가족이 있는 것을 자명한 전제로 하고 만들어졌고 기능해왔다. 돌봄의 사회화를 내건 개호보험제도조차 '이용자 중심'이라고 하면서도 이용료 상한을 설정함으로써 가족 돌봄을 암묵적 전제로 깔고 있다. 요개호도 5인 이용자는 이용료 월 상한선(개호보험상 지급 가능액)이 36만 엔인데, 이 금액은 단독 세대 재택 고령자의 필요량보다 적다. 맨 처음 개호보험 계획을 세울 때부터 설계된 것이다. 이 점을 보면, 개호보험제도 설계 그 자체가 '이용자 중심'을 내걸면서도 처음부터 가족의 부담을 경감시키려는 것을 목표로 했고, 그러한 정책 의도 하에서 합의가 형성되었음을 알 수 있다. 제도의 설계 의도대로 안도의 한숨을 내쉰 이들은 중산층 가족(고령자를 돌보는 가족과 그 배우자)이었다.

그전까지 보이지 않는 존재인 가족이 일본에서 정치적으로 부각된 때는 1970년대이다. 1978년 《후생백서》를 보면 가족 돌봄은 "사회복지의 자산"이라고 했다(厚生省 1978). 선진국들이 복지국가를 정책 과제로 삼던 시기에 일본은 '일본형 복지사회'로 '부불노동'을 통해 싸게 먹히는 복지를 구상해 내놨다. 이로써 일본의 정치는 고령자 복지를 게을리할 핑계를 얻었다. 이때 일본은 40대 무직 주부(전업주부)를 개호 자원으로 삼았다.[28] 세간에서는 "고령자와 같이 사는 며느리는 헬퍼 3명에 상당한다"라고도 했는데 이는 가족이 무상으로 하는 돌봄노동의 가치를 유상의 노동과 비교해 인식하고 있었다는 점을 시사한다.

'고령화사회를 좋게 만드는 여성의 모임' 대표 히구치 게이코는 허를 찌르는 말솜씨로 유명한데, 일본 정부의 복지관을 비판하며 "가족 돌봄은 일본 사회의 손해"라고 말했다. 당시 이미 많은 여성이 사회로 진출하고 있어서 주부가 가정에 머무는 것은 사회적 손실이라고 봤기 때문이다. 나도 당시 이와 같은 상황을 가리켜 "좋은 며느리는 복지의 적"이라고 말한 바 있다. 당시 일부 지방에서는 효부상 표창이 남아 있었는데, 며느리가 열심히 노력할수록

28 일본대학 인구문제연구소는 '일본의 개호 자원 지도'를 만들었는데 이 지도는 전국 47개 도도부현都道府県에서 인구 대비 40대 무직 기혼 여성(전업주부) 비율을 나타낸 것이다. 이 연구소는 40대 무직 주부라면 누구나 개호 자원이 될 수 있다고 당연시했는데, 이러한 시각에 성차별적 편견이 있다는 건 더 말할 나위 없다.

정치권의 책임 회피를 조장하고 복지를 멀게 만드는 역설이 있다고 지적한 것이다. 2장에서 살폈듯, 며느리가 시부모를 돌보는 행위는 당사자에게는 선택의 여지가 없는 강제노동일 수 있다.

무직 주부의 공헌을 어떻게 평가할까? 이는 '일본형 복지'의 정책 과제 중 하나였다. 1986년에 연금제도의 '3호 피보험자',[29] 즉 무직 배우자의 연금보험료 납부가 면제되었다. 1987년에는 배우자특별공제(피보험자의 연 수입 103만 엔까지 피보험자 배우자 공제를 하고, 피보험자 연 수입 130만 엔까지는 세대주 피부양가족으로 연금보험료 부담을 면제하는 제도)가 생겼다. 1980년대에 차례로 실시된 이러한 '전업주부 우대 정책'은 다가올 고령사회를 시야에 넣은 소위 '일본형 복지'의 기반을 정비하는 것이었다는 데 주의해야 한다. 이런 의미에서 일본형 복지의 역사는 얄팍한 것이며 결코 일본의 전통도, 관행도 아니다.

'3호 피보험자' 문제는 오늘날까지 영향을 미치고 있다. 일본은 1986년 세제 개혁 때 2호 피보험자의 무직 아내의 보험료 납부를 면제했는데, 이는 남편의 연금과 별도로 아내의 개인연금권을 보장한 것이었다. 그전까지 전업주부는 연금보험료를 냈기 때문에 이러한 제도 개혁은 '전업주부 우대 정책'이라고 불렸다. 20세 이상 국민이 모두 강제로 가입해야 하는 연금제도에서 주부만 수입이 없으니 보험료를 면제해주는 건 합리성이 없다. 20세 이상인 자는 학생이든 실업자든 보험료 납부를 연기해줄지언정 보험료는

---

29 1호 피보험자는 자영업자와 그 가족 취업자, 2호 피보험자는 피고용자, 3호 피보험자는 2호 피보험자의 무직 배우자, 즉 피고용자의 아내다.

면제하지 않기 때문이다. 게다가 연금은 자신이 낸 보험료를 고령이 된 후에 받는 제도라서[30] 건강보험이나 개호보험과 마찬가지로 수익자 부담이 원칙이다. 연금보험료를 내지 않은 사람이 후천적으로 장애를 입은 경우 장애연금 수급권이 있는지 없는지를 두고 법정 다툼도 있었다. 그렇다면 왜 전업주부만 '보험료 면제' 특혜를 받았는가?

'전업주부 우대 정책'은 결국 일하는 여성과 전업주부를 갈라놓고 대립시키는 틀을 만들었다. 연금보험료를 내는 2호 피보험자 가운데는 무직의 전업주부 아내를 둔 피고용자 남편 외에도 맞벌이 부부(남편과 아내), 싱글 남녀가 포함되는데 이들 남녀 노동자가 내는 보험료 가운데 전업주부가 받을 연금이 있는 셈이다. 따라서 전업주부는 무임승차로 연금을 얻는 모양새가 되는데, 전업주부가 자신의 연금보험료를 납부하면 2호 피보험자는 연금보험료를 연간 약 2700엔를 덜 낸다는 추계도 나왔다. 특히 일하는 여성 입장에서 보면 불공평한데, 그도 그럴 것이 일한다고 해서 가사노동을 하는 주부 역할이 줄어드는 것도 아니고, 시부모를 돌볼 부담을 피할 수 있는 것도 아니기 때문이다.

그런데 내가 《늙어갈 준비: 돌보는 것, 돌봄을 받는 것》(上野 2005)에서도 논했듯, 이런 '전업주부 우대 정책'은 사실 무직 전업주부를 아내로 둔 남성 노동자와 그 고용주인 대기업을 우대하는

30 연금제는 명목상 자신이 그간 내온 보험료에 기초해 수급을 받는 것, 즉 적립방식으로 되어 있으나, 실제 연금 재정은 이미 거출拠出 방식으로 이행했다. 즉, 현재 연금을 받는 사람들의 재원은 과거의 적립금이 아니라 현재 연금보험료 지불자가 낸 돈으로 연금을 받고 있다.

정책이나 다름없다. 1983년 기혼 여성 가운데 일하는 여성 수가 절반을 넘으면서 무직 전업주부는 소수파가 되었다. 아내가 무직이라는 것은 남편의 단독 수입만으로 가계를 꾸려간다는 뜻인데, 이 시기 노동자 세대의 맞벌이 비율은 60%에 달했다. 맞벌이가 한 세대를 유지하기 위한 필요조건이 된 것이다. 아내를 전업주부로 둘 수 있는 남성 세대주는 상대적으로 높은 임금을 받는 대기업의 피고용자였는데, 이들은 노동자 전체 중 20%에 못 미치는 정도였다.

'3호 피보험자'의 연금보험료를 면제하는 것에는 다음과 같은 효과가 있다.

첫째, 원래 남편의 수입에서 내야 하는 본인 부담의 보험료를 면제함으로써, 전업주부 남편의 부담을 덜어준다.

둘째, 피고용자와 고용주가 연금보험료를 반반씩 나눠 내는데, 피고용자 남편은 아내의 연금보험료를 부담하지 않게 됨으로써, 남편을 고용한 기업의 부담을 덜어준다.

셋째, '무직 전업주부 아내'란 사실 무직이 아니라, 배우자특별공제에서 "연 수입 130만 엔 미만으로 수입이 없는 것"으로 간주하는 전업주부다. 이러한 여성들은 대부분 실제로는 수입이 세제공제가 가능한 상한선(연 수입 130만 엔)을 넘지 않도록 조정하며, 파트타임이나 아르바이트 등 주변화된 노동을 한다. 많은 기업은 이 여성들을 비정규직으로 고용함으로써 수혜를 받으면서도, 이 여성들의 공적 보험료를 부담하지 않아도 된다.

즉, '3호 피보험자' 제도는 '전업주부 우대 정책'이 아니라, 그 남편 및 남편과 아내를 각기 고용한 고용주 기업을 우대하는 정책이다. 여기에 더해 '3호 피보험자'의 연금보험료를 면제하는 것에 따른 네 번째 효과를 살펴보자.

1986년 연금제도 개혁으로 무직 전업주부 아내가 개인연금을 수급할 권리가 생기는데, 남편이 사망한 경우 아내는 본인의 연금을 받을지, 유족연금을 받을지 둘 중 하나를 선택하게끔 되었다. 아내가 유족연금 수급 자격을 못 갖는 경우는 남편이 사망하기 전 해의 수입이 700만 엔을 넘는 고수입자의 경우만 해당되므로, 아내가 유족연금을 수급하지 못하는 경우는 드물었다. 대부분 아내는 본인의 연금보다 유족연금이 많으므로 본인의 연금을 포기했다. 맞벌이로 일하던 여성은 자신의 연금보험료를 따로 납부해왔더라도 자신의 개인연금액이 적으면 유족연금을 택했다. 이렇게 되면 맞벌이 여성은 대체 무엇 때문에 일하는 동안 연금보험료를 계속 냈는지 모를 상태가 된다. 연금제도 개혁은 황혼이혼을 억제하기 위함이었다.[31]

이렇게 젠더 편향적인 제도는 첫째, '개호 적령기'(가족 돌봄에 나설 적령기)라고 불리던 중장년 여성을 가족을 돌보는 데 묶어두고, 둘째, 남편은 아내의 간병을 보장받는 것으로 작용했다. 실제로 이 정책의 입안자는 이런 의도를 짐작하게끔 하는 발언을 한 바 있다.

---

31 혼인 기간이 20년 이상일 때 이혼하는 경우를 말한다. 2006년 4월부터 이혼 시 연금분할제도를 실시했는데, 이 제도를 실시하면 고령자층의 이혼율이 상승할 것이라는 예측은 빗나갔다. 시행 첫해에 일시적으로 이혼율이 올랐으나 이듬해부터 원래대로 돌아갔다. 이혼 시 연금분할제도에 따르면 결혼 연수에 따라 아내가 남편의 연금을 받는데(최대로 받을 때 절반의 연금), 유족연금은 최대로 받을 때 아내가 남편 연금액의 4분의 3을 받을 수 있으므로 대부분 아내는 이혼하는 대신 남편을 간병하고 유족연금을 받는 쪽을 선택한 것으로 추정된다.

여성 세무사 단체 '전국부인세무사연맹全國婦人稅理士連盟'은 3호 피보험자 문제가 불합리하다고 보고 오랜 기간 반대운동을 벌였고, 1980년대 말 회장 엔도 미치가 청원서를 들고 대장성을 방문했다. 엔도 회장은 내게 당시의 인상적 일화를 이야기해줬는데, 엔도와 마주한 대장성 관료가 "그러면 노인은 누가 돌봅니까?"라고 반문했다는 것이다.

대장성 관료가 무심코 진심을 말해버린 것이다. 제도의 설계자는 전업주부를 고령자 돌봄의 '자산'이자 '자원'으로 보고 정책을 만들었다. 3호 피보험자를 우대한다는 것은 주부의 공헌에 대해 국가가 약간 (싼값의) 보수를 준다는 것이다. 이렇게 보면, 실업자나 학생 등 수입이 없는 이들에게는 연금보험료를 면제하지 않는데, 전업주부만 우대하는 듯한 정책을 시행한 수수께끼가 비로소 풀린다.

확인해보자. 일본형 복지란 결코 전통이 아니며, 1980년대에 곧 도래할 고령사회를 감안해 가족 돌봄을 자원으로 설계한 정책을 모아놓은 것에 불과하다.

가족 돌봄자의 스트레스 연구

가스가 기스요가 《개호 문제의 사회학》에서 "고령자 돌봄을 사회문제의 범주로 포함한 것은 근래 30년"이라고 지적했듯, 일본에서 '개호 문제'가 탄생한 것은 그리 오래되지 않았다(春日 2001a: V). 여기서 말하는 '개호 문제'란 주로 '가족의 고령자 돌봄 문제'

다. 가족 돌봄이 사회문제가 된 것은 극히 최근 일이다. 앞서 썼듯, 고령자 문제란 주로 가족이나 친지가 없는 저소득층 고령자를 부양하고 돌보는 문제로 여겼지, 가족이 있는 고령자를 문제로 보지는 않았다.

가족 돌봄을 주제로 한 선행연구는 주로 돌봄에서 오는 부담이나 스트레스를 주제로 삼아왔다. 가스가에 따르면 오늘날 가족 돌봄은 ① 고도화된 돌봄수준, ② 고밀도의 관계, ③ 장기간에 걸친 돌봄 생활(春日 1997: 91-93) 등의 요인이 있어서, 전례가 없을 정도로 스트레스가 많고 부담이 크며 결과적으로 가족 돌봄자의 번아웃도 문제가 되는 상황이다(和気 1998). 가족 돌봄을 문제화하는 것은 돌보는 이가 과로로 쓰러지거나, 간병 살인과 같은 비참한 사건이 일어나고서야 겨우 사회적 관심을 끌게 되었다. 이런 문제화 과정을 통해 가족 돌봄이 겨우 연구 주제가 되었다.

그렇다면 여태까지 가족 돌봄 문제는 어떻게 파악되었을까?

가족 돌봄을 주제로 한 연구 분야는 심리학, 복지학, 사회학 등에 걸쳐 있는데 양적, 질적 실증연구가 쌓였다. 여기서는 선행연구 가운데 심리학 통계조사를 행한 대표적 연구인 이시이 교코의 《고령자를 돌보는 가족 개호에 관한 심리적 연구》(石井 2003), 사회복지학 연구 가운데 와케 준코의 가족 스트레스를 다룬 연구서 《고령자를 돌보는 가족: 역량강화 접근으로 전개하기 위해》(和気 1998)를 보며 사회학 연구와 다른 점을 검토하려 한다.

심리학자인 이시이는 마이어로프와 마찬가지로, 돌봄의 심리적 측면에 주목해 돌봄을 경험한 가족 구성원과 가족 집단이 고령자를 돌봄으로써 어떠한 심리적 영향을 받는지 매우 면밀한 통계

척도로 측정했다. 이 연구는 전형적인 심리학 조사연구라고 할 수 있는데, 몇 가지 조사에 바탕을 두고 복합적으로 구성된다. 연구의 특징은 돌봄의 심리적 영향 중 부담과 같은 부정적 측면뿐만 아니라, 인간적 성장과 같은 긍정적 측면도 척도화했다는 점이다. 이시이는 "고령자를 돌보는 경험이 미치는 발달적 성장" 면에서 고령자 돌봄을 경험한 가족들은 그렇지 않은 가족들보다 "유연함" "자기억제" "시야의 확장" "운명의 수용" "삶의 보람" "강한 자아" 등으로 범주화한 인간발달 측면의 여섯 가지 유형에서 모두 유의미하게 높은 득점을 나타낸다고 실증했다(石井 2003: 124). 그중에서도 고령자를 돌보기 전에 가족이 고령자와 원만한 관계를 보낸 경우는 '자기억제'와 '시야의 확장'이 강하게 인식되며, 가족이 고령자와 좋지 않은 관계에 있었던 경우는 '운명의 수용'이란 측면에서 유의미하게 심리적인 영향을 받는다고 한다. 이러한 결과를 두고 이시이는 마이어로프가 그랬듯, 돌봄이 인간발달에 영향을 미친다는 점을 검증했다고 한다. 정말 그럴까?

이시이가 범주화한 '인간발달' 항목을 자세히 보면, 자기억제를 측정하는 지표에 "인내력" "타인과 화합을 고려한다" "타인의 입장을 헤아릴 수 있다"와 같은 것들이 있다. 대부분 "자기이익보다 남의 사정을 우선시한다"는 식인데 이제껏 여성에게 많이 요구해온 덕목과도, 또 1장에서 살핀 길리건의 '돌봄의 윤리'와도 겹친다. '운명의 수용'에는 "의무감"이나 "역할 수행"이 지표로 들어가 있는데, 여기에는 며느리나 딸은 돌봄을 해야 한다고 보는 사회적 규범에 대한 수용도 포함된다고 할 수 있다. 이런 항목에서 유의미한 결과를 나타낸들, 이런 결과를 인간발달의 지표로 볼 것인지, 아니면 인간 억압의 지표로 볼 것인지는 연구자의 입장에 따라 바뀔 것이다. 돌보는 고령자와 관계가 좋은 경우에 인식되는 '시야의 확장' 항목에서조차 당장 필요한 돌봄의 자원을 찾느라 필사적으로 애쓰는 가족의 모습을 떠올려볼 수 있다. '자기억제'도 '시야의 확장'도, '운명의 수용'도 어쩔 수 없는 돌봄 상황을 수용하기 위해 가족이 열심히 노력한 효과라고 볼 수 있으며 가족이 스스로 바라서 한 선택이라고는 보기 어렵다. 실제로 '돌봄 경험 유무로 살핀 가족의 고령자 돌봄에 대한 호감'을 묻는 항목 분석에서 이시이는 "집에서 고령자 돌봄을 하는 가족은 병원이나 시설 이용에 대한 평가가 높은데, 집에서 고령자 돌봄을 하지 않는 가족에 비해 통계적으로 유의한 수준으로 높다"고 했다(石井 2003: 54). 그러니까 이시이의 조사는 고령자를 돌본 경험이 있는 가족은 스스로 바라서 고령자를 돌보는 것이 아니라 이용할 수 있는 다른 돌봄 자원이 있다면 그것을 이용하고 싶다는 마음을 드러낸 것을 실증했다고 할 수 있다. 이시이의 연구 결과와 실증 과정은 인간의 심리 변화를 발달 지표로 파악하는 심리학자 에릭 에릭슨 이래 발달심리학적 접근 방식의 문제점이기도 하다.[32] 그리고 2장에서 짚었듯 돌봄의 윤리학이 전제로 삼은, "돌봄은 무조건 좋은 것"으로 간주하

32 에릭슨이 세운 정체성identity 개념이 발달(성장)이나 통합과 같은 규범적 함의를 가진 데 대한 문제점은 다음을 참조할 것(上野編 2005)[에릭슨은 자아정체성이 인간의 발달 단계를 거치며 축적되는 확신이며 정체성의 확립을 사람의 성숙으로 봤는데, 우에노 지즈코는 정체성이 통합된 상태를 바람직하다고 보는 근대적 규범을 포함한 가설로 본질주의에 빠지기 쉬우며, 현대의 인간은 복수의 정체성 사이를 횡단하며 살아가고 있으므로 정체성 간의 분리나 공존이 오히려 적합한 상태라고 주장한다].

는 연구자 자신의 윤리적 규범의식을 보여준다.

심리학적 접근은 현상을 개인의 마음psyche이라는 곳locus에서 일어나는 것으로 파악하는 탓에 사회문제일 수도 있는 것들을 심리 문제로 환원해버리는 경향이 있다. "사회를 심리주의화한다(또는 심리학화한다)"라는 비판적인 언급에서 알 수 있듯, 문제의 책임을 개인(개인의 심리)에게 둠으로써 사회의 책임을 면제할뿐더러 자칫 문제 해결을 기껏해야 개인의 (심리적인) 인지 수용(마음먹기에 달렸다는 식의 마음의 변화)으로부터 해결을 구하는 결과로 빠지기 쉽다.

또 한 가지 와케 준코의 스트레스 연구를 검토해보자(和気 1998). 심리학적 접근에 비하면 사회복지학 분야에서는 가족 돌봄 문제를 사회적 문제로 구성할 필요가 있다. 와케에 따르면 "스트레스와 그 대처"에는 "문제 해결형" "인지 수용형" "회피 정동형"이 있고, 이 세 가지 대처 방식에 실패한 가족 돌봄자는 번아웃이나 돌봄의 파탄을 경험한다는 것이다. 이 대처 방식 가운데 인지 수용이나 회피 정동은 소극적인 방법이고, 문제 해결형은 사회복지 방법론에 가깝다. 와케는 한 걸음 더 나아가 가족 돌봄자를 지원할 모델로 '역량강화empowerment 접근'을 제시한다. 와케에 따르면 역량강화 접근을 위해 이용할 수 있는 자원은 다음과 같다.

① 가족 돌봄자 상담.

② 가족 돌봄자 교육 지원(돌봄에 관한 지식, 운영관리, 가족관계, 사회적 측면에 대한 교육).

③ 가족 모임 등을 이용한 자조 모임self help group.

④ 쇼트스테이short stay(휴식 케어[고령자를 쇼트스테이로 돌보는 동안, 가족 돌봄자는 휴식]).

이 가운데 ①~③은 노하우, 관계, 감정 처리 등을 포함한 심리적 차원의 자원이고 사회적 자원은 ④밖에 없다. 와케의 연구는 사회복지 방법론이라 해도 이용할 수 있는 사회적 자원이 없다면, 심리적 차원의 문제 해결에 의존할 수밖에 없는 현실을 역설적으로 드러낸다. 와케의 조사 시점이 1990년대 초반이라는 점, 또 와케의 저서가 출간된 시점이 개호보험 시행 전이라는 점을 고려하면 돌봄에 필요한 사회적 자원에 제약이 있다는 점은 이해할 수 있으나, 이와 같은 역량강화 접근은 주로 가족 돌봄자 개인의 심리적인 역량강화에 그치고, 사회적 자원의 역량 강화로는 이어지지 않는다.

게다가 와케가 사회적 자원으로 든 쇼트스테이는 가족 돌봄자가 긴급하게 돌봄에서 벗어날 수 있긴 하나 피난 성격의 소극적인 선택지이기도 하다. 와케가 언급한 사회적 자원에는 어째서 돌봄의 외주화는 없는 것일까? 개호보험이 시행되기 전이므로 돌봄에 필요한 사회적 자원이 적다는 배경도 있으나, 개호보험 시행 전에도 돌봄의 시장화는 이미 진행되어 홈헬퍼나 파견 가정부를 이용하는 선택지도 있었다. 그런데 사회복지론에서는 왜 "돌봄 부담을 줄이기 위해 타인으로부터 도움을 받읍시다. 남한테서 도움받으려고 쓰는 돈은 사치도 제멋대로 쓰는 돈도 아닙니다"라고 말할 수 없는 것인가? 경제력 문제라거나 대체할 서비스 이용을 억제하려는 것일까? 사회복지론에서는 왜 "정치는 싼 가격으로 양질의 개호서비스를 제공할 책임이 있다"고 주장하지 않는 것일까? 개호보험 시행 전이라는 시기를 고려해봐도 사회적 자원의 이용이라는 선택지가 너무도 빈약하다. 이런 정도의 연구라면 사회복지라는 이름이 무색할 지경이다. 아마도 이 배경에는 가족 돌봄이 가장 좋은 것이고 이것을 다른 사회적 자원으로 대체하는 것은 차선책이라고 보는 암묵적인 전제가 깔려 있을 것이다.

가족 돌봄과 젠더

앞서 살펴본 선행연구는 전부 '가족 돌봄자'라는 개념을 추상화해 사용할 뿐 젠더를 따지지 않는다. 즉 가족 내의 미시정치 역시 언급하지 않는다. 이 연구들뿐 아니라 가족 돌봄에 대한 많은 연구에서 고령자를 돌보는 이의 젠더를 언급하지 않는다. 그 이유는 첫째, 젠더에 민감하지 않고, 둘째, 가족 중 돌보는 이가 여성이라는 점을 자명한 전제로 삼았기 때문이다. 고령자를 돌보는 가족의 문제는 '젠더'가 얽혀 있음에도 고령자 돌봄과 젠더를 주제로 한 연구는 적다. 애초에 가족의 고령자 돌봄에 관한 연구도 적지만, 이 가운데 젠더에 초점을 맞춘 연구는 더욱 적다.

왜 여자만 고령자를 돌보나? 이 물음을 문제화한 것이 '고령자 돌봄과 젠더' 주제 계통의 연구다. 가족 돌봄을 주제로 하면서 가족 내부의 권력관계를 깊이 들여다보는 것이다.

가족 돌봄과 젠더를 주제로 선구적인 연구를 한 사회학자로는 일본에서는 가스가 기스요(春日キスヨ 1997, 2003), 사사타니 하루미(笹谷 1999), 가스가이 노리코(春日井典子 2004) 등이 있다. 영국

의 사회학자 클레어 언거슨도 있다. 이들 연구의 공통점은 고령자를 돌보는 가족의 인터뷰 조사를 중심으로 사례조사를 해서 매우 분명하게 결과를 냈고 이에 바탕을 두고 가족 내 고령자 돌봄 과정을 미시적으로 밝힌 질적 조사라는 점이다. 이러한 실증연구를 통해 우리는 가족 내 고령자 돌봄이란 무엇인가, 고령자를 돌보는 가족은 누구인가, 인간은 어떻게 가족 내 고령자를 돌보게 되는가, 가족 돌봄 가운데 자발성과 강제성이 어떻게 배분되는가와 같은 여러 물음에 답할 수 있다. 동시에, 가족의 고령자 돌봄이 진행되는 미시적 과정 속에서 고령자를 돌보는 이가 행사하는 주체성에 대해 이해할 수 있게 되었다.

고령자 돌봄과 젠더에 대한 미시적 연구에서는 영국의 언거슨의 연구(Ungerson 1987=1999)가 선구적이다. 일본에서 1999년에 《젠더와 가족 돌봄》으로 번역 출간된 언거슨의 "Policy is Personal: Sex, Gender and Informal Care"는 영국에서 1987년에 출간되었는데, 원저의 제목은 분명 제2물결 페미니즘의 대표적 구호 "개인적인 것이 정치적인 것이다personal is political"를 의식한 것이다. 언거슨은 이 구호를 뒤집어 "정책은 개인적인 것이다"라고 썼다. 언거슨의 저서는 정책이 개인의 생활에 영향을 미칠 뿐 아니라, 개인적인 것으로 보이는 것들에도 사회규범이나 사회제도, 사회자원 등의 요소가 깊이 얽혀 있으며, 정치적 선택을 통해 개인적인 것으로 보이는 것들을 바꿀 수 있음을 함의한다는 점에서 매우 뛰어난 페미니즘적 관점의 연구다. 영국이든 일본이든 "왜 여자만 돌봄을 하나?"라는 고령자 돌봄과 젠더를 둘러싼 질문은 페미니즘을 통해 젠더를 자연스럽고 당연하게 보지 않는 과정을 거친 후에야 비로소 나온 것이다.

언거슨은 불과 19개 사례를 바탕으로 이 책을 집필했는데, 사례의 개수가 얼마 되지 않아 대표성이 부족해 보일지 모르나 그렇지 않다. 언거슨은 고령자를 돌보는 가족의 인터뷰를 통해 그들의 생활을 치밀하게 조사하고 끊임없이 섬세하게 포착해, 대량의 사례조사에서조차 내지 못한 성과를 이루었다. 이 연구는 오늘날까지 조금도 녹슬지 않았다. 언거슨이 택한 연구 방법은 생애주기 접근이었고, 다음과 같은 질문을 세웠다.

> 가족관계 가운데 어떻게 특정한 가족(가족 중 고령자를 돌보는 이)이 나타나는가? 이들은 자신이 행하는 돌봄에 관해 느낀 것을 어떻게 말하고 어떻게 해석하는가? 고령자를 돌보는 가족과 돌봄을 받는 고령자의 관계에서 돌봄 그 자체는 어떤 영향을 미치는가? (Ungerson 1987=1999: 2)

육아는 대부분 자동으로 양육자가 정해지지만, 고령자 돌봄의 경우에는 부모를 돌볼 가능성이 있는 자식들이 여럿이거나 친족 중에서도 후보가 여럿일 수 있다. 특히 맏며느리가 맡는 게 당연하다는 규범이 없는 곳에서는 여러 후보자 가운데 '누가 고령자를 돌볼지' 자명하지 않다.

언거슨의 연구 대상인 19개 사례는 다음과 같은 돌봄관계의 다섯 가지 유형으로 나뉜다.

- 부부간

① 남편→부인: 애정

② 부인→남편: 의무감, 죄책감

· 부모 자식 간

③ 딸→어머니: 애정 · 의무감

④ 딸→아버지: 의무감

⑤ 며느리→시어머니: 의무감, 책임감

이 가운데 ①을 제외한 네 가지 유형은 모두 돌보는 이가 여성이다. 현실적으로 볼 때 ① 유형은 남편이 퇴직했을 때만 성립한다. 남편이 풀타임으로 일하는 경우라면, 아내를 돌보기 위해 남편이 퇴직하는 선택지는 없다. 남편이 수입을 확보해 대체 서비스를 구입하는 편이 싸게 들기 때문이다.

이 다섯 가지 유형의 동기를 살펴보면, 애정 때문에 고령자를 돌보는 유형은 ① 남편→부인, ③ 딸→어머니 유형뿐이다. 다른 관계에서는 의무감이나 책임감으로 고령자 돌보기를 선택한다.

언거슨은 여성이 가족 내에서 고령자를 돌보는 역할을 받아들이는 요인으로 생애주기를 중시한다. 이때 여성의 생애주기는 ① 육아기, ② 아이의 취학기, ③ 아이가 취학기를 넘긴 때, ④ 아이가 독립해 떠난 빈 둥지 시기라는 단계가 있는데, 각 시기에 따라 고령자 돌봄을 받아들이는 동기가 다르다.

① 육아기에는 (전에는 요개호 고령자가 제공해주었던) 자녀 돌보기와 교환하는 호혜성의 요인이 작용하는데, 고령자 돌봄이 장기화되면 이 교환은 균형이 맞지 않는다.

② 아이의 취학기에는 "급여를 받는 일을 대체할 정당한 선택

지"로 돌봄을 선택한다. 직설적으로 말하자면, 일을 찾지 않는 핑계로 고령자 돌봄을 선택한다. 영국에서는 5~16세의 학령기 자녀를 둔 여성 중 일하는 비율이 57%인데, 대부분 파트타임직이다. 남편의 사회적 지위에 걸맞은 일자리가 없거나 혹시 있더라도 직업에 필요한 훈련이 되어 있지 않고 관련 자격이 없을 경우, 고령자 가족을 돌보는 것으로 자신의 역할을 택한다.

③ 자녀가 학령기를 지났더라도 딱히 경력이나 일하기를 지향하지 않는 경우, 여성은 고령자 돌보기를 "삶의 보람"으로 생각하고서 택한다. 언거슨은 인터뷰 대상자 가운데 집에서 시어머니를 돌보는 번즈 부인이 "시어머니가 돌아가시면 내가 뭘 해야 할지 모르겠네요"라고 언급한 내용을 인용한다.

④ 빈 둥지 시기에는 어머니를 돌보는 잭슨 부인의 사례가 나오는데 잭슨 부인은 "어머니를 돌볼 수 있는 이가 가족 가운데 여럿 있으나" 자신이 나서서 돌보고 있다. 언거슨은 "빈 둥지 증후군을 피하려고 어머니를 돌보기로 한" 잭슨 부인을 두고 다음과 같이 말한다.

> 빈 둥지 시기로부터 대체로 15년간, 그러니까 남편이 정년이 될 65세까지 아내는 빈집을 지키는 것 외에 할 일이 없다. …… 그래서 고령자 가족이나 친족을 돌볼 기회를 마치 하늘에서 내린 선물처럼 여기는 것이 이상하지 않다. 왜냐하면 '아무것도 하지 않는 상태'를 정당화할 수 있고, 시간을 효과적으로 활용할 수 있으며, 또 혼자서는 심심할 것 같은 생활을 안 할 수 있게끔 느껴지기 때문이다. (Ungerson 1987=1999: 96)

대부분 여성은 돌봄을 시작하는 초기에 스스로 돌봄을 결정한다. 이는 ① 고령자를 돌볼 책임이 자기한테 있다고 보는 의무감이나 책임감, ② 시설에서 돌보는 것보다는 집에서 가정적인 돌봄을 하는 게 바람직하다고 보는 규범의식, 혹은 선호도에서 비롯된다. 언거슨은 "고령자를 돌보는 여성의 자발성만 강조하다보면, 어느 여성도 봉사하는 마음으로 고령자를 돌보게 된 것이 아니라는 당연한 사실을 놓치게 된다"라고 경고한다(Ungerson 1987=1999: 101-102).[33]

가족 중 누가 고령자를 돌보게 되는지에 대한 답은 결국 다음과 같은 복합적 요인으로 설명할 수 있다. 사회적인 요인으로는 ① 해당 여성의 노동 시장 내 지위 ② 한 세대 내 자원 ③ 여성 자신의 생애주기가 있고, 이데올로기적 요인인 ④ '돌보는 성'으로 여성, 여성성을 보는 규범, 여기에 더해 ⑤ 친족 간 우선순위를 정하는 가족 규범이 있다. 이런 요인들이 복합적으로 작용해 돌봄을 선택하는 여성의 '애정'이나 '죄책감'과 같은 내적 동기가 형성된다. 그렇다면 언거슨이 스스로 세운 질문 "어느 정도까지 스스로 돌봄을 지원한 것인가?"에 답하기는 어렵다고 봐야 할 것이다. 스스로 결정했다고 말하는 당사자 여성의 말만으로는 여성의 돌봄이 강제노동인지 아닌지 판단할 수 없다.

더군다나 언거슨은 여성이 "바람직하다"고 여겨 선택한 돌봄

---

33 가족 돌봄 구조를 분석한 사사타니 하루미는 핀치(Finch 1983) 등 영국의 연구를 소개한 바 있다. 핀치는 가족 내에서 돌봄자를 정하는 과정에 "먼저 암묵적인 전제로 여성이 요구되고, 그다음으로 형제간 교섭에 의해 돌봄자를 정하는 과정"을 밝혔다(笹谷 2000: 69).

에 대해서도 의문을 표했다. 여성의 자발성의 배경에는 대체할 수 있는 선택지인 시설에서의 돌봄보다 집에서 돌보는 게 바람직하다고 보는 선호가 있는데, 언거슨은 이러한 선호가 근거 없는 믿음에 불과하다고 말한다. '친밀한 타자'가 하는 돌봄은 돌봄 현장에서 명백한 장벽일 수 있다. 예를 들어, 세대가 다른 이들 사이의 돌봄, 특히 부모 자식 간 돌봄이 그렇다. "부모 자식 관계가 나쁘면 원래 어렵던 관계가 돌봄관계로 한층 더 악화하고, 관계가 좋은 경우에도 역할이나 권력관계가 역전됨으로써 부모와 자식 양쪽 다 그 관계를 받아들이는 데 저항한다"(Ungerson 1987=1999: 144). 언거슨은 한 여성이 "돌봄을 하기 위해서는 배려를 안 하는 게 훨씬 편하다"고 말한 것을 인용하며 다음과 같이 썼다.[34]

> 사회서비스 배분을 담당하는 직원이 가장 문제가 적다고 보는 관계가 가족이나 친족 관계에서 서로 배려를 안 하기로 한 가족이다. 실로 역설적이다. (Ungerson 1987=1999: 149)

일본에서 가족 돌봄의 유형에는 언거슨이 제시한 유형 외에 며느리가 시부모를 돌보는 특유의 유형이 더해진다. 영국에서 가족 내에서 고령자를 돌볼 책임의 우선순위는 딸에게 있는데, 일본은 맏며느리에게 있다. 우선순위가 높은 가족 구성원은 '자기결정권'을 행사해 돌볼 책임을 회피하는 경우에도 '죄책감'을 느끼거나

---

34 언거슨의 조사에서는 "친정부모보다 시부모를 돌보기가 (남이라서) 훨씬 쉬웠다"고 말하는 이도 있다.

'사회적 평가가 낮아져서' 괴롭다. 이제 언거슨의 연구와 대비하며 일본의 대표적 연구를 검토해보자.

사사타니는 일찌감치 '가족 케어링' 개념을 사용해 가족 돌봄을 상호관계로 파악해온 일본의 사회학자다. 사사타니는《가족 케어링 구조 분석》(笹谷 2000)을 주제로 1998년에 와상, 치매 등 중증의 고령자를 집에서 돌보는 가족 182명을 조사했다. 우편으로 설문조사를 하고 응답한 이 가운데 면접조사에 동의한 53명을 다시 조사했다. 세대와 성별을 교차해 홋카이도 내 지방도시 거주자를 조사 대상으로 했는데, 이 가운데 주요한 가족 내 돌봄관계 유형은 다음과 같다.

① 딸→어머니 22.3%
② 아내→남편 19.7%
③ 며느리→시어머니 17.8%
④ 남편→아내 17.8%

이와 같은 유형 분포는 전국 통계와 거의 비슷하다. 현재 일본에는 위 네 가지 돌봄관계 유형이 주라고 봐도 되는데, 사사타니도 말했듯 "일본에서 이렇게 세분화한 유형까지 조사한 실증연구는 그다지 진행되지 않았다"(笹谷 2000: 25).

각 유형별 돌봄 동기를 응답이 많은 순으로 나열하면 다음과 같았다.

① 딸→어머니: 나밖에 돌볼 사람이 없다, 육친에 대한 애정.

② 아내→남편: 나밖에 돌볼 사람이 없다, 애정, 책임감, 가족이니까 당연하다.

③ 며느리→시어머니: 나밖에 돌볼 사람이 없다, 며느리의 본분.

④ 남편→아내: 나밖에 돌볼 사람이 없다, 애정, 책임감, 당연.

이와 같은 관계 유형을 분석함으로써 사사타니는 "바라는 것과 바라지 않는 돌봄관계"를 도출해, 각기 다른 문제점을 밝힌다.

조사를 통해 가장 바라지 않는 돌봄관계는 ③ 며느리→시어머니인 점을 다시 확인했다. 사사타니의 표현을 빌려보자.

> 며느리는 가부장적인 권력관계 속에 있다. 남편이나 시부모는 며느리가 혼자서 견디며 돌보는 게 당연하다고 보니 협력하지 않을뿐더러, 외부의 서비스를 이용하는 것조차 거부한다. …… 형제자매들도 큰며느리가 돌보는 게 당연하다고 보기 때문에, 참견은 하되 돕지는 않는다. 고독하게 돌보며, 24시간 중한 돌봄을 강요당한다. 스트레스는 표현하기 어렵다. 더군다나 며느리로서 남편이나 형제자매에게 괴로운 입장을 털어놓을 수 없다. 남편은 그런 아내를 배려하기는커녕 일한다는 이유로 괴로운 돌봄으로부터 도망치는 경향이 있다. 공동으로 돌봄을 하는 사람으로 남편을 바라본 아내(며느리)는 없었다. (笹谷 2000: 72)

사사타니에 의하면 '장남(맏며느리) 규범'은 실은 형제들이 돌봄을 회피하기 위해 편의상 갑자기 동원한 규범이나 다름없다. 유산을 나눌 때는 형제들이 균등상속을 주장하는 '평등주의 규범'을 들고나오기 때문이다. 다양한 사회규범은 행동을 제약한다기보다 자신의 행동을 나중에 정당화하는 담론 자원으로 활용된다.

오랫동안 고령자를 돌봐온 가족을 조사해온 가스가 역시 "며느리가 돌보는 게 당연하다고 여기는 게 제일 싫었다"는 말을 인용한다(春日 2001: 159). 부부 사이가 좋은 경우, 아내는 장남으로서 책임과 의무를 다하고 싶어 하는 남편의 강한 바람을 받아들여 시부모 간병을 맡게 된다. 아내는 이렇게 '자발적 선택'으로 간병을 한다. 그런데 시부모는 규범의식 속에서 며느리의 돌봄을 당연시한다. 게다가 남편은 아내가 불만을 토로하면 그것을 자신에 대한 비판으로 받아들여 공감을 하기는커녕 불쾌하다고 한다. 이런 식으로 아내의 고뇌가 한층 깊어진 경우도 있다(春日 2001: 161).

원래 좋던 부부 사이가 시부모 간병을 하고서 사소한 다툼을 거듭하다 무너지기도 한다. 이런 경우 가족 돌봄 문제는 단순한 스트레스가 아니라, 가족 붕괴의 원인이 된다.

한편, 사사타니에 따르면 사람들이 가장 바라는 돌봄관계는 ① 딸→어머니 유형이다. 딸이 돌봄을 받아들인 이유 역시 '애정'이나 상호관계성 등 자발적인 내용이 많다. 어머니도 딸이 자기 속마음을 알아주고, 동성 간 돌봄이라 안심한다. 그런데 딸이 직장인일 때는 시간 제약이, 전업주부일 때는 경제적 면과 남편(사위)의 눈치를 보는 것 등의 제약이 있다. 어머니도 "딸에게 신세를 지고 싶지 않다"거나 "사위에게 미안하다"는 이유로 돌봄을 사양하기도 한다.

하지만 실상 딸이 어머니를 돌보게 되는 계기를 살펴보면, 장남(맏며느리)이 맡지 않아서인 경우가 많다. 사사타니에 따르면, 딸이 어머니를 돌보는 경우 장남 일가와 갈등이 이어지고 관계를 단절하게 되면서 가족 내 협력을 얻지 못하게 되기도 한다. 일본에서는 주요 가족 돌봄자에게 친족 내 협력자가 적고, 친족 내에서 고립되기 쉬운 경향이 일반적이라고 알려져 있다. 가스가도 이를 지적하는데, 딸이 부모를 돌보게 되면 형제자매로부터 도움을 받기는커녕 남편의 도움을 구하기도 어렵다. 맏며느리가 남편의 도움을 기대할 수 있는 것과는 다르다. 사람들이 가장 바라는 돌봄의 형태, 그러니까 딸의 돌봄은 돌봄 부담의 젠더 편향을 역설적으로 강화하는 경향이 있다.

② 아내→남편, ④ 남편→아내 유형의 돌봄관계는 부담 면에서 중간쯤에 위치한다. 둘 다 살아 있는 동안에는 부부가 서로 돌본다는 규범이 작동하는데, 이 유형에서는 '나밖에 돌볼 사람이 없다' '책임감을 느낀다'는 동기가 강하다. ④ 남편→아내의 경우 퇴직자인 남편이 아내를 간병하는 것인데, 언거슨이 든 영국의 사례와 비슷하다. 그런데 ②와 ④ 사이에는 강한 비대칭성이 있다. 아내가 남편의 돌봄을 받는 경우 "남편의 배려에 불안해하고 불만이 있는" 데 반해, 남편은 "자신의 만족을 얻기 위해 돌봄을 한다"(笹谷 1999). 한편 아내가 남편을 간병하는 유형에서는 "남편의 의존성이 크고, 자신을 돌봐주는 게 당연하다는 오만함"이 보이며, "외부 서비스를 이용하기를 꺼리는 경우"가 많아서 아내의 부담이 무겁다. 나이 든 이들끼리 하는 "노노老老 간병"의 경우 공적 지원을 받기 쉬운데도 ④ 남편→아내 관계에 비해, ② 아내→남편의 경우가 공적 지원을 이용하는 횟수가 낮다고 알려져 있다.

이처럼 가족 간 돌봄은 다양한 유형이 있다. 그리고 이 모든 돌봄관계에 젠더의 비대칭성이 강하게 영향을 미친다.

또 한 가지 살펴볼 연구는 가스가이 노리코가 진행한 돌봄의 라이프스타일 연구다. 가스가이는 1998년 오사카와 고베 지방 일대에서 요개호 고령자를 돌보는 가족 사례 23건과 25명의 가족 돌봄자를 면접해 조사했다. 앞서 살펴본 언거슨의 연구에서도 그랬듯, 이 연구 사례 역시 그 숫자는 적지만, 이런 질적 조사는 귀중하다. 가스가이는 가족이 돌보게 된 동기를 규범성-임의성, 유용성-공감성 기준으로 분류하는데, 각 기준을 구성하는 원리를 다음과 같이 설명한다.

규범적 원칙 기준: 호주 직계성 원리, 노친 부양 원리, 배우자 부양 원리, 핵가족 내 자율성 원리, 성별분업 원리, 가족 사랑 원리.

임의적 원칙 기준: 돌보는 이의 의사, 돌봄을 받는 이의 의사.

유용 기준: 호혜성 원리, 전문성 원리, 사회적 평가 원리.

공감 기준: 성애性愛 원리, 혈연 원리, 상응성 원리.

나아가 가스가이는 이 각각의 기준을 조합해서 돌봄을 하게 된 동기를 다음과 같은 유형으로 분류했다.

동기 A형=규범성+유용성: 4건(딸 2건, 며느리 2건).

동기 B형=규범성+공감성: 6건(아내 5건, 남편 1건).

동기 AB형: 4건(딸 2건, 며느리 2건).

동기 C형=임의성+공감성: 12건(딸 6건, 며느리 4건, 아내 1건, 아들 1건).

동기 D형=임의성+유용성: 해당 사항 없음.

가스가이는 이 유형 분류를 바탕으로 동기 B형으로는 부부간 돌봄이, 동기 C형으로는 딸이 하는 돌봄이 전형적, 대표적인 경우라고 했다.

이제 이 분류를 비판적으로 검토해보자. 이 분류는 ① 사타니의 분류처럼 가족 간 돌봄관계를 조합한 것이 아니고, ② 당사자의 내러티브에 바탕을 둔 귀납적 분류도 아니다. ③ 이와 같은 동기 유형은 막스 베버의 행위유형론에 기초해 연역적으로 도출한 것이며, ④ 규범적 원칙 속에 서로 경합하는 복수의 규범(가령, 호주직계성 원리와 핵가족 내 자율성 원리)을 동시에 같이 포함하는 모순이 있다. 더군다나 ⑤ 그 기준이 서로 배타적이며 독립되어 있다는 가정에도 논리적 근거는 없다. 가스가이 자신도 "여기서 제시한 서로 다른 기준에서 나온 원리들은 사회학자의 입장에서 돌봄 행위를 이해하기 위해 만든 이념형으로, 돌보는 이들이 스스로 인식해서 사용하는 원리는 아니다"라고 인정하고 있다(春日井 2004: 97). 결과적으로 그의 분류는 설득력이 없을 뿐 아니라, 풍부한 사례를 해석 틀에 끼워넣고 복잡성을 줄이는 방식으로 연구가 진행되고 말아 안타깝다.

또 가스가이는 "이러한 여러 원리에서 돌봄의 동기를 갖게 된 가족 돌봄자 및 관여자, 가령 자녀들이나 친족들, 의사나 케어매니저와 같은 전문가들이 함께, 돌봄을 받는 이의 견해를 존중·배려하고 논의해서 돌봄 방식을 합의하는 것"이 돌봄의 라이프스타일이라고 정의한다. 이런 정의를 보면, 그가 민주적인 논의에 따라 결정한 돌봄 방식을 이상화하고 있음을 알 수 있다. 가스가이가 '돌봄의 라이프스타일화'라는 부자연스러운 용어를 사용하며, 돌봄을 라이프스타일로 만들자고 하는 것 역시 이런 생각 때문일 것이다. 그런데 '특정한 생활양식'을 의미하는 말 '라이프스타일'을 써서 '돌봄을 라이프스타일로 만들자'고 하면, 이를 생활양식의 일부로 받아들이는 사람은 많지 않을 것이다.

이렇듯 가스가이의 연구는 문제점이 있지만, 질적 사례연구에서 찾아볼 수 있는 독창적 견해가 가득하다. 특히 임의적 원칙 기준을 돌봄의 동기로 설명한(동기 C형) 가족 돌봄자들은 사회적인 개호서비스 도입에 적극적이고, 이를 유지하려면 사회적 돌봄 자원을 이용할 수 있게끔 하는 것이 필수라고 주장한 점이 중요하다.[35] 또 가스가이는 '돌봄의 라이프스타일'은 '주체적인 돌봄'이라고 하는데, 이런 경우 '주체성과 자기책임 사이의 딜레마', 즉 돌봄자의 '자발성에 역설적인 상황'이 생길 수도 있다고 지적했다.[36]

---

35 언거슨과 마찬가지로 가스가이 역시 가족 돌봄자가 돌봄을 하게 된 '계기를 설명하는 어휘'가 장기간에 걸친 돌봄관계 속에서 어떻게 바뀌는지 그 과정을 중시한다. 가스가이는 고령자 돌봄 기간이 길어지면, '임의성'과 '공감성'이 높은 동기 C형으로 변화하는 경향이 있음을 실증했는데, 이 점을 거꾸로 생각해보면, 장기간에 걸쳐 C형으로 유지할 수 있는 돌봄관계에서만 동기가 바뀌었다고 해석할 수도 있다. 즉, 동기 C형이 아닌 돌봄관계는 돌봄 기간이 길어지기 전에 관계가 끝나거나, 시설 돌봄으로 이행했을 가능성이 높다.

36 가스가이가 "가족 돌봄자의 자발성에 역설적인 상황이 생긴다"라며 예시로 든 사례는 이혼한 딸이 어머니 집에 들어와 살면서 자발적으로 어머니 간병에 나섰다가 다른 형제 두 명에게서 아무 도움도 받지 못하게 된 경우다. 그런데 이 사례는 딸의 자발성에 역설적인 상황이 생긴 것이라기보다는 형제간 돌봄의 순위를 두고 벌어지는 갈등이나 시집간 딸에 대한 젠더 규범, 어머니 집에서 사는 대가로 이혼해서 혼자가 된 딸이 어머니를 돌보는 데서 나타나는 대가성 등 복합적 요인으로 설명해야 이해가 쉬울 것이다.

일본에서는 가족 돌봄을 주제로 한 실증연구가 이제 시작됐을 뿐이다. 언거슨의 연구처럼 장기간에 걸친 과정을 보면서, 더군다나 개인적·가족적·사회적인 복합 요인을 두루 고려하여 돌봄을 둘러싼 가족관계를 풀어나간 연구는 많지 않다. 언거슨의 연구가 오늘날까지도 참신해 보이는 것은 이 때문이다.

가족 돌봄은 정말 좋은가

가족의 고령자 돌봄에 관한 선구적 연구자인 가스가 기스요는 가족 돌봄이 '좋은 것' '바람직한 것'이라는 암묵적 전제가 돌봄 당사자와 연구자에게 깔려 있다며 고충을 토로한다. 돌봄을 둘러싼 가족관계에서 가장 바람직하다고 여겨지는 '애정' 동기에 의한 돌봄관계(앞에서 살핀 동기 C형)에서조차 '애정에 따른 역설', 즉 "부모를 돌보기 위해 같이 살기 때문에 오히려 부모를 수용하기 힘든 사태가 발생한다"(春日 2001: 152). 딸은 아들 가족(며느리)에 비해 '애정' 동기로 부모를 간병하는 경우가 많다. 이 경우 부모 자식 간 부양에 대한 전통적 관념, 즉 '부모와 같이 사는 것이 자식의 사랑'이라는 관점 때문에 "상호교류 차원의 애정은 고갈된다"(春日 2001: 152). 가스가는 이것을 '애정에 따른 역설'이라고 하면서, "가족이 함께 살면서 서로 자유롭지 못한 것"보다는 "시설에서 살 자유"도 있다고 한다.

'가족 돌봄이 바람직하다'고 보는 규범이 있으면 "오기로라도 시설에는 절대 안 맡긴다"는 입장을 취하게 되거나 시설에 보내면

죄책감을 느끼게 된다. 그런데 가족 돌봄은 정말 좋은 것인가? 다른 선택지가 있더라도 그것이 정말 최선이라고 할 수 있을까?

그간 우리는 가족 돌봄의 규범 뒤에 숨어서, 그 실질적인 면에 대해서는 묻지 않았다. 가족 돌봄의 수준은 정말 높은가? 가족의 애정은 돌봄의 질을 보장하는가? '사랑'이 있으면 돌봄의 질은 보장되고도 남음이 있는가? 고령자는 가족에게 드러내놓고 불만을 말하거나 요구를 할 수 있는가? 가족이란 명목하에 '부적절한 돌봄'을 강요당하고 있지는 않은가?

가스가는 시설에서 돌봄을 받는 고령자가 집에서 돌봄을 받는 이들보다, "확실히 자기 주장을 하는 사람이 많다"고 말한다. 덧붙여 이렇게 분석한다. "돌봄을 받는 쪽에서 느끼는 고뇌가 자신의 몸이 불편한 데 대한 한탄, 돌봐주는 이에 대한 불만, 장애를 가지며 살게 된 자기 인생에 대한 의문과 관련되어 있다." "이런 것을 자신을 돌보는 가족에게 말하면, 말하는 이의 의도와 관계없이 불만을 표하는 것으로 느낄 수 있다. 그래서 가족 돌봄을 받는 고령자들은 말하는 것 자체를 억제한다"(春日 2001: 170).

고령자 돌봄의 사회화에 따른 사회적 개호서비스 대부분은 '가족 돌봄'을 목표로 삼는다. 그래서 시설에서는 '가족이 돌보는 것과 같은 돌봄' '가족 같은 관계'를 선전 문구로 쓴다. 사회적 돌봄 자원이 '가족 돌봄'을 최선으로 간주하고 그것이 아닌 것은 차선책이라고 자인하는 셈이다. 정말 그럴까? 가족 돌봄이 바람직하다고 보는 이 근거 없는 신념은 가족 내의 어둠에 가려진 고령자 학대를 보지 못하게 만들었다.

가족 돌봄은 정말로 좋은 것인가? 더 검토해보자.

가족 돌봄은 바람직한가

여태까지 논한 것처럼, 가족 돌봄은 자연스러운 것도 당연한 것도 아니다. 이것이 자연스럽거나 당연한 것이 아니라 해도, 또 능력이 높지 않다고 해도, 본디 가장 바람직한 것이라고 보는 규범은 여전하다. 이 규범으로 인해 돌봄과 관련된 이들은 다른 선택지는 차선책이라고 본다. 가족 간에 돌봄과 관련된 학대가 실제로 일어나는 점을 고려한다면(坂田 2001; 春日 2001; 高橋 2003), 가족 돌봄은 바람직한 것이 아니라고 할 수 있는데도, 학대는 있어서는 안 될 일탈의 한 사례로 여길 뿐이다.

4장에서 공적 복지란 시장의 실패와 가족의 실패로 생긴 영역이며, 이 때문에 돌봄이 공적으로 책임져야 하는 것이 되었음을 논했다. 이것이 복지에서 말하는 '보완주의 원칙'이다. 여기서 다시 논점을 확인하자면, 개인을 가족에서 떨어져 나온 '개인'으로 보는 자유주의의 개인관에 따라, 국가는 시장이 실패한 책임을 사회연대라는 명목으로 받아들였다. 실제로 살펴보면, 필리프 아리에스의 지적처럼 '근대가 공동체에서 자유롭게 한 것'은 '개인'이 아니라 '가족'이다.[37] 그러므로 오늘날의 복지국가는 시장의 실패가 공적 지원으로 연결되기 전에 '가족'이 완충지대로 존재한다는 점을

---

37 프랑스 역사학자 필리프 아리에스는 《아동의 탄생》 등을 비롯한 연구에서 중세 공동체에서는 사생활이나 직업 생활, 사회 생활 간에 구별이 없었고, 생산 조직인 공동체에서 독립한 가족은 존재하지 않았다고 했다. 우에노 지즈코는 흔히 중세에서 근대로 이르는 시기에 개인이 가족과 같은 공동체에서 해방된 것으로 오해하는 것과는 달리, 근대가 되면서 오늘날에 이르는 '근대 가족'이 생겼다는 점을 말하고 있다.-옮긴이

전제로 깔고 있다. 가족조차 복지 기능을 하지 않거나 할 수 없는 경우, 즉 시장의 실패에 가족의 실패가 겹쳤을 때 비로소 공적 복지가 등장하는 것이다. 자유주의적 복지에서 말하는 사회연대설은 ① 가족이 그 기능에 실패하면 복지 지원이 가능한 개인이 된다고 전제하거나, ② 이론상 가족의 실패를 상정하지 않았다는 점에서 자유주의의 개인관과 ①의 전제를 공유한다. 즉, 가족에 의한 복지를 당연하게 봄으로써 그것을 문제화하는 것 자체를 가로막은 것이다. 가족이 기능한다면 복지국가는 필요 없다고 보는 것. 이것이 바로 소위 일본형 복지사회론이 내세우는 잠재적 자산론이다.

앞에서 가족 돌봄을 둘러싼 사회사를 검토하며 확인한 것처럼, '노인 복지'의 주요 대상은 가족 없이 홀로 사는 고령자였다. 이들은 시장의 실패와 가족의 실패로 인한 이중의 희생자로 간주되었다. 만일 이들에게 돌봄 능력을 조금이라도 갖춘 가족이 있다면 어떨까? 첫째, 그 가족이 부양의무가 있음을 받아들인다면 그 가족은 가족 내 고령자가 공적 복지의 대상임을 인정받기 위해 그 돌봄 능력을 한계에 달할 때까지 펼쳐야 하고, 이제 더는 남아 있는 능력이 없다고 (가족이 돌보는 고령자와 함께 쓰러질 때까지) 증명해야 한다. 둘째, 만일 고령자를 돌보는 가족이 부양의무를 진 자식 세대라면 돌봄과 함께 상속도 포기한다는 의사결정을 해야 한다. 그렇지 않으면 공적 지원의 대상이 되지 못한다. 셋째, 자식 세대에게 이러한 의사결정을 하도록 함으로써, 언거슨이 지적한 바와 같이 자식 세대에게 도덕적 '죄책감'(그렇게 해야 하고, 할 수 있는데도 안 했다고 자책하는 것)을 지게 한다(Ungerson 1987=1999).

어떤 경우든 그 전제에는 ① 만일 가족이 있다면 돌봄의 책임은 가장 먼저 가족에게 있으며, ② 요개호 고령자에게도 가족 돌봄이 가장 바람직하다고 보는 규범이 깔려 있다. 이것은 이미 살핀 대로 '가족 돌봄 규범'이라고 할 수 있다. 이 규범에는 가족 돌봄이 ① 당연하다고 보는 것과 ② 가장 바람직하다고 이상화하는 것 두 가지가 포함되어 있다. 앞서 말한 것처럼 이런 규범을 전제로 삼는 한, 다른 어떤 이가 하는 돌봄도 가족 돌봄과 비교하면 불완전한 대체물이다. 가족 돌봄을 이상으로 보는 한, 돌봄을 전문적으로 제공하는 이들은 "될 수 있으면 가족처럼 돌봅니다" "역시 가족이 돌보는 게 제일"이라면서 자신들의 돌봄을 가족 돌봄보다 떨어지는 이류, 삼류로 위치 짓는 수밖에 없다.

내가 가족 돌봄을 특히 문제화하며, 시장의 실패와 함께 가족의 실패를 강조하는 이유는 다음과 같다.

첫째, 가족 돌봄 영역을 가시화해, 그것이 자연스러운 것도 당연한 것도 아님을 밝히기 위해서다.

둘째, 시장의 실패는 공적 복지가 나오기 이전부터 가족이 이미 보완해왔다는 사실을 인식하기 위해서다.

셋째, 가족이 있다는 이유만으로 가족 돌봄 기능이 충분하다고 전제할 수는 없기 때문이다. 대부분의 고령자는 동거하거나 떨어져 사는 가족이 있다. 친인척이 아무도 없는 고령자는 많지 않다. 가족 돌봄을 둘러싼 사회사를 보면, 주 돌봄자의 희생을 바탕으로 참담하게 이루어져왔다는 것을 알 수 있다. 초고령사회에서는 가족이 고령자를 돌보는 부담이 한계에 달해 일탈에 이를 정도로 고령자 돌봄이 가족에게는 무거운 짐이다.

여태껏 검증했듯 가족 돌봄 문제는 고령화에 따른 새로운 사회문제다. 나중에 상세히 논하겠으나, 개호보험은 이념으로 내세운 이용자 중심주의에 반해, 실제로는 가족 돌봄 부담을 줄일 목적으로 설계되었다. 개호보험 이용자들이 통감하는 것처럼, 재택지원서비스는 고령자가 집에서 가족에게 돌봄을 받으며 지내는 것을 전제로 설계되었다. 그러니까 이 서비스로는 홀로 사는 세대의 고령자를 지원하려고 해도 할 수가 없다. 개호보험은 '가족 돌봄의 부분적인 실패'에 대한 '부분적인 대책'으로 나타난 것으로, 제도를 구상할 때 이미 가족의 실패를 인지하고 있었다. 가족 돌봄을 둘러싼 사회사를 보면, '가족의 실패'를 사회적으로 인식하기까지 얼마나 많은 시간과 비용이 들었는지 훤히 알 수 있다.

가족 돌봄은 당연한가? 역사적으로 당연하지 않았다는 점이 분명하다. 가족 돌봄은 바람직한가? 여기에는 "상황에 따라 그럴 수도 있고 아닐 수도 있다"고 답하는 수밖에 없다. 고령자를 돌본 적이 있는 가족들은 대부분 "가족 돌봄은 상황에 따라 바람직하기도 하고 그렇지 않기도 하다"고 분명 말할 것이다.

나는 1장에서 돌봄을 '주는 이와 받는 이 사이에 일어나는 상호행위'로 정의했다. 상호행위로서 돌봄을 보면, 돌봄을 주는 이가 돌볼 대상과 내용을 선택할 수 있고 동시에 돌봄을 받는 이가 돌봄을 주는 이의 돌봄을 선택할 수 있다. 그럴 때 양쪽 모두에게 바람직한 행위가 될 수 있다. 바꿔 말해 ① 돌봄을 주는 이가 돌보고 싶은 사람(돌볼 내용)을 고를 수 있고, 돌보고 싶지 않은 사람은 피할 수 있는 조건, ② 돌봄을 받는 이가 돌봄을 받고, 돌봄을 받고 싶지 않은 사람(돌볼 내용)의 돌봄을 피할 수 있는 조건, 이 두 조건하에서 돌봄은 비로소 상호행위로 성립하고, '바람직하다'고 할 수 있다. 가족 돌봄도 예외는 아니다. 이렇게 말하면 틀림없이 현장에 있는 사람들은, '어떻게 하면 저 두 가지 조건을 만들어낼 수 있을까?' 하고 한숨을 쉴 것이다. 현재는 돌봄의 대상과 내용을 선택할 수 없다는 점에서 돌봄을 주는 이뿐만 아니라, 받는 이도 똑같이 자유롭지 못하다. 가족 돌봄에서도 그렇다. 그런데 2장에서 선언한 것처럼, 나는 바람직한 돌봄을 가능하게 만들 조건을 찾기 위해 규범적, 기술적인 접근으로 살피고 있다는 점을 다시 말해둔다. 가족이 아니면 누가 돌봄을 할까(해야 할까)? 이 물음에 대한 답은 9장 이후에 다시 살피겠다.

6장 돌봄이란 어떤 노동인가

니즈와 서비스의 교환

1장에서 나는 돌봄을 '주는 이와 받는 이 사이에서 일어나는 상호행위'라고 정의했다. 돌봄이란 의존적인 타자의 니즈를 충족시키는 행위로, 복수의 행위자가 시공간을 공유한다.

돌봄은 둘 이상의 행위자에 의해 성립하는 상호행위이다. 그에 따라 돌봄의 분석 범주를 돌봄을 받는 입장에서는 '니즈 또는 니즈의 충족'으로, 돌봄을 주는 입장에서는 '서비스 또는 서비스의 제공'으로 구별해보자. 그런데 돌봄은 상호행위지만 그것을 받는 이와 주는 이에게 서로 다른 의미라는 점에서 비대칭적 상호행위다. 이 '서비스'는 '서비스 노동'이 될 수도 있고 아닐 수도 있으며, '지불노동'이 될 수도 있고 '부불노동'이 될 수도 있다.

돌봄이란 니즈와 서비스의 교환이다. 니즈가 없는 곳에 서비스는 존재하지 않는다. 니즈란 3장에서 논했듯 '승인 니즈', 즉 사회적인 구성물이므로, 내용과 수준은 사회적 맥락에 따라 변한다.

이 책이 채택한 '당사자 주권'의 관점에서는 무엇이 니즈인가를 정의할 때 니즈의 당사자의 정의를 가장 우선시한다(中西·上野 2003; 上野·中西編 2008). 따라서 서비스가 많은지 적은지, 적절한지 아닌지는 돌봄을 받는 이가 판정한다. 이와 달리 전문가 또는 제3자가 돌봄을 받는 이의 니즈를 정의해 판정하는 것을 '온정주의'라고 부른다. 어느 경우든 니즈와 서비스의 교환은 잘못 연결될 수도 있고, 부적합할 수도 있다.

이 장에서는 돌봄을 하는 이의 측면, 즉 서비스를 제공하는 노동에 대해 논한다. 여기서부터 돌봄에 관련된 서비스 노동을 돌봄노동care work이라고 할 것이다.

돌봄노동을 개념화하기

돌봄은 주는 쪽에서 보면 서비스(봉사)다. 돌봄을 노동이라고 부르는 데 거부감을 느끼는 이들도 틀림없이 있을 것이다. '서비스'는 '하인이 명령을 받아 일한다'부터 '헌신' '신에 대한 봉사', 나아가 시장에서 거래되는 '상품으로서의 서비스'에 이르기까지 다양하게 쓰인다. 병역의무나 복무 중인 군인에게도 서비스라는 말을 쓴다. 서비스는 노동인 경우도 있고 노동이 아닌 경우도 있는데, 나는 돌봄 행위는 돌봄을 주는 이의 입장에서 '돌봄노동'이라는 이름이 붙은 서비스 노동이라고 본다. 그 이유는 다음과 같다.

서비스란 받아들이는 쪽의 니즈에 응해 제공되는 행위인데,

그것이 곧 제공자에게는 서비스를 생산하는 행위다. 즉 서비스를 중심으로 보면, 이를 주는 쪽은 서비스 생산자이며 받는 쪽은 서비스 소비자다. 서비스를 생산하는 행위를 노동이라고 보면 돌봄이라는 서비스를 생산하는 이는 케어 워커care worker, 즉 노동자다. 돌봄노동에는 부불노동, 지불노동 두 종류가 있다. 또 돌봄서비스는 상품이 되는 것과 되지 않는 것이 있는데, 시장에서 교환되면 서비스 상품이다. 이렇게 돌봄서비스의 생산을 돌봄노동으로 보면, 부불노동에 대해 논해온 이론을 모두 돌봄노동에 적용할 수 있다.

돌봄노동은 넓게 보면 가사노동의 일부이므로 가사노동에 대한 논의 대부분은 돌봄노동에 들어맞는다. 그런데 가사노동 논쟁 가운데 나온 '가사는 노동인가?'라는 질문과 마찬가지로, '돌봄은 노동인가?'라고 묻는 이들이 있다. 가사가 노동이며, 게다가 부당하게 임금이 지급되지 않는 부불노동이라고 한 명제에 대해, 예전에도 지금도 불쾌해하는 이들이 많다. 또 그 노동을 하는 이 자신조차(가사노동의 경우는 주부) '가사노동'이란 말에 자존심이 상해 이의를 제기하는 경향이 있다. 나 역시 《가부장제와 자본주의》에서 '가사는 정말 노동인가?'라는 물음을 던졌다(上野 1990; 2009d). 인간을 낳고 기르고, 그 죽음을 돌보는 행위를 노동으로 파악하면, 무엇이 가능하고, 무엇을 잃는가?

가사노동을 둘러싼 논쟁에서 얻은 교훈을 통해, 돌봄이 노동에 포함되는 데 경종을 울린 이는 경제학자 수전 히멜웨이트였다. 그는 〈'부불노동'의 발견: '노동' 개념의 확장에 따른 여러 사회적 결과〉에서 1970년대 가사노동 논쟁에서 쓰던 '부불노동' 개념이 암묵적으로 시장의 상품 생산노동과 같은 '노동' 개념에 바탕을 둔 탓에, 돌봄과 같은 '개인적, 정서적, 인간관계적 활동'을 다루는 데 부적절하다고 논하면서 '노동'의 정의에 맞지 않는 인간적인 활동 영역을 적극적으로 만들어내야 한다고 주장했다(Himmelweit 1995=1996).

히멜웨이트는 가사노동이 노동인 근거로 다음 세 가지를 들었다. ① 타인을 위해 일한다. ② 분업을 형성한다. ③ 누가 했는지는 문제가 아니다. 즉, 가사노동과 그것을 행하는 이를 분리할 수 있다고 했다(Himmelweit 1995=1996: 118-119). 히멜웨이트는 "그런데 돌봄은 세 번째 조건, 즉 노동과 이를 행하는 사람이 충분히 분리되지 않는 활동"이라면서 "돌보는(케어링) 사람과 그 노동의 관계가 매우 중요하다"고 했다(Himmelweit 1995=1996: 120). 이와 같은 노동의 인격성은 돌봄의 상호행위성을 떠올리면 이해하지 못할 것도 아니다.

그러나 돌봄노동은 현실적으로 대체할 수 있고 이전할 수 있다.[1] 대체할 수 없는 인격적인 관계, 예를 들어 친족관계나 그 밖의 친밀한 관계는 꼭 돌봄과 연결될 필연성이 없다. 갓 태어난 아기를 유모한테 맡기는 엄마가 있더라도, 아기와 엄마의 관계에서 인격성은 손상되지 않는다. 또 자기 몸을 돌봐주는 게 가족 아니면 안 된다며 제3자의 손길을 거부하는 고령자들이 있는데, 정작 그 가족이 돌볼 능력도, 의향도 없다면 어떻게 할 것인가? 돌봄을 받는 쪽이 직업적인 케어 워커에게 인격적인 관계를 요구하는 경우도

1 대부분의 돌봄서비스 사업자는 이용자가 자신이 선호하는 케어 워커를 지정하는 서비스를 제공하지 않는다. 리스크 관리를 위해 특정인을 전속으로 지정하는 것은 피하는 게 낫다고 여긴다.

있지만 번지수가 틀린 것이다. 상호행위에서는 한쪽 당사자의 의향만 갖고서 인격성을 요청해봤자 소용이 없다. 거꾸로 말해, 돌봄을 대체하고, 이전할 수 있는 노동이라고 보면, 무엇을 그렇게 할 수 없는지 밝힐 수 있다.[2]

히멜웨이트는 "케어링이나 자기만족적인 활동[취미]이 생산[남성의 활동으로 여겨지는 활동]이나 소비 활동[여성의 활동으로 여겨지는 활동]보다 우위라면"이라고 가정한 뒤 "집에서 [부부는] 시간과 화폐를 나눠 쓰는 데 더욱 평등해질 것"이라고 했다(Himmelweit 1995=1996: 130). 그러니까 이 전략은 낸시 프레이저의 '보편적 돌봄 제공자 모델universial caregiver model'과 같은데, 이는 평등주의 페미니스트들에게 익숙한 것으로, 성 역할 분담을 부정하고 일도 돌봄도 부부가 평등하게 나누자는 것이다. 그렇지만 파인먼이 비판했듯, 남녀 커플이 이런 평등주의를 실현할 개연성은 극히 낮다.[3] 예컨대 세대 내(부부간) 소득격차가 줄어든다고 해도, 세대 간 소득격차인 '여여女女격차'[4]가 큰 경우가 그렇다. 즉, 돌봄노동을 대체할 비용이 싸다면 돌봄을 외부로 대체하는 경향을 막을 수 없다.

이런 문제점에도, 나는 다음과 같이 히멜웨이트의 주장에 공

---

2 돌봄을 받는 환자나 고령자와 친한 사림이 찾아와서 계속 그들의 손을 잡아주는 것은 남이 대체할 수 없는 인격관계라고 할 수 있다. 그러나 의료, 간호, 배설, 욕창 케어는 완전히 대체할 수 있다.

3 이런 평등주의는 육아에서는 부부가 협력하는 게 타당하다고 받아들여지나, 고령자 돌봄에서는 그렇지 않다. 노부모는 부부 어느 한쪽의 부모이기 때문이다. 또 육아에도 부모가 모두 있는 가정만을 상정하는 것도 무조건적인 전제로 볼 수 없다.

4 여성과 여성 간의 격차. 아주 적은 수의 성공한 여성과 다수의 비정규직 여성 간 격차가 그 예다.-옮긴이

감한다.

> 여성이 공헌하고 있는 바를 사회가 인식하게끔 해야 한다고 해서, 남성이 자본주의 경제에 들어가 있는 방식을 좇아서 여성이 적응해야 하는 건 아니다. 자본주의 경제에 들어가도록 설정한 범주에 남성처럼 여성에게 적응하라는 주장은 이항대립을 강화한다. 우리는 그것을 넘어설 필요가 있다. (Himmelweit 1995=1996: 131)

상품 생산노동의 연장선상에서 인간의 모든 활동을 파악하는 건 분명 무시무시한 일이다. 그래서 나는 《가부장제와 자본주의》에서 "부불노동 개념은 최종적으로는 극복되어야 할 것"이라고 논했는데, 그때 마르크스주의 페미니즘이 도입한 '부불노동' 개념을 극한까지 사고하는 실험을 통해 그 한계를 밝히고 싶다는 과제를 가지고 있었다. 여기서도 이 물음을 계속 이어서 돌봄노동이라는 개념이 어떻게 가능한지 사고를 확장해 분석하려 한다. 이러한 개념화를 통해야만 비로소 인식할 수 있기 때문이다. 개념장치conceptual apparatus란 항상 현실을 이해하기 위한 분석 도구여야 한다. 이 도구에 맞추기 위해 현실이 있는 게 아니다. "'돌봄은 노동'이라는 사실명제를 대신해, 돌봄을 노동이라고 간주하는 작업가설을 통해 무엇을 말할 수 있게 되나?" 이렇게 묻는 것이 중요하다.

그렇다면 거꾸로 돌봄을 노동과 구별하면, 무엇이 어려워질까? 돌봄을 노동과 구별하고 나니 히멜웨이트가 그랬듯, 돌봄을 인격적으로 대체할 수 없는 특권적인 영역으로 가두는 결과가 생긴다. 히멜웨이트의 논문 제목처럼 노동 개념을 확장해서 얻는 '여러 사회적 결과들'과 마찬가지로 그것을 확장하지 않음으로써 얻는 '여러 사회적 결과들' 또한 문제다. 오늘날 돌봄은 이미 많은 서비스 상품으로 유통되고 있으므로, 돌봄을 노동의 한 종류로 간주하는 것은 필요불가결한 이론적 장치다. 이는 돌봄을 제3자에게 이전, 대체할 수 있다고 전제하고 다른 영역에 있는 노동과 비교할 수 있도록 하기 위해서다. 특히 복지다원사회에서 돌봄노동이 어떻게 배치되고 있는지 논하려면 다른 영역의 활동과 비교할 수 있는지, 즉 공약가능성이 있어야 한다. 그렇게 비교해야 비로소 무엇을 대체할 수 있고 무엇을 대체할 수 없는지가 최종적으로 드러날 것이다.

돌봄은 노동인가

돌봄을 노동으로 간주하고, 돌봄이란 대체 어떤 노동인지를 살펴보자. 이 물음을 통해 가사노동 일반과 돌봄의 차이를 검토해 보려 한다. 가사를 정의하는 데는 '제3자 기준'이란 게 있다. 인간이 생명을 유지하기 위해 꼭 해야 하는 여러 활동 가운데 식사, 잠, 배설과 같이 제3자가 대체할 수 없는 것이 있다.

예를 들어, NHK에서 사람들의 생활시간을 조사할 때 쓰는 용어를 보자. 제3자가 대체할 수 없는 활동을 '제1차 활동'이라고 한다. 그다음으로 생활이나 생계를 유지하려고 쓰는 없어서는 안 될 제반 활동을 '제2차 활동'이라고 하고, 하루 24시간 가운데 제1차 활동과 제2차 활동시간을 빼고 여가라고 하는 자유재량 시간을 '제3차 활동시간'이라고 한다. 제2차 활동은 수입이 따르는 좁은 의미의 '노동'과 수입이 따르지 않는 '가사'를 포함한다.[5] 얼마 전까지만 해도 노동시간은 제2차 활동 가운데 '지불노동시간'을 말했다. 하지만 가사가 노동이라고 보는 데 사회적 합의가 이루어지자, 드디어 노동시간은 '지불노동시간'과 '부불노동시간'을 합한 시간을 가리키게 되었다. 1990년대 이후 행정 당국에서 발표하는 노동시간 통계는 부불노동을 포함해 집계했다. 그 결과가 아직도 기억난다. '지불노동시간'과 '부불노동시간'을 합해 총 노동시간을 집계해보니, 여성이 남성보다 더 오랜 시간 노동한다는 점이 통계적으로 증명되었다. 이러한 '젠더 통계'는 세대 내 활동과 세대 외 활동을 모두 '노동' 개념으로 볼 것을 공약해야 비로소 통계로 낼 수 있는 것이다.

제1차 활동과 제2차 활동을 구별하고 나아가 지불노동과 부불노동을 구별하면, 가사란 세대 내에서 생명과 생활을 유지하기 위해 없어서는 안 될 활동 가운데, 자신 말고 남에게 이전할 수 있는 활동을 말한다. 이것을 가사의 '제3자 기준'이라고 한다.[6]

가사노동 논쟁 가운데 가사가 비생산적이므로 노동이 아니라

---

5 제1차 활동, 제2차 활동, 제3차 활동을 각각 필수행동, 구속행동, 자유행동이라고 말하기도 한다. 가령 출퇴근 시간처럼 수입이 발생하지 않는 활동도 일하기 위해 필수적인 시간으로 인정하면, 구속행동이라고 할 수 있다.

6 제3자에게 이전할 수 있다는 기준을 만족한다면, 자신을 위해서든 남을 위해서든 가사가 노동이란 점에는 차이가 없다. 따라서 홀로 사는 세대에도 '가사노동'이 있다. 자신이 먹으려고 하는 요리 행위도 외식이나 조리가 끝난 먹거리를 사는 것 등으로 100% 외주화할 수 있기 때문이다. 그래서 이를 '노동'이라고 정의할 수 있지만, '돌봄'이라고는 하지 않는다.

는 주장이 있었다. 그 주장대로 가사가 소비 활동이고, 그 밖의 것은 생산 활동인가? 그렇지 않다. 생산과 소비의 경계가 상황에 따라 변하기 때문이다. 농가에서 채소를 재배해 수확한 다음, 요리해 식탁에 올리는 과정에서 어디까지가 생산이고 소비인지 나누기 어렵다. 전근대 농가의 주부는 채소를 생산하는 데 장시간을 쓰지만, 도시의 주부에게 그 과정은 단시간의 장보기로 끝나는 소비 활동이다. 이렇듯 무엇이 가사인지 그 범위는 역사적, 사회적, 계급적으로 변하는데, 크리스틴 델피는 이것을 “가사노동에 대한 도시의 기준”이라고 불렀다(Delphy 1984=1996). 그러니까 생산수단이 없는 도시의 고용자 세대에서 주부가 하는 노동을 가사로 봄으로써, 농가 주부의 노동 가운데 무엇이 생산노동이고 무엇이 가사노동인지 사후적으로 정의할 수 있다는 말이다. 가사의 정의는 이렇게 역사적이다. 예컨대 누구나 기성복을 사는 요즘, 수고와 시간을 들여 손으로 스웨터를 짜는 행위는 어떤가? 이런 행위는 취미와 비슷한 ‘의장노동’이라고 부른다(上野 1982).

그런데 돌봄은 가사와 어떻게 다를까? 돌봄은 먼저 ① 의존적인(니즈가 있는) 타자가 있어야 하며, ② 그 니즈를 소비할 시간과 장소에서 생산하므로, 니즈가 있는 타자와 시간, 장소를 공유해야 한다. 따라서 ③ 돌봄은 인간의 노력으로 노동을 절약할 수 없는 서비스를 제공하는 것을 가리킨다. 타자의 니즈에 따라 서비스를 제공하는 성격인 돌봄노동을 개념화하려면 다음과 같은 몇 가지 조건을 갖춰야 한다.

첫째, 돌봄은 어디까지나 복수의 당사자를 포함한 상호행위이고, 타자의 니즈에 따른 행위라는 점이다. 따라서 자신의 니즈에 부응하는 행위는 돌봄 개념에서 제외한다. 이것은 마이어로프가 자신에 대한 배려를 돌봄에 포함시켜 개념화한 것과는 달리, 자신에 대한 배려는 돌봄에서 제외해야 한다는 뜻이다. 또 '아이디어를 키운다'와 같이, 인격을 대상으로 하지 않는 행위를 돌봄으로 은유하는 용법도 배제한다(Mayeroff 1971=1987). 돌봄노동은 어디까지나 자신이 아닌 타자를 위한 서비스다.

둘째, 돌봄은 그 니즈가 발생하는 시간과 장소에서 생산과 소비가 이루어지므로, 다른 상품 생산처럼 대량생산을 하거나 재고, 출하를 조정하지 못한다. 이러한 돌봄의 성격으로 인해 돌봄은 대면적인 커뮤니케이션 행위가 필수이며, 시간과 공간의 '공유' 자체가 수단이자 목적이다.

셋째, 돌봄의 커뮤니케이션 성격으로 인해, 다른 가사서비스 경우에는 성립되는 기계화로 노동을 줄이기가 어렵다. 물론 보조도구나 복지용구와 같이 케어 워커가 요통을 예방해주는 장치를 이용해 힘을 덜 들이고 일할 수는 있다. 그러나 돌봄을 주고받는 당사자의 안전 확보나 자립지원이라는 핑계로 돌봄을 최소화할 것을 목적으로 삼지 않는 한, 커뮤니케이션 행위인 돌봄을 기계화할 수 있다고 보기 어렵다. 아무도 육아를 하는 로봇을 상상하지 않는다. 그러나 고령자 돌봄에는 로봇을 만들면 된다고 쉽게 말하는 사람들이 있다. 이는 커뮤니케이션 행위인 돌봄의 성격을 무시한 것인 동시에 고령자 차별이다.[7]

---

7 이런 점 때문에 나는 히멜웨이트가 돌봄이 인격성을 갖는다고 주장한 점을 지지한다. 다만 그 인격성은 대체할 수 있다고 본다.

돌봄이 노동이기 위한 또 하나의 조건은 완전히 제3자가 그것을 대체할 수 있어야 한다는 점이다. 돌봄의 일종인 육아를 예로 들어보자. 모유 수유는 대체할 수 없다고 하나, 이조차 유모가 대체할 수 있다. 그간 육아 사회사 연구에 따르면 엄마가 자기가 낳은 아기에게 젖을 먹여 키우는 관행은 역사적으로 보면 비교적 새로운 것으로, 근대가족에서 성립한 중산층의 아비투스라고 밝혔다. 상류층 여성의 임무는 출산으로 끝이었고, 육아는 하지 않아도 되었다. 또 산욕열로 죽은 어머니의 아이나 버려진 아이라 할지라도, 부모를 대체할 이가 있다면 아이는 자랄 수 있으므로 엄마의 존재는 절대적이라고 할 수 없다.[8] 고령자 돌봄도 마찬가지다. 자식이 있어도 자식한테 무시당하는 사람이 있는가 하면, 시설에서 가족에게 받는 것보다 더 따뜻한 돌봄을 받는 이도 있다. 돌봄은 완전히 제3자가 대체할 수 있고 제3자에게 이전할 수 있으므로 돌봄을 담당하는 이들에게 돌봄은 100% 노동인 것에서부터 100% 자기충족적인 관계self-consumatory relationship[9]에 이르기까지 다양한 스펙트럼을 갖는다.

따라서 섹스나 가사 등 다른 다양한 서비스와 마찬가지로 '돌봄은 노동인가'라고 본질주의적인 질문을 던지는 대신, 돌봄이 어

---

8 일부 포유동물의 경우 어미를 잃고 나면 새끼는 죽음에 내몰린다. 냄새로 자기 새끼를 알아내는 어미는 자신의 새끼가 아니면 양육하지 않기 때문이다. 그러나 인간은 그렇지 않다. 동물행동학자 존 볼비의 모성박탈론maternal deprivation[환경의 박탈, 특히 모성을 박탈하는 것이 인간 유아에게 치명적인 영향을 미친다고 보는 이론]도 어머니가 절대적으로 필요하다고 주장한 것이 아니라, 어머니 역할을 대체할 수 있는, 친밀한 타자가 있다면 아이는 괜찮다는 점을 역설적으로 증명한 것이라 볼 수 있다.

9 관계를 갖는 것 자체가 목적인 관계를 말한다.

떠한 조건에서 노동이 되고, 자기충족적인 '관계를 위한 관계'가 될 수 있는지, 상황에 따라 맥락을 따져 묻는 게 중요하다. 여기서 돌봄을 노동으로 다루는 것은 '돌봄은 노동이다'는 명제를 제시하기 위해서가 아니다. 노동과 노동이 아닌 것 사이의 연속성을 임시로 설정해두고서 이 둘을 비교할 수 있는 범주에 두기 위함이다. 또 가족 돌봄과 그 밖의 돌봄을 '돌봄노동'이라는 동일한 범주에 두면 둘은 비로소 비교할 수 있게 된다. 여태까지 사랑이라는 마법의 용어를 쓰거나 혹은 사적 영역을 신화화해서 가족에 의한 돌봄과 그 밖의 돌봄을 나누고 그 둘을 비교하는 것조차 금기시해온 점을 감안해봐도, 이 두 가지 돌봄은 비교 불가능하다고 개념을 구성하기보다 비교 가능한 것으로 구성하는 편이 우리의 인식에 훨씬 더 큰 이득이다. 이것이 내가 히멜웨이트의 의도에 찬성하면서도, 그 주장을 따르지 않은 이유다.

돌봄노동과 가사노동 비교

가사노동 논쟁 때 가사를 노동으로 보는 것에 저항한 이는 남성들뿐만이 아니었다. 앞서 말했듯 가사 종사자들, 즉 주부들도 그랬다. 가사나 육아는 사랑의 행위이고 기쁨이며 아이가 성장하거나 감사해주는 것으로 보답을 받는 존귀한 무상의 행위다, 그것을 '노동'이라고 하는 것도 못마땅한데 더군다나 '부불노동'으로 간주하고 '가사노동의 값'을 이것저것 계산하는 것은 가사와 육아의 가치를 낮추는 것이다, 왜냐하면 사랑은 값을 매길 수 없으므로 다른 행위와 비교할 수 없다는 반론이 있었다. 이제 이것을 돌봄이라고 바꿔 부르면 같은 논의가 성립하는지 검토해보자.

위와 같은 반론에는 서로 상이한 논점이 포함되어 있다. ① 돌봄은 사랑에서 나오므로 대체 불가능하다. ② 돌봄은 그 자체로 기쁨이다. ③ 상대의 반응으로 정서적인 보수를 얻는다. ④ 돌봄은 값을 매길 수 없다. 순서대로 보자.

① 돌봄이 사랑 행위라는 점은 상호행위로서 돌봄이 상대를 우연이 아니라 필연의 연결고리로 이어졌다는 것을 말한다. 사랑이라는 것은 대체 불가능한 관계('이 사람이 아니면 안 돼')를 정당화하는, 근거가 없는 근거이다. 그런데 모두가 알다시피 부모 자식이나 부부 사이 같은 필연적 연결고리에 사랑만 있는 것이 아니라 미움으로 연결되어 있기도 하다. 엄마가 자기가 낳은 자식이라고 해서 항상 사랑하는 것만도 아니다.[10] 친족 사이라 해도 돌봄을 할지 안 할지 선택할 수 없다면 돌봄은 강제노동이 될 것이라고 이미 서술한 바 있다. 그렇다면 이 명제는 실상 '돌봄은 사랑의 행위여야 한다' '사랑의 행위였으면 한다'라는 규범명제나 다름없다. 사실명제로 바꿔 '돌봄은 사랑 행위이기도 하지만, 그렇지 않기도 하다'라고 하는 수밖에 없다. 또 이미 지적했듯 돌봄은 완전히 제3자에게 이전, 대체가 가능하므로 사랑이 있는 관계든 아니든 돌봄을 수행할 수 있다.

다음으로 자주 이야기하는 것이 ② 상호행위로서 돌봄은 그

---

10 출산에 부정적인 감정을 느낀 산모가 산후우울증을 겪는 점은 이미 알려져 있고, 이런 상태에 있는 엄마 곁에 아이를 두는 것보다, 엄마와 아이를 분리하는 게 좋은 경우도 있다.

것을 하는 자에게 기쁨이란 소리다. 이것도 ①과 마찬가지로 '돌봄은 그것을 하는 자에게 기쁨이었으면 한다' 또는 '기쁨이어야 한다'는 규범명제일 뿐이다. 이 점은 앞서 마이어로프의 주장을 비판할 때도 말했다. 실제로 돌봄은 '기쁨이기도 하지만 고통이기도 한 행위'이며, 그것을 한 행위자의 내부에서조차 양의성을 갖는다. 또 어떤 행위가 행위자를 기쁘게 한다고 해서 그 행위가 노동이 아니란 것을 의미하지 않는다. 어원학적으로 살피면, 'labor'에는 '진통'이라는 뜻도 있는데, 이것은 고통을 수반해 신체의 힘을 쓰는 것, '고역'이란 함의가 있다. 그런데 노동이 항상 기쁨과 상반되는 것도 아니다. 아무리 단조로운 노동이라고 해도 노동자는 작은 성취감을 느끼고 숙련에서 비롯한 기쁨을 맛볼 수 있으며, 노동이 취미와 일치하는 행운을 가진 사람들도 있다. 행위자가 그 행위로 기쁨을 얻는지 아닌지는 그것이 노동이든 아니든 상관없다. 하물며 그 노동으로 기쁨을 얻는다고 해서 보수가 필요 없거나 낮아도 된다는 말은 성립할 수 없다.

③ 노동은 타자를 위해 행할 때, 대가가 발생한다. 대가를 지불하면 지불노동이고, 지불하지 않으면 부불노동이다(여기서 누가 언제 어떻게 얼마를 지불하는가 하는 문제는 차치하자). 그런데 돌봄에 관한 논의에서 자주 빠지는 함정은 이것이다. 바로 돌봄 행위는 돌보는 대상에게 충분한 보답을 받는다('그러니 그 이상의 보수는 필요 없다')는 식의 주장이다. 가사라면 남편이나 가족이 감사해하니까, 육아라면 아이가 성장하니까 그걸로 보답이 된다는 것이다. 그럼 돌봄의 경우는 어떨까? 육아처럼 돌보는 대상(아이)의 성장이 보수라고 한다면, 늙어가는 고령자나 죽어가는 병자를 돌보는 케

어 워커나 의료직은 죽음을 보수로 간주해야 하는 셈이다. 또 자식은 자주 감사 인사를 하지 않지만, 성인인 고령자를 돌볼 때 "어르신께서 고맙다고 말해주는 게 보람차다"라고 말하는 케어 워커는 많다. 그런데 케어 워커는 감사를 받기 위해 돌봄을 제공하는 것일까? 상대가 감사를 표현하든 안 하든 케어 워커는 돌봄 행위를 할 것이고, 돌봄이 필요한 곳에 돌봄을 제공한다. 감사를 받을 목적으로 돌봄을 하는 게 아니다. 이 같은 점에서 우리는 비슷한 영역에 있는 돌봄 전문가 사이에 기묘한 서열 차이가 있다는 점을 알 수 있다. 의사는 환자에게서 감사의 말을 듣지만 그렇다고 해서 그것이 보수를 안 받아도 되는 이유가 되지 않으며, 보수가 낮아도 괜찮은 이유가 되지도 않는다. ②의 경우와 마찬가지로 그 행위에 기쁨과 감사, 보람이 수반되는지 여부는 그것이 노동인지 여부와 상관없다. 그럼에도 여자의 손으로 돌봄을 할 경우에만, 또 같은 돌봄노동 범주 안에서도 하급직에 해당하는 경우에만 유독 '눈에 보이지 않는' '정서적인 보수'를 받는다고 강조하는 경향이 있다. 대체 왜 그럴까?

④ 마지막으로 돌봄이 노동이라면, 게다가 부당하게도 '부불노동'이라면 대체 얼마나 (누가, 어떻게) 지불하는 것이 정당한가와 같은 질문이 남는다. 돌봄의 가격 문제다. 이에 대해서는 다음 절에서 논의한다.

서비스 상품과 노동력 상품

단, 돌봄을 노동으로 볼 때도 '돌봄서비스의 가격'과 '케어 워크care work의 가격'은 다르다는 점에 주의해야 한다. 더 전문적으로 말하자면, '서비스(노동) 상품'의 가격과 '돌봄노동자의 노동력 상품'의 가격은 다르다는 것이다. 즉, 노동과 노동력을 구별해야 한다. 돌봄서비스는 서비스 상품 시장에 속하나, 돌봄노동자는 노동력 시장에 속한다. 서비스와 노동력은 각기 다른 시장에 속해 있으며 서로 다른 원리로 작동한다.

일반적으로 돌봄노동자는 자신의 돌봄서비스 상품을 돌봄의 소비자와 화폐로 교환하는 당사자로 여겨지지만, 이는 틀렸다. 서비스 상품의 가격은 다른 요인으로 결정되며 돌봄노동자는 상품 시장에서 가격 결정 메커니즘에 참여하는 직접적인 행위자actor가 아니다. 소비자가 계약하는 상대는 사업자이고, 서비스 요금은 사업자에게 지불된다. 노동자는 대부분 고용관계에 있는 사업자에게 임금을 받는다. 그러니까 돌봄노동자인 케어 워커에게 보수를 직접 지불하는 이는 사업자이지 이용자가 아니다.

프리랜서로 독립한 자영업 성노동자를 상정할 수 없는 것처럼, 완전히 독립적인 자영업자로서 가격의 교섭 능력을 가진 케어 워커를 상정하기는 어렵다. 돌봄서비스 요금과 케어 워커의 보수 사이의 관계는 성산업과 유사한 점이 있다. 일반적으로 성매매를 성노동자와 고객 간에 맺는 서비스와 화폐의 교환으로 자주 오해하나, 그렇지 않다. 완전히 독립적인 자영업자로서 가격의 교섭 능력을 갖춘 성노동자가 예외적으로 있을 수는 있으나, 성매매란 대부분 성산업 사업자와 고객 간에 일어나는 서비스와 화폐의 교환이다. 그래서 성노동자는 서비스를 생산하는 노동자이지, 교환하는 당사자는 아니다. 에도 시대 성산업 유곽을 연구한 역사가 소네 히로미는 성매매에 관여하는 다섯 가지 행위 주체를 구별했다(曽根 1990).

① 고객 ② 업자 ③ 창부 ④ 가족 ⑤ 국가

① 고객의 니즈가 시장을 낳고, ② 업자가 그 니즈에 응할 서비스 상품을 시장에 내놓으며, ④ 가정의 경제 사정 등이 여성을 성노동자로 시장에 밀어넣고, ⑤ 국가의 규제는 성산업의 조건을 규정한다. 이런 맥락에서, ③ 창부는 교환의 객체이지, 주체는 아니다. 그리고 당연하게도 성노동자가 제공하는 성적 서비스에 대해 고객이 지불하는 돈과 업자가 성노동자에게 지불하는 임금은 일치하지 않는다.[11] 이 다섯 가지 행위 주체는 돌봄산업에도 그대로 적용할 수 있다. 불쾌한 비유로 여기거나 당황할 독자도 있겠으나, 성산업도 서비스산업의 일종이며 성산업을 철저히 연구한 끝에 나온 이론은 다른 서비스산업에도 적용할 수 있다.

서비스 상품의 가격과 노동력 상품의 가격이 다르다는 점은 돌봄의 경우에도 똑같이 말할 수 있다. 예를 들어, 개호보험하에서

---

11 가령 에도 시대처럼 창부의 공급원[창부가 될 여성]이 무한하다고 여길 때, 창부가 된 여성은 다시 재생산이 안 되어도 상관없었다. [중병에 걸려도 치료해주지 않고] 그저 한번 쓰고 버려지는 소비재이고, 생존선 이하의 조건으로 노동을 강요당했다.

운용하는 돌봄서비스의 가격을 보자. 2006년 개호보험 개정 후, 신체개호는 시간당 4020엔, 생활원조는 2080엔이란 가격이 붙어 있다. 정확하게 말해 이 가격은 시장 메커니즘에 의해 결정되는 시장가가 아니라 관에서 통제하는 공정가격이고, 그래서 돌봄서비스가 속한 시장은 준시장quasi-market이다. 이 서비스 가격이 그대로 서비스 노동자의 임금과 연동하는 것은 아니다. 이용자가 이용료의 10%를 부담하니 꼭 싸다고만 할 수 없고, 그렇다고 해서 노동자의 임금이 상대적으로 높은 것도 아니다. 케어 워커는 저임금으로 일한다. 나중에 논하겠지만 많은 케어 워커의 임금은 홀로 생계를 꾸리기에 아슬아슬한 수준으로 설정되어 있고, 결과적으로 이 노동력 시장에 참여하는 이들은 기혼 여성, 젊은 독신층, 나이 든 연금생활자로 제한된다.

돌봄의 가격

그런데 돌봄서비스의 가격은 어떻게 결정되는가? 돌봄에 가격을 붙인다면 얼마여야 타당한가?

마르크스가 [상품의 가치와 가격은 다르다고] 말했듯, 돌봄의 가치와 가격은 다르다. 다른 모든 재화나 서비스와 마찬가지로 돌봄에도 사용가치와 교환가치가 있다. 사용가치에는 개별성과 고유성이 있으므로, 비교나 교환을 할 수 없다. 그러나 교환가치는 화폐와 교환되므로, 그 사회적 가치가 다른 재화나 서비스와 비교해 볼 수 있다. 가격이란 화폐가치로 평가된 재화나 서비스의 교환가치를 말한다.

개호보험에서는 관에서 돌봄서비스의 가격을 정해 통제한다. 시간당 신체개호 4020엔, 생활원조 2080엔의 가격은 무슨 근거로 결정되었는지 분명치 않다. 또 현장의 케어 워커들은 신체개호과 생활원조를 확실히 구분하기 어렵다고 하는데도, 관에서는 이 두 서비스의 가격 차를 유지하는 근거는 제시하지 않았다.

이 가격이 시장의 수요·공급 메커니즘에 따라 규정된다면 시장가격이 되겠지만, 현재 개호보험하에서는 수요·공급 균형과 무관하게 변동하지 않는 공정公定가격으로 통제된다. 하지만 개호보험이 적용되지 않는 돌봄서비스는 시장에 내맡겨져 있고, 관의 공정가격이 그런 것처럼 이용자에게 이용 금액의 10%를 부담하라고 할지, 더 싼 금액으로 할지는 사업자의 재량에 달려 있다.

여기서도 우리는 가사노동 논쟁에서 거론됐던 '가사노동의 가격에 대한 논의'를 참고할 수 있다. 1995년 UN베이징세계여성회의에서 채택한 행동강령에 따라 일본 경제기획청은 1997년에 가사노동 가격을 계산했고(済企画庁 1997), 그 데이터가 있다. 가사는 정의상 '세대 내에서 수행하는 생존 유지를 위해 불가결하고, 제3자에게 이전 가능한 노동'을 말하는데 이것이 부불노동인 경우 그 화폐가치를 산정하는 방법으로는 다음 두 가지(세 가지 종류)가 있다.

① 기회비용법Opporunity Cost Approach

② 대체비용법Replacement Cost Approach

②-1 전문가 대체비용법RC-Specialist Approach

②-2 종합적 대체비용법RC-Generalist Approach

이 가운데 ① 기회비용법은 가사노동의 가치를 가사에 종사하는 개인이 다른 일자리에서 받을 수 있는 수입, 그러니까 상실소득액lost income만큼의 화폐가치로 간주하는 것을 말한다. 기회비용은 노동 시장의 성별, 연령별 평균임금에 따라 산정하는데, 이 산정 근거의 문제점은 다시 논할 것이다.

② 대체비용법은 특정 가사노동 서비스를 시장에서 상품으로 구입하는 가격으로 가사노동 가격을 계산하는 방법이다. 이 가운데 전문가 대체비용법은 밥 짓기, 빨래, 고령자 돌봄 등 각기 다른 전문 직종에 종사하는 서비스 노동자에게 서비스를 구입한 가격을, 종합적 대체비용법은 가정부 등 가사 전반을 행하는 가사노동자의 서비스를 구입한 가격을 따른다.[12]

이 세 가지 방법으로 화폐가치를 환산한 성별 무상노동[13] 평가액이 〈표 1〉이다. 1991년 데이터에 따른 산정 결과를 보면, 가사노동의 가치는 기회비용법, 전문가 대체비용법, 종합적 대체비용법의 순으로 낮다. 기회비용법으로 무상노동 중 여성의 기여율을 보면 85.3%다. 또 GDP(국내총생산) 중 남녀 무상노동 비율은 21.6%다

---

12 실제 산정법은 더 상세한데, 가령 종합적 대체비용법의 경우 가족 돌봄자의 숙련도나 전문성이 돌봄 간호 전문직에 비해 떨어진다고 산정해서, 간호사가 아닌 무자격 간호조수 임금수준에 맞추는 등 자세한 기준이 있다.

13 나를 포함한 페미니스트 연구자들은 가사노동에 대해 일반적으로 '부불노동' 개념을 쓰지만, 일본 정부는 '무상노동'이라는 번역어를 채택하고 있다. 두 가지 다 영어로는 'unpaid work'이다. 이 책에서는 인용 시 출처에 따라 '무상노동'이라는 용어를 쓴다.

〈표 1〉 성별 무상노동 평가액

단위 10억 엔

	남성	여성	합계
기회비용법	14528	84330	98858
전문가 대체비용법	9724	74303	84027
종합적 대체비용법	7044	59684	66728

(経済企画庁 1997: 16 재작성)

(経済企画庁 1997: 15).

이 계산을 한 경제기획청은 여성 1인당 무상노동 평가액을 연평균 160만 엔, 전업주부 평균액은 276만 엔으로 산출했다. 그러나 이 금액은 무의미하다. 경제기획청은 무상노동액을 산출한 보고서를 내면서도 "당신이 하는 가사의 가격은 얼마일까요?"라는 혼란스러운 제목을 붙였다. 산출한 가격을 언젠가 국가나 기업 또는 남편이 지불한다고 염두에 둔 것이 아니라 1995년 베이징여성회의에서 결의한 행동강령에 따라 여성의 부불노동을 국민계정체계SNA, system of national accounts[14]에 위성 산정[15]으로 포함할 것을 의도한 것이다.[16] 1970년대 가사노동 논쟁에서 등장했던 "가사노동에 임금을!"이라는 슬로건이 있다. 이를 제창한 사람이 인정했듯 이 슬로건은 가사노동 임금 지급이 실현될 수 있다고 생각해서 나온 것이

14 한 국가의 경제활동을 측정하기 위한 회계적 기술 도구로, 국제 비교를 할 수 있는 국민통계다.-옮긴이

15 유상노동을 중심으로 한 경제활동을 핵심으로 국민계정체계를 산정한 것과는 별도로, 대상 외로 빠진 환경 관련 활동이나 무상노동 관련 활동 등을 핵심적 경제활동과 연계를 유지하는 위성satellite으로 파악하고 계산하는 법.-옮긴이

아니라, 세대 내에서 수행되는 여성의 무상노동에 사회적 관심을 모으기 위한 전략적 주장이었다. 누가 누구한테 얼마만큼 어떻게 지불할지에 대한 모든 모의계산은 실현하기 어려운 한계에 부딪혀 있다.[17]

이 계산으로 우리는 무엇을 알 수 있는가? 첫째, 가사노동을 시장에 외주화해 제3자가 대체하도록 하는 편이 여성의 기회비용보다 싸다는 사실이다. 경제학에서는 일반적으로 기회비용이 대체비용보다 낮으면 여성은 집에 머물고, 거꾸로 기회비용이 대체비용보다 높으면 여성이 밖으로 일하러 나가는 경향이 있다고 본다. 기회비용의 산정 근거는 동일 연령 여성의 평균임금이므로, 여성의 평균임금이 올라가면 여성의 취업률이 오르는 경향이 있다. 거꾸로 본다면, 가사를 시장화하더라도 가사노동자는 여성의 평균임금을 밑도는 저임금노동에 그친다는 점을 알 수 있다. 여기서

---

16 부불노동의 경제적 가치가 인정받는 데는 어려움이 많았는데, UN의 행동강령이 나온 후에도 많은 개발도상국에서 이 의제를 따르는 데 난색을 표했다는 데서 잘 알 수 있다. 개발도상국은 세대 내 무상노동 비율이 높아서 무상노동 평가액을 GDP에 가산하면 국민경제 규모가 외형상 커지므로, 각국에서 나눠 내는 UN 분담액이 늘 것으로 봤기 때문에 부불노동의 경제적 가치를 산출하기를 꺼렸다. 실제로 UN이 요구한 것은 '위성 산정'이라는 가상의 수치로(그 결과는 UN의 〈인간개발보고서〉에 반영한다) GDP 그 자체의 변동에는 영향을 주지 않는다. 일본 경제기획청 보고서에서도 GDP에서 가사노동 평가액이 차지하는 비율을 문제시했다.

17 사회학자 다테이와 신야는 부불노동인 가사노동의 임금을 어떻게 지불할 것인지를 검토한 적이 있다(立岩 2006). 그런데 이미 페미니즘 진영 안에서는 가사노동을 둘러싼 논쟁에서 부불노동론이 남편이나 기업에 임금을 요구하는 논의는 아니라고 결론을 내렸다. 비록 한계가 분명한 불충분한 방법이나, 가사노동의 임금을 측정하는 모의계산은 지불노동과 그 [교환]가치를 비교한다는 목표에 응하는 것이었다.

말할 수 있는 것은 여성이 가사를 제3자에게 맡기고 일하러 나가는 편이 유리한데, 그때 '경제 합리성'을 생각한다면 가사노동 외의 분야로 일하러 나가야 한다는 것이다.

둘째, 이 계산 방법에 근본적인 결함이 있다는 것이다. 이 결함은 기회비용을 성별, 연령별 평균임금으로 산출하는 데서 비롯한다. 남성의 평균임금은 여성보다 높으므로 남성의 기회비용이 여성보다 당연히 높다. 그 결과 똑같은 가사를 1시간 하더라도 남성이 하면 평가액이 여성보다 높고, 결과적으로 기여율도 높다. 사기라고 할 정도로 편견을 갖고 데이터를 다룬 것이다. 일본 경제기획청이 데이터를 구한 1991년의 생활시간 조사를 바탕으로 남성의 평균 가사시간(24분)을 여성의 가사시간(3.52시간)과 합해 시간에 따른 기여율을 계산하면 9.3%다. 그래서 시간 기여율과 화폐 평가에 따른 기여율(25.3%)의 균형이 맞지 않는다. 이런 결과가 나오는 이유는 남성의 평균임금이 높기 때문이며, 화폐가치에 따른 평가가 높아도 남성의 가사노동이 숙련도나 생산성이 높다는 것을 의미하지 않는다(실제로는 그 반대일 때가 잦다[18]). 만일 남녀가 평등하게 시간 자원을 나눈다면 세대 내 생활을 유지하기 위한 필수 노동을 여성이 하든 남성이 하든 가치는 같다고 봐야 한다. 그렇다면

---

18 이와 같은 기묘한 결과를 UNDP(유엔개발계획)가 낸 보고서(UNDP 1995)에서도 찾아볼 수 있다. 무상노동이 GDP에서 차지하는 비율을 국제 비교해보니, 선진국 남성의 기여율은 불균형이 큰데, 이유는 단위 시간당 선진국 남성의 기회비용, 즉 남성의 평균임금이 높기 때문이었다. 그러니까 똑같이 가사를 분담해도 선진국 남성은 개발도상국 남성보다 경제적 평가가 높게 나타난다. 또 같은 나라에서라면 가사에 숙련되지 않더라도 남성에 대한 경제적 평가가 여성보다 높게 나타난다.

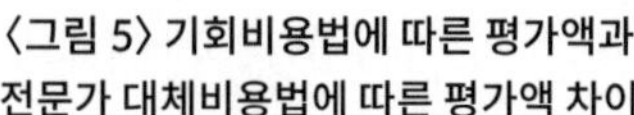

〈그림 5〉 기회비용법에 따른 평가액과
전문가 대체비용법에 따른 평가액 차이

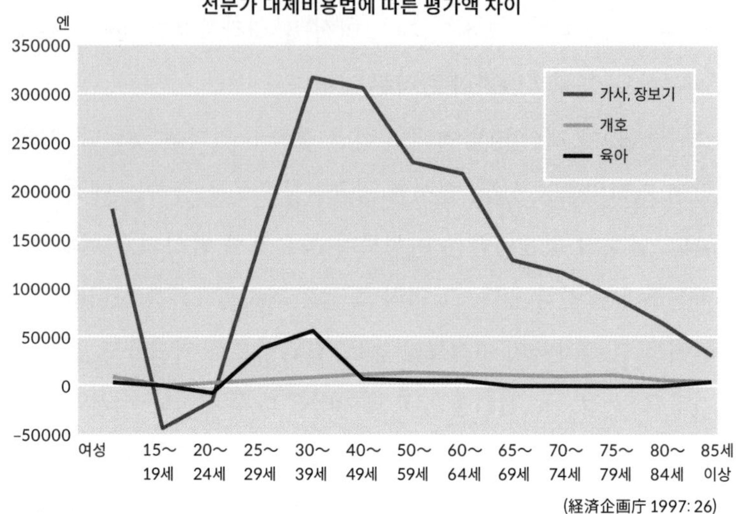

(経済企画庁 1997: 26)

기회비용을 환산할 근거를 성별로 볼 것이 아니라 전체 노동자 평균임금으로 산정할 필요가 있을 텐데, 이 경우 기회비용법과 대체비용법의 차이는 더 벌어질 것이므로 가사 관련 노동자의 임금이 노동 시장에서 얼마나 낮게 책정되어 있는지 더욱 분명하게 드러날 것이다.

또 하나, 경제기획청의 보고서에는 기회비용법과 전문가 대체비용법에 따른 평가액 차이가 흥미진진한 데이터로 나와 있다. 그것이 〈그림 5〉다. 이 그래프의 특징은 가사, 육아, 개호 세 가지로 하위 카테고리를 나눈 점인데, 이에 따르면 가사의 대체비용이 가장 싸고, 그다음이 개호, 육아 순이다. 이 그래프에서 보면, 기회비용이 높은 연령(25~39세)은 가사를 외주화하고 일하러 나가는 편이 경제적으로 유리하다. 또 육아 대신 다른 일자리에서 일할 때

기회비용이 낮은 연령(20대 초반)은 엄마가 되었을 경우 육아에 전념하는 게 유리하다. 그 후 39세까지는 거꾸로 기회비용이 높아 일자리를 갖는 게 유리하지만, 39세 이후에는 기회비용이 다시금 낮아져 40대 이후에는 취업에 따른 인센티브가 별로 없다. 개호를 보면, 나이에 따른 변화가 거의 없다. 기회비용과 대체비용은 비슷한 균형점을 나타내기 때문에, 개호를 외주화하는 데 따른 경제적 이점이 적다.[19]

돌봄이란 어떤 상품인가

돌봄도 다른 서비스와 마찬가지로 시장에 나오면 상품이다. 서비스 상품이란 일반 상품과 달리 특수한 성격이 있다. 서비스는 수요가 발생한 그 시간과 장소에서 동시에 생산과 소비가 이뤄져야 하므로 서비스를 하는 사람과 받는 사람은 시간과 공간을 공유해야 한다. 따라서 다른 상품처럼 재고나 출하를 조정할 수 없고, 다른 상품처럼 생산 거점을 국외로 이전하는 전략을 택할 수 없다. 세계화 과정에서 제조업은 생산 거점을 해외로 이전할 수 있으나, 돌봄산업에서는 노동력이 수요가 발생한 지역으로 국제 이동을 한다.

경제학자 히로이 요시노리에 따르면, 공급 면에서 본 산업으

19 1997년에 개호 비용은 다른 가사노동 서비스에 비해 시장에 대체해도 별다른 이점이 없을 만큼 비쌌는데, 이용자가 이용료의 10%만 부담하면 되는 개호보험이 도입되면서 비용에 대한 의식이 크게 바뀌었다.

로서 돌봄은 다음과 같은 특성이 있다. ① 노동집약적이고, ② 여성의 비중이 크며, ③ 비영리 조직의 비중이 크고, ④ 일본 외의 나라에서는 외국인 노동자의 비중이 크다는 점이다(広井 1997: 141).

① 노동집약적이라는 점은 자본이나 지식집약형 산업과 달리 초기 투자(자본), 특별한 자격, 노하우(지식)가 필요치 않다는 점을 말한다. 그래서 돌봄산업은 특별한 사회자원을 가지지 않은 이들의 진입 장벽이 낮은 분야다.[20]

② 그런데 위와 같은 이유만으로는 돌봄에서 여성이 차지하는 비율이 현저히 높다는 점을 다 설명할 수 없다. 돌봄노동은 가족과 시장 어느 영역에서도 눈에 띄게 '성별화'된 영역인데, 이는 단지 돌봄이 '여성에게 맞는' 직업이라고 여겨져서가 아니라, 여성이 취업하고자 할 때 다른 선택지가 없다는 점을 반영한다.

성별화된 노동에는 노동력의 비정규화가 수반된다. 여성에게 적합한 일로 여기는 돌봄노동은 주변화되고, 이 때문에 여성의 참여가 늘어나는 악순환이 존재한다. 실상 비정규 고용인 등록 헬퍼의 월 평균 수입은 3~5만 엔에 그치는데, 이런 현실은 가계를 지지하는 부양자가 따로 있다는 점을 전제로 한 것이다. 그 결과 가계의 보조 수입을 구하는 정도인 기혼 여성, 부모 집에 살아서 경제적 자립을 하지 않아도 되는 싱글, 연금을 받고 사는 이들만 돌봄

20 특히 여성은 육아나 고령자 돌봄의 경험이 그대로 노하우가 되므로 여성이 돌봄 계통의 시민사업체에서 일하는 경우가 많다. 또 이러한 여성들은 스스로 부모나 시부모를 돌봐온 경험이 있고, 이를 바탕으로 남을 돌보고 싶다는 동기를 갖고 있다. 내가 진행한 조사의 조사 대상이었던 헬퍼 대부분은 가족을 돌본 경험이 있었고, 그 경험을 하며 후회가 남아 돌봄 지원을 하는 높은 수준의 동기를 갖고 있었다(上野·肥口 2000).

노동 시장에 참여할 수 있다.

③ 비영리 조직의 비중이 높다는 점은 바람직하지만, 한편으로 이는 영리기업에는 이익률이 낮은 산업이라는 점을 의미한다. 돌봄사업은 원가의 대부분이 인건비이므로 이익을 내려면 이 비용을 억제해야 한다. 더군다나 대인서비스업에서는 규모의 경제economies of scale가 작동하지 않는다. 비영리사업체의 참여는 이상과 의지가 높은데도, 돌봄의 가격을 끌어내리는 방향으로 작동해왔다.

이 모든 조건은 전부 케어 워커의 불안정 고용이나 저임금으로 이어진다. 시설에서 일하는 풀타임 노동자라 하더라도 다른 업종에 비하면 저임금을 받는 데 그친다. 케어 워커는 평균 주 2회, 즉 사흘에 한 번꼴로 야근하고, 장시간 노동과 중한 책임을 견뎌야 하는데, 그 대가로는 임금이 낮다. 비슷한 조건의 다른 의료 계통 직종에 비해서도 두드러지게 낮다. 그 결과 이직률은 높은 편이다. 돌봄노동 시장을 두고 노동이 붕괴했다거나 인력이 부족하다는 이야기가 나오는데, 이는 단순히 저출산 고령화에 따른 노동력 공급의 절대적 축소에 의한 것은 아니고, 간호사 인력 부족 문제와 마찬가지로 '인위적으로 만들어진 부족'이다.[21]

실은 노동력 부족 문제를 해결할 방법은 간단하다. 노동조건

---

21 간호사 문제와 마찬가지로 개호복지사 자격증이 있어도 취업하지 않고 휴업하는 상태에 머무는 경향이 있다. 개호 지원 전문원인 케어매니저도 이미 이러한 경향이 있는 것으로 나타난다. 어려운 자격시험에 합격했는데도 일의 부담에 비해 임금수준이 낮아서 애써 자격증을 따고도 이를 살리지 않는 이들이 있는 것이다. 이런 점은 간호사 부족 문제와 마찬가지로 구조적인 문제이다. 개호복지사 자격증을 가진 이가 노동 시장에서 일하는 비율(활성화율)은 약 50%에 그친다.

을 향상하고 임금수준을 높이기만 하면, 노동력 이동이 일어난다. 의사의 노동조건이 아무리 가혹해도 진입자가 끊이지 않는 것은 의사의 사회적 지위와 보수가 그만큼 높기 때문이다.

그런데 누구도 예상할 수 있듯, 인구 감소 시대의 일본에서 장래 노동력 수급을 낙관할 수 없다. 노동력 부족 문제에 대해 결정적인 공급책이 있다는 점을 사용자 측은 물론 일본 정부도 잘 알고 있다. 바로 ④ 외국인 노동자 도입이다. 복지 선진국이라는 유럽과 미국을 지탱하는 이들이 국제적 경제격차를 배경으로 취업한 저임금 외국인 노동자라는 점은 이제 잘 알려져 있다. 필리핀과 같은 노동력 수출국은 일본에 가사노동자나 돌봄노동자의 문호를 열어 달라고 압력을 가하고 있다. 국가주의나 배외주의, 경제 격차나 인종차별 등에 따른 사회적 비용을 제외한다면, 일본이 외국인 노동자 도입을 제한하는 정책은 이제 한계에 달했다. 그리고 돌봄노동 시장에 글로벌한 노동력 예비군이 참여하게 된다면 돌봄노동자의 임금수준이 오를 객관적인 조건은 당분간 없다고 봐도 될 것이다. 돌봄노동 시장에 미치는 세계화의 영향과 효과는 17장에서 논할 것이다.

돌봄노동과 감정노동

다른 노동과 다른 돌봄의 고유성을 '감정노동' 개념으로 설명하는 이들이 있는데 나는 이를 비판적으로 검토하려 한다.

감정노동emotional labor이란 사회학자 앨리 혹실드가 만든 개념으로, 혹실드는 감정노동을 "공적으로 관찰 가능한 표정과 신체적인 표현을 만들기 위해 행하는 감정의 관리이다. 임금과 교환하여 팔고 따라서 교환가치를 갖는다"고 정의한다(Hochschild 1983=2000: 7).

감정노동 개념은 다음 두 가지를 함의한다. 첫째, 감정이 사회적 구축물이라는 점, 둘째, 감정 또한 노동일 수 있다는 점이다. 따라서 감정노동은 서비스로서 교환 가능한 가치를 갖는다. 감정이 사회적 구축물이란 점을 발견한 것은 혹실드만이 아니다. 인류학이나 비교문화론에서는 희로애락의 감정뿐만 아니라 색각이나 통각과 같은 감각도 문화와 사회의 구축물이라는 점을 제시했다. 감정이 사회적으로 고찰할 대상이라는 건 이상하지 않다. 그런데 혹실드의 두 번째 함의, 즉 감정이 노동이란 점은 획기적이었다. 감정노동이라는 개념의 성립과 함께 많은 연구자가 영향을 받은 이유다. 일본에서는 간호학자 다케이 아사코(武井 2001)와 사회학자 사키야마 하루오(崎山 2005)가 간호사의 노동에, 사회학자 가스가 기스요(春日 2003), 사회학자 시부야 노조무(渋谷 2003)는 케어 워커에게 감정노동 개념을 적용해 연구했다.

혹실드는 감정노동을 "감정작업emotional work"과 구별하는데, "감정작업은 감정노동이 사적인 맥락에서 일어날 때의 행위를 의미하고, 사용가치를 갖는다"고 한다. 비슷한 감정의 통제, 관리를 공적 문맥과 사적 문맥, 교환가치와 사용가치로 나눈 하위 구분으로 감정노동을 감정작업과 구별하는 것이다. 이때 감정노동을 지불노동이라고 한다면, 감정작업은 부불노동이라고 해도 좋을 것이다. 이 점을 감안하면, 혹실드의 감정노동 개념의 세 번째 함의는

감정노동에는 '지불노동'과 '부불노동' 두 종류가 있다는 것이다.[22]

감정노동이 교환가치를 지니고 그에 대한 정당한 임금이 지불된다면, 그것은 억압도 소외도 아니다. 혹실드는 "현재 미국 노동자의 3분의 1이 실질적으로 감정노동이 필요한 일을 하고, 일하는 여성 가운데 절반도 이런 일을 한다"고 추정한다(추계 근거는 확실치 않다). 혹실드가 예로 든 전형적인 감정노동자인 승무원은 미소를 짓거나 승객의 비위를 맞추는 등의 감정노동을 하면서 평균적인 여성 노동자의 임금보다 많은 돈을 받는다.[23] 예컨대 키보드로 데이터 입력을 하는 일을 하다가 계속된 키보드 사용으로 경완증후군을 앓게 되는 것처럼, 감정노동으로 인해 생기는 감정의 마비와 같은 노동소외도 직업병이나 노동재해로 봐야 할 것이다. 어느 노동자라도 자기 직업에 과잉 동일화를 할 수 있다. 교사도 감정노동자의 하나인데, 직업이 인격으로 굳어져 집에서도 선생님처럼 행동하는 사람들이 있다. 그런데 이들을 두고서 "노동에서 소외되었다"고는 하지 않는다. 마찬가지로 얼굴에 미소를 고정한 승무원도 노동에서 소외되었다고 볼 이유는 없다. 예컨대 심리상담가도 감정노동자인데, 이들의 노동은 높은 임금을 받는다. 감정노동을 천직으로 지향하는 사람도 있고, 또 그것이 시장에서 높은 교환가치를 지니고 있을 수 있다. 그러므로 ① 직업으로 선택 가능

22 돌보고 있는 고령의 부모에게 지친 얼굴을 보이지 않으려는 딸, 암 선고를 받은 남편에게 밝게 행동하는 아내 등은 사적인 부불노동인 감정노동(혹실드의 용어로는 '감정작업')을 행하고 있는 셈이다.

23 혹실드는 대놓고 이야기하지 않지만, 승무원은 암묵적으로 용모나 외견에 대해 임금을 지불받는다고 생각할 수 있다. 이 직업의 지원자들이 미용이나 몸매 등에 자기 투자를 하는 것은 이를 알고 있기 때문이다.

하며 ② 정당한 보수 ③ 걸맞은 사회적 평가가 따른다면, 감정노동 자체가 문제는 아니다.

내 질문은 어떤 논자가 감정노동 개념을 도입했을 때, 자신이 설명하려는 대상(그 개념 없이는 설명할 수 없는 것)의 무엇을 설명할 수 있는지 하는 것이다. 그 이면에는 그 개념을 도입함으로써 어떤 위험이 생기는가 하는 물음이 뒤따라온다.

간호사인 다케이 아사코는 일본에서 최초로 감정노동 개념을 간호직에 적용한 사람이다.[24] 다케이는 간호직을 의사직과 구별하는 것을 감정노동이라고 보는데, 예전부터 간호학에서는 의료를 '큐어'(치료), 간호를 '케어'(간호, 돌봄)로 구별하여 독자적 전문성을 인정받으려는 논조가 있었다. 간호가 돌봄을 전문으로 하는 직업 중 하나라면 간호 노동에 들어맞는 논의는 모든 고령자 돌봄노동에도 들어맞는다고 볼 수 있다.[25]

다케이는 간호사한테서 번아웃이 많이 나타나는 이유는 간호 노동이 갖는 감정노동의 특성 때문이라고 설명했다. 다케이는 "간호사는 그 직업에 걸맞은 감정을 적절히 표출하고 부적절한 감정은 억제하라는 감정규칙이 있는데, 이는 다음과 같은 다양한 요구를 포함한다"고 했다(武井 2001: 40). "환자에게는 상냥하고 친절하게 대하며, 개인적인 감정이 있어서는 안 된다" "환자에게 화내서

24 다케이 아사코는 '간호부'라는 당시 용어를 사용하나, 여기서는 현재 쓰는 '간호사'로 적는다.

25 여기서 나는 간호 노동론을 전개하려는 게 아니다. 이를 참조하여 고령자 돌봄노동의 특질을 검토하는 것이다. 왜냐하면 케어 워커에게 감정노동을 적용한 선행연구는 가스가, 시부야를 제외하고는 별로 없기 때문이다.

는 안 된다” “울거나 평정심을 잃어서는 안 된다” “환자에게 절대로 말대답하지 말라”는 것 등이다(武井 2001: 42-43). 다케이는 간호사가 지나치게 엄한 감정규칙을 적용해 장기간 감정노동을 하면 번아웃이 될 뿐 아니라, 자기기만과 우울, 의존이나 감정마비, 정체성의 위기를 겪게 된다고 했다. 이렇게 보면, 간호사의 노동이 그렇게나 소외된 노동인가 싶은데, 한편으로 이 정도까지 감정노동의 대가를 치르면서 간호사는 무엇을 얻는지 질문할 수 있다. 감정노동을 강조하면서 다케이가 얻고자 한 것은 무엇인가?

우선 의사직과는 구별되는 간호직의 고유성, 전문성을 주장한 것이다. 그러면서 의사가 할 수 없는 케어를 간호직이 담당한다는 것을 보여주어 의료직 위계질서 내에서 상대적으로 낮은 간호직의 지위를 만회하려는 시도로 볼 수 있다. 간호직은 오랜 기간 의사와의 권력관계에서 열세에 있었다. 의사법에서 규정하는 대로 간호사는 의사의 지시에 따라 치료를 행하는데, 이러한 규정으로 인해 간호직의 직업적 독립성은 훼방받았고 지위도 의사에게 종속되었다. 게다가 의사는 6년이나 공부를 하는데 간호사는 3~4년만 공부해서 교육받은 시간이 적고, 준간호사[간호조무사]는 전문자격 취득이 없다는 등의 편견으로 사회적 지위와 임금의 격차가 정당화되어왔다. 일본간호협회와 같은 간호사 집단의 직업적 이익은 이러한 격차를 줄이는 데 있다. 따라서 간호사들은 ① 의사에 필적할 만한 교육 기간을 목표로 간호학사, 석사학위 등 고학력화를 지향했고, ② 전문 자격을 높이기 위해 준간호사 자격 폐지를 요구했다.[26]

“간호사는 의사가 할 수 없는 케어를 담당하는 감정노동자”라는 명제는 의료직 사이에 경계를 정의하는 데 쓰이고, 전문직 간 직능 분담과 간호사의 전문성 확립에도 이바지한다. 또 간호사의 직능을 감정노동이라 고쳐 부름으로써, 간호사의 노동이 정당하게 평가받고 보수를 받아야 할 전문 노동이라는 의견을 제시할 수 있다. 다케이와 마찬가지로, 간호직이 '감정노동'을 한다고 본 사키야마 하루오는 "환자와 갈등을 회피하라고 할 때 의사, 간호사는 서로 다른 요구를 받는다"면서 다음과 같이 설명한다.

> 의사에게는 진단을 우선시하고 환자와 거리를 두는 게 합리적이라고 요구하면서 환자와의 갈등은 피하라고 강조한다. 그런데 간호사에게는 복잡한 감정 관리를 잘해서, 개별적으로 환자를 배려하며, 자신과 환자 간에 생긴 감정에 대처하라고 요구한다. (崎山 2005: 125)

이러한 구별에는 합리성 대 감정, 객관성 대 개별성과 같은 이항대립이 있다. 이렇게 의사직과 대비해 간호직을 차별화하면 어떤 결과를 초래할까?

감정노동은 간호사에게 의료직으로서 전문성 외의 '부가가치'를 주는가? 만약 그렇다면 그 부가가치에 대해 간호사는 대가를

---

26 이러한 요구와 일본의사회의 이익은 대립한다. 의사 집단의 집단적 이익은 간호사를 의사의 종속적 지위에 두고 저임금 노동력으로 유지하는 데 있기 때문에, 일본의사회는 준간호사 자격 폐지에 대해 오늘날까지 반대하고 있다. 규모는 간호사 단체가 의사 단체보다 크지만, 정부에 대한 정치적 영향력은 의사 단체가 압도적으로 강하다.

지불받고 있을까, 아니면 부당하게 지불받지 못하고 있는가? 간호사의 고학력, 고도의 전문화는 의사가 그렇듯 감정노동을 불필요하게 할까? 의료 현장의 위계질서하에서 간호사의 감정노동에 비용을 지불한다면 그 영향력은 어디에 미칠까? 약자로서 자기가 하고 싶은 말을 하지 못하는 환자나, 간호사보다 지위가 낮은 준간호사, 자격증이 없는 간호 조수, 병원 노동자에게 영향이 미칠까? 또 간호사가 감정노동자라면 의사는 아닐까? 같은 케어를 담당하는 감정노동자로서 간호사는 개호복지사와 어떻게 차별화될까? 정리하자면, 감정노동 개념은 간호사의 전문성에도 불구하고 상대적으로 낮은 지위에 대항해 우위를 주장할 근거가 되는가?

결론부터 말하자면, 간호직에 '감정노동' 개념을 도입해도 처음의 목적과는 달리 의사와 간호사의 격차는 없어지지 않고, 오히려 마이너스 효과를 초래한다. 감정노동의 업무 독점을 통해 의사와 차별화를 하겠다는 것은 의사를 감정노동에서 면제할 뿐 아니라 의료직의 합리성이나 전문성에서 간호사를 멀어지게끔 한다. 따라서 나는 간호직의 노동에 감정노동 개념을 도입하는 것은 부적절하다고 본다. 감정노동 개념이 간호사의 스트레스나 번아웃 등의 용어를 대신할 만큼 그 직무를 잘 설명할 수 있는 것도 아니다. 개념을 적용해 얻는 인식의 이득에 비해 부차적인 부정적 효과가 지나치게 크다. '의사는 감정노동자가 아니어도 된다'는 면죄부를 주기 위해 감정노동 개념이 쓰여서는 안 된다. 넓은 의미에서 의료직 전체가 감정노동을 수반하는 대인서비스라고 해야 할 것이다. 만약 구태여 감정노동자라는 말을 쓴다면 의료를 포함한 대인서비스 업무 전반에 써야 한다. 감정노동의 유무로 의사와 간호사, 간호직과 개호직을 차별화하기도 어렵다. 현재 존재하는 의료, 간호 간의 직업상 서열은 감정노동과는 별개로 설명할 필요가 있고, 따라서 다른 방식으로 서열을 없애야 한다.

이는 개호직에 감정노동을 적용한 경우에도 똑같이 지적할 수 있다. 가스가는 유니트 케어Unit Care로 이행하는 데 따른 시설 케어 워커의 노동 악화 문제를 '감정노동' 개념으로 설명한다. 가스가뿐 아니라 많은 연구자가 고령자 돌봄 현장의 노동에 혹실드의 감정노동 개념을 도입하고 싶은 유혹에 빠진다. 유니트 케어란 시설에서 개인실 이용을 기본으로 6~8개의 개인실을 한 단위(유니트)로 삼아 공동실을 만들어서 집단 돌봄에서 개별 돌봄으로의 흐름을 만들어낸 새로운 양식이다. 건축가 도야마 다다시(外山 2003)는 고령자의 존엄과 프라이버시를 지키기 위해 개인실 이용이 당연하다고 보고, 스웨덴에서 일본으로 유니트 케어를 들여와 보급에 힘썼다. 유니트 케어가 도입되자 시설 관계자들은 비용이 들 뿐만 아니라 케어 워커의 부담이 늘 것이라고 난색을 표했으나, 도야마가 진행한 조사 결과는 별반 늘어나지 않는 걸로 나왔다. 이에 기초해 후생노동성은 유니트 케어를 '국책'으로 선택하고 추진해 왔다.[27] 그러나 현장에서는 일하기가 힘들어졌다는 케어 워커의 의

---

27 2003년부터 후생노동성은 특별양호노인홈 신설 시 개별 유니트 케어를 마련한 '신형 특별양호노인홈' 외에는 보조금을 주지 않는 정책을 추진했다. 그러다가 2005년 개호보험을 재검토하면서 호텔 코스트[개인실 이용료]를 내놓았다. 결국 이용자의 부담이 늘었다. 이러한 후생노동성의 정책 전환을 두고 현장[2003년 후생노동성의 방침에 따라 개인실을 마련한 특별양호노인홈의 사업자, 시민사업체 등]에서는 "2층에 올라가자마자, [정부가] 사다리를 치워버렸다"고 분노하는 이들이 많았다.

견이 나왔다. 이런 의견을 두고 가스가는 노동 악화라는 양적 측면의 변화가 아니라, '감정노동의 강화'라는 질적 측면의 변화로 설명하고자 했다.

유니트 케어의 기본은 집단 돌봄에서 개별 돌봄으로 이행하는 것이라서, 돌봄을 하는 이와 받는 이 사이에 관계의 개별성이 높아지는 경향이 있다. 그런데 유니트 케어를 하기 때문에 케어 워커가 과도한 감정 관리를 하게 되어 감정 마비나 번아웃을 일으키기 쉽다는 결론을 낸다면, 앞서 다케이처럼 간호직의 노동을 감정노동으로 파악하는 실수를 하는 셈이다. 케어 워커들의 노동에는 감정노동 개념을 적용해서 설명할 수 있는 것도 있지만, 이 때문에 오히려 은폐되는 것도 있다. 간호직 노동에 감정노동 개념을 적용해 생긴 여러 의문을 여기서도 똑같이 제기해볼 수 있다.

유니트 케어에서 일하는 케어 워커가 감정노동자라면, 집단 돌봄에는 감정노동이 필요하지 않은 것일까? 감정노동 없이 집단 돌봄을 한다는 건 상호행위로서 돌봄에 더 문제가 아닌가? 감정에 거리를 두면 오히려 실망하거나 소외감을 느껴 번아웃이 올 수도 있다고 우려하는 의견은 어떻게 볼 것인가? 개별 돌봄에서 관계의 개별성은 장단점이 있는데, 유니트 케어가 도입되기 전 집단 돌봄도 해보고 유니트 케어도 해본 케어 워커 대부분이 유니트 케어에서 일하는 게 부담감과 함께 높은 만족도를 나타내고 있는 점은 어떻게 봐야 할까?[28]

유니트 케어는 8장에서 상세히 논할 텐데, 내가 실시한 조사에서는 분명 유니트 케어에서 노동 강도 증가가 일어나고 있었다 (東京大学文学部社会学研究室·工学部建築学研究室 2006). 이 점은 도야마 다다시 그룹의 조사 결과와 다른데, 도야마 그룹의 조사 결과는 별도의 데이터로 반증할 수 있다. 그런데 유니트 케어에서 나타난 노동 강도 증가 문제를 감정노동 때문이라고 설명할 필요는 없다는 게 내 생각이다. 감정노동 개념은 노동 악화 문제를 실질적으로 은폐하는 효과를 초래할 수 있다.

입소자 30명을 5명의 직원이 돌보는 집단 돌봄과 입소자 6명을 1명의 직원이 돌보는 유니트 케어에서, 직원 한 사람당 고령자 인원수는 같다. 그런데 유니트 케어를 보면, 케어 워커는 한 유니트에서 혼자서 대부분의 시간을 보낸다. 개인실에 들어가 개별 돌봄를 하면, 유니트의 공동실이나 다른 입소자의 개인실까지 주의가 미치지 못한다. 다른 개인실에 있는 입소자가 침대에서 떨어질 수도 있고 걷다가 넘어질 수도 있다. 책임을 분담할 수 없는 상태인데, 모든 입소자의 건강과 안전이 직원 한 사람의 어깨에 달려 있다. 나의 조사에서는 유니트 케어가 노동자를 끊임없이 긴장하도록 강요하는 실태가 엿보였다.

---

28 덧붙이자면, 다인실과 개인실 유니트 양쪽을 경험한 이용자는 대부분 개인실에 높은 만족도를 보였다. '카리스마 물리치료사'로 알려진 미요시 하루키는 과거 유니트 케어를 추진하던 후생노동성을 아주 신랄한 어조로 비판한 적이 있다(三好 2006). 그런데 자세히 보면 미요시의 비판도 획일적으로 개인실을 만들라는 후생노동성의 일방적인 강요에 반대하는 것이지, 고령자들의 선택지가 늘어나는 것을 비판한 것은 아니었다. 만약 이용료가 이전(다인실을 사용할 때)과 같고, 개인실과 다인실을 완전히 같은 조건하에서 고를 수 있다면(또는 개인실과 다인실 양쪽을 다 써본 후에 자유롭게 선택할 수 있다면), 많은 이용자들은 개인실을 선택할 것이다. 그런데 2005년 정부가 개호보험 재검토 후 호텔 코스트를 도입하고 나자, 건축가 도야마 다다시 등의 이상에 따라 추진된 유니트 케어는 결국 호텔 코스트를 낼 만큼 경제적 여유가 있는 계층만 이용하게 되는 결과를 낳고 말았다.

다시 말해 이러한 부담은 감정노동보다는 책임을 져야 하는 노동에서 비롯한다고 봐야 할 것이다. 또 '돌봄에 대한 책임' 개념에서 보면, 고령자를 돌보는 많은 가족이 말하는 것과도 딱 들어맞는다. 케어매니저를 최대한 활용해 서비스를 전부 외부에 맡긴다고 하자. 그렇다고 해도 고령자를 돌보는 주요한 이가 끝까지 짊어지는 것이 바로 돌봄에 대한 책임이다. 거기에는 돌봄을 받는 고령자에게 무엇이 가장 적절할지 (당사자가 그것을 결정하지 못할 경우) 대리로 결정해야 하는 의사결정도 포함되어 있다. 육체적 부담을 줄이는 건 할 수 있어도, 이런 책임을 제3자에게 이전하기는 어렵다. 가족관계에서는 특정한 가족이 고령자와의 개별적 관계에 따라 의사결정 노동에 대한 책임을 지게 된다. 가족 내 사적 영역의 돌봄을 여타 영역의 돌봄으로 이전하는 것이 어렵다거나 혹은 이전하지 않는 게 좋은 돌봄이라고 보는 시각은 아마도 이러한 책임 때문일 것이다.

유니트 케어에서는 케어 워커가 '대체 불가능한' 돌봄에 대한 책임을 일정한 시간과 공간 속에서 혼자 짊어진다.[29] 만약 케어 워커의 강화된 노동을 경감시키려 한다면, 더 많은 인력을 배치하고, 혼자서 일하는 것을 피하게끔 하는 수밖에 답이 없다. 도야마가 주장한 것과 달리, 나는 유니트 케어는 일손이 더 필요하다고 결론을 내리고 싶다. 이러한 결론에는 감정노동 개념이 전혀 필요하지 않았다.

---

29 그렇다고 해도 이 노동은 시간과 공간에 의해 한정되어 있다는 것(한정적인 책임을 진다)이 특징이다. 반대로 가족에 의한 돌봄은 그 책임이 '무한정'으로 커지는 경향이 있다(井口 2002).

돌봄노동은 왜 싼가

나는 《가부장제와 자본주의》의 결론 부분에 이렇게 썼다.

> 왜 인간의 생명을 낳아 기르고 그가 죽기 전까지 돌보는 노동, 즉 재생산노동은 여타의 모든 노동의 하위에 놓이고 마는가? …… 이 문제가 해결되기까지 페미니즘의 과제는 영원히 남아 있을 것이다. (上野 1990: 307-308; 上野 2009d: 389)

이 질문은 몇 번이라도 반복할 필요가 있다.

여태까지 살핀 것처럼 돌봄노동의 가격은 결코 높다고 할 수 없다. 여기서 다시 돌봄 가격의 이중성, 즉 돌봄서비스 가격과 돌봄노동의 가격을 구별하자. 돌봄서비스와 돌봄노동력은 서로 다른 시장에 속해 있다. 둘 다 교환가치가 있는 분명한 상품이지만, 돌봄서비스는 재화나 서비스 상품 시장에, 돌봄노동력은 노동력 시장에 속한다. 개호보험하에서 돌봄서비스는 (에스핑 안데르센의 용어로) 탈상품화되었다. 정부가 정한 서비스 가격과 이용자가 부담하는 이용료는 같지 않다. 만약 지금처럼 이용자가 서비스 이용료의 10%를 부담하는 것이 아니라면, 재택 지원 중 신체개호 가격(시간당 4020엔)은 이용자 대부분이 고가라고 부담을 느낄 것이다. 그런데 케어 워커가 받는 시간당 임금은 이용료와 다르다. 민간기업에서 고용한 홈헬퍼의 평균임금은 시급 1300~1500엔 정도이고, 자격증이 있는 전문직 파트타임은 시급 1800~2500엔 정도다. 한편 유상의 자원봉사형 시민사업체[NPO, 생협]에서는 기묘하게도 어느 지역이든 지역 최저임금보다 약간 더 낮은 가격대로 평준화되어 있다.[30] '유상의 자원봉사'[31]는 지역 최저임금 이하로 여성을 동원하기 위한 이데올로기 장치가 아닌가 의심스러울 정도다.

돌봄노동의 가격은 왜 이리 싼가?

이미 설명한 대로 첫째, 돌봄의 유상화 그 자체가 갖는 딜레마, 즉 돌봄 담당자들의 저항이다. 스탠딩은 "돌봄이 임금을 제대로 지불하는 노동이 된다면, 역설적으로 돌봄을 하는 이에게 그 가치가 하락한다"고 말한다. 왜냐하면 "증여의 관계gift relationship가 감소하기 때문"이다(Standing 2001: 32).[32] 이는 돌봄을 하는 이 스스로 유상화에 저항하며, 돌봄 가격을 낮추는 배경이 된다. 특히 돌봄이 유상이나 무상 자원봉사로 이뤄지는 경우, 다른 저임금 케어워커와 자원봉사자인 자신을 차별화해, 돌봄을 받는 이에 대해 상대적으로 우위에 서고 싶은 심리적 기제가 작동한다. 돌봄이 지불노동이 되는 데 대한 저항은 이러한 우위를 포기하는 것에 대한 저항이기도 하다. 여기에는 시장화한 서비스 노동에 대한 차별화와 경멸이 뒤따른다. 여기서 유상의 자원봉사자의 돌봄 가격이 지

---

30 유상의 자원봉사형 시민사업체에 대해서는 이 책 16장을 참조하라. 한편 일본은 지역마다 최저임금이 다르게 책정되어 있다.-옮긴이

31 교통비와 약간의 활동비를 받거나 지역통화 등 적은 보수를 받고 시민사업체나 사회복지법인 등에서 봉사하는 것을 일컫는 말이다.-옮긴이

32 조지 호먼스와 피터 블라우의 교환 이론에 따르면, 증여의 관계에서 증여하는 이와 증여받는 이는 채권-채무관계가 발생하고 증여하는 이는 받는 이보다 권력적으로 우위에 선다. 이 권력 차이를 상쇄하려면 채무에 대한 지불이 필요하다. 화폐로 대가를 지불하는 것은 채무를 해소하는 하나의 수단이며, 이에 따라 권력관계가 다시 같아진다. 돌봄서비스의 유상화, 돌봄을 받는 이가 직접 케어워커에게 지불하도록 하는 방식과 그 근거는 별도로 논한다.

역 최저임금을 밑도는 수준으로 평준화되어 있는 수수께끼가 풀린다. '나를 가정부 취급하지 말라'는 유상 자원봉사자의 자긍심은 '가정부'에 대한 경시에서 비롯되었고, 이와 차별화하기 위해 이들은 시장에 나온 '가정부'보다 자신들의 서비스 가격을 스스로 낮췄다. 그 가격은 저임금 파트타임 노동을 할 수밖에 없는 이들을 배제한다. 그리고 그것은 저임금 시간제 노동에 나설 수밖에 없는 사람들을 배제하고, 약간의 차로 숭고한 봉사를 한다는 정당성을 얻으려는 이데올로기 가격이기도 하다(上野 2004a).[33]

두 번째, 돌봄노동의 가격이 낮은 이유를 돌봄노동이 감정노동이라는 데서 찾는 시도가 있다. 영국의 사회정책학자인 제인 루이스는 "감정노동을 포함할수록 그 보수는 낮다"는 법칙을 소개했다(Lewis 2001: 73). 즉 감정노동은 감사나 긍정적 반응, 보람과 같은 감정의 보상이 따르므로 돌봄노동의 가격은 '돌봄노동의 가격=저임금+감정적 보수'로 도식화할 수 있다는 것이다(Lewis 2001: 64).

그러나 이 도식은 이상하다. 혹실드가 분명히 한 것처럼 세상에는 감정노동이면서도 고액의 보수를 받는 노동이 얼마든지 있기 때문이다. 의사나 변호사, 심리상담가가 판매하는 건 전문성만이 아니다. 또 감정노동의 정도가 높은 승무원 등도 높은 임금을 받는다. 감정노동의 유무는 보수의 높고 낮음과 상관없는 것이니,

---

33 사회학자 시부야 노조무도 "돌봄노동의 이중성, 즉 노동으로서 사회적 평가는 낮지만 자원봉사로서 사회적 평가는 높다는 점이 임금을 흔들고 있다"(渋谷 2003: 28)면서, 이것이 "감정노동으로 불리는 범주의 노동과의 공통점"이라고 했다.

루이스 논의의 인과관계는 잘못되었다. 즉, 감정적 보수가 있으니 임금이 낮은 것이 아니라, 임금이 낮기 때문에 감정적 보수가 있다고 여겨지는 것이다.

루이스가 소개한 도식에서, 임금과 감정적 보수는 양자가 서로 상충하는 트레이드오프 관계에 있다. 그렇다면 고마워하지 않는 이용자에게는 [보수를 더 높게] 청구하면 되는 것인지 반론을 제기할 수도 있을 법하다. 그런데 루이스는 이 이상한 '법칙'에 따라 "돌봄이 상품화되면 돌봄에 대한 동기 부여가 줄어들 것"이라고 한다. 그러나 거꾸로 돌봄 비용이 아주 비싸지면, 돌봄에 대한 동기 부여가 줄어들 것이라고는 할 수 없을 것이다. 의사나 변호사가 되기를 원하는 이들은 줄을 섰다. 그 일의 보수가 높을 뿐 아니라 감정적 보수 역시 높기 때문이다. 돌봄노동의 가격이 낮은 이유를 돌봄노동이 감정노동이기 때문이라고 하는 주장은 모두 돌봄노동의 저임금을 정당화하기 위해 동원하는 담론 자원에 불과하다. 그리고 감정으로 보상을 받는다는 말은 저임금노동일 때 자주 이야기하는 것이지, 고임금노동을 이야기할 때는 아무도 이야기하지 않는다.[34]

세 번째 이유에는 젠더가 깊이 관여한다. 여성을 돌보는 성으로 여기는 것만 얘기하는 게 아니다. ① 돌봄이 여성의 일로 여겨

---

34 시부야 노조무는 홈헬퍼가 정신적 스트레스로 힘든 처지를 겪는 것을 두고 "정신적 스트레스가 긍정적으로 변하는 경험을 자주 할 수 있다는 의미에서 양의적"이라고 했는데(渋谷 2003: 30), 정신적 스트레스는 "비용으로 여겨지는 게 아니라, 오히려 돌봄 일에 따라오는 특전으로 해석되어 저임금을 정당화할 구실이 된다"고 한다. 그런데 의사, 변호사, 교사, 심리상담가를 두고서는 왜 이런 점을 말하지 않는가?

지고, ② 더군다나 여성이라면 누구나 할 수 있는 비숙련 노동으로 여겨지며, ③ 공급원이 그칠 일이 없다고 여겨지는 것이다. 그러나 현실은 ① 남성도 돌봄에 참여하나 그것이 보이지 않게끔 되어 있고, ② 돌봄노동은 비숙련 노동이 아니라 경험과 숙련을 요구한다는 점을 경험자는 누구나 증언한다. 또한 돌봄은 싱글 가구원의 생계 유지 수준조차 밑도는 임금의 노동인데도 ③ 공급원이 끊임없이 있다고 여기는 것은 가계를 유지하는 사람을 별도로 둔 무직의 기혼 여성, 즉 주부층이라는 공급원이 있다고 보기 때문이다. 그러나 이러한 주부층은 역사적으로 볼 때 일시적인 존재이며, 앞으로 인구학적으로 늘어날 것으로 보이지 않는다(이렇게 가정하는 것도 외국인 노동자가 노동 시장에 참여하게 될 경우에는 적용할 수 없다). 또 실제로 한부모 가정의 가장으로 가계를 꾸리는 여성들도 돌봄노동에 참여하고 있으나 그 사실은 고려하지 않는다. 중장년 기혼 여성뿐만 아니라 젊은 남녀 싱글, 고령의 남성 등도 돌봄노동 시장에 참여하고 있기 때문에 돌봄은 여자 일이라고 보는 전제는 모두 틀렸고, 지금은 신화에 불과하다. 하지만 주로 여자가 싼 노동력과 낮은 사회적 지위로 돌봄을 담당하는 상황이 무너질 것처럼 보이지는 않는다. 여태까지 거의 공짜로 손에 넣은 돌봄서비스(부불노동)에 가치를 인정할 필요가 없다고 보는 것이다.

돌봄의 가격은 왜 싼가? 이것을 젠더로 설명하면 답은 명쾌하다. 왜? 여자가 하는 일로 여겼기 때문에.

영국의 페미니스트 사회학자 베로니카 비치는 주변화된 파트타임 노동이 "저임금노동이라 여자가 하는 것"이 아니라, "여자가 하는 일"로 만들었기 때문에 저임금이라고 갈파했다(Beechey

1987). 제인 루이스는 "가치가 낮고 보수를 제대로 지불하지 않는 돌봄노동을 여자가 한다고 하기보다, 여자가 하는 노동이니까 가치가 낮은 것이다"라고 지적한 뒤 다음과 같이 예언한 바 있다.

> 남자가 돌봄에 좀 더 종사하게 될 때까지 돌봄의 가치가 지금보다 높아질 일은 거의 없을 것이다. (Lewis 2001: 74)

그런데 남자가 돌봄에 참여하기 전에, 외국인(외국인 여성)이 돌봄노동을 메꿀 가능성이 매우 높다. 돌봄이 가족 영역에서 시장으로 이행했어도 그 가치는 높지 않다. 이것을 나는 '사적 가부장제'를 대신할 '공적 가부장제'라 부른다.

7장 돌봄을 받는 것은 어떤 경험인가

돌봄을 받는다는 것

6장에서 돌봄이 어떤 노동인지 논했다면, 이제는 돌봄을 받는 경험이 어떤 것인지를 논하려 한다.

> 21세기에 일본은 고령사회로 진입해 세계적으로 경험한 적 없는 '돌봄사회'가 된다. 모두가 낯선 이와 만나고 서로 도와야 하는 사회다.
> 요즘 전국적으로 고령자 돌봄을 가르치는 학교[대학, 전문학교 등의 교육기관]가 늘고 있는데, 돌봄을 받은 적이 없는 이들이 교과서를 만들어도 될까? …… 돌봄을 하는 쪽의 의견만 너무 많지 않은가? (小山内 1997: 4)

이는 '돌봄받기의 프로'를 자임하며 삿포로에 거주하는 중증

장애인 오사나이 미치코의 글이다.

일본에서는 2000년에 개호보험제도가 시행되고 2005년에 장애인자립지원법障害者自立支援法[1]이 만들어졌고, 개호보험 시행 이후 돌봄을 제공하는 입장의 노동, 사업, 경영에 관한 정보와 연구는 눈에 띄게 쌓였다. 그러나 지금 우리가 돌봄받는 입장을 안다고 할 수 있을까? 돌봄은 하는 쪽과 받는 쪽의 상호행위임에도 그 정보량의 격차는 매우 크다.

돌봄을 받는 쪽과 비교해 돌봄을 하는 쪽에 관한 정보나 경험이 더 축적되는 데는 이유가 있다. 돌봄을 하는 쪽은 전문성이 있고 경험적인 지식을 체계화하거나 정보를 공유한다. 더욱이 자격이나 권위가 부여된다. 이에 비해 돌봄을 받는 입장을 생각해보자. 자신의 몸과 마음은 그 자신 역시 난생처음 겪는 변화이기에 돌봄을 받는 데는 경험이 쌓이지 않는다. 이런 점은 의료에서도 마찬가지다. 의사는 프로지만 환자는 진료받을 때마다 아마추어가 된다. 의료상에 정보의 비대칭성이 있는 것처럼 돌봄에서도 그렇다. 이 탓에 돌봄을 받는 쪽은 자신의 몸과 마음에 무슨 일이 일어나는지 정확히 인식하고 판단하기가 어렵다.

이 입장의 차이를 감안하더라도, 양자가 같은 시간을 공유한다는 것을 고려해봤을 때 이들 사이의 정보나 경험 축적의 불균형

1 장애인복지제도를 장애인자립지원의 관점으로 전면 개정하여 재택 활동 지원을 통합해 제공하는 서비스를 규정한 법률. 2006년부터 시행했고 2013년 장애인종합지원법['장애인의 일상생활 및 사회생활을 종합적으로 지원하기 위한 법률']으로 명칭을 개정하면서, 지적·신체·정신 장애 외에 난치병 환자 등도 서비스를 받을 수 있다.-옮긴이

이 크다. 왜 그럴까? 첫째, 돌봄을 받는 이들이 그 경험을 말하지 않았기 때문이고, 둘째, 돌봄을 하는 이들이 돌봄을 받는 이들에게 그 경험이 어떤 것인지 묻지 않았기 때문이다. 그러니까 돌봄을 받는 쪽의 침묵, 돌봄을 하는 쪽의 온정주의가 그 원인인데, 여기에 더해 돌봄을 받는 쪽의 경험을 연구해야 하는 연구자가 태만한 것도 그 이유 중 하나다. 사회학을 표방하는 연구조사, 지자체나 각종 단체의 조사도 주로 질문지를 쓰는 기법인 양적 조사에 편중되어 있다. 이런 조사에서는 고령자 본인이 아닌 그 가족이 대신 답을 하게 되는데, 조사자는 이를 암묵적으로 용인한다. 또 와상 노인을 조사한다면, 연구자가 직접 방문해야 하는데 언어장애가 있는 경우 커뮤니케이션이 어렵고, 인지증을 수반하는 경우 고령자 본인의 의사를 확인하는 데 장시간이 소요되는 관찰과 숙련도가 필요하다. 돌봄받는 쪽의 경험을 연구하는 데는 질적 조사가 필수적이다. 그러나 시간과 노력이 필요하고, 들인 시간과 노력에 비해 효율이 나쁘다고 본 연구자들은 그들의 경험을 제대로 살피지 못했다. 그뿐만 아니라 돌봄받는 쪽을 대상으로 한 조사 기법이나 판정 척도도 확립되지 못했다. 그런데 아직 충분히 성숙했다고는 할 수 없지만, 최근 이런 연구 경향에 여러 변화가 일어났다.

돌봄받는 경험

돌봄을 하는 경험도 그렇지만, 돌봄을 받는 경험도 항상 좋은 것만은 아니다. 돌봄을 받을 권리는 없는 것보다 있는 게 분명 더

할 나위 없이 좋지만, 그렇다고 해도 그 권리의 행사가 언제나 환영받지는 못한다.

고령자가 돌봄을 받는 경험은 항상 부정적인 시각으로 보는 분위기가 있었다.

일본에는 PPK 운동[2]이라는 맨손체조가 있는데, 이 운동을 보급하기 전인 1970년대에 도쿄도 노인종합연구소(당시 명칭) 심리연구실의 이노우에 가쓰야 실장은 나라현 이카루가에 있는 기치덴지吉田寺에 다니는 고령자를 인터뷰 조사했다(井上 1978; 上野 1994). 이 사원에는 '폿코리 신앙ポックリ信仰'[3]이 남아 있었는데, 이런 민간신앙이 1980년대에 PPK라는 말로 이어졌다. 이후 30여 년간 돌봄을 받는 상태를 기피하는 사회적 가치관은 변하지 않았다. 부정적 사회적 가치를 당사자가 내면화하면 '자기부정'이 되는데, 고령자의 경우 늙어가는 경험을 부정적으로 보게 되는 심각한 문제가 발생한다. 이런 부정적 감정의 큰 부분을 차지하는 것이 타인에게 돌봄을 받는 의존적 상태를 받아들이기 어려워하는 마음이다.

이노우에의 조사 대상은 총 43명(남성 6명, 여성 37명)의 고령자들로 평균 연령은 70.3세였다. 이노우에는 그들에게 기치덴지에 온 이유를 물었는데, 전체의 93%가 "중풍으로 몸져누워 주변에 피해를 주고 싶지 않아서"라고 답했다. 그리고 "암에 걸리면 그 괴

2 노인의 건강 증진에 도움이 된다며 1980년대에 일본체육학회가 보급한 맨손체조다. 이 운동 명칭에 붙은 PPK는 노인이 정정하게 살다가 일순간에 죽는다는 뜻의 일본어 '핑핑코로리ピンピンコロリ'의 줄임말이다.-옮긴이

3 건강과 장수, 그리고 혹시 병에 걸리더라도 누군가 자신의 배변을 처리하며 보살펴줄 일 없이 금방 죽기를 비는 민간신앙의 일종이다.-옮긴이

로움을 견딜 수 없을 테니까" "나이를 먹고 살아갈 희망을 잃어서" "젊은이들에게 방해가 되고 싶지 않아서"라는 답이 이어졌다. 이노우에는 이러한 응답을 보고서 "자신을 간호할 이에게 신세를 지는 데 대한 미안함과 배려, 그리고 그와 동시에 타인이 자신을 귀찮게 여기는 것에 대한 슬픔과 분노를 볼 수 있다"고 간파했다. 이노우에는 주변에 피해를 주고 싶지 않다고 답한 이들에게 "만일 당신이 몸져누웠을 때, 당신의 가족이 전혀 성가셔 하지 않고 단 하루라도 좋으니 더 살아주길 바라며 진심으로 따뜻하게 간호해 준다면 어떨까요? 그래도 빨리 죽기를 바랍니까?"라고 물었다. 이에 82%는 "만약 그렇게 해준다면 정말 기쁠 테지만, 그래도 몸져눕지 않고 바로 저세상에 가고 싶다"고 답했다.

나는 1986년에 논문 〈노인 문제와 노후 문제의 낙차〉[4]에서 이노우에의 연구를 소개했는데, 이때 다음과 같이 평했다.

> '주변에게 피해를 주는' 요인이 없다고 해도 여전히 돌봄받기를 거부하는 이들의 마음에는 남에게 신세를 지는 건 무력하다는 생각, 그런 자신을 적극적으로 거부하는 자존심, 또 그 자존심만큼의 공격성이 있다. (上野 1986; 1994: 268)

이노우에의 조사가 있은 지 30년이 흐른 뒤 일본에 미국의 '성공적 노화successful aging'라는 개념이 소개되었다. 건강한 고령자

4 이 논문은 나중에 〈보살핌을 받으며 살아가는 경험으로서의 노후〉라는 제목으로 《근대가족의 성립과 종언》(上野 1994)에 수록했다.

를 상징하는 이 개념이 일본에 널리 퍼진 것을 보면 고령자가 요개호 상태가 되는 것에 대해 스스로 부정적으로 보는 감각은 없어지지 않은 것으로 보인다. 성공적 노화란 노년을 죽기 직전까지 중년의 연장으로 보는 사고방식인데,[5] 나는 이를 '생애 현역 사상'이라고 부른다. 늙음에 성공이 있다면 실패도 있을 텐데, '성공적 노화'에 기초해보자면, 요개호 상태가 되는 것은 필경 실패한 늙음일 것이다.

여태까지 문명사적 고찰이나 비교인류학에서 고령자의 사회적 지위나 부정적 정체성을 연구해왔지만(片多 1979; 天野 1999; 上野 2005), 돌봄을 받는 고령자에게 초점을 맞춰 당사자의 경험을 대상으로 한 연구는 많지 않다. 이노우에의 선구적 연구도 '피개호자被介護者 예비군'이라 할 수 있는 건강한 고령자였지 돌봄을 받은 경험이 있는 고령자는 아니었다. 피개호자는 주변에 미안함을 느끼거나 스스로가 한심하다고 여기는 등 부정적인 감정을 품고 있다고 알려져 있는데, 이런 감정은 대인관계에서 자신을 돌봐주는 이를 자신이 귀찮게 하고 있다고 여기거나 돌봐주는 이가 자신을 성가시게 여기는 것에서 비롯한다. 이노우에가 조사했던 시대는 가족 돌봄 외에는 고령자 돌봄의 선택지가 한정되어 있었기 때문에 고령자의 심적 부담이 얼마나 컸을지는 상상하기 어렵지 않다. 그런데 돌봄을 사회화해서 부담이 줄어든 오늘날에도 고령자는 마찬가지로 느끼고 있을까? 또 돌봄을 주고받는 인간관계의 번거로움을 해결하더라도, 여전히 남아 있는 '돌봄을 받는 경험'에 대해

5 이에 관해서는 일본의 노년학 연구자 아키야마 히로코에게 배웠다(秋山 2008).

우리는 무엇을 알고 있는가? 이런 질문을 던져보면, 우리가 돌봄을 받는 경험에 대해 실상 무지한 상태임을 깨닫고 아연실색하게 된다.

우리가 돌봄을 받는 경험에 대해 모르는 까닭은 누구도 돌봄을 받는 이에게 그 경험을 물었던 적이 없기 때문이다. 언어장애나 인지증 등으로 의사소통은 어려워도, 의식과 표현 능력이 확실히 있는 고령자는 많다. 그런데도 상대방에게 무엇이 필요한지 돌봄을 하는 이가 대신 판단하는 온정주의 탓에, 돌봄을 받는 피개호자는 니즈의 당사자가 아니었다.

이뿐만이 아니다. 피개호자 자신도 돌봄받는 경험을 말하지 않는데, 특히 부정적인 경험을 했을 때는 더욱 말하지 않는다. 이 책에서 나는 돌봄이 상호행위라고 되풀이해 적고 있는데, 돌봄이 상호행위인 이상 돌봄을 받는 경험이 불쾌하거나 만족스럽지 못하다는 것은 돌봄을 받는 사람이 돌봄을 한 사람에게 불만이 있다는 뜻이다. 가족 돌봄이나 시설 돌봄 외의 다른 선택의 여지가 없는 이들은 돌봄을 하는 이에게 감사는 할 수 있지만 불평을 늘어놓는 것은 허용되지 않는다. 여태까지 조사로 알 수 있는 범위에서만 봐도, 피개호자는 불만이 있어도 말하지 않고 억제하는 경향이 나타난다. 그래서 가족이 돌보면 불만을 말하지 않던 피개호자가 다니는 시설에서나 방문개호를 받으면 곧잘 구체적인 불만을 말하는 사례를 보고서 "피개호자는 가족 돌봄을 선호한다. 가족이 돌보면 만족한다"고 단순하게 해석할 수 없는 것이다. 가족이 돌볼 때는 불만을 억제하나, 가족 밖의 돌봄에서는 불만 제기를 억제하지 않는다고 해석하는 편이 타당하다. 적어도 불만을 말하는 피개호자는 자신의 니즈를 잘 알고 있으며 그것을 충족시키기 위해 '언어화'할 수 있을 만큼 커뮤니케이션 능력이 있다고 판단할 수 있다. 우리는 당사자의 목소리에 귀를 기울이지 못하고 있다.

요개호자의 탄생

일본에서 '요개호자', 즉 돌봄이 필요한 사람은 2000년에 생겨났다.

기이하게 들릴 수 있겠지만, 요개호자要介護者와 피개호자는 서로 다르다. 5장에서 검토한 것처럼 돌봄이 필요한 상태더라도 '피개호자'가 될 수 없는 고령자는 많았다. 그 반대의 경우도 있다. 고령자가 어떤 상태가 됐을 때 요개호 상태로 인정할지, 어떤 수준으로 판정할지는 역사적 맥락에 의존해왔다. 요개호자란 이름을 가진 고령자가 따로 객관적으로 정해져 있는 게 아니다.

'요개호자'는 역사적인 개념으로, 2000년 4월 1일 개호보험법 시행 후에 생긴 법률용어다. 개호보험 시행일 이후 일본에서는 대량의 '요개호자'가 등장했다. 요개호자 개념이 성립하려면 ① 제3자가 개호를 요하는 상태에 있는 고령자임을 인정하는 동시에 ② 돌봄 필요를 충족시킬 공적 책임이 있다는 점에 사회적인 합의를 이뤄야 한다. 개호보험은 [사회적 합의로 만들어낸 제도이므로] 이 두 가지 조건을 토대로 '요개호자' 개념이 갖춰진다.[6]

나는 일본의 개호보험이 '가족혁명'이라고 말해왔다(上野 2005). 왜냐하면 개호보험법은 고령자를 돌볼 책임, 즉 요개호자의 니즈를 만족시킬 책임을 (부분적이나마) 사적 영역에서 공적 영역으로 이전시켰기 때문이다. 더 쉽게 말해, 돌봄은 가족의 책임이 아니다. 보수파의 트집을 감안해 좀 더 신중히 말하자면 "고령자 돌봄이 가족만의 책임이 아니다"라는 데 사회적 합의가 이루어졌다는 것이다.[7]

그런데 이런 주장도 사실 정확하지는 않다. 5장에서 논한 것처럼 일본의 가족법은 가족이 고령자를 돌볼 의무를 규정하지 않았다. 따라서 돌봄을 요하는 고령자를 유기하거나 방치한다고 해도 이에 대해서 고령자와 따로 사는 가족에게 책임을 묻지는 않는다. 어린이의 경우 친권에 따라 발생하는 부양의무가 있으므로 자식 부양을 게을리하면 부모의 책임을 묻는다. 그러나 늙은 부모를 둔 자식에게는 친권과 같은 권리와 의무 관계가 발생하지 않는다.

2006년 11월 고령자학대방지법(2007년 4월 1일 시행)이 생기고, 학대 범주에 구타나 상해와 같은 신체 학대에 더해 무시, 방치, 유기와 같은 행위가 포함되기에 이르렀다. 그런데 고령자학대방지법에서 그 책임을 묻는 대상은 고령자의 '양호자'이지 가족은 아

---

6 그러나 요개호 상태 인정에는 정치적 판단이 수반된다. 2006년 개호보험 검토로 이미 요개호도를 인정하는 경계가 바뀐 바 있다. 이렇듯 '요개호 상태'라는 것은 사회구성적인 것이므로 어느 시대나 사회에서 '요개호자'가 얼마나 있는지 등을 살피는 역사적 추이나 국제 비교는 무의미하다.

7 개호보험 법안은 2000년 시행에 앞서 3년 전인 1997년 별 반대 없이 국회에 상정되었다. 그러나 법안 상정 후 보수파 정치가들이 이 법안을 탐탁지 않게 여겼다는 게 드러났다. 개호보험법 시행 직전 해인 1999년 가을, 당시 자민당 간사장이던 가메이 시즈카는 "자식이 부모를 돌보는 게 미덕"이라고 주장하며 개입했다. 개호보험 시행 후에는 반년간 1호 피보험자(65세 이상)의 개호보험료 징수를 유예했다[노년층 반발을 구실로 자민당 보수 정치인들이 잠시 보험료 징수를 유예했던 것을 말한다].

니다. 양호자는 누구인가? 고령자학대방지법에서는 친족이 아니더라도 고령자와 같이 살고 있다면 양호자라고 하고, 양호자의 책임을 묻고 있다. 그렇다면 고령자와 따로 살고 있을 때는 가족에게 책임이 없다고 할 수 있을까?

고령자 학대를 선구적으로 연구한 피터 데칼머와 프랭크 글렌데닝은 고령자 방치란 "돌봄의 제공자가 이용할 수 있는 자원을 알면서도 중요한 돌봄의 니즈를 해결하는 데 개입하지 않는 것"이라고 정의한다(O'Mally et al. 1983: 1000; Decalmer & Glendenning 1993: 11). 즉, 고령자 돌봄에서 아무것도 안 하는 것에 대해 부작위不作爲, 태만함에 대해 불법 행위로 책임을 물을 수 있다는 것인데, 대체 누구에게 책임을 물을 것인가?

누가 고령자의 니즈를 판단하고 정할까? '이용 가능한 자원'은 무엇인가? 가족은 (제한이 있는) 체력이나 시간을 다 쓰고 지쳐 떨어져 나갈 때까지 고령자를 돌봐야 하는가? 고령자와 같이 사는 가족 구성원에게만 '돌봄을 제공할 책임'이 있고, 따로 사는 가족에게는 책임을 물을 수 없는 것인가? 돌봄을 제공할 책임이 같이 사는 가족한테 있다고 한다면, 먼저 부모 집을 나온 가족 구성원은 돌봄에 직면하지 않으니 책임을 묻지 않아도 되는가? 그리고 여기서 가족의 범위는 어디까지인가? 친족이 아닌데 고령자와 함께 사는 며느리나 사위는 가족에 들어가는가, 들어가지 않는가?

친권자를 판정할 수는 있어도, 누가 고령자 돌봄의 의무를 지는지는 특정하기가 어렵다. 아동학대법의 법리를 그대로 고령자 학대에 적용하기는 어렵다. 고령자학대방지법은 그 운용에 많은 문제가 뒤따를 것이다.[8]

지금까지 검토한 내용을 감안하면, 개호보험법이 돌봄의 책임을 사적 영역에서 공적 영역으로 이전했다는 말이 정확하지는 않다는 점을 깨닫게 된다. 일본 역사상 처음으로 돌봄의 공적 책임을 부분적으로 인정한 것이 개호보험법이라고 하는 편이 나을 것이다. 그리고 개호보험에 따라 역사상 최초로 '요개호자'에 속하는 범주의 사람들이 공적으로 탄생했다.

'문제(문제화)'도 '니즈'도 장애인운동에서 배우자

그런데 일본의 요개호자는 아직 충분히 니즈를 표출한 당사자라고 할 수 없다. 지금은 제3자 기관이 고령자를 '개호'할지 그 여부를 판정한다. 개호보험제도하에서는 각 지자체에 있는 '요개호인정위원회'가 제3자 역할을 한다.[9] 그런데 이것이 반드시 고령자 본인이 돌봄을 받아야 한다고 인식하는 것을 의미하지 않는다. 게다가 돌봄을 요하는 고령자 자신이 스스로 돌봄의 니즈를 충족할 권리가 있다고 여기는 것도 아니다.

'문제'도 '니즈'도 사회적인 것이다(上野編 2001). 따라서 무엇

---

8 위에서 살핀 상황을 감안해, 고령자학대방지법은 실제 운용하기가 매우 어렵다는 점을 지적할 수 있다.

9 한국의 노인장기요양보험제도에서는 국민건강보험공단에서 장기요양 인정조사를 실시하고 등급판정위원회가 장기요양등급을 결정하게 되어 있다. 일본에서는 요개호 인정을 지자체에서 하는데, 지자체에서 조사원을 파견해 조사하고, 지정한 주치의가 의견서를 작성해 개호보험 수급 인정 자격을 판정한다.-옮긴이

이 문제이고, 어디까지 니즈인지는 사회적으로 변화한다. '고령자 문제'라고 말하는 문제도 마찬가지다. 고령자 돌봄의 수준이 낮은 곳에서는 '니즈'의 수준도 낮다고 할 수 있다. 그리고 '니즈'는 당사자가 그것을 분명히 하지 않는 한 성립되지 않는다. 개호보험은 제3자 기관이 당사자의 니즈를 '요개호도'란 명목으로 판정하는 시스템을 만들었다. 그러나 '객관적으로'(좀 더 노골적으로 말하자면, '행정 기준에 따라') 판정한 '돌봄의 니즈'와 본인의 '니즈' 수준은 같지 않다. 본인이 돌봄에 대한 '니즈'를 자각하고 이것을 타자에게 요구할 권리가 있다고 생각할 수 있어야 비로소 '요개호자'는 '니즈의 귀속처'이자 '권리의 주체 당사자'가 될 수 있다.

개호보험이 생겼을 때만 해도 고령자들이 가족이 아니라 제3자에게서 돌봄서비스를 받는 것을 거부할 것이라고 예상하는 이들이 각지에 있었다. 나도 "이 지방에서는 아무도 노인을 돌보느라 남을 집에 들이지는 않을 겁니다"라거나 "어떻게 남한테 신세를 지겠어요? 제가 개호보험료는 내긴 하지만, 서비스 신청은 안 하려고요"라는 소리를 들은 적이 있다. 하지만 개호보험이 시작되고 얼마 되지 않아 이런 예상은 보기 좋게 빗나갔다. 매년 각 지역에서 개호보험 이용을 인정하는 '요개호 인정률' '서비스 이용률'이 올라갔다. 그간 보험료를 내왔기 때문에 고령자들도 권리의식이 싹텄고, 또 개호보험 서비스를 이용하면서 경험을 쌓은 까닭이다. 개호보험제도는 수익자 부담 원칙을 넣었으므로, 과거 선별적 복지를 하던 시대에 공적 서비스를 이용하면 낙인이 찍히던 것을 없애는 탈낙인 효과가 있었다. 이런 면을 보면 개호보험을 통해 당사자 의식이 성장했다고 할 수 있다.

앞에서 행정 당국이 판정한 니즈와 고령자 본인의 니즈 수준은 다르다고 언급했는데, 본인의 니즈 수준이 제도가 보장하는 서비스 수준 이하인 경우도 있다. 이용료 상한액[10] 이하로 이용률이 밑도는 이유가 개호보험 서비스 이용료의 자기부담률 10%가 경제적으로 부담이기 때문이라고 보는 이들이 있지만 꼭 그렇지만도 않다. "될 수 있으면 혼자 자립해 살고 싶다"라며 서비스 이용을 꺼리는 고령자도 있고, "가족 말고 남의 손 타는 게 싫어요"라며 남을 거부하는 고령자도 있다. 그런데 여기에 아마르티아 센의 '역량 접근법'을 적용해보자. 대체할 선택지가 있을 때 돌봄서비스 이용을 억제하는 것과 대체할 선택지가 없는 상황은 설령 객관적으로 비슷해 보여도, 역량 면에서는 다르다. 확실히 개호보험으로 인해 고령자는 '니즈의 당사자'가 될 기회를 넓혔다.

고령자운동은 있는가

당사자 주권의 입장으로 '당사자'를 정의한다면, 일본의 고령자는 대부분 아직 '당사자'가 되었다고 하기 어렵다. 3장에서 논했듯 고령자가 권리 주체가 될 계기가 없었기 때문이다. 사회적 약자가 당사자로 주체화하는 계기 대부분은 '집단적 주체화'다. 각자

10 개호보험 요개호도에 따라 매월 지급 한도액이 정해져 있는데, 이를 이용료 상한액이라고 한다. 이용료 상한액을 넘어 자기 부담이 고액이 되면 저소득층이나 기초생활수급자, 주민세 비과세 세대 등은 일정한 한도액을 초과한 부분을 지급받을 수 있다.-옮긴이

개성도 다르고 고유성도 있어서 경험에서 공약가능성이 있지 않은 개인이 '당사자'로 주체가 되려면, 고령자·장애인·여성·소수자와 같이 '사회적 약자'에게 부여된 집합적 카테고리를 일단 받아들여야 한다. 즉 범주에 대한 동일화가 선행되어야 한다. 사회적 약자가 연대하는 이유는 단순히 사람 수가 적기 때문이 아니다. 사회적 약자가 주체화하려면 이 집합적 범주에 동일화할 계기를 먼저 가져야 하며, 주체화는 반드시 집단적인 주체화를 전제로 한다.

이 전제를 바탕으로 보면 일본에서 고령자는 아직 당사자라고 할 수 없다. 그 결과 고령자의 조직화는 성장하지 못하고 있다. 미국에는 회원이 3500만 명이 넘는 전미퇴직자연맹American Association of Retired Persons, AARP이 정치적인 영향력을 발휘하고 있는데, 사회학자 아다치 기요시는 "미국에 비해 일본은 고령자는 많지만 조직화는 진전되지 못하고 고령자를 정치나 정책으로 매개할 당사자 조직이 적으며 이를 해결하려는 사회운동도 적다"고 지적한다(安立 2006: 287).

일본에는 고령자단체들이 연대한 조직체인 고령사회NGO연계협의회[11]가 있는데, 충분히 조직화되지는 못했다. 여태까지 고령자 당사자운동은 모두 활동 중심이 65세 이상 75세 미만의 '전기 고령자'로 현역 세대의 연장선에서 권리를 주장해왔다. 미국의 전미퇴직자연맹이 요구한 것도 나이주의ageism(나이 차별)에 대항

---

11 UN이 1999년 국제 노인의 해를 정한 것을 계기로, 일본의 고령자 관련 민간단체 39개가 1998년에 설립한 고령자NGO연락협의회가 전신이다(약칭 '고연협'). 공동대표는 홋타 쓰토무(재단법인 사와야카 복지재단 대표), 히구치 게이코(NPO 고령사회를 좋게 만드는 여성 모임 대표)다.

해 강제 정년제를 폐지하고, 고용상 연령차별금지법Age Discrimination in Employment Act, ADEA의 미진한 부분을 개정하라는 것이었다. 일본의 고령사회NGO연계협의회도 고령자 고용 촉진을 우선 과제로 삼고 활동한다.

아다치는 "어디서든, 고령자 당사자 조직이 NPO나 사회운동의 형태로 등장해도 이상하지 않다"고 하나(安立 2006: 275), 75세 이상의 후기 고령자, 그것도 요개호 상태인 고령자가 주체가 되는 당사자운동은 세계적으로 봐도 아직 없다.

이용자가 주체임을 강조하는 개호보험도 실상 요개호 당사자의 요구가 아니라, 장차 돌봄서비스를 받을 세대를 유권자로 보고 가족 돌봄 부담을 줄이려는 정책적 의도에서 나왔다. 개호보험 제정 과정에서 이용자로 구성된 이익단체는 없었다. 지금도 없다. '개호보험료를 냈으니 잘 써야 한다'고 권리를 행사하려는 이는 대개 고령자의 가족이다. 고령자 자신이 선택한 것인지는 알 수 없다. 개호보험은 '이용자 중심'이라고 하나, 이용자가 고령자 본인인지 아니면 그 가족인지에 문제가 숨어 있다. 게다가 '이용자 가족'이라는 용어뿐 아니라 '가족 이용자'라는 용어도 쓰이고 있는 것을 보면, 개호보험을 이용하는 진짜 이용자가 누구인지 의문이 들 정도다. 이 책에서 나는 당사자를 '근본적인 1차적 니즈의 귀속 주체'로 한정하고, 이 니즈의 귀속 주체에서 가족을 엄밀히 제외한다. 아무리 가족이 당사자와 친밀하다고 해도 가족의 니즈는 '1차적 니즈'가 아닌 '파생적 니즈'고, 당사자의 니즈와 같지 않다고 본다. 개호보험의 여러 한계는 요개호자 당사자의 니즈를 통해 만들어지지 않았다는 점에서 출발한다.

그런데 2003년 4월 시행된 장애인지원비제도[12]는 그렇지 않다. 이 법률은 장애인의 니즈에서 나온 것이며, 오랜 기간에 걸쳐 장애인 당사자의 운동으로 얻어낸 성과다. 또 장애운동가 나카니시 쇼지가 자부하듯 개호보험법은 장애인지원비제도를 잠재적 모델로 삼았다. 장애인지원비제도는 2006년 장애인자립지원법으로 개정되며 개호보험에 준하는 것으로 정비되는데, 개정 당시 개호보험과 마찬가지로 수익자 부담의 원칙을 넣어 장애인단체의 거센 비판을 받았다. 제도 설계자들은 고령자의 자립지원과 장애인의 자립지원을 일원화하고자 노인·장애인 통합 관점에서 일관되게 정책을 추구했는데, 매번 장애인운동 진영은 강하게 저항했다. 왜냐하면 제도 설계자들이 장애인 지원 정책을 이용 제한이 있는 개호보험에 맞춰서 통합하려 했기 때문이다. 그 결과 장애인자립지원법은 개호보험법과는 분리된 제도로 만들어졌다. 2006년 장애인자립지원법이 제정될 무렵 장애인의 활동보조인 이용 서비스를 개호보험처럼 이용료 상한선을 정하려 했는데, 장애인단체는 이에 맞서 휠체어를 끌고 나와 집회를 열고 항의해 결국 이용료 상

12 장애 정도에 구분을 두지 않고 장애인 스스로 사업소를 선택해 활동보조서비스를 이용할 수 있는데, 스스로 서비스 이용처와 내용을 서비스 양(서비스 시간)에 제한 없이 결정할 수 있다. 2006년 장애인자립지원법으로 개정되면서 장애 정도의 구분, 이용자 부담 원칙이 도입되긴 했으나, 장애 종류의 구분(신체장애, 지적장애, 정신장애 등 구분하지 않음)이 없고, 이용료 상한 설정이 없으며 정부가 이용비의 절반을 의무적으로 부담하고, 지자체에 설치된 장애인자립지원협회에서 의료나 건강 등을 상담, 지원하는 체제를 갖추고 있다. 중증장애인이나 근위축성 측색 경화증(ALS) 환자의 경우 장애인자립지원을 이용하여 24시간 활동보조를 받을 수 있다. 일본 전국장애인개호보장협의회 사이트(http: //www.kaigoseido.net/).-옮긴이

한 설정을 철회시키기도 했다. 장애인자립지원법에 남아 있던 수익자 부담 원칙에 대해서도 장애인운동 진영에서는 거센 비판을 가했고, 2009년 9월 자민당에서 민주당으로 정권이 바뀌고서 후생노동성 대신에게 장애인자립지원법 폐지 약속을 받아냈다. 24시간 활동보조가 필요한 중증장애인에게 활동보조 이용료의 상한을 설정하는 법 제정은 죽느냐 사느냐의 문제이기 때문이었다. 또 많은 장애인이 주로 장애인연금(시각장애인이나 이동성장애가 있는 1급 장애인의 경우 연간 80만 엔 정도가 지급된다)으로 생활하므로, 수익자 부담 원칙은 실질적으로 서비스의 저하를 의미했다. (장애인지원비제도를 이용해) 지역에서 혼자 자립생활을 하다가, 장애인자립지원법 시행 후 어쩔 수 없이 시설이나 가족에게 돌아가게 된 장애인들이 나타나기도 했다.

그러나 장애인단체의 저항과 요구가 있었기 때문에, 그래도 장애인자립지원법은 다양한 면에서 개호보험법보다는 당사자의 니즈가 반영되어 있다. 이용자 입장에서 장애인자립지원법이 개호보험법에 비해 훨씬 이용이 수월하다는 점을 봐도 알 수 있다. 노인·장애인 통합 정책은 장애인에 대한 서비스 수준과 고령자에 대한 서비스 수준을 일치시킬 경우에만 가능할 것이다. 그렇지 않을 경우, 가령 과거와 같이 후퇴한 노인·장애인 통합 정책이 시도된다면 장애인 당사자들은 가만히 있지 않을 것이다. 그들은 그 문제를 잘 알고 있으며, 투쟁으로 그 시도를 저지할 수 있다는 인식을 확실히 공유하고 있다. 반면 개호보험에 대한 비슷한 인식을 공유하는 당사자 단체가 없는 실정이다. 고령자는 장애인운동으로부터 배워야 할 점이 많다.

장애인운동의 역사

여기에서는 나와 나카니시 쇼지가 함께 쓴 《당사자 주권》의 내용을 바탕으로 장애인운동의 역사를 간단히 짚을 것이다(中西·上野 2003: 23-29).

장애인 당사자가 '우리의 목소리'를 울리는 데 시초가 된 것은 1972년 미국 캘리포니아대학 버클리 캠퍼스를 다녔던 에드 로버츠가 이끈 자립생활운동이다. 로버츠 자신이 휠체어를 사용하는 장애인으로, 장애 학생이 활동보조서비스, 장애 학생 기숙사, 휠체어 수리 서비스, 동료집단 상담[13]을 지원받을 수 있게 만들었고, 1972년에 최초로 자립생활센터Center for Independent Living, CIL를 설립했다. 장애인 당사가가 서비스를 받는 이에서 서비스를 이끄는 이가 되어 복지서비스를 제공하는 역사의 시작이었다.

일본에서는 1970년 가나가와현에서 장애아 양육에 지친 어머니가 뇌성마비가 있는 자녀를 죽인 사건을 계기로 장애인 당사자 운동이 일어났다. 장애아를 죽인 어머니를 감형하라고 탄원하는 여론이 일자, 그 어머니는 집행유예 판결을 받았는데, 뇌성마비 장애인단체인 푸른잔디회青い芝の会[14]는 이 판결이 관대하다며 "어머니, 우리를 죽이지 마세요!"라는 구호로 이의를 제기했다.

같은 해에 도쿄 후추에 있는 요육센터療育センター[중증장애인 시

13 심리 전문가에 의한 상담이 아닌 동료끼리 상담을 한다는 것으로, 같은 문제를 겪는 당사자들이 경험을 공유하고 감정을 표출하면서 서로 지지하고 격려하는 상담 모임을 말한다. 자조 모임도 동료 상담의 일종이다. 일본에서는 대표적으로 장애인운동가 아사카 유호 등이 이를 추진하고 있다.

설]에서 장애인 인권침해 사건이 있었는데 이에 대한 항의운동이 일어났다. 시설 측에서 장애인 본인이나 부모에게 반대하지 않는다는 동의를 받고서, 입소한 장애인의 뇌 일부를 자르는 수술을 하거나 여성 장애인 입소자는 자궁을 적출하는 등 인권침해를 일삼자 장애인 입소자들은 도쿄도청 앞에서 연좌농성을 벌이며 항의했다. 그 결과 장애인과 협의회를 설치해 시설을 운영하기로 했고, 관리감독 관청도 바뀌었으며, 입소 장애인들은 개인실을 쓰게 되었다. 그뿐만 아니라 도쿄도는 전국에서 처음으로 중증 뇌성마비 장애인 개호인 파견사업을 시작하게 되었다. 이 제도는 이후 전신성장애인 개호인 파견사업[15]으로 발전했다.

1986년에는 일본에서 처음으로 본격적인 장애인 자립생활센터인 휴먼케어협회ヒューマンケア協会가 출범했고, 1988년에는 후추 요육센터 시설 투쟁을 이끈 장애인들과 시설에서 나와 지역에서 자

---

14 푸른잔디회(음역하면 '아오이시바노카이あおいしばのかい')는 1957년 뇌성마비 장애인 교류와 생활훈련을 위해 발족했다가, 1970년대를 거치며 일본의 대표적 장애인운동단체가 됐고 장애인 탈시설 자립생활운동에도 크게 힘썼다. 1972년 태아에 장애가 있을 때만 합법적 중절이 가능하다는 조항을 넣은 우생보호법 개악안이 나오자, 푸른잔디회는 격렬한 반대운동을 전개했고 이후 형법상 낙태죄 폐지를 요구하는 여성운동단체 '소시렌SOSHIREN'과 연대해 장애태아의 선별적 중절 가능 조항을 삭제하는 투쟁을 벌였다. "어머니, 우리를 죽이지 마세요!"는 푸른잔디회의 대표적 운동가 요코즈카 고이치가 쓴 항의문 제목인데, 여기서 '어머니'는 장애아를 돌보는 동안 자신들의 목숨을 좌지우지할 정도로 권력관계의 우위에 놓인 어머니를 상징한다.-옮긴이

15 각 지자체에서 지자체의 예산으로 전신성장애인에게 홈헬퍼를 파견하는 사업. 전신성장애인(뇌성마비, 경추손상, 신경근육질환 등의 장애가 있는 사람)은 각자 스스로 고른 홈헬퍼(장애인자립지원법상의 지원)와 지자체의 파견사업에서 나온 홈헬퍼 서비스를 조합해서, 24시간 자립지원[활동지원] 서비스를 이용하는 경우가 많다.-옮긴이

립생활을 하기를 지향하는 신체장애인이 함께 투쟁해 국가 역시 도쿄도의 개호인 파견사업 서비스를 제도로 시행할 것을 요구하며 전국공적개호보장요구자조합을 만들었다. 1991년에는 전국자립생활센터협의회가 결성됐는데, 전국공적개호보장요구자조합도 여기에 참가했다. 1992년에는 전국장애인개호보장협의회가 결성되어 전국자립생활센터협의회와 함께 개조介助[장애인 돌봄] 보장을 요구하며 공동으로 투쟁했다.[16]

이 과정에서 장애운동가 나카니시 쇼지는 20년 넘게 오래 투쟁하며 전국자립생활센터협의회 대표를 지냈는데,[17] 나카니시는 개호보험의 원형을 만든 이가 자신을 포함해 장애인이라는 점을 매우 자랑스러워한다. 이용자가 자신의 니즈에 맞춘 서비스를 요구하고 중앙정부나 지방정부가 공적으로 그 서비스 공급에 대한 책임을 지는 '이용자 중심'의 이념과 제도의 골격은 장애인 개호보장에 대한 요구에서 출발했음이 분명하다. 니즈의 당사자로서 운동을 해온 장애인운동의 입장에서 보자면, 개호보험은 요구에 미치지 못하고 불충분한 제도일 뿐이다.

개호보험법이 생겼을 때 그 대상자에 고령자뿐 아니라 장애인을 포함할지에 관해 논의가 있었다. 나이가 들며 장애가 생긴 경우든 아니든 모든 형태의 장애에 대해 자립생활을 지원해야 한다는 점에서 본다면, 개호보험이 노인·장애인 양쪽을 통합(이를 두고

16 개호介護와 개조介助의 차이는 1장에서 짚었다. 이 시기[1992년] 전까지는 장애인단체에서도 돌봄이라는 뜻의 '개호'라는 단어를 썼다는 점에 주의하기 바란다.

17 현재는 이사 겸 부대표.

줄여서 '노·장 통합'이라고 한다)해야 할 근거는 있다.

그러나 나카니시를 포함한 장애인운동가들은 개호보험의 방향이 노·장 통합이 되는 데 강한 반대를 했고 당시 정책 설계자들은 노·장 통합 논의를 나중에 다시 하기로 했다. 장애인운동가들의 반대 이유는 이렇다. 개호보험은 이용 한도액을 설정해놓았기 때문에 첫째, 24시간 돌봄이 필요한 재택에 있는 장애인은 이용 한도액으로는 받아야 할 돌봄서비스가 매우 부족하게 되고, 둘째, 기존 지자체가 제공해온 돌봄서비스 수준이 저하될 수 있고, 셋째, 보험료 징수와 이용자의 이용료 10% 부담으로 인해 장애인에게 과거 선별적 복지에는 없던 새로운 경제적 부담이 생길 수 있다고 봤기 때문이다. 새로운 개호보험제도를 장애인에게 적용한다면 서비스 저하가 일어날 것이 뻔했다.

그 결과 개호보험은 나이 듦에 따라 장애가 생긴 경우만 이용하도록 한정해 시작하게 되었고, 2003년 장애인지원비제도가 생겨 장애인에 대한 별도의 시스템이 마련되었다. 그런데 그 후에도 노·장 통합 문제가 계속 제기되어, 2006년에는 개호보험에 준하여 장애인에게도 이용자의 이용료 부담을 요구하는 형태로 장애인자립지원법이 성립되었다. 개호보험에 준한다는 기준이 생기면서 장애인 복지는 도리어 손해를 보게 되었다.

정부는 현재 나뉘어 있는 고령자 복지와 장애인 복지의 제도적 일원화를 복지 정책의 과제로 삼고 있어서, 장기적으로 보면 20세 이상의 모든 국민을 대상으로 한 공적 장애보험제도가 만들어질 가능성이 있다. 장애인운동가들의 입장에서 보면, 개호보험은 개조 보장을 요구한 장애인운동의 성과에 무임승차한 셈이며,

동시에 장애인 복지를 현재 고령자 복지수준으로 낮추라는 것을 뜻하므로 도저히 용인할 수 없는 것이다.

이러한 제도의 이분화 상태는 개호보험의 이용자들에게 기묘한 결과를 낳았다. 즉 고령으로 자립생활Activities of Daily Living, ADL에 어려움이 따르는 경우, 개호보험으로 요개호도 인정을 받아서 개호보험 이용자가 되기보다는 장애인 수첩[장애인등록증]을 신청해 장애인지원비제도 대상이 되는 편이 훨씬 쓰기도 편하고 서비스 수준이 높다. 가령 개호보험에서는 이용자가 외출하며 활동보조서비스를 받을 수 있는 때를 병원에 가거나 동사무소에 가는 등 본인이 직접 이동해야 하는 경우로 제한하는 데 반해, 장애인지원비제도에서는 친구 집 방문이나 사회적 활동을 위해 외출할 때도 활동보조서비스를 받을 수 있다. 이런 이중 기준이 여전히 남아 있는 것은 실상 고령자 쪽에서 니즈의 당사자로서 자신의 권리를 주장할 운동 주체가 없기 때문이다.

고령자는 이미 인구학적으로 22.5%(2010년 기준)를 넘었고, 유권자 중에서도 꽤 많은 인구를 차지하는 연령층이다. 정치적으로 뭉친다면 강력한 이익단체가 될 것이나 요개호 당사자의 이익을 대변할 단체가 여태껏 없다. 요개호 고령자는 있으나 이들은 아직 니즈의 당사자가 되지는 못했다.

이용자 만족이란 무엇인가

개호보험이 생기고서 요개호자는 개호서비스를 이용할 수 있게 되었지만, 이미 앞에서 짚었듯 서비스 이용자를 직접 대상으로 한 조사가 적다. 그 이유로는 첫째, 애초에 당사자에게 그 니즈를 들으려 하지 않는 온정주의, 둘째, 이용자인 고령자가 누워서 지내거나, 언어장애, 인지증 등이 있어서 기술적으로 조사가 어려운 점, 셋째, 이것을 핑계로 행정 당국과 연구자가 조사나 연구를 게을리했다는 점이 있다. 또 그 배경에 당사자 의식 없이 고령자들이 오랜 기간 침묵했다는 점을 들 수 있다. 개호보험이 생긴 후 그 역사적 경험이 10여 년이 다 되어도 이용자가 무엇을 요구하고 무엇을 느끼는지 직접 물어본 조사나 연구는 적은 실정이나, 그나마 선구적 연구 몇 가지를 소개하려 한다.

개호보험은 서비스를 준시장화하면서 서비스 공급업체를 시장경쟁하에 두었다. [일반적으로] 상품을 판매하면 이용자 만족(소비자 만족) 조사를 하게 마련이다. 조사할 필요가 있고 조사할 수 있기 때문이다. 그런데 고령자 돌봄은 이용자 만족도를 조사하기가 매우 어렵다. 서비스 이용 경험이 적고, 서비스 제공자에 대한 충분한 선택지가 없어서 이용자가 여러 서비스를 비교할 정도로 경험을 쌓지 못했다. 또 이용자가 서비스 제공자에 대해 불만을 말하기 어려운 상황도 있다.

사실 여러 이용자 만족도 조사 결과를 보면 다음과 같은 내용은 이미 나와 있다. ① 이용자가 계속 서비스를 이용하고 있을 때는 "서비스에 만족한다"고 답하고, ② 서비스에 불만이 있어도 말하지 않고 침묵한 채 서비스 이용을 그만두는 경향이 있다. 따라서 이용자 만족도 조사 결과는 불확실한 부분이 있고, 실시해도 쓸모없는 경우가 많다.

그래서 이용자 만족을 조사하기 전에 우리는 '이용자란 누구인가?'라는 근본적 질문을 해야 한다. 개호서비스 이용자는 정말 요개호자 본인인가? 그렇지 않으면 가족인가? 개호보험 그 자체는 고령자 당사자를 위한다기보다 그 가족을 위해 만들어졌다는 점은 이미 확인했다.

또 서비스 이용 조사는 대부분 이용자의 가족을 대상으로 하며, 가족의 니즈나 가족이 요구하는 서비스를 그 조사의 결과로 보고했다는 점은 부정할 수 없다. "만약 이용자 본인이 설문지에 답을 안 쓰면, 가족이 대신 답하세요"라고 적어놓은 설문지가 태반이다. 이렇게 해서는 이용자 대신 이용자의 가족이 설문지를 쓰는 것을 방지할 수 없다. 지자체가 실시하는 서비스 이용 조사의 결과를 보면, 앞으로 바라는 서비스 내용에 재택서비스가 충실하면 좋겠다는 답보다는 "데이서비스, 쇼트스테이, 시설 입소가 쉬웠으면 좋겠다"는 답이 다수다. 실제로 많은 고령자가 마지막까지 집에서 지내길 희망하지만, 가족은 될 수 있으면 집에서 고령자가 떠나길 바라는 경향이 있다. 한 지자체장이 "조사를 해보니 우리 지역에서는 홈헬프보다는 데이서비스 쪽이 더 니즈가 높은 것으로 나타났다"고 이야기하는 것을 들은 적이 있다. 그런데 여기서 '니즈'란 대체 누구의 '니즈'일까?

고령자와 장애인 비교

양적 조사 가운데 확실히 요개호자 본인을 대상으로 한 조사로 일본고령자생활협동조합연합회(이하 고령협)가 전국자립생활센터협의회(이하 CIL)와 협력해 실시한 〈고령자·장애인 서비스 이용 실태 및 의식 조사〉(日本高齢者生活協同組合連合会 2004)가 있다.[18] 이는 공익법인 일본재단이 '고령자 역량 강화 시스템 조사연구 사업'의 하나로 지원한 것인데, 2003년 5~6월에 실시되었다. 이 조사 보고서는 역량 강화를 "당사자가 다른 당사자에게 지원을 받고서 스스로 존엄을 획득하고 회복하며 또 그 경험을 쌓아가면서 생활 능력과 자기결정 능력을 키우는 것"이라고 설명한다(高齢協 2004: 104).

이 조사는 개호보험, 지원비제도 시행 후 이용 경험을 바탕에 두고 장애인과 고령자 당사자를 대상으로 했다. 고령협과 CIL이 NPO로서 각기 고령자, 장애인 이용자를 대상으로 실시한 서비스 제공 사업, 즉 협 부문 사업의 질을 따진 후, 고령자와 장애인의 서비스 이용 실태와 의식을 비교한다는 점에서 획기적인 조사였다. 조사 결과를 보면 장애인이나 고령자는 '당사자 의식' 면에서 차이를 보이는데, 이에 대해 다양한 양상을 볼 수 있다. 일부를 소개한다.

---

18 고령자 조사는 고령자협동조합, 노동자협동조합에 가입한 재택서비스 이용자 중 '요개호도 3' 이상 중증으로 고령자 본인이 답할 수 있는 200명을 대상으로 했다. 유효한 답은 173건, 회수율은 86.5%였다. 장애인 조사는 자립생활센터 서비스 이용자 가운데 상체와 하체 양쪽에 장애가 있는 장애인 1급 또는 이에 준하는 사람으로, 도쿄 및 오사카 대도시권 각 250명, 기타 지역에서 250명을 대상으로 했다. 유효한 답은 464건, 회수율은 62.1%였다. 조사 방법은 고령자 조사에서는 질문지에 따른 면접조사법인데, 면접조사원이 서비스 이용자인 고령자에게 가서 고령자 본인이 답하도록 지시했으며, 장애인 조사에서는 우편으로 질문지를 보내 답을 회수하는 방법을 썼다.

서비스 이용을 꺼리는지를 묻는 항목에 "그렇지 않다" "별로 그렇지 않다"고 대답한 고령자는 75%, 장애인은 82%였다. 서비스 이용을 꺼리지 않는 이유를 묻는 항목에 "내 권리이기 때문"이라고 답한 비율은 양자의 차이가 있는데, 고령자가 21%, 장애인이 45%였다. 조사 대상자가 모두 NPO인 고령협, CIL의 이용자라는 점을 감안하면 다른 이용자보다 권리의식이 강한 편이라 이에 대한 응답 비율이 높게 나왔다고 생각해볼 수도 있는데, 그렇다고 해도 장애인과 고령자의 권리의식이 상당한 차이가 난다는 점을 알 수 있다. 이 데이터에서 장애인에 비해 고령자가 '니즈의 주인공', 즉 당사자가 되지 못했다는 점이 드러난다.

서비스 이용을 꺼린다고 답한 고령자와 장애인은 비슷한 비율로 "남이 내 집에 들어오는 게 싫다" "남과 만나면 긴장한다"는 이유를 들었다. 다른 이유로는 "가족이 나를 보살펴줬으면 하기 때문"(고령자 응답자의 16%)이라는 답이 나왔는데, 장애인에게서는 "될 수 있으면 스스로 하고 싶다"(장애인 응답자의 13%)는 답이 나왔다. 이러한 응답에서 고령자는 가족이 자신을 돌봐주기를 희망하나, 가족은 재택서비스 이용을 결정한다는 것을 추측할 수 있다. 자립생활을 실천하는 장애인은 당연히 애초에 가족 돌봄과 같은 선택지가 없다. 가족 돌봄을 거부하고 자립을 선택한 장애인의 경우도 서비스를 받는다는 것은 아무리 권리를 행사하는 차원이더라도, '될 수 있으면 피하고 싶은 선택지'라는 것을 의미한다. 일각에서는 장애인 돌봄서비스 이용에 상한선을 두지 않으면 서비스 이용률이 너무 높아 많은 재정이 필요할 것이라고 비판한다. 하지만 이 데이터를 보면 그 비판이 틀렸다는 점을 알 수 있다. 스스로 할 수 없으니 타인의 돌봄을 받는 경험이 당사자가 꼭 바라는 것이라고는 할 수 없다(항상 남이 지켜보거나 프라이버시가 없기 때문이다). 조사에서는 가능하면 돌봄서비스를 피하거나 억제하려는 경향이 보인다. 또 서비스를 이용하는 데 "아무런 거리낌이 없다"고 답한 이들의 총 서비스 이용시간의 평균이 길고, 서비스 이용을 "꺼린다"고 응답한 이들의 평균 이용시간은 짧다.

장애인과 고령자의 차이는 서비스 이용시간에서도 나타난다. 개호서비스의 월평균 이용시간은 고령자가 39.5시간, 장애인은 284시간으로 큰 차이가 났다. 조사 결과 보고서에서는 "장애인 지원비제도가 있어서 중증장애인은 홀로 살아도 지역에서 자립생활을 할 수 있는데, 개호보험제도로는 홀로 살며 가족 돌봄을 받지 못하는 고령자가 집에서 혼자 자립해 살기는 어려운 실태가 드러났다"고 지적한다(高齢協 2004: 96).

사회활동 참여를 희망하는지 혹은 실제 희망한 사회활동 경험을 했는지 묻는 항목에서도 고령자와 장애인의 차이가 확연하다. 장애인은 장보기도 하고(85.5%), 숙박을 하는 여행도 하며(78.9%), 취미생활을 하러 외출한다거나(76.4%), 영화나 연극을 보러 외출한다(50.1%). 또 학교나 직장에 간다거나(53.6%), 친구를 만나러 가거나 데이트를 한다(50.1%). 이에 반해 고령자는 모든 항목에서 20% 이하의 응답을 보이고, 더군다나 이런 활동을 원하더라도 대부분 하지 못하고 있다. 대조적인 것은 "남을 성가시게 하고 싶지 않다"는 응답률이 장애인은 2.4%인 데 비해, 고령자는 20%로 약 10배나 차이가 난다. 이 데이터를 보면 고령자의 니즈 수준 자체가 낮고, 또 바라는 게 있어도 이를 억제하는 경향이 있다는 점을 추측할 수 있다.

이 조사에서 이용자 만족도를 살피는 데 딱 들어맞는 질문 항목이 있는데 바로 "돌봐주는 개호자[홈헬퍼]에 대한 평가"다. 100점을 만점으로 한 이 질문에서 고령자는 81.3점, 장애인은 80.7점으로 높은 점수를 줬다. 그런데 세부 질문 항목에 대한 답을 하나씩 살피면, 여기서도 확연히 차이를 보인다. 개호자에게 바라는 것에 대한 응답으로 "나의 지시에 따랐으면 한다"는 답이 고령자는 81.8%, 장애인은 94.8%로도 나타났고, "부탁하지 않아도 알아서 움직였으면 한다"는 응답이 고령자는 76.7%, 장애인은 41.8%였다. 보고서는 "고령자는 개호자에게 더 의존적이고, 장애인은 자신의 결정을 존중하라고 요구한다"고 분석한다.

보고서는 "고령자와 장애인은 개호서비스에 대한 의식 차가 매우 큰데, 고령자는 자기결정, 권리의식, 사회활동 참여에 대한 의식이 낮다. 앞으로 역량 강화 시스템을 마련할 것을 염두에 두면, 고령자는 의식과 제도 모두에서 변화해야 한다는 과제가 있다"고 결론을 맺는다(高齢協 2004: 97). 이는 지금까지 이 책이 펼쳐온 논의를 뒷받침하는 귀중한 데이터다.

당사자와 가족 비교

또 한 가지 보고서를 살펴보자. 고령사회를 좋게 만드는 여성모임이 2006년에 독자적으로 실시한 앙케트 조사 보고서 《고령자와 가족이 개호 직원에게 기대하는 것》이다.[19] 고령사회를 좋게 만드는 여성 모임은 독자적으로 조사연구를 계속해왔는데, 보고서에 따르면 "요개호 인정을 받은 고령자를 대상으로 앙케트 조사를 실시하는 것은 이번이 처음이고, 전국적으로 봐도 유례가 없다"고 한다. 그전까지 이 모임은 고령자 세대의 이익을 대변해왔는데, 회원들의 나이가 많아지면서 요개호자에게 관심을 돌리게 되었다. 2006년 조사는 그러한 관심을 반영한 것으로 앞으로 만약 일본에 요개호 고령자의 이익단체가 생긴다면 이 모임의 활동이 바탕이 될 것이다.

보고서는 "'조치 시대'에 요개호자들은 자신에 대해 말할 수 없는 사람들이었다"고 하면서 다음과 같이 조사 동기와 목적을 썼다.

> 관계자들은 돌봄의 질을 '향상'하고자 열의를 보이나 정작 가장 중요한 고령자의 의견은 간접적으로 건너 듣기만 한다. 서비스 제공자 측(사업자나 시설 직원)의 발언이 가진 힘에 비해, 이용자(요개호 고령자)가 발언할 기회는 드물다. 당사자로 구성한 단체나 조직도 없어서 의견을 반영할 시스템이 마련되지 못했다. 고령자의 목소리는 사업자나 개호서비스 제공자를 통하거나, 개별적 언론 보도 혹은 연구자의 사례연구를 통해서만 들을 수 있는

---

19 조사 대상자는 고령사회를 좋게 만드는 여성 모임의 전국 회원과 관계자로, 요지원에서 요개호도 5까지 개호 인정을 받은 고령자와 그 가족이었다. 대상자에게 동일한 질문표를 배부하고, 면접조사나 스스로 답하는 방식으로 회답을 받았다. 회답 수는 총 784건이고 이 중 요개호자 본인이 응답한 건은 358건이다. 이 가운데 요개호자와 그 가족을 한 세트로 얻은 응답이 162건에 달한다. 다만 배부 방법 때문에 회수율은 불분명하다.

실정이다.[20] (高齢社会をよくする女性の会 2006: 8)

이 조사에는 요개호 고령자가 방문개호원이나 시설 직원에게 기대하는 바를 묻는 항목은 있는데, 현황에 대한 만족도를 묻는 항목은 없다. 하지만 기대한다는 것은 현재 불만을 드러내는 것이기도 하며, 기대하는 내용을 자세하고 자유롭게 답하게 해서 개개인의 구체적인 불만을 알 수 있다.

우선 '개호 직원이 갖춰야 할 태도나 인격'을 묻는 항목을 보자. 요개호 고령자와 가족의 응답에는 차이가 있는데, 고령자는 "친절하게 대할 것" "말을 잘 들어줄 것" "책임감이 있을 것" 순으로 응답했고 가족은 "책임감이 있을 것" "친절할 것" "일하며 보람을 느낄 것" 순으로 응답했다. 요개호자는 상호관계에 관련된 요소를 중시하고, 가족은 프로로서 일해줄 것을 기대한다는 점을 알 수 있다. 고령자는 나이가 많을수록 "친절하게 대할 것" "말을 잘 들어줄 것"에 대한 기대치가 높았다. 또 재택 이용자와 시설(특별양호노인홈, 노인보건시설, 유료노인홈, 케어하우스 등) 이용자 사이에도 차이가 있다. "친절하게 대할 것"에 재택 고령자의 51.4%, 시설 고령자의 58.4%가 응답했고, "말을 잘 들어줄 것"에는 재택 고령자의 43.2%, 시설 고령자의 51.9%가 응답했다. 이를 통해 시설에 있는 고령자가 인간적인 커뮤니케이션을 좀 더 강하게 원하고 있다는 점을 알 수 있고, 그 이면에는 시설 직원이 입소자와 커뮤니케이션할 시간도 없을 정도로 바쁘다는 것을 파악할 수 있다.

---

20 이 부분은 고령사회를 좋게 만드는 여성 모임 대표인 히구치 게이코가 썼다.

직원에게 필요한 전문성이나 기술을 묻는 항목에 대해 고령자는 "심신 상태의 변화에 맞는 돌봄" "신체개호를 잘할 것" "고민을 해결해주기" 순으로 응답했다(가족 응답에서 세 번째로 많은 응답은 "케어매니저와 연락해주기"다). 기타로는 "가사 능력이 뛰어나거나 요리를 잘할 것" "전문 지식이 풍부할 것" "복지제도에 밝을 것" "다른 직종과 연계할 수 있을 것" "의료 행위자로서 소양과 마음가짐을 갖출 것"이라는 답이 나왔는데 이러한 답은 거주형태, 요개호도, 몸 상태, 가족의 동거 유무 등의 조건에 따라 개별적으로 큰 차이가 나서 평균적인 답을 살피는 게 무의미하다. 또 조사 때 어떤 상황을 두고 전문성이나 기술 항목을 물었는지 분명치 않아서 더 논의하려면 각 사례에 기반한 질적 조사가 필요하다.

개호 직원의 자격 요건으로 고령자는 "사람이 좋으면 자격은 필요 없다"고 답한 데 반해 가족은 "실무 경험이 있는 중장년층의 자격증 소지자"라고 답했다. 요개호자 본인은 돌봐줄 이에게 학력이나 자격을 기대하지 않는데, 가족은 그 반대다. 현장조사를 해보면, 자격증 여부는 직무 능력과 상관없다는 이야기를 자주 듣곤 하는데, 실질적인 의사결정권이 있는 가족은 돌봄의 질을 위해 객관적 지표를 요하는 것으로 보인다. 이런 경향은 "직원을 뽑는 기준으로 바라는 것"이라는 항목에 대한 응답에도 반영되어 있다. 전체적으로 80%가 "됨됨이나 태도"를 꼽았고, 나머지 20%가 "기술, 전문성"을 꼽았다. "됨됨이나 태도"는 가족보다는 요개호 고령자가, 남성보다는 여성이, 연령이 높을수록 더 많이 꼽았다. 요개호도별로 보면 고령자 상태가 중할수록 "기술, 전문성"을 꼽는 비율이 약간 높아지긴 하나, 사실상 모든 연령대, 모든 사람이 압도적으로

"됨됨이나 태도"를 선호했다(高齢社会をよくする女性の会 2006: 42). 그 결과 자유 응답란에는 "직원이나 홈헬퍼가 바뀌는 일이 없으면 좋겠다. 한 사람이 계속 돌봐주면 좋겠다"는 답도 나오는데 돌봐주는 이를 고정하면 다양한 리스크가 따를 가능성도 있다는 걸 고려할 필요가 있다.

이 조사에서 주의할 것은 "됨됨이"나 "태도"는 객관적으로 판정할 수 있는 속성이 아니라는 점이다. 가령 이혼 사유를 보면 "성격 불일치"가 1위를 차지하나, "성격 불일치"에는 실상 말로 다 하기 어려운 여러 이유가 담긴 것처럼 "됨됨이"나 "태도"도 기술이나 전문성으로 측정할 수 없는 여러 요인을 나타낸다. 한 직원이 특정한 고령자와 사이가 나빠도, 다른 고령자와 잘 지내는 경우도 있다. 또 관계는 시간이나 상황에 따라 변하기도 한다. 돌봄에서 '관계의 상호성'이란 '관계의 고정성'과 같지 않으며, 개별성과 반드시 같은 것은 아니다.

이 조사에서는 외국인 개호 직원에 대한 생각도 묻고 있다. 절반 이상의 고령자가 "일본인이었으면 한다"고 답하고 있는데 이를 단순히 배타주의라고 볼 수는 없고 커뮤니케이션이나 생활습관 차이에 대해 고령자들의 불안이 나타났다고 봐야 할 것이다. "외국인도 좋다"는 답은 가족의 경우 2위로 나와서 고령자가 답한 비율을 웃도는데, 가족이 당사자의 니즈를 대변하지는 않는 것으로 볼 수 있다. 자격이나 기술만 있으면 된다는 가족과 고령자 본인이 기대하는 바는 꽤 다르다.

결론에서 보고서는 고령자와 가족이 기대하는 직원상에 대해 다음과 같은 열 가지 항목을 들었다. ① 3년 이상 경험을 쌓았을 것

② 40~50대 여성일 것 ③ 실생활에서 개호 경험이 있을 것 ④ 일본인일 것 ⑤ 국가시험을 거친 유자격자일 것 ⑥ 책임감이 있을 것 ⑦ 친절하게 대할 것 ⑧ 일에 기쁨을 느낄 것 ⑨ 말을 들어줄 것 ⑩ 심신 상태의 변화에 따라 돌볼 수 있을 것. 이 열 가지를 두고 보고서는 "개호서비스 이용자가 기대하는 개호 직원상이 전국 최초로 분명해졌다"고 하나 정확히 말해 이 결과는 이용자와 그 가족의 회답을 종합한 결과다. 만일 이용자 본인만 한정해 결론을 낸다면 기대하는 직원상은 달라질 것이다.

조사 결과를 바탕으로 고령사회를 좋게 만드는 여성 모임은 다음과 같이 제언했다.

① 개호의 질을 향상하는 데 시기를 정해 수치로 나타낸 목표를 설정하고 행동계획에 따라 실시할 것.
② 개호직을 매력 있고 보람을 느끼는 일로 만들 것.
③ 직원 정원을 검토하고 대우를 개선할 것.
④ 사업자는 개호의 질을 향상하는 데 책임을 지고 경영을 위해 노력할 것.
⑤ 앞으로 이용자, 특히 요개호자의 의견을 직원 연수 시스템 내용에 반영할 것.
⑥ 개호자의 자격, 연수 실시 상황에 대한 정보를 공개할 것.
⑦ 이용자와 사회 전체가 개호 및 요개호자의 중요성을 인식하고, 절도를 지켜 개호보험을 이용할 것.
⑧ 장애인 돌봄과 관련된 점, 외국인 노동력의 도입 등 앞으로 피할 수 없는 문제를 시야에 두고, 국민들이 돌봄의 전문성, 바람직

한 개호 직원상에 대해 국민적인 논의를 전개할 것. (高齢社会をよくする女性の会 2006: 18-21)

이 제언에는 질문 항목에 포함하지 않았던 것들도 있는데, 이는 고령사회를 좋게 만드는 여성 모임이 보고서를 출간하기 전부터 주장한 것으로 전부 지당한 결론이다. 특히 ⑤와 같이 니즈의 당사자가 낸 의견을 반영해 시설 직원이나 홈헬퍼 연수를 실시하는 것은 반드시 필요하다.

개호보험법에는 지역 주민이 참가할 수 있는 개호보험사업계획책정위원회가 보장되어 있다.[21] 개호보험을 만드는 과정에 관여한 히구치 게이코는 이를 두고 "주민이 참가할 수 있도록 미리 DNA를 넣어뒀다"고 자부심을 보이나, 개호보험사업계획책정위원회에 실제 참가하는 위원은 지자체에서 정한 사람들이 대부분으로, 주민이 공모로 위원이 될 수는 있지만 이는 소수에 불과하다. 제도가 설계 당시의 의도대로 기능하고 있지 않다. 게다가 공모로 참가하는 주민조차 사업자이거나 가족 모임 관계자일 뿐이다. 진정 핵심이라고 할 수 있는 이용자의 의견을 반영하는 구조는 아니다. 참고로, 이러한 경향을 막기 위해 장애인자립생활센터에서는 대표와 이사의 절반 이상을 반드시 장애인 당사자로 할 것을 규정한다. 사업자와 이용자, 돌봄을 주는 이와 받는 이의 괴리를

21 개호보험법은 각 지자체가 3년에 한 번 개호보험사업계획을 작성하도록 명시해두었다. 개호보험사업계획이 나오면 이를 바탕으로 개호보험료를 책정하는데, 지자체가 개호보험사업계획을 만들 때 주민이 간담회에 참가할 수 있다.-옮긴이

미리 막기 위해서다. 이 정도는 해야 당사자의 이익을 지킬 수 있다고 봐야 한다.

이용자에 의한 서비스 평가

사실 고령사회를 좋게 만드는 여성 모임이 처음으로 이용자 조사를 한 것은 아니다. 개호보험 시행 직후인 2000년 7월, 내가 포함된 도쿄대학 문학부 사회학연구실과 규슈의 그린코프연합グリーンコープ連合[22]이 공동으로 조사를 실시했다(東京大学文学部社会学研究室·グリーンコープ福祉連帯基金 2001). 이 조사는 그린코프연합에 속한 복지 워커즈콜렉티브가 방문개호 이용자를 대상으로 양적 조사와 질적 조사를 실시한 것이다. 양적 조사는 고령사회를 좋게 만드는 여성 모임처럼 요개호자와 가족으로 대상을 나눠 질문지를 배부해 당사자와 가족의 니즈를 비교할 수 있게 했다.[23] 질적 조사는 양적 조사에서 회수한 질문지 가운데 요개도호별로 여섯 유형으로 나눠 유형별 사례 13건을 뽑아 진행했다. 각 사례와 연관된

---

22 1988년 규슈와 야마구치 지역 25개 생협의 연합체로 출범한 생협 연합. 후쿠오카를 거점으로 먹거리 공동구매, 복지사업, 공제사업 등을 전개한다. 고령자 복지는 지역 여성들의 워커즈콜렉티브로 운영한다. 12장에서 자세히 다룬다.-옮긴이

23 조사 대상자는 그린코프연합 복지 워커즈콜렉티브 이용자와 그 가족으로, 이용자 본인과 가족에게 각기 다른 조사원이 가서 응답을 회수하는 방법을 사용했다. 이용자 본인 응답 중 유효한 건은 215건(회수율 71.7%), 가족의 응답 중 유효한 건은 180건(회수율 60%), 이용자 본인과 해당 가족을 한 세트로 맞춰 본 회답은 178건(회수율 59.3%)에 이른다.

이용자 본인, 가족, 케어매니저, 워커를 대상으로 반구조화 인터뷰 semi-structured interview[24]에 따라 면접조사를 했고, 총 54건의 데이터를 얻었다.

정량조사 결과를 보면, 복지서비스를 이용하는 데 거부감을 느끼는지 묻는 항목에서는 "거부감이 있다" "거부감이 약간 있다"는 응답이 이용자 본인은 42.7%, 가족은 26.6%였다. 거부감이 드는 이유를 응답이 많은 순으로 살펴보면 이용자 본인은 "집에 가족 말고 남을 들이는 데 거부감을 느낀다"(55.2%), "가족이 돌봐줬으면 해서"(17.2%), "이웃이나 친척 앞에서 체면을 생각하니 이용하기 어렵다"(17.2%)였다. 가족의 응답을 많은 순대로 보면 "집에 가족 말고 남을 들이는 데 거부감을 느낀다"(25%), "가족이 돌보는 게 좋다"(18.8%)로 이용자 본인이 든 이유와 차이가 난다. 가족은 돌봄을 외주화하는 데 거부감이 없는 것이다. 가족이 돌본다는 규범을 살피기 위해 "가족이 노부모를 돌보는 건 당연하다"는 것에 동의하는지 묻는 항목에는 "매우 그렇다"고 응답한 비율이 46.7%, "그렇다"가 40.2%, "별로 그렇게 생각하지 않는다"가 12.3%였다. 즉 부모를 돌볼 마음이 없는 건 아니나 과중한 부담은 피하고 싶은 게 가족의 속내라는 점을 알 수 있다.

가장 중요한 항목인 이용 서비스에 대한 평가는 어땠을까? 이용자 본인은 "만족한다"가 56%, "조금 만족한다"가 32.7%였다. 그

---

24 공통된 설문을 기초로 응답에서 비교 가능성을 담보하면서도 당사자의 자유로운 회답을 유도하는 면접 기법을 말한다. 공통 질문 항목으로는 개호보험 서비스의 이용 내용, 요개호자, 가족, 워커, 케어매니저의 상호관계, 개호보험제도에 대한 평가 등이 있다.

합계는 88.7%로 "만족한다"는 답이 압도적이나, 이 조사는 샘플링에 치명적인 결함이 있었다. "다른 사업체의 서비스를 이용한 경험이 없다"고 답한 이용자가 24.7%나 되고, 조사 대상자는 그린코프의 복지서비스를 계속 이용하는 사람 중 처음부터 만족도가 높은 '우등생' 이용자였다. 그것도 그린코프에서 설문을 한 것이라 표집 편향sampling bias[표본이 모집단을 대표하지 못함]이 생겼다. 다른 사업체 서비스 이용 경험자들에게 그린코프와 타 사업체를 비교하게끔 하자, 딱 한 사람만 빼고 이용자 전원이 그린코프의 복지서비스를 상대적으로 높게 평가했다. 그 이유를 응답이 많은 순으로 살펴보면 "헬퍼가 내 생각을 이해해준다"가 39.5%, "헬퍼와 가족이 잘 지낸다"가 30.2%, "이용 요금에 맞는 서비스를 받고 있다"가 28.8%, "이용 요금이 싸다"가 27%, "헬퍼들이 서로 연계를 잘한다"가 26.5%였다. 응답이 많은 상위 다섯 가지 이유 가운데 요금에 대한 응답이 2개나 되는데, 이 둘을 모두 고르거나 하나만 고른 사람을 합하면 전체 조사 대상자의 40%에 달한다.

그렇다면 이용자들이 이용료를 긍정적으로 평가한 이유는 무엇일까? 이 조사를 실시한 시기는 개호보험 시행 직후로 이용자들에게 개호보험료와 서비스 이용료를 내는 부담이 생긴 시점이었다. 그래서 당시 헬퍼들은 개호보험 시행 전보다 이용자들의 요구가 강해졌음을 느꼈다고 한다. 조사에서 이용자들은 "이용 요금에 맞는 서비스를 받고 있다"고 높은 만족도를 나타냈다. 그런데 일본의 개호서비스 가격은 전국이 같은데, 이 조사에서 이용자들은 어째서 "이용 요금이 싸다"고 평가한 것인지 의아할 수 있다. 이런 평가는 그린코프연합의 복지 워커즈콜렉티브가 개호보험 지정사업소에 참여하기로 결정하면서, 이용자들(개호보험 실시 전부터 복지 워커즈콜렉티브를 이용해온 이들)에게 한도액이 넘는 개호보험 외 이용 요금을 기존 생협과 동일하게 유지했기 때문에 나올 수 있는 것이었다.[25]

게다가 지역 내 사회복지협의회 등의 단체가 개호보험제도에서 유리한 업무[개호보험제도 적용 가능 개호]를 독점하면서 시간 외 이용, 개호보험 외 이용, 곤란한 사례 등 대처하기가 어려운 이용자만 복지 워커즈콜렉티브로 떠넘기는 경향이 있었기 때문이다. 그래서 복지 워커즈콜렉티브의 조합원들은 헬퍼로 서로 도우며 지지해왔다. 사실 복지 워커즈콜렉티브를 이용한 사람들이 다른 사업소를 이용해보고 좋지 않은 점으로 꼽은 항목을 응답이 많은 순으로 보면 "(헬퍼가) 정한 것 말고는 아무것도 하지 않는다" "(헬퍼의) 경험이나 지식이 부족하다" "이른 아침이나 야간 등 필요한 때에 이용할 수 없다"였다. 이런 답을 보면 복지 워커즈콜렉티브의 헬퍼들이 얼마나 유연하게 대처해왔는지를 알 수 있다. 복지 워커즈콜렉티브 조합원인 헬퍼들은 주로 40대 이상 주부층으로, 이들은 [자신의 서비스 제공에 대해] "가족적 돌봄"이라고 하는데 이에 대한 문제점은 나중에 16장에서 논한다.

사례 13건을 다룬 질적 조사에서는 다양한 실태를 볼 수 있었

---

25 일본 워커즈콜렉티브 운동의 이론적 지도자이자 생활클럽 생협 가나가와의 명예고문 요코타 가쓰미는 이렇게 싼 가격을 '커뮤니티 가격'이라고 부른다(横田 2002). 이 조사 시점에 개호보험 외 이용 요금을 보면, 개호보험 실시 이전과 같은 1시간 700엔이었다. 또 이용자 서비스에 대한 개호보험 적용 유무에 따라 헬퍼에게 지급하는 보수에 차이를 두지 않는데, 이 역시 워커즈콜렉티브가 정한 규칙이다.

는데, 나는 조사 보고서의 결론에 "복지 워커즈콜렉티브 이용자들은 현재 이용하는 서비스 내용에 대체로 만족하나, 한편으로 이용하고 싶은 서비스에 대한 '니즈'는 밖으로 드러나지 않으므로 개호보험제도 자체에 만족하지 않는다고 볼 수 있다. 따라서 지금 확실히 보이지 않는 '니즈'를 어떻게 개호서비스로 결실을 맺게 하느냐가 앞으로의 과제다"라고 썼다(東京大学文学部社会学研究室·グリーンコープ福祉連帯基金 2001: 207). 조사에서는 요개호자들이 '니즈'의 당사자가 되기까지는 아직 멀었다는 점이 밝혀졌다. 이 조사를 한 후, 나는 이용자(요개호 고령자) 만족도 조사 결과를 신뢰하지 않게 되었다.

니즈는 사회적인 것이기도 하며 그 수준은 역사적으로 변한다. 나는 나카니시 쇼지와 함께 쓴 《당사자 주권》에서 "'니즈'의 당사자가 되는 것은 새로운 사회를 구상하는 것"이라고 썼다. "지금 여기에 없는 것"을 "충족할 권리가 있는 니즈"로 자각하는 것 자체가 "당사자가 된다"는 경험이다. 고령자는 아직 당사자 경험이 부족하다.

인지증 고령자의 경험

고령사회를 좋게 만드는 여성 모임이 보고서에서 지적했듯, 요개호 고령자에게 직접 물어 조사하는 기법 및 방법론은 확립되지 않았다. 이러한 어려움이 특히 문제가 될 때는 인지증에 걸린 고령자를 대상으로 조사하는 경우다(高齢社会をよくする女性の会

2006: 9). 인지증이 있는 고령자가 돌봄을 받는 것에 관한 경험은 의료사회학자 이구치 다카시의 노작인 논문 〈인지증에 걸린 이의 자기를 둘러싼 커뮤니케이션〉이 있다(井口 2006). 다만 유감스럽게도 이 연구도 인지증 고령자 본인을 대상으로 한 것이 아니라, 인지증 고령자를 돌보는 가족을 면밀하게 조사해 고령자의 상태를 재구성한 것이다. 그래서 이 논문은 제목과 달리 인지증에 걸린 이를 돌보는 사람의 커뮤니케이션을 논한 셈이다. 면밀한 논고이긴 하나, 인지증이 있는 고령자에 대해 말하지는 않는다.[26]

최근 젊은 사회학자 데구치 야스노부(出口 2004a; 2004b; 2004c; 2004d), 아마다 조스케(天田 2003; 2004)가 인지증이 있는 고령자와 생활을 같이하면서 임상 참여관찰을 한 질적 연구를 펴냈다. 또 인지증 연구의 일인자로 꼽히는 정신의학자 오자와 이사오의 수작도 있다(小澤 2003; 2006; 小澤·土本 2004). 그러나 모두 의료직이나 개호자의 경험이라 당사자 경험이라고는 할 수 없다. 인지증 연구에서 최근 주목을 받는 것은 '인지 능력에 장애가 있다'고 여겨지는 환자들, 즉 당사자로서 능력을 인정받지 못하는 이들이 스스로 발언을 하기 시작한 것이다. 더욱 놀라운 것은 전문가들이 당사자의 발언에 귀를 기울이게 되었다는 점이다(Boden 1998=2003; McGowin 1993=1992; 浦河べてるの家 2002).

장애운동가 나카니시가 주장하듯 오랜 세월 장애인은 당사자로서 능력을 빼앗겨왔다. 신체장애인들이 목소리를 겨우 내기 시

26 이런 점 때문인지 이구치 다카시는 논문을 바탕으로 낸 저서는 《인지증 가족으로 사는 것: 새로운 인지증 케어 시대의 임상심리학》(井口 2007)이라는 제목으로 출간해, 자신의 연구 주제가 가족임을 드러냈다.

작한 후에도, 장애인 가운데서도 여전히 인지 능력이나 판단 능력에 결함이 있다고 보는 지적장애인이나 정신장애인은 당사자로서 능력이 없다고 간주한다. 《당사자 주권》을 쓴 후 심심치 않게 받은 질문은 "지적장애인이나 정신장애인은 어떻게 하나?" "인지증이 있는 고령자는 어떻게 하나?"와 같은 것들이다. 그런데 '베델의 집' 정신장애인들은 당사자로서 발언을 하기 시작해 《베델의 집: 당사자 연구》(浦河べてるの家 2005)라는 책도 펴냈다.[27] 당사자로서 능력이 없다고 여겨지는 이들도, '내가 정말 바라는 것(니즈)'을 누군가의 대변 없이도 직접 발언하고자 등장한 것이다. 더욱 중요한 것은 의료 전문가들이 이런 말을 듣고 배우려는 자세를 보이게 되었다는 점이다. 그런 점에서 고령자는 인구학적으로 보면 그 수는 꽤 많지만, 발언력은 매우 약한 집단이다.

개호보험제도 시행 후 개호 경험은 이제야 사례를 쌓기 시작했다. 워커 연수에서는 돌봄 사례를 자주 소개하긴 하나, 이런 사례는 오로지 돌봄을 주는 이들의 경험과 관점을 다룬다. 앞으로는 돌봄을 받는 경험에 대한 사례연구가 쌓여야 한다. 또 돌봄을 받는

---

27 베델의 집은 1978년 일본 홋카이도에서 조현병으로 정신과에 다니던 정신장애인들이 회복자 모임을 만든 후 1984년 사회복지법인으로 설립한 정신장애인들의 지역 활동 거점이다. 정신장애인 100여 명이 함께 생활하고, 다시마 가공 판매 등의 일을 한다. 활동 초기부터 당사자 모임과 지역사회 활동을 통해 일본의 여러 사회학자에게 주목받았고, 이후 정신장애인 공동체가 자립에 성공하고 당사자의 입장과 경험을 담은 다양한 저서를 출간하면서 세계적 유명세를 얻었다. 《베델의 집 사람들》(베델의 집 사람들 지음, 송태욱 옮김, 궁리, 2008), 《지금 이대로도 괜찮아》(사이토 미치오 지음, 송태욱 옮김, 삼인, 2006), 《베델의 집 렛츠! 당사자 연구》(무카이야치 이쿠요시 지음, 이진의 옮김, EM커뮤니티, 2016) 등이 한국에 소개된 바 있다.-옮긴이

이가 자신의 경험을 직접 이야기하는 당사자의 발언이 등장할 것으로 기대한다.

장애인의 경험을 배우기

나는 이 장에서 '돌봄을 받는 경험이 어떤 것이어야 하는가'에 대해서는 논하지 않았다. 돌봄의 윤리를 논한 2장에서도 그랬지만, '돌봄을 한다, 돌봄을 받는다'는 것이 어떠한 경험이어야 할지를 논하려는 것이 아니다. 이 책의 과제는 돌봄을 하거나 받는 것이 현실적으로 어떠한 경험인지 경험과학의 방법으로 접근하는 것이다. 돌보는 이들에 대한 경험적 연구에 비해, 돌봄을 받는 이들의 경험은 논의하기에 충분할 정도의 실증적 연구 데이터가 나오지 못했다. 이것이 7장의 결론이다.

그런데 돌봄을 받는 이의 니즈가 충분히 충족되고 또 당사자 본인이 권리의식을 가진 경우조차 당사자가 '돌봄을 받는 경험'을 반드시 환영하지는 않는다. 나는 '돌봄을 받는 경험'에 대한 보고서가 나온다면, 돌봄을 받는 경험에서 전문가라 할 수 있는 장애인들에게서 먼저 나올 것이라고 생각하던 차에, 연극배우이자 연출가인 김만리金満里[28]가 주장한 돌봄론을 알게 되었다.

세 살에 앓은 소아마비로 신체장애가 생긴 김만리는 배설 케

---

28 1953년 오사카에서 태어난 재일한국인 2세로 극작가, 배우, 연출가로 활동하고 있다. 자전적 에세이 《꽃은 향기로워도》(김미영 옮김, 품, 2020)가 한국어로 출간된 바 있다.-옮긴이

어를 포함해 24시간 활동보조를 받는 중증장애인이자, 장애인 탈시설 자립생활을 개척한 선구자이기도 하다(金 1996). 돌봄받는 경험의 베테랑이라고 할 만한 김만리는 극단 다이헨態變의 대표 겸 극작가, 연출가로 공연 등을 통해 장애인의 신체 표현에 대한 실천을 거듭하면서, 돌봄받는 신체 경험을 철저히 사유한 언어를 지니고 있다. 김만리가 "중증장애의 몸을 가지고 있기에 필요한 돌봄이라는 것, 몸을 통해 필사적으로 사유해낸 그것"에 귀를 기울여보자.

> 나를 돌보는 활동보조인이 손에 힘을 주면, 나는 그 힘을 솜씨 좋게 받아들일 방법을 생각했다가 그 힘을 받아들일 의욕이 나지 않는다. 설명할 수 없어서 짜증이 난다. 설명이 불가능한 것들이 있어도 화조차 낼 수 없이 반쯤 포기하고서 웃는다. …… 비장애인은 우리를 돌볼 수 있으나 의식하든 안 하든 그 몸이나 태도로 언제든 우리를 죽일 수 있는 입장에 있다. (金 2003: 49)

틀림없이 돌봄을 받는 고령자도 위와 같은 경험에 익숙할 것이다.

김만리는 "매일 가족이 아닌 이, 그것도 매일 다른 사람에게서 돌봄을 받는 경험을 하자 보이기 시작한 것이 있다"면서 "내게 돌봄이란 내 몸을 내 의사대로 움직일 수 없기 때문에 타인의 몸을 사용해 내 몸을 관리하는 것"(金 2000: 26)이라는 돌봄론을 전개한다.

중증장애인에게 돌봄이란 자신의 생명과 관련된 것으로, 돌보는

이의 몸 그 자체다. (金 2004: 71)

목숨을 걸고서, 자신의 몸을 타자에게 맡김으로써, 필사적으로, 내게 타자인 내 몸을 이해하려 한다. (金 2004: 70)

김만리는 돌봄을 '신체와 신체의 상호행위' 수준에서 파악한다. 김만리의 돌봄론에서 중요한 점은 남의 몸이 자신의 몸인지 남의 몸인지 모르겠다는 마음이 들기 전에, 자신의 몸도 자신의 몸인지 모르겠다고 보는 신체 감각이다.

자크 라캉이 "자기는 곧 타자"라고 말한 것에 빗대어보자면, 누구든 자신의 몸은 자기가 맨 처음 만나는 타자라고 할 수 있다. 이를 두고 김만리는 "몸의(몸을 가진 자로서의) 자율성"이라고 한다(金 2004: 69). 신체장애인의 몸은 자신의 의사 통제에 따르지 않는다. 반면 비장애인은 자신의 몸이 자기 의사대로 따르는 것을 조금도 의심치 않는다.[29] 라캉이 '거울단계론'에서 논한 것처럼, 아이가 자기 정체성을 가지려면 몸을 통제할 수 있는 감각과 자기상이 일치해야 한다. 아마 인지발달학자 장 피아제라면 이를 두고 '운동감각 통합'이라 할 것이다. 좀 더 쉽게 말해, 거울을 보고 오른손을 들고 싶다고 생각했을 때 거울 속에 비친 오른손, 왼발을 들고 싶다

29 김만리는 신체예술연구소身体芸術研究所의 대표이기도 한데, 그녀가 말하는 '신체예술'이란 보통의 신체 표현과는 지향이 다르다. 춤이나 스포츠와 같은 신체 표현은 자신의 의사에 따라 몸을 극한까지 통제하며 움직이는 방향이나, 김만리의 신체 표현은 자신이 '할 수 없는' 움직임을 자신이 가진 '신체 능력'으로 삼고, 몸의 자율성을 해방하는 방향으로 향한다. 이런 점에서 김만리의 신체예술은 장애 여부에 상관없이 신체 표현의 보편성을 지닌다.

고 생각했을 때 거울 속에 비친 왼발이 내 뜻대로 움직이는 것을 확인했을 때, 그 신체 감각과 신체상이 통합되고 '자기'라는 의식이 싹튼다. 만약 몸이 자신의 의사에 따라주지 않는다면, 몸은 자신과 사이가 서먹서먹한 남일 뿐이다. 이런 통합이 발달단계에 있다면, 노화 현상은 이 과정을 거슬러 가는 과정, 즉 내 몸이 타자가 되어가는 것을 경험하는 과정이라고 할 수 있겠다.

이런 차원에서 보자면 "내 몸이 내 것일까?"라는 김만리의 질문은 근원적이다. 나는 지금 여기서도 '본질적'이란 말을 될 수 있으면 피하고 있다. 왜냐하면 장애와 돌봄 경험을 통해 김만리가 얻어낸 이 물음은 인간에게 근원적인 물음이긴 하나, 모든 사람에게 공유된다고는 할 수 없는, 즉 맥락 의존적인 물음이기 때문이다. 말하자면 비장애인들은 대부분 "내 몸은 내 것일까?" 하는 질문을 잊고서 지낼 수 있다. 그러니까 거꾸로 이 질문을 잊고 살 수 있는 상태를 '비장애'라고 볼 수 있다. 그런데 일단 병이나 장애, 노화 등을 경험하면 이 근원적 물음이 바로 되살아난다. 노화란 어제 할 수 있던 것을 오늘 하지 못하게 되는 것이고, 오늘 할 수 있는 것은 내일 하지 못하게 되는 경험으로, 후천적 장애와 비슷하다. 뇌경색으로 반신마비가 된 고령자는 '자신의 몸이 남이 되는' 신체 감각을 뼈저리게 느낀 적이 있을 것이다.

이렇듯 돌봄이란 '몸과 몸의 교섭 과정'으로 경험되는 것이다. 장애인은 이러한 경험에서 선배이며, 돌봄을 받는 경험에서 전문가이기도 하다. 뇌성마비로 휠체어를 타는 신체장애인 구마가야 신이치로는 《재활하는 밤》에서 장애인 당사자의 관점으로 자신의 몸과 마주한다(熊谷 2009). 이 책으로 그는 [논픽션 작품에 수여하는 문학상인] 제9회 신초다큐멘트상을 받았다. 구마가야는 "재활 경험은 마치 고문과도 같고, 끝나면 완전히 녹초가 된다"면서 이러한 신체 감각을 "패배에서 오는 관능"이라고 했다(熊谷 2009).

물론 장애인이 고령자를 가르치려고 살아가는 것은 아니다. 그렇지만 장애인들이 목숨을 걸고서 한 여러 시행착오[30]에서 고령자는 자유롭게 배울 수 있다. 돌봄을 받는 경험에서 고령자는 '나중에 온 자late comer'이기 때문이다.

돌봄을 잘 받는 방법

나는《싱글, 행복하면 그만이다》에서 '돌봄을 받는 쪽이 가져야 할 마음가짐 열 가지'를 제시했다. 돌봄을 하는 쪽의 마음가짐이나 기법에 대해서는 많이 이야기하나, 돌봄을 받는 쪽의 노하우나 정보 공유는 적기 때문이다. 돌봄은 상호행위이므로 한쪽에게만 에티켓이나 기법을 요구해서는 안 된다.

내가 제시한 열 가지는 다음과 같다.

① 자기 마음과 몸의 감각에 충실하고 민감해지자.
② 자기가 할 수 있는 것과 할 수 없는 것을 잘 구별하자.
③ 불필요하게 참거나 양보하지 말자.

30 예를 들어, 24시간 돌봄이 필요한 중증장애인이 지역 내에서 자립생활을 할 때, 활동보조인이 오지 않으면 그것만으로 생명이 위험해질 수 있다. 중증장애인들은 큰 위험을 감수하고서 죽을 각오로 실천에 나선 것이다.

④ 무엇을 하면 몸이 편하고, 불편한지 돌봐주는 이에게 확실히 전달하자.

⑤ 돌봐주는 이가 받아들이기 쉽게 이야기하자.

⑥ 기쁨을 표현하고 상대를 칭찬하자.

⑦ 나를 아이 취급하거나 무례하게 말하면 거부하자.

⑧ 돌봐주는 이에게 지나치게 기대하거나 의존하지 말자.

⑨ 보수는 정해진 금액을 결제하고, 팁이나 선물을 주지 말자.

⑩ 유머와 감사를 잊지 말자. (上野 2007a: 197)

이 열 가지에는 돌봄을 받는 이가 지켜야 할 기법, 에티켓 혹은 매너가 포함되어 있다.

사실 나는 단기간 입원한 경험이나 어릴 적을 빼고서 돌봄을 받은 경험이 없다. 그래서 이렇게 기법을 제시하는 걸 내심 부끄럽게 생각한다. 그렇지만 이런 기법은 실제로 돌봄을 실천하는 현장을 취재하며 내가 배운 것들이다.

고령화는 누구나 후천적 장애인이 되는 것과 비슷하다. 나이 들거나 뇌혈관 문제로 사지의 마비나 언어장애가 남으면 장애인이 되는 것이다. 후천적 장애인은 태어나서 처음으로 마비나 장애와 같은 경험을 하게 되며, 돌봄을 어떻게 받을지 모색해야 하는 아마추어 상태이다.

반면 장기간 돌봄을 받은 사람들은 어떤가? 이 장 서두에서 언급한 중증장애인 오사나이 미치코는 43세에 "43년간 남에게서 돌봄을 받아왔다. 나는 돌봄받기의 프로"라고 선언했다. 돌봄을 하는 사람보다 받는 사람이 더 경험이 많은 경우는 얼마든지 있다.

장애인 대부분은 장기간 돌봄을 받아왔으므로 돌봄으로 단련된 프로라고 할 수 있다. 후천적 장애인이 다른 장애인에게서 배우듯, 고령자는 장애인의 경험에서 많은 것을 배울 수 있다.

'돌봄받기의 프로'라고 자부하는 오사나이가 제시한 것들을 보면, (위의 열 가지 기법과 겹치는 부분도 있으나) 내게 부족한 지혜를 찾아볼 수 있다.

① 자존심을 버리자. "제멋대로 군다"는 핀잔을 두려워하지 말자.

② 배설 케어를 받을 때는, 자신의 뒤를 닦듯 해달라고 요구하자.

③ 돌봐주는 이가 자원봉사자더라도 할 말은 분명히 하자.

④ 돌봐주는 이가 "이제 됐죠?"라는 말을 하지 못하게 하자.

⑤ 지나치게 자신감이 넘치거나, 망설이지 않는 돌봄에는 함정이 있다.

오사나이는 《당신은 내 손이 되어줄 수 있나요: 좋은 돌봄을 받기 위해》에서 "기분 좋은 돌봄을 받으려면 먼저 자신과 싸워야 한다. 자신의 목숨을 걸고 하는 도박 같은 것"이라고 말한다(小山内 1997: 25). 설령 돌봐주는 이가 싫어하거나 서먹하게 느껴 앞으로 자신에게 오지 않을 수 있는 위험을 무릅쓰고서라도 돌보는 이와 대등한 관계를 맺기 위한 커뮤니케이션 방식이다.

오사나이가 말하는 돌봄의 기법은 다음과 같은 한 문장으로 요약할 수 있다.

"뭘 해줬으면 하는지는 나에게 물어보세요".

바로 이것이 '당사자 주권' 사상이다. 오사나이가 '지나치게 자신감이 넘치거나, 망설이지 않는 돌봄'에 경종을 울린 것을 알게 되고 나서, 나는 허가 찔린 기분이었다. 오사나이는 "망설이지 않는 돌봄을 하면, 프로는 타락한다"고 말한다. 관계는 개별적인 것이다. 관계의 개별성과 [돌봄] 장면의 고유성을 기반으로, 돌봄이 상호행위임을 중시하는 입장에서 바라본다면, 돌봄은 매번 돌보는 이와 적절한 거리를 유지하며 적절한 방법을 찾아낼 수 있는 섬세한 감수성과 커뮤니케이션 능력이 요구된다.

오사나이는 섬세한 감수성과 커뮤니케이션 능력이 무엇인지 더 깊이 논의했는데, 그 내용은 이렇다. ① 돌봄을 하는 이와 받는 이가 대등해야 한다. ② 돌보는 이를 직접 고를 수 있어야 한다.

오사나이는 "돌봄을 하는 이와 받는 이가 대등하려면 돌봄을 받는 이가 우위에 서야 한다"고 주장한다. 이런 정도까지 주장을 할 수 있어야 비로소 돌봄을 해주는 이와 '대등한' 관계를 확보할 수 있다. 자원봉사자처럼 대가를 지불하지 않는 돌봄의 경우, 돌봄을 하는 행위는 증여이므로 관계의 비대칭성은 더 심해진다. 이렇게 채무관계와 같은 것을 대등한 관계로 만들 방법은 바로 대가를 지불하는 것이다. 화폐의 기능은 대가를 지불하는 데 있으며, 돌봄이 유상이라는 점은 돌봄을 하는 이뿐만 아니라 돌봄을 받는 이에게도 깊은 의의가 있다.

현행 개호보험에서는 서비스의 실제 소비자(이용자)와 구매자(개호보험사업자, 즉 지자체)가 다르다. 이 구조에서 돌봄의 제공자는 자연스럽게 구매자의 이익을 우선시할 수밖에 없다. 돌봄의 실제 소비자와 구매자를 일치시키는 게 바로 직접 지불 방식이다(岡部 2006). 어차피 개호보험의 자원은 개호보험료와 세금이므로 개호보험사업자(지자체)가 이용자에게 현금을 주고, 이용자가 케어 워커에게 직접 돌봄서비스 이용 요금을 지불하도록 한다면, 돌봄서비스 이용을 둘러싸고 생기는 채무관계를 없앨 수 있다. 돌봄의 유상성이란 돌봄을 제공하는 쪽에서 보면 생계를 유지하는 노동을 말하지만, 동시에 구조적으로 약자 입장에 놓인 돌봄을 받는 이가 대등성을 확보하기 위한 방법이기도 하다. 그래서 교환관계는 단순한 편이 바람직하다. 그런데도 이런 지불 방식을 취하지 않는 것은 정책 입안자들이 이용자들이 당사자로 능력이 있다고 믿지 않기 때문이다.[31]

돌봄을 받는 이가 자신을 돌봐주는 이를 지정하는 방식도 의의가 있다. 이용자들이 헬퍼를 바꿔달라는 이야기를 하는 경우가 있는데, 개호보험사업자는 이 요구에 응하지 않고 있다.[32] 누가 하든 다를 바 없이 서비스가 표준화되고, 그에 따라 다른 헬퍼로 대체 가능하게 되면 개호보험사업자도 이용자도 리스크를 분산할 수 있는 이점이 있다. 그러나 돌봄은 인격적인 상호행위라서, 돌봄이 상대에 따라 달라지기도 한다. 서로 잘 맞는 경우도 있고 안 맞는 경우도 있는 것이다. 장애인자립지원법에서는 비록 자격증이

---

31 가령 이용자에게 현금을 주면 술을 사거나 낭비하는 등 다른 목적으로 써버릴 수도 있고, 남이 갈취할 수도 있다며 이용자 당사자의 관리 능력을 의심한다. 이런 문제를 걱정한다면 서비스에 쓸 바우처(이용권)를 제도화하면 된다. 그런데 바우처도 전매될 우려는 있다.

32 개호보험이 실시되기 전에 실행되었던 생협의 '서로 돕는 사업'이나 지자체의 '가정부파견사업'[일종의 헬퍼 파견사업]에서는 누가 자신을 돌볼지 이용자가 돌봐주는 이를 지정하던 곳이 있었다. 그래서 오히려 개호보험 이후 이용자의 선택권이 줄었다고 볼 수 있다. 현행 개호보험제도에서 이용자는 싫은 개호자는 피할 수는 있지만, 마음에 드는 개호자를 선택할 수는 없다.

없더라도 이용자가 지정하면 보수를 받을 수 있도록 했다. 돌봄에서 관계를 중시했기 때문에 이러한 '헬퍼 지명 제도'를 실시했던 것이다. 개호보험에서도 이 제도를 도입하면 좋을 것이다. 돌봄 현장에서 일하는 사람이라면 누구나 학력이나 자격이 돌봄 능력과는 상관없다는 점을 알고 있다. 많은 이용자가 인기가 많은 헬퍼만 똑같이 지정한다면, 그 헬퍼에게 보수를 더 지불하면 된다. 나는 정말 그렇게 생각한다. 돌봄을 상호행위로서 실현하기 위한 방편이라고 보기 때문이다.

또한 오사나이는 일할 때도 서비스를 제공하라고 요구한다. 현행 장애인자립지원법도, 개호보험법도 장애인이나 고령자의 식사와 배설 등 생존을 위한 서비스만을 지원한다. 하지만 그것이 바뀐다면 오사나이는 사회복지법인을 경영하거나 원고를 쓰거나 강연을 하며 보수를 얻고 세금을 낼 수 있다. 김만리도 그렇다. 장애인 돌봄이 충분하다면 김만리는 극단을 주재하고 연출하고 해외 공연을 하며 아무도 하지 못한 독창적 신체 표현을 세상에 내놓을 수 있다. 하지만 현행 제도는 그들에게 '일하지 말라'고 하고 있다.

일을 한다는 것은 자아표현이며 자아실현의 하나다. 사람은 단지 숨만 쉬면서 살지 않는다. 타자와의 관계 속에서 자기실현을 하면서 살아간다. 그런데도 이러한 자아실현을 지원하지 않는 제도를 지금껏 '자립지원'이라 하며 칭송하고 있다. 개호보험은 고령자가 일하지 않는다는 것을 전제로 삼고 있으며, 장애인이 개호보험을 이용하는 경우 제공받을 수 있는 외출 보조나 매뉴얼과 같은 것들조차 없다. 그도 그럴 것이 개호보험에서는 자립 개념을 일상생활동작acting of daily living의 자립 정도로 판단하듯, 자립을 매우 협

소하게 정의하기 때문이다. 즉 개호보험에서 말하는 자립은 너무나 협소한 개념이다. 이는 '당사자 주권' 사상의 '자율' 개념과는 전혀 다르다.

8장 좋은 돌봄이란 무엇인가: 집단 돌봄에서 개별 돌봄으로

좋은 돌봄이란 무엇인가

당사자 주권의 관점에서 보면, '좋은 돌봄'의 궁극적인 형태는 '개별 돌봄'이다. 따라서 좋은 돌봄은 표준화할 수 없다. 제3자가 돌봄의 질을 객관적으로 판정할 수 없다. 돌봄에서 일어나는 상호관계 속에서 돌봄의 질을 판정할 이는 돌봄을 받는 당사자이지, 제3자가 아니다. 그런 점에서 나카무라 요시야[1]가 말했듯, 돌봄을 받는 이는 단지 돌봄서비스의 소비자가 아니라, 프로슈머prosumer처럼 창조적인 소비자다(中村 2008). 돌봄을 주는 이와 받는 이가 상호행위하는 관계 속에서 '좋은 돌봄'을 이루려면 돌봄을 받는 이와 주는 이 양쪽이 '돌봄의 질'을 판정할 필요가 있다.

돌봄을 상호행위로 받아들이는 시각으로 보면, 돌봄을 주는

---

1 NPO법인 복지워커즈호프福祉ワーカーズほーぷ' 이사.-옮긴이

이와 받는 이는 서로 협의해야 비로소 좋은 돌봄을 이룰 수 있다. 돌봄은 상호행위 그 자체다. 따라서 행위자나 상황이 바뀔 때마다 돌봄의 질이 바뀐다. 개별성, 일회성이 있는 것이다. 여기에는 다음과 같은 전제가 있다. ① 돌봄을 받는 이를 수동적인 소비자나 이용자로만 보지 않을 것, ② 이용자를 만족시키기 위해 돌봄을 행하는 이를 희생하거나 억압하지 않을 것. 돌봄을 하는 이가 만족하지 않으면 받는 이도 만족하지 않는다. 그 반대도 그렇다. 이러한 접근 방식은 양쪽의 이익을 최대화한 모델을 택한다는 점에서 다른 방식과 다르며,[2] 제로섬 관계가 아니다. 한쪽이 만족하면 다른 한쪽도 만족하는 윈윈 모델이다. 이 책에서 계속 되풀이하고 있으나, 이러한 상호관계는 비대칭적이다. 니즈가 있고 나서 서비스가 발생하므로, 돌봄의 궁극적인 목적은 돌봄관계의 원인이자 결과인 돌봄받는 이의 니즈와 만족이다. '당사자 주권'의 시각에서 돌봄의 '1차적 니즈'가 어디에 있는지 잘 파악해야 한다.

돌봄을 받는 사람의 고유성을 지키며 그 사람답게 생활할 수 있도록 지원하는 것이 돌봄의 목표라고 할 때, '개별 돌봄'이 바람직하다는 점을 부인할 이는 없을 것이다. 고령자는 각자 고유한 생활방식으로 살아온 사람들이다. 개호보험이 도입된 후, 시혜적 조치로 돌봄을 하던 시대에서 '계약으로 돌봄을 하는 시대'로, '수혜를 주던 시대에서 권리를 행사하는 시대'로 변화했다. 새로운 흐름이다. 또 이용자에 따라 맞춤형으로 돌봄 계획을 주문할 수 있는

2 그런데 7장에서 쓴 것처럼, 돌봄 영역에서는 '소비자 만족 조사' 결과의 신뢰도가 낮다는 점을 기억해야 한다.

구조를 만들어 개별 돌봄으로 한 걸음 더 나아갔다. 개별 돌봄의 한 형태는 '재택 돌봄', 즉 고령자가 생활하는 집에서 고령자를 지원하는 것이다.

과거에는 재택 돌봄과 시설 돌봄은 서로 대척점에 있다고 여겼다. 이용자도 케어 워커도 될 수 있으면 집단적으로 생활하고, 시간을 관리하는 다인실을 피하려 했다. 이용자는 집단 관리 탓에 사생활과 자유 없이 생활했고, 케어 워커는 비인격적인 단순 반복 작업을 하다 번아웃을 겪기도 했다. 그래서 양쪽 모두 시설을 환영하지 않았다. 가족이 돌보지 않아 딱한 고령자만 시설에 들어간다고 여겼다. 물론 시설은 고령자가 아니라, 가족이 선택한 것이다. 게다가 시설은 설비 조건이 열악해서, 그 이용자는 가족이 돌보지 않는 가난한 고령자라는 사회적 낙인이 찍혔다.

그러나 개호보험이 생기고 나서 많은 이가 재택 돌봄보다 시설 돌봄을 지향하게 되었다. 이는 개호보험을 도입한 정책에서 원래 의도한 바와 다르다. 이용자의 권리의식이 높아지면서 시설 입소에 대한 낙인도 줄었다. 특히 시설 돌봄에 대한 편견과 낙인이 중산층 이용자와 가족들 사이에서 줄었다는 점도 거론된다. 그런데 여기서 다시금 지적할 수 있는 것은 고령자 당사자가 시설 입소를 원하는 게 아니라, 가족이 원한다는 점이다.

시설에서는 고령자의 생활을 지원하면서 조금이라도 더 개별 돌봄에 가까운 돌봄을 하려고 시도한다. 그 시도 가운데 하나가 신형 특별양호노인홈 유니트 케어 시설이다. 물론 개별 돌봄과 유니트 케어는 서로 독립적인 개념이다. 시설 돌봄이라고 해서 개별 돌봄을 할 수 없는 것은 아니고, 유니트 케어라고 해서 개별 돌봄을 보장하는 것도 아니다. 유니트 케어에 주목하게 된 것은 그것이 개호보험제도에서 특이한 위치를 차지하고 나서다. 8장에서는 개별 돌봄의 한 선택지로 유니트 케어를 살피면서 그 가능성과 문제점을 논하고, 돌봄의 미래를 살필 지침으로 삼고자 한다.

유니트 케어

후생노동성이 정의한 바에 따르면 유니트 케어란 "시설 내 거주공간을 몇 개의 그룹으로 나눠 각 그룹을 하나의 생활 단위로 삼고, 가정적인 분위기로 소수의 고령자를 돌보는 것"이다.

시설에서 유니트 케어를 하려면 입소한 고령자의 공간을 개인실로 만들어야 하는 조건이 있으므로, 유니트 케어를 '개인실 유니트 케어'라고도 한다.

전에는 시설에서 고령자를 4인실이나 6인실, 즉 다인실에 '수용'했다. 하지만 유니트 케어가 도입되고 나서 시설을 고령자가 생활하는 장소로 보게 되자, 시설 내 '개인실이 기본'이라는 생각이 등장한 것이다. 고령자 돌봄을 의료와 개호로 분리할 수 있게 된 것이 그 배경이다.

알려진 대로, 개호보험은 의료보험의 재정 파탄을 피할 궁여지책이었다. 개호보험법 시행 전, 고령자가 장기간 병원에 입원하면서 의료보험 재정을 압박했기 때문이다. 병원에 오래 입원 중인 고령자들을 의료보험 적용 대상자에서 상대적으로 수급비가 낮은 개호보험 대상자로 이행하는 것이 개호보험의 목적이기도 했다.

병원에 4인실이나 6인실과 같은 다인실이 있는 것은 ① 의료를 위한 긴급 경과조치[3] ② 집중관리를 하는 데 의료인의 편의를 우선시할 수 있는 점 ③ 일시적 입원이므로 참을 수 있는 범위라고 정당화되었는데, 고령자 돌봄이 의료에서 분리되자 고령자 돌봄의 의미는 고령자의 생활을 지원하는 것으로 바뀌었고, 고령자가 생활하는 장소 역시 병원이 아닌 시설이 되었다.

고령자가 생활하는 장소인 시설을 보자. 예전부터 시설은 소프트[서비스], 하드[물리적인 공간]가 다 열악하다고 거론되었다. 가난한 이를 구제하는 곳으로 여겼던 시절에는 시설은 열악해도 참아야 했다. 그런데 개호보험이 도입되고 이용자의 권리의식이 높아지자, 집에서 지내는 것보다 뒤떨어지지 않게 생활할 장소로 시설을 보게 됐고, 개인실이 있는 시설에 대한 수요가 많아졌다. 개인실을 찾는 이들은 시설에서 지내더라도 집에서 지내던 생활보다 나빠지지 않는 조건을 원했다.

현재 유니트 케어란 다음과 같은 세 가지 조건을 갖춘 시설을 가리킨다. ① 입소자들의 기본 생활공간이 개인실일 것, ② 8~10명[4]을 한 생활 단위로 삼고 '유니트 케어'를 원칙으로 실시할 것, ③ 각 유니트의 입소자들이 간단히 요리나 식사를 하고, 대화를 하며 교류할 수 있는 공유 공간을 설치할 것. 건축학에서 유니트는 개인실[사적 공간]private zone, 준공용공간semipublic zone, 공용공간public zone이라는 세 공간이 있고, 각 개인실과 준공용공간 및 공용공간을 합한

---

3 개호보험 시행 안팎의 격변기에 고령자가 병원 다인실에서 지낼 때, 기존 의료요양병상처럼 의료보험을 적용한 조치.-옮긴이

4 일본 후생노동성은 한 유니트의 인원을 통상 8~10명, 최대 12명으로 잡고 있다.

생활 단위를 일컫는다. 즉 사적 공간, 준공용공간, 공용공간을 두루 갖춘 시설을 유니트 케어라고 하는데, 이 가운데 하나라도 없을 경우는 '유니트 케어'가 아니라 '유니트풍 시설'이라고 부른다(東京大学社会学研究室·建築学研究室 2006: 364; 外山 2003).

후생성[후생성은 2001년 후생노동성으로 재편]은 2000년 개호보험 시행 때 유니트 케어를 도입하고자 열의를 보였다. [지자체나 사회복지법인이 운영하는 고령자 시설인] 특별양호노인홈에 유니트 케어가 있으면 가산점을 주고, 2003년에는 2004년부터 신설될 특별양호노인홈에 유니트 케어를 도입하지 않으면 정부 보조금을 주지 않겠다는 방침을 세웠다. 정책적으로 유니트 케어를 강력히 유도한 것이다. 후생노동성은 [자택 복귀가 목적인 의료 및 재활 개호 시설인] 노인보건시설에도 유니트 케어가 바람직하다고 지도했다.

그런데 앞서 쓴 것처럼 유니트 케어를 하려면 먼저 개인실을 만들어 공간 조건을 바꿔야 한다. 다인실을 기본으로 한 기존 시설에서는 갑자기 할래야 할 수 없었다. 유니트 케어는 공간 측면에서 큰 제약을 받을 뿐만 아니라 사업자 역시 더 높은 초기 투자가 필요하다. 개인실 표준 넓이가 13.2m²[약 4평]이므로, 시설을 신축하는 경우 기존의 다인실보다 큰 공간이 필요하고 건축비가 늘어난다. 그럼에도 후생노동성의 강력한 정책 추진이 효과를 봐서 2004년 개호 시설의 개인실 비율이 48.3%로 2003년 대비 23.3% 급증했고, 2005년에는 55%로 늘었다. 이는 유니트 케어 형태로 본다면 전년도 대비 50.3%가 증가한 것이다.[5] 이 밖에도 노인보건시설,

---

5 후생노동성, 〈개호서비스 시설 사업소 조사 개황〉, 2006.

쇼트스테이 시설, 인지증 대응형 공동생활주거에서도 유니트 케어의 비율이 늘었다.

2005년 개호보험법 재검토에 즈음해 후생노동성은 예상보다 시설 돌봄이 늘자 정부의 부담을 줄이고자, 시설 입소자가 개인실을 쓰는 경우 '호텔 코스트'를 내도록 이용료를 개정했다. 후생노동성은 재택개호를 받는 고령자는 주택 시설 설비 등이 자기 부담인데, 시설 입소자가 개인실을 사용하면서 개호서비스에 대해서만 이용료를 내고 거주 부분에서 사용료를 부담하지 않는 것은 불공평하다고 주장했다. 그 결과 일부 시설에서는 이용료가 특별양호노인홈과 비슷한 수준으로 월 3만 엔대였던 것이 한꺼번에 11~13만 엔대로 폭등한 곳이 나타났다. 그런데 시설 전체를 개인실로 바꾼 사업체는 유연히 운영할 수 없었다. 호텔 코스트를 못 내는 이용자를 다인실로 이동시켜 경제적 부담을 덜어줄 수가 없어서 어쩔 수 없이 이용자를 내보내야 했던 경우도 있었다. 결과적으로 호텔 코스트를 낼 수 있는 경제력을 갖춘 이용자만 유니트 케어 시설의 수혜자가 되고 말았다. 비용을 내지 못하는 저소득층 이용자는 기존처럼 다인실을 이용할 수밖에 없었다. 양극화에 따라 이용자 간 격차가 커졌지만, 후생노동성은 이를 용인했다.

후생노동성이 2004년에서 2006년까지 짧은 기간 동안 유니트 케어를 추진하다 호텔 코스트를 도입하자, 현장에서는 이처럼 심한 혼란이 일어났다. 임기응변식 제도 변경에 돌봄 현장이 휘말린 것이다. 정부의 유니트 케어 추진책을 믿고 따른 사업자는 정책 변경에 반발해 "2층에 올라가자마자, 사다리를 치워버렸다"고 분노했다.

만약 후생노동성이 처음부터 일관성 있게 제도를 만들고 추진하려는 의지가 있었다면, 애초에 유니트 케어를 정책적으로 도입할 때 개인실을 이용하는 데 따른 비용 부담을 하도록 하는 것도 한 방법이었을 것이다. 그러나 후생노동성이 급히 제도를 바꾼 배경에는 고령자의 생활공간 표준이 다인실이라고 보는 빈곤한 상상력에 있었다. 집에서는 고령자의 방이 따로 있는 게 당연하다고 여기면서도, 고령자를 돌보는 시설에서는 개인실이 표준이 아닌 게 현실이다.

시설 입소를 희망하는 고령자들이 많아지면서, 2009년 후생노동성 발표에 따르면 시설 입소 대기자가 전국에서 약 42만 명에 이르렀다. 고령자 돌봄에서 시설 지향이 뚜렷해지자, 애써 만든 개인실을 2인실로 바꾸거나, 새로 짓는 특별양호노인홈에서는 쉽게 다인실을 만드는 동향도 나타나고 있다. 또 지자체에 따라서는 개인실 허용 기준을 완화해 현재 약 4평인 1인실 넓이를 3평, 혹은 땅값이 비싼 대도시에서는 2평 정도도 괜찮다고 규제 완화를 요구하기도 한다. 이런 움직임은 전부 과거 유니트 케어 추진책에 역행한다. '시설 입소 대기 중인 고령자를 줄이려면 한 명이라도 더 시설에 넣어야 하니 설비가 열악해도 상관없다'는 생각이겠으나, 이는 고령자를 버리는 정책이나 다름없다.

개별 생활 단위를 표준으로 삼고 개별 돌봄이라는 이상을 좇은 유니트 케어는 그 후 어떤 운명을 맞았을까? 그 경과를 보며 앞으로 일본 사회의 개별 돌봄이 어떻게 될지 살펴보자.

호텔 코스트

호텔 코스트는 상당한 비판을 받았는데, 그토록 문제가 있는 것일까? 호텔 코스트에 대한 긍정적 평가가 전혀 없지는 않다.

처음부터 유료로 시설을 제공한 사업자 쪽에서 보면 호텔 코스트는 나름 합리성이 있다. 한편 호텔 코스트가 도입되자 시설 내 거주 비용과 돌봄 비용care cost, 즉 하드와 소프트를 분리했다고 보고 환영한 사업자들도 있다. 신형 특별양호노인홈 가제노무라風の村[6](〈그림 6〉)의 이사장 이케다 도오루[7]는 다음과 같이 말한다.

> 내가 호텔 코스트를 긍정적으로 평가하는 까닭은 단 하나, 호텔 코스트를 월세라고 보기 때문이다. 호텔 코스트는 월세다. 월세를 내는 것은 집을 빌려 사는 것이다. 호텔 코스트와 돌봄 비용을 분리하면, 시설이란 개념은 무의미해질 것이다. (特別養護老人ホーム「風の村」 2002: 15)

복지 분야 저널리스트 아사카와 스미카즈[8]도 "하드와 소프트를 조합한 고령자전용임대주택[9]이 보급된다면, 호텔 코스트 문제

---

6 '바람의 마을'이라는 뜻.-옮긴이

7 1976년 생활클럽 생협 지바 지부의 설립자로, 1994년 일본에서 지역 생협으로는 처음 노약자 대상 돌봄사업을 실시했다. 2000년에는 일본에서 최초로 전실 개인실을 갖춘 특별양호노인홈 가제노무라를 열었다(https://kazenomura.jp).-옮긴이

8 일본 경제신문 기자 출신으로, 1998년부터 고령자 돌봄, NPO에 관해 기사와 저서를 써왔다.-옮긴이

〈그림 6〉 시설 가제노무라 3층 유니트 평면도

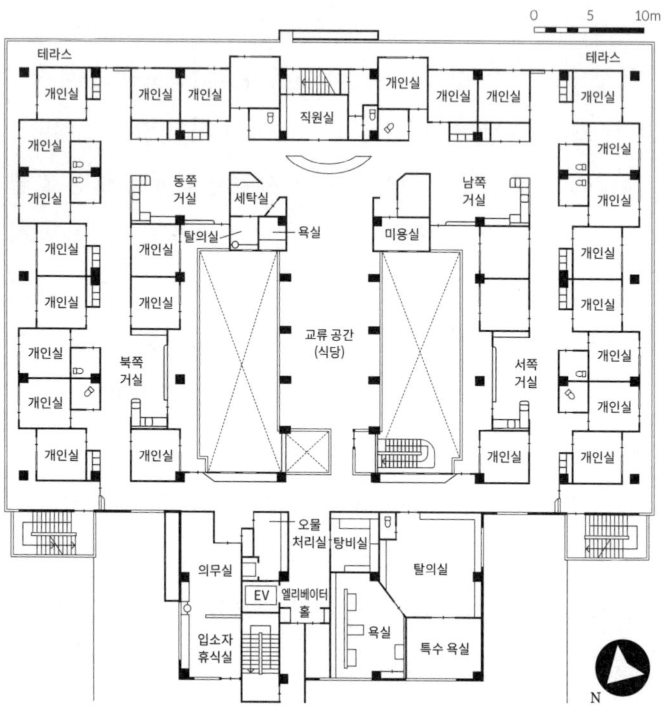

(風の村 제공)

도 없어질 것"이라고 했다(淺川 2007). 임대든 분양이든 하드와 소프트를 분리해야 마침내 탈시설화 흐름을 만들어낼 수 있을 것이다. 자택에서 재택개호를 받는 고령자는 자산 유무에 따라 주택의 질 차이를 경험한다. 그러니 비용에 따라 임대주택도 차이가 나는

9 민간업체가 배리어 프리와 돌봄서비스를 고려해 설계한 고령자 전용 주택으로, 주로 자립생활이 가능하거나 가벼운 돌봄이 필요한 고령자가 이용한다. 일과시간에 생활상담 직원이 상주해 고령자의 안부를 확인한다.-옮긴이

게 당연하다고 볼 수도 있다. 이용자가 경제적 부담 능력에 따라 어느 정도 비용을 들여 어떤 주거공간에 살지 선택하는 것이다.

기후현에 있는 신세엔新生園은 사회복지법인, 주식회사, NPO와 같이 다양한 법인을 조합해 독특하게 시설을 경영하는 것으로 유명하다.[10] 신세엔의 대표 이시하라 미치코 역시 비용에 따라 거주공간의 넓이나 설비가 다른 것은 당연하다고 본다. 신세엔에는 경제적 부담 능력이 가능한 계층이 입소한 도시 호텔 수준의 월 이용료 30만 엔이 넘는 개인실을 갖춘 동이 있고, 개호보험 이용료를 내고 이용하는 다인실 동이 있다.[11] 그러나 개인실을 쓰든 다인실을 쓰든 서비스에 차이는 두지 않는다. 이시하라 미치코는 다음과 같이 주장한다.

> 일등석이든 이코노미석이든 항공사는 손님을 목적지까지 안전하게 데려간다는 점에서 서비스는 같다. 거주하는 공간이 달라도 돌봄에 차이를 두지 않는다. (필자의 조사 시 이시하라 미치코의 답변)

---

10 신세엔은 시설 경영은 사회복지법인, 교육계발 사업은 비영리법인, 방문개호 사업은 주식회사법인('신세 메디컬')이 맡아 복수의 법인을 가지고 사업을 펼치고 있다. 2024년 현재, 특별양호노인홈 선빌리지 신세엔, 그룹홈, 소규모 다기능 시설도 운영 중이며, 교육계발 사업으로 지역 의료 및 지역복지 연수 사업을 진행한다.-옮긴이

11 신세엔이 개인실을 갖춘 건물을 세웠을 때는 아직 후생노동성의 유니트 케어 추진책이 나오지 않은 시점이었다. 나중에 신세엔은 다인실도 함께 있는 개인실 동을 더 세웠는데, 가족의 의향에 따라 유료인 개인실 동에서 다인실이 있는 건물의 개인실 동으로 이동한 이용자도 있었다. 같은 개인실이라도 다인실이 있는 건물의 개인실은 월 이용료가 줄기 때문이다.

부담 능력에 따라 거주 조건이 달라지는 데 대해 가제노무라 이사장 이케다는 다음과 같이 말했다.

> 자산이나 소득 차이로 노후 생활에 일정한 격차가 생기는 건 어쩔 수 없긴 하나, 그렇다고 헌법에서 보장한 건강하고 문화적인 생활을 누릴 수 있는 수준을 밑돌아서는 안 된다. (特別養護老人ホーム「風の村」 2002: 15)

헌법이 보장하는 수준으로 노후 생활을 유지하려면 '개인실'이 필요하다. 개인실 넓이나 설비가 좋을 때 비용 차이가 나는 부분은 병원에서 1인실 또는 2인실을 병실로 사용할 때 내는 사용료와 같은 셈이다. 현재는 다인실이 표준이므로 개인실은 그 자체로 부가가치가 붙는다. 개인실을 거주공간으로 볼 경우, 개인실에 지금처럼 화장실이나 부엌을 마련하지 않는 것은 이상하다고 비판하는 이도 있다. 또 호텔 코스트를 월세와 같은 것이라고 볼 때, 왜 가격을 시설이 위치한 지역 임대가에 맞추지 않고 일률로 똑같은 비용을 내게 하는지[12] 의문을 제기하며 불합리하다고 보는 이도 있다. 개인실을 임대주택이라고 가정해 서비스를 맞춤형으로 추가한다면, 집단 관리를 전제로 한 시설에서도 개별 돌봄으로 크게 전환할 수 있을 것이다.

---

12 호텔 코스트는 2005년까지는 개호보험 재정으로 충당했지만, 개호보험법 개정 후 자기 부담으로 바뀌었으며, 정부가 정한 금액을 일률로 징수하고 있다.-옮긴이

유니트 케어의 기원

유니트 케어의 기원은 두 가지다. 하나는 하드 측면의 건축학적 기원이고, 또 하나는 그룹홈과 같은 실천 현장에서 나온 소프트 측면에서의 기원이다.

건축학적 기원은 건축가 도야마 다다시가 스웨덴에서 "인지증 고령자 시설 그룹홈"에 적용하는 유니트 케어의 이념을 일본에 도입하고 적극적으로 추진한 것에서 시작됐다(外山 2003: 77). 1982~1989년 스웨덴에 유학한 도야마는 스웨덴의 고령자 복지수준을 보고 일본과의 큰 격차에 충격을 받았다. 그는 스웨덴왕립공과대학에서 고령기에 접어든 인간과 주거환경의 상호관계를 주제로 박사학위를 받고 일본에 돌아온 뒤, 1989년 후생노동성 국립의료병원관리연구소 지역의료시설 설계계획 연구실장으로 근무했다. 그 뒤 도호쿠대학, 교토대학에서 교수를 지내다가 2002년 52세에 세상을 떠났다. 그가 설계한 작품으로는 유니트 케어를 적용한 선진 시설로 유명한 케어타운 다카노스ケアタウンたかのす(1999년, 〈그림 7〉), 가제노무라(2000년, 〈그림 6〉) 등이 있다.

이 책의 기초가 된 공동연구(東京大学社会学研究室·建築学研究室 2006)의 특징 중 하나는 사회학, 건축학의 학제간 연구라는 점이며, 도야마 다다시 연구실 관계자가 여기에 함께했고, 그의 대표적 건축물이 사례연구 대상이었다. 나는 이 책에서 이런 건축학적 기원을 배경으로 유니트 케어를 다루며, 유니트 케어 실천 현장의 효과와 문제점을 살피고자 한다.

유니트 케어의 또 한 가지 기원은 돌봄 실천 현장에서 나온 것

〈그림 7〉 케어타운 다카노스 평면도

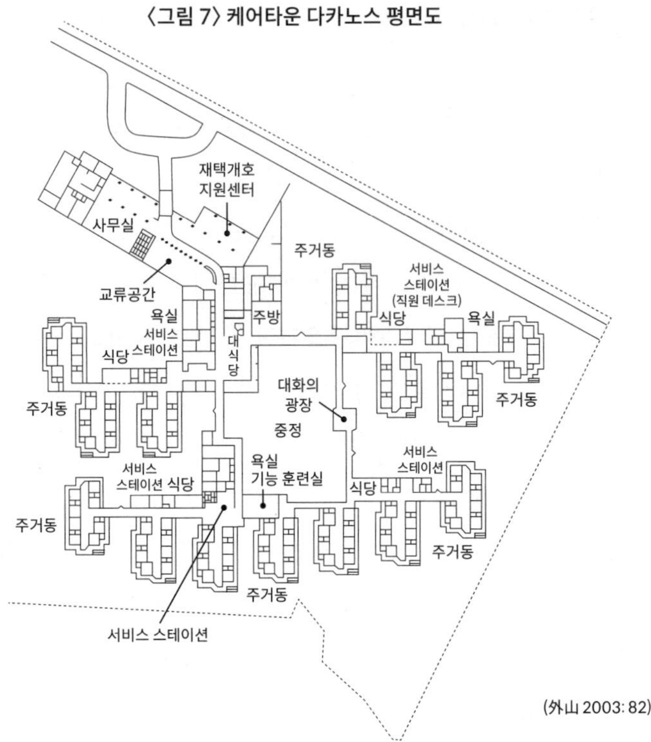

(外山 2003: 82)

이다. 이는 인지증 고령자가 있는 그룹홈 시설이나 고령자 개호 시설에서 돌봄 실천가들이 돌봄의 질을 개선하고자 노력해서 얻은 결과다. 앞서 쓴 후생노동성 조사[13]에 따르면 인지증 대응형 그룹홈[14]에서도 유니트 케어를 도입했다. 2005년 사업소는 총 8350곳

13 이때 후생노동성이 낸 조사 보고서에는 부록으로 주석을 붙여서, "공동생활주거(유니트)란 인지증 상태에 있는 고령자가 공동생활을 영위할 수 있는 주거로, 거실, 식당, 부엌, 욕실 등의 설비를 갖춘 것"이라고 하고 있다.

14 흔히 줄여서 '그룹홈'이라고 한다. 그룹홈은 치매 고령자를 대상으로 한 소규모 개호 시설이다.-옮긴이

이며 한 시설당 평균 유니트 수는 1.7개로, 한 유니트의 평균 정원은 8.9명이었다. 그전까지 시설에서 50~100명에 이르는 고령자를 대규모로 집단 돌봄을 하는 것에 문제의식을 갖게 된 케어 워커들이 층별로 그룹 케어를 하기 시작해 소규모 유니트풍 케어를 실시하는 변화가 일어났다. 개인실에서 돌봄을 바로 시작하려 해도 공간적, 물리적 제약이 따랐기 때문에 서비스를 바꾼 것이다. 완전한 개인실 형태의 유니트 케어라 할 수는 없으나 나름대로 궁리한 끝에, 기존의 집단 돌봄 형태의 시설에 칸막이를 만들어서 유니트 분위기를 내는 돌봄 방식을 고안한 사람들도 있었다. 유니트 케어를 도입하자 케어 워커의 만족과 입소자의 건강 상태 개선으로 이어졌다. 가령 인지증이 있는 고령자의 상태가 안정되어 자주 웃는 얼굴을 하고 식사 섭취량이 늘었다. 이렇게 돌봄 실천 현장에서 케어 워커들이 스스로 노하우를 쌓은 것이 유니트 케어의 또 다른 기원이다.

하드 면, 즉 건축 주도형 유니트 케어의 기원은 스웨덴을 선진 모델로 삼아 이념을 앞세운 이상주의적 시도에 있었고, 소프트 면의 기원은 서비스를 개선하려는 모델로 나타난 현장의 자연발생적 시도에서 비롯되었다. 일본의 유니트 케어는 이 두 가지 흐름이 합쳐져서 보급, 정착된 것이다. 나중에 논하겠으나 앞장서 유니트 케어를 비판한 미요시 하루키는 현장에서 자연적으로 발생한 유니트 케어만 인정한다는 입장을 취했다(高口 2004).[15] 그는 근대주

15 다카구치 미쓰코는 "근대주의나 권력에 얽히지 않았다면 미요시도 유니트 케어에 우호적이었을 것"이라고 말한다(高口 2004: 146).

의나 국가권력이 강요하는 유니트 케어는 인정하지 않았다.[16] 나는 미요시가 유니트 케어를 두고 "스웨덴 모델" 또는 "근대주의"라고 규정하고, 후생노동성의 유니트 케어 제도화를 "권력 통제"라고까지 한 것은 지나치게 일방적인 의견이라고 생각한다.

실상 돌봄 실천 현장에서 나온 고민을 개선하는 과정에서 대부분 시설이 집단 돌봄을 반성하기 시작했고, 이를 통해 자연스럽게 '그룹 케어'가 나왔으며, 이것이 '유니트 케어' 개념이 도입되고서 연결되었다고 보는 게 맞을 것이다. 매우 흥미롭게도, '그룹 케어'를 문자 그대로 번역하면 집단 돌봄을 말하는데, 돌봄 실천 현장에서 '그룹 케어'라는 말은 대규모 집단을 소규모 단위로 나눈 것을 뜻했다. 물론 건축가 도야마와 같은 이상주의자가 '유니트 케어' 개념, 또 공간을 구역별로 나누는 것에 대한 의의를 피력했으니 계몽하는 측면도 있다는 점은 부정할 수 없다. 현장 실천에서 자연스럽게 나온 것이든 이상주의자가 도입한 것이든 둘 다 '집단 돌봄'에서 '개별 돌봄'을 지향하는 점은 분명하다. 그런데 도야마와 같이, 개인실을 기본으로 삼은 개별 돌봄을 주장한 점은 현장 실천보다 더 급진적이었다.

현장에서는 돌봄의 실천 과정에서 '유니트 케어' 개념을 접하고 나서 적극적으로 적용했다. 유니트 케어가 보급된 것은 두 흐름이 합쳐졌기 때문이라 보는 게 타당할 것이다.

---

16 미요시 하루키는 인지증 고령자가 있는 특별양호노인홈에서 물리치료사로 근무한 현장 경험을 살려 돌봄에 관한 다수의 저작을 냈다. 미요시는 개인실에 인지증 고령자를 두는 것은 근대주의 관점에서 개인주의를 중시하는 가치관이라고 주장한 바 있다.-옮긴이

돌봄 현장에서 유니트 케어를 도입하는 과정에서 겪은 시행착오를 두고, 가메야마 노인보건시설 직원 와카야마 히토미는 다음과 같이 증언한다.

> 1995년경에 사회복지법인에서 경영하는 한 특별양호노인홈이 있었어요. 200개 베드가 있는 대규모 시설인데요. 200개를 3개 층으로 나눠서 한 층에 70명씩 고령자를 넣고, 돌봤죠. 그곳에서는 직원 넷이 한 층에 있는 70명을 같이 돌보는 상태니까 아무래도 입소자 한 사람 한 사람을 자세히 볼 수 없었어요. 직원들끼리 몇 번 회의하다가 입소자들을 제대로 파악해 돌보자고 해서, 한 층에 70명이 있던 것을 3개 그룹으로 나눠 직원 한 명이 한 그룹을 돌보는 식으로 그룹 케어를 시작하게 되었다고 하더라구요.
>
> 여기에 영감을 받아서 1999년에 문을 연 저희 노인보건시설에서도 그룹 케어를 하기로 했죠. 그런데 저희가 연 지 얼마 되지 않아서 그룹 케어를 할 수 있었느냐 하면 사실 절대로 그렇지 못했죠. …… 당시 우리 시설 직원들 의식을 보면, 집단 돌봄, 컨베이어 벨트에서 획일적으로 작업하는 것처럼 돌봄을 하다보니까 이용자는 집단 속의 한 사람에 지나지 않았고, 또 정해진 시간에 업무를 끝내는 데 주안점을 뒀으니까 효율을 우선시하는 수준이었어요. 이용자가 주체는 아니었죠. 직원 중심으로 돌봄을 하면서도, 고령자를 돌봐드린다는 생각은 항상 하고 있었죠. 하지만 1년이 지나니까 돌봄의 질에 충실하지 못한 상황에 대해 몇몇 직원들이 의문을 품게 됐죠. 비슷한 생각을 하는 직원들끼리 같이 몇 차례 공부도 하고, 회의도 거듭해서 "할 수 있는 것부터 조금씩 시

작해보자"고 하게 됐고, 그룹 케어를 원하는 직원들이 그룹을 나누고, 그룹별로 담당 직원을 정했습니다. …… 그런데 당시는 아직 "그렇게 하면, 직원 수는 똑같은데 일손만 부족하다, 돌봄에 사각지대가 생긴다"고 해서 직원들 사이에도 부정적인 의견이 강하긴 했어요. 직원들의 의식 변화를 찾아볼 수 없었어요.

그러던 사이 시설을 열고 3년째에 접어들었는데, 이제는 정말 "이대로는 안 된다. 어떻게든 방법을 찾자"는 소리가 나왔고, "한 번 더 돌봄 시스템을 검토해보자"고 해서 본격적으로 유니트 케어를 하기 시작했습니다. (高口 2004: 74-78)

가메야마 노인보건시설은 개인실로 된 유니트는 없고 4인실이 기본이다. 정확히 말해, 유니트 케어가 아니라 유니트 케어풍 돌봄을 하고 있는 것이다. 그런데 저 말에서 알 수 있듯, 현장에서는 조금이라도 개별 돌봄에 더 가까이 다가가려고 유니트 케어를 시도한 것이다. 유니트 케어는 개인실을 마련하는 것과 같은 하드 측면의 조건만이 전부가 아니다.

개인실이 기본인 유니트 케어

건축가 도야마 다다시가 소개한 일화가 있다. 인지증 고령자 시설에 가서 노인들에게 "여기는 어디죠?"라고 물으면 대개 "여긴 학교예요"라고 답한다는 것이다(外山 2003: 25).

특별양호노인홈은 폭 4~5미터의 넓은 복도를 끼고 다인실이 줄지은 형태가 대부분이고, 시간에 맞춰 관리하는 집단 돌봄을 한다. 통상적인 생활공간과 다른 공간에서 정해진 스케줄에 따라 일상을 보낸다. 직원들도 고령자들에게 지시하거나 금지하거나 훈계하는 말투로 말을 건넨다. 이런 공간을 '학교'라고 보는 고령자의 공간 인식을 두고, 도야마는 "정말 예리하다"고 감탄했다(外山 2003: 25). 일본의 고령자 대책에 '유니트 케어' 이념을 도입하고자 당시 후생성 안팎에서 열심히 노력한 도야마의 공적을 무시할 수는 없을 것이다.

그런데 앞에서 가메야마 노인보건시설의 직원 와카야마가 증언했듯, 유니트 케어를 도입할 즈음에는 현장에서 일하는 직원들이 "유니트 케어를 하면 사각지대가 생겨서 시설 입소자들을 죽 지켜볼 수 없다"고 불안해하던 것도 사실이다. 또 개인실 마련 등으로 건축 비용이 더 들어갈 뿐 아니라 개별 돌봄를 하려면 일손이 더 필요했다. 경영자 쪽에서는 유니트 케어를 하면 인건비가 늘어날 것이라고 걱정했고, 직원들은 더 강도 높게 일하게 될 거라고 염려했다. 또 시설의 다인실을 그대로 두자고 옹호한 이들은 다인실에서 생활하던 고령자가 개인실로 옮겨 혼자 있으면 외롭고 쓸쓸해한다거나 개인실에 틀어박혀 소통이 어려워질 것이라고 주장했다.

도야마는 실증 데이터를 제시하며 이런 우려와 불안을 반박했다. 그는 철저하게 경험적인 연구로 반박했는데, 그가 데이터 실증으로 반론한 내용을 담은 조사연구 보고서 〈개인실 비판에 대한 실증적 비판〉을 보자.[17]

먼저 도야마는 입주자들이 다인실에 있어야 서로 활발히 교

〈그림 8〉 다인실 내 얼굴을 둔 방향과 자세

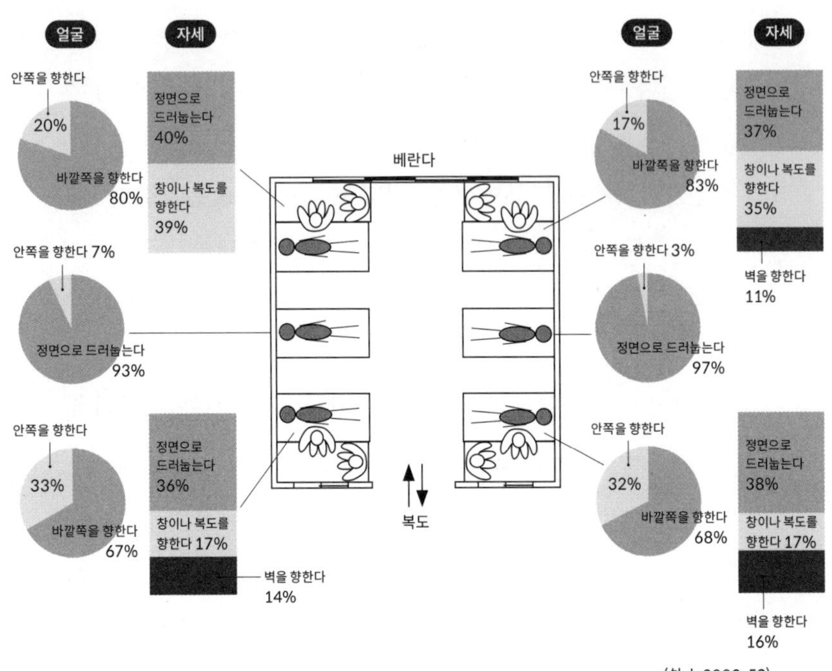

(外山 2003: 59)

류한다는 신화를 검증했다. 도야마는 자신의 연구실 직원들과 함께 6인실을 갖춘 특별양호노인홈에 가서 7~19시까지 12시간 동안 매 1분마다 6인실 내 고령자의 행동을 기록하는 정점관측fixed-point observation[18]을 실시했다. 그 결과가 〈그림 8〉이다.

---

17 이 논문은 1995년부터 1996년까지 후생성의 위탁 연구사업(‘특별양호노인홈의 개인실화에 관한 연구’)으로 쓴 것이고(外山 2003), 전국사회복지협의회 내 고령복지부에서 1996년에 간행한 바 있다. 또 도야마의 저서 《자택이 아닌 재택을: 고령자의 생활공간론》(医学書院, 2003)에도 수록되어 있다. 이밖에도 도야마는 독자적으로 실시한 조사에서도 데이터를 제시했다.

도야마는 “이 도표(〈그림 8〉)에서 알 수 있듯, 다인실에 입주한 고령자는 대부분의 시간 동안 같은 공간에 있는 입주자들과 등을 지고 있다. 같은 공간에 있다고 해서 서로 교류하기는커녕 오히려 서로 피하며 지낸다. 밤에 옆 사람이 휴대용 변기를 사용하거나 코를 골면 잠을 못 잔다. 또 자기 물건을 썼다고 싸우는 등 갈등으로 스트레스가 있으니 같은 공간을 쓰는 고령자들끼리 서로 눈에 보이지 않는 장벽을 만들어 감각을 차단하고 생활한다”고 지적했다(外山 2003: 59). 다인실 내 고령자가 서로 보이지 않는 장벽을 만든 결과, 고령자가 갑자기 상태가 나빠져도 같은 방을 쓰는 이가 알아보지 못해 주변에 알릴 때를 놓친다. 그러다가 시설 직원이 다인실을 순회하다 긴급 상황을 알게 되는 게 대부분이다. 도야마는 이를 두고 “같은 방에 있는 사람의 용태가 급변해도 모를 정도로 서로 무감각해지고 무관심해질 정도가 되어야만, 고령자들은 다인실 내에서 자기 영역을 지킬 수 있다”고 해석했다(外山 2003: 59).

인류학에서는 이렇게 인위적인 영역 형성을 두고 ‘의례적 거리두기ritual distanciation’라고 한다. 가령 출퇴근 시간대 붐비는 전철 안에서 몸을 밀착하지 않고서는 탈 수 없는 사람들이 서로 얼굴을 쳐다보지 않고 무관심한 척하는 것, 좁은 집에 손님이 오면 방에 있는 여성이 베일을 써서 얼굴을 반쯤 가리는 것 등 궁리해서 경계를 구분하는 것을 가리킨다. 물리적으로 밀접한 공간에서 피하기 어려운 경우, ‘보지 않고 듣지 않은 척’하며 자신과 타인의 영역

18 지정한 같은 장소(정점)에서 어떤 활동 상황에 대한 정보를 시계열로 관측하는 방법.-옮긴이

을 침범하지 않으려 한다. 이 관점으로 보면 6인실에 입소한 고령자들은 다인실이라는 환경을 어쩔 수 없이 선택했기 때문에, 이 공간에서 살아남기 위해 의례적 거리두기가 습관이 되었다고 추측할 수 있다. 당사자가 다인실을 환영하지 않는 것이다. 시설과 같은 생활 장소에 다인실은 적절치 않다.[19]

도야마는 개인실을 둔 시설에 입소한 고령자들이 개인실을 쓰면 '자기 방에만 틀어박혀 있을 것'이라 보는 가설도 반증했다. 도야마는 시설 두 곳(각 시설에 있는 4인실과 개인실 총 4곳)에서 15분마다 고령자의 행동을 관찰 기록하는 작업time study으로 일과 중 고령자가 방에 있는 시간을 측정해 비교했다. 그 결과 '개인실이 있는 시설에서 고령자가 방에 있는 시간이 다인실이 있는 시설보다 많다'는 가설은 틀렸다고 밝혔다. 이에 대해 도야마는 다음과 같이 해석했다.

> 고령자가 방을 개인실로 쓰면 혼자 있을 공간을 확보할 수 있다. 혼자가 될 수 있는 장소(자아를 찾을 공간)를 확보하면, 고령자는 남과 교류할 의욕을 더 갖게 된다. (外山 2003: 55)

이 해석에 더해 도야마는 다음과 같이 말했다.

> 애초에 고령자는 개인실을 쓸지 다인실을 쓸지 선택하거나 판단

19 의료 시설의 다인실을 두고, 환자는 생명력이 낮아 영역 의식이 현저히 떨어져 있으므로 다인실이 괜찮다고 보는 의견도 있다. 그러나 1인실이나 2인실에 건강보험을 적용한다면, 개인실을 선호할 환자가 더 많을 것이다.

할 상황에 놓인 적이 없다. (外山 2003: 56)

고령자가 무엇을 '선호'하는지 알려면 처음부터 고령자에게 선택지가 있어야 한다. 개인실과 다인실 양쪽을 다 경험해야 뭐가 더 좋은지 비교할 수 있다. 내가 실시한 조사에서는 조사 대상으로 다인실 시설에 있다 개인실 유니트 케어로 옮긴 이용자를 여러 명 포함했는데, 유니트 케어를 경험한 이용자들은 "원래 있던 다인실로 돌아가고 싶지 않다"고 이구동성으로 말했다. 그 증언을 들어보자.

> 전에 있던 병원에서는 4인실에 있었어요. 그러다가 잠깐 시설에서 쇼트스테이로 개인실을 쓴 적이 있는데, 혼자 방을 쓰다보니 방이 넓다고 착각이 들 정도였죠. 개인실에 적응해보니 역시 개인실이 나아요. (케어타운 다카노스 이용, 70대 여성)

> 전에 있던 곳에서는 넷이서 방을 같이 썼는데, 혼자 있는 편이 낫죠. 사람들을 신경 안 써도 되니까요. 물론 같이 있으면 즐겁지만 싸우기라도 하면 큰일이죠. 혼자 방을 쓰니 편해요. (가제노무라 이용, 90대 여성)

> 혼자 방을 쓰는 게 제일 좋아요. 방에 혼자 있으면 심적으로 안정도 되고. 병원에 있을 때는 5인실이었는데. 혼자 방을 쓰니까 불안하냐 하면 사실 그렇지도 않아요. 버튼만 누르면 직원이 오고요. 다른 사람 방에 가고 싶을 때는 가면 돼요. (가제노무라 이용, 90대 여성)

내가 실시한 조사에서는 케어타운 다카노스에 거주하는 이용자 한 명만 예외로 "개인실이 필요 없다"는 의견을 냈다. 이 이용자는 쇼트스테이로 시설에 있을 때부터 개인실을 썼는데 도무지 자기 방에 들어가지 않으려 했다. 그런데 나중에 알고 보니 이 이용자는 인생을 살면서 혼자 방을 써본 적이 한 번도 없었다. 이 사례로 고령자에게 개인실이 기본인지 아닌지는 고령자가 여태까지 살던 주거환경 습관에 따른다는 점을 알 수 있다.

앞서 말했듯 미요시 하루키는 앞장서서 유니트 케어를 비판했다고 알려졌으나, 그의 주장을 찬찬히 보면 행정 당국이 일괄적으로 유니트 케어를 강제한 것을 비판한 것이지, 고령자가 유니트 케어를 '선택할 수 있게끔 한다면 괜찮다'는 이야기이다. 당연하다. 앞에서 본 시설 경영자의 말처럼, 만약 이용자에게 선택지가 있고, 비용을 부담할 능력만 된다면 개인실을 선호할 이가 훨씬 많을 것이라고 충분히 예상할 수 있다.

미요시가 개인실을 비판한 것은 인지증 고령자(그는 '치매 노인'이라고 굳이 부른다)가 개인실을 쓰는 경우로, 이는 인지증 고령자의 신체 감각 때문이다. "치매 노인이 서로 붙어 잔다는 점은 (현장의 사람이 아니면) 보이지 않는다"(괄호는 인용자)(高口 2004: 141)라며, 미요시는 "누구나 개인실을 이용하라"는 것은 획일적인 처우로 현장을 모르는 이들이나 하는 소리라고 했다. 학습에 따라 공간에 대한 신체 감각이 생긴다고 가정해보자. 또 신체거리학kinesics[20]에서

20 [보디랭귀지나 사고 전달 체계를 논하는 학문으로] 인류학자 에드워드 홀이 제창했다(Hall 1996=2000).

말하듯, 영역에 대한 감각은 자아를 느끼는 감각과 연결되어 있고, 자아의 경계가 바뀌면서 공간적인 영역 감각을 넓히거나 좁힐 가능성이 있다면 미요시의 비판이 옳다.

그런데 인지증이 있는 고령자가 누구나 신체의 영역 감각이 무너지는 경험을 하는지는 아직까지 검증된 바 없다.[21] 도야마가 소개한 개인실 유니트 케어는 원래 북유럽 고령자 시설을 모델로 한 것인데 북유럽에서는 인지증이 있는 고령자도 개인실에서 생활한다. 이런 점에서 볼 때 인지증이 있는 고령자가 개인실에서 살 수 있느냐 없느냐가 아니라, 그에게 익숙한 생활공간이 무엇이냐가 중요하다. 공간에 대한 신체 감각은 습관적인 것이다. 어릴 적부터 자기 방이 있어서 익숙하다면, 몸은 자기 방을 써야 쾌적하게 느껴진다. 고령자의 생활 감각은 살아온 생활력을 반영한다. 그래서 학습한 신체 감각에 문화·지역·계급·역사적 맥락에 따른 차이가 나는 것도 당연하다. 앞서 미요시가 현장에서 살핀 고령자는 자기 집에 살 때도 자기 방을 가져본 적이 없는 세대였다. 앞으로 등장할 세대의 고령자는 어린 시절부터 자기 방을 써온 세대라서 현 세대와는 다른 신체 감각이 있을 것이다. 그래서 유니트 케어를 두고, 미요시와 같이 근대주의 산물이라 단정하는 것은 부적절하다.

입소자의 가족까지 확대해보면, 개인실이 분명 좋은 효과를 미친다는 점을 확인할 수 있다. 도야마는 "개인실화가 진전된 특별

---

21 건축학자 나가사와 야스시가 인지증 고령자가 새 그룹홈에 입주한 후 반년간 관찰한 조사 결과를 보면, "반년 사이에 자신의 방을 이용하는 빈도가 늘고, 시설 직원이 유도하면 공용공간 이용이 줄어들었다. 또 입주자 간의 대화 빈도는 증가했다"(長澤·伊藤·岡本 2007: 153).

양호노인홈에는 가족 방문이 눈에 띄게 많다"고 짚었다(外山 2003: 61). 도야마는 "가족과 고령자의 관계는 개인실과 같은 공간 조건만 갖춰도 변화를 기대할 수 있다"고 하는데, 개인실에서는 다른 입소자를 신경 쓰거나 눈치 볼 필요 없이 희로애락의 감정을 표현하거나 가족이 자유롭게 방문할 수 있으며, (가족이) 간식 등을 가져와 먹일 수 있고, 경우에 따라 개인실에 가족이 같이 묵을 수 있기 때문이다. 예컨대 케어타운 다카노스에서는 입소자의 가족인 한 60대 여성이 "개인실에 부모님을 모시니, 가족이 자유롭게 갈 수 있어서 좋다"라는 의견을 냈다. 노인보건시설 니지노엔虹の苑은 유니트 케어 실시 보고서에서 "유니트 케어로 개인실을 만들고 가족이 자주 와서 입소자와 원활히 소통할 수 있게 되자, 입소자가 가족이 있는 집으로 외출하거나 외박할 수 있게 되었다. 큰 성과다"라고 보고한 바 있다(高口 2004: 99).

유니트 케어와 노동 강화

후생노동성은 개인실·유니트 케어의 의의를 다음과 같이 정리했다(東京大学社会学研究室·建築学研究室 2006: 364).

① 입소자가 개인실을 생활공간으로 써서 개성과 프라이버시를 확보할 수 있다.
② 개인실 가까이에 공용공간이 있으므로 다른 입소자와 대인관계를 쌓고 서로 교류할 수 있다.

③ 자신의 생활공간도 있고, 입소자들끼리 소수로 교류할 수 있는 공간도 있어서 입소자의 스트레스가 줄어든다(인지증이 있는 고령자가 시설 내에서 왔다 갔다 하는 현상도 줄어든 것으로 다수 사례가 보고된 바 있다).

④ 가족이 주변 입소자를 신경 쓰지 않고 방문할 수 있게 되어 고령자와 가족의 관계가 깊어진다.

⑤ 인플루엔자 등 감염 방지에 효과가 있다.

유니트 케어를 실제 도입한 현장에서는 그 효과를 다양하게 보고하고 있다. 상호행위로 일어나는 돌봄 측면에서 긍정적인 효과를 미쳤다는 점을 보고한 사례는 셀 수 없이 많다.

"입소자가 자주 웃는 모습을 보인다" "입소자와 대화하는 시간이 늘었다" "입소자가 식사를 하면 더 기뻐하고 섭취량이 늘었다" "입소자가 바라면, 개별로 외출할 수 있게 되었다" "입소자 생일에 생일 파티를 하게 됐고, 생일을 맞이한 입소자가 좋아하는 간식을 제공받을 수 있게 되었다" "인지증이 있는 고령자가 안정되었다"(東京大学社会学研究室·建築学研究室 2006).

입소자들이 변화하자, 케어 워커들도 좋은 영향을 받았다. "입소자 옆에 있는 시간이 늘었다" "직원 동선이 짧아졌다" "직원들 간에 좀 더 깊이 이야기하는 시간이 늘었다" "가족과 여러 이야기를 할 수 있게 되었다" "내 스타일대로 안 하고, 될 수 있으면 고령자의 스타일에 맞춰 하자는 생각이 들었다"와 같이 전체적으로 개별 돌봄의 경향이 짙어졌다는 점을 알 수 있다(高口 2004: 89).

집단 돌봄 방식에서 유니트 케어풍으로 이행한 시설에서는

특히 케어 워커의 평가가 후하다. 특별양호노인홈인 라포르 후지사와ラポール藤沢를 보자. 라포르 후지사와는 유니트 케어를 도입하기 전 1994년에 생활클럽 생협 가나가와生活クラブ生協 神奈川[22]가 출자한 사회복지법인 이키이키복지회いきいき福祉会에서 설립했다. 라포르 후지사와는 하드적인 조건에 제약이 있어서 완전하지는 않지만, 건물 코너를 이용해 유니트풍의 돌봄을 과감히 시작했다(〈그림 9〉). 라포르 후지사와 직원들은 이런 이행을 높이 평가한다.

내가 실시한 조사에서도 직원들은 이렇게 말했다. "이용자들 분위기가 아주 바뀌었어요. 개별 돌봄을 하니까 이용자들의 표정이 이전과는 확연히 달라요. 저희를 부르는 소리도 잘 들리게 되어 입소자들이 배설 케어를 기다리지 않게 됐죠. 이용자가 뭘 원하는지도 잘 알게 되고, 건강이나 돌봄 이야기 말고도 다른 화제로 이야기를 하기도 하죠"(東京大学社会学研究室·建築学研究室 2006: 170).

유니트 케어는 시설 이용자들에게 장점이 매우 많다. 그렇다면 케어 워커의 노동은 어떨까? 유니트 케어가 도입되면 직원들이 더 강도 높게 일하게 될까? 사업자와 케어 워커 모두 중대하게 관심을 가진 이 문제를 도야마 그룹이 조사했다. 6인실 중심의 다인실에서 유니트 케어로 바꾼 시설에서 1년 후 직원 4명을 대상으로 총 4번에 걸쳐 그들의 노동량을 조사했다. 이 조사에서 도야마 그

---

22 생활클럽 생협은 1965년 도쿄에서 여성들이 조직한 생활협동조합으로 현재 일본 내 32개 지역에 지부가 있으며, 안전한 먹거리 운동, 반핵운동, 환경운동, 지역 정치 활동까지 활발히 해왔다. 각 지부의 생협은 자율적 운영을 방침으로 한다. 생활클럽 가나가와는 생활클럽 생협 가나가와 지부를 말하는데, '생활정치운동'으로 유명한 곳으로, 1984년에 지역 정당 '가나가와 네트워크'를 설립해 여성 후보 다수를 광역, 기초의원으로 진출시켜왔다.-옮긴이

〈그림 9〉 라포르 후지사와 평면도. 유니트풍 돌봄

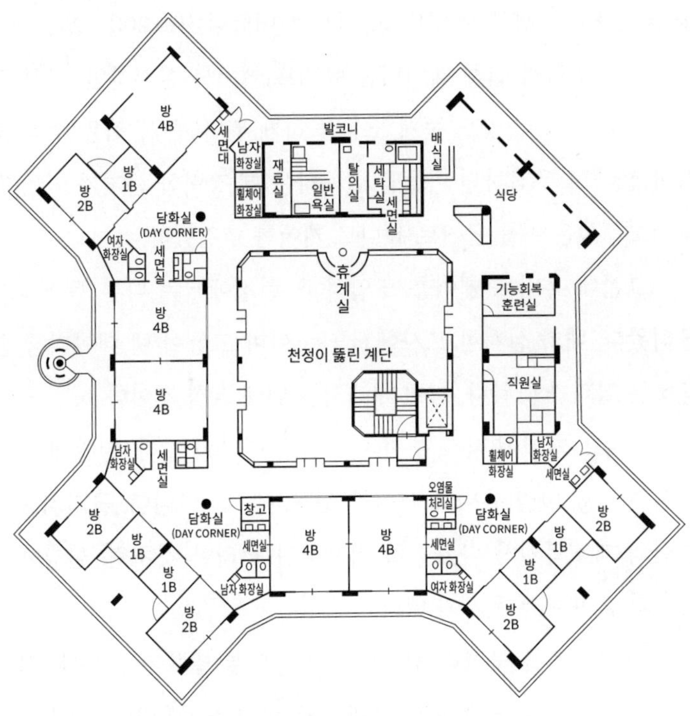

룹은 철저한 실증을 위해 직원들에게 가속도 센서가 달린 소형 운동기록기를 장착하도록 했고, 이것으로 1일 걸음 수와 소비운동량을 측정했다(外山 2003: 96).

그 결과 직원들의 걸음 수와 운동량은 일시적으로 늘었으나, 점차 유니트 케어로 이행하기 전 수치로 돌아왔다. 개인실화에 따라 시설 전체의 바닥 면적이 전보다 3.5배나 늘었음에도, 전보다 걸음 수와 운동량이 감소했다. 유니트 안에서 작업을 완결할 수 있어서 동선이 짧아지고 동작도 천천히 하게 되었으며, 이용자에게 말을 건네는 횟수도 늘었다. 도야마는 "개인실화가 직원들의 부담을 늘린다고 단정할 수 없다"고 결론을 내렸다(外山 2003: 96).

이런 경험적 실증 데이터는 유니트 케어를 실시하면 '시설 직원들이 전보다 더 강도 높게 노동을 하게 된다'거나, '직원 수를 늘려야 한다'고 우려하던 이들을 설득하는 데 강력한 근거가 되었다. 후생노동성은 이를 근거로 유니트 케어를 추진했다.

그런데 유니트 케어를 도입하자, 현장에서는 다른 목소리가 들려왔다. 내가 실시한 조사에서도 도야마 그룹이 낸 데이터를 반증하는 결과가 나왔다. 이에 대해서는 뒤에 밝힐 것이다.

유니트 케어에 따라 생긴 어려움은 다음과 같다. 현장에서 반드시 이념에 따라 유니트 케어를 운용하는 건 아니다. 물리치료사 출신의 개호복지사 다카구치 미쓰코가 정리한 것처럼, 현장에는 다음과 같이 여러 문제가 있다.

① 유니트를 구성하려면 이용자를 나눌 필요가 있는데, 시설에서는 유니트를 구성하기 전에 형성된 이용자들의 대인관계를 무시하고 기계적으로 이용자 그룹을 나눈다. 이용자들을 요개호도에 따라 한 유니트로 나눈 결과, 가장 중한 고령자끼리 또는 인지증이 있는 고령자끼리 한 유니트가 되는 경향이 나타난다. 인지증이 있는 이용자를 모은 유니트는 이용자들 사이에서 낙인이 찍혀 자존심에 상처를 입는다. 또 인지증 고령자의 유니트 대부분은 자동잠금장치가 있는 층에 배치되어 이용자들이 좁은 생활공간에 '구속'된다. 이러한 형태의 '감금'도 넓은 의미에서는 고령자 학대의 일종이다.

② 유니트별로 책임자를 둘 필요가 있는데, 많은 시설에서 중

간 리더격 직원을 양성하지 못했다. 직원들의 합의가 형성되지 못해 미숙한 채 유니트 케어를 하다가 혼란이 일어나기도 한다.

③ 유니트별로 팀이 나뉘어 직원들이 자기 담당 이용자만 알고 다른 이용자를 모르는 경우가 있다. 정보를 공유해야 하므로 이를 위한 대응 체계가 필요하다.

④ 직원이 이용자의 개인실에 들어가 케어를 하면 다른 이용자를 볼 수 없어 사각지대가 늘어난다. 그래서 직원들이 개인실에 있는 이용자 모두를 공용공간에 모아놓고 한곳에서 관리하는 경향이 있다.

⑤ 일부러 개인실 유니트로 바꾸었지만 목욕 설비는 예전 그대로라 집단으로 목욕을 시키는 형태가 변하지 않았다.

⑥ 주방 직원들에게 양해를 구하지 못한 채 유니트 케어로 이행한 경우, 식사 케어에서 확실한 성과가 나오지 않는다(거꾸로 말해, 유니트 케어를 도입하려면 주방 직원들이 꼭 협력해야 한다).

⑦ 이용자와 직원이 일대일 관계가 되자 이용자의 요구가 늘어서 직원이 정신적으로 지치는 경우도 있다.

이상과 현실 차이를 이야기한 이와 같은 지적에 더해, 가장 크게 거론된 문제는 직원이 더 강도 높게 일하게 된 것과 야근 때 고립감을 느끼며 혼자 일하는 문제였다.

⑧ 도야마는 조사 결과를 통해 직원들의 노동량이 바뀌지 않을 것이라거나 오히려 줄기도 한다고 했지만, 현장에서는 케어 워커의 노동 악화를 실감했다. 이에 대해 다카구치는 다음과 같이 표현했다.

유니트 케어를 도입한 시설에서 직원들은 대부분 거의 울고 있었죠. 직원들은 녹초가 됐습니다. 어쩌다 이런 지경이 됐느냐고 원망도 많이 했죠. 유니트 케어가 밉다는 게 현장의 솔직한 감상이었던 것 같아요. (高口 2004: 102)

후생노동성은 도야마 그룹이 낸 조사 결과를 바탕으로 유니트 케어를 추진했다. 이에 따르면 유니트 케어로 이행하더라도 직원을 늘리거나 직원의 배치를 바꿀 필요가 없었다. 들어가는 비용은 전과 같은데 이용자의 삶의 질을 개선할 수 있다는 결과가 나와서 후생노동성은 유니트 케어를 추진했던 것이다. 그러나 현장을 경험한 시설 관계자들은 개호보험에 나오는 표준적인 직원 배치, 즉 3 대 1 체제(이용자 3명당 직원 1명 배치. 시설의 상근직원 수로 환산한 수치)[23]로는 유니트 케어를 달성할 수 없다고 단언했다.

⑨ 또 한 가지, 유니트 케어의 최대 문제점은 유니트에서 한 사람이 혼자 일하는 데서 생긴 고독과 고립이었다.

다카구치는 다음과 같이 말했다.

유니트 케어를 도입하자 혼자서 지내는 시간이 길어졌습니다. 그 전까지는 노인 60명을 직원 두 사람이 보면서 야근을 했어요. 유

---

23 3 대 1 체제는 후생노동성의 최저 기준인데, 이는 직원 1명이 1일 8시간, 일주일 40시간 근무하는 것을 기준으로 삼는다. 이용자 3명당 직원 1명만 둔 시설에서는 야간에 20명 이용자를 직원 혼자서 돌보는 경우가 많다. 즉, 최저 기준 인력만 맞춘 시설(이용자 3명당 직원 2명 이상이 아닌 시설)에서 직원의 주 5일 40시간 근무를 지키려면, 야간에는 교대로 홀로 근무하게 되므로 실상 밤에는 유니트 케어를 하기가 힘들다.-옮긴이

니트 케어 후에 직원 한 사람이 노인 30명을 보게 됐는데 정말 힘들고 무섭고 불안했죠. 결정적인 것은 고독함이었어요. (高口 2004: 148)

미요시 하루키도 이런 의견에 동조했다. 혼자 야근을 하며 "눈앞에서 일어나는 일을 공유할 동료가 없어서" 고독함을 느끼며, 이는 마치 가족이 자택에서 혼자 고령자를 돌보며 느끼는 고독함과 비슷하다는 것이다(高口 2004: 148-149). 다카구치도, 미요시도 유니트 케어를 도입해 "시설 전체를 개인실로 구성하는 것은 독방을 만드는 것과 비슷하다"며(高口 2004: 102), "시설에서 '밀실성'이 높아지면 이것이 직원들을 압박해 고령자 학대를 초래할 수 있다"고 했다(三好 2007: 4).

이런 문제는 비단 유니트 케어에 국한되지 않는다. 그룹홈은 한 시설 내 평균 유니트가 1.7개 있는 궁극의 유니트 케어 현장이다. 그러나 소규모일수록 시설은 밀실화되므로, 직원이 야근할 때 이와 같은 문제가 일어나지 않을 수가 없다.

2005년 2월 11일 이시카와현에 있는 그룹홈에서 일어난 '노인 학대 치사 사건'은 아직도 기억에 남는다. 84세 이용자가 춥다고 호소하자 28세 남성 직원이 뜨거운 열기가 나오는 석유 팬히터를 이용자에게 쬐게 했고, 이용자는 화상으로 쇼크사에 이르렀다. 이 청년은 그룹홈에 취직하고 나서 1년 반 동안 일주일에 3번꼴로 야근을 했는데 월평균 12~14번을 했다. 이 그룹홈은 NPO법인이 경영했는데 청년 직원이 대인관계에 미숙한 것을 보고 법인 이사장은 "그러면 혼자 일하거나 야근이 잘 맞을 것이다"라고 했다고 한다. 이 경영자는 청년이 혼자 야간에 중한 돌봄을 요하는 고령자를 맡아 돌볼 때 느낄 중압감을 상상하지 못했다.

선진적인 인지증 고령자 시설로 알려진 탁로소宅老所 요리아이よりあい[24]의 대표 시모무라 에미코는 《그렇게 한 건 내가 아니었을까》에서 "학대하게 된 청년의 모습이 꼭 남의 일 같지 않다"고 했다(下村·高口·三好 2005). 그룹홈은 소규모라서 직원 인력을 확보하는 게 여의찮아 직원 혼자 야근하는 게 당연하고, 상근직원이 일주일에 2번 야근하거나 파트타임으로 야근만 하는 직원을 고용해 어렵게 꾸려나가는 게 현실이다. 시모무라는 저서에서 "왜 요리아이에서는 직원들이 학대나 폭력을 행사하지 않아도 됐을까?" 하고 묻는다. 그룹홈에서는 학대가 어디서든 일어날 수 있다는 상상력이 있기에 이런 질문을 던질 수 있는 것이다.

시모무라는 다음과 같은 해결책을 제안한다.

① 이용자, 가족, 직원이 모두 이용자가 입주하게 된 과정을 알고 공유한다.
② 모든 직원이 낮 근무와 밤 근무를 다 경험하도록 해서 이용자가 낮에 보이는 모습과 밤에 보이는 모습을 알고 있어야 한다.
③ 실패하거나 갈등이 생기면 동료와 공감하며 교류한다. (下村·高口·三好 2005: 34-35)

---

24 인지증이나 와상 노인, 문제 행동을 일으키는 고령자 등 비교적 중한 상태의 고령자를 대상으로 한 후쿠오카시 소재 소규모 시설이다. 《정신은 좀 없습니다만 품위까지 잃은 건 아니랍니다: 살면서 늙는 곳, 요리아이 노인홈 이야기》 (가노코 히로후미 지음, 이정환 옮김, 푸른숲, 2017)에 상세히 소개되어 있다.-옮긴이

시설이 소규모라는 점은 시설의 밀실성이나 폐쇄성으로 이어질 수 있어서, 소규모 시설이 무조건 좋은 건 아니다. 소규모 시설에서는 무엇보다 케어 워커가 고립되어 일한다는 문제가 있다. 요리아이는 8명의 이용자가 지내는 곳으로, '소규모 다기능 홈'[데이 서비스도 하고, 거주도 가능한 그룹홈]이다. 이곳 역시 직원 1인이 야근하는 체제를 피할 수 없었다. 그런데 어째서 요리아이에서는 그나마 학대를 피할 수 있었을까? 바로 직원과 이용자 간, 직원들 간에 서로 공감하고 지지하는 커뮤니케이션이 있었기 때문이라는 것이다.

유니트 케어는 개별 돌봄이다. 그리고 개별 돌봄에는 일손이 더 필요하다고 당연하게 받아들여 제도화하면 될 일이다. 유니트 케어는 직원들이 보지 못하는 사각지대가 발생한다는 이유로 '민족 대이동형 케어'나 '방목 케어'라며 야유하곤 하나(高口 2004: 100), 이런 문제나 직원이 야간에 혼자 일하며 고립감을 느끼는 문제 등은 실상 일손이 부족해서 벌어지는 일이다. 잘 보살피는 돌봄을 하려면 인력을 세심하게 배치해야 하고, 당연히 인력도 충실히 확보해야 한다.

궁극적인 개별 돌봄은 일대일 케어다. 사실 중한 돌봄을 요하는 고령자에게는 일대일 케어가 필요하다고 보는 케어 워커가 많다. 그런데 만일 후생노동성이 유니트 케어를 도입할 때 소프트적인 면에서 비용[인건비] 부담이 높아진다는 점을 미리 알았더라면, 과연 유니트 케어를 추진했을까? 도야마 그룹이 낸 실증 데이터는 유니트 케어를 제도화하는 데에는 기여했으나 결과적으로 케어 워커들의 노동 악화를 초래하고 말았다.

시모무라는 다음과 같이 말한다.

근본적으로 이 사회는 인간과 관련된 복지나 돌봄을 너무 낮게 평가하고 있습니다. (下村·高口·三好 2005: 26)

데이터로 살핀 유니트 케어의 현실

내가 참여한 사례연구에서도 이와 같은 점을 뒷받침하는 증거를 찾을 수 있었다. 앞서 말했듯 이 책의 기본이 된 이 조사에는 건축학 전문가가 참여했다. 조사 대상에는 건축가 도야마의 대표적 작품이기도 한 두 시설, 케어타운 다카노스와 가제노무라를 포함했다. 유니트 케어를 하는 이 두 곳에서 직원들의 동작을 두고, 건축학에서 쓰는 방법인 정점관측을 실시했다. 구체적으로 말하자면, 9시부터 18시까지 시설 안과 공용공간에서 돌봄 행위가 일어난 횟수와 시간, 행위자, 쓴 용구나 기구 등을 10분 간격으로 관찰해 기록지에 입력했다. 입력한 데이터는 행위의 종류별로 나눠 개수를 세고, 행위자는 이용자, 직원, 기타 사람 세 종류로 분류 집계해서, 시간별로 행위 개수가 어떻게 바뀌었는지 그래프로 나타냈다. 이렇게 해서 케어타운 다카노스의 한 유니트에서 직원이 한 행위 개수를 나타낸 그래프가 〈그림 10〉이다.

이 그래프에서 인원수의 변동을 보면, 공용공간에 직원이 없는 시간대가 많다는 점을 알 수 있다. 보고서에서는 다음과 같이 지적했다.

〈그림 10〉 케어타운 다카노스, 유니트 A의 직원들의 행위와 인원수

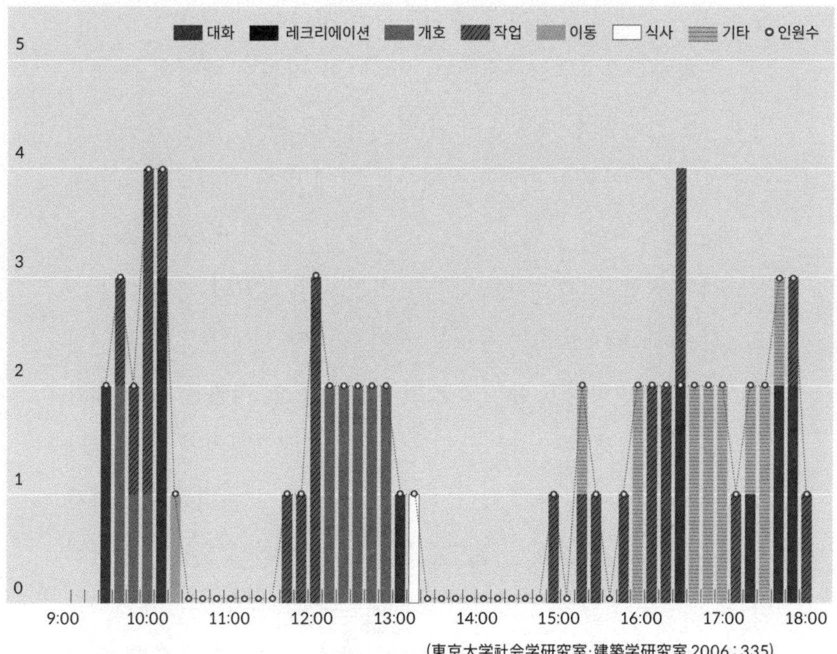

(東京大学社会学研究室·建築学研究室 2006 : 335)

> 공용공간에서 직원들을 볼 수 없는 시간이 많다. 물론 그런 때 직원들은 개인실 내부나 유니트 밖에서 일한다. 그런데 그사이에 공동 생활공간에 있는 이용자를 볼 사람이 없다. 직원이 비어 있는 시간대가 없는 유니트는 없었다. (東京大学社会学研究室·建築学研究室 2006: 336)

조사 시점인 2005년 7월, 케어타운 다카노스의 직원 배치를 보면 이용자 1.5명당 직원 1명으로 개호보험의 기준 배치인 3명당 1명보다 갑절이나 적다. 이런 곳에서조차 직원이 부재하거나 혼자

서 일하게 되는 실태가 확연히 드러났다. 이용자 8명이 한 유니트를 이루는 곳에서 직원이 홀로 야근하는 것이다.

관계자들은 유니트 케어로 이용자와 직원의 개별적 관계가 잦아지는 만큼 확실히 일손이 더 필요하다고 한다. 전 간호부장(40대 여성)은 "케어타운 다카노스에서는 밤에 다른 시설보다 직원이 두 배는 필요하다. 그런데도 직원 한 명이 이용자 여덟이 있는 유니트에서 일한다. 고립돼서 일하는 것"이라고 말했다.

전 이사(30대 남성)는 유니트 케어를 하며 잃게 된 것으로 "4인실 시설에서 일하다가 유니트 케어 시설로 오면 직원은 이제 '내가 바라던 돌봄을 할 수 있다'고 의욕에 차 있다. 그렇지만 정작 혼자서만 유니트에서 일하게 되니, 다른 유니트를 보는 직원과 대화하거나 자신의 돌봄에 대한 평가를 듣기가 어렵다. 또 혼자서 판단해야 하는 경우가 많아서 직원이 불안해한다"고 지적했다. 케어타운 다카노스가 문을 열었을 때 직원을 공채하자 집단 돌봄을 하던 시설에서 일하다가 '이곳은 뭔가 다를 것'이라고 기대하고서 이직한 직원이 있었다. 이 직원은 유니트 케어를 하면서 확실히 보람은 느꼈을 것이나 일이 노동 악화로 이어지지 않는다고는 보증할 수 없다.

유니트 케어는 분명 직원에게 만족감과 보람을 주지만, 그것은 직원이 자신의 혹사와 맞바꾸는 것이다. 나와 공동연구를 했던 아베 마사히로는 "흡사 일 중독자처럼 보인다"고 했는데(阿部 2007), 이는 케어 워커가 이용자의 만족과 자신의 보람을 좇아 더욱 힘든 노동조건으로 자신을 몰아넣는 것을 말한다. 이런 모습을 두고 아베는 "보람 착취"라고 했다. 직원이 합의해서 유니트 케어로 바꾼 시설이나, 직원이 나서서 유니트 케어 시설로 전직한 경우 힘든 노동조건을 감당할 이는 케어 워커 자신뿐이다. 케어타운 다카노스에서는 근무시간이 끝나도 집으로 돌아가지 않으려는 직원들, 휴일에도 나와서 일하는 직원들이 있었다. 유니트 케어는 이용자와 직원들 간에 개별적인 관계를 만들어내므로 케어 워커에게 무급 잔업이나 초과근무를 초래하는 경향이 있다.

유니트 케어 자체를 적대시할 필요는 없다. 그러나 유니트 케어는 개별 돌봄이므로, 개별 돌봄에 일손을 충분히 확보해야 한다는 점에 합의가 안 된 경우, 유니트 케어를 도입하는 것은 여러 가지 폐해를 불러일으킬 우려도 있다.

유니트 케어와 감정노동

유니트 케어 도입 후 일어난 이와 같은 돌봄노동의 변화를 '감정노동'이라는 개념으로 설명하려는 이들이 있다.

감정노동이란 사회학자 앨리 혹실드가 처음 쓴 개념으로, 혹실드는 감정노동을 "공적으로 관찰 가능한 표정과 신체적 표현을 만들기 위해 행하는 감정 관리"라고 정의하면서, "임금과 교환하여 팔고 따라서 교환가치를 갖는다"고 했다(Hochschild 1983=2007: 7). 혹실드는 주로 비행기 승무원의 노동을 대상으로 해서 '감정노동'을 개념화했는데, 이런 논의를 돌봄노동에 적용하려는 연구자들이 있다. 보건학자 다케이 아사코, 사회학자 사키야마 하루오는 간호직에, 사회복지학자 가스가 기스요는 개호직에 감정노동 개념을 적용했다(武井 2001; 崎山 2005; 春日 2003). 이런 논의와 관련한 문제점은 이미 6장에서 논했는데, 여기서는 특히 유니트 케어 시설에 감정노동 개념을 적용한 가스가 기스요의 논의를 비판적으로 살피겠다.

가스가는 시설에 유니트 케어를 도입하자 "새로운 노동 방식"[25]이 생겼는데, "이로써 감정노동이 전보다 강화되었다"고 파악한다(春日 2003: 220). 가스가는 유니트 케어에 나타나는 심각한 문제점으로 다음을 든다. "① 이용자들을 돌보는 데 시간이 충분치 않다. ② 문제가 발생했을 때 상담할 동료가 없다. ③ 동료와 정보를 공유하지 못한 채, 직원은 자신의 돌봄이 좋은지 어떤지 불안해 한다. ④ 갑자기 결원이 생기면 유니트 케어에 큰 영향을 미친다. ⑤ 너무 바빠서 직원들의 열정이 사라졌다. ⑥ 직원들이 정신적 피로를 풀 수가 없다"(春日 2003: 221). 그런데 이런 문제점들은 케어워커가 혼자 유니트에서 일하는 데서 벌어진 문제라고 볼 수 있다.

> 적은 인원으로 중노동을 한다. 가장 큰 문제로 보이는 것은 동료와의 관계에서 고립되는 문제다. …… 유니트 케어를 하면 혼자서 판단하고 혼자서 대처해야 하는 경우가 늘어난다. (春日 2003: 222)

이런 문제점을 가스가의 논의처럼, '신체노동'에서 '감정노동'

25 가스가는 유니트 케어로 생긴 새로운 일하기 방식을 "말하자면 시설을 그룹홈으로 만드는 것과 같다"고 하는데, 이는 적절한 지적이다(春日 2003: 218).

으로 '노동의 질이 변화'했기 때문에 발생했다고 파악하는 것이 적절할까? '감정노동' 개념을 사용함으로써 문제가 오히려 은폐되는 것은 아닌지 생각해볼 수 있다.

첫째, 집단 돌봄에서는 감정노동이 불필요하다는 오해를 불러일으킨다. 감정노동은 유니트 케어에만 국한되지 않는다. 또 유니트 케어에 대해 비판적인 다카구치나 미요시가 말한 것처럼, 유니트 케어가 감정노동을 보장한다고도 볼 수 없다.

둘째, 가스가는 스트레스가 간호직이나 개호직 노동자의 번아웃으로 이어진다고 본다. 그러나 실은 집단 돌봄를 하는 시설에서 직원의 번아웃이 더 나타나는 것으로 자주 보고되고 있다. 감정노동은 감정 억제를 포함하는데, 인간은 감정 관리뿐만 아니라 감정 억제에도 스트레스를 느낀다. 또 감정노동은 스트레스를 주기만 하는 것이 아니고, 이에 상응하는 대가를 받는 일이기도 하므로 개별 돌봄을 실천하는 시설에서는 직원의 정착률이 높은 경향이 있다. 따라서 감정노동이 곧 번아웃을 일으킨다는 일률적 대응관계는 성립하지 않는다.

셋째, 혹실드가 말한 것처럼 "감정노동에는 대가가 지불된다". 그런데 케어 워커에게는 그렇지 않다. 집단 돌봄을 유니트 케어로 바꿨다고 해서 급여가 오르지는 않는다. 그렇다면 케어 워커는 감정노동에 대해 '부당하게 [대가를] 지불받지 못한unpaid' 노동자인가? 만약 그렇다면 그들의 감정노동에는 얼마만큼의 '교환가치'가 있고, 어느 정도 가격이 적절한가? 이와 같은 물음을 파생적으로 계속 제기해볼 수 있다.

넷째, 감정노동을 강조한 논의가 돌봄노동자들에게 어떤 이득을 가져다주는지에 대한 문제가 있다. 6장에서 나는 다케이가 간호직을 감정노동자로 파악한 것에 함정이 있다고 했는데, 개호직에도 똑같은 문제가 있다. 즉, 감정노동 전문가라는 점은 전문성에서 열위라는 점을 인정하는 담론으로 쓰이게 될 우려가 있다는 말이다. 더군다나 감정노동에 뒤따르는 정서적 대가가 저임금을 보상하는 핑계로 쓰일 우려도 있다. 6장에서도 이 점을 지적한 바 있다.

위에서 논한 것처럼 감정노동과 같이 문제가 있는 개념을 쓰지 않아도 된다. 가스가가 분명히 표현한 것처럼 "적은 인원으로 중노동을 하고 있다"고, 즉 "혼자서 일하는 케어 워커는 노동 부담이 크고 고립된 관계에서 일한다"(春日 2003: 222)라는 표현이면, 유니트 케어의 노동 실태를 파악하는 데 충분하다. 물론 이런 노동 상황이 정신적 스트레스를 불러일으키는 것은 맞다. 그러나 정신적 스트레스가 감정노동 탓에 생긴 것은 아니다.

거꾸로 말해, 유니트 케어에서 케어 워커의 노동 악화를 개선하려면 ① 인력을 늘려 배치하고 ② 케어 워커의 고립을 피하기 위한 구조를 짜야 한다. 누가 봐도 확실히 알 수 있는 노동 악화 실태를 감정노동이란 개념으로 논의할 필요는 전혀 없다.

유니트 케어든 아니든, 집단 돌봄보다 개별 돌봄이 좋다. 다카구치나 미요시가 말한 것처럼, 유니트 케어는 개별 돌봄을 보장하지 않는다. 또 개별 돌봄에 꼭 유니트 케어를 전제해야 하는 것도 아니다. 만약 감정노동 개념을 쓴다고 하더라도, 유니트 케어든 아니든 감정노동이 수반되지 않는 돌봄은 없다. 그러면 유니트 케어에 마지막으로 남아 있는 차이란 개인실인지 아닌지 하는 공간 조건이다. 확실히 하기 위해 덧붙이자면 개인실은 개별 돌봄의 필요조건이지 충분조건은 아니다.

지금까지 논했듯 유니트 케어는 개인실이란 하드 측면의 조건에 더해 개별 돌봄과 같은 소프트 측면의 조건이 덧붙어 완성된다. 개별 돌봄과 같은 소프트 측면이 뒤따르지 않으면 하드 측면의 조건은 오히려 속박이 될 수도 있다. 그 사례가 바로 케어타운 다카노스가 맞게 된 운명일 것이다. 한때 케어타운 다카노스는 이용자 1.45명당 직원 1명이라는 인력 배치까지 이뤄냈지만, 행정 개혁과 지자체 합병의 물결에 휩쓸려 눈 깜짝할 새에 평범한 특별양호노인홈 수준으로 떨어졌다. 하드 측면의 건축 조건은 갑자기 바꾸기가 어렵다. 15장에서 케어타운 다카노스 사례를 상세히 살피겠지만, 이곳은 정치적 격동에 휩쓸리면서 차례로 직원들이 그만뒀는데, 노동력을 보충할 수 없는 상황이었다. 이런 가운데 양심적인 직원들은 전과 같은 수준으로 돌봄을 유지하느라 노동이 악화되고 피폐해졌다. 유니트 케어는 단기간에 긍정적 변화뿐만 아니라 부정적 변화도 드러났다.

유니트 케어는 '가족처럼' 돌보는가

이번에는 유니트 케어가 "가족적 돌봄"을 한다고 보는 사고방식에 이의를 제기하려 한다. 후생노동성이 정의한 유니트 케어를 보면 "가족적인 분위기에서"라는 문구가 있다. 물론 개인실에 이용자가 전부터 쓰던 물건이나 가재도구를 가져올 수 있으니 집에서 하던 생활을 이어가는 것처럼 자기 방을 쓸 수 있다. 유니트가 소규모라는 점에서도 가족 이미지를 연상할 수 있다. 그러나 가스가는 "유니트에서 형성된 대인관계를 …… 간단히 '대가족'으로 비유하는 것은 틀렸다"고 지적한다.

가스가가 저서에서 전한 유니트 케어 시설 직원의 발언을 인용한다.

> 제가 일하기 시작할 때만 해도 유니트는 대가족과 같은 거니까, 이용자들의 방은 당연히 개인이 쓰는 것으로 알 거고, 데이룸day room[담화실이나 오락실]은 가족 모두가 모이는 거실로 여길 거라 생각했죠. 그런데 어르신들이 말하는 건 달랐어요. 모두가 하나같이 유니트는 고향 마을이고, 개인실은 내가 사는 곳이고, 데이룸은 모임 장소라고 하시는 겁니다. 대가족이었으면 좋겠다는 건 제 바람이었지, 이용자들이 느끼는 것은 다르구나 했죠. (春日 2003: 233)

건축가 도야마가 분류한 사적 공간, 준공용공간, 공용공간이란 명칭은 이용자들이 느끼는 감각과 잘 들어맞는다. 유니트 안에서 이용자들이 공유하는 공간은 준공용공간으로, 결코 사적 공간의 연장은 아니다. 위에서 한 직원이 전한 것처럼, 고령자들이 유니트를 가족이 모이는 거실이 아니라, 친숙한 대인관계를 나타내는 고향 마을이라고 한 점은 정확하다고 봐야 할 것이다. 더군다나 고향 마을은 자신이 고를 수 있는 것이 아니므로 고령자들의 표현이 신기하게도 딱 들어맞는다.

그런데 이용자는 스스로 바꿀 수 없는 공간 조건에 나름대로 순응하는 방식을 고안하면서 공간 속에서 신체화된다. 케어타운 다카노스는 설계자가 계획할 때는 시설 전체가 신발을 신은 채로 이동하도록 되어 있었는데, 입소한 고령자들은 경계를 만들었다. 일본 제일의 복지마을이라고 하던 다카노스 마을에 케어타운 다카노스가 들어서자, 문을 열고 얼마 되지 않아 시설을 견학하려는 사람들이 쇄도했다. 입소자들은 이 무렵 몰려드는 외부 사람들의 시선을 차단하고자 각 유니트 입구에 스스로 '포렴'[천으로 된 일본식 발]을 쳤다. 입소자들은 포렴을 친 경계에서 신발을 벗고 드나들게 됐고, 입주자들의 습관을 존중해 직원들도 신발을 벗고 드나들었다. 일본인은 신발을 신고 벗는 장소를 외부와 내부를 분리하는 경계지로 본다. 입소자들은 스스로 만든 의례적 습관에 따라, 주어진 공간에 적응했다. 그러고 나자 준공용공간은 원래 설계자가 의도했던 대로 사적 공간과 공적 공간 사이의 완충재 역할을 하게 되었다. 이런 모습을 '가족적'이라고 보는 건 과도한 환상이라고 할 수 있겠다.

시설에서 주택으로: 시설의 주택화

나와 함께 공동연구에 참여한 건축학자 오카모토 가즈히코는 '시설도施設度', 즉 시설이 얼마나 시설 같은지의 정도를 문제 삼으며 다음과 같이 이야기한다.

시설도를 결정하는 변수는 ① 인간, ② 공간, ③ 시간이다. 각기 상세히 보면 다음과 같다(長澤·伊藤·岡本 2007: 198-201).

① 인간: 직원들 몇몇이 입소자들을 집단 관리하는 것, 제복을 입혀 통일감을 주고, 나이나 성별 등에 따른 공통의 속성을 높이려고 하는 것.
② 공간: 주변과 고립되어 있어 입소자들의 생활이 시설에서 완결되는 정도가 높다.
③ 시간: 프로그램은 세부 사항까지 미리 결정한다. 집단으로 실시하는 프로그램이 많다. 시간의 무한정성이 높아 시설에서 언제 집으로 돌아갈 수 있을지 모른다.

오카모토는 인간에 대한 일률적 관리, 공간의 자기완결성, 시간의 관리와 무한정성이 극도로 높으면, 시설은 '전 시설화'가 되고, 입주자들에게 시설은 '전 세계'가 된다고 탁월하게 '시설도'를 표현했다.

궁극의 '시설'은 감옥이나 강제수용소일 텐데, 고령자 시설도 '시설도' 수준이 높다는 점에서 뒤지지 않을 것이다. 오가사와라 가즈히코는 고령자 시설의 경비원으로 일한 경험을 토대로 《출구가 없는 집》이라는 책을 썼다(小笠原 2006). 고령자 시설을 '출구가 없는 집'이라 부르고 제목에 붙였는데 이는 입주하면 죽는 것 외에 달리 나올 방법이 없는 고령자 시설에 대한 은유다. 이 표현은 나치의 강제수용소를 연상시킨다. '유대인 문제'의 '최종적 해결'을 목표로 한 나치의 강제수용소는 '절멸 수용소'라고도 불렸는데, 죽어야 나올 수 있는 '시설'이었다. 기존의 고령자 시설은 대개 이용자 본인이 아니라 가족이 입주를 결정한다. 이 결정을 한 가족들은 고령자가 죽음에 이르기까지 시설에서 나오는 것을 기대하지 않는다.

시설을 '탈시설화'하려는 시도는 시설을 '주택화'하는 것이며, '탈시설화'의 실천 중 하나가 유니트 케어다. 고령자가 거주하는 공간은 이용자의 주택(생활 장소)이고, 여기에 이용자가 원하는 대로 맞춘 개별 돌봄이 뒤따른다. 이 경우, 고령자의 재택 생활을 지원하기 위해 고령자가 사는 집에 방문개호를 제공하는 것과 기본적으로 다르지 않다. 하드와 소프트의 결합을 '개별 돌봄'이라고 본다면, 훗날 유니트 케어는 시설을 주택화하는 '탈시설화' 시도 과정에서 나온 '과도기적 산물'로 받아들여질 것이다.

유니트 케어를 ① 개인실을 거주공간으로 하고 ② 개별 돌봄이 뒤따르며 ③ 공용공간에서 소규모 데이서비스 기능을 조합한 것으로 재정의한다면, 위상기하학적[26]으로 봐도, 기능적으로 봐도 '재택+거택居宅의 소규모 다기능 서비스'에 매우 가깝다. 2005년 후생노동성이 모델 사업으로 지정한 '소규모 다기능 시설'은 재택서비스에 더해 ① 일과 중 오가며 다닐 수 있고(데이서비스), ② 숙박할 수 있으며(쇼트스테이), ③ 생활할 수도 있고(그룹홈), ④ 긴급할 때나 야간의 방문개호를 포괄계약 정액제로 서비스하는 것이다. 언뜻 생각하면 이용자에게 유리하게 보인다. 이 제도의 문제점은

---

26 공간이나 도형이 지닌 여러 성질 중 연속적으로 변형하더라도 변하지 않는 성질을 연구하는 기하학이다. 건축 공간의 내부나 외부 공간의 구성을 분석할 때 쓰는 개념으로, 간단히 말해 사물이나 건축물을 공간으로 파악하는 것이다.-옮긴이

14장에서 논하기로 한다.

시설의 '주택화'와 정반대의 흐름도 있는데, 바로 주택의 '시설화'가 진행되어온 형태인 고령자전용임대주택高齢者専用賃貸住宅과 적합고령자전용임대주택이다. 적합고령자전용임대주택을 통상 케어하우스ケアハウス라고 부른다. 이것은 고령자 개호 시설의 증설을 억제하려는 행정 당국의 방침이 나오자, 불황에 허덕이던 건설업계가 틈새 시장을 노려 인가조건이 느슨한 집합주택 건설 분야에 진출해 짓기 시작한 것이다. 고령자전용임대주택은 고령자원활입거임대주택高齢者円滑入居賃貸住宅[27] 가운데 고령자만 입주자로 받는 집합주택을 말한다.

고령자전용임대주택 중 다음과 같은 세 가지 조건을 만족하고 지자체에 신고하면 적합고령자전용임대주택이 된다. ① 총(바닥)면적이 25m² 이상일 것 ② 각 주거에 부엌, 욕실, 화장실이 딸려 있을 것 ③ 입욕, 배설, 식사 도움, 식사 제공, 청소 세탁 지원 등의 서비스를 제공할 것. 부엌이나 욕실은 공용이어도 허용하는데, 방이 아닌 독립된 주택이라는 점에서 최소한 화장실은 독립해 설치해야 인가를 받을 수 있다. 인가를 받으면 사업자가 지은 적합고령자전용임대주택은 '유료노인홈'에서 제외되므로 노인복지법의 적용을 피하면서도, 개호보험법 적용 대상이 되는 이점을 누릴 수 있었다.[28]

고령자전용임대주택이나 적합고령자전용임대주택에는 호텔

---

27 일본에서는 고령자가 집을 빌릴 때 고령자 임대를 거부하지 않는 임대주택을 지자체에 등록해 공개하는 제도가 있는데 이 제도에 의해 등록한 집을 말한다.-옮긴이

코스트가 처음부터 임대료에 포함되어 있다. 여기에 개호서비스가 더해지는데, 포함서비스中付け나 외주서비스外付け가 있다.[29] 주택과 돌봄의 분리, 소프트와 하드의 독립은 이념상 바람직하다. 그러나 입주자에 대한 돌봄을 최종적으로 책임질 이가 아무도 없는 사태가 일어날 수 있고, 행정 당국이 감시나 감독을 할 수 없어서 고령자전용임대주택은 완전히 밀실화될 위험이 있다. 2009년 3월 군마현에서 일어난 홈 타마유라静養ホームたまゆら 화재 사건에서 그 위험의 실태가 드러났다.[30] 화재가 일어난 홈 타마유라는 노인보건법에 따른 신고를 하지 않은 주택형 고령자 시설이었는데, 관련 법률상 후생노동성도 국토교통성도 감독하지 않은 것이 맹점이었다. 고령자 돌봄이 이뤄지는 곳이 주택인지 시설인지는 문제가 아니다. 당사자의 개별성에 맞춘 '개별 돌봄'을 목표로 실시한다면, 시설의 주택화(주택과 같은 생활을 계속할 수 있는 것을 확보한 시설)든, 주

---

28 노인복지법에 근거를 둔 특별양호노인홈, 양호노인홈, 유료노인홈 인지증고령자그룹홈과는 달리 고령자임대주택은 고령자주거법에 근거를 둔다. 노인복지법에 근거를 두면, 노인복지에 해가 되는 부당한 행위가 발생할 경우 행정 당국이 개입하고 개선 명령을 내릴 수 있으나, 고령자주거법에 근거한 시설에는 그렇게 할 수가 없다.-옮긴이

29 포함서비스는 임대주택 사업자가 이용자에게 개호서비스를 제공하는 경우를 말하며, 외주서비스는 이용자가 임대주택 사업자가 아닌 다른 외부 업체와 계약을 맺고 외부로부터 개호서비스를 제공받는 것을 말한다. 이용자가 직접 개호서비스 사업자를 고를 수 있는 경우도 있다.-옮긴이

30 도쿄에서 비교적 가까운 군마현 시부카와시에 있는 타마유라 유료노인홈 시설에서 원인 미상의 화재로 입소 고령자 22명 가운데 10명이 사망했다. 시설 측이 노인들이 밤에 서성댄다는 이유로 출구 세 곳을 다 막아놓아 희생자가 많았다. 일본 고령자 복지 사상 최대의 참극이라 불린다. 사건 후 시설 측의 건축법 위반에 더해 사망자 가운데 도쿄도의 생활보호 수급을 받는 노인이 6명이나 있다는 점도 발각되었다. 이와 같은 무허가 시설은 특별양호노인홈에 들어가려고 대기하는 고령자층이 이용했다.-옮긴이

택의 시설화(시설과 같이 안전을 안심할 수 있는 주택)든 다 좋다.

새로운 동향

2009년 여름 민주당 정권으로의 역사적인 정권 교체 후 자민당 정권 시절에 생긴 사회보장비 총량규제가 일단 풀릴 듯했다. 사회보장비 총량규제를 두고 저널리스트 오쿠마 유키코는 "고이즈미 정권의 경제재정자문회의가 저주를 내렸다"며 비판한 바 있다.[31] 그 후 지방분권 개혁을 하면서 유니트 케어 흔들기가 시작되었다. 직접적 계기는 '홈 타마유라 화재 사건'이었는데, 갈 곳 없는 고령자들이 문제라고 본 후생노동성은 2009년 봄 "전국에 시설 입소 대기자가 42만 명에 이른다"고 발표하면서, 시설 인원 확대는 지체할 수 없는 긴급 과제라고 밝혔다. 이렇게 되자, 개인실 유니트 케어가 비난 대상으로 떠올랐다.

유니트 케어는 개인실 기준이 13.2m²(약 4평)로, 호텔 코스트

---

31 자민당 고이즈미 정권은 집권 시기(2001~2006)에 '작은 정부로 경제성장을 촉진한다'며 공공사업에 의한 고용 보장을 축소하고, 신자유주의적 사회보장 개혁을 단행했다. 당시 사회보장비는 물가 변동, 인구 추이 등에 따라 매년 7000~8000억 엔의 재정 증대가 예상되었으나, 고이즈미 정권은 2002~2006년 5년간 1조 1000억 엔을 대폭 삭감하고, 2007~2011년까지도 마찬가지의 삭감안을 내놓았다. 경제재정자문회의는 고이즈미 총리가 집권 후 내각부에 설치한 기관으로, 고이즈미 내각 때 사회보장비 총량규제를 포함해 일본 정부의 방침 대부분을 결정했다. 이런 정책에 대해 사회복지계, 전 후생노동성 대신 사카구치 지카라조차도 이렇게 대폭 삭감한다면 "일본에서 사회보장은 없어질 것"이라고 반발했다.-옮긴이

가 발생하는 경우 월 총액 13만 엔 정도가 들어간다. 그래서 경제적 부담을 질 수 있는 고령자만 들어가게 되어 이용자 간에 격차가 생겼다. 전 시설이 개인실인 유니트 케어형 특별양호노인홈에서는 이미 입주한 고령자에게 퇴거를 요구하는 경우도 있었고, 개인실과 다인실을 겸한 특별양호노인홈에서는 부담 능력이 없는 고령자가 개인실에서 다인실로 이동하는 경우도 있었다.

어찌 됐든 개인실 유니트 케어로는 고령자가 더 입소하는 데 한계가 있었고, 개인실을 더 만들어 자리를 늘리려면 건설비가 많이 들 것으로 예상되었다. 그러자 후생노동성은 2010년 6월 개인실 기준을 10.65㎡(3평)로 완화한다는 방침을 정했다. 지자체나 사업자들은 시설에 들어갈 고령자 수를 늘리려고 유니트 케어로 된 개인실을 반으로 나누거나, 개인실을 2인실로 하자는 의견도 냈다.

과거 2003년, 후생노동성은 지자체가 특별양호노인홈을 신축하는 경우, 개인실을 둔 특별양호노인홈 외에는 정부 보조금을 지급하지 않겠다며 신형 특별양호노인홈 추진책을 단행한 바 있다. 이런 배경 때문에 지자체는 건설비를 줄이면서 조금이라도 더 많은 인원을 특별양호노인홈에 들이겠다며 후생노동성에 개인실 기준의 완화와 특별양호노인홈의 다인실 병설을 요구했다.

그런데 이런 지자체의 요청 사항이 때마침 나오던 '지방분권 개혁' 주장과 맞아떨어졌다. 지자체는 후생노동성이 내놓은 기준을 중앙정부의 통제로 받아들였고, 그래서 각 지자체가 지방의 실정에 맞춰 규제 완화를 하겠다고 주장했다. 심지어 지자체 수장 중에는 "가난한 사람이 다인실에 들어가는 건 어쩔 수 없다"고 공언하는 사람도 있었다.

규제 완화의 물결은 고령자전용임대주택 건설 동향에도 일어났다. 개인실을 갖춘 신형 특별양호노인홈과 달리, 고령자전용임대주택은 '주택'으로 분류하므로 부엌, 욕실, 세면실 설비가 필수인데, 부엌과 욕실이 공용공간에 충분히 확보되면 개인실이나 다인실에 따로 설치하지 않아도 된다. 국토교통성이 정한 고령자전용주택의 기준면적은 25m²(부엌과 욕실 등이 공용공간에 있는 경우는 18m²)로 개인실만 있는 특별양호노인홈보다 약간 넓다. 이것도 지자체가 독자적인 기준으로 설정할 수 있는 것으로 방향이 바뀌었다. 이런 흐름 가운데 2010년 봄, 도쿄도는 부지사 이노세 나오키를 좌장으로 한 '도쿄도 고령자주택 프로젝트팀'이 작성한 보고서를 발표했다. 이 보고서에 따르면 도쿄처럼 땅값이 비싼 지역에서는 개인실 기준면적을 더 완화해 7.45m²(2.25평)로 설정했고, 2014년까지 고령자임대주택 600세대을 건설한다는 내용을 담고 있다. 고령자는 주택 약자인데도, 과거 도시진흥재단(구 주택공단)이 독신용으로 건설한 임대주택보다 더 열악한 주거환경을 제공하겠다는 뜻이었다. 이것이 도쿄도가 홈 타마유라 화재 사건에서 얻은 값싼 교훈이었던 모양이다. 고령자전용임대주택에서 식사 공급이나 돌봄서비스를 받게 되면, 적합고령자전용임대주택이 되는데, 이를 두고 도쿄도의 정책을 신랄히 비판하는 사람들은 "2평에 밥을 주는 (고령자용) 하숙집"이라고 불렀다. 이 말은 원래 제2차 세계대전 전에 대학가 주변에 지은 학생용 좁은 하숙집을 일컫던 말이다. 주거환경이 개선된 오늘날에는 10대 젊은이들도 집을 빌릴 때 구경조차 하지 않는 곳이다. 젊은이들이 들어가지 않으려는 집에 고령자를 넣어도 좋다는 논리는 말이 안 된다.

다인실 특별양호노인홈이든 규제 완화로 인해 열악해진 고령자전용임대주택이든, 건물은 일단 지으면 쉽게 없앨 수 없다. 구형 특별양호노인홈 직원들이 개별 돌봄으로 전환하려 할 때, 개인실을 바로 마련할 수 없으니 제약이 많은 기존 공간을 어떻게든 살려서 유니트 케어풍의 돌봄을 실천한 것처럼, 하드 조건은 소프트 조건을 크게 제한한다. 열악한 고령자주택은 허물고 다시 지을 때까지 앞으로 수십 년간 나쁜 유산으로 남아 지자체나 복지 현장에서 일하는 사람들을 압박할 것이다.

특별양호노인홈을 좋게 만드는 시민의 모임[32]에서 활동하는 혼마 이쿠코는 규제 완화 흐름에 위기의식을 느끼고 2010년 여름 일본 각지에서 '당신은 다인실에서 늙고 싶습니까? 다인실 특별양호노인홈을 허용하지 않는 긴급 집회'를 열었다. 당시 이 모임은 전국 47개 도도부현 지자체를 대상으로 앞으로 다인실 건설을 추진할지를 묻는 앙케트 조사를 했는데, 응답한 지자체 가운데 과반수는 "앞으로도 계속 개인실을 추진하겠다"라고 답했다.

다인실 특별양호노인홈은 적어도 고령자 당사자의 니즈에서 나온 것은 아니다. 개인실은 개별 돌봄의 충분조건은 아니지만, 필요조건이다. 가까스로 고령자 돌봄에서 표준이 된 개별 돌봄을 후

---

32 2010년 6월 특별양호노인홈 경영자들을 중심으로 발족한 모임. 당시 일본 정부는 유니트형 특별양호노인홈 시설의 입소 정원 비율을 2014년까지 70% 이상으로 늘리겠다는 목표를 제시했으나 그 비율이 20%에 그치고, 또 지자체에서 재정상의 이유로 1인실이 아닌 기존의 다인실 설치를 요구하자, 특별양호노인홈 경영자들이 이에 반대하고자 결성한 모임이다. 이 모임에서는 개호보험 이용자들의 생활의 질 향상을 주제로 한 공부 모임, 강연회 등을 정기적으로 열고 있다.-옮긴이

퇴시키고 있는 규제 완화의 흐름을 막아야 한다. 더 근본적으로는 개인실 특별양호노인홈을 포함해, 시설 돌봄을 '탈시설화'하는 방향을 추진해야 한다. 특별양호노인홈에 들어가려고 대기 중인 고령자 수가 많다고 하지만, 이렇게 시설에 들어가기를 요구하는 이는 고령자와 떨어지고 싶어 하는 가족들이다. "대기 인원을 줄여라"는 목소리만 크고 "탈시설화하자"는 주장은 들을 수 없게 된 오늘날, 고령자를 둘러싼 상황은 탈시설운동을 40년간 해온 장애인 운동과 비교해볼 때, 당사자성이 결여되어 있다. 고령자 당사자운동으로 가는 길은 아직 멀다.

좋은 돌봄이란 개별 돌봄이다

내가 고령자 돌봄을 주제로 강연할 때 일어난 일이다. 강연이 끝난 후 질의시간에 한 중년 여성이 이렇게 물었다. "저는 오랜 시간 장애가 있는 남편을 돌봐왔습니다. 제 생각에 고령자와 장애인을 돌보는 것은 큰 차이가 있습니다. 선생님은 그 차이가 뭐라고 생각하십니까?" 약간 도전적인 태도의 긴장한 목소리였다. 아마도 이 여성은 장애인 돌봄은 매뉴얼로 만들 수 없지만 고령자 돌봄은 매뉴얼로 만들 수 있을 것이란 답을 기대하고서 질문을 했던 것 같다. 나는 이렇게 대답했다.

"장애인이 한 사람 한 사람 어떤 장애를 겪고 있는지, 그 정도가 어떤지 모두 다른 것처럼 고령자도 정도가 모두 다릅니다. 이런 점에서 저는 장애인 돌봄도 고령자 돌봄도 마찬가지라고 봅니다.

모든 사람에게 좋은 돌봄이란, 결국 그 한 사람에게 맞춘 개별 돌봄밖에 없습니다. 답이 되었을까요?"

답을 듣더니 그 여성은 고개를 크게 끄덕였다. 오랜 기간 돌봄 경험을 하고, 돌봄을 실천해온 사람으로서의 자신감과 긍지가 엿보였다.

11월 11일은 고령자 돌봄의 날[33]이다. 이날을 위한 특집 지면(上野 2008f) 때문에 한 신문기자가 내게 인터뷰를 요청했다. 질문을 미리 팩스로 보냈는데, "이상적인 돌봄이란 무엇인가?" 하는 전형적인 내용이었다. 내 답은 확실하다.

"이상적인 돌봄이란 바로 개별 돌봄입니다." 인터뷰에서 이렇게 대답했는데, 아마 기자는 '인간의 존엄성을 존중하는 돌봄'이나 '고령자의 자립을 지원하는 돌봄'이라는 답을 예상했던 모양이었다. 실상 나는 여기에 "이상적인 돌봄에는 딱히 답이 없다"고 말한 셈이다. 하지만 정말 그렇다. 이상적인 돌봄에는 답도, 매뉴얼도 없다. "어떻게 해야 좋을지 당사자에게 물어보라"고 할 수밖에 없다. 당사자가 100명이라면 100가지 방법이 있을 테고, 당사자가 한 사람뿐이라도 상황에 따라 이상적인 돌봄은 바뀔 것이다. 즉 돌봄이란 대인관계 그 자체다. 덧붙이자면, 이 점은 아무리 강조해도 지나치지 않다.

---

33 후생노동성이 2008년에 제정했다. '좋은[일본어 표기는 いい] 날'이란 뜻의 글자 'いい'의 모양에서 11월 11일을 따왔다고 한다. 나는 고령자 돌봄을 뜻하는 말 '개호介護'의 개介 변에서 따온 것인 줄 알았다.

3부

시민사회의 역할

9장 누가 돌봄을 담당하는가: 최적의 비용 부담을 위해

가족이 아니라면 누가 돌보는가

나는 5장에서 가족 돌봄에 관한 규범과 실태를 검토한 후, 가족 돌봄은 당연하지도, 자연스럽지도, 동시에 바람직하지도 않다고 결론을 내렸다.

그렇다면 가족 돌봄이 아니라면 누가 고령자를 돌볼 것인가? 가족 돌봄을 대체할 선택지가 없다면, 이를 상대화하고자 하는 시도는 무의미할 것이다.

이 물음에 답한 이론 틀이 복지다원사회론이다.

최근 복지사회론에 관한 담론은 눈부신 축적을 이루었고,[1] 그에 따라 복지에 국가 외의 다양한 주체를 포함하게 되었으며, 기존의 복지국가론은 복지사회론으로 전환했다.[2] 여기서는 관련 용어를 간략히 설명하면서 이론을 재구성하고, 그것을 비판적으로 검토하려 한다.

복지에 대한 담론은 복지를 담당하는 공적 주체로 국가를 간주하는 복지국가론에서 시작해, '복지국가 위기론'을 거쳐 복지사회론으로 이행했다(武川 1999; 大山 2000; Pierson 1991=1996). 복지사회론은 복지국가를 둘러싼 현실이 바뀌면서 단지 이론에 그치지 않고, 현실을 경험적으로 설명하려는 논의라고 할 수 있다.[3]

'복지국가'와 '복지사회'는 국가 외에 다양한 복지 주체actor의 포함 여부에서 차이가 난다. 다양한 주체로는 시민사회와 시장이 있는데, 구체적으로는 가족, 지역사회뿐만 아니라 교회와 NPO, 민간기업 등이 있다.

국가와 사회를 구별하는 논리는 자유주의 국가관으로 거슬러 올라가면 찾을 수 있다. 자유주의 국가관에서 보면 국가란 개인이 계약을 맺어 이룬 인위적 통치 공동체이고, 그 잔여물이 시민사회다. 따라서 사회는 국가로 온전히 환원되지 않는다. 한편 국가와

---

1 사회학자 다케가와 쇼고는 1999년에 출간한 책의 부제에 '복지국가와 복지사회'라는 용어를 썼지만(武川正吾 1999), 2000년대부터는 '복지국가' 대신 '복지사회'를 썼다. 다케가와 쇼고와 동료 연구자가 2000년대에 내놓은 '강좌 복지사회'(전 12권, ミネルヴァ書房) 시리즈에도 '복지사회'를 썼다. 이 시리즈에 '복지국가'가 제목에 붙은 책은 없다.

2 사회복지학의 주 연구 대상은 복지 현장의 기술과 실천인 데 비해, 복지사회학은 사회학의 하위 분야로 복지를 사회현상의 일종으로 파악하고 사회학적으로 복지에 접근하려는 영역이다. 일본에서는 2003년에 복지사회학회가 출범했는데, 그 배경은 복지사회학회의 초대 학회장인 소에다 요시야의 저서 《복지사회학 선언》(副田 2008)에 상세히 나와 있다.

3 다케가와 쇼고는 "복지사회론이 '복지국가의 위기'를 계기로 등장했기 때문에, 복지사회론을 경계하며 복지에 대한 국가의 책임을 면제해주자는 것이냐고 우려하는 논자들이 있다"고 지적했다(武川 1999: 298-299). 실상 가족을 복지의 자산으로 간주하는 '일본형 복지사회'는 '복지사회'라고 하나 '일본형 복지국가'라고 하지는 않는다. 다케가와는 이러한 '복지사회'에 대한 이해가 "시대착오적"이라고 했다.

사회를 서로 대립하는 것으로 본 상호배타적 이원론도 있으나, 오늘날 사회는 더 포괄적으로 정의된다. 가령 사회 속에 국가를 넣어서 국가를 사회 속 특수한 일부로 간주하기도 한다. 이런 입장에서 복지다원사회론은 국가를 사회에 속한 일종의 주체로 간주하고, 다른 주체와의 상호관계 속에서 전체적으로 각 주체의 역할과 배치를 논한다. 복지체제론은 일종의 복지다원사회론으로, 복합적 주체를 포함해 복지에 대한 책임과 자원을 서로 다른 부문의 주체에게 어떻게 배분할지를 살핀 이론이다(武川·イ 2006).

초기 복지국가론의 구성은 비교적 단순했다. 국가 재정 가운데 복지 예산이 차지하는 비율을 살펴 선진적인지 아닌지를 보는 식이었다. 그런데 선진국에서 복지 탓에 국가 재정이 파탄 난다는 주장이 나오면서, 복지국가론은 일본에서 좌절되는 운명해 처했다. 일본에서 미처 무르익기도 전에 '복지국가 위기론'이 등장한 것이다. 북유럽을 이상으로 삼은 사람이 많았음에도 "복지를 하면 부담이 크다"라거나 "경제가 정체될 것"이라는 위협적 주장이 나왔다. 그러자 일본의 정·재계 인사와 관료는 복지국가를 지향하는 정책을 시행하지 않기로 합의한다. 그 이후 일본에서는 가족을 복지의 자산으로 여기는 것과 같은 복지 재정을 억제하는 자유주의적 경향이 지속되어왔다.

복지다원사회론은 복지의 공급 주체를 여러 차원의 사회 영역에 둠으로써 국가에 대한 의존을 상대화하려는 이론이다. 이론적이든 경험적이든 국가만 복지에 책임을 지는 것은 아니므로, 다양한 공급 주체를 가정하는 편이 적절하고 현실적이다. 또 이미 도달한 오늘날의 현실에서 출발해 이론을 재구성한다면, 이론을 정교화해 기존 이론이 절대적이지 않다는 점을 파악할 수 있다.

관·민·협·사, 복지다원사회

복지다원사회론에서 말하는 다원성은 무한하지 않다.

1장에서 언급한 데일리는 다원적 영역을 국가state, 시장market, 시민사회civil society, 가족family과 같은 네 가지 영역으로 나눴다(Daly 2001: 2). 오늘날 여러 연구자가 다양한 용어로 부르는 영역을 종합하면, 복지다원사회는 공급 주체에 따라 크게 아래와 같이 나눌 수 있다.

① 관 부문(국가)
② 민 부문(시장)
③ 협 부문(시민사회)
④ 사 부문(가족)

이 책에서 나는 국가, 시장, 시민사회, 가족 영역을 관, 민, 협, 사 부문이라고 부른다(〈그림 11〉). 이유는 다음과 같다. ① 관 부문은 중앙정부와 지방정부를 모두 포함하는 영역이므로 '국가'라고 하기에는 적절치 않아 '관'으로 부른다. ② 민 부문은 사익을 추구하는 주체가 활동하는 장이다. "활력 있는 민간을 도입한다"라는 식으로 행정 당국이 '민간'이라는 용어를 주로 시장화를 일컬을 때 쓰기 때문에 이 영역을 '민'으로 부른다. ③ 협 부문은 '시민사회'

〈그림 11〉 복지다원사회의 네 가지 부문

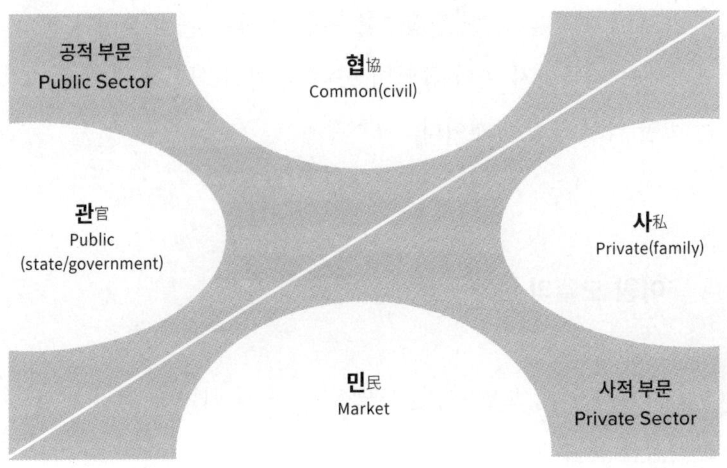

또는 '협동 섹터'라고 불려왔다. 공공성을 담당하는 여러 주체다. '공公, public'과 '공共, common'의 뜻을 담아 각각 '국가' '시민사회'에 배당하자는 주장도 있으나, 오늘날 협 부문에는 예전의 '커먼(공유지)'[4] 같은 공동체적인 기반을 반드시 갖추고 있지는 않다. 또 그것이 바람직하다고 볼 수도 없다. ④ 사 부문은 가족을 '사적 영역'이라고 하는 것을 따른다. 넓은 의미에서 관 부문과 협 부문을 합해 '공적 영역', 민 부문과 사 부문을 합해 '사적 영역'이라 해도 좋다. 공적 영역에 관 부문과 협 부문을 포함한 이유는 행정부만이 공익, 공공성을 담당하는 것이 아니기 때문이다.[5] 공익성을 담당하는 주체로

4 중세 유럽의 농어촌에서 장원 주민들이 공동소유하고 공동으로 방목, 벌채, 수렵, 어로 등을 하던 땅.-옮긴이

5 이와 같은 이유로, 공적 영역을 '공公 부문(관 부문)' '공共 부문(협 부문)'으로 나누는 연구자도 있다.

는 NPO와 같은 각종 공익법인도 있다. 그간 관이 공공성을 독점해온 데에 비판을 담아, 행정부를 공공이 아닌 관 부문이라 한다. 여기에는 지금까지 관이 공익이 아니라, 관의 이익을 추구해왔다는 비판 역시 포함한 것이다.

이원 모델의 한계

사원 모델로 보면, 이원 모델(공과 사)과 나아가 삼원 모델의 문제점을 볼 수 있다.

이미 지적했듯 복지 분야에서는 공, 사의 이원 모델에 근거해 공조公助와 자조自助를 구별한다. 공조란 자립 능력이 없는 개인에게 취하는 행정 조치를 말하는데, 여기서는 자조와 자립이 무엇인지 개념을 명확히 해야 한다. 만약 자립 능력이 개인에게만 귀속되는 것이라 치면, 궁극적으로 자조란 한 사람이 아무에게도 의존하지 않고 생활을 유지하는 것을 뜻한다. 만약 한 사람이 돌봄이 필요한 상태가 된다면, 자립이란 돌봄을 요하는 사람이 화폐비용을 스스로 부담해 시장에서 돌봄서비스를 조달하는 능력을 가진 것을 뜻하게 된다. 세상에는 신분, 지위, 권력, 경제력을 갖춰 제3자로부터 돌봄서비스를 조달하는 이가 있기에, 이원 모델에서 말하는 자립 능력이란 결국 이런 조달 능력을 가리킨다. 하지만 돌봄이 필요한 상태에 있는 사람의 대부분에게 자립이란 실제로는 가족 돌봄, 복지를 가리킨다. 이 책에서 되풀이해 말하지만, '자립 능력이 없다'는 사실에는 '시장의 실패'와 더불어, '가족의 실패'가 포함되어 있다.

관습적으로 볼 때 자조, 자립에는 가족이 부담하는 화폐비용 또는 노동비용이 포함된다.[6] 받는 사람과 주는 사람의 상호행위라고 돌봄을 정의하면, 사적 영역의 돌봄은 곧 가족 돌봄을 가리킨다. 정확히 짚어야 하는데, 이런 것을 두고 자조나 자립이라 하는 것은 부적절하다. 왜냐하면 가부장제 가족에 대한 비판적 검토 과정을 거쳐, 이제 우리는 가족 안에서 권력과 자원이 얼마나 불균등하게 분배되는지를 충분히 알고 있기 때문이다. 개인과 가족을 동일시해서 가족 돌봄을 두고 '자조' 혹은 '자립'이라고 하지 말아야 한다. 즉 가족 돌봄은 '사적'으로 일어나긴 해도, 결코 개인적인 '자조'라고는 할 수 없다.

마르크스주의 역시 이원 모델을 택했는데, 민 부문은 '사적 영역'에 들어간다. 사적 권리를 가진 개인이나 법인 주체가 사익을 위해 교환하는 장이 시장이므로 시장은 공공이라 하지 않는다. 또 '국가독점자본주의'라는 말에서 보듯, 국가를 '총자본의 이익 대표'라고 보는 입장에서는 국가 또한 자본의 집합적 사익을 위해 활동하는 주체로 간주한다. 그런데 이런 용어를 쓰면, 사적 영역 중 시장 영역과 비시장 영역을 구분할 수 없다. 그뿐만 아니라, 공적 영역이 정말로 공익을 위해 움직이는 주체인지 아닌지에도 여전히

---

6 이러한 관습적 사고에는 자유주의적 개인상이 반영되어 있다. 이 사고에는 개인을 가족과 동일시하며 가족 집단 안에서는 이타주의를 요구하는 식으로 개인주의에 반하는 원리를 넣는 등 기묘한 논리가 있다. 더 분명히 말하자면, 이러한 자유주의적 자립 개념은 오직 자유주의가 실패하고 파탄해야 성립된다. 또 이 책의 1장에서 다루고 여러 차례 강조했듯, 아무에게도 의존하지 않는 로빈슨 크루소와 같은 '자립한 개인' 신화는 허구다. 실제로는 성인 사이에서도 돌봄이 많이 일어난다(Daly 2001).

의문이 남는다.[7]

복지혼합론의 비판적 검토

복지다원사회의 주체를 이론화하려는 시도로 '복지혼합' 개념이 생겼다. 복지혼합론은 이론에서 나온 개념이 아니라 현실의 변화에 따라 발생한 것이다. 공적 영역도 아니고 사적 영역도 아닌 영역에서 현장 실천이 발전해온 역사적 배경 때문이다. 복지사회론에는 제3섹터를 이론화한 다양한 삼원 모델이 있는데, 선행연구로서 삼원모델을 검토하며 내가 제시하는 사원 모델의 관점에서 삼원 모델의 결함을 짚어보려 한다.

제3섹터를 다룬 이론에서 언급하는 복지 주체는 비영리단체NPO, non profit organization를 말한다. 제3섹터란 영어권 NPO 연구에서 나온 용어로, 말 그대로 비영리 조직 일반을 가리킨다. 일본에서는 NPO가 1998년에 입법되어 시행된 특정비영리활동촉진법(NPO법)에서 인가를 받은 법인단체, 즉 특정비영리활동법인을 한정적으로 가리키는 말로 정착했다. 후생노동성에서 개호서비스 개설사업소를 경영 주체별로 분류할 때는 특정비영리활동법인만 NPO라고 쓴다.[8] 지역복지, 참여형 복지, 커뮤니티 복지 영역의 분류에는 이러한 특정비영리활동법인 외에도 여러 가지 비영리 형태, 비

7 이러한 이론 구성의 한계를 살피면, 가족 영역에 대한 마르크스 이론의 젠더 몰이해gender blindness를 알 수 있다.

시장 형태의 공익단체와 공조 조직, NPO법인, 생활협동조합, 농업협동조합, 고령자생활협동조합,[9] 워커즈콜렉티브가 있고 경우에 따라 유한회사, 주식회사와 같은 법인을 포함한다. 그런데 필자는 NPO의 법인격 유무에 관계없이 시민을 담당자로 하는 비영리사업체 전부에 '시민사업체'라는 상위 개념을 사용하려 한다. 법인격을 포함할 때, 영어권에서 말하는 비영리 조직 집합을 가리키는 상위 개념이 없기 때문이다.

NGO, NPO 연구로 저명한 레스터 샐러먼은 국가, 시장, 자원봉사voluntary 부문으로 구성한 삼원 모델을 제시했다(Salamon 1995=2007). 이 모델은 매우 다양하고 다의적인 시민의 비영리활동에 NPO 개념을 부여하고 이를 한 범주로 묶어 사업 규모를 나타냈다는 점, 그리고 NPO의 존재를 가시화했다는 점에서 큰 의의가 있다.

샐러먼과 헬무트 안하이어에 따르면, NPO는 다음의 여섯 가지 조건으로 이뤄진 조직이다(Salamon, L.M & Anheier 1997).

① 조직성.

② 비정부 민간 활동.

---

8 일반적으로 법인격이 없어도 NPO를 설립하고 운영할 수 있지만, 일본에서는 개호보험을 적용받는 사업체가 되기 위해서는 법인격을 만들어 인가를 받아야 한다.-옮긴이

9 1994년 고령자단체로 설립되었다가 고령자 고용을 위한 고령자협동조합으로 발전했다. 건강한 고령자인 조합원들이 아이 돌보기, 대리운전, 폐비닐 수거, 청소, 방문개호 등의 업무를 하고 사업소득을 배당금으로 지급한다. 일본 각 지역에 30여 개가 있고 조합원 수는 5만여 명이다.-옮긴이

③ 비영리(이윤을 분배하지 않음).

④ 자기결정성.

⑤ 자발성.

⑥ 공익성.

또 다음 네 가지 기능이 그 조건이다(Salamon 1992, 1999: 15; 安立 2008).

① 서비스 제공.

② 가치 옹호.

③ 문제 발견과 해결.

④ 커뮤니티(사회적 자본) 형성.

이 모델에서 NPO 부문의 활동 규모를 보면 1995년 당시 미국 전역에 160만 개 단체가 있고, 미국 전체 GDP의 8.8%, 전체 고용자의 7%를 차지하는 거대한 경제 규모임이 드러나는데, "결코 사회에서 작은 부분이 아니라는 점이 통계로도 나타난다"(安立 2008: 25).

NPO 고용률을 국제 비교했을 때 일본의 농업 외 고용에서 NPO 고용이 차지하는 비율은 3.5%로, 프랑스 4.9%, 독일 4.6%와 비교해도 큰 차이가 없다.

NPO는 '시장의 실패'와 '정부의 실패'를 보완하는 것으로 제3의 공공서비스 역할을 해줄 영역으로 기대받고 있으며, 이런 점에서 복지다원사회론과 연결된다.

〈그림 12〉 페스토프의 복지 삼각형

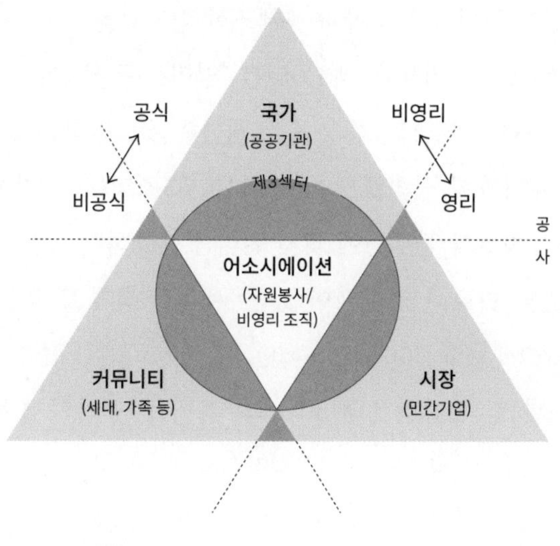

(Pestoff 2009: 9에서 재구성)

복지다원사회를 염두에 둔 비영리 섹터론은 주로 유럽에서 발전했다. 스웨덴의 사회학자 빅토르 페스토프는 '복지 삼각형welfare triangle' 모델을 제시하고(〈그림 12〉), 국가도 시장도 커뮤니티도 아닌 중간 영역을 '제3섹터'라고 했다(Pestoff 1992=1993). 페스토프의 제3섹터론을 계승한 독일의 사회정책학자 아달베르트 에베르스와 프랑스의 사회학자 장루이 라빌은 미국이 주도하는 NPO론은 유럽 각국이 겪은 독자적인 역사, 경험을 무시하는 경향이 있다고 비판한다. 샐러먼이 내린 NPO 정의에서는 '비영리'가 좁게 정의되므로, 유럽에서 역사적으로 큰 역할을 해온 조합원에게 일정한 이윤을 환원하는 협동조합과 공제조합이 제외된다. 그런데 유럽의 연구자들은 협동조합과 공제조합이 이윤 분배에 제약이 있고 공익성을 목적으로 하며 실제로 사회보장에서 중요한 역할을 했다는 점을 들어 협동조합과 공제조합 법인격을 제3섹터로 포함한다. 에베르스와 라빌은 제3섹터를 "영리를 목적으로 하지 않는다. 즉 이윤의 사적, 개인적 취득을 제한하는 법인격을 갖춘 조직"으로 더 유연하게 정의했으며, 이러한 제3섹터에는 "자선단체와 자원 조직, 차별과 불평등에 맞서 권리를 옹호하는 그룹으로 출발한 조직뿐만 아니라 영향력이 있는 '사회적 경제'도 포함된다"고 했다(Evers & Laville 2004=2007: 19).

이러한 정의 방식은 제3섹터의 경계를 '영리인지 비영리인지'가 아니라, '시장경제(자본주의적 조직)인지 비시장경제(사회적 경제)인지'로 구분하는데, 사회적기업론 역시 이런 방식을 공유한다. '사회적기업social enterprise'도 유럽에서 나온 개념인데, 유럽 각국은 [시민 조직에 대한] 독자적 경험이 많기에, 이런 정의에 따르면 사회적기업의 여부는 단지 법인격인지 아닌지를 기준으로 판단할 수 없다. 《사회적기업 I: 이론과 실제편》을 쓴 카를로 보르자가와 자크 드푸르니의 정의에 따르면, 사회적기업이란 다음 네 가지 경제적 기준과 다섯 가지 사회적 기준을 갖춘 조직이다(Borzaga & Defourny 2001=2004).

네 가지 경제적 기준

① 재화와 서비스를 계속 생산하고 공급한다.

② 일정한 사람들이 자발적으로 만들고 자율적으로 관리한다.

③ 경제적 위험을 감수한다.

④ 최소한의 유상노동을 포함한다.

다섯 가지 사회적 기준

① 커뮤니티에 대한 공헌이 명확한 목적이다.

② 시민 그룹이 조직을 설립한다.

③ 자본 소유에 따라 의사결정을 하지 않는다.

④ 활동으로 영향받는 사람들이 참가한다.

⑤ 이익 분배가 제한적이다.

사회적기업과 NPO가 어떻게 같고 다른지 간단히 보자. 앞서 언급된 경제적 기준과 사회적 기준으로 보면, 사회적기업은 NPO와 공통점이 많아서 개념상 대체되기도 하며, 조직의 법인격을 따지지 않으므로 임의단체, NPO, 협동조합, 유한회사, 주식회사 등을 포함한다. NPO보다 넓은 범위를 적용할 수 있다. 그래서 사회적기업은 법인격의 유무로 정의할 수는 없고 활동 이념과 내용, 경영과 조직 형태를 봐서 종합적으로 판단할 수밖에 없다. 즉, 일반적으로 쓰긴 하나 정의를 내리기가 더 어려운 개념이다.

제3섹터론도, 사회적기업론도 활동 주체가 다원적 경제 영역(시장경제/비시장경제/비화폐경제, 즉 시장/국가/가족·커뮤니티)을 횡단한다고 파악한다(Pestoff 1992=1993; Evers & Laville 2004=2007; 大沢 2008b). 이렇게 파악하는 것이 기술적記述的인 개념으로 보면, 분명 실태에 맞긴 하다. 그런데 애초에 다원적인 부문 관계를 분석하는 이론으로서 복지다원사회론을 구성하려는 의도를 감안하면 이렇게 파악하는 것의 효과는 없다. 따라서 이 책에서 나는 활동 주체가 현실적으로 여러 영역에 걸쳐 있더라도, 그 역할이 공공 부문 가운데 비정부 영역인 경우 '협 부문'이라고 이름을 붙이고 분석하고자 한다. 또한 NPO를 일본 국내법상에서 NPO법인격을 취득한 단체로 한정하고, 이를 포함한 상위 개념으로 '시민사업체'를 쓰겠다. 생협과 생협을 바탕으로 한 워커즈콜렉티브는 NPO법인격이 없는 경우여도 시민사업체에 포함한다.

NPO론과 제3섹터론의 한 가지 문제는 자원봉사 부문에서 [시민의 자원]봉사와 [교회의 자선]사업을 구별할 수 없다는 점이다. 유럽과 미국의 NPO 연구자들에게 중요한 과제는 비영리 부문을 전통적 교회 활동에서 구별해내는 것이었다. 종교단체의 자선 전통이 있는 유럽이나 미국에서는 국가 속의 국가라고도 할 수 있는 교회가 공공성에서 차지하는 영역이 크며, 교회는 국가와 경합해왔다. 그런데 샐러먼이 대상으로 한 것은 더욱 세속적이고 시민적인 활동 주체, 즉 제도화되지 않은 말 그대로 '새로운 공공성'을 담당하는 주체였다.

또 공익법인과 구별이 되지 않는 점도 문제다. 일본에는 공익법인이 많고, 또 반관반민半官半民[10]의 제3섹터도 많다. 그래서 페스토프가 말한 제3섹터는 일본에서 관습적으로 사용하는 제3섹터와는 뚜렷이 다른 개념이다. NPO가 등장했을 때, NPO를 제3섹터에 포함할지에 관한 논쟁이 있었는데 이때 일본의 많은 연구자, 관련 전문가는 이에 반대를 표했다. NPO란 관 부문도, 민 부문도 아닌 문자 그대로 제3의 부문을 지칭하는 것이나, 당시 일본에서는 NPO가 대부분 관이 100% 출자한 외곽단체들이고 예산도 인사도 관이 통제한다는 사실이 잘 알려져 있었기 때문이다. 이와는 반대로

10 정부와 민간기업이 공동 출자로 사업을 운영하는 것.-옮긴이

〈그림 13〉 교고쿠 다카노부의 복지 공급 시스템 유형

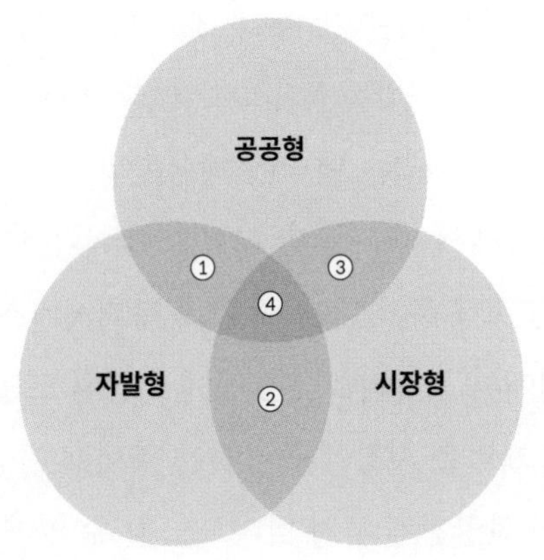

(京極 2003a: 19)

세코 가즈호와 같이 제3섹터는 시민 부문과 비슷하다고 주장하며, "주무 관청으로부터 독립하지 않은 외곽단체를 두고 제3섹터라고 부르지 말아야 한다"는 의견도 있다(世古 2009: 22). NPO론에서는 이러한 관의 외곽단체를 '유사 정부 조직QUANGO, Quasi NGO'이라고 한다. 이 책에서 나는 이러한 외곽단체를 관 부문에 포함했다. 그리고 제3섹터론은 삼원 모델의 한계가 있으므로, 이 책에서 나는 제3섹터라는 용어를 쓰지 않기로 했다.

복지혼합론을 주장한 연구자들에게는 국가와 시장에서 협 부문을 분리해서 개념화하려는 동기와 문제의식이 있고, 나도 이를 공유한다. 그런데 복지혼합론에서 나온 삼원 모델에 대해서는 다음과 같은 한계를 지적할 수 있다.

페스토프와 샐러먼의 이론에 따라 일본의 복지서비스 공급 시스템을 공공, 시장, 자발이라는 세 가지 유형(〈그림 13〉)으로 제시한 사람은 교고쿠 다카노부다(京極 1984; 2003a).[11]

교고쿠는 자조自助, 공조公助, 공조共助를 자립생활을 지지하는 "세 가지 화살"로 비유하는데(京極 2003b: 19), 샐러먼이 언급한 '자원 부문'(교고쿠는 이를 자발적 복지서비스라고 함)에 해당하는 것이 공조共助다. 그렇다면 자조는 어디에 해당할까? 가족과 같은 주체가 빠진 삼원 모델에서 자조는 민 부문일 것이다. 만약 자조가 사 부문이라고 치면, 교고쿠가 나눈 세 가지 복지서비스 공급 유형은 '가족'이 그 주체에서 누락되었다는 점에서 삼원 모델의 한계를 먼저 보여준다. 또 개인을 시장에 등장하는 주체로 가족과 동일시함으로써 가족주의 선입견에 빠져 있다고도 할 수 있다.

"지역복지" 개념을 이른 시기에 이끌어낸 사회복지학자 우다 기쿠에도 복지에서 "공사의 협동"을 두고 "새로운 공공公共"이 나타났다고 했다(住谷·右田 1973; 右田 2005). 가와무라 마사요시는 "사회복지에서는 1973년 우다 기쿠에가 새로운 공공 개념을 내놨다"고 평했다(川村 2005: 5). 그런데 우다가 언급한 사적 영역은 민간, 즉 시장 영역을 가리키는 것으로 가족이 누락되었다.

복지혼합론의 삼원 모델과 사원 모델의 차이는 사적 영역을 개념화하는지에 따라 갈린다. 가족을 복지의 한 가지 요소로 명시적으로 가시화하는지에 그 차이가 있다. 공적 복지론자는 공사 이원론에 바탕을 두고 공적 복지란 시장의 실패를 보완하는 것이라

---

11 교고쿠 다카노부의 세 가지 유형은 복지혼합론이 등장하고 난 후 선구적 업적으로 높은 평가를 받았다. 1986년에 출간된 《교고쿠 다카노부 저작집》(京極 2003a)은 2006년 재출간되었는데, 재출간본 편집 후기에 따르면 "최근 경제학자들의 사회복지 정책 연구에서 교고쿠 다카노부의 1980년대 연구 업적이 주목받고 있다. 교고쿠 다카노부는 세 가지 부문을 포함한 복지혼합형 복지 정책을 제창했다"는 평가를 받았다고 한다.

하는데, 복지혼합론자는 시장의 실패에 더해, 정부의 실패를 보완하는 것이 '시민 섹터'라고 본다. 공적 복지론이든 복지혼합론이든 모두 가족의 실패를 개념화하지 않았고, 가족이 하는 돌봄을 자명한 전제로 삼고 있기에, 사적 영역의 비용 부담을 따지지 않는다.

복지혼합론이 '가족'을 포함하지 않은 이유는 복지가 원래 '사회보장'이나 '복지의 사회화'만 대상으로 삼기 때문이기도 할 것이다. 그러나 우리는 여기에 반론해야 한다. ① 첫째, 가족은 사적이긴 하나, 사회적이지 않은 것은 아니다. 5장에서 이미 검토했듯, '사적 가족'은 사회적으로 구축된 것이다. 복지를 기본적으로 가족에게 맡긴 것 자체가 역사적 구축의 결과이다. 사적 영역에 공적으로 개입하지 않는 것이 사회적 선택의 결과라는 점을 감안하면, 사적 영역이 갖고 있다고 여기는 '사적 특성'은 자명한 것도 불변하는 것도 아니다. ② 둘째, '복지의 사회화socialization'에는 시장화(상품화)와 비시장화(탈상품화)라는 선택지가 있다. 시장 아래 놓여 있으면 복지는 자조, 즉 사적 영역에 포함된다. ③ 셋째, 시장을 포함하고 가족을 배제한 교고쿠의 삼원 모델을 보면, 우리는 교고쿠가 '가족의 복지'를 당연하게 여긴다고 의심해볼 수 있다. ④ 넷째, 페스토프가 제시한 삼원 모델을 보면, 커뮤니티(지역사회)와 가족을 구별할 수 없다. 이와 같은 삼원 모델의 한계를 해결하려면 삼원 모델에서 벗어나 공사 영역을 포함하고, 하위를 구분한 '복지의 사각형'이 나와야 한다.

사원 모델로 분석하면, 가족 돌봄이 당연한 전제가 아니라는 점을 기초로 삼아 관, 민, 협, 사 영역 간에 책임과 비용 분담을 살피고, 이 책임과 비용은 변동하고, 이에 정치와 역사가 관여한다는 점을 뚜렷이 할 수 있게 되는 인식론상의 장점이 있다.

비교복지체제론 비판적 검토

비교복지체제론을 제기해 '복지체제'라는 개념을 구축한 에스핑 안데르센은 복지혼합론과는 다른 차원의 삼원 모델을 제시했다(Esping-Andersen 1990, 1999).

에스핑 안데르센의 비교복지체제론은 이미 복지학, 사회학, 경제학에서 공유재산이라고 할 정도로 알려져 있기 때문에 더 이상 긴 설명이 필요 없겠으나, 여기서 간단히 개요를 설명한다.

에스핑 안데르센은 1990년 《복지자본주의의 세 가지 세계》(Esping-Andersen 1990=2001)를 썼는데 여기서 복지체제의 세 가지 유형을 제시해 세계적으로 유명해졌다. 이 저서는 영향력이 컸고, 다양한 비판을 받았다. 그런 비판을 받고 비교복지체제론을 수정한 저서가 1999년의 《후기 산업 경제의 사회적 기초》다(Esping-Andersen 1999=2000). 두 저서의 발간 시점은 시차가 10여 년이 나긴 하나, 비판을 수용하여 이론을 발전시켰으므로 두 저서의 성과를 정리한다.

에스핑 안데르센의 비교복지체제론이 널리 받아들여지게 된 이유는 다음과 같다.

먼저, 첫 저서의 제목과 같이 '복지국가의 위기' 이후 국가, 시장, 가족을 주체로 한 복지다원사회의 입장에서 시장경제와 모순이 없는 '복지혼합 정치경제학'으로 '복지체제'를 포괄해 모델을 만

들어냈다.[12]

둘째, '탈상품화' '탈가족화'와 같은 중요한 개념을 제시해 복수의 영역 간에 비용 이전 방향을 기술했다.

그는 다음 세 가지 복지체제 유형을 제시했다.

① 자유주의 복지체제(앵글로 색슨형).

② 사회민주주의 복지체제(북유럽형).

③ 보수주의 복지체제(중유럽·남유럽형).

①의 특징은 작은 국가, 위험에 대한 개인의 책임, 시장 중심주의다. 복지는 시장의 실패를 보완하는 것으로 한정적이다(잔여주의). 이 체제의 국가로는 미국, 영국, 호주 등이 있다.

②의 복지체제는 자유주의 복지체제에 비해 큰 정부, 시민권에 근거한 보편주의, 평등 지향을 지닌다. 이 체제의 국가로는 스웨덴, 노르웨이, 덴마크 등 북유럽 국가들이 있다. 노동력의 탈상품화 정도가 가장 높다.

③의 복지체제는 가족주의와 기업 중심주의의 협동이 특징이며, 복지는 가족의 실패에 대한 보완성의 원리로 공급되는 탓에 일탈한 가족을 낙인찍는 효과가 있다. 한편 공동체주의적 사회연대 원리로, 모든 국민이 강제 가입하도록 한 국민보험제도와 같은

---

12 에스핑 안데르센이 논한 내용을 보면, '복지사회'와 '복지국가'를 서로 배타적이거나 대립적으로 쓰는 경우도 있다. 예를 들면 일본어판 서문에서는 "고도로 발달한 복지사회에서는 복지국가가 불필요하게 될 것이다. 왜냐하면 시장과 가족이 충분히 기능하기 때문이다"라고 적었다.

국가주의 경향도 강하다. 지리적으로는 독일, 오스트리아, 프랑스, 이탈리아 등 중유럽, 남유럽에 분포한다.

국가, 시장, 가족이라는 세 가지 영역에서 각각의 원리를 조합한 에스핑 안데르센의 모델은 큰 영향을 미쳤으나, 동시에 신랄한 비판을 받았다. 《복지자본주의의 세 가지 세계》의 일본어판 공역자 미야모토 다로는 이 비판을 아래와 같이 정리했다(宮本 2001: 260-266).

① 페미니스트의 비판.

② 복지체제 유형을 둘러싼 비판.

③ 국내외 환경의 변화를 감안하지 않은 복지국가론 비판.

④ 비영리 조직 연구에서 나온 비판.

이 책에서 필자의 관심으로 보면, ①은 비교복지체제론에 대해 젠더 관계를 넣은 비판이라 하겠고 ④는 비교복지체제에서 협 부문에 대한 이론이 없다는 점을 비판하는 것이라 하겠다. 순서대로 상세히 논하자.

① 첫 번째 비판부터 살펴보자. 이미 많은 연구자가 에스핑 안데르센의 비교복지체제론을 비판했고, 일본에도 그 논점들은 널리 알려져 있다(Lewis 1992; 2001; Orloff 1993; Fraser 1993; Sainsbury 1994; Shialoff 1994; Daly 2001; Daly & Rake 2003; 大沢 2004; 久場 2001; 白波瀬 2006). 비판은 크게 두 가지로 나뉜다.

첫째, 비교복지체제론은 국가, 시장, 가족 세 가지 영역의 상호관계를 논한다면서도, 실상 '탈상품화decommodification' 개념으로 국가와 시장의 관계에만 초점을 맞추고, 가족의 내부 구조에 들어가지 않는다. 둘째, 남성을 주요한 부양자로 한 가부장적 가족을 전제로 삼았기 때문에 젠더 몰이해 하다는 점이다.

에스핑 안데르센은 이러한 비판을 인정하고 1999년에는 '탈가족화defamilialization'[13] 지표를 넣었다.

이러한 비판으로부터 페미니스트의 복지체제 유형론이 전개되었다. 예를 들어, 앤 올로프는 "탈상품화 지표는 남성에게는 적용할 수 있으나, 부불노동을 하는 여성에게는 적용할 수 없다"고 하면서 '여성의 부불노동에 대한 접근'과 '가계 유지 능력'을 탈상품화 지표로 추가하자고 제안했다(Orloff 1993). 또 제인 루이스는 성역할 분담을 전제로 한 '남성 생계부양자 모델' 가운데, 영국과 같이 가부장적인 '강한 남성 생계부양자 국가strong male-breadwinner state', 프랑스와 같이 국가가 가사와 육아 양립을 지원하는 '수정 남성 생계부양자 국가modified male-breadwinner state', 스웨덴과 같이 여성의 자립을 지원하는 '약한 남성 생계부양자 국가weak male-breadwinner state'를 구별한 독자적 유형을 제시했다(Lewis 1992).

낸시 프레이저는 '보편적 생계부양자 모델universal breadwinner model' '동등한 돌봄 제공자 모델caregiver parity model' '보편적 돌봄 제공자 모델universal caregiver model'을 제시했다(Fraser 1993). 보편적 생계부양자 모델은 남녀가 함께 생계부양자가 되는 대신 가정 내 돌봄노

---

13 《복지자본주의의 세 가지 세계》(Esping-Andersen 1990)의 일본어판 번역자인 미야모토는 'defamilialization'을 '탈가족주의화'로 번역했는데, 'familialize'에는 '가족주의'라는 뜻이 포함되지 않는다. 또 이후에 이 단어의 번역어로 '탈가족화'가 널리 쓰이게 됨에 따라 여기서는 '탈가족화'라고 썼다.

동은 외부로 돌리는 선택지를 뜻한다. '동등한 돌봄 제공자 모델'은 양성 중 한쪽(대부분 여성)이 돌봄 역할을 선택함으로써 손실이 발생하지 않도록 제도적으로 보충하는 방안이다. 보편적 생계부양자 모델이든 동등한 돌봄 제공자 모델이든 가부장적 가족을 바꾸지 못할 미봉책일 뿐이다. 그래서 프레이저는 대안으로 '보편적 돌봄 제공자 모델'을 제시했는데, 이는 양성이 돌봄과 같은 부불노동을 똑같이 감당하는 모델이다.

프레이저가 제시한 모델에는 이렇다 할 새로운 점은 없다. 예전부터 성역할 분담에 대한 해결책으로서 지불노동paid work과 부불노동unpaid work을 균등하게 분배하자는 방법이 나왔기 때문이다. 그런데 이러한 '평등주의 가족egalitarian family'이 실현될 개연성은 매우 낮다(Fineman 1995=2003). 이미 많은 연구자가 지적했듯, 이론적으로는 어찌 됐든 간에, 경험적으로 보면 평등주의 가족이 실현될 가능성은 낮다. 기회비용이 높은 남성은 자신의 기회비용을 희생해서 가정에서 부불노동을 하지 않는다.[14] 동시에, 기회비용이 높은 여성도 남성과 마찬가지로 부불노동을 하지 않는 것을 선택한다. 남녀가 부불노동을 균등하게 나누는 것은 이상일 뿐이고, 특정한 역사적, 사회적 맥락에서만 겨우 실현되는 선택지다.[15] 부불노

---

14 그 결과, 선진국의 남성이 단시간이라도 부불노동에 종사하면, 국민계정체계SNA[GDP, 1인당 국민총소득, 1인당 가계총조정처분가능소득 등 국민경제활동을 측정하기 위한 회계 도구] 중 남성이 차지하는 비율이 상승하는 것과 같은 혼란도 일어난다.

15 글로벌 경제에서 노동력의 국제 이동이 잦은 요즘에는 돌봄 비용이 낮은 외부화 선택지가 눈앞에 있으므로, 입주 가사노동자나 유모 등을 써서 돌봄노동을 해결하지 않을 것이라고 상상하기는 어렵다. 이주노동력으로 돌봄노동을 충분히 조달하고 있는 미국의 맞벌이 부부를 보면 이러한 현실을 쉽게 알 수 있다.

동을 외부로 돌릴 선택지가 제한적이거나, 기회비용과 서비스 비용이 비슷한 균형점일 때에만 남녀가 부불노동을 균등하게 나눌 수 있다. 더욱 근본적으로 프레이저의 모델을 비판하자면, 보편적 돌봄 제공자 모델은 어디까지나 이성애자 부부를 전제로 삼고 있다는 점이다. 마사 파인먼이 지적한 바와 같이, 한부모 가정 세대가 늘어나는 경우 프레이저가 제시한 모델은 그 기반 자체가 무너진다.

프레이저를 비롯해 위에서 언급한 페미니스트의 모델은 전부 돌봄을 육아로 한정했고, 고령자 돌봄을 넣지 않았기 때문에 이 장에서 직접적으로 유효한 논의는 아니다.

일본에서는 다케가와 쇼고가 독자적으로 '탈가부장제화' 지표를 추가해 에스핑 안데르센의 비교복지체제 모델을 수정했다(武川 1999). 다케가와 역시 페미니스트들과 같은 이유로 에스핑 안데르센의 모델을 비판했다. 다케가와는 에스핑 안데르센의 '탈상품화'가 가족 내 권력 배치 구조에 관여하지 않았다는 점을 전제로 깔고, '탈상품화'와 독립적인 개념으로 '탈가부장제화'를 제시했다. 다케가와는 자신의 1999년 저서에서 에스핑 안데르센이 1999년에 출간한 《후기 산업 경제의 사회적 기초》에서 제시한 '탈가족화' 개념을 넣지 않았다. 하지만 다케가와의 논리는 여전히 성립하는데, '탈상품화'와 마찬가지로 '탈가족화' 개념 역시 젠더 권력의 배치에 대해 관여하지 않았기 때문이다. 다케가와가 제시한 '탈가부장제화' 지표로 '가부장제' 개념을 확장한다면, 더욱 다원적인 모델을 만들 수 있다. 즉, 세대 내 젠더 구조(사적 가부장제)에 머무르지 않고, 공적 가부장제로 개념을 확장한다면 젠더를 독립변수로 복지체제에 넣고 살필 수 있다. 다케가와는 2005년 출간한 저서에서는 '탈가부장제화' 지표를 대신해 '탈젠더화'를 썼는데 이는 페미니스트 앨런 시어로프의 논의에 따른 것이다(Shiaroff 1994). 나중에 다시 논하겠지만, 돌봄의 탈상품화는 얼마든지 시장에서 노동의 젠더화[16]를 강화하고 마는 결과를 초래할 수 있다. 젠더 변수가 가족 영역에만 영향을 미치는 것은 아니다.

② 이제 두 번째 비판을 살펴보자. 여러 나라의 연구자들이 에스핑 안데르센의 복지체제 유형이 자신이 속한 사회와 다르다고 주장했는데, 나는 일본에 한정해 논하려 한다. 에스핑 안데르센은 《복지자본주의의 세 가지 세계》 일본어판 서문에서 "일본은 세 가지 유형 중 한 가지로 분류하기가 곤란하긴 하나 보수주의체제와 자유주의체제의 중간 형태"라고 했다. 그는 일본형 복지국가의 특질을 보수주의와 자유주의의 독특한 연합으로 설명했는데(宮本 2001: 263), 이는 이론적으로 보면 세 가지 유형의 포괄성을 벗어난 사례가 있음을 알려주는 것이고 경험적으로는 유교를 핵심으로 보고 일본형 복지체제를 특수화한 것이다. 에스핑 안데르센은 일본이 복지 자본주의의 제4세계에 해당하는지 아닌지로 질문을 던졌으나 여기서 제4세계에는 기존의 세 가지 유형에 속하지 않은 사례 전부가 들어가 있어서 범주화되지 못하기 때문에 설명력이

---

16 어떤 특정 노동 시장에서 특정 젠더를 선호하거나 고용하는 현상과 이에 따른 일련의 영향을 말한다. 이를테면 여성이 많이 일하는 노동 시장에 고용된 노동자는 젠더 권력관계가 반영된 구조에서 저임금이나 불안정노동의 지위를 갖는 등 격차와 불평등을 겪으며, 동시에 이것이 당연하다고 여겨진다. 노동의 젠더화가 진행된 특정 노동은 더욱 평가절하되며, 젠더 불평등을 심화시킨다.-옮긴이

없다. 사례 수만큼 복지체제 유형이 늘어나면 비교복지체제론은 이론으로서 효과가 사라질 것이다.

다케가와는 에스핑 안데르센이 언급한 일본 특수론을 "복지에 관한 오리엔탈리즘"이라고 언급하며 철저히 반론을 제기했다(武川 2005: 58). 다케가와는 에스핑 안데르센의 논의에 스웨덴 중심주의, 유럽 중심주의, 자문화 중심주의라는 세 가지 특징이 있다고 했다. 다케가와는 일본과 한국의 복지체제를 비교했는데 이때 일본과 한국을 유교를 핵심으로 한 아시아 유형으로 묶어서 논하지 않았다. 복지국가로 이행한 시기와 경제 세계화를 경험한 시기에 한국과 일본에서 어떤 대응이 있었는지를 살핀 것이다. 다케가와는 복지체제가 자유주의형(일본)과 사회민주주의형(한국)으로 나뉜다며 복지국가의 특질을 명쾌하게 설명하고 분석했다. 다케가와는 인구 고령화율이 7%에 달한 1973년을 일본이 복지국가로 이행한 해라 보고, 1973년에서 얼마 지나지 않아 시작된 세계화 속에서 겪은 경제위기와 정치위기[17] 속에서 미성숙한 일본형 복지국가에 자유주의적 색채가 강해졌다고 했다. 다케가와는 "만약 '일본의 독자적 특질'이 존재한다고 치면, 그건 복지국가의 형성과 위기가 동시에 진행했다는 점"이라고 했다. 다케가와는 일본과 대조적으로 "한국은 IMF 위기 속에 정치적 영향력이 발휘되어 복지국가를 초고속으로 확대해나가고, 사회민주주의적 복지체제를 지향했다"고 짚었다(武川 2005: 69). 이렇듯 일본과 한국이 차이가 나는데,

17 1973년 변동환율제, 오일쇼크 등 세계경제가 미국의 달러를 기축통화로 삼으며 재편되는 세계화 가운데, 미일 안보체제 등을 강화하는 일본의 자유주의적, 보수주의적 정치 흐름.-옮긴이

아시아 유형이라고 한데 묶을 수 없다.

다케가와의 이와 같은 비판은 ③ 국내외 환경의 변화를 감안하지 않은 복지국가론 비판과 이어지는데, 이것은 에스핑 안데르센의 정태적 논의를 넘어서 동태적으로 복지체제를 논의할 수 있다는 점을 시사한다.

마지막으로 ④ 비영리 조직 연구에서 나온 비판을 보자. 관련 연구자들은 비교복지체제론에서 협 부문이 빠졌다는 점을 비판했다. 《복지자본주의의 세 가지 세계》의 일본어판 옮긴이인 미야모토는 "에스핑 안데르센이 논의를 구성한 대상은 정부, 시장, 가족 세 가지 부문이며 …… 비영리 부문을 새로운 부문으로 구별하려는 발상이 없다"고 지적했다(宮本 2001: 260-266). 미야모토는 그 이유로 "복지체제론에서는 대인 복지서비스 공급에 관심을 기울이지 않기 때문에 비영리 조직이 시야에 들어오지 않는 것"을 언급했다(宮本 2001: 265).

다케가와가 지적했듯, 지금껏 복지혼합론에서는 돌봄서비스 공급 면에 한해 다원적 공급 주체를 논하는 경향이 있었다. 가령 교고쿠가 복지 공급 시스템을 논의한 것이 전형적인 예이다. 이 책에서 내가 관·민·협·사 부문에서 최적의 혼합을 살피려는 것은 돌봄서비스 공급뿐만 아니라 돌봄의 책임과 비용 영역 간 분배 문제에 답하기 위해서다.

돌봄의 탈가족화와 탈상품화

노동력의 탈상품화, 즉 에스핑 안데르센이 노동자가 시장에 의존하지 않고 생계를 유지하는 정도라는 뜻으로 쓴 용어 '탈상품화'를 돌봄 영역에서 쓰려면 몇 가지 절차가 필요하다. 사실 페미니스트들은 '탈상품화'와 '탈가족화'를 각각 돌봄노동을 시장 부문 또는 가족 부문에서 이전시킨다는 의미로 써왔고, 이 때문에 혼란이 생겼다. 가령 돌봄의 탈상품화가 시장 부문에서 이행한 것이 확실하다고 해도, 그게 국가 부문으로 이전한 것인지 시민 부문으로 이전한 것인지 아니면 둘 다로 이전한 것인지 알기 힘든 경우도 있다. 때로는 탈상품화가 '재가족화'를 가리키는 경우도 있으며, 탈가족화가 '시장화' 아니면 '국가화' 중 무엇을 가리키는지 불확실한 경우도 있다.

또 돌봄 비용을 어떻게 나눌 것이냐, 즉 탈가족화, 탈상품화의 비용 배분 문제에서 화폐를 배분할지 아니면 노동을 배분할지가 불확실하다. 대개 비교복지체제론에서는 (화폐)비용 부담이 영역 간에 어떻게 배분되는지만 논한다. 부불노동의 비용에 대해서는 젠더 몰이해한 경향이 드러난다. 여기서 나는 돌봄 비용 중 화폐비용과 노동비용을 개념상 구별한다. 노동비용을 독립된 개념으로 보는 것과 노동비용이 지불됐는지 안 됐는지, 즉 지불노동인지 부불노동인지를 묻는 것은 이론상 별개 문제다. 왜냐하면 ① 부불노동일 때만 노동비용이 발생한다고는 볼 수 없기 때문이다. 게다가 ② 화폐비용과 돌봄노동이 교환되는 것처럼 보이는 경우에도 화폐비용이 타당한지를 물을 수 있다.

돌봄의 화폐비용을 보자. 오랜 세월 동안 "남자가 가계를 지탱하니까 가사, 육아, 고령자 돌봄 등의 비용을 지불했다"라거나 "기업이 남자에게 가족급여를 지불하니까 아내와 아이에 대한 재생산 비용도 부담한 셈"이라고 보는 이론이 통용되어왔다. 이런 이론을 근본적으로 뒤집은 것이 '부불노동론'이다. 만일 남편의 임금을 아내에게 분배하는 일이 실제 있다고 해도 부인의 가사노동에 대한 가치로 보면, 기회비용으로 환산하든 대체비용으로 환산하든 그 분배는 한참 모자라다. 그런데 가사에 대해 비용을 충분히 지불하면, 다 되는가? 즉 "가사노동에 임금을!" 주면, 그만인가?

이를 고령자 돌봄 문제에 적용해보자. 고령자 돌봄에 대한 비용 분배에는 화폐비용 분배와 노동비용 분배라는 두 가지 측면이 있다. 이 두 가지 분배 차원은 서로 독립되어 있지 서로 대응한다고 할 수 없으므로, 각각의 분배에 대해 네 가지 부문(관, 민, 협, 사)에 분배 문제가 독립적으로 생긴다.

예를 들어보자. 가정에서 남편에게 경제적으로 의존하면서 고령자 돌봄을 맡은 부인은 부불노동으로 돌봄에 종사한다. 남편의 수입은 돌봄의 노동비용에 미치지 않는다. 가족급여도 고령자 돌봄을 상정해놓은 것은 아니다. 사적 영역에서 돌봄 부담이 발생하는지 아닌지에 따라 임금수준이 변동하지는 않으므로, 부인 입장에서 보면 고령자 돌봄은 곧 '잉여노동'이며, 따라서 '부불노동'이다.[18] 이 경우, 사적 부문이 돌봄의 화폐비용이든 노동비용이든 다 부담하게 되는 것이다.

또 돌봄노동이 유상화되어 국가로부터 가족급여를 받아 가정 내에서 부모를 돌보는 자녀를 생각해보자.[19] 이 경우, 화폐비용은 국가 부문으로 이전했으나, 노동비용은 사적 부문에 남아 있는 상태다. 이를 두고 '돌봄의 탈가족화'라고 하는 것은 보류해야 할 것이다. 가족급여가 보편적 급여가 아닌 소득 보상형 급여인 경우, 동일한 노동비용에 대해 동일하지 않은 가격이 붙기도 한다. 고소득자의 돌봄노동이 비싸지는 것이다. 그런데 보편적 급여를 실시한다고 해도 문제가 없지는 않다. 가족급여가 시장에서의 대체비용을 환산한 수준으로 결정된다면, 노동 시장에서 돌봄노동자의 낮은 임금수준이 가족급여에 반영될 것이다.

또 돌봄의 외부화가 진행된 경우를 생각해보자. 돌봄서비스 상품 시장이 활발한 곳에서는 시장에서 돌봄을 화폐로 조달할 수 있다. 이 경우 노동비용은 시장으로 이전했어도 화폐비용은 사적 부문이 부담을 지므로, 이는 사적 돌봄에 그친다. 한편 개호보험하에서 노동비용은 분명 '탈가족화' '탈상품화'되었다고 할 수 있다. 개호서비스는 수요 공급 균형에 관계없이 가격이 변치 않는 공정가격 시스템으로 시장 서비스 상품은 아니기 때문이다. 보험료에 더해 개호보험 재원의 절반은 세금으로 충당하므로, 화폐비용

---

18 남편 입장에서는 "부인한테 고령자 돌봄을 맡게 하려고 지금껏 부인을 부양했다(미리 투자했다)"고 할지 모른다. 그래서 고령자 돌봄의 적령기에 전업주부라는 점은 부인에게 리스크가 큰 선택지다. 이 점은 이미 5장에서 언급했듯, 고령자를 돌보는 가족의 생활사 분석에서도 증명되었다.

19 고령자 돌봄은 아니지만, 스웨덴의 부모보험은 돌봄노동의 유상화를 실현했다[스웨덴에서 육아휴직과 관련된 급여는 소득 비례 방식의 사회보장 체계 중 하나인 사회보험을 통해 제공되므로, '부모보험'이라고 한다]. 부모가 육아로 휴직 중일 때 국가가 화폐비용을, 부모가 노동비용을 부담한다. 휴직 기간 후 아이를 공공 보육에 맡기면 화폐비용도 노동비용도 부분적으로 국가로 이전했다고 할 수 있다.

도 대부분 탈가족화되었다고 할 수 있다. 그러나 노동비용 분배에는 국가·시민·시장 부문과 같은 선택지가 있다. 이 세 가지 부문의 노동비용은 개호보험하에서 공정가격이 정해져 있으므로, 시장 메커니즘에 의해 좌우되지는 않지만 노동력은 노동 시장에서 부문 간 이동을 하기 때문에 결과적으로 임금이 평준화된다. 즉, 노동은 상품이 아니나, 노동력은 상품이라는 소리다. 노동력의 공급이 상대적으로 원활한 곳에서는 돌봄노동자의 임금수준은 높지 않을뿐더러 임금수준이 낮게 평준화되는 경향이 있다. 실상 이와 같은 사태가 이미 진행되고 있다. 더욱이 협 부문에서는 무상 자원봉사로 돌봄을 제공하는 경우도 있다. 이런 경우는 시민 부문이 부불노동을 부담하고 있다고 할 것이다. 이것이 결국 돌봄노동력 시장의 가격 파괴(임금 하락)로 이어질 우려가 있다는 점은 쉽게 예상해볼 수 있다.

돌봄의 비용은 지불되지 않은 사적 노동부터 지불된 시장 노동, 지불된 비시장 노동, 지불되지 않은 비시장 노동까지 다양하게 배분되고 있다. 돌봄노동의 분배 문제를 논하려면 이런 다양한 경우를 아울러 설명할 틀이 필요하다.

나는 비교복지체제론에 관심이 있는 게 아니라, 책 제목대로 '돌봄의 사회학'에 관심이 있다. 이에 따라 비교복지체제론과 이에 대한 비판을 비판적으로 계승한다면, 다음 세 가지를 주요한 관심사로 설정할 수 있을 것이다.

첫째, 국가, 시장, 가족에 더해, 복지다원사회론에서 이야기하는 '비영리 시민 부문'을 넣어서 사원 모델로 돌봄의 비용 분배를 고찰한다.

둘째, 에스핑 안데르센의 탈상품화, 탈가족화 개념을 계승하긴 하나, 이 개념들을 엄밀하게 사용한다.

셋째, 젠더 관점에서 돌봄에 접근할 것을 전제로 삼아, 탈상품화, 탈가족화 개념에 탈젠더화 지표를 더한다.

관·민·협·사, 사원 모델

지금까지의 검토를 바탕으로, 내가 선택한 관·민·협·사 부문으로 구성된 사원 모델이 무엇인지 다시 한번 확인해보자. 이 모델은 이론적으로는 ① 크게 공적 영역과 사적 영역이라는 두 영역하에 ② 공적 영역에서 관 부문과 협 부문을 구별하고 ③ 사적 영역에서 민 부문과 사 부문을 구별한다. 동시에 ④ [돌봄을 주고받는] 상호관계를 동반하지 않는 개인적 '자조'는 모델에서 제외한다. 즉, ①~④를 통해 사원 모델이 성립하는데, 상호행위로서 돌봄이 일어나는 곳에서 네 가지 부문을 분류한다. 돌봄을 받는 쪽과 주는 쪽은 등장하는 영역에 따라 다른 관계를 맺는다. 이를 표로 정리했다(〈표 2〉).

돌봄관계가 발생한 영역에 따라, 돌봄을 받는 쪽이 시혜의 대상일 수도, 돌봄 상품의 소비자일 수도, 가족일 수도 있다. 마찬가지로 돌봄을 주는 쪽도 개호서비스로 가족을 돌보는 사람일 수도, 자원봉사자일 수도, 사업체에 고용된 돌봄노동자일 수도 있다. 주체는 다양하다. 돌봄을 주는 이와 받는 이가 동일한 사람이라 해도, 돌봄의 분배 영역이 바뀌면, 돌봄의 관계는 다르다.

〈표 2〉 각 부문과 돌봄관계

	돌봄을 주는 쪽	돌봄을 받는 쪽	돌봄관계
관	공무원, 준공무원	대상자	시혜
민	돌봄노동자	소비자	상품 교환
협	돌봄노동자, 자원봉사자	이용자	협동
사	가족 개호자	요개호 가족	의존

사원 모델로 구성된 복지다원사회에서 가족 돌봄은 여러 선택지 중 하나다. 또 국가만 배타적인 복지 주체가 아니기 때문에 네 가지 부문이 각각 분담과 협력을 하며 '최적의 혼합'을 달성하면 된다.

따라서 복지다원사회에서 최적 혼합이란 사적 돌봄이 사라지는 것을 뜻하지는 않는다. 메리 데일리의 말을 빌리자면 현재와 같은 복지다원사회는 "완전히 사적인 돌봄에서 부분적으로 공적인 돌봄인 동시에 부분적으로 사적인 돌봄으로 이행한 것"을 뜻한다 (Daly 2001: 2).

돌봄의 사회화와 협 부문의 역할

에스핑 안데르센이 말한 돌봄의 '탈상품화'와 '탈가족화'를 다른 말로 '돌봄의 사회화'라고 할 수 있다. 그전에는 돌봄의 사회화에 '시장화'와 '비시장화'라는 두 가지 선택지만 있다고 여겨졌지만, 나는 '사회화'를 '탈가족화'와 '탈상품화'의 조합으로 이해하고,

공적 부문에 관 부문과 협 부문을 포함하고 거기에 민 부문을 더한 사원 모델에 따라, 돌봄의 사회화를 돌봄의 비용 분담 문제로 논하고자 한다.

돌봄의 비용을 화폐비용과 노동비용으로 나누면, 돌봄의 사회화는 '돌봄의 화폐비용의 사회화'와 '돌봄의 노동비용의 사회화'라는 두 가지 차원으로 나눌 수 있다. 그런데 이 책에서 나는 주로 '돌봄'이라고 부르는 '돌봄노동', 즉 노동비용을 다뤘기 때문에 먼저 돌봄의 노동비용을 중심으로 논할 것이고, 다만 이 책 말미에서 돌봄의 화폐비용 분배 문제로 되돌아갈 것이다. 왜냐하면 돌봄의 화폐비용 문제는 '돌봄노동에 누가 얼마나 지불하느냐', 또 '어떻게 돌봄노동 가격이 정해지느냐'와 같은 질문의 핵심이기 때문이다.

특히 나는 돌봄의 사회화 중 협 부문에 주목해 이론적, 경험적 분석을 했는데, 이유는 다음과 같다.

첫째, 돌봄의 시장화는 바람직하지 않다. 일본은 일본형 복지사회를 구호로 내걸고 '민간의 활력을 도입한다'며 실버산업의 성장을 촉진해온 역사가 있다. 자유주의 경제학자들은 서비스 상품의 시장화가 수요, 공급의 균형을 맞출 뿐만 아니라, 시장 선택을 통해 좋지 않은 서비스 상품은 도태될 것이라고 시장을 낙관했다. 즉 돌봄과 같은 서비스 상품도 다른 상품과 마찬가지로 가격과 질이 연동할 것이라고, 다시 말해 돈만 내면 좋은 돌봄을 얻을 수 있을 것이라고 기대했으나, 실제로는 그렇지 않았다. 약 30년의 실버산업 역사가 증명했듯, 돌봄서비스 상품의 시장 도태 같은 일은 일어나지 않았다. 어떻게 된 일인가.

공적 복지가 일부 어렵다는 사람들에 대한 구빈 조치에 그칠 경우, 자조 능력이 있다는 중산층 고령자조차 집에서 같이 살 가정부와 간호사를 고용할 정도의 자산이 있는 게 아니라면, 수익자 부담으로 유료노인홈에 들어갈 수밖에 없다. 이런 시설 중에는 입소 시 보증금이 수천만 엔을 넘는 고급 시설도 있는데, 이러한 부유층 시설에서조차 중증의 돌봄이 필요한 고령자들이 관리자 중심의 돌봄과 신체적 억제, 묶어둠과 같은 학대를 당하고 있다. 과감한 저널리스트 오쿠마 가즈오의 취재로 이런 사실이 밝혀졌다.[20] 또 의사 요시오카 미쓰루와 다나카 도모에는 《묶지 않는 간호》에서 돌봄노동자 대부분이 의도적이든 어쩔 수 없이 한 것이든 고령자들의 손발을 침상에 묶어둔 적이 있다고 보고했다(吉岡·田中 1999). 침대에서 떨어지거나 휠체어에서 일어나려다가 넘어지는 사고를 방지하기 위해 고령자의 손발을 묶거나 허리를 묶어두는 신체 억제와 구속을 놓고, 고령자를 위한 어쩔 수 없는 행위라고들 하나, 실제로 이는 돌봄의 일손을 절약하기 위한 행위다. 고령자의 인권이 주목받으면서, 몸을 묶어두거나 약을 주고 행동을 억제하도록 하는 것은 '학대'로 간주된다. 이리저리 배회하는 인지증 고령자를 열쇠로 잠그고 방에 가둬두거나, 투약하여 행동을 억제하는 것도 '학대'다. 돌봄 시설이 유료든 무료든, 이용료가 싸든 비싸든 이런 학대 행위는 일어난다. 시설의 청결함이나 외관만으로 돌봄의 질

20 르포 작가인 오쿠마 가즈오는 알코올의존증 환자로 정신병원에 위장 잠입해 쓴 《르포 정신병동》(大熊 1973, 1985)으로 유명한데, 다시 고급 노인시설에 잠입해 《르포 노인병동》(大熊 1988)을 썼다. 이 책에서 노인의 몸을 묶어두는 신체 구속 실태를 고발하고 경종을 울렸다(大熊 1992). 고급 호텔과 같은 외관을 갖추고, 가족을 배려해 입소한 고령자의 사고를 방지하는 것을 무엇보다 우선시한다는 유료 시설에서도 관리와 학대가 일어나고 있었다.

을 판정할 수 없다. 비싼 요금을 냈다고 해서 이용자가 좋은 돌봄을 받는 것은 아니다.

그 이유는 돌봄 상품의 특이성 때문이다. 돌봄서비스는 수익자와 구입자가 다르다. '수익자'와 '구입자' 대신, 차라리 '돌봄서비스 이용자'와 '돌봄서비스 의사결정자'로 바꿔 말하는 게 나을 것이다. 이용자 본인이 비용을 내고 시설에 입소한 경우라 해도 돌봄 정도가 중하면 본인이 아니라 가족이 의사를 결정한다, 돌봄서비스에서는 '수익자'가 고령자 본인이냐 아니면 가족이냐를 놓고 항상 의견이 갈린다. 가족에게는 돌봄을 피하는 것, 즉 시설에서 집으로 고령자를 돌려보내지 않는 것이 최대 서비스일 수도 있다. 사업자는 고령자 이용자보다는 그 가족의 눈치를 살피므로 자칫 돌봄서비스는 의사를 결정하는 고령자의 가족을 위한 서비스가 되기 쉽다.[21] 또 돌봄의 다른 선택지가 많지 않은 상태에서는, 그렇지 않아도 비싼 입소 보증금을 지불한 마당에 이용자를 다른 곳으로 이동시키기도 어렵다. 이런 이유들로 돌봄서비스 상품 시장은 도태하지 않는다.

돌봄을 제공하는 쪽은 어떨까? 서비스산업은 노동집약형 산업이므로 ① 재고를 정리하듯 할 수 없다. 소비되는 바로 그 장소에서 생산해야 한다. ② 한 제품당 생산 단가가 줄어드는 '규모의 경제'의 장점이 작동하지 않는다. 서비스를 많이 공급한다고 해서 이윤율이 높아지지 않는다. 돌봄산업은 대량생산과 기계화에 따

21 육아든 고령자 돌봄이든 돌봄에서는 당사자가 아닌 주체가 당사자의 이익을 대변하는 것이 불가피하므로, 언제나 '누가 서비스를 받는지'를 문제화해야 한다. 이에 관해서는 《당사자 주권》(中西·上野 2003)을 참조하라.

른 노동생산성 향상을 기대할 수 없는 산업이다. 서비스 상품도 상품이므로, 원가에 대한 이윤율을 가산해야 하는데, 여기서 원가란 인건비를 뜻한다. 원가를 억제하면 이윤율은 높아지는데, 이는 곧 인건비를 억제하는 것이다. 노동자 개개인의 고용 비용을 억제하는 것 말고 경영 능력을 높일 방법이 없다. 더욱 노골적으로 말해, 서비스 노동자가 벌어들인 보수에서 마진을 남겨야 경영자가 이윤을 낼 수 있다. 그러나 비영리 부문에서는 (경영비용과 같은 부담을 제외하고서) 이와 같은 부당한 착취를 겪지 않아도 된다.

이런 점 때문에 나는 전부터 관, 민, 협, 사 네 가지 부문 가운데 돌봄 제공자는 협 영역에 속하는 것이 좋다고, 즉 시장에 의존하는 선택지를 피하는 게 좋다고 생각했다. 게다가 막상 개호보험이 시작되고 나서 보니, 민간 영리기업 중 채산이 맞지 않아 단기간에 사업을 철수하는 업체도 있었다. 영리기업의 존재 이유는 이윤의 최대화라서 적자 경영은 주주들에게 손해다. 영리기업이 채산이 맞지 않아 사업을 정리하는 것은 당연하나, 그곳이 문을 닫으면 갈 곳 없는 이용자와 가족은 당장 곤란해진다. 사익을 추구하는 영리기업에서 고령자의 생명과 건강을 책임지는 사업을 맡는 것은 부적절하다.[22]

그렇다면 공공단체, 즉 지방정부와 중앙정부를 포함한 관 부문은 어떨까? 확실히 공익성이 있다고 할 수는 있지만, 5장에서 언급한 바와 같이, 관 부문이 담당해온 공적 복지는 시혜에 따른 온

22 고령자 돌봄과 마찬가지로, 병원이나 학교와 같이 공익성이 높은 사업을 주식회사와 같은 영리기업의 경영에 맡기는 것은 부적절하다. 질을 관리하기가 어려울 뿐 아니라 도산과 통폐합에 따라 이용자는 중대한 타격을 입는다.

정주의와 낙인을 동반한다. 오늘날에도 개호보험 이용자들은 공적 복지를 윗분(공권력)에게 신세를 지는 것이라 여기기도 한다. 개호 스테이션[23] 업체의 차량이 집 앞에 잠깐 정차하는 것조차 꺼린다. 한편 개호보험에서 행위별수가제가 시작됐을 때, 경영비를 염두에 두지 않던 많은 공공사업체가 당황한 나머지 결국 개호보험 사업에 참여하지 않거나, 참여했더라도 얼마 되지 않아 사업을 아예 철수하기도 했다.[24]

적어도 개호보험제도가 도입되기 전까지는 돌봄노동자의 관부문 취업은 유리한 일이었다. 사회복지협의회, 공사 직원이 되면 공무원에 준하는 고용 보장, 각종 보험까지 보장받을 수 있어서 좋은 고용기회라고 여겼다. 구직자도 많았고 채용된 사람은 부러움을 샀다. 민간에서 일하는 돌봄노동자에 비해 노동조건이 훨씬 나았기 때문이다. 그러나 이것은 돌봄서비스의 공급 단가를 끌어올리는 결과로 이어졌다. 운영비에 무관심한 지자체 직영 사업이나 운영비를 신경 쓰지 않는 관제단체가 아니면 경영을 유지할 수 없게 됐고, 동일한 조건에서 경쟁하는 민간사업체에도 압박을 줬다.

---

23 홈헬퍼가 고령자의 자택을 방문해 식사나 배설, 목욕, 청소, 옷 갈아입기, 장보기, 통원 등을 돕는 재가(재택) 서비스를 제공하는 개호보험사업소(재가 장기요양기관). 방문개호 스테이션이라고도 한다.-옮긴이

24 행위별 수가제出来高払い制, fee-for-service란 개호서비스를 행한 시간 총량에 따라 포괄 수가로 보수를 받는 것이 아니라, 요개호도 등급에 따라 돌봄 행위에 필요한 시간과 이용자 인원을 단위 수로 표시해 이를 합산한 뒤 보수를 받게끔 한 제도로, 2000년에 도입되었다. 개호보험 시행 전에는 공공사업체나 사회복지법인 사업체는 지자체에서 보조금을 받아 운영했기 때문에 경영수지를 따지지 않아도 됐지만, 행위별수가제 도입으로 이용자 인원이나 요개호도를 고려하게 되었다.-옮긴이

그런데 이러한 관 부문도 개호보험제도하에 실시된 독립채산제[25]로는 더 이상 유지할 수 없게 되었다. 나중에 검증하겠지만 운영비는 관, 민, 협 순으로 들어간다.

이러한 이유로 나는 ① 사적 부문에서 돌봄을 선택할지 말지 선택의 자유가 있어야 하고, 이에 더해 ② 돌봄의 사회화에서는 시장화를 피하는 것이 바람직하다고 생각한다. 또 ③ 돌봄 비용은 국가로, ④ 돌봄노동은 협 부문으로 배분하는 것이 현시점에서 복지다원사회를 최적으로 혼합한 답이라고 주장한다.

'최적으로 복지를 혼합한다'는 말은 편리하기는 하나, 실상 이 말은 잘 알 수 없는 마법과도 같다. 또 이 말은 돌봄 비용을 영역 간에 분배하는 문제라고 바꿔 말할 수 있는데, 누구한테 무엇이 가장 적합한지가 쟁점이 될 것이다. 재생산 비용을 어떻게 분배할지를 두고 내가 《가부장제와 자본제》(上野 1990; 2009d)에서 논했던 것처럼, 고령자 돌봄 비용의 분배 문제를 놓고서도 비슷한 질문과 답이 나올 수 있다. 여기에는 분배 정의를 둘러싼 규범 문제뿐 아니라, 정책과 제도 설계에 관한 문제의식도 들어간다.

또 내가 이전에 '재생산 비용의 분배 문제'를 풀었던 1980년대와 비교하면, 지금은 역사적으로든 경제적으로든 돌봄의 주체가 훨씬 다양하다. 이어지는 10장부터는 복지다원사회 가운데 협 부문에서 서비스를 받는 쪽과 주는 쪽의 상호행위를 더욱 상세히 검토하겠다. 이 책이 입각한 '당사자 주권'의 관점에서 나는 협 부문의 실천에 특히 주목한다.

---

25 지자체가 운영하는 개호서비스 사업에서 시설의 설치나 운영을 독립채산으로 하는 것. 이 책 15장에서 자세히 다룬다.-옮긴이

10장 시민사업체와 참여형 복지

돌봄의 실천 현장 연구

2000년 4월 고령자 돌봄 영역에서 제한적으로나마 공적 책임을 인정한 개호보험이 시행되자, 고령자 돌봄 환경은 눈에 띄게 바뀌었다. 일본의 개호보험은 독일의 사회보험을 모델로 삼았다고는 하나, 사실 독자적 제도이고 시행 후 지난 10여 년간 현장 경험이 쌓이며 세계적으로 주목받고 있다. 앞으로 일본은 고령자 돌봄과 관련한 정보를 외국으로 발신할 수 있어야 한다.

일본 사회에서 개호보험을 시행하기 직전부터 나는 고령자 돌봄서비스나 사업을 이끌 주체로서 관, 민, 협, 사 부문 혹은 이 부문의 조합 가운데 어느 것이 가장 좋을지에 대한 문제의식이 있었다. 특히 협 부문의 역할에 기대가 높았기에 생협에서 전개한 복지사업에 관심을 두고 공동연구를 포함한 일련의 조사연구를 시도했다. 조사는 다음 3차에 걸쳐 진행했다.[1]

그린코프연합 복지연대기금 워커즈콜렉티브 연구회 공동연구:
-〈1999년 복지 워커즈콜렉티브 연구회 보고서〉
-〈생각에서 자립으로: 협동조합원의 도전〉
-〈제1차 단체 및 조합원 조사〉(1998~2000년)

도쿄대학 사회학 연구실·그린코프연합 복지연대기금 공동연구:
-〈지역복지의 구축: 지역에 뿌리내릴 수 있는가? 협동조합원의 도전〉
-〈제2차 이용자 조사〉(2001~2002년)

도쿄대학 사회학 연구실·건축학 연구실 공동연구:
-〈주민참여형 지역복지 비교연구〉(2005~2006년)

10장에서 나는 이 연구들을 진행하면서 얻게 된 지식, 견해에 바탕을 두고 돌봄의 실천 현장을 논할 것이다. 앞으로 이 장에서 '조사'라고 할 때는 이 연구 조사들을 칭한다.

---

1 조사 보고서는 모두 출판물로 간행되었는데, 여기서는 간행된 내용에 포함하지 않은 1차 자료 내용도 기술한다. 11장 이후에 조사한 내용을 더 상세히 설명할 것이다. 1999년부터 2001년까지 유니벨재단ユニベール財団이 수행한 연구로 〈돌봄노동의 시민사업화: 복지 워커즈콜렉티브의 새로운 전개 구축〉, 2001~2002년 문부성 과학연구비 기반 연구로 〈지역복지의 구축〉(대표 우에노 지즈코), 2004~2007년 문부성 과학연구비 기반 연구로 〈젠더·복지·환경 및 다원주의에 관한 공공성을 위한 사회학적 종합연구〉(대표 우에노 지즈코)로 연구 기금을 받았다. 감사 인사를 전한다.

참여형 복지

복지혼합론에서는 최적의 복지를 이끌 주체로 관, 민, 협, 사 부문을 어떻게 혼합할지 연구한다. 복지혼합론을 주창한 연구자들에게는 공통적으로 '관이나 민'과 분리된 주체로 협 부문을 개념화하려는 동기가 있다. 그 배후에는 '공도 아니고 사도 아닌' 영역의 실천이 성숙해왔다는 역사적 사실이 있다. 복지혼합론은 이론에 의해서가 아니라 현실의 변화에 의해 나타난 이론이다.

나는 NPO, 생협, 워커즈콜렉티브와 같은 비영리 조직이 담당하는 영역, 즉 관도 민도 아닌 제3의 영역을 개념화하려고 한다. 나는 이 영역을 제3섹터나 시민 부문 또는 자원봉사 부문이라 하지 않고, 협 부문이라고 부른다. 그 이유는 9장에서 살핀 바 있다.

개호보험 시행 후 협 부문이 기여한 바를 포함하면, '지역복지' '참여형 복지' '커뮤니티복지'라고 흔히 알려진 부문이 시민참여형 복지 영역에 해당한다고 할 수 있다. 협 부문에는 다양한 비영리·비시장 조직 형태의 공익단체, 지역 주민의 공조단체, NPO, 생협, 농협, 고령자복지시설협의회, 워커즈콜렉티브 등이 있다. 나는 이를 두루 칭하는 상위 개념으로 '시민사업체'를 사용한다.

복지에 '시민참여' 개념을 넣은 선구적 연구자로는 사회복지학자 교고쿠 다카노부가 있다. 사회학자 다케가와 쇼고는 '시민참여' 대신에 '지역참여'라는 용어가 주류라고 했다.

> 2000년 기존의 사회복지사업법이 사회복지법으로 개정되고서, 지역복지에 관한 공공 정책은 중요한 전환점을 맞이했다. (武川

2006: 57)

다케가와는 사회복지법 시행 전에 법률상 개념에 '지역복지'는 없었다고 지적한 후, 지역복지의 두 가지 지표로 종합화, 주민참여를 들었다(武川 2006: 12-13). 이런 면을 감안하면, 지역복지란 예전에 '주민참여형 복지' 또는 '자치형 지역복지'라 부르던 것과 비슷하다.

그런데 '주민참여'의 내용은 서서히 변해왔다. "수십 년간 주민참여를 말해왔지만, 실질적 내용은 점차 변했다. 가령 예전에는 지자체가 주민심의회를 설치하거나, 주민에게 행정서비스 정보를 제공하거나 지역 현안 해결을 위한 주민 의견을 듣는 등의 활동을 두고 훌륭한 주민참여라고 했다." 하지만 오늘날은 다르다. 다케가와에 따르면, "새로운 형태의 주민참여란 예를 들어 주민이 몇 명이나 지역의 복지계획책정위에 참여하는지, 복지계획책정위는 얼마나 자주 열리는지, 커뮤니티 미팅(주민좌담회나 주민간담회)이 열리면 주민들이 얼마나 열심인지와 같은 새로운 형태의 주민참여를 뜻한다"(武川 2006: 5).[2]

다케가와가 제시한 주민참여 사례는 전부 의사결정과 관련된 것에 한정되나, 요즘은 비영리 민간단체가 유무상의 복지서비스 제공 사업에 참여하는 것을 두고 '주민참여형 복지'라 하는 경우가 많다(村田·小林 2002).[3]

전국사회복지협의회에 소속되어 있던 '주민 주체에 의한 민간 비영리 재택 복지서비스에 관한 연구위원회'에서는 다음과 같이 주민참여를 정의했다(朝倉 2002: 43-44).

① 유료 서비스이긴 하나 봉사 정신이 없으면 못하는 활동으로, 높은 가치관과 봉사 정신이 필요하다.

② 주민은 특정 상황에서 공급자도 수요자도 될 수 있다. '주민 상호 협력 시스템'이 주민참여다.

③ 활동하며 이익이 나면 이를 전부 사회와 지역으로 환원하고, 조직을 위한 이윤 활동은 만들지 않는다.

④ 단지 서비스를 직접 제공하는 데 그치지 않고 커뮤니티 형성을 지향한다. 주민은 주체적으로 참여하는데, 주민에게 '사회복지'를 되돌려주기 위한 활동이다.

⑤ 기존의 공적 서비스가 획일적으로 공급하던 틀을 넘어서 여러 니즈에 대해 유연하고도 즉각적으로 대응하도록 최적의 서비

---

2 예를 들어 개호보험법은 개호보험 계약자 지자체가 3년에 한 번 개호보험사업계획에 관한 책정위원회를 구성하도록 하는데, 이 책정위에 주민이 피보험자 대표로 참가할 것을 보장한다. 고령사회를 좋게 만드는 여성 모임의 대표 히구치 게이코는 개호보험이 주민참여를 보장한다며 이를 긍정적으로 평가했다. 그러나 지자체의 실태를 보면 그렇지 않다. 의료·복지 분야 전문가나 지식인 등을 책정위 임명위원으로 구성하고, 주민위원을 아예 공모하지 않거나 만약 주민이 넣는다고 해도 전체 책정위원 20명 중 주민 3명 정도로 제한해둔 곳도 많다. 더욱이 공모로 뽑혀 책정위에 들어가는 주민은 대부분 NPO 대표라서, 개호보험 피보험자로서 서비스 이용에 관해 발언하리라고는 도무지 생각할 수 없다. 개호보험제도에서는 "서비스 이용자가 주체"라고 하면서도 실제로는 이용자 본인, 즉 고령자 당사자의 목소리를 듣는 구조는 보장하지 않는다(이에 관해서는 당사자 주권을 논했던 3장을 참조하라). 고령자 당사자의 참가를 담보하려면, 장애인운동 진영에서 자립생활센터 활동을 통해 실천하고 있는 것처럼 제도적으로 당사자의 참가를 규정해놓아야 한다. 장애인 자립생활센터에서는 이사회 구성원의 과반수 이상, 대표는 반드시 장애인 당사자로 하도록 정해놓았다(中西·上野 2003).

3 이는 복지 저널리스트 무라타 사치코, 사회복지학자 고바야시 마사히코가 말한 내용으로, 그들의 편저 《주민참여형 복지 활동: 빛나는 실천 사례》(村田·小林 2002)를 보면, 제목처럼 빛나는 사례가 많다.

스를 공급한다.

주민참여형 복지서비스는 주로 재택 복지에 집중된다. 시설 복지를 하려면 제반 설비를 일정 규모 이상으로 갖춰야 하는 등 초기 투자 규모가 크고 고용 인원과 배치, 사회복지법인 설립 등 인가 조건이 엄격하기 때문이다. 이에 비해 재택 복지서비스는 노동집약형으로 사무실과 전화만 있으면 된다. 초기 투자가 거의 없고 문턱이 낮다. NPO법 시행 전에는 시민사업체가 자금, 자격, 노하우 등을 제대로 갖추지 못해서 법인 자격을 취득할 가능성이 매우 낮았다. 그래서 시민사업체는 시설 복지가 아닌 재택 복지서비스를 제공하는 경향이 있었다.

사회복지학자 아사쿠라 미에에 따르면, 주민참여형 재택 복지서비스 단체는 1980년대 후반부터 급증해 1987년 121개, 2000년 1674개, 2004년 2120개가 되었다.

전국사회복지협의회는 설립 주체에 따라 재택 복지서비스 단체를 나누는데, 주민 상호부조형, 사회복지협의회형, 생협형, 워커즈콜렉티브형, 농협형, 행정 관여형, 사회복지 시설형, 패밀리 서비스 클럽[4]형으로 분류해 단체 수를 파악한다. 이 분류 가운데 아사쿠라는 생협형 재택 복지서비스에 관심을 보이는데, 생협을 주민참여형 복지의 전형적 예로 봤다. 아사쿠라는 1980년에 설립된 무사시노복지공사武蔵野福祉公社가 주민참여형 재택 복지서비스를 처

4 가입한 회원들이 서로 가사, 육아, 고령자 돌봄 등을 지원하는 지역 내 단체.-옮긴이

음 시작했다고 본다. 그러나 이런 식으로 본다면, 관 부문과 협 부문 간 경계가 분명치 않다. 관 부문으로 분류해야 할 행정 당국의 단체, 사회복지협의회 등을 포함하기 때문이다. 많은 연구자가 제3섹터를 협 부문에 포함하는 데 반대하는 것과 마찬가지로, 복지공사를 주민참여형으로 분류하는 것은 개념의 남용이다.[5] 관이 100% 출자하고 지자체 관리하에 직원이 공사와 고용관계를 맺고 준공무원 대우를 받는 곳이 복지공사다. 또 이념상 협 부문이라 할 수 있는 사회복지협의회나 사회복지법인과 같은 공익단체에 대해서도 동일한 점을 말할 수 있다. 사회복지협의회나 사회복지법인은 행정 당국의 시혜적 조치로 사회복지를 해온 역사가 길어서 새롭게 등장한 협 부문의 주체라 하기에는 부적절하다. 이렇듯 설립 주체별로 단체를 분류하는 것은 현실을 쫓아가는 식의 귀납적 범주화에 불과하다. 1980~1990년대에 다양한 복지서비스 제공 주체가 성장했고 그래서 이제야 비로소 관 부문과 협 부문을 나눠 논할 수 있게 된 것이 맞다.

개호보험 시행 후 후생노동성은 개설 주체별 사업체를 ① 지방공공단체, ② 공적·사회보험 관련 단체, ③ 사회복지법인, ④ 의료법인, ⑤ 사단·재단법인, ⑥ 협동조합, ⑦ 영리법인(회사), ⑧ 비영리법인(NPO), ⑨ 기타로 분류했다. 이 가운데 협동조합과 NPO가 시민참여형 복지의 실질적 주체에 해당한다. 내가 협 부문 복지

---

5 이런 개념 남용이 괜찮다고 보는 사람이라면, 지자체(지방 행정)를 주민참여형 조직이라고 불러야 할 것이다. 지자체는 지자체의 이익을 위해 움직이는 조직으로 변해버렸기에 종종 주민과 대조적인 관계를 보인다. 따라서 따로 '주민참여형 복지'를 개념화할 필요가 있다.

서비스 사업체로 구체적으로 염두에 둔 주체도 협동조합과 NPO다. 개호보험이 시행된 2000년, 개호보험에서 NPO가 차지한 비율은 전 사업체 중 1%에도 못 미쳤다. 그러나 거택서비스 사업소에 한해 살피면, 이야기가 다르다. 2004년과 2006년에 방문개호는 4.7%, 5.3%, 또 통소개호[데이서비스]는 4.0%, 5.5%로 성장했다. 또 같은 시기 후생노동성 통계에서 협동조합의 비율을 보면, 방문개호는 4.2%, 3.6%, 통소개호는 1.7%, 1.9%를 차지했다. 특히 NPO는 2006년에 '인지증 대응형 공동생활 개호'(그룹홈)에서 5.8%를 차지할 정도로 확실히 증가했다. 한편 협동조합은 복지용구 대여사업에서 3.3% 점유율을 유지하고 있다. 2004년부터 2008년까지 거택개호 지원사업에서 협동조합은 줄곧 3% 정도를 차지했고, NPO는 2.3%에서 3.5%로 약 1.5배 성장했다(단 후생노동성 통계에는 협동조합을 생협·농협·고령자복지시설협의회·노동자생산협동조합 등으로 나누지 않았음).

점유율을 보면, 협 부문은 처음 전무라고 할 정도의 상태에서 존재감을 드러낼 수 있을 만큼 성장했다. 개호보험 시행 후 협 부문의 돌봄사업에 순풍이 불었다. 개호보험 운용과 협 부문 사업체의 성장은 연관되어 있다.

시민인가, 주민인가

지역복지를 '주민참여'로 볼지 '시민참여'로 볼지에 따른 논쟁이 있다. 다케가와는 '지역복지'라는 용어가 생겼을 때를 보면 지역복지가 '지역 조직화'나 '커뮤니티 케어' 개념에서 영향을 받긴 했지만, 독자적인 개념이라 적절한 번역어를 찾을 수 없었다고 한다(武川 2006: 29-30). 사회복지학자 오카무라 시게오는 영국에서 나온 '커뮤니티 케어'[6]가 지역복지의 어원이라고 했다(岡村 1974). 학자에 따라 커뮤니티 케어를 두고 '지역복지'로 번역할지 아니면 '커뮤니티 복지'로 번역할지 의견을 달리한다.

용어 사용을 크게 나눠보면, '지역복지' '주민복지'라고 쓰는 연구자, '커뮤니티복지' '시민복지'라고 쓰는 연구자가 있다. 대체로 NPO 관련 연구를 하는 이들은 전자를, 생협 관련 연구를 하는 이들은 후자를 쓴다. 비슷한 개념이지만 시각차가 있다. 일본의 대표적인 NPO 연구자 아다치 기요시는 지역복지를 '커뮤니티 케어'라고 했다. 그는 "당사자와 전문가, 기관이 공동 작업으로 지역복지를 형성해나가는 과정에서 주민이나 시민이 참여하는 것이 주민참여"라고 하며 '주민'과 '시민'을 함께 쓰긴 했지만, 논의를 보면 '시민참여'에 더 무게를 둔다(安立 1998: 112, 116).

한편 복지 저널리스트 무라타 사치코와 사회복지학자 고바야시 마사히코는 《주민참여형 복지 활동》에서 "주민이 지역사회에 강한 애정을 두고 활동하는 것을 중시하기 때문에, 우리는 '주민'이라는 용어를 다소 의도적으로 쓰려 한다"고 선언했다(村田·小林 2002: 4). 다케가와는 강한 시민으로 구성된 '시민사회'와 약한 시민으로 구성된 '지역사회'를 대비하면서 커뮤니티 형성에 관한 이

---

6 영국에서 1990년 제정된 커뮤니티 케어법에서는 노령, 발달장애, 신체장애, 감각장애, 정신질환 등으로 어려움을 겪는 이들에게 지역사회에서 지원 서비스를 제공하는 것을 '커뮤니티 케어'라고 정의한다.-옮긴이

론을 짚었는데, 커뮤니티 형성 이론이 "유럽과 미국에서 나온 시민사회론을 이상으로 삼고 오리엔탈리즘과 같은 허상에 빠진 것"이라 단언했다(武川 2006: 62). 위와 같은 논조를 보면, '주민참여'에 비해 '시민참여'를 용어로 쓰는 것이 불리한 느낌이다.

생협 관련 연구자들은 적극적으로 '시민참여'를 쓴다. 생협의 복지사업을 응원한 교고쿠는 '지역복지'가 주류 용어가 된 후에도 줄곧 '시민참여'라고 썼다. '주민'을 선호하는 쪽에서는 '시민'에 자립성, 도시성, 세계시민성 등의 개념이 들어 있다는 이유로 엘리트주의적이라 여기고, 그래서 '시민' 사용을 꺼린다. 그런데 이런 요소는 '시민'을 쓰는 쪽에서 보면 긍정적인 것들이다.

돌이켜보면 현대사에서 보수 정치인들은 '시민'이라는 용어를 가장 기피해왔다(小熊 2002). NPO 관련 법안의 명칭은 원래 '시민활동촉진법'이었는데, 법안 이름에 '시민'이 들어가는 것을 막고자 '특정비영리활동촉진법(NPO법)'으로 이름을 바꿨다. 이는 당시 보수 여당의 눈치를 봤기 때문이다.[7] 이러한 배경 때문에 행정 용어로 '시민참여' 대신 '주민참여'가 정착되었다. 이런 맥락을 감안해서 나를 포함해 연구자들은 비판의식 없이 '주민참여형 복지'나 '지역복지' 같은 말을 답습하는 것을 지양해야 한다.

'자치형 지역복지' 개념을 제창한 사회복지학자 우다 기쿠에는 가장 명확한 이유를 들면서 '시민'이라 쓰고 있다. 우다는 자치

---

7 1985년 헌법학자 히구치 요이치는 일본 헌법이든 지방자치법이든 법률 용어로 '시민'을 쓰지 않고 '주민'을 쓴다는 점을 지적한 바 있다(樋口 1985). 이 논의를 이어받은 사회복지학자 우다 기쿠에는 "공법公法에 '시민'이라는 용어가 없다"고 하면서 주의를 환기했다(右田 2005: 36).

의 주체가 시민이기 때문에 '시민'이라는 용어를 쓴다고 했다.

> 지금까지 '주민'이란 용어를 당연하게 썼지만, 역사적으로 볼 때 '시민'이란 개념이 국가와 관련되어 쓰인 점만 봐도, 오늘날 복지국가에서 복지사회로 이행할 때 국가에 대응할 사회구성원으로 '시민'을 가정하는 것은 매우 중요한 의미가 있다.(右田 1993; 2005: 35).

다케가와도 저서《지역복지의 주류화》의 부제를 '복지국가와 시민사회'라고 달았는데, 시민이라는 용어는 주민과는 달리, 역사적이며 정치적인 용어이기 때문이다. 이런 역사성을 무시하고 '시민'을 '주민'으로 쓴다면 이는 관련 논의를 탈정치화하려는 시도라 할 것이다. 따라서 이 책에서 나는 '주민' 대신 '시민'이란 용어를 쓴다.

지역이란 무엇인가

다케가와는 지역복지의 논리적 근거로 지역성과 신체성을 들었다. 이런 다케가와의 논의는 최근 사회학계의 커뮤니티 이론이 사이버 공간의 가상 커뮤니티처럼 공간에 매개되지 않은 공동체성을 과도하게 강조한 데 대한 비판이라 할 수 있다. 그런데 지역복지에서 말한 지역을 그저 공간 공유와 장소에 대한 접근성으로 성립한 것이라고 보면 안 된다.

1995년 고베 대지진 때의 유례없는 자원봉사 붐과 NPO 관련 법의 영향으로 '지역복지'가 생겼는데,[8] 이때 지역이란 말 그대로 거주 접근성을 뜻하는 경향이 강했다. 가령 고베 대지진 때 가장 피해가 컸던 고베시 나카타구에서는 무너진 집에서 사람들을 구출해낼 때 옆집 사람이 "할머니가 산다"는 정보를 줘서 인명을 구조할 수 있었다는 미담이 전해졌다. 하지만 어려움에 처한 이웃을 돕고 싶다는 동기를 두고 '주민참여형 지역복지'라고 보는 것은 소박한 이해다. 지역에 대한 이런 이해 방식은 지양해야 한다.

경제학자 야마다 마코토는 지역복지의 잠재적 자원을 알아보기 위해 가고시마현 K시에서 소득이 평균 수준인 주민을 대상으로 매우 흥미로운 조사, 즉 중소도시 K시에서 유상 자원봉사 방식으로 고령자 돌봄을 지원하려면 어떤 조건이 필요한지를 조사했다(山田 2005). 야마다는 이때 지역 단위로 마을 주민 조직과 통학구역을 설정했는데, 인구의 규모와 이동이 적은 K시는 실상 도시라기보다는 농촌 지역이었다. 조사 결과, 지역에서 유상 자원봉사 방식에는 한계가 있음이 드러났다. 야마다가 지역복지의 잠재적 자원이라 생각한 이들은 통학 구역별로 단위를 나눈 65세 이상 75세 미만의 무직자 및 단시간 고용자, 즉 은퇴한 남성과 파트타임으로 일하는 중장년 여성이었다. 그리고 야마다는 조사를 통해 유상

8 고베 대지진 때 일본 전역에서 유례없이 자원봉사자가 많이 모여(1995년 고베 대지진 후 1년간 누적 138만여 명) 재해 주민의 피난소에서 식사, 청소, 이사 지원과 다치거나 아픈 이들의 외출 지원, 구호물자 운반 등 시민 지원 활동을 펼쳤는데, 이를 계기로 사회복지협의회에 자원봉사센터(단체)가 생겼다. 이 자원봉사센터는 지자체의 관련 조례 정비 후 지역복지 추진을 위한 조직으로 발전했다. 한편 1998년 NPO법 제정 이후 지역복지 시민사업체가 증가했다.-옮긴이

자원봉사 방식은 이 인적 자원이 잠재적 상태에서 실제로 지역복지 자원이 되는 조건이 될 수 없다는 점을 증명했다. 이 점에 대해서는 다시 살펴볼 것이다.

그런데 야마다의 조사 결과를 검토하기 전에, 그가 지역 단위로 설정한 마을 주민 조직과 통학 구역이 '도나리구미隣組'[9]에 기초한다는 점을 재검토해야 한다. 이미 알려져 있듯, 집에서 개호서비스를 이용할 때 이용자나 그 가족은 이웃이 자신의 집에 방문할 헬퍼로 오는 것을 꺼린다. 사생활이 이웃에 알려질까봐 피하는 것이다. 실제로 내가 조사한 바로도 집에서 데이서비스 시설에 갈 때, 이용자가 자신의 집에서 가까운 곳을 피해 일부러 먼 곳을 선택한 사례가 있었다.

소규모 다기능형 서비스 시설 중 도야마에 있는 시설은 선구적이라고 평가받는다. 도야마에서는 이용자가 여러 시설 가운데 한 군데를 선택할 것을 중시했다. 벌써 유사한 시설이 늘어 도야마 지역 내 일부 마을에서는 시장 포화 상태에 이르렀다고 한다.

이용자가 선택할 수 있도록 하는 게 중요하다. 요즘 같은 시대에는 학교도 아동을 유치할 때 경쟁을 한다. 이용자 입장에서 지역포괄지원센터[10]에서 고를 수 있는 소규모 다기능형 데이서비스 시

---

9 군국주의 시절 일본 정부가 국민을 전시동원하고 통제하기 위해 만든 말단의 지역 조직.-옮긴이

10 지역 내 고령자에 대해 지원 체계를 만드는 등 지역에서 포괄적으로 고령자를 지원할 목적으로 설치된 기관으로, 2006년 개호보험제도 개정 후 제도화되어 2008년 이후 일본 전 지역에 설치되었다. 센터의 상담 창구에서 이용자는 개호서비스, 보건복지, 일상생활 지원 등에 대해 상담하고 개호보험을 신청한다.-옮긴이

설의 선택지가 줄어드는 것은 손해다.

'이웃'이란 개념은 단지 공간적으로 가까운 것보다는 많은 것을 상징한다. 커뮤니티는 가치관이나 생활방식이 같은 이들의 공동체성을 전제로 하므로 물질적인 거리가 가까운 것만으로는 불충분하다. 구마모토현 K시에서 [빌라, 아파트와 같은] 집합주택 114세대를 대상으로 소시오메트리sociometry[11]를 실시한 결과(東京大学社会学研究室 2000; 上野 2002c)에 따르면, 집합주택 내 인간관계는 집합주택을 설계한 건축가의 애초 기대처럼 거주자들이 공용공간을 공유해서 아니라, 동일한 연령대 자식을 두었다는 점 같은 공통된 생활방식을 공유해서 가능했다. 이때 대인 네트워크는 건물 공간을 나눈 층이나 동을 넘어 발생했다.

'지역복지'라는 이름으로 진행되는 수많은 실천 사례를 보면 통상적인 이웃, 근린 공간의 범위를 뛰어넘기 때문에 거주의 근접성만으로 실천성을 설명할 수 없다. 즉, 공통성에 따라 선택할 수 있는 여러 커뮤니티가 있고, 이러한 커뮤니티는 인구 수만 명이 사는 넓은 공간에 분산되어 있다. 그래서 지역복지에서 지역성이나 신체성을 파악하려면 이와 같이 커뮤니티가 성립하는 규모로 살펴봐야 한다. 이러한 주민참여형 지역복지는 전에 내가 제창한 개념인 '선택연選択縁'[12]의 커뮤니티라고 봐야 실태에 들어맞는다(上野 1988; 2008).

11 인간관계나 집단구조를 측정하는 계량사회학 조사.-옮긴이

12 우에노 지즈코가 만든 용어로, 선택할 수 없는 혈연이나 지연, 회사 연줄의 인간관계가 아니라, 자기 스스로 선택할 수 있는 인연을 뜻한다. 가입과 탈퇴가 자유롭고 지나친 헌신을 요구하지 않으며 강제성이 없다.-옮긴이

이상한 유상 자원봉사

그런데 '주민참여'나 '지역복지'라고 용어를 쓸 때 유념해야 할 게 있다. 복지다원사회 안에서 협 부문이 수행할 지역복지가 기대를 받고 있다는 점이다. 가족의 실패, 시장의 실패뿐만 아니라 (중앙정부나 지역을 불문하고) 정부의 실패 또는 공조에 따른 한계를 협 부문이 보완하는 역할을 할 것이라고 말이다. 전국사회복지협의회가 분류한 주민참여형 복지서비스 단체에는 후생노동성이 개호보험사업소로 지정하지 않은 사업체, 즉 유상·무상의 자원봉사단체도 포함된다.

경제학자 호리우치 다카하루는 복지국가의 위기를 극복할 방안으로 지역복지에 기대를 걸었다(堀内 2003). 사회복지학자 우다도 복지국가의 동요에 따른 지역복지를 논했는데, 지역복지에서 협 부문이 복지를 보완하는 역할을 적극적으로 평가했다.

> 보완성 원칙은 정부와의 관계에서 지방의 분권을 실질적인 것으로 할 방향이자 원칙이다. 동시에 가족, 커뮤니티, 자조 그룹, 이웃, 자원봉사 등 중간 조직을 공동체로 삼은 원칙이다. 이와 같이 적극적인 주장에 바탕을 두면 보완성 원칙[13]은 지역복지에서 공

---

13 사와야카복지재단의 홋타 쓰토무도 보완성 원칙을 적극적으로 평가했는데, 그는 개호보험 입안 당시부터 '가사원조' 서비스에 반대해, 프로로서의 전문성을 필요로 하는 '신체개호' 외의 '가사원조'는 근린 커뮤니티[이웃]의 자원봉사로 제공해야 한다고 주장해왔다(堀田 2002). 나는 이러한 사고방식 뒤에 가사가 특별한 기능과 훈련을 필요로 하지 않지 않으며, 여자라면 누구나 할 수 있는 일이라고 보는 숨겨진 성차별주의가 있다고 지적한 바 있다(上野 2000).

사의 협동을 활성화할 지침으로 의미가 있다. (右田 2005: 46)

그러나 보완성 원칙에는 소극적인 측면이 있음을 잊어서는 안 된다. 협 부문이 관 부문을 보완할 것을 기대하면 국가가 복지에 대한 공적 책임을 면제받을 수 있다는 비판을 받을 수 있다. 주민참여로 복지를 값싸게 메꾼다는 것이다.

보완성 원칙과 마찬가지로, 유상 자원봉사도 양의성이 있다. 앞서 살펴본 야마다의 조사에서 조사 대상 가운데 [65세 이상] 국민연금 수급자가 전체의 45%를 차지한다. 경제적으로 여유가 없다는 점을 감안하면, 야마다의 조사 대상은 지방 도시의 평균 주민이라고 할 수 있다. 야마다는 "이용자와 서비스 제공자 간에 차이가 확연히 드러났다. 이용자는 싼 가격을 사례비로 내고 서비스 제공을 요구하나, 서비스 제공자는 적어도 최저임금을 달라고 요구했다"고 조사 결과를 정리했다. 서비스 제공자에게 최저임금 수준으로 사례비를 준다고 가정해 돌봄서비스 이용률을 예측해보면, 가사나 이동[집에서 데이서비스 시설까지 왕복] 서비스 이용률은 각각 30%, 15%로 적다. 또 고령자의 말벗이 되어주는 식의 봉사 서비스의 이용률은 아예 없다. 한편 돌봄서비스를 무료로 제공한다고 했을 때, 이용자 쪽은 오히려 더 싫어했다. 가사와 배식 서비스 이용률은 아예 없을 것으로 예측되었다. 서비스 제공자가 받은 사례 액수는 값싼 500엔이 일반적이었는데, 이 금액은 서비스 제공자가 희망한 금액의 20%에 지나지 않는다(山田 2005: 168-169).

야마다는 "자원봉사 정신에 기초한 활동과 비교할 때, 유상 자원봉사는 자원봉사 활동과 비슷한 것 같지만 실은 아주 다르다"고 결론을 냈다(山田 2005: 169). 서비스 제공자들은 이미 돌봄노동 시장이 있다는 것을 알고 있고, 노동력 이동 가능성을 포함해 최저임금도 알고 있다.[14] NPO 관련 연구자 대부분은 앞으로 유상 자원봉사 방식은 자원봉사가 원래 의미한 바대로 무상 자원봉사 방식과 유상의 노동으로 나뉠 것이라고 예상한다. 그때가 오면, 협 부문은 어떻게 될까?

시민사업체는 사업의 주체이지 베푸는 주체가 아니다. 나는 고령자의 생명과 건강을 지키는 것은 중요하고 책임이 따르는 일이고 또 정부가 공적 책임을 인정한 역할이므로, 자원봉사라는 영역에 고령자 돌봄을 떠넘기는 것은 부적절하다고 생각한다. 자원봉사는 지속성을 담보할 수 없는 자의적 활동이다.

많은 시민사업체는 비즈니스와 자원봉사 사이, 시민운동과 사업 사이에 있는 회색지대에 자리 잡았다. 그래서 시민사업체를 두고 "한없이 자원봉사에 가까운 비즈니스"라고 말하기도 한다.

그러나 개호보험의 등장으로 회색지대에 확실한 경계가 생겼다. 자원봉사를 지향하던 많은 시민사업체는 어쩔 수 없이 개호보험 지정사업소가 될지 말지를 선택해야 할 상황이 되었다. 이후 시민사업체는 개호보험 지정사업소가 되거나 아예 안 된 식으로 나뉜다. 이념상으로 보면 제3섹터 시민참여 조직이라 할 수 있는 사회복지협의회도 역시 시민사업체와 같은 선택에 직면했는데, 지역에 따라 개호보험 지정사업소가 되지 않기로 결정한 곳도 있다.

---

14 일본은 물가 수준을 감안해 지역별로 최저임금을 달리 정하므로, 노동력이 지역 간 이동할 가능성이 있다는 의미다.-옮긴이

개호보험 지정사업소가 되지 않고서 개호보험의 틀 바깥에 머물기를 선택한 유상 자원봉사단체도 있다.

개호보험 시행 후 고령자의 건강과 생활을 지탱하는 지역복지 활동은 개호보험의 틀 안에서 진행하는 사업, 개호보험을 적용하지 않고 제도 밖에서 진행하는 사업, 무상 자원봉사 이렇게 세 가지로 나눌 수 있다.

나는 개호보험 시행 후 고령자를 둘러싼 지역복지 활동이 이렇게 진행된 것을 반기는 입장이다. 시민사업체가 처음으로 사업체로서 경제적 기반을 갖추게 되었기 때문이다.

앞으로 나는 개호보험 지정사업소가 되어 다른 부문(관이나 민) 사업체와 대등한 조건하에서 경쟁에 참여한 시민사업체만 살필 것이다. 어느 부문에서 돌봄을 담당하든지 간에 돌봄은 첫째 능력과 경험이 필요하고,[15] 둘째 사회적으로 책임을 져야 하는 일이며, 셋째 적절한 평가를 하고 이에 걸맞은 보수를 지급해야 할, 확고한 사회적 '양질의 일자리decent work'여야 한다고 보기 때문이다(Daly 2001).[16]

---

15 능력과 경험이 필요하다는 주장은 관련 자격증을 필수로 갖춰야 한다는 게 아니다. 돌봄 현장에 있는 이들이라면 누구나 능력과 자격이 아무 상관이 없다는 것을 알고 있고, 또 이런 점을 지적하고 있다.

16 돌봄의 일자리가 높은 질의 일을 하는quality work 동시에 제대로 된 보수를 지급해야 할 일자리quality job라고 보는 입장도 있다.

개호보험과 NPO

일본 NPO 연구의 선구자 아다치 기요시는 개호보험이 시행되기 전인 1998년에 "지역복지의 과제인 시민참여를 생각할 때, 앞으로 가장 주목할 것은 공적 개호보험과 NPO법이 도입된 이후의 동향"이라고 예상했다(安立 1998: 116). 그리고 일은 아다치가 예상한 대로 전개되었다.

> 개호보험제도가 불충분한 것이긴 하지만, 처음으로 일본에서 NPO가 존립할 수 있는 (사회경제적) 조건을 만들었다. (安立 2003: 41)

아다치를 비롯해 많은 NPO 관련 연구자들은 협 부문의 개호사업에 높은 관심을 보였다(安立 1998; 渋川 2001; 山岡·早瀬·石川 2001; 田中·浅川·安立 2003).[17] 개호보험은 돌봄 관련 NPO에 순풍을 불러일으켰고, 재정 기반이 약한 NPO에 경제적인 안정을 가져다주었다. 자원봉사에서 출발한 NPO는 돌봄 관련 개호계, 즉 개호 분야의 NPO에 대해 "개호계 쪽은 NPO가 아니다"라고 탄식할 정도였다.

다나카 나오키, 아사카와 스미카즈, 아다치 기요시는 개호계 NPO를 다음과 같이 정의한다.

---

17 아다치 기요시, 다나카 나오키, 아사카와 스미카즈는 공저 《개호계 NPO의 최전선》(田中·浅川·安立 2003)에서 법인격을 갖춘 NPO에 한해 논했다.

“NPO법에 근거해 법인격을 취득하고, (개호보험 발족에 따라) 개호보험 지정사업자가 된, 단체나 그 밖의 지역복지 활동 단체”이며(田中·浅川·安立 2003: 36), 복지 NPO 중에서도 고령자의 생활원조를 중심으로 개호보험을 적용한 서비스, 또 개호보험제도 틀 밖에서 서비스를 유상으로 제공하는 단체를 말한다.

특정비영리활동촉진법(NPO법, 1998년 제정 및 시행)과 개호보험법(1997년 제정, 2000년 시행)이 비슷한 시기에 제정되면서 개호계 NPO가 나올 수 있었다. ① NPO법 제정으로 자원봉사를 하던 임의단체가 법적 계약이 가능한 법인격을 갖게 되었고, ② 개호보험법의 제정으로 민간사업자의 참여를 전제로 한 돌봄에 유상 서비스를 제공할 수 있게 되었다. NPO가 지속가능한 사업체로서 존립할 근거가 생긴 것이다. 아다치는 “개호보험 도입 전에 일본에서 사회운동적 측면과 시민사업체라는 측면 양쪽을 갖춘 NPO 조직과 단체는 드물었다”고 했다(安立 2003: 40). 그러다 개호보험의 도입으로 NPO를 둘러싼 환경이 크게 바뀌었다. 다나카는 “NPO의 진면목을 발휘할 수 있는 장이 바로 개호보험”이라며, “개호계 NPO는 NPO 전체를 견인할 것”이라고 높은 기대를 내보였다(田中尚輝 2003: 7).

NPO 관련 연구자들이 NPO가 개호서비스의 주역이라며(田中·浅川·安立 2003: 12) 이토록 뜨겁게 주장한 이유는 NPO가 공공성과 당사자성의 주역이라고 봤기 때문이다. NPO는 활동의 공익성을 사회적으로 공인한 특정 법인이다. 호소우치 노부타카는 “개호계 NPO는 시민이 주역이라는 점을 잊어버린 공적 분야에서 진정한 의미의 시민을 만들어낼 것이고, 이로써 커뮤니티 비즈니스가 현실적으로 가능하게 되었다"고 했다(細内 1999).

NPO는 사회운동이기도 하고 사업이기도 하다고 종종 이야기하는데, 이 점은 케어 워커가 경영에 참여하는 것을 보면 알 수 있다. 개호계 NPO에서는 NPO와 고용관계를 맺은 케어 워커가 NPO의 구성원이 되어 조직의 의사결정에 관여한다. 노동자가 기업을 관리하고 경영하는 워커즈콜렉티브와 고령자생활협동조합연합회에서도 이와 같이 '일하는 사람이 주인'이라는 방식을 찾아볼 수 있다. 그런데 "소외 없는 노동"이라며 이상으로 삼은 "새로운 일하기 방식"(天野 1997; 2005b) 역시, 개호보험하에서 급속히 변하고 있다. 개호계 NPO가 케어 워커에게 유리하다고는 하나, 이용자에게는 여러 서비스 중 하나의 선택지인 것과 마찬가지로 케어 워커에게도 노동 시장의 유리한 직장 중 하나의 선택지일 뿐이다. 이제 개호계 NPO는 개호보험제도가 있는 준시장[18]에서 다른 사업체와 대등한 지위로 경쟁한다. 이용자와 노동자 양쪽에게 선택받아야 살아남을 수 있게 된 것이다.

NPO의 우위성

이용자도 자신이 이용할 돌봄서비스 사업체를 고를 수 있고, 노동자도 자신이 일할 사업체를 선택할 수 있다. 마찬가지로 개호

---

18 의료나 복지 등 공적 서비스에서 부분적으로 시장원리를 도입한 경우를 가리킨다. 서비스 이용자는 공적 자금 배분을 통해 높아진 구매력으로 어느 업체에서 서비스를 제공받을지 선택한다.-옮긴이

보험을 운영하는 주체인 지자체도 개호보험 서비스를 진행할 사업체를 택할 수 있다. 고령자 돌봄 영역의 NPO는 여러 영역 사업체 가운데 하나의 선택지일 뿐이다.

그런데도 준시장에서 NPO가 대등한 조건으로 경쟁했을 때, 다른 사업체보다 더 우위에 있을 것이라고 주장하는 근거는 무엇인가?

다나카는 그 근거로 ① 당사자성 ② 지역밀착형 ③ 지자체와의 협력 ④ 경영참여 방식 ⑤ 네트워크형을 든다. 순서대로 검토해 보자.

① 당사자성

다나카는 개호계 NPO의 본질이 당사자성이라면서 "자신이 돌봄을 받는 이용자라면 어떤 돌봄을 받고 싶은지, 뭐가 싫은지 등과 같이 돌봄을 받는 이용자의 입장에서 서비스를 제공하는 것이 NPO"라고 했다(田中·浅川·安立 2003: 186). 그리고 개호계 NPO가 자원봉사에서 시작했기 때문에 당사자성을 가질 수 있다고 했다. 자발성, 선진성, 무상성이라는 세 가지 요건이 자원봉사에 필요한데, 개호계 NPO는 이 요건을 갖췄다는 것이다. 개호계 NPO는 당사자 입장에서 돌봄을 제공하고(자발성), 이로써 기성의 틀에 얽매이지 않은 발상이 가능하며(선진성), 개호보험이 적용되지 않는 틀 밖의 서비스 또한 무상으로까지는 아니더라도 낮은 보수로 제공할 수 있고, 돈을 동기로 움직이지 않아(무상성) 이 세 가지 요건을 모두 갖췄다는 것이다.

특히 다나카는 개호계 NPO가 개호보험제도 틀 밖의 서비스를 제공하는 부분을 특징적인 점으로 들었다. 개호계 NPO는 애초에 개호보험 시행 전부터 회원들이 상호부조의 형태로 약간의 보수만 받는 등 거의 자원봉사로 운영되는 임의단체였던 곳이 많다. 이러한 단체들은 당장 돌봄이 필요한 현실에서 '지금, 여기'서 일어난 니즈에 부응하기 위해 생겨났다. 다나카는 "현실에서 일어나는 니즈에 대응하기 위해서는 개호보험만으로는 불충분하므로, 개호계 NPO는 개호보험 서비스를 담당할 뿐 아니라, 개호보험 틀 밖에서 여러 서비스를 제공할 수 있다"고 주장했다. 이때 다나카는 개호계 NPO가 무상으로 개호보험 외 서비스를 제공해야 한다고 하지는 않았다. 개호계 NPO는 당사자 원칙에 근거를 두고 "자신이 서비스 이용자라면 낼 수 있을 정도의 낮은 요금으로 서비스를 제공하면 된다"고 했다.

예상치 못했겠지만, 다나카는 개호계 NPO에서 일하는 케어워커의 임금이 최저임금을 밑도는 수준으로 형성되는 현실에 대해서는 논하지 않았다. 또 이곳에서 일하는 이들이 반드시 경제적 이유로 일해야 하는 계층이 아니라는 점도 논하지 않았다. 다나카가 사회경제적인 계층 요인을 언급하지 않은 점에 대해서는 후에 별도로 논의하자.

다나카와 같은 NPO 연구자들은 개호계 NPO와 영리사업체를 구별하는 지표로 개호보험 외 서비스를 제공하는지 아닌지를 따진다. 개호보험으로 벌어들인 수입을 수익이 나지 않는 개호보험 외 서비스로 환원하는지, 즉 자발성, 무상성의 여부로 개호계 NPO와 영리사업체를 구별할 수 있다는 것이다. NPO 연구자들은 채산이 맞지 않아도 낮은 요금으로 개호보험 외 서비스를 제공할 수 있어야 개호계 NPO라 할 수 있고, 그렇지 않은 곳은 NPO의 정신을 잃은 일반 영리사업자와 다를 바 없다고 본다.

다나카가 조사한 바에 따르면, 서비스 이용자들은 대체로 개호계 NPO를 높게 평가한다. 이용자 평가를 보면 "개호계 NPO는 사무적으로 일하지 않고, 무엇이 필요한지 금방 알아챈다"라거나 "부탁하기 쉽고 상냥하다" "홈헬프 서비스 외에 다른 것도 잘 봐준다" 등의 의견이 나와 있다. 그런데 문제는 이용자 중심을 표방한 민간사업체도 케어 워커에게 개호계 NPO처럼 하라고 요청할 것이라는 점이다. 개호계 NPO에 대한 이용자 평가에서 나왔듯 "사무적으로 일하지 않는다"라거나 "다른 것도 잘 봐준다"는 것은 개호보험을 부적절하게 이용하는 것이 될 수 있고 과도한 융통성을 뜻할 수도 있다.

실제로 내가 조사한 그린코프연합의 복지 워커즈콜렉티브 사례에서도 마찬가지였다. 워커즈콜렉티브는 자체 평가 지표에 '가족적인 돌봄'이나 '주부처럼 배려할 것'이 들어가 있었는데, 이러한 지표가 영리사업체에 비해 우수하다고 내세우는 근거였다. 그런데 '무엇이 필요한지를 잘 아는 것'이나 '주부처럼 배려할 것'과 같은 지표는 돌봄에 전문성이 없어도 양해해달라는 말로 쓰이는 수가 있다. 개호보험 시행 후 이용자의 요구수준이 높아지자, '주부처럼 배려'하는 것보다 '전문성'이 필요하다는 말이 나왔다. 예컨대 홈헬프를 하며 융통성을 발휘해 개호보험 서비스 시간 내에 이용자의 요구대로 반려견을 산책시키거나 마당의 잡초 뽑기 등을 한다고 치자. 이것은 개호보험을 부적절하게 이용하는 것이다. 또 만약 이러한 요구를 개호보험 적용 시간 외에 처리해준다면, 케어 워커는 무급으로 잔업을 하는 것이다.

비영리 시민사업체와 민간의 영리사업체는 요금 체계가 다르고, 이 차이는 크다. 비영리사업체는 개호보험 외 서비스[19]를 별도로 낮은 요금으로 정해놓았지만, 영리사업체는 이용자가 요금의 100%를 부담하도록 한다. 즉, 영리사업체에서는 생활원조든 신체개호든 개호보험 외 서비스에 대한 요금을 개호보험 적용 서비스와 똑같이 받고 있다.

개호계 NPO의 입장에서 보면, 이용자가 개호보험 내 서비스를 이용하고 개호보험 외 서비스는 제시한 요금제로 확대 이용하는 것이 가장 유리하다. 그렇지만 실태를 보면 개호계 NPO에서 낮은 요금으로 개호보험 외 서비스를 제공한다고 해도, 이용자들은 적극적으로 이용하지 않는다. 가사원조 1시간에 1530엔(2000년 요금)이 설정되어 있다고 치자. 개호보험 틀 안에서 이용자가 10%를 부담해 153엔을 낼 수 있어도, 개호보험이 적용되지 않는 서비스로 가사원조를 이용하지는 않는다. 1시간 700~800엔 하는 식으로 이용료가 아무리 싸더라도 개호보험이 적용되지 않는 요금은 낼 생각이 없고, 낼 수도 없다고 보는 이용자가 많다. 이 점은

---

19 개호보험에서 정해진 이용시간을 초과해 서비스를 하는 걸 말한다. 개호보험 이용자는 애초의 개호보험에서 정해놓은 서비스 이용료의 10%를 지불하면 되지만, 이용시간을 초과해 서비스를 이용할 경우 개호보험이 적용되지 않는다. 개호보험제도 외 서비스에 대해 비영리사업체는 개호보험제도에서 정해놓은 이용료를 할인해 받는 데 반해, 영리사업체는 이용료를 다 받는다. 가령 개호보험이 적용되는 이용시간을 초과해서 가사원조 1시간(개호보험 가사원조는 1시간 이용료 1530엔)을 이용하는 경우, 비영리사업체에서는 개호보험 이용료의 약 50%에 해당하는 700~800엔 정도를 받지만, 영리사업체에서는 100%에 해당하는 1530엔을 그대로 받는다.-옮긴이

앞에서 소개한 조사(야마다가 중소도시 K시에서 유상 자원봉사 방식의 돌봄서비스에 대해 조사한 것)에서도 분명히 나타난 바 있다.

또한 7장에서도 썼듯, 이용자 조사에서 생협에서 제공하는 돌봄서비스의 장점은 낮은 요금이라는 점이 밝혀진 바 있다. 즉, 시민사업체의 차별화 전략은 낮은 요금이라고 보는 게 현실적이다. 이런 현실을 감안하면, NPO 연구자들이 개호계 NPO의 특징으로 개호보험 외 서비스를 제공한다는 점을 짚고 그것을 강조하는 것은 무상 자원봉사를 요구하는 것과 다르지 않다. 협 부문 케어 워커의 입장에서 보면 그렇다.

② 지역밀착형

다나카는 개호계 NPO가 지역에 밀착해 있다는 이유에서 NPO가 지역복지의 담당자라고 역설했는데, "개호계 NPO는 사업 기준이 지역이고, 지역에서 감시하는 눈도 있어서 긴장감을 갖고 활동하므로 서비스 수준이 높다"라고 썼다. 다나카는 NPO를 "야반도주할 수 없는 단체"라고 예리하게 정의했다(田中·浅川·安立 2003: 16).

다나카는 2001년도 사업 수익을 바탕으로 전국 10순위 안에 드는 개호계 NPO를 뽑아 조사한 바 있다. 이 조사 대상들의 공통점은 개호보험 시행 전부터 활동해온 단체라는 것이다. 지역에서 쌓아온 경험과 실적을 계승해 개호보험을 도입한 전환기에 연착륙한 점이 이들이 사업 수익을 낸 이유였다. 이 점은 개호보험 이행기에 내가 실시한 복지 워커즈콜렉티브를 조사한 결과와 같다. 개호보험 이전부터 사업을 하다가 개호보험사업에 참여한 사업체는 모두 순조롭게 사업 수익이 늘었다. 제도 이행기에 사업체의 연속성 효과가 난 사례였다. 그러나 같은 지역에서 신규로 개설한 민간사업체 가운데서는 어쩔 수 없이 폐업이나 통합을 한 경우도 있었다. 개호계 NPO가 지역밀착형이란 점은 실증되었으나, 여기서 지역이 무엇을 의미하는지에 관해서는 논의를 보류해야 할 것이다.

③ 지자체와의 협력

다나카를 포함해 NPO 연구자들은 NPO가 시민참여 공익단체라는 점에서 NPO의 장점으로 지자체와의 협력을 꼽는다. 그런데 개호보험하에서 일정 조건만 충족한다면, 정부든 민간이든 시민사회든 지정사업자가 될 수 있다. 지정사업자가 되면 개호보험 계약자인 지자체로부터 똑같은 감독과 규제를 받게 된다. NPO를 지자체가 특별히 우대하는 것도 아니다. NPO라서 특별히 신뢰가 높다고 할 수도 없고 서비스 질이 좋다고도 할 수 없다. 생협 쪽 사업체에서 자격증이 없는 케어 워커를 채용해서 문제가 된 적도 있고, 개호보험 수가를 부정 청구한 사건도 있다.

현행 개호보험에서는 NPO든 영리사업체든 똑같이 행위별 수가제가 적용된다. 그래서 이용자가 NPO를 선택한다면 NPO가 대등한 경쟁에서 이겼다고 할 수 있고, 이 점만으로도 의의가 있다. 나는 굳이 NPO가 아니더라도 협 부문의 시민사업체는 영리사업체와 비교할 때 경쟁에서 우위에 있다고 생각한다. 다나카와 나는 주장하는 바가 같지만, 그 근거는 다르다.

또 다른 NPO 연구자 다나카 야요이는 NPO가 행정 당국의 하청만 받다가는 "어용" NPO가 될 위험이 있다고 지적한 바 있다(田

中弥生 2006). NPO는 지정관리자제도[20]를 통해 지자체와 협력관계를 맺는다. 행정 당국 입장에서 보면, NPO든 영리사업체든 계약조건만 맞으면 어디든 상관이 없는 것이다. 개호계 NPO가 어용 NPO가 될 위험을 피하려면 지자체에 과도하게 의존하지 않는 것, 자율성을 유지하는 것 외에는 방법이 없다. 그러려면 자구책을 강구해야 하는데, 모범적인 NPO에서는 특정 지자체에 의존하는 정도를 전체 사업 수익의 50%까지로 통제하는 방식을 취한다.[21] 또 NPO만 지자체와 협력할 수 있는 것은 아니다. 반대로 NPO 입장에서 보면, 지자체가 언제나 신뢰할 만한 클라이언트란 보장도 없다.

④ 경영참여 방식

케어 워커가 NPO 경영에 참여하는 것을 보면 'NPO는 시민운동인 동시에 사업'이라는 말을 실감할 수 있다. 케어 워커는 NPO와 고용관계를 맺기도 하지만, NPO의 구성원으로 조직의 의사결정에 관여한다. 이처럼 일하는 사람들이 경영에 참가해 조직의 주인이 되는 방식은 워커즈콜렉티브, 고령자생활협동조합 등에서도 찾아볼 수 있다. 그런데 "소외 없는 노동"이라고 이상화된 "새로운 일하기 방식"(天野 1997: 2005b)은 개호보험이 시행되면서 급속도로 변했다. 개호계 NPO와 고용되기만 할 뿐 의사결정에 참여하지

20 일본의 지방자치법에서 규정한 제도로 지방 공공단체나 지자체 외곽단체가 영리·NPO 또는 시민단체에 공공 시설의 관리나 운영을 맡길 때 포괄적으로 대행하게끔 한 제도.-옮긴이

21 센다이·미야기 NPO지원센터 대표 가토 데쓰오를 인터뷰 조사한 내용이다.

않는 케어 워커, 또 생협조합원이 되지 않고 워커즈콜렉티브 구성원이 된 사람들이 늘고 있다. 이들에게는 NPO가 취업 선택지 중 하나이고 노동력 이동labor mobility의 경로이기도 하다. 이용자에게 NPO가 선택지 중 하나인 것처럼 케어 워커에게도 NPO는 노동 시장의 선택지 중 하나다. 그래서 케어 워커의 경영참여라는 특성이 NPO가 영리사업체보다 경쟁 우위에 있는 근거인지에 대해서는 별도로 검토해야 한다.

NPO를 비롯해 협 부문 사업체와 영리사업체는 공공성과 공익성, 즉 개인의 이익을 넘어서는 이념에서 차이가 난다. 공공성과 공익성에 부가가치가 있고 이를 공유할 수 있는지가 NPO의 차별화 전략의 핵심일 것이다. 이 이념을 공유한 NPO 창립 세대와 그 후에 NPO에 참여한 세대 사이에는 온도 차가 있다. 나중에 참여한 세대는 케어 워커의 경영참여를 부가가치가 있다고 보기는커녕 쓸데없는 부담으로 여기는 경향이 나타난다. 개호보험 계약자인 지자체나 서비스 이용자는 케어 워커가 NPO 경영에 참여하는지 여부가 자신들과는 별로 관계가 없다는 태도를 취한다. 노동자의 경영참여가 서비스 질과 관련 없다면 아무래도 좋다는 것이다.

⑤ 네트워크형

다나카 등은 지역밀착형 NPO의 특징으로 네트워크형이라는 점을 들고 있는데, 이는 NPO가 지역의 다양한 자원봉사 활동과의 '네트워크'라는 말이다. 이용자의 다양한 요구에 부응해 여러 활동을 연계하는 네트워크 활동은 영리사업체에는 없는 개호계 NPO의 '마법의 손'이라는 것이다. 가령 고령자 외출 시 이동과 식사 서비스를 연계하거나, 고령자들과 아이들의 교류 등이 그 사례이다. 그러나 이러한 사례가 NPO만의 고유한 서비스라고 할 수는 없다. 케어매니저가 지역 내 자원을 잘 알고 있다면, 지역 네트워크 연계는 상당 부분 잘 실현될 것이다. 선진적인 시설에서는 지역 내 자원을 적극적으로 연계하는 네트워크를 마련해둔 곳을 찾아볼 수 있다. 이들은 지역 자원 네트워크 연계에 따라 NPO가 개호보험 외 서비스로 개호 예방 서비스[22]를 할 수 있다고 했는데, 이 개호 예방 서비스는 2006년 개호보험제도 개정 후 개호보험사업에 포함되었다. 개호보험제도의 2006년 개정 때 문을 연 지역포괄지원센터 역시 지역 자원 연계 네트워크의 일종이라고 할 수 있다. 행정 당국은 시민 활동에서 먼저 시행한 여러 서비스를 하나씩 따라서 만들고 제도로 실현해왔다. 이런 영향을 보면 자원봉사가 선진적이라 할 수 있으나, 달리 보면 이런 선진적인 면은 케어 워커들이 거의 무급으로 일하는 식의 무상 활동 덕분에 가능했다고 할 수 있다.

다나카 등은 "NPO와 주식회사가 가장 다른 점은 케어 워커가 활동을 통해 자아를 실현할 수 있다는 것"이라고 했다. 그럼 회사에서 일하는 노동자는 활동으로 자아를 실현할 수 없다는 것이냐고 반론할 수 있겠으나, 이 문제는 차치하자. 이들이 말한 자아실현이라는 주장에는 NPO를 공공성과 당사자성을 잘 조화시킨 것으로 바라보는 시각이 내재한다. 사회학적으로 분석하자면, 이들

---

22 개호 상태가 되지 않도록 하거나 건강 악화 등을 막기 위한 예방적 서비스로 데이서비스, 복지용구 대여 등을 한다.-옮긴이

의 주장은 NPO에서는 조직의 목표와 개인의 목표가 일치한다는 (보기 드문) 전제를 깔고 있다.

다나카 등은 "NPO에 소속되면 돈의 가치가 아니라 스스로 인간적인 성장에 따라 만족을 얻을 수 있다. 이 점은 NPO에 소속된 이가 스스로 확인할 필요가 있다"고 하면서 "그러려면 NPO에서는 임금노동자로 일하면서 노동만 제공해서는 안 되고, 자원봉사 활동에 참여하는 게 당연하다"고 덧붙였다. NPO에서 수익이 나지 않는 개호보험 외 서비스를 강조한 것도 이런 이유 때문이다. 이런 논의라면, NPO에서 일하는 케어 워커는 낮은 임금이나 무상으로 노동력을 제공해야 한다는 결론이 나올 수밖에 없다. 실제로 이들은 그렇게 결론을 냈다(田中·浅川·安立 2003 24-25).

왜 이런 결론이 나오고 만 것인가? 일을 통해 자아를 실현할 때, 풍부한 만족감을 느끼면서 동시에 높은 보수를 받아도 아무런 문제가 없다. 의사나 변호사, 일부 예술가나 기업가에게는 자아실현과 경제적 성공을 동시에 허용한다. 그런데 케어 워커를 두고서는 자아실현과 경제적 성공을 모두 이룰 수 있다고 이야기하지 않는다. 무엇 때문인가? 뭐라 딱히 명시적인 이유를 말하고 있지 않으나, 돌봄에 대한 사회적 평가가 낮아서라고 추론해볼 수 있다.

또 이들은 NPO가 개호보험 외 서비스를 한다는 면에서 NPO가 경쟁 우위를 갖고 있다고 본 이유를 다음과 같이 전개했다.

> NPO는 이러한 분야(개호보험 외 서비스)를 담당해야 한다. 영리사업체는 개호보험 외 서비스를 제공하기가 어렵다. 심리적 돌봄을 포함해 고령자를 돌봐야 하고, 짧은 시간 내에 혹은 심야나 이

른 아침을 포함해 불규칙적인 시간대에 일해야 하기 때문이다. 또 장시간에 걸쳐 서비스를 제공받아야 하니 당사자는 저렴한 요금을 희망한다. 이런 것들은 영리사업체 사업주에게는 채산이 맞지 않는다. (田中·浅川·安立 2003: 7)

이 주장에 대해서는 조목조목 반론할 수 있다. 심리적 돌봄 또한 얼마든지 상품화할 수 있고, 짧은 시간 내에 하거나 심야나 이른 아침에 한다면 할증 요금을 청구할 수 있다. 장기간에 걸쳐 서비스가 이루어진다면 그것은 케어 워커에게 안정적인 고용기회가 될 수 있다. 이 주장에서 무심코 흘러나온 진실은 이것이다. '케어 워커의 저렴한 서비스 요금은 이용자가 원해서'라고. 의료나 법률 상담의 경우를 생각해보자. 그 비용이 저렴하기를 원한다고 해서 실제로 의사나 변호사에게 그렇게 지불할 것이라고는 기대하지 않는다. 이런 직업이 응당한 사회적 평가나 보수를 받는다고 사람들이 알고 있기 때문이다. 돌봄서비스에 저렴한 요금을 기대하는 것, 그렇게 기대할 수 있는 이유는 돌봄서비스가 저렴한 가격으로 조달할 수 있는 것이라고 알고 있기 때문이다. 그렇다면 돌봄에 저렴한 요금을 설정한 이는 대체 누구란 말인가?

의도한 것은 아니었으나 실제 많은 개호계 NPO에서는 케어 워커가 다나카 등의 주장에서 나온 경우[영리사업체처럼 손익을 맞추는 경우]에 동원되고 말았다. 역설적이게도 말이다. 예컨대 그린코프의 사례를 보자. 후쿠오카현 I시에서는 그린코프 외에도 전국사회복지협의회가 중점적으로 개호사업을 펼치고 있다. 케어매니저는 사회복지협의회가 먼저 주요한 이용자를 확보하게끔 한 후 일과시간 외나 아침식사, 저녁식사 때처럼 이용량이 집중한 시간대, 사회복지협의회에서 고용한 케어 워커가 가고 싶어 하지 않는 이용자만 그린코프나 생협 계통 사업체에 떠넘기는 경향이 나타났다. 개호보험 외 서비스에서 생협 계통 사업체가 이용자에게 긍정적인 평가를 받는 요인은 주로 낮은 요금이었다.

이런 저렴한 요금 체계라면, 영리기업이 정규 고용자를 유지하기란 분명 쉽지 않다. 그래서 영리, 비영리에 관계없이 재택 복지서비스는 주로 비정규직으로 등록한 헬퍼가 담당한다. 대부분 중장년 기혼 여성이다. "여자가 [파트타임 노동을] 하는 게 아니다. '여자가 하는 일'로 [파트타임 노동을] 만들었기 때문"이라는 비치의 말을 이렇게 바꿔보자(Beechey 1987). "NPO라서 싼 요금을 내는 게 아니다. 싼 요금만 설정해놓으니 NPO만 참여하는 것이다." 이게 현실에 들어맞는 말이다. 또 여기에 변수로 젠더를 넣어보자. 만약 개호계 NPO에서 일하는 이들이 남성이었다면, 위와 같은 주장이 나올 수 있었을까? 의문이다.

나는 다나카와 NPO 연구자들의 논의를 비판적으로 검토했지만, 그들이 제시한 NPO의 우위 특성은 내가 발견한 것과 거의 합치한다. 다나카와 NPO 연구자들의 논의를 선행연구로 참조하면서 이를 수정해 정리해보았다. 내가 정리한 NPO의 우위 특성은 다음 일곱 가지다. 이념, 경영, 노동, 연계·협동이라는 네 가지 분야에 걸쳐 있는데 ① 이념성 ② 니즈 중심 ③ 시민참여 ④ 노동자의 자기결정 및 경영참여 ⑤ 경영 효율 ⑥ 노동분배율 ⑦ 지자체·행정 당국과의 협력이다. 순서대로 설명하면 이렇다.

① 이념성

시민사업체는 복지와 사회연대 등 공익성을 동반한 이념을 내걸고 활동한다.[23] 개호보험제도 외 사업이나 개호보험 외 서비스 이용 등에 유연하게 대응하면서 자원봉사를 하거나 또는 낮은 가격으로 서비스를 제공해왔다. 영리를 목적으로 하지 않으므로, 경영자나 출자자 이익을 우선시하지 않아도 되고, 사업의 본래 목적에 맞게 진행할 수 있다는 것이 이점이다.

② 니즈 중심

시민사업체는 대부분 니즈를 창출하고, 그 충족을 추구해온 운동체로서의 경력이 있다. 이러한 니즈 중심의 활동에는 당사자 주권 또는 당사자성이 있다고 볼 수 있다. 가령 장애인자립생활지원센터의 목표는 "가장 중증인 장애인의 니즈를 우선시할 것"이다. 소규모 다기능 시설인 고노유비도마레는 "이용자의 니즈가 무엇이든 다 대처한다"는 이념을 갖고 있다.

③ 시민참여

여기에서 시민이란 활동을 하는 쪽이기도 하며, 받는 쪽이기도 하다. 시민사업체 담당자는 자신이 생활하는 동네와 출근하는 사업체가 겹친다. 자신의 거주 지역을 거점으로 삼기 때문에 지역과 밀착해 있다. 그래서 영리사업체처럼 간단히 그만둘 수 없다. 시민사업체 담당자 대부분은 가족 내 돌봄을 해본 적이 있는 중장

23 개호보험 시행 전 세대와 시행 후 세대는 이념 계승 면에서 단절이 있다.

년 여성이다. 돌봄을 해본 경험이 있어서 이용자의 니즈를 잘 알고 있고 또 이 여성들은 가족 돌봄을 해본 당사자이기도 하다. 사회적기업을 정의할 때 "활동에 의해 영향을 받을 사람들이 참여할 것"이라는 요건이 있는데, 이 말은 이용자의 경영참여라는 말로 바꿔 부를 수 있다. 장애인지원비제도하에서 돌봄서비스 제공 사업을 실시하는 장애인자립생활지원센터가 "자립생활지원센터 이사회 구성원 절반 이상이 장애인 당사자일 것"이라고 규정해둔 것과 마찬가지로, 고령자 당사자 참여를 제도적으로 규정한 사업체도 있다.

④ 노동자의 자기결정 및 경영참여

NPO나 워커즈콜렉티브(노동자생산협동조합)에서는 노동자의 경영참여, 노동에 대한 자기결정을 할 수 있다. 이는 고용노동과 크게 다른 부분이다.

⑤ 경영 효율

시민운동, 자원봉사에서 출발한 시민사업체는 경영 감각이 없다고 자주 지적받는다. 그러나 정부나 지자체, 또는 민간기업과 비교해봐도 협 부문의 경영비용이 상대적으로 우위라는 점을 증명해줄 데이터가 있다. 이에 대해서는 11장에서 논할 것이다.

⑥ 노동분배율

돌봄과 같은 노동집약형 산업에서 경영 효율은 직접적으로 노동분배율labor share[24]로 반영된다. 그러나 영리기업과 달리 시민사업체는 주주나 경영자의 이익을 고려할 이유가 없고, 영업이나 홍보에 경비를 쓸 일이 없다. 그래서 시민사업체의 경영에서는 코스트, 즉 케어 워커 쪽에 이익이 되도록 노동분배율을 높일 수 있다. 이것이 시민사업체의 상대적인 장점이다.

⑦ 지자체·행정 당국과의 협력

공익성을 위해 시민사업체는 행정과 관계 쌓기에 열성이다. 동시에 행정 쪽에서도 지원금을 줘서 시민사업체를 지원한다. 시민사업체, 장애인단체는 현장의 니즈에 근거를 두고 활동해, 나중에 행정 당국이 그것을 따르는 모델 사업을 창출한 곳이 많다. 지자체나 행정 당국과 협력하는 가운데 시민사업체가 단지 하청업체가 될 위험도 있으나(田中 2006), 그 이상으로 새로운 니즈를 발굴해낼 수 있다. 새로운 니즈에 대해 실현 가능한 실천안을 제시하고 제도나 정책에 제언할 능력, 나아가 이것을 실행할 정치적 힘을 가진 시민사업체가 많다.

이제 종합적인 결론을 말하자면, 개호보험제도 서비스 제공사업에서 관·민·협 부문 가운데, 협 부문 사업체는 상대적으로 우위에 있다. 즉, 이용자와 노동자 모두에게 이익이 많고 경영 측면에서도 지속가능하다고 판단할 수 있는 근거가 있다.

---

24 기업이 생산한 부가가치 중 노동자에게 얼마나 환원했는지 나타낸 비율.-옮긴이

NPO 연구에 대한 비판적 검토

협 부문 시민사업체 연구자는 협동조합의 의의, 이념을 높게 평가해 실제 활동을 이상화하는 경향이 있다. 또 모범 사례로 평가받은 시민사업체 창립자나 대표자가 전국에서 복지 관련 유명 인사인 경우도 많은데 강연이나 심포지엄에서 공적 발언을 하거나 책이나 출판물을 써서 정보를 발신할 능력도 있다. 게다가 전례 없는 사업에 도전한 것이라서 자신이 하는 것이 무엇인지 언어로 나타내는 데 매우 높은 표현력을 지니고 있다. 이런 대상을 앞에 두면, 연구자는 다음과 같은 경향을 나타내게 된다.

첫째, 정보를 발신하는 능력이 좋은 당사자(조사 대상)가 하는 것을 따라 하는 대변자 역할이 되기 십상이다. 시민사업체를 연구하는 이들이 한 선행연구는 대부분 조사 대상이 간행한 자료, 발언을 검증 없이 소개하는 데 그치고 말아 자연스레 광고 역할을 하게 되는 경향이 있다.

둘째, 유창한 발언을 하는 조사 대상 앞에서 연구자는 무엇을 할 수 있을까? 이 문제는 좀 심각하다. 연구자의 연구가 기껏해야 소개나 르포 정도로 그치거나 혹은 협 부문 실천가의 발언을 재탕하거나 도용하는 것에 지나지 않을 바에야, 독자는 연구서를 읽기보다 직접 협 부문 실천가의 글을 읽는 게 훨씬 낫다. 이 문제는 '과연 연구는 무엇인가?' 하는 근본적인 물음을 불러일으킨다.

셋째, 조사 대상자가 "내가 하고 있다"라고 말하는 것과 실제로 그가 하고 있는 것은 다르다. 조사 및 연구를 하려면 조사 대상자가 말하는 이야기를 곧이곧대로 받아들이고 감탄하는 것만으로는 불충분하다. 특히 돌봄이라는 영역처럼 복수의 당사자가 관련된 경우, 시점이나 맥락을 바꿔서 봤을 때 의도와 효과 사이에 불일치나 어긋남을 발견할 수 있다. 연구자는 당사자가 보지 못한 사각지대도 자신의 시야에 포함할 필요가 있다.

NPO 연구에 대해서도 똑같이 말할 수 있다. 앞서 언급한 《개호계 NPO의 최전선》에는 2001년에 사업 수익 순위 상위 16개 NPO를 소개한 것일 뿐(저자들은 이 정도 나열에 그치는 것에 대해 르포 형식의 연구이기 때문이라고만 덧붙였다), 조사연구도 되어 있지 않고 분석 결과도 나와 있지 않다(田中·浅川·安立 2003). 상위 16개 단체로는 코프 고베[25]에서 탄생한 고베 라이프·케어협회神戸ライフ·ケアー協会, 과세 소송으로 화제가 된 나가레야마 아이넷流山ユー·アイネット[26] 등이 포함되어 있다. 상위 16개 단체 NPO의 수익 규모는 1위인 '다스케아이 유이たすけあいゆい'(가나가와현), 2억 8000만 엔부터 16위 '왓쿠 무로란わっく室蘭'(홋카이도현) 9600만 엔에 달한다.[27] 《개호계 NPO의 최전선》에서 거론한 단체들은 선진적 사례라 할 수는 있겠으나, 그 지표가 수익뿐이다. 그 책의 논리로도 설득력이 떨어진다.[28]

사회학자 시부야 노조무는 많은 연구자가 이상화한 시민참여

---

25 기독교 사회운동가인 가가와 도요히코가 설립한 생활협동조합. 사업 지역은 고베, 오사카, 교토 등 서일본 지역 일대이며 조합원은 약 145만 명에 달한다.-옮긴이

26 국세청이 유상 자원봉사자에 의한 사업이 도급(일종의 파견업)인 만큼 수익 사업에 대해 과세를 부과하겠다고 하자, NPO 나가레야마 아이넷 측은 과세가 위법하다고 지바현 세무서장을 상대로 소송을 제기했다. 1심에서 패소, 2심에서 항소가 기각되어 패소를 확정했다((田中·浅川·安立 2003: 168-170)[NPO 나가레야마 아이넷은 지바현 나가레야마에서 그룹홈과 데이서비스 시설 등을 운영하고 있다].

형 복지에 대해 비판적인 입장을 취한다.

> 시민참여형 복지사회에서는 임금을 대가로 얻는 행위, 즉 상품으로서 노동의 의미나 가치는 상대적으로 평가절하되고, 일반적인 활동으로 평준화된다. 이렇게 되면 노동자와 노동자가 아닌 이, 노동자와 비노동자를 엄밀히 구별하는 게 의미가 없다. (渋谷 2003: 41)

개호보험에서 돌봄은 이용자에게는 서비스, 노동자에게는 노동이다. 협 부문의 장점은 이용자와 노동자 주체 중 한쪽 아니면 양쪽 모두에게 단점이 될 수도 있는데, 시부야가 지적한 바가 그것이다.

앞서 나는 이용자에게 시민사업체가 선택지 중 하나인 것처럼, 케어 워커에게도 시민사업체는 선택지 중 하나일 뿐이라고 여러 번에 걸쳐 썼다. 개호보험하에서는 NPO나 생협을 비롯해 협

---

27 16개 NPO 중 나머지는 다음과 같다. 사쿠라비카이桜実会, 다스케아이 아사히たしけあい·あさひ, 누쿠모리복지회 단포포ぬくもり福祉会たんぽぽ, 서포트하우스 넨린サポートハウス年輪, 장수사회지원협회長寿社会支援協会, 기타규슈 아이노카이北九州あいの会, 다스케아이 이즈미たすけあい泉, 배려지원센터 구마노思いやり支援センターくまの, 복지지원센터 사와야카아이치福祉サポートセンターさわやか愛知, 하나마루카이はなまる会, 다스케아이 사가たすけあい佐賀, 린린りんりん.

28 《개호계 NPO의 최전선》에서 거론한 16개 NPO 중 그룹홈을 경영하는 단체는 다섯 곳이며, 이 가운데 소규모 다기능 데이서비스를 실천하는 단체로 하나마루카이를 소개했다. 도야마에 있는 소규모 다기능 시설 고노유비도마레도 언급했다. NPO 사업체 중 선진적인 돌봄을 실천하는 사례는 수익과 같은 잣대로 판단할 수 없다. 고노유비도마레는 매우 선진적인 사례인데 16개 NPO에서 누락되어서 일부러 언급한 것이 아닐까 싶다.

부문의 어떤 시민사업체든 다른 사업체와 대등한 조건으로 경쟁해서 이용자(서비스 시장)와 노동자(노동 시장)의 선택을 받아야 한다. 노동 상품(서비스) 시장이든 노동 시장이든 시민사업체가 다른 사업체에 비해 경쟁 우위에 있을지, 즉 이용자든 케어 워커든 다른 사업체가 아닌 시민사업체를 선택할 것인지에 대해, 나아가 시민사업체가 지속가능하려면 어떤 선택을 해야 할지에 대해 연구자는 별도로 검토해야 한다.

당사자 니즈에서 본 복지경영

물리치료사이자 개호 어드바이저[29] 다카구치 미쓰코는 "인간이 집단으로 사회적 사명을 완수하려면 관리가 필요하다"고 했다(高口 2006: 11). 다카구치는 고령자 시설에서 근무 경력을 쌓은 인사 관리 전문가이기도 하다. 여기서 '관리'라는 단어가 통제를 연상시켜 부정적인 이미지를 준다면, 이것을 '매니지먼트management'로 바꿔 말해도 좋다. 개호보험에는 '케어 매니지먼트'라는 이용자의 니즈와 서비스를 연결하는 시스템이 있긴 하나, 이것은 개호보험제도 속에서 이용자의 니즈를 앞에 두고 비용 대비 성과가 좋은 서비스의 조합을 고려하는 관리 기술이다. 다카구치가 말하는 관리와는 다르다.

---

29 고령자의 안전 관리나 질환, 신체 기능에 대해 조언해주는 민간 자격증의 명칭. '개호 예방 건강 어드바이저'라고 하기도 한다.-옮긴이

매니지먼트는 '경영'으로 번역된다. 영리단체든 NPO든 조직 목표를 달성하기 위해서는 경영이 있어야 하지만 실상 NPO에서는 경영에 관심이 없을 뿐 아니라, 영리사업을 연상시킨다는 이유로 기피하기도 했다. 경영 효율이라는 명목으로 비용 대비 성과를 우선시하고, 최대의 이윤 추구를 목표로 삼는 것을 경영 관리라고 봤기 때문이다. NPO나 사회복지법인과 같은 공익법인은 대부분 지금까지 경영을 염두에 두지 않았고 사실상 비효율적인 활동을 방치했다. 개호보험 시행 후 어떤 사업체든 동일한 행위별 수가제가 적용되었다. 이에 따라 비효율적인 경영은 비판 대상이 되었고 사업체가 지속가능한 돌봄사업을 할 수 있는지가 문제로 대두했다.

영리사업 측면이 없는 시민운동단체라고 해도 관리는 필요하다. 그리고 시민운동단체에도 실제로 경영 관리에 해당하는 활동이 있지만, 잘 드러나지 않는다. 자발성과 무상성이 전제인 자원봉사의 특성을 지닌 NPO에서는 인적 자원의 동원이 필수조건이다. 이를 두고 NPO 연구자들은 "NPO에는 기업에서는 존재하지 않을 관리, 특유의 고도 경영 관리 능력이 요청된다"고 했다(田中·浅川·安立 2003: 25). 기업에서는 임금과 지위로 인사 관리를 할 수 있지만, NPO에서는 임금이나 지위와 같은 자원을 이용하지 못하기 때문이다. 그래서 NPO에서는 자아실현과 같이 눈에 보이지 않는 보수를 준비해야 한다. 시민운동단체나 NPO 등 현장에서 경영 관리를 담당한 이들에게는 기업 경영자와 비교하더라도 높은 관리 능력이 있다. 이는 경험에서 나온 것으로, 이런 측면을 두고 다나카는 NPO의 "인재 양성 기능"이라고 불렀다.

복지사업에 경영 개념을 적극적으로 적용해 복지경영 개념을 가장 선구적으로 도입한 이는 사회복지학자 교고쿠다. 교고쿠는 "사회복지의 경영으로 돈벌이를 하는 것은 괘씸하다고 생각하는 고루한 학자도 있지만, 사회복지 연구자는 발상을 전환해야 한다"고 했다(京極 2003b: 381). 교고쿠는 "복지경영은 비즈니스 감각과 복지를 하려는 마음의 조화"라고 주창하며 "복지서비스를 생산하는 과정을 관리하는 것"이라고 정의한 바 있다(京極 1998: 121). 복지경영의 원칙은 [비용 대비 성과와 같은] 효율성cost-performance에만 있는 것은 아니고, 공평성equity과 접근성accessibility에 있다고도 했다. 이 점은 영리단체에서도 마찬가지다(京極 1998: 122-123).

교고쿠는 복지경영의 구성 요소로 ① 서비스 관리 ② 인사 관리 ③ 설비(시설) 관리 ④ 재무 관리 ⑤ 시설 환경을 들었다. 여기서 ①은 복지사업체가 생산할 서비스의 품질을 관리하는 것을 말하고 ②, ③, ④는 각각 사람, 물건, 돈의 관리에 해당한다. ⑤는 환경 조건인 하드 측면인데 이는 노동자의 처우에도 영향을 미친다. 교고쿠는 복지경영학이 재정학, 경제학, 경영공학의 학제를 아우르는 분야라고 했는데, 시설 환경 측면에서 보자면 복지공학[30]도 포함할 수 있다. 내가 생각하는 복지경영학은 교고쿠가 생각한 범위보다 넓은데, 건축물과 같은 하드 측면을 다룬 건축학도 포함해야 한다.

나와 공동연구를 한 연구자 박희숙은 복지경영 개념을 적극

30 장애인이나 고령자의 일상생활을 지원하는 기구, 기계 등의 제작과 관련된 공학 분야.-옮긴이

적으로 적용해 분석했다. 박희숙은 "복지경영은 복지사업체의 목적인 복지, 사업체의 존속 조건인 경영을 시야에 같이 넣은 것"이라고 정의했다(東京大学社会学研究室·建築学研究室 2006: 225). 박희숙은 이러한 복지경영 개념을 본인의 학위논문 〈1990년대 이후 지방분권 개혁에서 복지 거버넌스〉에서 발전시켰다(朴 2009). 박희숙은 "복지경영이란 현재 복지사업체에서 귀납적으로 도출할 수 있는 개념이 아니고 앞으로 복지사업체가 추구해야 할 경영을 가리키는 규범적인 개념"이라고 했고 나도 이 점에 동의한다. 이렇게 정의한 후 박희숙은 복지경영을 더 살피는데, 이에 따르면 복지경영력을 최대화한 조직은 수요가 아니라, "이용자의 니즈에 맞춰 재화와 서비스를 제공하는 곳"이고, 동시에 다섯 가지 조건을 두루 갖춘 곳이라고 다시금 정의했다. 그 조건은 다음과 같다. "① 이용자에 대한 포괄적 돌봄(돌봄의 질), ② 노동자의 고용조건 확보(노동력 재생산), ③ 사업체의 지속성(경영 책임과 경영 효율성), ④ 지역 관계(주민참여)와 지역 내 자원의 연계, ⑤ 제도·정책적 제안 능력(사회적 행동)"이다(朴 2009: 55).

나는 복지경영이 ① 돌봄을 받는 쪽과 주는 쪽 양쪽 이익을 최대화할 수 있도록 ② 지속가능한 사업을 하고 ③ 소프트[돌봄서비스]와 하드[물리적 공간]를 아우르는 경영 관리라고 정의한 적이 있다(中西·上野 2008). 여기서 나는 다나카와 박희숙의 논의를 참조하면서 두 가지 특징을 덧붙이려 한다. ④ 시민 합의와 자원 조달, ⑤ 사회적 설계의 제안과 실천을 가능하게 하는 것. 이제 내가 생각하는 복지경영의 다섯 가지 특징에 대해 상세히 살펴보자.

① 돌봄을 받는 쪽과 주는 쪽 양쪽 이익을 최대화한다는 것은

지금까지 논의한 바대로 돌봄이 상호행위라는 전제에 근거한다. 돌봄과 같이 특수한 서비스는 노동자가 서비스를 생산한 장소와 시간에 이용자에 의해 소비된다. 이런 특성이 있으므로 상호행위에 관여하는 복수의 주체 중 한쪽에게만 득이 되는 것은 좋은 돌봄이라고 볼 수 없다.

시민사업체뿐만 아니라 영리기업에서도 이용자 중심, 소비자 주권을 내세운다. 그런데 기업의 인사 관리는 '고객 제일'인데, 이것이 노동자의 스트레스나 희생을 초래한다면 지지받을 수 없다. 돌봄 현장에서 노동자의 스트레스나 희생은 결국 가장 약자인 '돌봄을 받는 쪽'이 타격받는 것으로 이어진다. 이는 과거 경험에서 이미 널리 알려진 바다. 돌봄은 상호행위이므로 여러 명의 행위 주체가 관여한다. 돌봄의 질을 당사자 중 한쪽인 이용자의 만족만으로는 판정할 수 없다.

돌봄이 사업이라면 설령 비영리사업체라 해도 ② 지속가능성을 당연히 문제 삼아야 한다. 특히 개호보험과 같은 준시장에서는 각 부문의 사업체가 정부가 정해놓은 가격인 행위별 수가제처럼 대등한 조건에서 경쟁해야 한다. 한정된 자원을 효율적으로 사용할 것, 즉 비용 대비 성과에 대한 요구는 시민사업체라고 해서 피해갈 수 없다.

③ 나는 소프트와 하드 양쪽 다 경영 관리할 것을 언급하면서 하드 면을 강조했다. 여타의 복지경영론과 다른 점이다. 경영 관리는 인사 관리·재무·섭외·교육 연수와 같은 소프트 면도 중요하지만, 시설·환경·설비·기자재 등 하드 관리도 빼놓을 수 없다. 지금까지 NPO론에서 하드 면에 대한 경영 관리를 별로 중시하지 않은

것은 기존 NPO 활동이 인프라 투자 없이 주로 노동집약형 활동에 한정되어왔기 때문이다. 하지만 교고쿠의 복지경영론에는 시설 경영을 넣어 하드 면을 포함했고, 각종 시설의 인프라 투자는 그 규모가 크든 작든 불가결하다. 지금껏 복지경영론이 하드 측면에 상대적으로 무관심했던 것은 그간 복지경영론이 플로flow[31]에만 초점을 맞추고 스톡stock[32]에는 무관심했기 때문이거나 혹은 그럴 여유조차 없었기 때문이다. 내가 참여했던 공동연구에는 건축학 전문가를 포함했는데, 하드(공간 설계)가 소프트(돌봄의 질)를 규정하는 동시에, 소프트도 하드에 영향을 미쳤다는 결과가 나왔다. 앞으로 복지경영에서는 소프트뿐만 아니라 하드 측면의 경영 관리를 포함하는 것이 더 중요해질 것이다.

④ 시민사업체의 활동가들은 시민의 합의와 자원 조달을 '지역 개방성' '자원봉사 동원' '지역 자원 연계'라고 부른다. [시민의 합의와 자원 조달을 두고] 박희숙은 "지역과 관여된 것"이라고 했지만, 내가 보기에는 더 넓은 개념이다. NPO 연구자 다나카 나오키는 "개호계 NPO에는 첫 번째 고객인 서비스 이용자 외에도, 두 번째 고객인 NPO 회원이 있다. NPO는 두 번째 고객 대상의 경영 관리 능력을 높여야 한다"고 했다(田中·浅川·安立 2003: 25). 여기서 다나카가 말한 두 번째 고객은 시민사업체의 사업에 동의하고 그것을 지원하는 시민 집단이다.

이미 설명했듯 나는 이런 사람들을 '지역 주민'이나 '주민'이라

---

31 매번 거래를 해서 수익을 얻는 경영.-옮긴이
32 꾸준히 유지될 수 있도록 하는 경영.-옮긴이

고 하지 않고 '시민'이라고 한다. 이 '시민' 자원을 조달하는 내용을 들여다보면, 가령 지역 내 자원봉사 모임이 고령자가 외출할 때 도와주는 경우처럼 지역밀착의 형태도 있지만, 그 지역이 광역에 걸쳐 있는 경우도 있다. NPO에서 두 번째 고객은 반드시 회원이나 지역이라고는 할 수 없다. 예를 들어 NPO법인 고노유비도마레를 개설할 때는 도쿄에 사는 승려가 창업자금 일부를 소액 기부로 모금해주었다.

직접적 수혜자는 아닐지라도 시민사업체의 취지에 공감해 기부 행위를 하는 이들이 NPO의 두 번째 고객이다. 재단 등에서 활동지원금을 받는 것도 중요한 자원이다. 두 번째 고객은 영리기업으로 치면 주주에 해당한다. 또 공공사업으로 실시한 복지사업의 경우, 두 번째 고객은 유권자를 의미한다. 나는 15장에서 두 번째 고객인 시민의 합의를 이끌어내는 데 실패한 사례로 다카노스 마을을 살필 것이다.

마지막으로 ⑤ 사회적 설계의 제안과 실천이 있다. NPO를 비롯해 많은 시민사업체에서는 현장의 니즈에 맞춰 제도에 얽매이지 않고 제도적 틀을 넘어 유연하게 서비스를 제공해왔다. 이렇게 하다가 새로운 제도, 정책의 씨앗이 된 사업이 있다. 행정 당국이 선진적인 모델을 도입한 사업으로, 가령 도야마에서 시작된 소규모 다기능형 시설이 그런 경우다.

이런 시민사업체의 유연한 실천을 두고 나는 "NPO가 제도를 개혁했다"라거나 "NPO가 새로운 정책 제안을 했다"고 하지 않는다. 나는 시민사업체의 실천을 지금은 존재하지 않지만, 앞으로는 가능한 사회를 구상할 소셜 디자인social design이라고 생각하기 때문이다. 또 NPO는 단지 정책을 제안하는 기능이 아니라 제안한 것들을 사회적으로 실현해가기 위한 합의를 조달한다. NPO는 이를 위해 시민행동activism을 한다.

NPO 연구자 중에는 시민사업체가 정책을 제안하는 기능을 한다고 하는 이들이 많은데, 시민사업체는 단지 컨설팅이나 싱크탱크(정책 연구) 기능만 하는 게 아니다. 스스로 부여한 사명을 실현하기 위해 사회적 합의를 이끌어내는 것이 이들의 직무다. 여기서 다시 도야마의 소규모 다기능 시설 고노유비도마레를 살펴보자. 이 시민사업체는 돌봄사업만 계속하는 게 아니라, 정보 발신 활동에 에너지를 쏟는다. 소규모 다기능 시설 기업가 세미나를 지속적으로 열고 있고, 인재 육성을 위한 활동을 한다. 여기서 육성한 인재는 새로 소규모 다기능 시설을 꾸려 시민사업체를 만드는데, 이런 인재들이 도야마케어넷富山ケアネット[33]이라는 연합단체를 결성했다. 이후 '도야마케어넷'은 지자체 행정 당국과 교섭해 도야마현과 현 내 시市에서 소규모 다기능 시설 창업 지원 제도를 만들어냈다. 또 일본 전국에서 소규모 다기능 시설을 운영하는 사업자를 연결해 '소규모 다기능 케어 전국 세미나'를 개최하기도 한다. 이 세미나는 2010년까지 총 7회에 걸쳐 개최되었다. 도야마케어넷은 개호보험 개정 때 후생노동성을 대상으로 정치활동을 벌인 이익단체 역할도 했다. 근시안적으로 바라보면 시민사업체가 다른 시민사업체를 육성하는 것은 라이벌을 키우는 것이다. 사실 도야마시 일부 지역에서는 소규모 다기능 시설이 포화 상태다. 그러나 장

33 홈페이지 https://www.toyama-shakyo.or.jp/carenet.-옮긴이

기적으로 볼 때, 시민사업체가 동일한 시민사업 비즈니스 모델을 확산시키면 사회적 영향력이 커진다. 시민사업체들의 연계로 정치적 발언력이 세지고 행정 당국과의 교섭력도 강화된다. 이런 전략적 활동이 바로 "시민운동이자 사업"이라는 이중성을 띤 시민사업체의 특성이라고 할 것이다(Salamon 1999). 복지경영에서는 시민운동단체와 사업체로서의 균형을 유지하는 것이 중요한 과제다.

교고쿠의 논리에서는 복지경영의 목적이 복지에 관한 요구를 충족한다는 데 있다는 것이 자명한 전제다. 박희숙도 복지경영에서 연구 대상으로 삼은 사업체[복지 분야 민간사업자 및 NPO]는 필요에 즉각 대응하는 조직이라고 정의했다. 나는 '당사자 주권'이라는 용어를 쓰며 이용자의 니즈를 중심에 두자고 주장했는데, 박희숙은 내가 이용자의 니즈를 과도하게 강조한다고 비판한 바 있다. 복지 거버넌스[34]에서는 복수의 다양한 이해관계자 간에 이해를 조절해야 하기 때문이다. 박희숙은 지방자치를 주제로 삼았기 때문에 이용자부터 납세자에 이르기까지 다양한 이해관계자가 관여한다고 보는 게 타당하다. 다만 나의 관심은 박희숙과는 다른 데에 있다. 니즈가 없는 곳에 복지는 존재하지 않는다. 당사자의 니즈와 만족은 복지의 원인이자 결과다. 복수의 이해관계자 간에 서로 다른 이해관계가 있는 것은 당연하다. 그러나 이해관계를 두고 우선순위를 매긴다면, 당연히 당사자의 니즈를 가장 우선시해야 한다. 이것이 이 책에서 내가 말하려는 당사자 주권의 이념이다. 복지경

---

34 사회복지에서 지원 주체를 연결하는 체계.-옮긴이

영의 목표가 복지를 실천하는 데 있다면, 당사자의 니즈는 그것의 가장 자명한 전제라고 할 것이다. 가령 공공의 의사결정에서 유권자의 합의를 이끌어냈다고 치자. 세금과 같은 공공 자원을 당사자가 원치 않는 서비스를 위해 쓸 수도 있다. 그렇다면 이것은 복지가 아니고 유권자의 자기만족이나 자기기만을 위한 자원 동원이라고 할 수도 있다. 이런 비판을 들어도 어쩔 수 없는 것이다. 장애인 복지 정책을 보자. 역사적으로 보면 장애인을 비장애인이 사는 동네에서 멀리 떨어진 곳에 대규모 수용 시설을 만들고 격리한 뒤 관리하는 정책이 공공연하게 진행되었다. 한센병 환자도 마찬가지였다. 이런 것은 장애인 복지가 아니고, 비장애인 복지라 불러야 마땅하다. 아니 복지라고도 할 수 없다. 장애인 억압 정책이다. 센이 역량 접근법에서 이야기한 것처럼, 복지에 사회적 약자의 필요에 응할 정책적 목적이 있다면 가장 우선시해야 할 것은 당사자의 니즈다. 이 점은 아무리 강조해도 지나치지 않다. 복지경영은 그 목적이 복지다. 복지경영을 생각할 때, 본래 복지경영의 목적이 복지라는 점을 잊어서는 안 된다.

교고쿠는 복지의 자명한 전제로 공평성과 접근성을 언급했다. 쉽게 말하자면, 필요한 사람이 누구든 언제든 이용할 수 있도록 복지서비스가 빠짐없이 있는 것을 뜻한다. 이것은 공적 복지의 책임이다. 나는 협 부문의 사업체가 반드시 공평성과 접근성에 대해 책임을 져야 한다고는 생각하지 않는다. 시민사업체가 제공할 복지의 공평성과 접근성은 이용자와 소비자의 선택에 달려 있다. 개호보험은 고령자 복지를 시혜에서 권리로, 행정 조치에서 계약으로 전환시켰고, 돌봄이 필요한 고령자 또한 이용자이자 소비자로 바뀌었다. 그래서 이제는 누구나 표준화된 서비스를 공급받아야 한다고 보는 공평성이나 접근성보다는, 이용자와 소비자가 된 이들이 현명한 선택을 하는 것이 문제다.

복지에 앞서 이렇게 기본적 전제를 설정한 이유는 좋은 돌봄이란 무엇인지, 어떻게 하면 좋은 돌봄을 얻을 수 있을지 궁극적으로 질문을 하기 위해서다. 노동 시장에서 노동자가 경쟁 우위를 찾아 고용기회를 선택하는 것과 마찬가지로, 서비스 상품 시장에서도 경쟁 우위를 찾는 소비자의 선택이 있다. 복수의 선택지가 있는 곳에서는 현명한 소비자가 좋은 돌봄을 선택할 수밖에 없다.

왜 복지경영 연구는 없는가

교고쿠는 "21세기 복지경영학 확립은 일본 사회복지학의 과제"라고 하면서 복지경영학회 설립을 주장했다. 교고쿠는 앞으로 복지경영 학문 분야가 필요하다고 예측했으나 스스로 연구하지는 않았다.

사회복지학자 겸 사회학자 미토미 기요시는 복지경영 연구가 요청되지만 실천되지 못하고 있는 현실에 대해 다음과 같이 지적한 바 있다.

> 내가 아는 한, 일본에서 돌봄노동에 관한 비용 대비 성과 분석 연구는 나온 적이 없다. 왜 이런 연구는 없는 것인가? (三富 2005: 327)

복지경영학의 연구 대상이 비용 편익cost–performance에 그쳐서는 안 된다. 더욱이 돌봄은 복수의 행위 주체가 관여하므로, 누구의 비용이고 누구의 성과인지 일반 영리기업처럼 분석할 수는 없다. 그러나 여기서 미토미가 지적한 점에는 귀 기울일 만한 가치가 있다.

이 책에서 나는 부분적이나마 미토미의 물음에 답하고자 했다. 나는 시민사업체는 돌봄서비스의 질뿐만 아니라 경영 측면에서도 다른 부문 사업체에 비해 상대적으로 우위성에 있다는 가설을 세웠다. 이어지는 11장에서부터 이 가설을 검증할 것이다.

11장 생협 복지

생협 복지와 워커즈콜렉티브

NPO와 함께 생협이 협 부문 돌봄에 주역을 담당할 것이라 기대하는 연구자가 많다(川口 1994; 京極 1998, 2002, 2003a, 2003b).

일본에 NPO가 생기기 전부터 생협이 시민참여형 복지 담당으로 경험과 실적을 쌓아온 것은 의심의 여지가 없다.

'생협 복지'라는 용어는 10장에서 언급한 사회복지학자 교고쿠 다카노부가 사용했다. 교고쿠는 일찍이 《시민참여 복지계획》(京極 1984)이라는 책을 썼는데, 2002년 출간한 《생협 복지의 도전》에서 "주민의 자발적 참여에 바탕을 둔 전형적인 상호부조 사례가 생협"이라고 했다. 몇 년 후 교고쿠는 다음과 같이 회고했다.

> 이 이야기는 여기서 처음 쓰는데, 실은 나는 생협에서 힌트를 얻었다. 1970년대부터 나는 생활협동조합의 관점을 복지에 좀 더

도입할 수 있을 것이라고 생각했다. (京極 2003b: 16)

일본에 있는 생협은 약 600개, 조합원은 총 2200만 명이다. 이 가운데 생활클럽연합회生活クラブ連合会[1]에 속한 생협은 26개다. 조직 수는 적지만 생활클럽연합회는 워커즈콜렉티브라는 독자적인 활동 방식으로 많은 연구자의 주목을 받았다. 생활클럽연합회의 조합원들은 선구적 생협 복지를 담당해왔다.

이 장에서 나는 생협 복지 사례로 생활클럽계 생협의 워커즈콜렉티브 활동을 연구 대상으로 했다. 일종의 사회적기업이라고 할 수 있는 워커즈콜렉티브가 협 부문의 사업 모델이라고 봤기 때문이다.

농업경제학자이자 협동조합 활동가 이와미 다카시는 《일본형 워커즈코프 사회사》(石見 2007)에서 워커즈콜렉티브를 '사회적기업'이라고 했다. 책 제목의 '워커즈코프worker's coop'에는 워커즈콜렉티브가 포함된다. 이와미는 "워커즈코프는 시민사회에서 행정기관이 영향력을 미치지 못하는 부분에 손을 내밀어 공익성이 있는 사업을 하는 유연한 사업 조직"이라면서 "사회적기업의 핵심은 워커즈코프의 육성이라는 점을 이제 전 세계에서 공통적으로 인식하고 있다"고 강조했다(石見 2007: 252-253).

이와미가 생협이나 워커즈콜렉티브를 NPO라고 보지 않고

---

1 생활클럽사업연합생활협동조합연합회의 약칭으로 생활협동조합의 연합체다. 1965년에 조직된 도쿄생활클럽에서 주부들이 고물가, 유해식품에 대항해 식품 공동구매 운동을 한 것을 시작으로 1968년부터 생협을 설립하고 활동을 펼쳐왔다.-옮긴이

'사회적기업'으로 포함한 데는 이유가 있다. NPO와 사회적기업의 법인격이 다르다는 식의 단순한 이유가 아니다. 사회적 경제를 연구하는 연구자들이 이 비영리 부문에 협동조합이나 공제조합[2]을 포함할지에 관한 논의를 진행했기 때문이다(Evers & Laville 2004=2007). 협동조합은 출자자에 대한 이윤 배분을 허용하므로 비영리 부문에서 협동조합을 제외하자는 주장이 나왔다. 그러나 이탈리아 경제학자 카리오 보르자가와 벨기에 경제학자 자크 드푸르니는 이런 주장은 "미국식 선입견"이라고 지적한다(Borzaga & Defourny 2001=2004). 독일의 사회정책학자 아달베르트 에베르스와 프랑스의 사회학자 장루이 라빌은 협동조합은 원래 공익公益이나 공익共益을 위해 태어난 조직이고 이윤 배분을 한다고 해도 일정한 제한을 둔다며, '제3섹터'에 속한다고 본다. 협동조합을 시장경제가 아닌 사회적 경제로 분류할 수 있다고 한다.

여기서 잠깐 워커즈콜렉티브와 워커즈코프의 역사 및 공통점과 차이점을 먼저 살펴보자. '노동자(생산자)협동조합'으로 번역하는 워커즈콜렉티브나 워커즈코프는 19세기 유럽에서 일어난 연합주의associationism,[3] 생디칼리즘syndicalism[4]과 함께 사회주의 계보에 속한다. 유토피아 사회주의자 로버트 오웬과 샤를 푸리에가 말한 협

---

2 공무원과 그 부양가족을 대상으로 한 공제보험을 운영하는 조합.-옮긴이

3 19세기 유럽에서 나타난 흐름으로 자본주의 태동기의 도시 노동자들이 질병, 사고, 사망, 실업 등 사회적 위험에 대비하기 위해 공제조합, 농업협동조합, 신용협동조합, 소비자생활협동조합과 같은 집합적 조직을 만들어 대응한 것을 말한다.-옮긴이

4 프랑스에서 1860년대부터 직종별 숙련공들이 노동조합을 만들려는 운동에서 비롯된 노동조합운동. 노동자가 경제 영역에 직접 참여하면서 자율 생산과 분배에 기반한 산업공동체를 지향한다.-옮긴이

동주의에서 노동자협동조합이 발생했다(Mellor et al. 1988=1992). 워커즈콜렉티브는 소비자협동조합이나 노동조합과 견줄 만한데, 생산의 협동을 목적으로 삼는다. 일본에는 생산협동조합, 노동자협동조합, 고령자협동조합 등이 활동해온 역사가 있다. 이 장에서 나는 1980년대 이후 생활협동조합 가운데 주로 여성 조합원이 활동 주체로 공동 출자해 만든 조합 중 개호보험 지정사업소로 복지사업을 시작한 워커즈콜렉티브를 연구 대상으로 삼았다. 농협이나 고령자협동조합도 개호보험사업에 참여하긴 하나, 이 장에서 생협만 한정해 살핀다.

워커즈콜렉티브와 워커즈코프는 같은 뜻으로 사용되는 용어인데, 이 장에서 나는 '워커즈코프' 대신 생협 복지사업체가 채용한 용어 '워커즈콜렉티브'를 사용한다. 그런데 두 용어는 미묘하지만 결정적 차이가 있다. 워커즈콜렉티브는 주로 여성이 일하는 사업체로 생협 활동에서 시작했고, 워커즈코프는 주로 노동조합운동 가운데 중장년 남성이 공장 폐쇄나 실업 등에 직면해 자주적으로 노동을 관리하려는 움직임이 일면서 스스로 직장을 만드는 운동에서 시작했다. 고령자협동조합은 워커즈코프에 속한다. 워커즈코프가 남성 세대주의 고용 창출이 절실할 때 나온 것이라면, 워커즈콜렉티브는 무직 기혼 여성의 "새로운 일하기 방식"에서 나왔다(天野 1997). 즉, 활동 주체의 계층과 젠더 면에서 차이가 있다. 이와미는 자신의 저서에서 이 둘을 같은 맥락에 놓고 논의하는데, 마치 물과 기름을 섞은 것 같은 느낌이다.

개호보험사업에 참여한 이들은 워커즈콜렉티브와 고령자협동조합, 농협 여성부 등의 여성이나 고령자였다. 이는 돌봄노동에 대한 보수가 가계의 부수적 수입에 불과한 수준으로 억제된 현실을 반영한다. 이 말은 기혼 여성의 입장에서는 남편 수입에 대한 부수적 수입이라는 뜻이고, 고령자 입장에서는 연금에 대한 부수적 수입이라는 뜻이다.

후생노동성이 분류한 개설 주체별 재택개호서비스의 제공 사업자를 보면, [개설 주체가] 생협인지 농협인지 구별할 수가 없다. 생협, 농협은 둘 다 협동조합법인이긴 하다. 그러나 지금 농협은 우체국은행 다음가는 일본 최대 금융기관이다. 이제 정치적 이권단체가 된 농협이 협동조합의 본래 뜻인 자립적이고 자율통치적인 자유인들의 어소시에이션이라고 파악하는 연구자는 드물다. 거대해진 협동조합은 관료제처럼 된다. 생협도 거대해지면 이를 피할 수는 없을 것이다. 집단 식중독 사고[5]로 타격을 입은 유키지루시 유업회사가 홋카이도의 낙농가 협동조합에서 시작한 기업이라는 걸 알고 나서 놀라는 이들이 많다. 농협은 이제 농협 이익만 최우선으로 삼은 조직이 되었고, 조합원 민주주의는 알맹이 없이 형식적이다.

그래서 농협과 생협은 구별해서 분류해야 타당하다. 완전하다고는 할 수 없지만 그래도 도시형 생협은 조합원 민주주의를 지키고 있기 때문이다. 또 농협과 생협에서는 지역이 의미하는 바가 다르다. 이 점에서 양자는 가장 크게 차이가 난다. 생업인 농사를 함께하기 위해 시작한 농협을 보자. 이론적으로 보면, 조합원 가입

5 2000년 6~7월 일본에서 유업회사인 유키지루시가 제조한 유제품을 먹은 1만여 명이 집단 식중독에 걸린 사고.-옮긴이

과 탈퇴가 가능하나 실제로는 자유가 없는 것이나 마찬가지다. 그런데 도시형 생협은 '소비'라는 행동 한 가지만으로 묶인 공동체성을 전제한다. 농협처럼 거주지가 가깝다거나 생업을 같이한다는 것이 전제가 아니다. 생협은 부분적으로만 귀속되길 원하는 조합원들의 어소시에이션이다. 따라서 전통적인 의미의 지역 커뮤니티와 같다고 혼동하지 않아야 한다.

생협이 지역밀착형이라고들 자주 오해하는데, 이는 틀렸다. 생협 조합원 조직률은 아무리 높은 지역에서조차 지역민의 10%를 넘지 못한다. 1980년대에 내가 실시한 조합원 조사에서는(上野 1998; 2008b), 생협에 가입하는 이유가 "안전한 먹거리를 구입하고 싶어서"라는 답이 많았다. 이 부가가치를 얻으려고 조합원이 되는데, 조합원이 되면 그전에 가던 지역 내 상점에서의 구매는 줄어든다. 이를 두고 "맞교환tradeoff이 일어난다"고 한다. 또 생협은 상품 공급에 통일성을 갖추지 못했기 때문에, 모든 소비재를 생협에서 구매하는 식으로 의지하는 충성도가 높은 조합원은 그다지 많지 않다. 생협 조합원이라 해도 지역 내 상점, 슈퍼, 생협 여러 군데에서 두루 상품을 구입한다.

생협은 1960년대 '유통혁명'을 통해 슈퍼마켓과 경쟁하긴 했지만, 가격 파괴 등 가격에 영향을 미치지는 못했다. '안전한 식품'이라는 부가가치에 돈과 에너지를 쓸 용의가 있는 계층만 조직함으로써, 일종의 선택받은 집단이 조합원이 되었다. 생협 조합원의 학력이나 계층이 지역 주민 평균 수준보다 높다는 사실은 생협과 관련된 선행연구로 이미 밝혀진 바 있다(佐藤·天野·那須 1995).

생협에서는 조합원 공동구매 방식[6]을 취하므로 지역 내 공동체로 보일 여지가 있지만, 실상 생협의 조합원들은 서로 거주지가 가깝다는 것에 그다지 의존하지 않는다. 도시는 인구밀도가 높다. 가령 도시의 아파트 200세대 중 조합원 다섯 명이 한 조를 꾸려 생협 먹거리 공동구매를 한다면, 이것을 이들이 가까이 거주하기 때문이라고 설명할 수 있는가? 조합원들의 말을 직접 들어보자. "생협 조합원들은 자기가 사는 지역에 밀착된 사람들은 아니다. 오히려 지역에서 뿌리내리지 못하고 떠 있는 것과 같은 사람들이 조합원들이다. 이런 특성이 비슷하다."

생협 복지에 지대한 관심을 보인 교고쿠도 다음과 같이 썼다.

> [조합원들은] 지금까지 조합원들끼리의 좁은 세계에서 활동하며 살던 이들, 좀 심하게 말하면 이전에는 지역에 아무런 관심이 없다는 느낌이었다. 그런데 이제는 지역의 일원으로 활동해봐야겠다고 [변화하려는] 의식이 생기고 있다는 인상을 받는다. (京極 2002; 2003b: 91-92)

조사 때 나 역시 교고쿠와 같은 인상을 받았다. 개호보험 시행 후 이러한 조합원들의 변화가 나타났다.

---

6 같은 지역에 사는 조합원 몇 명이 한 조를 꾸려 먹거리 상품을 구매하는 것을 말한다. 일본에서 생협 점포가 크게 늘면서 공동구매 방식은 줄어들었다.-옮긴이

개호보험과 생협의 복지사업

개호보험으로 NPO에 근본적인 변화가 찾아온 것처럼 생협 복지에도 큰 변화가 있었다. 개호보험 시행 전에 없는 것이나 마찬가지였던 NPO에 비해, 생협은 개호보험 시행 전부터 복지사업을 해왔기 때문에 개호보험제도를 설계한 이들은 생협에 큰 기대를 걸었다. 개호보험 시행 후의 제도적인 큰 변화는 재택개호에 한해 생협의 복지서비스 이용 제한이 풀렸다는 것이다. 전에는 생협의 복지서비스 원외員外 이용[7]을 행정 당국이 제한했고, 생협의 사업 범위 역시 생협이 소속된 지자체의 경계를 넘지 않아야 했다. 행정 당국이 이런 조치를 해제한 것은 그전에 생협을 규제하던 태도를 감안하면 예외적 결정이었다.

하지만 그간의 과정을 보면, 이런 제도적 변화를 생협에 대한 정부의 지지나 선의로 평가하기는 어렵다. 실제로 개호보험제도가 1997년 제정된 후, 3년간 준비 기간을 거쳐 개호보험이라는 전대미문의 제도를 시행하기 시작했을 때, 정부는 서비스 제공 사업자를 확보하는 데 사활을 걸었다. 서비스 제공 사업자가 부족하자 정부는 그것을 메꾸려고 생협에 복지사업을 요청한 것이다. 생협 원외 이용의 제한 조치를 푼 것은 관료들이 자기 사정에 맞춘 것일 따름이다. 제한 조치가 해제된 후 개호보험 시행 첫해의 개설 사업자별 분류를 보면, 생협을 포함해 협동조합의 비중은 3.4%에 이른다. 정부가 기대한 대로였다.

---

7 조합원이 아닌 사람은 조합을 이용할 수 없도록 한 생협 규정.-옮긴이

정책은 원래 의도하지 않은 영향을 미치기도 한다. 개호보험 제도도 그랬다. 원외 이용 제한 조치 폐지는 생협에 큰 영향을 미쳤다. 앞서 교고쿠가 생협이 "지역에 눈을 돌리게 되었다"고 짚은 것과 같은 변화가 나타난 것이다.

그런데 원외 이용 제한 조치를 폐지하지 않았더라도 개호보험 시행 후, 생협이 시작한 돌봄서비스 사업이 급성장했을 것이란 점은 쉽게 짐작할 수 있다. 생협은 약간의 가입비만 내면 조합원이 될 수 있다. 실제로 생협에서 개호보험 시행 전부터 해왔던 조합원 상호협력형 활동을 보면, 생협의 돌봄서비스를 신청하려는 이용자를 나중에 생협 조합원으로 가입하게 만드는 방법을 써서 원외 이용 제한 조치를 해결했다. 하지만 생협의 돌봄서비스 요금이 싸다고는 해도 완전히 무상은 아니다. 결국 요금 지불이 가능한지에 따라, 이용자의 경제 계층이 선별되었다. 조사 때 그린코프 관계자가 "개호보험 시행 전에는 결국 돈을 낼 수 있는 사람들만 생협의 돌봄서비스를 이용할 수 있었어요"라고 말한 데서 이를 단적으로 알 수 있다. 즉, 생협의 복지는 선별되고 말았다. 생협은 저소득층이 있는 지역의 현실을 마주하지 않아도 되었다.

원외 이용 제한 폐지 후 생협 복지를 보면, 이용자뿐만 아니라 노동자(워커즈콜렉티브) 쪽에서도 탈생협[8]이 진행되었다. 또 생협 계통 복지사업체 중에는 자립할 수 있는 경영 조건을 갖춰 생협으로부터 자립도가 눈에 띄게 높은 곳도 생겼다. 각지에서는 예상치

---

8 생협에 가입한 조합원이 아니더라도 생협의 돌봄서비스를 이용하거나 워커즈 콜렉티브의 노동자로 참여할 수 있다는 뜻.-옮긴이

못한 전개가 펼쳐졌다. 생협에 둥지를 튼 복지사업체는 개호보험 제도가 시행되자 생협을 먹어 치우며 성장할 움직임을 보이기 시작했다.

생협 복지에 대한 기대와 긍지

교고쿠는 생협 외 다른 사업체에서는 찾아볼 수 없는 생협 복지의 특출난 특성으로 다음 네 가지를 들었다.

> ① 소비자는 생활자生活者[9]라는 입장에서, 복지서비스를 받는 쪽과 제공하는 쪽이 모두 같은 조합원이라는 공통성이 있다.
> ② 폭넓은 일상 네트워크를 기반으로 성립한다.
> ③ 일상의 상호지원을 바탕으로 복지사업의 리더를 배출하는 등 인재 양성 효과가 있다.
> ④ 대규모 생협에서는 종합적이고 다양한 복지 활동과 복지서비스를 제공할 수 있다. 즉, 백화점식 복지사업을 전개할 수 있다.
> (京極 2003b: 35-36)

교고쿠가 정리한 이 특성을 다나카 나오키 등이 말한 NPO의 특성과 비교해보자. 교고쿠가 꼽은 이 네 가지는 각각 다나카가 말

9 일본의 생협운동에서는 활동 주체를 '생활자'로 규정하는데, 생활자란 생산과 소비 및 정치 가운데서 자신의 생활을 파악해 문제를 해결하고 실천하는 삶을 지향하는 사람을 뜻한다.-옮긴이

한 당사자성, 지역밀착형, 자아실현, 네트워크형 특성에 대응한다. ①에서 말한 모두가 같은 조합원이라는 공통성은 원외 이용 제한 폐지로 사라졌지만, NPO와 마찬가지로 이용자와 활동 주체가 같다는 측면에서 당사자성은 손상되지 않았다. 교고쿠가 ②에서 말한 것은 10장에서 서술했다시피, 지역 커뮤니티가 실제로 성립하는 규모로 네크워크를 파악해야 하므로 논의를 보류해야 한다. 그리고 10장에서 다나카가 NPO를 "야반도주할 수 없는 단체"라고 예리하게 정의했다고 소개했는데, 생협계 사업체도 NPO와 마찬가지로 야반도주할 수 없다는 점은 같다.

교고쿠는 "생협 조합원들은 아직 생협 복지의 뛰어난 특성을 자각하지 못했다"면서 "사자가 잠에서 깨면 일본의 사회복지업계에 크나큰 영향을 미칠 수 있다"고 생협 복지에 대한 큰 기대를 내보였다(京極 2003b: 38).

일본에서 몇 되지 않는 생협 복지 연구자 가운데 한 사람인 아사쿠라 미에도 생협 복지는 '생활 복지'라며 생협은 지역복지의 담당자가 될 것이라고 강한 기대를 내비쳤다. 아사쿠라는 "생활 복지란 자조自助와 상호부조에 따른 자립생활지원으로서 제도적 복지의 한계를 극복하고, 주민 당사자가 중심이 되어 생활상의 문제를 주체적, 자발적으로 함께 해결하는 방법"이며, "생활 문제를 해결하는 과정을 통해 사람과 사람이 주체적, 자발적으로 서로 지원하고 관계를 쌓아가면서 공동체성을 형성하고 문제 해결을 지향한다. 동시에 가족과 커뮤니티를 강화, 재생한다"고 생활 복지의 기능을 정리했다(朝倉 2002: 31-33). 아사쿠라는 이런 기능을 통해 형성된 커뮤니티를 "복지 커뮤니티"라고 명명했고, 생협은 생활 복지의 담당자로 복지 커뮤니티를 형성하기 위한 중요한 활동 주체라고 여겼다.

그런데 교고쿠와 아사쿠라의 이러한 뜨거운 기대와는 별개로, 생협 담당자들은 이미 '커뮤니티 복지'를 추구하며 자신을 지역복지의 활동 주체로 표명해왔다. 타인이 관심을 갖지 않아도 생협 관계자들은 자신을 지역복지를 이끄는 주체로 여겨왔고, 활동에 대한 강한 자부심을 지녔다. 나리타 나오시는 생협 담당자들의 말을 인용해 다음과 같이 말했다.

> 지역 구매 생협[10]에서 복지 활동이나 복지사업을 보면, "생협은 태어난 순간부터 넓은 의미로 복지 활동을 시작했다"고 할 수 있다(日本生協連 1993: 30). 또 이것은 "생협을 가장 생협답게 하는 활동"이다(日本生協総合研究所 1991: 13). (成田 2005: 359)

1990년대 생협의 자기인식에 비춰보면, 교고쿠가 2002년(개호보험 시행 후)에 생협을 '잠자는 사자'라고 본 것은 잘못된 인식이다. 나는 그 시점에 생협은 지역복지에 깨어 있었을 것이라고 생각한다. 또 생협은 지역복지를 선도하며 경험을 쌓아왔다. 개호보험 시행 전부터 많은 생협에서는 조합원의 상호지원 사업[11]을 실시한

---

10 점포를 갖추고 식료품 등을 판매하는 생협. 또는 점포가 없어도 지역이나 직장에서 조합원들이 공동으로 식료품, 상품을 주문해 공동으로 구입하는 생협.-옮긴이

11 생협의 조합원들이 조합원들에게 필요한 복지서비스를 실시하던 사업. 고령이거나 몸이 불편한 이들의 이동을 돕거나 가사원조 등을 했다.-옮긴이

〈그림 14〉 1990~2003년 '생활을 서로 돕는 활동' 회원 수 및 활동시간 추이

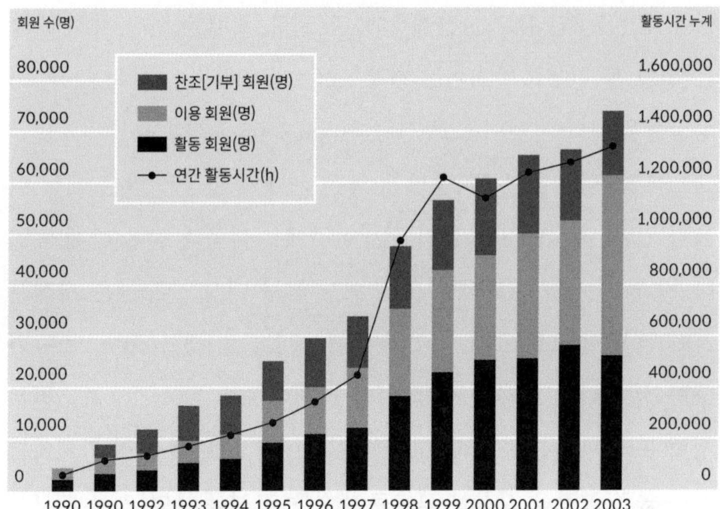

(日本生協連ホームページ「数字でみる福祉」)(成田2005: 365)

바 있다. 교고쿠, 아사쿠라의 생협 복지 연구는 이런 사례가 있었기 때문에 가능했다. 당시 후생성 역시 생협이 이미 쌓은 실적이나 경험을 근거로 생협에 기대를 걸었던 것이다.

가령 여러 연구자가 생협 복지의 우수 사례로 꼽는 고베에 있는 생협인 코프 고베의 구라시노 다스케아이 노카이くらしの助け合いの会[생활을 서로 돕는 활동 모임]는 1983년 나다 고베灘神戸 생협에서 시작했는데, [코프 고베에서는] 식사 서비스, 개호용품[12] 공급, 복지 정보 제공 등 사업을 차례로 확대했다. 1995년 고베 대지진 때 놀랄 만한 활동을 보이며 급성장해 개호보험 시행 직전인 2000년 3월에

12 고령자나 장애인의 일상생활 자립 및 돌봄을 지원하는 복지용구.-옮긴이

봉사 회원 1477명, 이용 회원 875명, 누적 총이용자 7759명, 연간 이용시간은 8만 1756시간에 달했다. 코프 고베를 선진 사례로 삼은 생협 복지(생협 내 용어는 '생활을 서로 돕는 활동くらしの助け合い活動')의 성장률을 나타낸 것이 〈그림 14〉다(成田 2005: 365).

생협 복지가 연구자들에게 높은 기대와 관심을 받은 데는 이유가 있다. 하지만 지금까지 선행연구에는 다음과 같은 한계가 있다. 생협 복지를 치켜세운 교고쿠가 연구 대상으로 삼은 사례는 2001년 당시 코프 고베, 미야기 생협, 생활클럽 생협(지바), 코프 가나가와, 생협 히로시마 이렇게 다섯 개다(京極 2002; 2003b). 전부 생협 복지의 선진 사례라 할 만한 것들이다. 그런데 생협 관계자를 따라 급히 현장을 시찰한 교고쿠가 쓴 보고서를 보면, 정보 대부분은 〈코프 고베 복지 문화 헌장〉이나 〈코프 가나가와 복지 활동 목표〉 등과 같은 생협 측 간행물 내용이며, 더욱이 보고서 중심 내용은 생협 복지 활동의 이념과 목표에 관한 것이다.

한편 아사쿠라의 조사 대상은 코프 고베와 교리쓰샤共立社 쓰루오카 생협이다(朝倉 2002). 일본 서쪽에 코프 고베가 있다면, 동쪽에는 교리쓰샤 쓰루오카 생협이 있다고 하는데, 둘 다 오래되었다. 아사쿠라는 각각의 생협을 도시형과 농촌형 생협의 대표 사례로 봤는데, 연구 내용 대부분을 생협 복지의 의의와 이념, 사례를 소개하는 데 할애했다. 실태조사라 할 수 있는 부분은 '생활을 서로 돕는 활동'에 대한 인터뷰다. 생협을 창설한 조합원, 운영 중핵을 담당하는 조합원 총 6명, 이용자 8명(코프 고베 이용자 6명, 교리쓰샤 쓰루오카 생협 이용자 2명)을 조사했다. 아사쿠라의 인터뷰 조사는 개호보험이 시행되기 전인 1999년에 실시한 것으로, 개호보험 시행 후인 2000년 8월 보충 조사로 내용을 추가하긴 했으나(朝倉 2002: 181), 개호보험 이행 안팎의 데이터가 없다. 나는 아사쿠라가 쓴 생협 복지의 의의와 이념에 공감하나, 연구에서 조사 대상인 당사자가 써서 발신한 정보를 주요 근거로 삼아 사례를 재구성하면, 조사 대상이 그린 이미지를 따른 결과만 나온다. 아사쿠라는 조사 대상으로 "조합원 가운데 '생활을 서로 돕는 활동'을 실질적으로 담당한 활동가와 리더를 선정했다"고 하는데(朝倉 2002: 146), 그들은 조직을 대변하는 경향이 강할 것으로 예측할 수 있다. 실상 조합원 6명의 인터뷰 조사 보고서를 보면, 생협의 역사를 개인의 성장이나 성숙에 맞춰 설명한 긍정적인 내용뿐이다. 이용자 조사 결과 역시 생협 복지에 대한 높은 평가나 기대뿐이다. 나는 7장에서 이용자 만족도 조사는 쓸모없는 경우가 많다고 기술하면서, 이용자 만족도가 별로 도움이 되지 않는 지표라는 점을 상세히 짚었다. 더군다나 개호보험 시행 전에는 이용자에게 선택지가 매우 제한적이었고, 비교할 만한 다른 선택지에 대한 정보조차 없는 경우가 많았다. 이용자 대부분은 서비스에 대해 불만을 말하기는커녕, 생협이 서비스만 제공해주면 그것만으로 감사하다고 여기던 게 현실이다.

워커즈콜렉티브는 어떻게 생겨났나

워커즈콜렉티브를 추진한 모체는 생활클럽 생협이다. 생활클럽 생협의 규모와 실적(2008년)을 보면, 회원 단위 생협[13] 29개, 조합원 총 31만 명, 총매출 870억 엔에 달한다. 거대 조직인 생활클럽 생협에서 워커즈콜렉티브는 582개, 워커즈콜렉티브 구성원은 1만 7000명이다. 복지사업(고령자 복지와 보육 포함)만 보면 사업단체 수는 544개, 담당 직원 수는 1만 1744명, 이용자 수는 4만 4869명으로 총매출은 83억 엔이다. 복지사업체로는 일본 최대 규모다(岩根 2009: 139). 1986년 워커즈콜렉티브 제1호가 탄생한 이래, 25년여 동안 급성장을 이뤘다.

1980년대 후반부터 1990년대까지 개호보험 시행 바로 전에 워커즈콜렉티브가 급속도로 성장한 데는 다음과 같은 복합적 요인이 있다(上野 2006b: 136-137).

① '민주주의 학교'를 표방한 생협에서는 조합원 조직의 계승자로 리더십과 활동 노하우를 갖춘 여성(이사장, 이사 경험자)을 받아들여야 했다.

② 1990년대 이후 장기 불황 속에 구조조정으로 화이트칼라(조합원 여성의 남편)가 퇴직하면서 조합원 여성들도 취직에 압박을 느끼게 되었다.

③ 그러나 40대 후반이 넘은 여성은 성차별, 연령차별로 인해 파트타임을 포함해 노동 시장에서 고용기회가 거의 없었다.

④ 한편 경제의 소프트화, 경제의 서비스화[14]가 진행되면서, 여성이 일하는 노동집약형 산업 수요가 확대되었다.

---

13 도쿄, 가나가와에서 지역별로 나뉜 생협 조직. 조합원은 회원 단위 생협에 먼저 가입한 뒤, 생활클럽 도쿄, 생활클럽 가나가와에 이중으로 가입한다.-옮긴이

⑤ 급속한 인구 고령화로 불황 속에서도 의료 복지 부문은 성장 산업이 되었다. 또 개호보험 시행 후 시장이 한꺼번에 확대되었고, 복지 노동에 대한 시장가격도 안정되었다.

⑥ 불황 속에서 생협도 구조조정에 직면했는데, 이 시기에 먹거리를 공동구매하는 생협에서 복지 생협으로 사업이 확대되고 전환되었다.

나는 이와 같은 요인을 배경으로 워커즈콜렉티브가 생겼다고 본다. 의욕과 능력은 있지만 갈 곳 없는 중장년층 여성 노동력이 추진 요인으로, 생협의 구조조정으로 인해 생긴 위탁이 유인 요인으로 작용했다(上野 2006b: 137).

그런데 이것만으로는 생협이 워커즈콜렉티브를 도입한 이유를 다 설명할 수 없다. 위에서 본 요인은 일본생협연합회에 가맹한 다른 생협에서 파트타임을 채용한 이유와 동일하기 때문이다. 일본생협연합회에 가맹한 생협이 적극적으로 파트타임을 도입한 시기에 생활클럽 생협은 워커즈콜렉티브를 도입했다. 일본생협연합회에 가맹한 생협에서는 워커즈콜렉티브를 도입하지 않았다(上野 2006b: 141).[15] 그 이유는 나중에 다시 논하겠다.

---

14 경제의 소프트화란 지식, 정보, 기술, 기획, 디자인 등 소프트한 업무가 경제에서 중대한 역할을 차지하게 된 사회를 말하며, 경제의 서비스화란 교육, 의료, 레저, 정보 등의 분야에서 새롭게 서비스산업이 생기면서 그 역할이 늘어난 것을 가리킨다.-옮긴이

15 上野(2006b)의 주 13을 참조할 것. 일본생협연합회의 가메다 아쓰코로부터 알게 되었다.

생협 복지의 세 가지 유형

나는 워커즈콜렉티브 활동을 적극적으로 전개한 생협 가운데 생활클럽 생협 가나가와, 생활클럽 생협 지바, 그린코프연합을 연구했다. 이 생협들을 연구 대상으로 선택한 이유는 ① 이른 시기부터 생협 사업의 일부로 커뮤니티 복지를 자리매김하며 선구적이고 적극적으로 사업을 펼친다는 점, ② 특히 노동자 참여형 사업체인 워커즈콜렉티브를 조직해 조합원 스스로가 활동 주체가 되어 복지서비스를 제공한다는 점, ③ 개호보험 도입 이후 과감히 변화해 복지경영의 세 가지 유형이라 할 수 있을 만큼 흥미로운 과정을 보인다는 점 때문이다.

세 가지 유형과 활동 지역은 다음과 같다.

① 분리형: 가나가와[생활클럽 생협 가나가와].

② 직영형: 지바[생활클럽 생협 지바].

③ 공동경영형: 규슈[그린코프연합. 그린코프연합은 규슈 전역과 야마구치, 히로시마 등 서일본 지역에서 활동한다].

이 가운데 생활클럽 생협 가나가와[이하 가나가와]는 오랜 시간에 걸쳐 이사장을 역임한 요코타 가쓰미[16]의 이론적 지도하에, 1980년대부터 워커즈콜렉티브를 새로운 일하기 방식으로 삼고 선구적이며 실험적인 실천을 해왔다. 1989년에는 복지를 생협 사업으로 삼아, 복지클럽 생협을 설립하고, 1992년에는 사회복지법

---

16 1939~2023. 노동조합 활동가를 하다가 지역사회를 운동의 거점으로 삼아 1974년 생활클럽 생협 가나가와를 설립했고, 가나가와 네트워크 운동 등을 펼쳤다.-옮긴이

인 이키이키복지회를 세워 시설 경영에 참여했다. 다른 생협은 가나가와의 경험을 배우면서 지역 특성에 맞게 독자적 사업을 전개한 모방 사례라고 할 수 있다. 이런 점 때문에 가나가와의 경험은 빼놓지 말고 살펴야 한다. 초기에 가나가와의 워커즈콜렉티브는 생협 측과 업무 위탁·자금 지원 등에서 연계했으나, NPO법 시행 후 생협에서 독립해 NPO로 법인화를 하고자 했다. 개호보험 시행에 따라 사업체로서 경제적 자립을 할 수 있게 되자 법인화 움직임은 더 강해졌다. 가나가와는 유연한 협동·연대를 표방하고 있어서, 사업체로서 독립성이 높다. 생협이 초기 투자로 출자를 했다는 점, 워커즈콜렉티브 담당자가 생협 조합원 출신이라는 점을 제외하면 사업체로서 생협과 분리되어 있고 독립성도 높다.

생활클럽 생협 지바[이하 지바]는 전무이사를 역임한 이케다 도오루의 리더십으로 워커즈콜렉티브를 도입했다. 개호보험 시행을 계기로 지바는 가나가와와는 대조적인 선택을 했다. 지바는 1990년대 가나가와를 모방해 전개하던 생협 산하 복지 워커즈콜렉티브를 해산하거나 그 조직을 재편했다. 조직 재편이란 생협 산하 워커즈콜렉티브가 개호보험 지정사업자로 참여할 수 있도록 생협이 워커즈콜렉티브를 직접 운영, 관리하는 직영으로 편성한 것을 말한다. 지바의 경영 전략에 따라, 워커즈콜렉티브는 생협의 직영사업으로 재편되었다. 이케다가 가나가와 사례를 타산지석으로 삼아 짠 경영 전략이었다. 지바는 1998년에는 사회복지법인 다스케아이클럽(2004년 사회복지법인 '생활클럽'으로 명칭 변경)을 설립했다. 이후 개호 스테이션 외에도 특별양호노인홈 '가제노무라', 고령자주택 '서포트하우스 다카네다이サポートハウス高根台', 재택개호지원

센터, 데이서비스센터 등 여러 분야에서 복지사업을 전개하고 있다. 2011년 지바는 호칭을 '생활클럽 가제노무라'로 개칭했고 이케다가 이사장을 역임하고 있다.

규슈와 서일본 지역에서 사업을 전개하는 그린코프연합은 가나가와를 선행 사례로 참조했다. 오랜 기간 전무이사로 일한 유키오카 요시하루[17]의 강한 리더십 아래 가나가와, 지바의 중간 전략을 채택했다. 워커즈콜렉티브의 독자성을 인정하면서도 생협으로서 통일성을 유지하는 것인데 생협에서 워커즈콜렉티브 지원, 관리를 하는 공동경영 방식이다. 1995년 그린코프연합은 전략적인 워커즈콜렉티브 창업 지원 시스템으로 그린코프연합 복지연대기금을 만들었고 이를 계기로 워커즈콜렉티브가 급성장했다. 개호보험 이후 2003년 사회복지법인 기라메키煌를 설립해 이 법인 산하에 워커즈콜렉티브가 하던 사업을 통합했다. 2008년 기라메키는 '그린코프'로 개칭하고 유키오카는 이사장으로 취임했다.

생활클럽 생협에서 생긴 워커즈콜렉티브는 생활클럽 생협 도쿄, 홋카이도 등에도 있는데 이 경우 생협에서 지원이나 관리를 받지 않는 대신 독자적으로 법인을 취득해 독립성이 높다. 그래서 세 가지 워커즈콜렉티브 유형 중 가나가와와 같은 생협 분리형에 가깝다고 할 수 있다. 생협의 복지사업 전개 사례는 이 세 가지 유형이 대부분이라서 가나가와, 지바, 그린코프연합 사례를 비교하고 검토하면 된다.

---

17 일본 전공투 학생운동을 하다가 1974년에 생협을 설립했다. 한국에 소개된 책으로는 《인간연대의 자본론》(김기섭 옮김, 들녘, 2017)이 있다.-옮긴이

이 세 가지 유형 가운데 내가 가장 깊게 관여한 곳은 그린코프연합이다. 1994년 그린코프연합에서 복지연대기금을 만들 때, 나는 조합원의 합의를 이끌어내기 위해 그린코프연합에서 개최한 강연회에 강사로 참석했다가 인연을 맺었다. 1998년에는 워커즈콜렉티브 연합회 조합원에게 복지연대기금 고문으로 취임해달라는 부탁을 받았는데, 이 기금으로 1999년에 공동연구 모임인 워커즈콜렉티브 연구회를 만들었다. 설립하고 5년이 지나 성숙기에 진입한 워커즈콜렉티브를 대상으로 2000년 개호보험 시행에 대비해 그 실태를 파악하고 워커즈콜렉티브의 경영 과제를 검토하기 위해서였다. 또 개호보험 이행기라는 역사적 전환기를 맞아 워커즈콜렉티브라는 새로운 노동 방식이 어떻게 변화에 대응할 수 있을지 살피고자 했다. 과도기를 살필 기회는 좀처럼 없었기 때문이다.

여기서부터는 주로 그린코프연합을 언급할 텐데, 그 이유는 내가 연구를 하면서 매우 풍부한 1차 자료를 얻었기 때문이다. 또 2005년부터 2006년까지 나는 조사팀을 만들어 가나가와, 지바 사례를 비교연구[18]했는데, 이 연구 결과도 분석 내용에 포함했다(グリーンコープ福祉ワーカーズ·コレクティブ研究会 2000; 東京大学社会学研究室·グリーンコープ福祉連帯基金 2001; 東京大学社会学研究室·建築学研究室 2006).

18 이 연구는 2004~2007년 일본학술진흥회 과학연구비 기반연구 A '젠더·복지·환경 및 다원주의에 관한 공공성의 사회학적 종합연구'(연구 대표: 우에노 지즈코)로 연구기금을 지원받아 진행했다.

워커즈콜렉티브 이전의 역사

워커즈콜렉티브(W. Co라고 약칭하는 경우가 많다)에서 활동하는 이들은 이곳을 다음과 같이 정의한다.

> 지역에 필요한 것이나 서비스를 시민사업으로 만들어서 조합원들이 출자, 경영, 노동을 모두 담당하는 새로운 일하기 방식으로 구성된 조직 형태. (福祉クラブ生活協同組合編 2005: 233)

소비협동조합에서 협동 원칙으로 출자, 운영, 이용을 하는 것처럼 워커즈콜렉티브는 노동에서 협동 원칙을 실현한다.

워커즈콜렉티브 지바현연합회의 홈페이지[19]를 보면, 워커즈콜렉티브는 다음 조건을 갖춘 노동 조직이다.

> 공통의 목적을 가진 사람들이 모여 지역에 기반을 두고 유용한 사업을 한다. 모두가 사업자금을 출자해 경영을 담당한다. 고용하는 것도 고용되는 것도 아닌 노동을 창출한다. 일을 통해 사회적, 경제적, 정신적 자립을 지향한다. 서로 모든 것을 이야기하고 합의하며 결정한다. 사업 성과는 논의를 통해 적정히 배분한다. 노동에 대한 보수는 정당한 대가로 받지만, 영리를 목적으로 하지 않는다. 비영리사업이다.

---

19 http://wcochiba.org.

이 설명에는 워커즈콜렉티브가 협 부문 복지사업체로서 갖춘 특징이 전부 포함되어 있다. ① 공익성, ② 지역밀착성, ③ 경영참여와 노동에 대한 자기결정, ④ 비영리성과 적정 이윤 등이다.

한 가지 덧붙이자면, 생협에서 말하는 '비영리'나 '협동'이란 조합원이 사업에 드는 비용을 스스로 부담하는 식의 자원봉사를 뜻하는 것이 아니다. 영리기업과 비영리법인의 조직 목표가 어떻게 다른지를 보자. 영리기업은 최대 이윤을 추구하는 데 비해 비영리법인은 적정 이윤optimal benefit을 추구한다. 비영리법인이라고 해서 적정한 이윤이나 보수를 받는 것을 배제하지는 않는다. 비영리 부문 연구자에 따라 워커즈콜렉티브와 같은 새로운 일하기 방식이 경제적 자립을 지향하는지를 두고 의견의 차이가 있으나, 워커즈콜렉티브가 사업이지 자원봉사 활동은 아니라는 점은 모두 인정한다. 워커즈콜렉티브 구성원들도 이 점을 인식하고 있다.

생협에서는 공급하고 파는 먹거리를 '상품'이라 하지 않고 '소비재'라고 하는데, 이는 시장에서 대안적인 생산과 소비 유통 순환을 만들고자 하는 자본주의 비판 사상의 전통을 계승하려는 것이다. 이런 용어를 쓰는 데는 관 부문이 공적 영역을 독점하는 것에 대한 비판의식도 포함되어 있다. 워커즈콜렉티브의 이론적 지도자인 요코타는 저서 《어리석은 나라의 부드러우면서도 강한 시민》에서 워커즈콜렉티브의 목표를 "산업자본, 세금자본[정부·의회·행정 공권력]에 맞서 시민참여 시스템으로 시민자본 영역을 만들어내고, 산업자본, 세금자본, 시민자본이라는 세 영역의 상호 견제를 통해 사회를 제어한다"(横田 2002: 277)라고 했다. 하지만 이 원대한 목표를 고려한다고 해도 일본의 워커즈콜렉티브 실태를 살피면, 지나치게 큰 기대를 짊어지고 왔다는 점을 알 수 있다.

워커즈콜렉티브에서 출자하는 것 자체는 복지와 아무 관련이 없다. 초기에 워커즈콜렉티브는 생협에서 직접 해오던 반찬 만들기, 재활용품 판매, 카탈로그 편집, 배송 등의 업무를 위탁받는 데서 활동을 시작했다. 생활클럽 생협 가나가와의 첫 워커즈콜렉티브는 닌진人人[사람과 사람이라는 뜻]이라는 곳으로, 사회학자 사토 요시유키의 사례연구(佐藤 1988; 佐藤·天野·那須 1995)로 유명해졌다. 닌진은 1982년 설립되어 기업조합企業組合[20]으로 법인을 취득했는데, 생협의 데포[21] 업무를 위탁받아 사업을 시작했다. 사회학자 아마노 마사코의 사례연구로 유명한 워커즈콜렉티브는 먹거리 가공을 하는 본凡[22](1984년 설립)이다. 원래 먹거리 공동구매가 목적이었던 소비자 생협이 복지사업을 하는 데까지는 다소 시간이 걸렸다. 맨 처음 복지서비스로 사업을 시작한 워커즈콜렉티브는 요코하마에 설립된 서비스생산협동조합그룹 다스케아이サービス生産協同組合グループたすけあい(1985년 설립)[23]이다. 그다음 가와사키에서는 서비스생산협동조합 다스케아이 단단だんだん(1986년 설립)이 복지사업을 전개하기 시

20 4인 이상 조합원이 출자하고 일하는 비영리법인. 협동조합법으로 규정되어 있으나 일반 과세 대상이고 행정 인가가 필요하다.-옮긴이

21 조합원들이 공동구매한 식자재 등을 보관하고 판매도 하는 가게. 조합원들이 점포에 들러 공동 구매한 식자재 등을 갖고 간다. 일본에서는 이를 '데포'(화물 창고, 배송 장소를 뜻하는 프랑스어 'depot')라고 한다.-옮긴이

22 도쿄도 마치다시에 있는 워커즈콜렉티브로 1984년 생활클럽 생협 활동을 하던 여성 조합원 20명이 만들었다. 딸기, 블루베리, 당근 등 생협의 생산 농가에서 받은 식재료로 잼, 소스, 시럽 등을 가공, 생산, 판매하며 연간 매출은 1억 엔 상당이다. http://www.bon-machida.or.jp 참조.-옮긴이

23 조합원 43명으로 시작했으며 고령자와 장애인을 대상으로 재택 및 가사원조, 장보기와 산책 지원, 책 낭독 등의 활동을 펼쳤다.-옮긴이

작했다.

앞서 소개한 코프 고베의 구라시노 다스케아이 노카이는 생협에서 복지 활동을 개척한 첫 사례다(朝倉 2002). 1949년 [나다 생협과 고베 생협의] 조합원이 서로 돕는 모임인 가정회家庭会에서 시작해 가사 서비스 지원을 하는 모임이 된 [네잎클로버 모임이란 뜻의] 요쓰바카이四つ葉会가 생겼는데, 1962년 나다 생협과 고베 생협을 합쳐 코프 고베가 시작될 때 나다 생협과 고베 생협의 요쓰바카이도 합쳤다. 1969년 생협 내에 복지문화사업국이 설립되자 생협 사업으로 조합원 대상의 복지사업이 시작되었다. 구라시노 다스케아이 노카이는 1983년에 발족했는데, 생활클럽 생협 가나가와에서 워커즈콜렉티브가 생긴 시기와 비슷하다. 아사쿠라는 생협이 복지 활동을 하게 된 배경으로 고령화사회가 되면서 생협 조합원의 가정에 가사나 돌봄에 대한 니즈가 생겨났다는 점을 짚은 바 있다. 생협에서는 조합원들이 서로 돕기로 하고 약간의 보수가 오가는 '유상 자원봉사' 형태로, 봉사를 하는 회원, 봉사를 받는 회원으로 동시에 등록해 복지 활동이 이루어졌다. 1983년 조합원 등록 회비는 연간 1000엔, 2시간 활동에 대한 사례비는 700엔이었다. 조합원이 다른 조합원의 집에서 봉사를 하면, 교통비는 봉사를 받는 회원이 실비로 부담했다. 봉사를 받는 회원이 사례로 정해진 금액을 주는 방식이었다.

이처럼 생협의 복지 활동에는 두 가지 계보가 있다. 워커즈콜렉티브와 조합원 상호지원 형태다. 비슷한 시기에 만들어졌는데, 워커즈콜렉티브는 경제활동을 하는 데 비해, 조합원 상호지원 형태는 어디까지나 생협 조합원 활동의 일환으로 조합원이 서로 돕는다는 차이가 있다.

'유상 자원봉사'라는 말은 기묘하다. 돈을 주긴 하는데 자원봉사라는 이 개념은 구라시노 다스케아이 노카이에서 '봉사'라는 용어를 사용할 때도 나타난다. 그러나 사례비는 어디까지나 사례비일 뿐 임금이 아니다. 사례비 수준은 최저임금을 훨씬 밑돈다. 봉사정신이 없으면 지속할 수 없는 수준으로 사례비가 억제되어 있다.[24]

한편 워커즈콜렉티브는 '임금노동'을 부정하므로 '임금'이라는 말을 사용하지는 않지만, 서비스와 화폐의 교환은 인식하고 있다. 워커즈콜렉티브는 '이용자' '이용료' '보수'라는 단어를 쓰는데 이런 용법을 보면 조합원 상호지원 형태의 활동과 워커즈콜렉티브의 차이가 드러난다. 그런데 이상한 점이 있다. 워커즈콜렉티브에서 보수는 지역 최저임금을 약간 밑도는 정도로 설정되어 있는데, 노동자 임금과는 구분되는 개념이다. 워커즈콜렉티브라 할 때 '워커worker'는 원래 '노동자'란 뜻으로 고용주가 아닌 것은 확실하다. 하지만 워커즈콜렉티브 활동 주체들이 자신을 노동자라고 여기는지는 의문이다. 일본에서 워커즈콜렉티브를 일어로 번역해 쓰지 않고 영어로 그대로 쓰기 시작한 데는 '노동'이나 '노동자'라는 용어와 개념을 기피하려는 전략이 있었을지도 모르겠다.

---

24 유상 자원봉사 활동 중에는 돈으로 사례비를 지급하지 않고, 시간 저축[조합원 자신이 활동한 시간만큼 나중에 자신이나 가족이 돌봄서비스를 받는 것]과 지역화폐 시스템을 채택한 곳도 있다. 시장 교환과 차별화하려는 전략으로 시간 저축이나 지역화폐 시스템을 도입한 것이다.

워커즈콜렉티브의 성장

가나가와의 사례를 다시 보자. 워커즈콜렉티브의 선구자 가나가와는 1987년 생협 산하에 워커즈콜렉티브를 두 개 설립했다. 하나는 가사원조를, 다른 하나는 돌봄서비스를 담당했다. 1988년에 가나가와에서 복지클럽 생협[25]의 설립 취지서가 나왔는데, 준비 기간을 거쳐 1989년 조합원 1020명 찬성으로 복지클럽 생협 설립 총회를 개최해 같은 해 가나가와현에서 인가를 받았다. 그 후 워커즈콜렉티브의 단체와 구성원이 늘었는데 2008년 실적을 보면 단체 수 81개, 구성원 수 2618명, 총매출 약 38억 엔이고, 복지사업만 보면 매출이 약 7억 엔에 달한다. 2000년 개호보험 시행 이후 워커즈콜렉티브의 수가 34개에서 81개로 급증했다. 개호보험 시행 전 11년간 증가율과 비교해보면 급속한 신장세다(〈그림 15〉).[26]

지바, 그린코프연합은 가나가와 사례를 참조하면서도 독자적 활동을 펼치고 있으나, 활동 전략은 생협의 설립 연도나 성숙도에 따라 영향을 받았다. 또 워커즈콜렉티브 활동을 언제 시작했느냐에 따라서도 활동 전략이 다르다.

지바, 그린코프연합 활동 경과를 간략히 살펴보자.

---

25 워커즈콜렉티브와 위임이나 위탁계약을 맺은 생협.-옮긴이

26 생활클럽 생협 가나가와의 복지 활동 전체는 파악하기 어렵다. 본문에서 이미 서술했다시피 생활클럽 생협 가나가와 내 단체의 자립성이 높기 때문이다. 나는 복지클럽 생협과 관련된 워커즈콜렉티브에 한정해 원출처의 수치를 도식화했는데(〈그림 15〉), 이것만으로도 워커즈콜렉티브의 성장세를 알 수 있다. 또 〈그림 15〉를 보면 전체 매출 가운데 개호보험 매출을 상대적으로 낮게 억제하고 있다[복지클럽 생협에서 개호보험 외 서비스에 대해 싼 이용료로 매출을 올리고 있다]는 점을 알 수 있다.

〈그림 15〉 복지클럽 생협(생활클럽 생협 가나가와 관련 단체) 1987~2003년

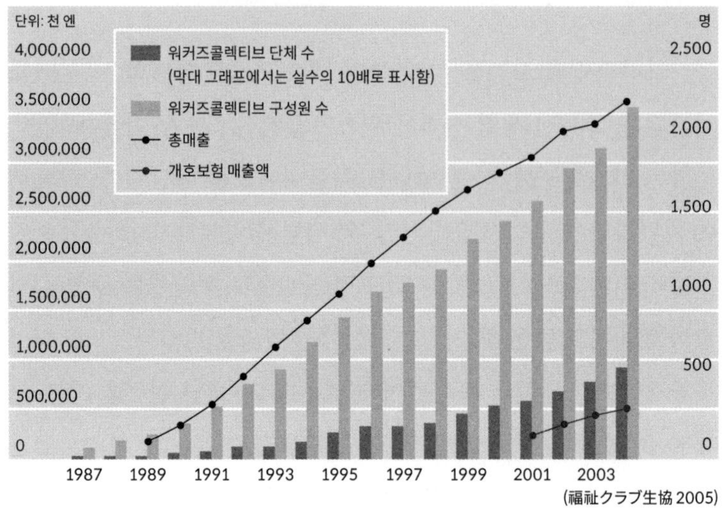

(福祉クラブ生協 2005)

1976년에 설립한 생활클럽 생협 지바는 1994년부터 생협 내 워커즈콜렉티브가 홈헬프 사업을 시작했다. 이 사업의 1995년 실적을 보면 사업소 13개, 이용시간 2만 1338시간, 총매출 5200만 엔, 개호보험 시행 직전인 1999년에는 사업소 21개, 총매출 약 2억 5000만 엔, 개호보험 시행 후인 2005년에는 사업소 11개, 총매출 7억 9000만 엔으로 급성장했다(〈그림 16〉, 〈그림 17〉).[27] 1999~2000년 사이에 생활클럽 생협 지바의 사업소 개수는 절반으로 줄었는데, 이는 앞서 말했다시피 워커즈콜렉티브를 해산하고 생협이 직접 운영하는 과감한 경영 개혁을 추진했기 때문이며, 사업소의 개

27 개호보험 시행에 따라 단체 수가 감소하는 것은 방문개호 스테이션으로 통합했기 때문인데, 1999년부터 2000년에 걸쳐 사업 수익은 급증했고, 이용시간의 8할을 개호보험이 차지한다.

〈그림 16〉 생활클럽 생협 지바 1995~2005년

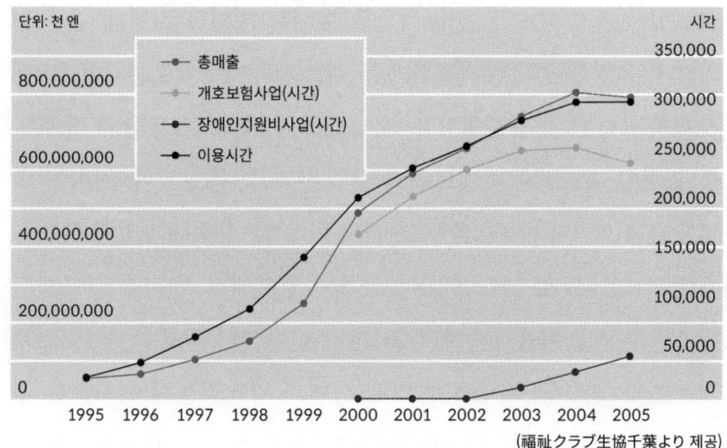

(福祉クラブ生協千葉より 제공)

〈그림 17〉 생활클럽 생협 지바 사업소 수

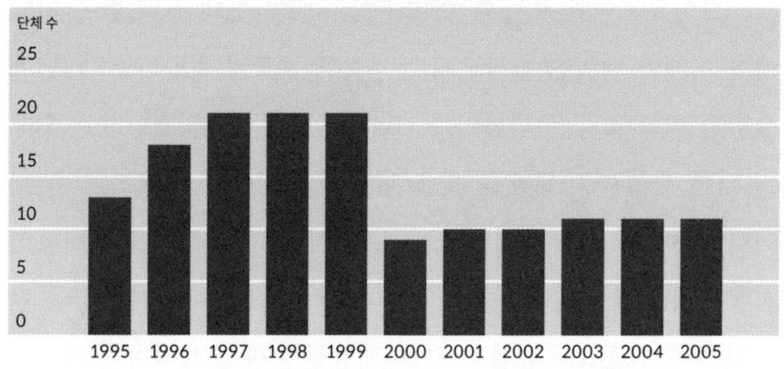

수는 줄었으나 총매출은 순조롭게 증가했다.

1995년 지바는 지바현 야치마타시에 고령자 복지 시설 가제노무라를 짓기 위한 준비를 시작한다. [특별양호노인홈 등] 고령자 복지 시설 개설을 위한 사회복지법인 취득을 목표로 1998년 사회복지법인 다스케아이구락부를 설립했고, 2000년 다스케아이구락부 사회복지법인 산하 가제노무라가 개소했다. 가제노무라는 개호보험이 시행되기 전 선구적으로 유니트 케어를 시행해 일본 전역에서 유명해졌다. 사회복지법인 다스케아이이구락부는 2004년에 사회복지법인 생활클럽으로 개칭했고, 생협에서 조합원 상호부조 활동인 다스케아이이네트워크 사업을 분리, 통합했다. 지바는 식생활클럽(먹거리 공급과 공동구매를 하는 생협), 사회복지법인 생활클럽(복지사업을 하는 생협), 자원봉사 활동정보센터 세 가지로 구성된다. 이 구성은 이케다 이사장의 경영 전략에서 비롯한 것으로, 수익사업과 그 밖의 사업을 분리해 생협의 경영권을 강화하려는 전략이다. 가나가와의 사례를 타산지석으로 삼은 선택으로 보이는데, 이는 다시 살펴볼 것이다.

그린코프연합은 규슈, 야마구치, 히로시마에 걸쳐 있는 지역생협 14개가 연합한 조직으로 본부는 후쿠오카에 있다. 1988년에 설립된 비교적 젊은 생협이다. 조합원의 고령화를 고민하는 오래된 다른 생협과 비교해볼 때, 조합원들의 나이도 비교적 젊은 편이다. 그린코프연합은 먼저 활동을 시작한 다른 생협을 주시하면서 적극적인 전략을 취했다. 1994년 그린코프 복지연대기금을 만들었는데, 그린코프연합의 모든 조합원이 매월 100엔을 기부해 재원을 마련했다. 이 기금을 만들기로 결정하는 데까지 조합원들은 2년 넘게 격한 논쟁을 벌였다. 조합원들의 기부금, 공동구매를 통해 할인받은 차액, 공제사업 수수료 수입을 원자본금으로 약 4억 엔에 이르는 복지연대기금을 마련했다. 이 기금은 워커즈콜렉티브 설립을 위한 창업 지원액으로 쓰였다. 또 지역에서 [워커즈콜렉티브 활동 관련] 시설을 마련하는 등 초기 투자자금으로 쓰였다.

복지연대기금을 설립할 때의 목표대로 1995년에 워커즈콜렉티브 2개를 만든 것을 시작으로, 1999년 말까지 워커즈콜렉티브의 수는 총 54개, 구성원은 1592명, 이용시간은 17만 1460시간에 달했다(〈그림 18〉).[28] 2003년 사회복지법인 기라메키로 법인화한 후 2005년의 실적을 살피면, 산하 단체만 해도 31개, 구성원은 2136명, 이용시간은 61만 4000시간, 총매출은 9억 6000만 엔이다. 이 가운데 개호보험사업 규모는 8억 엔에 달한다. 사회복지법인 기라메키에 가입하지 않은 워커즈콜렉티브를 포함해 개호보험 시행 후 그린코프연합에서 워커즈콜렉티브 개수, 구성원 수, 매출 추이는 〈그림 19〉와 같다.[29] 2000~2001년에 워커즈콜렉티브의 개수가 다소 감소한 것은 그린코프연합에서 방문개호사업을 재편하기 위해 지역의 워커즈콜렉티브를 통폐합했기 때문이다. 총매출은 순조롭게 증가했기 때문에 워커즈콜렉티브 1개 단체의 매출도 증가한 것으로 볼 수 있다.

개호보험 시행 후, 복지 NPO는 채산성이 있는 사업을 할 수 있게 되었다. 개호보험은 이런 큰 변화와 더불어, 복지 워커즈콜렉티브에도 변화를 불러일으켰다. 이 변화를 논하기에 앞서, 개호보험 시행 직전의 워커즈콜렉티브 실태를 살펴보자.

---

28 그린코프연합의 워커즈콜렉티브 중에는 고령자 돌봄에 직접 관여하는 곳 외에도 육아 지원, 배송, 점포 운영, 반찬 제조 및 판매, 도시락을 제조해 복지 시설, 고령자 모임, 고령자 자택 등에 배식하는 서비스를 하는 곳도 있다. 이 책에서는 고령자 돌봄에 직접 관여한 워커즈콜렉티브만 다뤘다.

29 사회복지법인 기라메키에 가입하지 않은 워커즈콜렉티브도 있어서 〈그림 19〉에서는 그린코프연합 산하의 워커즈콜렉티브 전체 개수, 구성원 수를 표시했다. 개호보험 시행 후 총매출이 늘었는데, 이로써 개호보험이 워커즈콜렉티브를 뒷받침하고 있다는 것을 알 수 있다.

〈그림 18〉 그린코프연합 1996~1999년

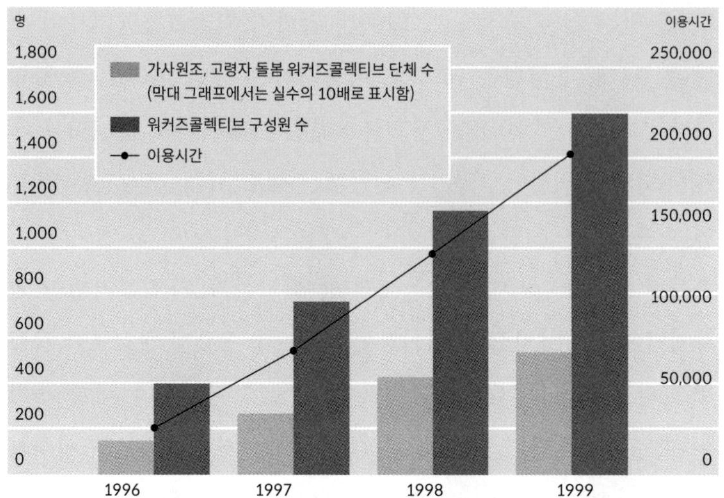

(グリーンコープコープ 2000; 東京大学社会学研究室·グリーンコープ福祉連帯基金 2001)

〈그림 19〉 그린코프연합 2000~2005년

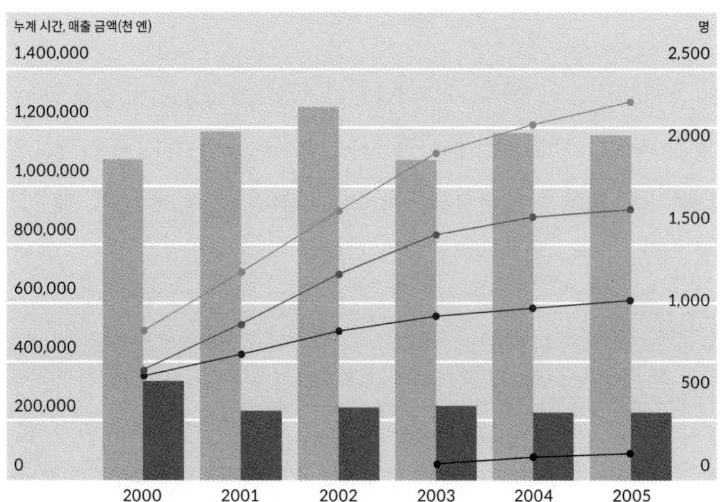

(グリーンコープ連合より 제공)

개호보험 시행 직전의 워커즈콜렉티브

워커즈콜렉티브가 활동을 시작한 시기는 워커즈콜렉티브가 설립된 시점에서 약간 지난 후인데, 1980년대부터 1990년대까지 많은 워커즈콜렉티브의 성장 배경에는 돌봄의 수요와 공급에 관한 큰 변화가 있다. 돌봄을 받는 쪽에서는 니즈가 커졌고, 돌봄을 제공하는 쪽에서는 서비스 공급 면에서 큰 사회사적 변화를 겪었다. 이 시기에 워커즈콜렉티브가 급성장했다. 돌봄 수요 변화에 대해서는 5장에서 고령화 심화 현상을 언급한 바 있다. 일본은 1970년 고령자 인구비가 전체 인구의 7%를 넘은 고령화사회가 되었고, 1994년 고령자 인구비가 전체 인구의 14%를 넘은 고령사회 단계에 진입했다. 1983년 발족한 '고령화사회를 좋게 만드는 여성 모임'은 1994년 '고령사회를 좋게 만드는 여성 모임'으로 개칭했다. 이미 말했다시피, 1980년대에는 주로 중장년층 여성이 가족 내 고령자를 돌봤고, 얼마 지나지 않아 고령자 돌봄이 사회문제가 되었다.

그렇다면 돌봄서비스 및 제공자 쪽의 변화, 즉 돌봄의 공급에서의 변화는 어땠을까?

생협 산하에 있는 워커즈콜렉티브의 발전을 논할 때 생협의 전체 조합원 중 99%가 여성이고, 그 대부분이 기혼 여성이라는 점은 빼놓을 수 없다. 워커즈콜렉티브는 활동 주체 대부분이 여성인 조직이면서도 같은 시기에 사회적 영향력을 미친 페미니즘과 아무런 관계를 맺지 않은 운동이라고 자주 비판받는데, 이는 전혀 이상할 게 없다. 생협 조합원은 주로 임신, 출산을 계기로 먹거리 안전을 지향하며 생협에 가입하게 되는데, 이러한 가입 동기는 성역할 분담구조에서 아내, 엄마 역할의 수행을 목적으로 한 생활보수주의[30]를 전제로 하고 있기 때문이다. 또 같은 시기 유통구조를 개선해 슈퍼마켓이 가격 파괴를 한 것과 비교해볼 때, 생협에서 판매하는 먹거리의 가격은 슈퍼마켓처럼 싸지 않다. 생협이 싼 먹거리를 목표로 하지 않는다는 점을 감안하면, 생협 조합원은 식품의 안전성에서 부가가치를 찾을 수 있는 이들, 즉 의식과 경제 계층이 높은 이들이다.

선행연구를 보면, 가나가와 조합원의 학력, 계층은 같은 지역 여성의 평균을 웃돈다. 1984년 조합원 585명을 대상으로 한 조사에 따르면(佐藤 1988: 300-302), 조합원 중 가장 많은 연령대는 30~44세인데, 이는 조합원 전체 중 66.9%이다. 또 조합원 중 60.3%는 12세 이하의 자녀가 있으며, 전업주부의 비중은 66.5%이다. 전체 조합원 중 55%는 연간 가구소득이 600만 엔을 넘는다. 이 가운데 생협에서 임원을 맡은 경험이 있는 이들의 연간 가구소득은 1000만 엔 이상인 경우가 19.8%나 된다. 조합원의 지역 거주기간은 10년 이상이 32.3%인데, 임원을 맡은 경험이 있는 이들 가운데 51.1%가 지역 거주 기간이 10년 이상이다. 자가주택 소유율도 60%로 높다. 조합원의 학력은 전문대短大·고등전문학교 졸업이 43.9%, 대졸이 21.1%으로 동세대 여성의 학력 평균과 비교하면 상대적으로 높다. 남편의 학력도 대졸 이상이 60%를 차지하는데 남편의 직업은 대기업 중간관리직이 많다. 이와 같은 조사에서 알 수

30 사회에 만족하여 사회 변혁을 희망하지 않는 태도 등을 일컫는다. 일본에서 자민당의 장기 집권 원인을 분석하면서 등장한 표현으로 1980년대부터 쓰이는 말이다.-옮긴이

있는 생협 조합원의 평균적 모습은 이렇다. 도쿄 근교 주택지에 살고, 화이트칼라·샐러리맨 남편이 있으며, 자녀를 양육 중이거나 자녀가 육아기에서 슬슬 벗어나고 있는 비교적 학력이 높은 주부다(佐藤 1988: 309). 이는 가나가와 지역의 특성과도 관련 있다. 일본에서 기혼 여성의 무직 비율, 즉 전업주부 비율이 가장 높은 곳이 이 지역이다.

생협 조합원 중 워커즈콜렉티브 활동에 참여하는 구성원의 학력, 계층은 생협의 일반 조합원 평균보다 높다는 사실도 조사를 통해 밝혀졌다(佐藤 1988).

1980년대 초반은 여성의 사회사적 변화에서 중요한 전환기다. 1983년 기혼 여성 취업률은 절반이 넘어 전업주부는 더 이상 다수가 아니었다. 앞서 썼듯 전국 최초로 워커즈콜렉티브 닌진이 생긴 게 1982년이고, 코프 고베에서 상호부조 모임 구라시노 다스케아이 노카이가 시작된 게 1983년이다. 고령화사회를 좋게 만드는 여성 모임이 발족한 해도 1983년이다. 이 시기 생협의 조합원 상호부조 모임이나 워커즈콜렉티브의 활동 주체로 흡수된 이들은 미취업 기혼 여성들이다. 이들은 기혼 여성들이 한꺼번에 직장으로 진출한 시대에 무직인 채로 있던 여성들이다.

여성의 직장 진출이 늘어난 사회현상을 '여성 시대'의 도래라고 했지만, 실상은 자녀 양육 시기를 마친 기혼 여성이 주변 노동력이 된 것이며 이 점은 널리 알려진 사실이다. 중장년층 여성의 고용기회는 눈에 띄게 늘었으나 그들은 저임금, 불안정 고용의 비정규 노동이라는 노동조건에 놓여 있다. 2000년대부터 새삼 노동격차가 문제시되고 있는데, 유사한 노동에 종사하나 합리적인 근거 없이 차별적 처우를 받는 노동격차는 분명 1980년대부터 존재했다. 경제학자 오사와 마리는 그것을 '신분차별'이라고 확실히 짚어둔다(大沢 1993). 시급 700엔, 월수입 8만 엔인 파트타임 노동자 아내와 연 수입 500만 엔의 정규직 남편은 분명 계층만 놓고 보면 지위가 다르다. 이렇게 신분 차이가 나는 커플은 젠더 규범상 당연하게 여겨졌다. 즉, 노동 현장에서 아내가 아무리 차별적 처우를 받더라도 아내의 계층은 남편의 계층에 속한다고 보는 것이다. 아내 자신뿐 아니라 계층 이론에서도 그렇게 본다. 그래서 비정규직과 정규직 간 격차가 사회문제가 된 것은 이 문제가 탈젠더화된 후라고 할 수 있다. 즉, 젊은 남성이 비정규직으로 고용되고, 남자들 안에서 문제가 되자 비정규직과 정규직 간 격차가 사회문제가 된 것이다. 일을 하고 또 해도 경제적 자립이 가능할 정도로 급여를 못 받는 워킹푸어working poor는 원래 중장년층 파트타임직 여성이었다. 중장년층 여성은 이혼하면 순식간에 빈곤선 아래로 전락하고 마는 현실이 있었다. 한부모 가정 여성이 눈에 띄는 워킹푸어라면, 파트타임으로 일하는 주부는 남편에게 경제적으로 의존하지 않고서는 살 수 없는 '잠재적 워킹푸어'다. 하지만 아무도 그렇게 보지 않았다.

이런 시대를 배경으로 무직인 채 있던 기혼 여성은 어떤 이들인가? 각종 데이터로 분명히 알 수 있는 점은 여성의 취업에서 주요 목적은 경제적 동기로, 이 동기가 없으면 대부분의 여성은 취업을 선택하지 않는다는 것이다. 계층별 아내 취업률은 계층과 유의한 상관관계를 나타내는데, 남편의 소득이 높을수록 아내의 무직률이 높다. 즉 1980년대 초반 이후, 아내가 전업주부라는 점은 상대적으로 우위 계층에 속한다는 것을 알 수 있다.

그런데 기혼 여성이 무직인 채 있다고 해서 여성이 가정에만 머문다는 뜻은 전혀 아니다. 기혼 여성이 전업주부인 이유는 가사에 전념하기 위해서가 아니고, 취미나 활동에 전념할 자유를 확보하기 위해서인데 이를 두고 '활동전업·주부'라는 신조어가 생겼다.[31] 동세대 기혼 여성들이 대거 주변 노동력 시장으로 들어갈 때 상대적으로 여유가 있는 계층의 여성은 워커즈콜렉티브의 생협 조합원이 되었다. 이들은 돈을 위해서가 아니라 새로운 일하기 방식을 택한 셈인데, 이는 가계를 유지해야 하는 남편이나 한부모 여성 가장에게는 허용되지 않은 여유라고 할 수 있다.

이렇게 보면, '유상 자원봉사자'의 사례비로 왜 약간의 돈만 지급되는 것인지, 왜 워커즈콜렉티브가 낮은 보수로 유지되는지 그 수수께끼가 풀린다. 워커즈콜렉티브에서 지급하는 최저임금보다 약간 밑도는 수준의 보수는 경제적 동기로 취직하려는 이를 선별하는 효과가 있다. 워커즈콜렉티브의 구성원들이 실제 그런 의도가 있었는지는 문제가 아니다. 구성원들은 자신들의 노동과 시장 노동을 구별하기 위해 자발적으로 낮은 보수를 선택한 것이다.[32]

경영 측면에서 보면, 생활클럽 등 일부 생협에서 워커즈콜렉티브를 추진한 시기에 일본생활협동조합연합회 쪽 생협에서는 파

---

31 1986년 일본여성학대회에서 시바 미오코는 '활동전업·주부'라는 탁월한 신조어를 만들어 보고했다. 나중에 여성학자 가나이 요시코가 이 단어에 주목해 자신의 책에 썼고 이후 널리 알려졌다.

32 노동의 차별화와 계층성에 대해서는 나의 논문(上野 2006b)과 사카키바라 히로미의 논문(榊原 2003)을 참조할 것.

트타임 노동을 도입했다. 이들이 의도적으로 파트타임 노동을 도입한 것인지는 별개의 문제다. 생활클럽 쪽 생협은 워커즈콜렉티브라는 방식, 일본생활협동조합연합회 쪽 생협은 파트타임 노동이라는 방식으로 생협마다 각기 경영합리화를 다른 방식으로 달성했다고 할 수 있다. 워커즈콜렉티브의 노동이나 비정규 고용은 노동력을 유연화하는 방법이었다. 또 생활클럽과 일본생활협동조합연합회의 경영합리화 방식의 차이에는 [각 조직 구성원 여성의] 계층 차가 관련되어 있다.

1980년대 유통업에서도 노동의 유연화가 급속히 진행되었다. 유통혁명과 비용 삭감이라는 명목으로 대형 소매업에서는 파트타임 노동자를 도입해 고용의 유연화를 꾀했다. 같은 시기 대부분의 생협에서도 유통업계를 따라 생협에 파트타임 노동을 도입했다. 남성 생계부양자 모델 임금체계는 이론적으로 분석해봐도, 현실을 살펴봐도 결국 파트타임 노동에 대한 임금차별로 이어진다. 또 이는 '성차별 임금' 체계이기도 하다. 가부장제의 젠더 구조를 페미니스트 경제학으로 분석한 바에 의하면, 세대주 남성에게 가족급여를 지급하는 것은 성차별적 임금의 원인이자 결과라고 밝혀진 바 있다. 따라서 다른 민간 영리기업처럼 생협도 가부장제 성차별 임금을 택한 것이라 할 수 있다.

생협 초기에는 이론적 지도자가 대부분 학생운동이나 노동조합운동 출신이어서 상근직 노동자로 구성된 노동조합이 강했고 노동자의 권리를 중시했다. 그러나 이후 대부분 여성인 비정규 노동자의 희생을 바탕으로 상근직, 즉 남성 정규 노동자의 이익을 지켰다. 물론 생협은 성평등을 설립 이념이나 조직 목표로 삼지 않았으니, 가부장제 임금을 택했다고 해서 비판할 수는 없다. 더군다나 여성 조합원들이 임금차별에 이의를 제기한 것도 아니었다. 그렇지만 주로 여성이 활동하는 생협에서도 "성차별에 둔감하다는 점"(佐藤·天野·那須 1995: 61)은 분명 확인할 수 있다.

하지만 같은 시기 생활클럽 생협은 파트타임 노동을 택하지 않았다. 고학력이지만 다른 고용기회가 없는 중장년층 여성에게 워커즈콜렉티브 방식은 파트타임이 아닌 취업의 기회였다. 생협의 이념과 목표에 대한 공감, 경영참여나 자기결정과 같은 일하기 방식을 제외하면, 워커즈콜렉티브에서 하는 점포 관리나 반찬 만들기 같은 일은 일반적으로 중장년층 여성이 많이 종사하는 파트타임 직종의 일 내용이나 조건 면에서 별 차이는 없다. 워커즈콜렉티브에서는 이념과 목표를 핵심으로 삼았고, 이에 동의한 학력, 계층이 높은 주부들은 비숙련 직종에서 일하게 되었다. 워커즈콜렉티브에서 파트타임보다 약간 밑도는 정도로 낮은 임금을 지급하는 것은 워커즈콜렉티브 구성원 여성이 파트타임직과 스스로를 구별하기 위한 자존심 값이라 할 수 있다. 한편 생협에서 위탁계약으로 업무를 아웃소싱하거나 워커즈콜렉티브를 도입한 것은 결과적으로 경영합리화로 기능했다. 이와 같은 경과로 생활클럽 생협은 고학력에 동기 부여가 크고 저임금인 노동력을 경영비용에 대한 부담 없이 채용할 수 있었다.

12장 그린코프의 복지 워커즈콜렉티브

들어가며: 생협 복지 연구 계기

나는 그린코프연합의 워커즈콜렉티브에서 일하는 여성들 덕분에 생협 복지에 관해 연구할 수 있었다.

1995년 그린코프연합에서 복지연대기금을 발족했을 때, 내게 강연 요청이 왔다. 규슈 지역에 거점을 둔 그린코프연합은 생활클럽 생협 쪽의 복지사업을 지켜보며 독자적 경영 전략을 세웠는데, 그중 한 가지가 워커즈콜렉티브를 창업할 때 경제적 지원을 가능케 하는 복지연대기금 설립이었다. 내가 강연을 요청받은 시기는 공동구매 조합원 모임과 각종 기관 회의를 거쳐 기금 설립에 대한 최종 논의 단계에 이르렀을 때였다. 그린코프연합 총회에서 모든 조합원이 매달 100엔씩 기부금을 내고 세금 환급금[소비세 공제액 환급금] 등을 보태서 첫해 사업자본금으로 4억 엔을 만들자는 제안이 나온 후 최종 논의에 들어간 것이었다. 기부금이 매달 100엔밖에 안 된다고 해도 연간이면 1200엔이다. 지역 평균 소득층인 조합원 대부분은 왜 매달 100엔의 기부금을 내야 하는지를 놓고 격론을 벌였다. 그린코프연합에서는 최종 논의를 앞두고 내게 복지연대기금을 응원할 강연을 해달라고 요청했다. 나는 바로 상황을 파악하고서 강연을 하기로 했는데, 당시 강연록이 남아 있다(上野 1997). 강연회는 두 지역에서 하루 종일 진행했는데 조합원들은 강연장 두 곳을 버스로 오가며 강연을 들었다. 조합원들은 한마디도 놓치지 않으려 했고 열기가 넘쳤다.

복지연대기금이 설립된 첫해에 워커즈콜렉티브가 2개 생겼고, 개호보험 시행 전인 1999년에 47개로 늘었다. 복지연대기금에서는 모든 워커즈콜렉티브에 아무 조건 없이 연간 60만 엔의 조성금을 주었는데, 이 조성금이 워커즈콜렉티브 창업에 영향을 미쳤다. 또 워커즈콜렉티브가 방문개호와 데이서비스를 병행하려면 투자가 필요했는데, 이때 생협이 기반 시설에 투자했다. 또 각 워커즈콜렉티브는 [그린코프연합의] 생협과 위탁계약을 맺어 4억 엔에 이르는 사업자본금을 여유롭게 쓸 수 있었다. 워커즈콜렉티브는 이상은 높지만 기반이 약한 시민사업체였는데, 이러한 생협의 조치로 초기 투자 리스크 없이 운영비만 조달하면 되었다. 워커즈콜렉티브에 유리한 조건이었다. 이런 것을 보고 나는 생협이 워커즈콜렉티브를 지원한 것처럼, 공익을 추구해야 할 정부나 지자체 등 관 부문에서 시민사업체를 지원해야 한다는 생각이 강하게 들었다.

그 후 워커즈콜렉티브에서는 개호보험의 지정사업소 운영에 뛰어들지 말지를 놓고 논의를 거듭했다. 나는 워커즈콜렉티브 연락회 모임 구성원에게 복지연대기금 고문이 되어달라는 요청을 받았다. 이름만 넣는 형식적인 고문이 될까봐 염려하다가, 조합원 여성들이 문제 해결을 위한 분석 연구에 나선다면 나도 함께하겠다는 생각으로 고문을 맡기로 했다. 이것이 이 책의 토대가 되었다. 그때는 개호보험 시행 직전으로, 아무도 경험한 적 없는 역사적 변화를 앞두고 있었다. 나는 개호보험 시행 후 워커즈콜렉티브가 살아남을 수 있을지 걱정되었다.

고문이 되어달라는 요청을 하기 위해 연락회 모임의 여성 세 분이 멀리 내가 사는 도쿄까지 찾아왔다. 지금도 나는 이들이 건넨 말을 기억한다.

> "생활클럽 생협 가나가와에서 하는 것은 수도권 가나가와 지역에서만 할 수 있습니다. 그러나 규슈 지역과 같이 지방 도시에서 복지사업이 성공한다면, 그 사업은 전국 어디서든 할 수 있습니다."

나는 이 말에 마음이 끌려 협력하겠다고 약속했다.

11장에서 썼듯 가나가와는 특수한 지역이다. 일본 전국에서 기혼 여성의 무직률(전업주부 비율)이 1위다. 이는 기혼 남성의 고용률도 높다는 뜻이다. 주민의 학력, 계층도 전국 평균보다 높다. 사회학자 아마노 마사코의 연구팀 조사를 보면, 조합원의 학력·계층은 지역 평균보다 높고, 또 워커즈콜렉티브 구성원 학력·계층은 조합원 평균보다 더 높다. 가나가와 지역의 워커즈콜렉티브 활동 주체는 식품 안전과 같은 부가가치에 돈을 낼 수 있을 만큼 의식도 있고 경제적, 시간적 여유가 있는 높은 학력·계층의 여성들이다.

가나가와 지역의 생협은 이러한 여성층이 수도권 가나가와 지역에 집중된 지역 특성으로 유지된다.

그러나 수도권을 벗어나면 그렇지 않다. 그린코프연합 여성들은 어디든 있을 법한 지방 도시에서 평균 여성들을 활동 주체로 하여 지속가능한 비즈니스 모델로 복지사업을 만들겠노라 열의를 보였다. 그래서 나는 함께하기로 했다.

활동 주체가 연구에 참여

분석에 들어가기 전에 내가 실시한 조사연구의 독자적 방법에 대해 간단히 서술하겠다. 내가 조사 때 채택한 방법은 페미니스트의 실행연구다. 여성이 자신의 과제를 해결하기 위해 운동을 조사하고, 또 조사를 바탕에 두고서 운동을 하는 방법이다. 요샛말로 '당사자 연구'라고 해도 좋을 것이다.

조사 진행 과정은 이렇다. 1998년 그린코프 복지연대기금으로 워커즈콜렉티브 연구 모임을 조직했는데 모임 인원은 연구자, 워커즈콜렉티브 활동가로 총 12명이었다. 사회학 분야 연구자는 나를 포함해 4명, 그린코프연합 산하 생협의 현역 이사장·부이사장 4명, 워커즈콜렉티브 대표 2명, 복지연대기금 이사회에서 일하는 조합원 2명이다. 워커즈콜렉티브 대표와 조합원은 모두 생협에서 이사나 이사장을 지낸 적이 있어서 연구 모임 구성원은 그린코프연합 워커즈콜렉티브에서 복지 활동을 이끈 리더라 할 수 있었다. 실제 활동하는 이들이 스스로를 연구 대상으로 삼은 조사 방법을 택했기에 연구 모임 구성원들은 첫 단계로 조사자가 되기 위해 공부했다. 조사를 설계하며 현장조사 인터뷰 방법을 비롯해 1차 자료 수집·분석 방법을 배웠다. 조사 방법을 공부하면서 조사를 진행했다. 지금도 나는 현장에 대해 잘 아는 이들이 조사 방법을 배우는 것이 전문가가 현장 정보를 수집하는 것보다 조사연구의 효율도 좋고 질도 훨씬 낫다고 확신한다.

실행연구란 운동의 활동 주체가 연구자와 공동으로 활동 과제를 이론적, 실천적으로 해결하는 연구다. 따라서 이 연구에는 당사자성이 있고, 연구 결과를 곧 실천으로 피드백할 수 있다는 점에서 연구자가 제3자임을 표방한 소위 '객관적·중립적' 조사연구와는 다르다. 현장연구나 사례연구는 조사 대상에게 적잖은 부담을 준다. 그러므로 조사를 할 때는 항상 누구를 위해 무엇 때문에 하는 조사인지 물어야 한다. 연구자가 조사 결과를 독차지해 학회 실적만 쌓는다고 보는 시각도 있기 때문이다.

당사자가 실행연구를 해 자신을 연구 대상으로 삼으면, 당사자에게 직접 조사 결과를 되돌려줄 수 있다. 나는 워커즈콜렉티브 연구에서 제3자성보다 당사자성을 중시했는데, 그 이유가 단지 현장에서 문제가 나왔기 때문만은 아니다. 연구 대상에게 이득이 되도록 연구 결과를 환원시켜야 했기에 나와 연구 모임 구성원은 연구 방법이나 조사 윤리, 또 그 함의를 공유했다. 그리하여 연구 대상으로 삼은 사업뿐만 아니라 연구 자체에서 당사자성을 확보할 수 있었다.

공동연구로 당사자성을 확보하니 아주 좋은 점이 있었다. 그린코프연합에 속한 각종 단체가 번잡스럽거나 부담스러운 사례조사에 대거 협력한 것이다. 분석 결과를 보면, 당사자성을 바탕에 둔 연구의 장점이 분명히 드러난다.

그런데 이런 연구는 조사 대상과 거리가 지나치게 가까운 게 제약이다. 연구자가 조사 대상자로부터 긍정적 정보만 얻는 데 그치고 마는 것이다. 워커즈콜렉티브 연구 모임에서는 이런 한계를 피하려 노력했다. 사례조사 때 워커즈콜렉티브 대표와 주요 구성원을 인터뷰했는데, 이때 워커즈콜렉티브의 주요한 구성원이 아닌 사람, 워커즈콜렉티브를 이탈한 사람도 조사했다.

그런데도 이용자 조사 때는 한계가 여실히 드러났다. 이 한계는 조사 면접에 응한 이용자가 워커즈콜렉티브를 통해 소개받은 사람들이라는 데서 기인한다. 워커즈콜렉티브와 관계가 좋은 이용자로 면접조사 대상이 제한되고 말았다. 7장에서 썼다시피, 돌봄서비스에서 이용자 만족도 조사 결과는 틀리는 수가 많다.

이런 한계를 극복하기 위해 워커즈콜렉티브와 경쟁하는 지역의 사업체, 케어매니저, 행정 관계자의 발언을 참고했다. 다음부터는 실행연구의 장점과 한계에 유의하며 조사 결과를 분석하려 한다.

워커즈콜렉티브 네 가지 종류의 활동 주체

그린코프연합의 워커즈콜렉티브 활동 주체는 누구일까?[1] 개

---

1 워커즈콜렉티브 활동 주체인 구성원을 가리켜 대개 '워커worker'라고 한다.-옮긴이

호보험 시행 전으로 거슬러 올라가 이들의 프로필을 살펴보자(グリーンコープ福祉ワーカーズ·コレクティブ研究会 2000).

1999년 워커즈콜렉티브 49개에 소속된 1310명을 대상으로 연령, 성별, 결혼 유무, 가족 구성, 직업, 자격, 소득, 생협 활동 경력, 돌봄 경험 등에 대해 설문조사를 했다. 유효한 회답은 667개, 회수율은 51%였다.

조사 결과 워커즈콜렉티브 구성원 프로필은 다음과 같다. 워커즈콜렉티브 대표, 중심 멤버(부대표 및 코디네이터)와 일반 멤버인 워커의 차이에 주목해 조사 대상을 총 네 가지 카테고리로 나눴다.

구성원의 평균 연령은 46.1세, 대표의 평균 연령은 48.5세인데, 연령 구성을 보면 30대가 21.8%를 차지해 가장 많다. 구성원의 99.6%가 여성인데 기혼 비율은 88%이다. 배우자와 사별했거나 이혼한 여성들이 활동하고 있다는 특징도 있다. 이는 수도권 생협에서는 볼 수 없는 특징이다.[2] 노부모, 자식, 손주로 구성된 3세대 동거율은 29%, 자녀 수는 평균 2.15명인데, 3세대 동거율·자녀 수는 전국 평균보다 높다. 만 6세 미만 자녀(막내)를 둔 구성원이 약 15%인 것도 다른 오래된 생협에서는 볼 수 없는 특징이다.

구성원 연령 평균이 워커즈콜렉티브를 앞서 시작한 가나가와 지역에 비해 약 10세 정도 어리다. 그 이유는 첫째, 그린코프연합이 설립된 해는 1988년으로 비교적 늦은 편이고 생협으로 막 성장하던 시기라서 조합원 나이가 상대적으로 적기 때문이다. 둘째,

---

2 다음 연구를 참고해 수도권에 있는 생협과 그린코프연합 생협의 특징을 비교했다(佐藤 1988; 1996; 佐藤·天野·那須 1995; 天野 1997; 1999).

그린코프연합은 육아를 하는 조합원의 참여를 이끌어내는 전략을 짰는데 이것이 효과를 거뒀기 때문이다. 1993년 이후 그린코프연합은 조합원이 활동할 때 탁아 서비스를 제공했다. 육아 관련 워커즈콜렉티브에서 여타 탁아를 담당했다.

구성원의 최종 학력은 고졸이 49.1%로 가장 많고, 전문대·고등전문학교 졸업의 합계가 39.4%, 대졸이 9.7%이다. 전국의 동일 연령대 전문대·고등전문학교 졸업 비율이 31%이므로 전국 평균보다 약간 높다. 특히 대표는 전문대·고등전문학교 졸업이 55%, 대졸이 10.5%로 고학력이다. 워커 여성의 배우자 학력은 대졸이 53%인데, 대표의 배우자는 대졸이 83.3%로 일반 멤버의 배우자 학력보다 높다.

워커즈콜렉티브 구성원의 유직 비율은 35.5%이다. 이는 구성원이 워커즈콜렉티브 활동 말고 다른 직업을 갖고 있는지에 관한 것이다. 구성원이 파트타임으로 일한 취업 비율은 21.8%인데, 대표의 유직 비율은 7.9%로 매우 낮다. 이는 대표가 하는 일은 다른 일과 병행하기 어렵다는 점을 나타낸다. 구성원들이 과거에 다른 직업에 종사했던 경험 비율은 전체 중 95.9%인데, 이 가운데 전업으로 취업한 경험이 있는 이들은 67.4%이다. 대표는 79.1%, 부대표는 85.2%로 높고, 일반 멤버는 66.1%로 나타났다.

배우자의 직업은 회사원이 57.3%이고, 공무원이 18.9%으로 회사원이나 공무원이 거의 3분의 2를 차지한다. 그다음은 자영업 7.9%, 사회단체 직원 4.6%, 회사 임원 4.6% 순이다. 농업은 거의 없다. 워커즈콜렉티브 구성원은 급여를 받는 남편을 둔 전업주부로 도시형 생활양식을 가진 이들이라는 점을 알 수 있다.

배우자의 연 소득은 600~800만 엔이 가장 많은데, 전체 중 30.8%다. 800~1000만 엔은 18.8%, 1000만 엔 이상은 11.2%이다. 대표만 보면, 연 소득 1000만 엔 이상인 배우자를 둔 이가 워커즈콜렉티브 전체 대표 중 15.2%에 달한다. 이를 볼 때 대표의 계층은 비교적 높고, 활동 동기는 경제적 이유가 아님을 추측할 수 있다.

지역에 거주한 기간은 10년이 넘은 이들이 전체 중 57.8%이다. 나머지 42.2%는 10년 미만인데, 앞으로도 계속 지역에서 살겠다는 희망을 밝힌 이들은 77.9%로 높다. 대표만 보면, 10년 이상 지역에서 산 사람이 77.5%이고, 앞으로도 계속 지역에서 살고 싶다고 한 이들은 86.8%이다. 자가 소유율은 75%이다. 규슈 지역 평균이 65%이므로 구성원들의 자가 소유율은 상대적으로 높다.

흥미로운 조사 대상은 부대표들이다. 일반 멤버에 비해 지역 거주 기간이 길지 않고 앞으로도 계속 지역에서 살겠다는 희망도 낮다. 부대표들의 임차 가구 거주 비율은 약 30%로 일반 멤버보다 높다. 또 본인의 학력이 높고, 전업으로 취직해본 적이 있는 경험 비율도 높다. 배우자 직업은 회사원이 많다. 이런 데이터를 보면, 고학력자인 아내가 강한 동기를 갖고 워커즈콜렉티브에 참여하고 있긴 하나 회사원 남편의 전근이 잦아서 미래 계획을 세우기 어려워 대표가 아닌 부대표로 활동한다는 점을 알 수 있다.

반대로 나머지 워커즈콜렉티브 구성원 대부분은 남편이 전근하더라도 전근지가 가까운 곳일 것으로 추정된다. 이것은 내가 1988년, 2008년에 진행한 여연女縁에 관해 연구하고 정리한 내용과 부합한다(上野 1988; 2008).[3] 주부가 전업으로 생협 활동을 하려면 남편이 출근하고 없는 시간을 자유로이 쓸 수 있어야 한다. 즉,

'시간 자원'을 갖고 있어야 하고, 남편이 자주 전근하면 안 된다는 내용이다.

생협 조합원으로 활동한 경력은 어떨까? 워커 중 생협 조합원 비율은 96.1%이고 대표는 100%이다. 조사를 실시한 1999년에는 워커즈콜렉티브 가입 자격 중 생협 조합원일 것은 필수 사항이 아니었다. 개호보험 시행 후 생협 조합원이 아니더라도 워커즈콜렉티브의 복지서비스를 이용할 수 있었고, 그래서 생협 조합원이 아닌 워커도 많아졌다. 개중에는 자신이 속한 워커즈콜렉티브가 생협과 연관이 있는 줄 아예 모르는 이도 있었다.

워커즈콜렉티브 구성원은 이사장, 이사, 지부의 위원, 전문위원, 조합사무국원 등 임원을 경험한 비율이 높은데, 멤버 전체의 약 3분의 2에 해당한다. 모든 워커즈콜렉티브 대표들은 대표가 되기 전에 생협 임원을 했다. 임원 기간을 살피면 대표는 8~9년, 일반 워커는 2~3년, 이 가운데 이사를 경험한 이는 대표 전체 중 30.8%인데 이 중 이사장을 맡은 적이 있는 대표도 있다.

생협 외에 지역 활동을 경험한 비율은 85%로 나타났다. 대표는 지역 활동 경험 비율이 95%로 매우 높은데, 한 가지 활동을 활발히 하는 사람이 다른 활동도 활발히 하며 지역 내 중심인물key

---

3　우에노 지즈코는 《여연이 세상을 바꾼다》(1988, 日本経済新聞社)에서 실태조사를 통해 남성이 혈연, 지연, 회사 등으로 인간관계를 쌓는 것과 비교해 여성인 주부들은 지역에서 스스로 선택하는 인연을 통해 새로운 방식의 인간관계를 만들어가고 이를 통해 세상을 바꿀 수 있다고 역설했다. '여연女縁'은 스스로 택할 수 있는 인간관계를 의미한다. 1988년의 실태조사 후 20년이 지난 2008년에 같은 대상을 추적 조사해 그 결과를 《여연으로 산 여자들》(2008, 岩波現代文庫)로 정리했다.-옮긴이

person이 되는 모습이 떠오른다. 생협 조합원 활동으로 성장한 인재가 임원을 경험한 후 새로운 활동처로 유상노동을 하는 워커즈콜렉티브를 필요로 했을 것으로 추측할 수 있다. 이 인재들은 워커즈콜렉티브 대표가 되었을 때 생협 조합원 활동에서 키운 리더십을 활용했을 것이다.

가장 흥미로운 사항은 구성원의 고령자 돌봄 경험 비율이 높다는 점이다. 구성원의 고령자 돌봄 경험률은 전체 중 35%고, 대표는 60%에 달한다. 1998년 생활클럽 생협 가나가와에서 실시한 조사에 따르면 고령자 돌봄 경험률은 6.5%였던 것에 비하면, 이번 조사 대상의 고령자 돌봄 경험 비율은 높은 편이다. 구성원들이 돌본 대상은 친정어머니 20.3%, 시어머니 19.9%, 시아버지 15.5%, 친정아버지 13.7% 순이다. 배우자를 돌본 경우는 전체 중 2.6%로 적다. 돌봄 기간은 1년 미만이 30.9%, 1년 이상 3년 미만이 33.8%인데, 5년 이상인 경우도 20%나 된다.

또 그린코프연합이 있는 규슈 지역은 수도권에 비해 3세대 동거율이 높은 지역 특성이 있는데, 동거 형태를 보면 친정 쪽 노부모와 부부, 자녀 세대가 동거하는 비율이 21%로 높다. 남존여비가 강하다는 평판을 듣는 규슈 지역에서 여성은 며느리로서든 딸로서든 돌봄 부담을 피할 수 없는 것이다.

참여 동기

이 여성들은 어떤 동기로 워커즈콜렉티브에 참여했을까? 위

〈그림 20〉 워커즈콜렉티브 가입 동기

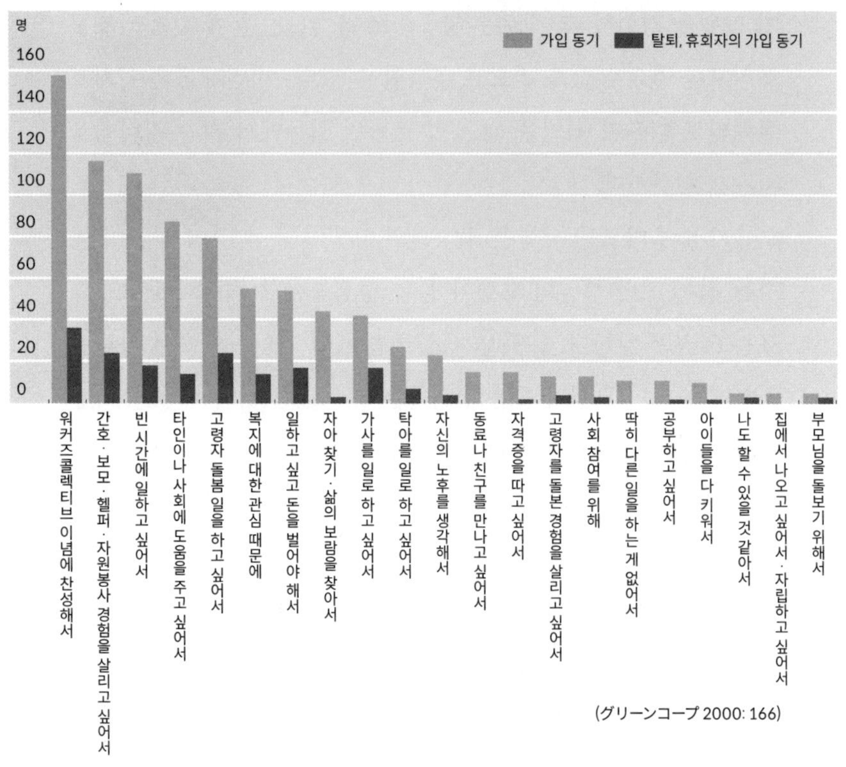

(グリーンコープ 2000: 166)

의 조사에 더해 워커즈콜렉티브 22곳의 워커(탈퇴자 포함) 423명을 대상으로 가입 동기와 탈퇴 이유를 조사했고, 애프터코딩after coding[4]으로 통계를 내고 분석했다(〈그림 20〉). 여성들의 참여 동기는 크게 남에게 도움을 주고 싶다는 것과 일을 하고 싶다는 것으로 나뉜다. 답이 많은 순서대로 워커즈콜렉티브 가입 동기를 정리하면 이

4 조사 때 조사 대상자가 정해놓은 예시의 답을 제시하여 고르게 하지 않고 조사 대상자가 말한 답을 받아적은 후 나중에 분류하고 코딩하는 방법.-옮긴이

렇다. "워커즈콜렉티브 이념에 찬성해서" "간호, 보모, 헬퍼, 자원봉사 경험을 살리고 싶어서" "빈 시간에 일하고 싶어서" "타인이나 사회에 도움을 주고 싶어서" "고령자 돌봄 일을 하고 싶어서" "복지에 대한 관심 때문에" "일하고 싶고 돈을 벌어야 해서" 등.

이 연구는 워커즈콜렉티브를 탈퇴한 이들의 탈퇴 이유도 조사했기 때문에 중요하다. 탈퇴 이유는 답이 많은 순서대로 "다른 일을 하기 위해" "다른 워커즈콜렉티브에서 일하기 위해" "전근이나 이사 때문에" "일이 안 맞아서" "건강 문제" 등이었다. 또 탈퇴한 이들이 많이 거론한 가입 동기는 답이 많은 순서대로 "자격증을 살리고 싶어서" "고령자 돌봄 일을 하고 싶어서" "일하고 싶고 돈이 필요해서"였다. 일하기를 원할수록 워커즈콜렉티브를 탈퇴한 경향이 있다. 또 탈퇴자들은 활동을 그만둔 게 아니라 다른 활동으로 이행했다고 볼 수 있다.

참여 동기를 보면, 육아를 마친 기혼 여성이 비교적 문턱이 낮은 직장인 워커즈콜렉티브에서 일하는 직장 복귀 활동이란 점을 알 수 있다. 워커즈콜렉티브 측 입장에서 이런 현실을 해석하자면, 자원봉사를 지향하는 워커와 일을 지향하는 워커가 선별되고 결국 일을 지향하는 워커를 다른 사업자한테 뺏기는 결과를 초래하고 있다고 할 수 있다.

이 내용과 면접조사에서 나온 질적 정보를 더해 워커즈콜렉티브 구성원의 프로필을 재구성하겠다. 이 연구에서는 워커즈콜렉티브 대표나 중심 멤버 외에 탈퇴한 이들도 조사 대상에 넣었다. 선행연구를 보면, 대부분은 중심 멤버를 조사 대상으로 삼았다. 워커즈콜렉티브 리더층을 대변하는 연구이다. 그린코프 복지연대기금으로 실시한 이번 연구는 선행연구와 달리, 중심적 멤버가 아닌 이들과 탈퇴자들도 조사 대상으로 삼았다. 의도적으로 선정한 것이다.

사람마다 조직에 참여하는 동기나 관여 정도는 다르고, 집단 목표와 개인 목표가 일치하지 않은 경우도 많다. 이런 점을 감안하면 리더는 집단 목표와 개인 목표가 일치한 예외 사례로 볼 수 있기에, 생협에 대한 애정이나 집단에 대한 헌신이 상대적으로 약한 멤버도 조사 대상으로 삼았다. 일반적인 멤버도 워커즈콜렉티브 활동을 뒷받침하기 때문이다.

리더라 할 대표, 부대표, 코디네이터는 활동이 활발한 지역밀착형 주부(남편이 공무원인 경우가 많음), 전업으로 취업한 적이 있는 고학력 주부(남편의 전근이 잦은 경우가 많음) 이렇게 두 종류로 나뉜다. 전자는 부모 세대와 같이 살면서 고령자 돌봄을 해본 적이 있는 이들이다. 후자는 남편의 전근으로 이사를 다니면서 핵가족으로 살기 때문에 고령자 돌봄을 한 경험이 없는 이들이다. 전자와 후자는 각각 워커즈콜렉티브의 대표, 부대표다.[5] 원래부터 지역에 살던 인재에 더해 외부에서 온 인재가 촉매로 작용해 절묘한 조합을 이룬 것인데, 지역 활성화 사례에서도 이런 조합을 찾아볼 수 있다.[6]

---

5 대표 평균 나이는 48.5세, 부대표는 44.7세, 코디네이터는 47.3세다.

6 지역 활성화 사례로는 지역에서 원래 살던 인재에 더해 외부에서 온 사람이 핵심 인물로 네트워크를 형성한 사례, 떠난 고향으로 되돌아온 지역 인재가 핵심 인물인 사례가 있다. 이 두 가지 사례 모두 외부자의 시선으로 지역 자원을 재발견, 재평가한 것이 특징이다. 내가 진행했던 '여연' 연구(上野 1988; 2008b)를 보면, 외부에서 온 여성이 핵심 인물이 되어 지역에서 원래 살던 인재를 활동에 끌어들인 경우가 종종 있다.

리더 중에는 생협에서 임원 경험을 해본 이들이 많다.

“지역에서 학부모 모임도 하고 애들 학교에서 학부모교사협의회 회장도 해봤습니다. 생협 경력은 20년입니다. 상임이사와 연합 이사를 경험했어요. 생협 멤버들 한 사람 한 사람한테 같이 워커즈콜렉티브를 하자고 권유하면서 워커즈콜렉티브 설립을 위해 노력했습니다.” (워커즈콜렉티브 대표 A씨, 56세)

A씨는 “1980년대 말 그린코프연합 이사로 생협 전국 회의에 참여했다가 가나가와 지역 워커즈콜렉티브를 알게 되었다. 그래서 나도 워커즈콜렉티브를 구상하고 씨앗을 뿌리게 되었다”고 자부심에 차서 말했다.

부대표 B씨(55세)도 “긴 시간 생협 임원을 하면서 생협을 그만두면 지역 활동을 하겠다고 생각했다. 조합 활동을 세대 교체한다는 마음으로 워커즈콜렉티브 활동을 시작했다”고 말한다. 이처럼 워커즈콜렉티브는 생협 임원을 경험한 사람이 퇴임 후 활동하는 장이다. 워커즈콜렉티브 창업기에 워커 당사자들은 스스로 활동 사업을 만들었다. 후발 주자인 그린코프는 기존의 생협 워커즈콜렉티브를 참고하며 활동을 추진했다.

A씨는 “돈 때문에 워커즈콜렉티브 활동을 시작한 건 아니지만 돈도 필요하다. 생협에서 공짜로 일하는 것보다 여기서 일하는 게 더 낫다”고 했다. 이들은 학부모교사협의회나 환경보호운동 등 지역 내 여타 활동과 비교할 때 생협 활동을 하며 보람을 더 느꼈고 성과가 있어서 좋다고 했다. 생협 임원을 경험하며 습득한 리더

십이나 활동 의욕을 발휘하기에 워커즈콜렉티브는 안성맞춤이었다. 반대로 말하면, 생협은 인재를 육성하긴 했으나, 성장한 인재를 그 내부에서 살리는 장소를 만들어내는 데는 실패해왔다는 지금까지의 관찰이, 여기에서도 타당하다고 할 수 있을지 모른다(上野 1988; 2008b). 생협 이사나 이사장을 경험한 인재가 더 활동을 전개하려면, 생협 틀 밖에서 활동하는 수밖에 없었다.

한편 일반 워커는 생협 조합원으로 활동한 기간이 리더격 구성원보다 짧았다. 장시간에 걸쳐 활동한 경우도 평조합원에 그친 경우가 많았다. 이들은 생협 참여 동기와 워커즈콜렉티브 참여 동기가 반드시 일치하지 않았고, 생협 활동의 연장으로 여기지 않았다. 또 워커즈콜렉티브 참여 후에 조합원이 된 사람도 있었다. 49세 워커 C씨는 생협은 싫은데 워커즈콜렉티브는 좋다고 했다. C씨는 "생협은 수직적 조직이고, 워커즈콜렉티브는 수평적 조직"이라고 인식했다. 일손이 부족한 탓에 지역 생활정보 잡지를 통해 워커를 모집한 워커즈콜렉티브도 있어서 일반 워커가 생협 조합원이 아닌 경우도 있었다. 생협 조합원을 해본 워커와 그렇지 않은 워커 간에는 [생협에 대한 인식 면에서] 의견 차가 나타났는데, 개호보험 시행 후 이런 경향이 두드러졌다.

대표나 부대표 등 리더와 일반 워커의 공통점은 자신의 고령자 돌봄 경험을 바탕으로 활동을 시작하게 되었다는 점이다.

> "시어머니, 친정어머니를 힘껏 보살폈지만, 후회가 남아요. 간병이 끝난 후 자원봉사 활동을 하고 싶었어요." (워커, 61세)

> "시어머니가 병원에서 6년간 누워 계시다 돌아가셨어요. 좀 더 빨리 워커즈콜렉티브가 생겼더라면, 내가 집에서 돌볼 수 있었을 텐데요." (워커, 51세)

고령자 돌봄 경험은 힘들었고, 한편 후회도 남겼다. 리더들과 일반 워커들은 이런 마음을 안고 활동하게 되었다. 이들은 이미 부모님 돌봄은 끝났지만 앞으로 남편을 돌보게 될 것으로 예측해 남편을 돌볼 때가 되면 워커즈콜렉티브를 이용하겠다고 했다. 또 앞으로 자신이 돌봄이 필요하게 될 때에는 반드시 워커즈콜렉티브를 이용해 자녀에게 신세를 지지 않겠다고 했다. 이들 가운데는 "나 자신의 노후를 위해 워커즈콜렉티브 활동을 한다"고 단언한 이도 있었다.

이처럼 어떤 이들이 워커즈콜렉티브에 참여했는지 살펴본 바에 따르면, 지금까지의 NPO 연구에서 말하는 협 부문 시민사업체의 특징, 즉 ① 이념성 ② 니즈 중심 ③ 시민참여 ④ 노동자의 자기결정, 경영참여를 확인할 수 있다(上野 2007: 122). 워커즈콜렉티브 구성원은 ① 이념적인 측면을 살피면 타인 돕기를 지향하므로 공익성을 지니며 ② 니즈의 주체라는 측면에서는 당사자성을 찾아볼 수 있다. 원하는 서비스를 스스로 공급하고자 하기 때문이다. 또 지역 내 거주 기간이 비교적 길고 지역 정주를 지향하는 것은 ③ 시민참여, 지역밀착성이라고 볼 수 있다. ④ 워커즈콜렉티브의 새로운 일하기 방식은 노동자의 자기결정, 경영참여에 대응한다. 그런데 앞서 썼듯, 당사자성이나 타인 돕기를 지향하는 공익성으로 인해 이용료가 제한되고 마는 결과가 나왔는데 이는 이 장의 다음 절에서 상세히 다룰 것이다.

워커즈콜렉티브 참여 동기는 긍정적이지만은 않다. 경제적 동기를 우선시하지 않고 파트타임 대신 워커즈콜렉티브에서 일하는 이들도 있었는데, 이들의 동기를 살피면 "돈만 보고 일하기는 싫다"라거나 "서예나 테니스 같은 취미 활동을 하고 싶어서 일한다"라는 답이 나왔다. 워커즈콜렉티브는 스스로 일하는 시간을 선택하기 때문에 서비스 이용이 집중하는 아침과 저녁, 휴일이나 야간에 일손 부족 현상에 시달리게 되었다.

참여 동기가 "달리 갈 데가 없어서"라거나 "워커즈콜렉티브만 할 수 있어서"와 같이 소극적인 이도 있었다. 한 워커(50세)는 "일반적으로는 자격이나 능력을 보려고 입사 시험을 보거나 경력을 따지지만, 워커즈콜렉티브에서는 내가 일하겠다고 하면 할 수 있다"고 했다. 여기서 볼 수 있듯 노동 시장에 내놓을 자격증이나 능력을 갖추지 못한 중장년층 여성이 마지막 선택지로 여자라면 누구든 할 수 있다고 여기는 비숙련 노동으로 워커즈콜렉티브를 선택한다는 점을 봐야 한다. 이런 점에서 워커즈콜렉티브는 단지 고용주가 없을 뿐만 아니라 성차별이나 나이차별, 정년이 없다고 할 수 있다.

워커즈콜렉티브는 1990년대에 급성장했는데, 이 시기에 일본은 거품경제가 붕괴하고 불황이 장기화되었다. 구조조정으로 화이트칼라가 해고되기 전에 먼저 중장년층 여성 파트타임 노동자들이 해고당했다. 당시는 45세가 넘으면 이력서조차 보지 않는다는 말이 나올 정도로 나이차별이 심각했는데, 중장년층 여성은 파트타임 일조차 얻지 못했다. 현실적으로 워커즈콜렉티브는 갈 곳 없는 중장년층 여성들의 활동 공간이었다.

워커즈콜렉티브의 노동과 보수

워커즈콜렉티브 구성원의 노동을 평가하는 것은 이 연구의 목표 중 하나다. 그래서 이제부터 '유상노동·지불노동'과 같은 개념에 더해 '무상노동·부불노동'이라는 개념을 쓰겠다. '노동' 개념을 사용한 것은 워커즈콜렉티브 구성원 당사자의 의도와는 상관없이, 이 활동을 여타 복지 분야의 노동과 비교하기 위해서다. 또 워커즈콜렉티브가 사업체로 지속가능한가를 고찰하기 위해서다. 개호보험 시행 후, 복지 분야 워커즈콜렉티브의 노동을 다른 사업체의 노동조건과 비교할 수 있게 되었다. 하지만 생협 관계자들에게 부불노동 개념에 대해 거부감이 강했고, 이 때문에 어떤 갈등이 생겼는지는 이후에 나와 그린코프연합 전무이사인 유키오카 요시하루가 부불노동 개념의 사용을 놓고 벌인 논쟁에서 잘 나타난다 (上野·行岡 2003).[7]

앞서 살펴봤듯, 구성원은 타인을 돕는 것을 지향하는 유형과 일하기를 지향하는 유형으로 나뉜다. 그리고 많은 구성원이 돈을

---

7 그린코프연합에서는 워커즈콜렉티브가 주최한 우에노 지즈코의 강연을 앞두고 생협 내에서 '부불노동'이란 단어를 쓰지 않기로 정하고 해당 강연을 취소한 바 있다. 이후 부불노동 용어 사용에 관한 논쟁이 있었다. 우에노 지즈코는 가사·육아·고령자 돌봄과 같은 노동에 제대로 된 보수를 지급하지 않는 부불노동이 남성중심 사회에 관철되어 있다고 주장해왔는데, 이러한 특성이 워커즈콜렉티브에서도 나타난다고 비판했다.-옮긴이

벌기 위해 일하는 것은 아니라고 답했다. 그렇다면 과연 워커의 보수는 얼마나 될까?

그린코프연합의 워커즈콜렉티브는 스스로 원하는 서비스를 일군다는 목표를 세웠기 때문에 고령자 돌봄서비스 이용료를 1시간당 700엔으로 설정했다. 이 정도 이용료면 자신들도 낼 수 있는 금액이라고 여긴 것이다. 이용료 700엔 가운데 워커가 소속한 워커즈콜렉티브가 조정비로 100엔, 워커가 나머지 600엔을 가져간다. 조사 당시 후쿠오카에서 지역 최저임금이 630엔이었으므로, 워커의 보수는 최저임금보다 약간 낮았다. 미묘한 수준의 보수다. 그리고 워커는 회의 참여나 이동시간을 제하고, 일한 시간에 대한 보수만 받았다.

조사에 따르면 일반 워커 중 23%의 연 소득이 5만 엔 이하다. 일반 워커의 평균 월 소득은 4000엔을 약간 넘는다. 4000엔은 일주일에 하루나 이틀 동안 업무 중 한 가지 일을 해서 받는 수준이다. 잘못 조사한 게 아닌가 의심스러울 정도로 극단적으로 수입이 적다. 전체 구성원 중 66%는 연 소득이 5~50만 엔, 23.4%는 50~103만 엔, 8%는 103~130만 엔이다. 누계로 보면, 구성원의 93%가 배우자특별공제 범위 내 소득을 얻는다.

워커 중 43.5%는 "활동을 더 늘리고 싶다"고 했는데 워커즈콜렉티브의 일 배분 방식에 불만이 있는 사람도 있었다. 대체로 워커들은 일 자체보다는 낮은 보수에 불만이 있었는데, "월 소득이 5만 엔 정도면 계속 활동할 수 있다"고 하면서 시급을 조사 당시 지급되던 700엔에서 1000엔으로 인상할 것을 원했다. 시급이 최저임금을 약간 웃도는 700엔이니, 희망 월 소득 5만 엔을 받으려면 워커는 매달 약 70시간을 일해야 한다. 지역 내 이동시간을 감안하면 일을 늘리려고 해도 일주일에 4일, 하루에는 4건, 1건의 일마다 1시간이 소요되는 일이 최대치일 것이다. 인구밀도가 높은 도시와 비교할 때, 지역에서는 이동하는 데 시간이 걸린다. 교통비는 실비로 지급되지만, 이동시간에는 보수를 주지 않는다. 이동시간과 대기시간을 감안해 보수를 따져보면, 워커즈콜렉티브보다 다른 곳에서 파트타임으로 일하는 편이 시간 대비 수입이 낫다. 경제적 동기만으로는 워커즈콜렉티브 활동을 지속하기가 어려운 것이다.

워커즈콜렉티브를 탈퇴한 D씨(37세, 미혼)는 "워커즈콜렉티브는 돈을 조금 받는 자원봉사니까 먹고살 수 없다. 결국 주부만 할 수 있는 일이다. 그만두고 싶을 때 언제든 그만둘 수 있다. 그냥 편할 대로 일하는 걸 보니까 워커즈콜렉티브 일은 내 직업으로 삼을 수 없다고 생각했다"면서 워커즈콜렉티브 활동을 비판적으로 봤다. 그렇다면 얼마나 받으면 되겠느냐고 묻자 "최소한 월 15만 엔, 연 소득 200만 엔은 필요하다. 시급으로 보면 1500엔"이라고 답했다. D씨는 60대 부모님과 같이 산다. 지방에서 부모의 집에 얹혀사는 싱글의 경우라면 연 소득 200만 엔으로 생활할 수 있긴 하나, 월세를 내거나 부양가족이 있으면 살 수 없다. D씨는 35세가 된 후 장래 인생 설계에서 결혼을 생각하지 않게 되었다고 했는데, 싱글로 안정적으로 살기 위해서, 또 부모님의 노후가 걱정되어 워커즈콜렉티브에 참여했다고 한다. 하지만 "워커즈콜렉티브 일로는 경제적으로 자립할 수 없다. 생활 기반을 남편에게 의존하는 기혼 여성이 아니면 못 할 일"이라 여겨 탈퇴했다고 한다.

그린코프연합의 워커즈콜렉티브 구성원의 사회계층은 지역

평균보다 높지 않은데, 이는 가나가와 지역과 다른 점이다. 대표, 부대표 등 중심 구성원은 상대적으로 고학력이고 경제적으로도 상위계층에 속하나, 일반 워커 중 17.7%는 세대 연 소득이 400만 엔 미만이다. 배우자와 사별하거나 이혼한 여성도 전체 구성원의 10%를 넘는다. 지역에서는 자택을 소유하면 충분히 생활할 수 있다고 하지만, 워커 중에는 워커즈콜렉티브의 수입만으로는 불충분해 다른 파트타임을 구해야 할지 고민하는 계층이 있다. 실제 워커들이 파트타임, 자영업, 재택근무 등을 겸업하는 비율은 전체 중 37.6%에 이른다. 전업으로 취직한 경우도 3.2%이다. 따로 일하며 돈을 벌기 때문에, 적은 보수를 받고 봉사하는 마음으로 워커즈콜렉티브의 일을 하는 것이다.

대표들은 겸업하는 이가 없었다. 대표는 장시간 노동을 하고 부담도 크므로 겸업을 할 수 없는데, 이들의 연 소득도 일반 워커와 다를 바 없다. 연 소득이 103만 엔을 넘은 워커가 있긴 하나, 조사한 38개 워커즈콜렉티브 단체 대표 38명 중 1명을 제외하고 모두 연 소득이 103만 엔 이하였다. 대표는 아주 바쁘다. 급한 사정이 생겨 당장 일을 하지 못하게 된 워커 대신 임시로 일하기도 하지만, 이런 때 말고는 따로 고령자 돌봄 일을 할 여유가 없다. 워커즈콜렉티브에서는 직접 고령자 돌봄서비스를 제공해야 수입이 생기므로, 대표는 소득을 얻을 기회가 거의 없다. 대표가 워커즈콜렉티브 일로 소득을 얻으려면 직접 고령자 돌봄서비스를 해야 한다. 대표의 소득은 대표수당 월 5만 엔(연간 60만 엔)인데, 대표수당은 복지연대기금에서 나온다. 대표가 업무량이 많은 코디네이터 일과 사무실 당번 등을 해서 받는 수입을 합쳐봤자 월수입은 10만 엔이

〈표 3〉 워커즈콜렉티브 대표의 활동 실태

단체 명	워커즈콜렉티브 관련 활동시간			월 소득 (엔)	시간당 단가 (엔)
	주간 합계	유상노동 시간	무상노동 시간		
A	30.50	4.00	26.50	11,800	96
B	59.25	11.50	47.75	50,000	210
C	53.00	0.00	53.00	26,000	122
D	67.50	5.25	62.25	72,200	267
E	47.75	12.25	35.50	10,000	52
F	59,00	11.50	47.50	72,300	306
평균	52.83	7.42	45.42	40,383	175.50

안 된다. 대표들이 하루에 시간을 어떻게 쓰는지 조사해보니, 실제 일한 시간은 평일에 하루 평균 10시간 이상이었다. 도저히 다른 일과 병행할 수 없었다.

우리 조사팀은 6개 단체 대표 6명을 대상으로, NHK의 생활시간조사[8]와 똑같은 방법으로 시간 이용 실태를 조사했다. 휴일을 포함해 일주일에 걸친 상세한 조사였는데, 이는 대표의 노동시간, 특히 부불노동 실태를 조사하기 위해서였다. 조사 대상이 워커즈콜렉티브 관련 활동에 종사하는 동안 '활동'[9] 내용과 시간을 기입

8 노동시간, 수면, 공부, 여가, 식사 등 생활행동에 쓴 시간량과 시간대를 조사한다. 5년마다 실시하며 연령, 성별 등으로 나눠 통계를 낸다.-옮긴이

9 워커즈콜렉티브에서 하는 행동을 '활동'으로 볼지 아니면 '노동'으로 볼지 논쟁이 계속 있으나, 여기서 나는 유상노동·무상노동을 포함한 뜻으로 '활동'이라고 썼다(上野 2006b).

하도록 한 뒤, 활동시간 가운데 유상노동과 무상노동을 분류했다. 보수가 발생한 시간은 유상노동으로 분류했다. 워커즈콜렉티브 활동을 유지하기 위해 꼭 해야 하는 노동이나 보수가 발생하지 않은 시간은 무상노동으로 분류했다. 조사 결과는 〈표 3〉과 같다.[10]

대표들의 활동시간은 주간 평균 52.8시간으로 전업 노동자의 표준 노동시간 40시간보다 훨씬 길다. 잔업이 많은 정규직 노동자와 노동시간이 비슷하다. 유상노동은 7.42시간, 무상노동은 45.42시간으로 나타났는데, 무상노동이 압도적으로 많다. 대표 6명의 월 소득은 1만 엔부터 7만 엔까지 차이가 큰 편인데, 평균은 4만 엔이다. 활동시간을 합해 대표들의 평균 시간당 단가를 산출하니 175엔이었다. 이 정도로 부담이 많은 장시간 노동을 할 사람은 거의 없을 것이다.

생활시간조사 결과를 상세히 살피면, 이들은 평일에 평균 10시간 5분을 일하고, 주말에도 집에서 일한다는 점을 알 수 있다. 생명을 유지하기 위한 수면, 식사 등 1차 활동에 들이는 시간은 평일의 경우 하루에 8시간 21분인데, 개중 수면시간이 6시간 20분, 식사시간이 1시간 31분이다. 전국 평균보다 수면시간이 짧다. 대표들이 잠을 아끼고 식사도 천천히 하지 못하는 모습을 쉽게 떠올릴 수 있다. 가사를 하는 데 쓴 시간은 3시간 35분인데, 전국 평균 4시간 32분보다 짧다. 이들은 집안일을 적게 하고, 여가시간도 평일 기준 하루 평균 1시간 51분으로 매우 짧다. 여가도 대부분 집에

10 이 책을 쓸 때 조사 당시 기록 《복지 워커즈콜렉티브 연구회 보고서》(1999)를 검토해보니, 수치상 오류가 약간 있어서 바로잡았다.

서 신문을 읽거나 TV 시청을 하는 등 수동적인 것이다. 휴일에 겨우 외출하는 정도인데 직무훈련이나 자기계발, 정보 수집을 할 여유는 없다. 대표들은 지역 활동의 핵심 인물로, 원래 다재다능하고 취미도 풍부한 인재가 많은데도, 워커즈콜렉티브를 시작하고 나서는 다른 활동을 할 시간이 거의 없는 것이다. 먹고 자고 대충 집안일을 한다. 목욕하며 쉬는 게 고작이고 일에 매진한다. 이런 모습을 보면 회사원의 일중독이 떠오른다. 총체적으로 생활의 질이 낮다. 대표들도 이 점을 스스로 인식하고 있었다.

이들은 왜 이토록 바쁠까? 대표는 가사원조와 자립지원 같은 일에 도움을 주는 자료를 만들고 워커들의 시간을 조정하고 고충을 처리한다. 외부 단체와의 회의에 참석하기도 하며 업무와 상관없는 일도 많다. 그뿐만 아니라 이동시간도 많이 쓰는데, 조사 대상 중 대표 한 명의 이동시간은 하루에 일한 시간 중 23.7%에 달했다. 예기치 못한 일이 생기면 저녁 9시 넘게까지 일하고 휴일과 야간에 집에서도 일한다. 대표들은 "애초에 복지 분야에서 일하고 싶어 워커즈콜렉티브를 설립했기 때문에 자신이 직접 돌봄서비스를 하지 못하는 데 모순을 느낀다"고 했다. 대표가 하는 일 가운데 3분의 2는 무상노동이거나 다른 구성원의 눈에 띄지 않는 '보이지 않는 노동'이라서 구성원들은 이를 잘 인식하지 못하고 고맙다는 인사도 듣지 못한다. 얼마 안 되는 대표수당도 자신이 받지 않고 워커즈콜렉티브로 입금하는 대표도 있지만, 대표수당이 어째서 필요한지 이해하지 못하는 워커도 있다.

생활시간조사는 번잡하고 품이 든다. 또 조사를 하면서 사생활이 드러나므로 조사 대상자의 협력이 필요하다. 우리의 조사는 조사 대상자가 스스로를 연구하는 것이었기 때문에 그들에게 연구 결과가 바로 전달되었고, 이를 통한 실천적 효과를 거두었다. 대표를 비롯해 구성원 대부분이 대표의 잔업, 무상노동 실태를 알게 되었고, 이에 대한 문제의식이 생겼다. 조사 후 대표의 부담을 경감하고 책임을 분산할 것, 무상노동을 유상화하고 정당하게 평가할 것, 창업기 이후 다음 대표 후계자를 키우기 위해 위기감을 가질 것 등 문제의식을 공유했다. 나중에 대표수당을 인상할 때도 이 조사 결과를 통해 그 정당성을 확보할 수 있었다. 실행연구의 효력을 보여준 사례다.

워커즈콜렉티브의 이용자, 이용요금

대표들이 형편없는 대우를 받고 활동하는 실태에는 배경이 있다. 이용료 시스템이 문제다. 그린코프연합의 워커즈콜렉티브는 1994년에 시작하면서 이용료를 시간당 700엔으로 설정했다. 이는 스스로 원하는 서비스를 스스로 낼 수 있는 금액으로 설정하자는 워커즈콜렉티브의 이념에서 비롯되었다. 700엔 중 100엔이 운영비인데, 이는 민간회사로 치면 경영비와 같다. 그린코프연합에서 워커즈콜렉티브는 일제히 실시된 사업이라서 지역 격차가 있는데도 지역마다 이용료를 달리하지 않고 이용료를 단일화했다. 각 단체는 이용료를 자주적으로 결정할 권리가 없다.

이용료가 700엔이라고 해도 당시에는 많은 이가 가사와 고령자 돌봄은 돈 낼 일이 아니라고 여겼기 때문에, 지불을 꺼렸다. 워커들은 이용료를 내기 싫다는 가족에게 서비스를 거절당하기도 했고, 가사나 고령자 돌봄 일을 할 때 혹독한 시선을 받기도 했다. 7장에서 언급했듯, 이용자들이 워커즈콜렉티브를 선택하는 이유는 대부분 저렴한 이용료 때문이다. 한 워커즈콜렉티브 대표(55세)는 "결국 돈을 낼 수 있는 사람이 이용하게 된다"고 했는데 이 관찰이 맞았다. 예를 들어, 워커가 노부부 가정에서 가사원조를 하는 경우, 부인이 몸져누운 남편을 돌보는 세대가 많다. 이런 세대는 남편이 원래 교장, 시장 등을 했던 지방 유지였던 경우로, 경제적으로 넉넉했다.

이런 이용자가 가사원조와 신체개호 서비스를 구매할 능력이 있는 계층이라는 점에서 워커즈콜렉티브는 행정적 시혜로서 복지를 하는 관 부문과 차이가 난다. 그래서 타인을 돕는 일을 목표로 삼은 워커즈콜렉티브가 이용료를 부담할 경제적 능력이 없는 사람들에게는 닿지 않는 것은 난감한 문제다. 유상으로 고령자 돌봄을 하는 생협의 복지사업체는 공익성이 있다고 해도 어디까지나 회원 간 활동에 그친다. 물론 생협이나 워커즈콜렉티브가 구빈을 하거나 약자를 구제할 책임이 있는 것도 아니고, 또 그 책임을 져야 한다고도 할 수는 없다.[11] 약자 구제는 공적 복지의 진정한 의미이자 관 부문의 역할일 것이고, 시민사회에서는 그 역할을 분담하면 된다.

개호보험 시행 전부터 서비스를 이용했던 이용자가 개호보

11 개호보험 시행 후, 워커즈콜렉티브 이용자 가운데 생활보호[기초생활수급] 세대, 장애인 단독 세대가 늘었다. 이 세대에서는 개호보험을 이용하거나 장애인 지원비를 이용해 워커즈콜렉티브의 서비스 이용료를 부담한다.

험 시행 후에도 계속해서 서비스를 이용했기 때문에, 워커즈콜렉티브는 개호보험 이행기에 연착륙할 수 있었다. 일부 민간기업이 고령자 돌봄서비스를 시작하고 1년도 채 되지 않아 영업 부진으로 사업체를 통폐합한 것을 보면, 개호보험 시행 후에도 워커즈콜렉티브가 씩씩하게 사업을 이어나간 것은 특별히 기억해둘 만하다. 이는 워커즈콜렉티브가 개호보험에 편승해 갑자기 나타난 것이 아니라, 그전부터 지역에서 서비스 이용자를 확보해 실적을 쌓아왔기 때문에 가능한 것이었다(上野 2002c). 개호보험 이행기에 워커즈콜렉티브의 서비스 이용자 수는 줄지 않았으나 전체 이용시간은 줄었는데, 개호보험에서 서비스 가격을 높게 설정한 덕분에 수익이 늘었고 재정적으로 안정되었다. 개호보험 시행 후 전체 서비스 이용자는 낮은 이용료를 내는 가사원조에 집중되었다. 인건비 비율이 높은 민간기업은 고전을 면치 못했다. 이에 반해 워커즈콜렉티브는 개호보험 시행 전부터 이용료를 낮게 설정했기 때문에 개호보험에서 이용료를 받게 되어 수익이 배로 늘었다. 개호보험 시행으로 워커즈콜렉티브는 순풍을 탔다.

개호보험 시행 후 이용자 역시 부담이 줄었다. 개호보험 도입 전에는 가사원조를 받는 데 1시간 이용료 700엔을 냈지만, 개호보험 시행 후 개호보험을 적용해 가사원조 이용료인 시간당 1530엔(당시 금액) 중 10%에 해당하는 금액인 약 150엔만 내면 되었다. 가장 이용료가 비싼 신체개호를 이용하는 경우도 1시간 이용료 4020엔 중 10%에 해당하는 약 400엔을 내면 되므로 개호보험 시행 전보다 저렴했다. 워커즈콜렉티브는 개호보험 외 서비스 이용료도 낮은 요금을 유지했기 때문에 이용자들한테 환영받았다. 2006년 당시 워커즈콜렉티브의 생활응원사업[12]을 이용하는 경우 1시간 이용료는 평일 1300엔, 공휴일과 시간 외 1600엔, 심야 2000엔이었다. 워커의 보수는 개호보험 시행 후 시간당 900엔으로 올랐고 나중에 1200엔까지 올랐다. 그런데 개호보험이 적용되는 서비스든 적용되지 않는 서비스든, 워커의 보수는 동일하다. 그래서 워커가 개호보험 외 서비스를 제공하더라도 보수로 얻는 수익은 높지 않다.

워커와 이용자의 관계를 보자. 워커들은 자주 "가정부 취급을 당하는 게 싫다"고 불만을 터뜨린다. 여성들은 타인을 돕는 일을 하고 싶다는 동기로 활동하지만, 상대적으로 높은 계층의 이용자는 워커들을 편할 때 저임금으로 쓸 편리한 가정부로 여긴다. 고령사회를 좋게 만드는 여성 모임 대표 히구치 게이코는 헬퍼를 '사회적 며느리'로 취급한다고 비판한 바 있다. 한 워커는 "힘들 때는 우리를 찾으면서도 평소에는 우리를 쓰기 편한 사람, 아마추어로 본다"면서 "내가 마치 동네 심부름센터 직원 같다"고 자조적으로 말하기도 했다. 워커들 가운데 시급 600엔의 보수에 만족하는 이는 드물었고 정당한 평가를 받기를 원했다. 그러나 워커들은 자신이 이용자가 되었을 때를 생각해서 "보수를 올릴 수 없다" "복지 관련 일에 돈을 많이 받을 수 없다"고 의견을 냈다. 또 워커들은 보수와 자긍심을 두고 딜레마를 겪는다. 보수를 많이 받으면 자신이 가치 있는 일을 한다는 자긍심이 무너질 것이라고 생각했다. 이용자와

---

12 일상생활을 돕는 서비스로 이용자의 희망에 따른 독자적 서비스를 일컫는다. 시트 교체나 병원 통원 지원, 산책 도움 등을 수행한다.-옮긴이

워커의 권력관계에 대해, 워커들은 낮은 보수로 생긴 자긍심으로 이용자와의 권력관계를 뒤집으려 했다.

워커들이 느끼는 딜레마를 가장 잘 보여주는 사례가 있다. 가사원조와 신체개호를 주로 제공하는 워커즈콜렉티브에 육아 지원 요청이 있었다. 육아기에 전업으로 취업한 여성들이 워커즈콜렉티브에 육아 지원을 시작해달라고 요청했다. 고령자 돌봄과 비교해 육아 서비스는 한번 시작하면 서비스 이용의 연속성, 안정성이 좋아서 워커즈콜렉티브에 괜찮은 사업이었다. 그런데 대표들은 육아 지원 서비스는 잘되지 않았다고 했다. 워커들에게 육아 서비스를 하자고 간곡히 부탁하거나 권했지만, 대부분 이 일이 "커리어 우먼을 지원하는 것"이라며 꺼렸다고 한다.

기회비용을 따졌을 때 자신이 일해서 얻는 비용이 가사 서비스를 외부화하는 비용보다 높을 때, 여성은 가사를 외부에 맡긴다. 경제학에서 알려져 있듯, 이럴 경우 여성은 가사를 외주 서비스로 돌리고 일을 계속하는 경향이 있다. 가사를 남에게 맡기는 여성은 교사, 공무원 등 고학력 전문직이 많다. 워커들은 "만약 일하는 여성들의 요청을 받아들여 워커가 낮은 보수로 육아 지원을 한다면, 워커는 전문직 여성의 육아를 보완하는 역할을 할 뿐"이라며 육아 서비스 도입을 반대했다.

워커들이 육아 지원을 거부한 배경은 이들의 강한 자부심이다. 워커들은 자신은 남들에게 손가락질당하지 않을 만큼 주부 역할을 해냈다고 한다. 이런 자부심은 일을 우선시해 엄마 역할을 제대로 수행하지 않는 여성을 비판하는 것으로 이어진다. 대표 중 한 사람은 "일하는 여성을 지원하는 역할이 중요한데, 워커들이 이해하지 못한다. 설득이 안 된다"고 탄식했다. 이 대표는 워커들의 페미니즘 의식이 부족하다고 해석했지만, 의식의 문제라기보다 자긍심과 그 밑에 깔린 계층 문제의 딜레마로 인해 육아 지원에 거부감이 나타난 것이라 하겠다. 워커 자신의 세대 수입은 많아도 정작 자신의 수입(기회비용)은 낮으니 속이 꼬인다. 워커들은 육아 지원을 요청한 여성 이용자보다 상대적으로 높은 계층이긴 하나, 자신보다 기회비용이 높은 젊은 여성이 자신을 부리는 것에 대한 굴욕감이 작용해 육아 지원에 부정적으로 반응한 것으로 보인다.[13]

그런데 워커들이 그토록 꺼린 육아 지원 서비스에도 예외가 있었다. 워커들이 낮은 보수를 받으면서 어떻게 자긍심을 유지하는지 확실히 알 수 있는 사례다. 워커들이 육아를 지원하는 세대가 있다. 이혼하거나 사별한 배우자를 둔 한부모 여성 가장 세대, 또 장애아를 둔 세대이다. 이 두 가지 사례에서 워커들은 어려움에 처한 사람은 복지 목적으로 육아 지원을 허용한다는 것을 알 수 있다. 워커들은 파트타임보다 더 못한 보수를 받으면서도, 자신의 계층과 주부 정체성으로 자긍심을 지탱하고 있다.

---

13 고령사회를 좋게 만드는 여성 모임 기타규슈 지부에서는 "멀리 사는 할머니보다 가까운 곳에 사는 할머니"라는 표어를 내걸고 영유아를 둔 젊은 여성들의 육아를 지원해 호평을 얻었다. 그런데 이 지부의 경우는 육아 지원을 하는 이와 젊은 엄마들의 나이 차가 많이 나는 편이고, 육아 지원이 자원봉사로 이뤄진다. 서비스 제공자와 이용자의 관계가 비대칭적이기 때문에 서비스가 유지되는 것이다.

워커즈콜렉티브의 경영비용

조사 대상인 워커즈콜렉티브 49곳의 사업 수익은 다양했다. 가장 많이 수익을 낸 곳은 월 이용시간이 800시간을 넘는 곳이고, 가장 적은 곳은 월 이용시간이 총 100시간을 넘지 못했다. 이 책 11장의 〈그림 18〉, 〈그림 19〉에서 제시했듯, 워커즈콜렉티브의 서비스 이용시간은 급속히 늘었다. 그러나 사업 규모가 확대되었다고 해서 경영이 안정된 것은 전혀 아니었다. 조사를 시행한 1999년은 워커즈콜렉티브가 창업기를 거쳤으니만큼 지역에 뿌리를 내려 사업체로 성숙기에 들어갔어야 할 시기였다. 앞날이 보이지 않는 데서 비롯한 경영 위기의식이 복지연대기금에서 공동연구를 발족한 배경이었다.

사업 수익이 가장 많이 난 워커즈콜렉티브의 대표 A씨는 "단체 설립 당시 무척 열중해서 일했다. 월간 서비스 이용시간이 500시간을 넘긴 후, 앞으로 좀 편해질까 싶었는데 좀처럼 나아지지 않았다. 왜 그런지 생각해보고 싶었다"고 말했다.

경영 여건이 개선되지 않은 이유는 간단하다.

월 서비스 이용시간이 500시간일 때 사업 수익은 35만 엔인데, 그중 워커 보수로 30만 엔을 지출한다. 사업체의 몫은 불과 5만 엔이다. 이용자, 이용시간이 늘면 늘수록 조절 업무, 사무, 경리, 인사 관리, 고충 처리 등 경영 업무가 늘어난다. 돌봄사업은 노동집약형으로 규모의 경제가 적용되기 힘든 업종이다. 사업 규모가 커진다고 경영비용이 줄지 않는다. 워커에게 지급하는 보수 말고도, 코디네이터에게 건당 조정비를 지급하고 사무실 당번에게도 보수가 나간다. 월 5만 엔으로는 사업체를 유지할 경비가 나오지 않는다. 공동연구를 시작했을 무렵, 워커즈콜렉티브는 활동하면 할수록 적자가 늘고 부담이 커지는 악순환에 빠진 상태였다.

결론부터 말해, 그린코프연합의 워커즈콜렉티브에서는 자원봉사를 한다는 발상으로 시작했다는 점을 지적할 수 있다. 애초부터 요금 체계에 경영비를 마련하지 않았는데, 이는 민간사업체 시각으로 보면 비상식적인 일이다. 그린코프연합은 복지연대기금에서 연합 산하에 있는 모든 워커즈콜렉티브에 보조금으로 연간 60만 엔을 조건 없이 지급했다. 연간 60만 엔은 대표의 수당(5만 엔×12개월)을 계산해서 나온 금액이다. 이런 보조금 시스템은 워커즈콜렉티브를 그린코프연합 조합원 봉사 활동의 일환으로 보고, 그린코프연합에서 대표의 활동비를 부담한다는 발상에서 비롯되었다. 앞서 〈표 3〉을 보며 거론했듯, 대표들 가운데 월수입이 5만 엔도 안 되는 사례가 있는데 이는 대표수당으로 지급되는 대표 자신의 월급 중에서 경영비용을 지출하기 때문이다. 대표는 구성원 중 가장 긴 시간을 일하면서도 본인의 사명감이나 자기만족 외에는 보상이 없다. 이런 점이 조사 결과로 분명히 드러났다.

더군다나 워커즈콜렉티브의 보수는 지자체가 주민들에게 자원봉사를 요청할 때 주는 실비와 비슷하다. 많은 지자체에서는 주민의 상호지원 활동을 촉진하기 위해 주민들에게 자원봉사자 등록을 권하는데, 이때 시간당 700~800엔으로 낮은 이용료를 정해 놓고 사무를 담당한 주민에게 수수료로 100엔 정도를 주든지, 수수료 없이 자원봉사자에게 전액을 준다. 지자체 직원이 이용자나 제공자를 연결하는 조정 역할을 하는데, 지자체 직원한테는 세금으로 급여를 지불한다. 우리는 이 점을 기억해야 한다. 언뜻 보기에 지자체의 서비스는 이용료가 저렴하지만, 인건비를 포함해 주민들이 세금으로 그 부담을 진다.

이런 상황에서 협 부문의 활동은 관 부문과 같은 조건으로 경쟁하면 매우 불리하다. 협 부문의 사업체는 독립채산으로 재무적 자립이 요구되기 때문이다. 이런 점에서 관 부문이 주도하는 주민자원봉사 활동은 지역 주민의 자발적 조직화를 촉진하기는커녕 저해한다. 시민사업체의 성립과 유지를 방해하고 있는 셈이다. 한 가지 더 짚자면, 복지 노동 시장에서 관 부문이 노동 가격 파괴에 가담하고 있다.

경영비용과 시간비용

워커즈콜렉티브의 경영비용을 확실히 산출하려면 어떻게 해야 할까?

구성원들은 경영비용을 고려하지 않고, 사업체 수지에 경영비를 넣지 않아서 결산서에서 경영비를 산출할 수 없었다. 게다가 워커즈콜렉티브에서는 연간 잉여금과 사업 매출 간에 아무 상관관계가 없었다. 1998년 워커즈콜렉티브 38곳 중 33곳이 흑자를 냈고 당기잉여금[연간 수익]은 평균 11만 9000엔에 달했다. 대표와 워커들의 활동 실적을 보면, 믿기지 않는 수치였다.

곧 수수께끼가 풀렸다. 연말에 각 단체에서 미리 [경영비를 빼고서] 결산서를 작성했다는 점을 알게 되었다. 우리의 연구는 활동 주체가 연구에 참여하는 실행연구였기에 내부 사정을 파악할 수 있는 게 장점이었다.

잉여금이 발생할 수 있었던 배경에는 워커즈콜렉티브가 기본적으로 경영비를 전혀 계산에 넣지 않았다는 점, 그 결과로 수지를 맞추기 위해 대표의 무상노동이 가중되었다는 점이 있었다. 악순환이었다. 이미 살폈듯, 대표들은 사생활에 영향을 줄 만큼 장시간 노동을 하며 무거운 부담을 졌고 더 이상 짬을 내서 일할 수 있는 수준이 아니었다. 서비스 이용이 늘어나면서 대표들은 한계를 느꼈다.

화폐로 경영비용을 계산한 데이터가 없었기 때문에 시간비용[14]으로 경영비를 측정했다. 조사 결과는 〈그림 21〉과 같다. 워커즈콜렉티브 45곳이 조사 대상이었고, 구성원들의 총 활동시간 중 수익 활동시간의 비율을 산출했다. 대표들의 시간이용조사를 했을 때와 동일한 방법으로 산출했는데, 한 달 동안 수익이 발생한 활동시간과 그렇지 않은 활동시간을 상세히 기록해 합계를 냈다. 이렇게 해서 수익이 발생한 활동을 하는 데 들어간 시간당 경영비를 측정할 수 있었다. 이때 수익이 나지 않은 활동시간에 회의시간을 포함했다. 워커즈콜렉티브에서는 회의가 필수적이기 때문이다. 워커즈콜렉티브는 민간기업과 같은 고용관계로 이루어져 있지 않고, 구성원 간 수평적인 관계에서 노동을 결정하므로 조직의 의사결정에 시간비용이 발생한다. 회의시간은 '회의 참가자 인원×

14 구성원의 총 활동시간 중 수익이 발생한 시간과 그렇지 않은 시간의 합계.-옮긴이

〈그림 21〉 워커즈콜렉티브 운영비

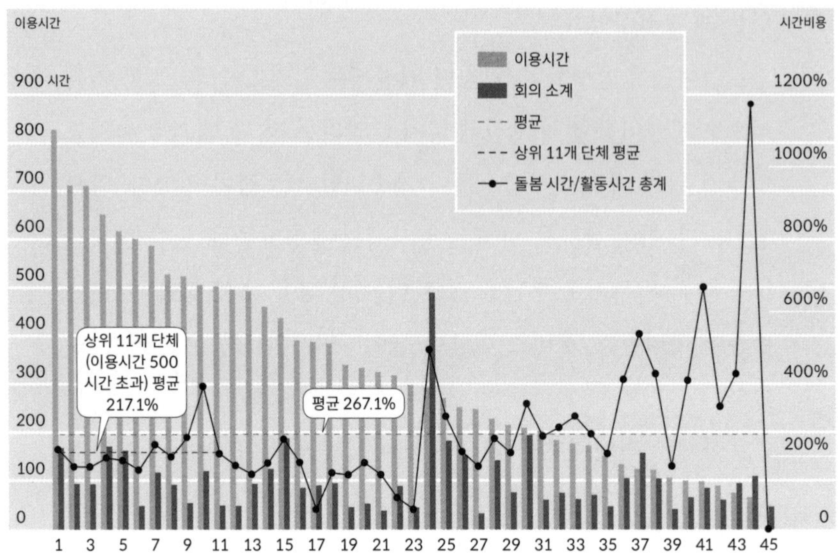

시간'으로 산출했다. 일반적으로 주부는 시간비용에 민감하지 않다고 하는데, 생협 관계자들은 회의하는 데 워낙 익숙해서 회의를 운영비용이라고 생각하지 않는다. 그러나 민간기업에서는 직원들의 회의시간에 임금이 발생한다. 회의시간은 경영비용으로 잡아야 하는 것이 상식이다.

조사 결과는 놀랄 만했다. 〈그림 21〉은 서비스 이용시간이 많은 순으로 워커즈콜렉티브를 정렬한 것이다. 사업 매출이 적은 단체일수록 상대적으로 경영에 쓴 시간비용이 높다고 할 수 있긴 하나, 확실한 상관관계는 없다. 조사 대상인 워커즈콜렉티브 45곳의 시간비용 평균은 267.1%인데, 사업 매출이 큰 곳은 평균 이하로 거의 200% 수준이다. 서비스 이용시간이 적은 단체는 분산이 크므로 제외했고, 서비스 이용시간이 500시간이 넘어야 안정적으로 사업을 지속할 매출 규모라고 가정했다. 서비스 이용시간이 500시간을 넘는 상위 단체 11곳에 한정해 살피면, 시간비용은 평균 217.1%였다.[15] 사업 수익이 크고 경험이 쌓인 단체는 경영 효율이 좋아졌다는 점을 알 수 있다. 회의 시간을 보면, 조사 대상 워커즈콜렉티브 45곳의 월평균은 95.6시간인데, 이 가운데 회의시간이 서비스 이용시간을 넘은 곳도 있었다. 이런 곳은 경영 효율이 좋지 않다.

조사 결과로 우리는 무엇을 알 수 있는가? 여기서 월간 서비스 이용시간이 500시간을 초과하는 상위 11곳의 평균 시간비용 217.1%를 살펴보자. 수익사업을 하는 1시간을 하는 데 든 경영비용은 시간비용으로 따졌을 때 거의 2배다. 즉, 서비스 이용시간이 500시간이라면 부대 업무를 하기 위해 서비스 이용시간에 맞먹는 500시간을 쓴다. 이렇듯 서비스 이용시간이 길어지면 길어질수록 워커즈콜렉티브 대표가 만성적으로 장시간 노동을 하며 힘들어하는 데는 근거가 있었다.

평균 시간비용 217.1%는 어떻게 해석할 수 있을까. 경영 효율이 좋은 것일까? 또 시간비용을 합리적으로 줄인다면 그만큼 경영 효율은 나아질 거라 볼 수 있을까?

---

15 이 수치는 보고서(グリーンコープ連合福祉ワーカーズ·コレクティブ研究会 2000)나 논문(上野 2002c)에서 내가 소개한 수치(198.4%)와 다르다. 이 책을 집필하며 1차 자료의 계산을 검토하며 수익 관련 사업시간을 당시에 잘못 계산했다는 점을 알게 되었고, 모든 사례는 새로 계산했다. 본문에 제시한 수치(217.1%)가 맞다.

워커즈콜렉티브에서 수익이 나지 않는 활동시간은 서비스 편성, 워커들 간 시간 조정, 회계 처리와 같이 필수적 업무, 회의(한 달에 한 번 하는 전체 회의, 중심 구성원이 여는 운영 회의, 이용자 정보를 공유하는 회의, 대표가 참가하는 외부 회의 등)와 연수 등으로 구성된다. 의사결정을 할 때 워커즈콜렉티브에서는 위에서 아래로 하달하지 않고 회의를 통해 합의를 형성한다. 회의 참석 시간에 보수를 지급하지 않는다. 몇몇 워커들은 "회의는 성가신 일"이라며 회의 참석을 부정적으로 봤지만, 이는 워커의 경영참여와 합의 형성을 위한 비용이다.

워커즈콜렉티브는 회의에 필요한 시간비용을 줄여서는 안 되는 특성이 있다. 의사결정을 위한 비용은 협 부문의 시민참여형 복지, 노동의 자기결정과 경영참여를 지탱하기 때문이다. 월간 서비스 이용시간이 500시간을 넘어 성숙기에 들어간 워커즈콜렉티브에서 평균적인 시간비용이 비슷하게 집약된 점을 보면, 구성원들이 경영을 위해 매우 노력하고 있다는 것을 알 수 있다. 나는 경험적으로 볼 때 상위 워커즈콜렉티브의 경영비용인 평균 시간비용 217.1%는 타당한 수치라고 생각한다. 하지만 워커즈콜렉티브는 서비스 이용 매출이 오르고 경영을 위해 노력해도 따라잡지 못하는 구조가 애초에 이용료 시스템에 내재해 있다.

이와 같은 여건은 개호보험 시행 후 크게 변화했다. 이용자 부담이 줄고, 그전과 비교해 파격적인 수준의 고액으로 이용료가 설정되었다. 제도가 바뀌면서 워커즈콜렉티브에서는 이용료가 거의 2배로 상승했다. 경영 노력 없이 동일한 이용시간에 대해 사업 매출이 배로 늘었기 때문에, 워커즈콜렉티브에 개호보험 도입은 복음이나 다름없었다. 또 개호보험이 시행되면서 워커 보수도 800엔으로 올라 지역 최저임금을 웃돌고, 비숙련 파트타임 임금수준을 넘어섰다.[16] 물론 이 정도 보수도 같은 시기 민간사업체에 고용된 돌봄노동자 보수가 시급 1100~1300엔인 것과 비교하면 상대적으로 낮다. 워커즈콜렉티브에는 독자적 요금 체계가 있기 때문이다. 개호보험 외 서비스에 대한 비용 면에서 보면, 개호보험에서 지정한 민간사업자가 이용자에게 전액을 부담하도록 한 데 비해 워커즈콜렉티브는 자원봉사에 가깝게 낮은 이용료만 내도록 하고 있다. 개호보험 외 서비스라 해도 워커의 보수는 개호보험 적용 서비스와 동일하다. 또 가사원조와 신체개호에서도 차등을 두지 않고 자격증 유무로도 차이가 나지 않는다. 이렇게 수평적인 시스템을 유지한다. 워커즈콜렉티브의 활동 주체들은 평등의식과 긴 회의시간이 상징하는 노동의 자기결정, 경영참여 방식으로 활동 의욕을 끌어내고 있다.

경영비용 비교

개호보험 시행 후 협 부문 사업체는 성과급이라는 동일한 조건하에서 관·민 부문의 사업체와 경쟁하게 되었다. 이 가운데 관 부문과 협 부문의 고령자 돌봄사업체의 경영비를 비교한 데이터가 있다(〈표 4〉). 이 데이터는 관 부문과 협 부문의 홈헬프 사업에서

---

16 지금은 더 올라 민간사업체와 비슷한 수준이다.

〈표 4〉 고령자 홈헬프 사업 비용 비교

	실시 주체 / 항목	히라쓰카시	가와사키시	가와사키시 사회복지 협의회	요코하마시 홈헬프협회	워커즈 콜렉티브 '다스케아이 단단'	워커즈 콜렉티브 '유이'	워커즈 콜렉티브가 생각한 필요경비 모델
사업비 (단위: 천 엔)	연간 사업시간 [A]	5,635	42,000	300,490	1,348,780	7,088	5,858	6,000
	1. 인건비 관련 (급여·사업자 부담 보험비· 연수비 등) [B]	59,647	338,608	653,589	678,622	5,855	4,973	11,420 인건비· 활동경비· 보험·연수비
	2. 시설비 관련 (사업소 건설·유지 관리비· 수도광열비 등) [C]	불명확	불명확	불명확	불명확	144	57	1,320 사업소(10평) 월세· 수도광열비
	3. 비품 관련 등 (사무용품·차량 유지 관리· 교통통신비 등) [D]	불명확	29,860	63,015	398,723	664	160	578 교통통신비· 사무용품비· 인쇄비
	4. 기타 [E]	-	-	49,338	1,816,324	-	-	95
	비용 합계 B+C+D+E =[F]	59,647	410,546	755,672	2,893,669	6,663	5,190	13,413
	시간당 사업비용 (F÷A) (단위 엔)	10,585	9,773	2,515	2,145	940	886	2,235

(〈生活クラブ運動グループ福祉協議会〉, 1995. 조사는 1994년 실시)

경영비용을 1994년 가나가와 생활클럽 운동그룹 복지협의회에 설치된 '복지 정책 간담회'가 수도권에서 조사해 1995년 〈가나가와 생활클럽 운동그룹 복지협의회 총회 의안서〉[17]에 실었다.

〈표 4〉 맨 아랫줄에서 시간당 사업비용(인건비, 시설비, 비품비, 기타[18])을 보자. 비용 순으로 보면, 히라쓰카시 1만 585엔, 가와사키시 9773엔, 가와사키시 사회복지협의회 2515엔, 요코하마시 홈헬

17 당시 생활클럽 가나가와에 있던 오가와 야스코 씨가 제공해준 자료이다.

프협회 2145엔, 워커즈콜렉티브 다스케아이 단단(가와사키시 소재) 940엔, 워커즈콜렉티브 유이(요코하마시 소재) 886엔이다. 실시 주체별로 보면, 지자체가 직영하는 단체 2곳이 평균 1만 180엔으로 사업비용이 제일 많이 들어갔다. 그다음은 흔히 '제3섹터'라고 하는 지자체 외곽단체 2곳의 사업비용이 평균 2330엔이다. 워커즈콜렉티브 다스케아이 단단과 유이는 평균 913엔으로 사업비용이 매우 적으나, 사업비 중 인건비 비율이 80%를 넘으므로 이용료를 시간당 1000엔 이상으로 설정해야 이익이 난다. 이 데이터에 나온 수도권 지역의 워커즈콜렉티브 2곳도 그린코프연합의 워커즈콜렉티브와 마찬가지로 사업비용으로 넣어야 할 노동을 무상노동으로 치고 계산하지 않았을 것이다.

〈표 4〉에는 워커즈콜렉티브가 장래에 원활한 활동을 위해 산출한 필요경비 모델이 나와 있다.[19] 연간 사업시간을 6000시간(월간 사업시간 500시간)으로 잡았는데, 시간당 사업비용이 2235엔으

---

18 가와사키시 사회복지협의회의 사업비용 중 '기타'는 관리직 인건비 및 복리후생비이다. 요코하마시 홈헬프협회의 사업비용 중 '기타'는 수수료 징수 관련 사무 및 서비스 사업비이다.

19 〈표 4〉의 출처 〈가나가와 생활클럽 운동그룹 복지협의회 총회 의안서〉에는 다음과 같은 점이 덧붙어 있다. "표 맨 오른쪽 칸 '워커즈콜렉티브가 생각한 필요경비 모델'이란 워커즈콜렉티브가 활동을 원활히 추진하고 발전시켜 나가기 위해 필요한 경비를 가상으로 산출한 것이다. 이 필요경비 모델에서 인건비 내역을 보면 사무국 1명, 이용자나 워커 간 조정 등 코디네이터 업무 담당자 1.2명이다. (코디네이터는 총 서비스 이용시간 연간 5000시간당 1명으로 산출하므로, 연간 사업시간을 6000시간으로 상정할 때는 1.2명이다.) 활동경비(워커가 받는 보수)는 워커즈콜렉티브 유이의 과거 실적을 바탕으로 시간당 720엔으로 잡아 계산했다." 계산해보면 합계가 맞지 않으나, 원문의 출처 그대로 여기에 옮겼다.

로 언뜻 보기에 지자체 외곽단체 2곳과 비슷한 수치다. 워커즈콜렉티브의 필요경비에는 사무소 월세·수도광열비가 시설비로 포함되었는데, 관 부문 단체는 불명확하다. 이는 타부서와 시설을 같이 쓰므로 산출하지 못하기 때문이다. 관 부문 단체는 지자체에서 초기 투자와 운영비를 부담하므로 운영비 등을 내지 않는다. 그런데 워커즈콜렉티브에는 없고 제3섹터인 관 부문 단체에는 들어가는 경비가 있다. 낙하산 인사로 관 부문 단체에 관리직으로 온 사람들의 인건비다. 지자체 직영사업이나 외곽단체 사업에 이러한 관리직의 인건비는 안 들어가 있는데, 이는 공무원 급여로 나가는 것으로 실제로는 시민들이 세금으로 부담한 사업비로 볼 수 있다.

한편 워커즈콜렉티브 2곳에서 관리직 인건비가 들어가지 않은 것은 애초에 대표의 무상노동으로 관리자 인건비를 유지하기 때문이다. 〈표 4〉의 워커즈콜렉티브 필요경비 모델에서도 인건비 비율은 85%을 넘기 때문에 이용료를 시간당 1000엔 안팎으로 설정한다면 워커즈콜렉티브는 확실히 적자가 날 것이다. 필요경비 모델에 근거를 두고 이용료를 설정한다면 시간당 2000엔이 넘을 것이다. 그래서 이용자 자기 부담 100%로 이용료를 내도록 한다면 워커즈콜렉티브 서비스 이용은 급격히 줄어들 것이다. 개호보험 요금 체계(2000년)를 보면, 가사원조가 시간당 이용료 1530엔인데 이 정도로는 분명 수익 채산이 맞지 않는다. 2002년 이후 개호보험에서 생활원조는 시간당 이용료가 2080원인데 이 금액으로도 수익을 낼 수 없다.

〈표 4〉를 보면, 지자체 직영사업이 사업비 감각이 없고 매우 비효율적이라는 것을 알 수 있다. 개호보험을 도입할 때 고령자 돌

봄을 아웃소싱하는 방식을 채택해 지자체가 직접 서비스 제공 주체가 되지 못하도록 한 것은 옳았다. 하지만 개호보험 시행 후 사회복지협의회와 같은 지자체 외곽단체는 혼란에 빠졌다. 개호보험 시행 전 지자체 외곽단체에서는 과거 수혜 차원에서 복지를 하던 시대처럼 경영비용을 개의치 않고 사업을 운용해왔다. 그러다가 개호보험 시행 후 갑작스레 독립채산제를 하라는 요구를 받았으니 혼란에 빠진 것도 당연하다.

〈표 4〉와 같이 화폐 단위로 나타낸 사업비용은 복지연대기금 공동연구에서 제시한 사업비용과 비교할 수 없다. 내가 참여한 복지연대기금 공동연구에서는 시간비용으로 사업비용을 계산했기에 애초부터 산정 방법이 다르기 때문이다. 그러나 화폐 단위든 시간 단위든 독립적으로 산정한 경영비용 데이터로 증명된 사실이 있다. 월간 서비스 이용시간이 500시간 규모인 사업체에서는 협 부문이 관 부문에 비해 경영비용 면에서도 상대적 우위를 차지한다는 점이다.

민간기업의 경영비용에 관한 데이터는 입수하기 어렵지만, 개호보험 시행 후 N사의 내부 정보를 얻었다. N사의 경영비는 시간비용으로 약 300%인데, 경영비 중 인건비 비율이 70%를 넘어 경영을 압박했다. 고령자 돌봄사업과 같은 노동집약형 산업에서는 인건비 비율이 경영비에 영향을 준다. 정부가 정해놓은 서비스 가격이 일정하므로, 경영비용 차이는 거꾸로 계산해보면 노동분배율 차이로 나타난다. 그런데 노동 시장은 유동적이라서 각 부문 사업체에서 돌봄노동자의 임금을 크게 차이 나게 하기는 어렵다. 만약 임금 차를 크게 만든다면 협 부문이나 민간기업은 인건비로 인해 직접적인 경영 압박을 받게 될 것이다. 민 부문 사업체는 이용 단가가 높은 신체개호로 제공 서비스를 이행함으로써 대책을 찾았다.

후생노동성은 민간기업이 개호보험 서비스에 참가할 것을 기대하고 이용료를 높게 설정했다. 그러나 개호보험 시행 후 이러한 조치가 오산이었다는 점이 드러났다. 단가가 싼 가사원조(시행 당시 명칭이며, 2003년 '생활원조'로 명칭이 변경됨)로 서비스 이용이 집중되었다. 개호보험을 시작했을 때 가사원조 이용료는 시간당 1530엔이었다. 돌봄노동자 보수가 시급 700엔 정도라면 시간비용으로 환산한 경영비 100%라도 충분히 경영해나갈 수 있을 것이라 봤겠으나, 문제는 민간기업에 시급 700엔을 받고 일할 사람이 오지 않는다는 점이다. 경영비용을 300%라고 전제하고 신체개호 이용료를 4020엔으로 해야 시급 1200~1500엔으로 임금수준을 유지할 수 있다. 그런데 민간기업에서는 밤이나 식사 때와 같이 서비스 이용이 집중된 때에도 서비스를 제공해야 한다. 워커즈콜렉티브의 워커와 같이 본인이 편한 시간대에 일하기를 바라는 사람들은 민간기업에서 일하는 것을 꺼린다.

협 부문의 비영리사업체는 민 부문의 영리사업체에 비해 경영비가 낮고 노동분배율에서 우위라는 점을 알 수 있다. 협 부문에서는 낮은 서비스 이용료를 받아도 꾸려나갈 수 있다는 점이 유리한 점이긴 하다. 그런데 관·민·협 부문 사업체가 경쟁하는 가운데, 이용자는 오직 요금이 저렴하다는 이유로 워커즈콜렉티브를 선택했던 것일까?

워커즈콜렉티브의 돌봄서비스 질

워커즈콜렉티브가 주로 저렴한 이용료로 환영받는 점은 부정할 수 없다. 싼 이용료는 개호보험 외 서비스에 대한 것인데, 서비스의 질적인 측면에서 협 부문 돌봄사업체는 상대적 우위가 있을까?

7장에서 소개한 이용자 조사를 보면, 그린코프연합의 워커즈콜렉티브에 대한 이용자들의 평가는 분명 높다. 그런데 이미 7장에서 지적했듯, 워커즈콜렉티브 서비스를 지속적으로 이용하는 이용자들이 서비스에 만족하는지에 대해서는 이용자 조사가 비교지표는 되지 못한다. 반면 워커들의 자기평가는 높다. 그 근거로 워커들은 '주부 감각'을 자주 이야기한다.

워커즈콜렉티브 활동 주체들이 스스로 느끼는 주부의식은 강하다. 자신은 주부 역할을 빈틈없이 잘해냈다는 자부심을 느낀다. 그렇기에 앞서 썼듯, 일하는 여성의 육아를 지원하는 서비스에는 소극적이다. 이런 측면에서 워커들의 활동은 성역할 분담을 없애기는커녕 성역할을 수행하고 있다고 할 것이다. 각종 조사를 보면, 워커 대다수는 출산 후에 생협 조합원으로 가입했고 안전한 먹거리를 아이에게 먹이려고 가입했다는 점이 나와 있다.

가사원조에 대한 자기평가를 봐도, 워커들의 자긍심은 강하다. 방문개호의 경우 이용자의 자택이 곧 워커들의 직장이다. 이용자의 표현이나 스타일에 맞춰 유연하게 대응해야 하고 배려와 재치도 있어야 한다. 워커들은 "신체개호는 매뉴얼에 따라 하면 되는데, 가사원조는 매뉴얼을 만들 수 없을 정도로 어렵다"고 했다. 가사원조와 신체개호 간에 보수 차이는 없다. 어디까지가 가사원조고 어디까지가 신체개호인지 명확히 하기가 어려운 사정뿐만 아니라, 현장에서 이 두 가지를 모두 해보면 난이도가 그다지 다르지 않다는 사정도 고려한 요금 체계다. 이런 현장 경험에 바탕을 두고 그린코프연합에서는 개호보험 개정 때마다 줄곧 신체개호와 가사원조 보수를 일원화해달라고 요구해왔다. 개호보험이 시행 3년째에 들어 개정되었을 때, 신체개호와 가사원조의 복합 서비스는 없어졌고, 가사원조는 생활원조로 명칭을 바꿨고 이용료도 2080엔으로 올랐다. 민간사업자가 낮은 이용료로는 더 이상 사업을 지속할 수 없다는 점을 감안하고, 또 가사원조와 신체개호의 차이를 줄이기 위한 개정이었다.

워커들의 "우리에겐 주부 감각이 있다. 이것은 프로에게는 없는 것이다"는 발언에는 여러 의미가 내포한다. 우선 워커들의 자기평가가 높음을 알 수 있다. 이런 자기평가는 타인의 가정을 직장으로 삼고서도 임기응변으로 대응할 수 있는 유연한 태도, 자신보다 가족을 우선시하며 기른 인내심과 배려에서 비롯한다. 한편 이 발언에는 가정부로 취급당하기를 거부하고자 하는 자존심도 내재해 있다. 이러한 자존심을 지탱해주는 것은 낮은 이용료와 보수다. 그런데 워커들이 이렇게 '주부 감각'을 느끼며 일하는 것은 문제가 될 수도 있다. 이용자의 니즈에 유연히 대응한다고 하는 것이 부적절한 개호보험 이용을 초래할 우려가 있다(개호보험제도에서는 가령 강아지 산책이나 마당 잡초 제거, 전등 교체 등과 같은 작업을 부적절한 이용이라고 금하고 있다). 워커들을 인터뷰했을 때 그들은 "이용자의 마음을 돌봐주고 대화 상대가 되어 일하려면 따뜻한 마음씨나 초짜처럼 열심히 하려는 마음이 필요하다"고 답했다. 따뜻함이나 아마추어다운 것에 부가가치를 부여하며 답한 것인데, 이용자가 이러한 특성을 긍정적으로 평가하는지 아니면 부정적으로 평가하는지는 확인하지 못했다.

동시에 '주부 감각'이란 말은 프로가 되지 않아도 된다고 스스로 정당화하기 위해 동원한 말이다. 낮은 이용료와 보수를 두고 워커들은 "싼 가격에 맞춰 일한다"거나 "월 2만 엔 버는 정도에서만 책임질 것"이라고 자조적으로 말했다. 앞서 언급한 워커즈콜렉티브 탈퇴자(37세, 비혼 여성)는 워커의 일을 "어차피 주부만 할 수 있는 일"이라고 평가했다.

워커즈콜렉티브 대표들은 "개호보험 시행 후 이용자의 요구가 높아졌다"고 했다. 이용자들의 변화로 워커는 배려심에 더해 프로로서 돌볼 능력을 갖출 것을 요구받게 되었는데, 이 변화로 인해 워커의 양극화가 촉진되었다. 이는 워커들이 일을 지향하는 이들과 남을 돕는 자원봉사를 지향하는 이들로 양분된 것을 뜻하는데, 개호보험 시행 전부터 워커즈콜렉티브에는 이 양극화의 가능성이 잠재해 있었다. 즉 "돈도 더 벌고 일도 더 하고 책임도 더 지겠다"라는 워커와 "수입이 적어도 좋으니 편한 만큼 일하면서 사회활동을 하고 싶다"는 워커로 또렷이 나뉜 것이다. 개호보험 시행 후 이렇게 워커의 유형이 나뉘면서, 워커들 사이에서는 태도나 열의에 차이가 생겼고, 수평적 관계에서 합의를 형성하기가 힘들어졌다. 필수적이라 할 수 있는 회의 참석을 부담으로 받아들이는 워커도 등장했다. 개호보험 시행 후, 워커즈콜렉티브에는 돈을 벌고자 하는 동기를 가진 생협 비조합원 워커가 들어왔다. 이러한 워커층이

들어오면서 생협의 이념을 계승하는 문제를 놓고 생협 초창기 출신 워커들과 시각차가 생겼다.

생활클럽 생협 지바에서는 워커즈콜렉티브의 활동 주체가 바뀌면서 생긴 변화에 대처해 대담하게 경영을 재편하기 시작했다. 생활클럽 생협 지바는 워커즈콜렉티브를 해산하고 개호 스테이션을 직영화해서 돌봄노동자를 고용한 바 있다. 이에 대해서는 뒤에서 논하겠다.

워커즈콜렉티브의 창업 지원 시스템

생협과 같은 협 부문에서 워커즈콜렉티브의 활동에 꼭 필요한 창업 지원 시스템을 적극적으로 마련해둔 점은 특별히 기억해야 할 것이다. NPO 시민사업체는 자금력도, 노하우도 없는 경우가 많아서 자본집약형도, 지식집약형도 아닌 노동집약형 산업(돌봄도 노동집약형 산업이다)에 집중된다. 한꺼번에 워커즈콜렉티브가 많이 생기고 성장한 까닭이 단지 시장에서 이용자의 니즈가 커졌다는 데 있는 것만은 아니다. 생협 본사에서는 소프트 면, 하드 면에서 워커즈콜렉티브의 창업을 지원했다. 거대한 조직력을 갖추고 자금력도 있는 생협이 워커즈콜렉티브의 둥지였다는 점은 중요하다. 이런 역사적 과정은 더욱 평가해야 할 것이다.

가나가와 지역의 초기 워커즈콜렉티브가 생협과 업무 위탁 계약을 맺으며 시작한 것은 생협에서 창업을 지원한 것이라 볼 수 있다. 경영하는 데 익숙하지 못한 조합원 여성들이 워커즈콜렉티브 사업을 계속할 수 있을지 불안해하지 않고 출발했던 것은 생협에 기댈 수 있기 때문이었다. 그런데 가나가와 지역의 워커즈콜렉티브는 업무 위탁 말고는 생협에서 별다른 지원을 받지 않았고, 생협에서 자립하려는 의지가 강했다. 그래서 독자적으로 기업조합법인과 비영리법인을 취득했다. 그 후 생협과 지나치게 분리되고 말았기 때문에 생협과 재통합하는 것이 과제로 떠올랐다.

1992년 가나가와에서는 '생활클럽 운동그룹 복지협의회'가 발족했다. 목표는 시민참여형 지역복지로, 생활클럽 운동그룹 단체 5곳[20]을 네트워크로 연결하는 것이었다. 2002년 '생활클럽 운동그룹 복지협의회'는 해산 후 '생활클럽 운동그룹 복지사업연합'으로 조직을 발전적으로 개편했다. '생활클럽 운동그룹 복지사업연합'은 비영리, 협동을 기치로 내걸고 '커뮤니티 옵티멈community optimum'[21]을 실현할 것을 목표로 했다. 회원단체 12곳, 준회원단체 2곳으로 구성되었는데, 회원단체 가운데 소비생협 6곳, 복지생협 1곳, 사회복지법인 2개, NPO법인 1곳, 워커즈콜렉티브 연락모임 1곳이었다.[22]

전국의 워커즈콜렉티브 중에서도 가나가와 지역 워커즈콜렉티브는 비영리법인격을 취득한 비율이 높고 법인으로서 독립성도 높다. 나는 2005년 공동연구 조사 때, 요코타 가쓰미를 인터뷰

---

20 단체 5곳은 생활클럽 생협, 복지클럽 생협, 커뮤니티클럽 생협, 가나가와 워커즈콜렉티브 연합회, 가나가와 네트워크 운동이다.

21 국가가 제공하는 최저 수준의 복지서비스는 충분치 않다는 인식하에 지역사회 공동체 복지서비스 영역에서 최저 수준이 아닌, 최적 수준의 복지를 보장하고자 하는 생협의 복지 운영 시스템을 가리키는 말이다. 생활클럽 생협 가나가와를 창설한 요코타 가쓰미가 독자적으로 만든 개념이다.-옮긴이

했다. 요코타는 가나가와에서 워커즈콜렉티브를 창설한 리더이자 생활클럽 생협 가나가와에서 오랫동안 이사장을 역임했다. 요코타는 다음과 같이 말했다.

> 생활클럽 가나가와에서는 워커즈콜렉티브를 자립하게끔 해서 워커즈콜렉티브가 자유자재로 하는 방식을 택했어요. 그렇게 하니 복지 워커즈콜렉티브에서도 워커들이 생협 조합원 출신이라는 점 말고는 공통점이 줄었습니다. 비영리, 협동을 기치로 해서 생활클럽 운동그룹 복지연합을 만들어서 생협의 브랜드 가치를 높이려 했는데, 전부터 어려운 점도 있고 해서 통일성을 충분히 확보할 수 없었습니다. (2005년 인터뷰 조사 중에서)

가나가와 지역의 워커즈콜렉티브와 생활클럽 생협 가나가와의 관계는 좋게 말하면 자립이고 나쁘게 말하면 방임이다. 이런 관계는 도쿄 지역 워커즈콜렉티브와 생활클럽 생협 도쿄의 관계와도 유사하다(단, 2005년 연구 결과에는 도쿄 지역 워커즈콜렉티브에 관해서는 쓰지 않았다). 생활클럽 생협을 설립한 카리스마 지도자인 이와네 구니오는 '조합원에게 차가운 지도부'였음을 자인했다. "칭찬

---

22 회원단체 12곳은 다음과 같다. 생협클럽 생활협동조합 가나가와, 요코하마 북 생활클럽 생활협동조합, 요코하마 남 생활클럽 생활협동조합, 가와사키 생활클럽 생활협동조합, 쇼난 생활클럽 생활협동조합, 사가미 생활클럽 생활협동조합, 사회복지법인 이키이키복지회, 사회복지법인 도세쓰카이藤雪会, 특정비영리활동법인 모모MOMO, 특정비영리활동법인 가나가와복지NPO사업센터, 복지클럽 생활협동조합, 가나가와 워커즈콜렉티브 연합회다. 준회원단체 2곳은 가나가와 네트워크 운동, 네트워크 요코하마다.

은 고래도 춤추게 한다는데, 지도부는 조합원들이 자주적으로 자립하도록 조합원을 차갑게 대했지요. 지도부가 조합원을 진심으로 믿어서 그랬고, 또 함께한다는 연대감이 있어서 그렇습니다"라고 했다(岩根 2010: 164). 도쿄와 수도권 가나가와 지역에서는 워커즈콜렉티브가 생협과 독립되어 따로 설립되었고, 비영리법인을 취득해 자립성을 높이게 되었다.

워커즈콜렉티브는 설립 당시 생협 조합원이 만든 단체라는 성격이 있었지만, 후발 참여가 늘어나면서 생협 계통이라는 점이 잊히고, 고령자 돌봄사업에서 나타나는 생협의 [우위적인] 특징이 한꺼번에 사라질 사태에 직면하게 되었다. 생협 계통 NPO 대부분이 같은 문제를 안고 있다. 이런 선행 사례를 보고서 생활클럽 생협 지바, 그린코프연합은 생협으로 구심력을 모으는 경영 전략을 택했다. 생활클럽 생협 지바, 그린코프연합은 가나가와 지역의 생협과 워커즈콜렉티브를 선행 사례로 삼고 전략적으로 독자적 모델을 만들었다. 요코타는 "생활클럽 생협 지바와 그린코프연합에서 어떤 실적을 낼지 지켜본 후 그것을 근거로 다음 개혁을 진행하겠다"고 했는데, 그는 분산 독립한 워커즈콜렉티브를 재통합할 것을 과제로 인식했다. 생활클럽 생협 지바, 그린코프연합, 생활클럽 생협 가나가와 이렇게 세 곳은 서로 사업을 참고하면서도 독자노선을 걸어왔다.

'생협 복지'에 관한 이론을 만든 지도자 요코타는 '커뮤니티 옵티멈'이라는 개념을 제시했다. 이 개념은 국가가 보장한 최저 수준의 복지에 더해, 지자체가 시민의 복지수준을 보장하고('시빌 미니멈civil minimum'), 지역 주민이 참여하는 복지로 '최적의 복지수준'에

이르는 것을 뜻한다(福祉クラブ生活協同組合編 2005: 231). 커뮤니티 옵티멈은 요코타가 제시한 '커뮤니티 사업' '커뮤니티 노동' '커뮤니티 가격'과 같은 개념과 연동한다. 이에 대해서는 이어지는 절에서 논한다.

워커즈콜렉티브는 사업을 전개하면서 이내 자금 부족에 직면했다. 시민사업체는 창업자금뿐만 아니라 새로운 사업을 전개할 때 초기 투자금도 없다. 가나가와 지역의 생활클럽 운동그룹 복지사업연합에서는 시민의 복지사업에 대한 투자와 조성을 위해 '이키이키 미래펀드'라는 이름으로 시민은행을 만들었다. 이키이키 미래펀드는 1991년에 마련한 생활클럽복지활동기금을 2003년에 재편한 것으로, 기부 상한액이 있는데 지금도 상한액은 150만 엔이다. 유동flow 자금에는 도움이 되지만 고정stock 자본은 형성되지 않는다. 그래서 생협이 복지사업을 위한 자본(일반적으로 복지사업을 위한 자본을 '시민자본'이라 한다)을 형성하는 데 적극적이라고는 할 수 없고, 워커즈콜렉티브가 새로운 자금 수요에 대응하며 자금 형성을 이끌어낸 것이 실태라 할 것이다. 과거 생협에서 복지 활동을 그저 조합원의 활동으로 파악하고 정식 생협 사업으로는 삼지 않은 역사가 영향을 끼쳤다고 볼 수 있다.

맨 처음 생활클럽 생협 가나가와에서 복지 활동에 초기 투자를 하도록 이끌어낸 것은 사회복지법인 도세쓰카이藤雪会[23]였다. 도세쓰카이는 1993년에 설립되었는데 대표 마타키 교코에 따르면,

---

23 가나가와현 아쓰기시에 있다. 데이서비스부터 외출 도움 서비스, 도시락 배식, 방문개호, 보육원 운영 등을 하고 있다(http://www.tosetsukai.com).-옮긴이

1989년 지역에 사는 한 노년 여성이 지자체에 복지사업을 하라며 자신의 땅을 기부하겠다고 했는데 지자체에서 이를 거절했다고 한다(又木 2007). 이 제안을 우연히 알게 된 마타키는 기부를 제안한 노년 여성에게 시설 설립에 대한 이야기를 꺼냈고, 노년 여성은 땅과 함께 현금 기부를 약속했다. 그러나 그는 시설을 세우기 전에 사망해 마타키는 생협에 시설 설립자금을 요청하게 되었다. 사회복지법인 도세쓰카이가 생긴 일화인데, 일본에서 최초로 생협이 복지사업에 투자한 계기다. 1993년 노년 여성이 기부한 땅에 통소시설[데이서비스] 병설 재택개호지원센터가 문을 열었다.

마타키는 이 경험으로 시민자본의 필요성을 통감했고, 이후 발군의 자금 조달력을 발휘했다. 2000년 비영리법인 모모를 만들어 노인홈 '서비스 하우스 포포로'를 열 때, 회원 250명에게서 4억 엔을 모았다. 서비스 하우스 포포로는 지어진 지 40년이 지난 철근 콘크리트 4층 건물에 공사비 1억 엔을 들여 개축한 시설로 입소 정원은 40명이다. 쇼트스테이 2실, 데이서비스 시설도 갖추고 있다. 비영리법인 모모는 워커즈콜렉티브 활동을 배경으로 설립된 곳으로, 4억 엔에 이르는 시민자본을 마련한 것은 생협에 자금력을 의존하지 않겠다는 표현이기도 했다.

생협이 워커즈콜렉티브를 아웃소싱해 독립성을 강화하는 전략을 낸 것이 역설적으로 워커즈콜렉티브가 생협 본사로부터 독립적인 단체가 될 역량을 키울 수 있게 되었다.

반면 그린코프연합의 복지사업 전략은 매우 적극적이었다. 1994년 모든 조합원으로부터 월 100엔을 걷어 복지연대기금을 설립했다. 복지연대기금 설립 첫해에 생협의 공동구매로 발생한 이익 잉여금의 1%를 보태니 복지연대기금은 총 4억 엔에 달하는 큰 금액이 되었다. 그린코프연합은 2003년 사회복지법인 기라메키(2008년 '사회복지법인 그린코프'로 개칭)를 설립해 사회복지법인 산하에 주요 워커즈콜렉티브 사업을 이관했는데 당시 법인 자산은 고정자산과 유동자산을 합해 4억 5400만 엔이었다(이후 2010년에는 11억 9300만 엔). 이런 자금력으로 서일본 지역 8개 현에 있는 24곳 워커즈콜렉티브의 가사원조를 지원했다. 워커는 2131명이었고 연간 서비스 이용 건수와 이용시간은 각각 5만 4600건, 68만 1000시간이었다. 그 밖에도 데이서비스센터 26개소에서 연간 이용자 6900명 규모로 개호사업을 실시했다. 2010년에는 거택개호 지원사업소를 개설하여 연 매출이 17억 2200만 엔에 달하는 사업체로 성장했다. 그린코프연합은 조합원 세대 수가 총 40만 3000세대에 달하고 출자금 총액이 169억 엔, 판매 총액 610억 엔에 이르는 거대한 생협이 되었다.[24]

그린코프연합이 설립한 복지연대기금에 힘입어 1995년에 워커즈콜렉티브가 2개 생겼다. 복지연대기금은 워커즈콜렉티브의 규모나 사업 매상을 따지지 않고 연간 60만 엔씩을 지원했다.[25] 그린코프연합에서는 워커즈콜렉티브가 생기고 나서 지원 시스템의 중요성을 인식하게 된 것은 아니고, 처음부터 창업 지원 시스템으

24 사회복지법인 그린코프에서 제공한 정보이며, 2009년 실적이다.

25 사업 매상이 늘고 성장한 워커즈콜렉티브에서는 지원금을 갚을 것을 과제로 삼았다. 그러나 앞서 썼듯 경영비에 대한 인식 없이 결산을 낸 곳은 수익을 낼 근거가 없다. 생협의 지원금을 갚자고 목표로 삼은 워커즈콜렉티브는 생협으로부터 독립하겠다는 동기가 있다.

로 워커즈콜렉티브를 활성화하고자 했다.

복지연대기금 공동연구 조사 결과, 그린코프연합의 각 단위 생협이 워커즈콜렉티브 사무실을 여는 데 아낌없이 지원했다는 사실이 드러났다. 워커즈콜렉티브 사무실 설비 비품을 조사해보니, 조사에 응답한 워커즈콜렉티브 46개 단체 중 35개 단체(84%)가 생협 점포나 생협활동센터에 사무실을 두었다. 생협 시설을 이용하지 않고 독립해서 사무실을 둔 워커즈콜렉티브는 6곳이었으며, 개인 주택에 사무실을 둔 워커즈콜렉티브는 4곳이었다. 생협 시설에 사무실을 둔 워커즈콜렉티브는 1개 단체를 빼고 모두 사무실 임대료를 생협에 지불하지 않았다. 사무실 임대료를 생협에 지불한 1곳도 임대료가 월 5000엔으로 매우 쌌다. 독립된 사무실을 갖춘 워커즈콜렉티브는 사무실 임대료가 월 1~2만 엔이었다. 수도권에 비하면 임대료 부담이 작지만, 사무실 임대료를 내지 않는 워커즈콜렉티브도 있느니만큼 사무실을 따로 빌려 임대료를 내는 것은 불공평하다고 여겼다. 창업한 사무실에는 팩스, 복사기, 컴퓨터가 필수적인데, 그린코프연합의 워커즈콜렉티브 중 40%가 팩스 기능이 있는 전화기만 갖췄다. 그나마도 생협에서 전화비를 부담하는 곳도 있었다. 복사기, 인쇄기는 생협에서 빌려 썼다. 컴퓨터 보유율은 4.3%밖에 안 되었는데, 조사를 한 시기가 개호보험 실시 전이라서 컴퓨터를 꼭 갖춰야 할 필요는 없었다. 책상, 의자 등 가구도 생협에서 빌리거나 준 것을 사용했다. 수도비와 광열비는 내지 않았다. 인프라뿐만 아니라 운영비도 생협 의존도가 높았다.

NPO법이 시행된 해가 1998년이다. 오늘날 지자체에는 NPO

지원센터 등이 있고, 시민사업체의 창업을 지원해 사무실을 무상으로 제공하거나 낮은 임대료로 대여한다. 그 필요성을 인식했기 때문이다. 워커즈콜렉티브를 처음 시작한 해는 1995년으로 시민사업체 지원에 대한 인식이 없었다. 워커즈콜렉티브의 모체인 생협에서 얼마나 열심히 워커즈콜렉티브를 지원하느냐에 따라 약간 차이가 나지만, 실질적으로는 각 단위 생협에서 워커즈콜렉티브 창업을 지원했다.

설비 비품 조사를 해보기 전까지 생협의 지원이 적다는 불만이 있었다. 그런데 조사 결과 생협에 의존하고 있다는 점이 분명히 드러나자, 구성원들은 놀랐다. 복지연대기금 공동연구에 참여한한 워커즈콜렉티브 대표는 "우리가 생협에 고마워해야 했던 거였다"라고 말했다.

조사 결과로 알게 된 것이긴 하나, 생협은 협 부문 시민사업체에 특히 중요하다. 시민사업체가 생협의 자금력, 조직력, 인프라, 인재를 연계하는 효과를 볼 수 있기 때문이다. 기초체력이 있어야 행정 당국의 지원, 제도 변화를 기다리지 않고도 선구적인 복지사업을 독자적으로 실천할 수 있다.

바꿔 말해 기초체력이 없는 시민이 의욕만으로 시민사업을 시작했을 때는 물질적, 정신적으로 중한 부담을 지게 된다. 나는 14장에서 소규모 다기능형 데이서비스 시설 고노유비도마레를 선진 사례로 검토할 것이다. 이 사례를 살피며, 창업기에 지원이 없을 때 시민사업체 창업자가 초기 투자를 포함해 운영과 유지에 얼마나 무거운 부담과 리스크를 지는지 볼 것이다. 소규모 다기능형 모델의 경우, 선발 주자인 시민사업체 창업자가 행정 당국과 교섭

해서 공적으로 시민사업체 창업 지원 시스템 제도를 만들었다. 이 제도가 생긴 후 후발 주자 사업체는 초기 투자 없이 참여하는 이득을 누리게 되었다.

우리가 사례를 통해 얻어야 할 교훈은 협 부문의 사업체가 성장하기를 바란다면 어떻게든 공적인 창업 지원 시스템이 필요하다는 점이다. 실적만 따지며 선행 투자를 해주지 않는 관 부문을 대신해 생협은 시민사업체 창업 지원과 같은 공익사업을 대신 짊어졌다.

개호보험 시행 후, 생협의 복지사업 전개

개호보험 시행 후 복지사업을 하는 NPO가 변화했듯, 생협의 복지사업도 크게 바뀌었다. 생협의 복지사업은 조합원이 서로 돕는 사업이자, 약간의 수고료를 받는 자원봉사 개념이었는데, 개호보험 시행 후 수익성이 있는 사업이 되었다. 또 생협의 복지사업은 이전과 동일한 서비스 상품 시장과 서비스 노동 시장하에서 관 부문 사업체나 민간사업자와 대등한 경쟁에 놓인 비즈니스가 되었다. 생협의 복지사업을 두고 비즈니스라고 표현하면 생협에서는 싫어할지도 모르겠다. 그런데 생협에서 상품을 '소비재'라고 달리 표현하고 있어도 유통 시장에서 생협은 경제적 교환 행위의 주체라는 사실은 변함이 없듯, 서비스와 금전의 교환도 경제 행위라 할 수 있다. 서비스 상품의 가격, 노동력 상품의 가격(서비스 노동을 하는 노동력에 대한 임금)은 시장 동향과 무관하지 않다. 서비스 상품 시장, 노동력 상품 시장에서는 소비자, 노동자가 각기 이동함으로써 가격이 평준화된다. 서비스 상품 시장은 상품가격이 낮은 쪽으로, 노동력 상품 시장은 임금이 높은 쪽으로 이동하는 것이다. 자유시장에서 이러한 이동을 막기란 불가능하다.

생활클럽 생협 가나가와의 이론적 지도자 요코타 가쓰미는 '커뮤니티 옵티멈' 복지라는 이념에 바탕을 두고 '커뮤니티 사업' '커뮤니티 노동' '커뮤니티 가격'과 같은 일련의 개념을 제시했다(横田 2002). 여기서 '커뮤니티 사업'은 비영리 사회적기업을 말하나, 그렇다고 해서 워커즈콜렉티브에서 일하는 이가 봉사 활동을 하는 것은 아니므로 일반 사업과 차이는 없다. 또 '커뮤니티 사업'은 수익성과 지속성을 포함한 개념이라서 경영을 무시하고서 성립하지 않는다. 요코타는 '커뮤니티 노동'이란 공동체에 필요한 가치를 생산해 직접 교환하는 일종의 봉사 방식이고, '커뮤니티 가격'이란 커뮤니티 노동에 바탕을 둔 대안적 가격이라고 했다(横田 2002: 276). 커뮤니티 노동과 같은 "대안적 일하기 방식"이 시장의 노동과는 차이가 있지만 그래도 "지불노동"이라는 전제하에서 요코타는 커뮤니티 노동에 대한 "대안적 가격"이 "시장가격의 50~70%면 된다"라고 했다. 요코타는 저서에서 이렇게 커뮤니티 가격을 설정한 이유를 다음과 같이 설명한다. "커뮤니티에서는 자신이 행한 서비스가 결국 자신에게 돌아온다"며 생협 조합원의 상호부조형 교환이 일어난다는 것이다. 상호부조, 상호지원을 근거로 커뮤니티 가격을 시장가격의 50~70%로 설정한 것이라면, 이를 아예 무상으로 하거나 시간 저축으로도 생각해볼 수 있을 것이다. 그렇지만 생활클럽 생협 가나가와에서는 커뮤니티 가격을 화폐로 환산한다. 화폐 환산을 거부하지 않은 것이다. 오늘날 대체로 참여형 복지에서 홈헬프 노동에 대한 대가는 시간당 800엔 안팎에서 형성된다. 이와 같은 가격은 생협 조합원들이 언급했듯 "내가 서비스를 받는 입장이라 가정할 때 나도 낼 수 있는 금액"이긴 하다. 동시에 시세를 반영한 가격이기도 하다. 지역에서 "[서비스 이용자가] 이만큼은 지불하겠다, [서비스 제공자가] 이 정도는 받겠다"라고 한 것이다. 시간당 800엔 안팎이라는 금액은 최저임금을 약간 밑돈다. 가격 설정이 묘하다. 가나가와 지역이 시간당 800엔, 규슈 지역이 시간당 700엔인데, 이렇게 100엔 차이가 나는 것은 지역격차로 인한 것이다. 요코타가 지적했듯 "커뮤니티 가격은 오늘날 도시에서 파트타임을 할 때 평균 시급에 가까운 수준"이다(横田 2002: 95).

그런데 이렇게 가격이 저렴하게 평준화된 것이 단지 우연의 일치는 아닐 것이다. 나는 이 현상이 필연적이라고 해석한다. 비정규·비숙련 노동을 하는 중장년층 여성에게 걸맞을 것이라고 본 급여수준에 맞춰 커뮤니티 노동, 커뮤니티 가격을 설정한 것이다. 나는 요코타가 내놓은 '커뮤니티 사업' 개념이 중장년층 여성의 싼 임금을 정당화하는 장치로 기능한다고 추론한다.

요코타는 개호보험 지정사업자로 참여하는 워커즈콜렉티브의 커뮤니티 가격이 시장가격의 절반이어도 좋다고 했지만, 워커즈콜렉티브가 개호보험 서비스 이용료를 자발적으로 할인한 사례는 없다. 워커즈콜렉티브는 개호보험에 참여한 사업자로서 정부가 정해놓은 공정가격에 힘입어 재정 기반이 안정되었다고 할 수 있다. 현재 개호보험 외 서비스에도 커뮤니티 가격이 부여되고 있다. 나는 10장에서 다나카 나오키가 주장한 NPO의 우위성에 대한 근거를 살핀 바 있다. 다나카는 NPO가 고령자 돌봄 등 복지사업에서 우위성을 갖는 근거로 저렴한 요금 체계를 주장했는데, 이는 개호보험 외 서비스에 대한 것이다. 이용자는 저렴한 이용료를 내는 워커즈콜렉티브 서비스를 환영하므로 결과적으로 볼 때 이용자가 이런 이유로 워커즈콜렉티브를 선택한 것은 사실이긴 하다.

요코타는 생협이 먹거리 유통에서 공급한 소비재를 놓고는 '커뮤니티 가격'을 논하지 않았다. 생협의 식자재도 유통 경쟁에 놓여 있긴 하나 그렇다고 해서 생협이 슈퍼마켓과 겨루기 위해 가격 파괴를 하지는 않는다. 아니 생협의 먹거리, 즉 소비재는 '안전하다'는 부가가치를 붙여서 시장보다 비싼 가격에 판다. 그래서 생협 조합원은 소비재의 부가가치를 인정하고서 이에 대한 대가를 지불할 의사도, 능력도 있는 사람들로 한정되는 것이다. 이에 반해 요코타는 개호서비스와 같은 노동집약형 산업에서 커뮤니티 가격이 저렴해도 좋다고 주장한다. 이런 주장은 돌봄서비스 노동자의 낮은 임금을 용인하는 것으로 이어진다. 생각해보자. 농업도 노동집약형 산업이다. 그러나 아무도 먹거리를 공급한 생협 생산자에게는 싼 커뮤니티 가격을 받아들이라고 하지 않는다. 안전한 먹거리로 공공의 가치를 창출하고 있으니 커뮤니티 가격을 참으라고 하지 않는 것이다. 복지서비스를 하는 워커즈콜렉티브의 돌봄노동자에게만 커뮤니티 가격을 받아들이라고 한다.

커뮤니티 가격은 서비스에 대한 것과 노동에 대한 것이 있다. 전자가 서비스 이용료, 후자가 임금이다. 이 두 가지 커뮤니티 가격은 차이가 나기 마련이나, 서비스 이용자에게서 이용료 외에 받아야 할 원재료의 값이 없는 경우, 이용료와 임금은 직접적으로 연동된다. 개호보험은 노동의 가격(임금)에도 크게 영향을 미쳤다. 동일한 노동을 하는데 상대적으로 낮은 임금을 받는다면, 노동자는 임금이 높은 쪽으로 이동할 것이다. 자유로운 노동 시장에서 이동은 막을 수 없다. 개호보험 시행 후 많은 워커즈콜렉티브에서는 다른 사업체의 임금 동향을 의식해 워커의 보수를 높였다. 생협이라고 해서 사회와 동떨어져 있는 게 아니다. 개호보험 시장에서 생협은 이용자에게도, 워커에게도 선택을 받아야 하는 처지로, 경쟁에 놓여 있다.

생협의 복지사업에서 낮은 커뮤니티 가격이 형성된 배경을 보자. 그 배경이란, 생협 복지사업에 노동을 제공하는 이가 여성이고, 그 가운데서도 남편에게 경제적으로 의존할 수 있는 높은 계층의 기혼 여성이라는 점이다.[26] 이 점과 커뮤니티 가격이 형성된 배경은 떼려야 뗄 수 없다. 요즘처럼 남성 노동자가 개호서비스에 참여할 것을 알았더라면, 생협에서 과연 싼 커뮤니티 가격을 주장했을까? 커뮤니티 가격을 설정한 것은 남성의 워커즈콜렉티브 참여를 배제하는 동시에, 생협의 복지사업을 여타 노동 시장과 분리해 기혼 여성의 노동으로만 유지되는 노동 시장으로 만들었다. 내가 이처럼 해석한 것이 악의적인 의심이라 치자. 그렇더라도 앞에서 살펴본 것처럼 커뮤니티 가격이 초래한 결과가 있다. 기대와는 달리 커뮤니티 가격은 워커즈콜렉티브의 구성원들을 여타 노동 시

---

26 워커즈콜렉티브의 노동에는 젠더 요인과 계층 요인이 작동하고 있는데 이에 관해서는 13장을 참조하라.

장에서 분리하고, 선별하는 것이자 자긍심에 부여된 값이었다.

자긍심에 부여된 값

나는 근거를 갖고 판단하며 '커뮤니티 가격'을 논했다. 마르크스에 따르면 화폐란 일종의 상품인데, 모든 상품을 동일한 단위로 잴 수 있게 한commensurable 상품이다. 화폐의 강력한 기능은 서로 비교할 수 없는 이질적인 재화를 교환할 수 있도록 한 공약가능성으로, 이는 모든 재화에 적용된다.

비영리 협 부문의 노동을 여타 노동 시장과 분리하고자 한다면, 화폐의 공약가능성을 떼어내는 것이 손쉬운 방법이다. 즉, 노동과 화폐를 교환하지 않는 것이다. 이를 위해 첫째, 명예롭고 권위를 부여하는 재화로 노동을 치환하는 방법이 있다. 가령 "고생도 마다하지 않고 남을 돕는 훌륭한 사람"이라며 명예를 부여하는 것이다. 둘째, 노동을 화폐에서 분리해 그 유통을 제한하고 별도의 교환재로 바꾸는 방법이 있다. 예를 들어, 대안적 화폐 시스템이나 지역통화 등을 생각해볼 수 있다. 또 다른 방법으로는 노동을 동일한 노동으로만 교환하도록 하는 물물교환 방식이 있다. 11장에서 언급한 시간 저축 등이 그 예다. 이처럼 시장 노동의 대안으로서 한정적인 교환 시스템을 채택한 사례는 많다. 이 사례들은 충분히 평가할 만한 가치가 있지만, 성공한 사례는 적다. 사람들이 매우 빈번히 이동하는 사회에서 교환 시스템의 완결성이나 영속성을 유지하기가 실상 불가능하기 때문이다. 이 탓에 지역통화를 교환하기 위해 지역통화 간에 환율, 규칙을 만들거나 혹은 지역통화를 한시적이나마 화폐와 등가로 교환할 수 있도록 하는 수정 조치를 취하지만 모두 미봉책에 불과하다.

시장을 피하기 위해 화폐를 거부하는 것은 좋은 전략이라고 할 수 없다. 또 화폐를 거부할 필요도 없다. 화폐 그 자체는 나쁜 것도, 좋은 것도 아니다. 애초에 화폐는 자본주의 시장 시스템이 성립되기 전에 자본주의 시장과 독립적으로 발생했다. 화폐의 세 가지 기능은 척도, 교환, 저장인데, 이 기능을 대체하는 것을 달리 생각하기 어렵다. 생협에서는 조합원의 공동구매로 파는 먹거리를 '소비재'라고 바꿔 말하지만, 화폐와 교환 자체를 안 하는 게 아니다. 생협이 제공하는 서비스도 화폐와 교환하지 않을 이유도, 그럴 필요도 없다. 화폐를 쓴다고 해서 상품 시장 시스템에 들어가는 게 아니다. 개호보험의 서비스 상품 시장은 서비스 상품의 가격이 통제받는 시장, 즉 준시장이다. 가격 메커니즘이 작동하는 자유시장이 아니다.

그런데 생협은 노동력을 유상화하는 데 거부감이나 혐오감이 심하다. 워커즈콜렉티브 서비스는 낮은 요금으로 제공되고, 이로 인해 낮은 임금을 받는다. 시장 노동에서 받는 이용료나 임금 시세로부터 차별화하려는 생협의 자긍심 유지 전략 때문이다. 이 배경에는 워커즈콜렉티브 활동 주체의 계층적 요인이 있다. 자긍심을 유지할 수 있도록 한 낮은 가격이 있기 때문에, 경제적인 동기로 활동에 참여한 이를 배제하게 된다. 이렇게 활동 주체를 선별하므로, 앞서 살핀 것처럼 장시간 무상노동을 하면서도 부불노동 상태를 인식하지 못하는 구성원이 있는 것이다.

낮은 임금은 워커즈콜렉티브 구성원들이 돌봄노동을 하면서 느끼는 자긍심에 부여한 값이라고 할 수 있다. 그렇다면 경영하는 입장에서 저임금은 어떤 효과가 있을까? 낮은 커뮤니티 가격을 설정해 저임금을 지급하는 것이 (경영하는 입장에서 처음부터 의도한 것은 아니었다고 해도) 고학력에 높은 계층 출신이면서 동기 부여도 강한 이들을 싼값의 노동력으로 쓸 수 있는 효과가 있음을 부인할 수 없을 것이다. 활동 주체의 정체성 핵심은 '주부 감각'이다. 주부 정체성에서 자긍심이 비롯되므로 활동 주체들은 스스로 수행하는 성역할을 따지지 않았고, 성역할을 수행하지 않는 동성 여성을 냉정하게 바라봤다. 여기서 나는 한 가지를 덧붙이고 싶다. 내가 워커즈콜렉티브에서 조사했을 때는 주부라는 것이 상대적으로 높은 계층임을 나타내는 시기였다는 점이다. 남편의 벌이를 단일 수입원으로 삼을 수 있는 계층이 아니면 '주부' 지위를 유지할 수 없었다.

개호보험이 시행되면서 고령자 돌봄사업에서 수익이 발생할 수 있는 조건이 마련되었다. 그리고 개호보험의 등장으로 워커즈콜렉티브에 잠재되어 있던 워커층은 둘로 나뉘게 되었다. 조사 때 들었던 워커들의 말을 빌리자면 "매번 열심히 일하는 층과 가끔 나가서 일하는 층"으로 갈렸다. 다양한 일하기 방식이 이상적이고 바람직하다고 하나, 실제로 이질적인 사람들을 대상으로 인사 관리를 하기란 어려운 일이다. 더군다나 워커즈콜렉티브에서는 경영참여나 노동에 대한 자기결정을 방침으로 삼고 있고 기여도가 서로 다르므로, 각 구성원의 권한이나 이익 분배를 일률적으로 하기 어렵다. 또 워커들의 보험(고용보험, 건강보험, 연금)을 확보하기 위해 형식적으로나마 생협과 고용관계를 체결한 곳도 있다(열심히 일하는 워커의 경우, 연 수입 130만 엔을 넘게 되어 배우자특별공제를 적용받을 수 없어 사회보험에 가입해야 하기 때문이다). 11장에서 살폈듯, 개호보험 도입 후 일어난 환경 변화에 대해 각 생협은 다르게 대응했다.

생활클럽 생협 가나가와의 워커즈콜렉티브는 생협과 분리된 선구적 사례다. 개호보험 시행 전부터 워커즈콜렉티브는 사업체로서 독립성이 눈에 띄게 높았는데 [생협이나 워커즈콜렉티브의] 인재가 지역 내 사회적기업가로 성장했다. 그 결과 가나가와에서는 지역복지를 담당하는 시민층이 두터워졌다. 생협 출신 여성들의 인적 네트워크는 있지만 조직적 연계(생협과 워커즈콜렉티브 사이의 조직적 연계)는 약하다. 가나가와의 지도자들은 비영리, 협동을 담은 브랜드를 결국 만들지 못했다며 이를 '실패'로 평가했다.

그린코프연합에서는 생협이 각 워커즈콜렉티브를 통제하면서 그린코프를 브랜드로 삼았다. 워커즈콜렉티브는 그린코프라는 공통성을 바탕으로 생협의 복지사업을 전개했는데 생협과 복지사업을 공동경영하는 형태였다. 워커즈콜렉티브는 생협으로부터 통제를 받으면서도 자율성을 확보하기 위해 균형을 잡아야 했으나, 생협과 공동경영하는 형태로 리스크를 분산해 전적인 부담은 지지 않아도 되었다. 절묘한 시스템이라 할 수 있다. 나는 그린코프연합에서 2003년 사회복지법인 기라메키 산하로 워커즈콜렉티브 사업을 통합해 이관한 후에는 조사를 하지 못했다. 그래서 그린코프연합에서 사회복지법인을 설립한 후 인적 통제(생협에서 출자한 사회복지법인에 대해 생협이 이사장이나 이사, 평의원 등 인사에 대한 권한을 갖는 것) 외에는 어떻게 생협과 워커즈콜렉티브가 연계되는지 정확히 알지 못하지만, 생협이 출자한 사회복지법인과 언제까지 연계할지는 어려운 과제다.

지바 지역에서는 생협이 복지사업을 직영한다. 생협과 워커즈콜렉티브가 분리된 생활클럽 생협 가나가와, 생협과 워커즈콜렉티브가 공동경영 형태를 취한 그린코프연합과 달리, 생활클럽 생협 지바는 제3의 선택을 했다. 1994년 생활클럽 생협 지바가 홈헬프 사업을 시작하면서 기존 생협 조합원들이 상호부조형으로 유지하고 있던 워커즈콜렉티브 10개 단체 중 5개 단체가 해산하고 생협 산하로 들어갔다. 그 후 지바는 1998년 특별양호노인홈 개설을 목표로 사회복지법인 다스케아이클럽을 설립했다. 2000년 개호보험이 시행될 때, 지바는 생협 산하에 있던 워커즈콜렉티브 5개 단체를 개호 스테이션[개호보험사업소]으로 재편하고자 했다. 생협 산하에 있던 워커즈콜렉티브는 생협이 직영하는 개호 스테이션이 될지 말지 선택을 해야 했다. 개호 스테이션으로 재편된 후 워커는 생협과 고용계약을 맺은 직원이 되었고, 워커즈콜렉티브의 복지사업은 생협 직영 사업이 되었다. 2004년 사회복지법인 '다스케아이클럽'은 사회복지법인 '생활클럽'으로 개칭하고 생협에 있던 '다스케아이 네트워크 사업'[27]을 통합했다. 또 복지서비스와 자원봉사를 분리했다. 통합과 분리를 동시에 진행하려는 생협의 경영 전략에 따른 것이다. 현재 지바는 생활클럽 생활협동조합,

---

27 생활클럽 생협 지바에서는 홈헬프 사업에 '다스케아이 네트워크(서로 돕는 네트워크) 사업'이라는 이름을 붙였다.-옮긴이

사회복지법인 '생활클럽', 봉사활동정보센터 3곳과 연계하며 활동한다.

이와 같은 일련의 개혁에 따라, 생활클럽 지바의 복지사업에서는 활동 주체가 바뀌었다. 일부 워커즈콜렉티브는 생협 산하로 들어가지 않았지만, 많은 워커즈콜렉티브는 생협 직영의 개호 스테이션이 되었다. 워커즈콜렉티브 대표는 개호 스테이션의 대표가 되었는데, 경영 책임을 맡으면서 연 소득이 350만 엔으로 한꺼번에 올랐다.[28] 전업으로 개호 스테이션 대표를 하는 것은 책임도 크고 부담도 중하다. 개호 스테이션 대표를 경험한 여성(40대)은 "주부가 짬을 내서 할 수 있는 일이 아니다"라고 말했다. 1990년대에 워커즈콜렉티브의 대표수당 월 1만 엔을 감안하면 단기간에 급격히 보수가 오른 것이지만, 개호 스테이션 대표는 "짊어진 부담에 걸맞은 보수는 아니다"라고 했다. 생활클럽 지바의 개혁은 경영 능력과 의욕이 있는 대표들에게 도전의 기회를 제공했다. 개호 스테이션 간에는 인사 이동을 할 수도 있다. 개혁을 주도한 이케다 도오루는 2007년 인터뷰 조사 때, "성과를 보니 개혁이 성공했다"고 평가했다.

경영 전략이 성공했는지 아닌지는 흔히 사업 성과를 보고 판단한다. 살펴본 세 가지 유형의 생협 모두 매출이 늘었지만, 지역차가 나므로 매출만으로는 단순히 판단할 수 없다. 이미 언급했듯, 복지경영에서 효율을 따질 때는 지속가능하게 사업체가 경영되고

28 처음에는 상여금을 포함해 연봉 400만 엔이 매달 나뉘어 지급되었으나, 점차 상여금이 줄어 350만 엔이 되었다고 한다.

있는지뿐만 아니라, 서비스 이용자와 제공자 양자의 이익을 최대로 하고 있는지 종합적으로 판단해야 한다.

협 부문의 고령자 돌봄사업체가 관 부문이나 민 부문과 비교할 때 정말로 상대적인 우위성이 있는지 계속 이어서 검토해보자.

13장 생협의 젠더 편성

생협과 페미니즘

여성이 생협의 활동, 특히 복지 워커즈콜렉티브의 활동을 담당해온 사실은 분명하다. 그러나 생협은 여성의 운동이기는 해도 여성운동은 아니다.

생협과 페미니즘의 관계는 오랫동안 쟁점이었다. 생협은 페미니즘에 관여하지 않는 소비자운동이고, 대부분 남성을 지도자로 둔 집단이다. 마치 PTA[1] 같다. 조합원들은 가족에게 안전한 식품을 먹이겠다는 엄마의 마음으로 생협 활동을 시작했다. 조합원

---

1 학부모교사연합회Parent Teacher Association. 각 학교에서 학부모와 교원으로 조직된 단체로 학부모들은 회비를 내며 참여한다. 주로 전업주부 여성들이 참여해 통학로 안전을 지도하거나 교내 환경을 정비한다. 주최하는 행사 등에 대해서는 회장이 결정하는데, 회장은 여성이 아닌 남성이 맡는 경우가 대부분이다.-옮긴이

가입 때 자신의 이름이 아닌 남편의 이름을 적는 등 전통적 현모양처와 같은 젠더의식을 가진 이들이 대부분이다. 이런 점이 전부터 꾸준히 지적되었다. 조합원들은 성역할 규범을 깨지 않을 정도의 범위에서 활동하다가 반장이나 대표, 이사 등 직급이 올라가면서 생협 활동을 우선시하게 된다. 그러다 집안일을 소홀히 할 정도가 되지만, 그것은 예기치 않게 일어난 일일 뿐 의도한 것은 아니다. 생협과 페미니즘의 관계는 미심쩍은 것으로 여겨져왔다.

생협에서 태동한 워커즈콜렉티브가 개호사업에 참여하게 되면서 생협은 자연스레 크게 바뀌기 시작했다. 이 장에서는 생협과 젠더에 대해 살핀다. 생협이 워커즈콜렉티브에서 하는 역할, 워커즈콜렉티브가 생협에서 하는 역할을 검토한다.

생협의 젠더의식

주로 여성이 생협을 지탱해온 주체임은 틀림없는 사실이다. 그러나 활동 주체를 일컬을 때, 그들의 젠더를 드러내어 '여성'이라 하지 않고 생협의 고유 용어인 '소비자' '생활자'라고 부른다. 이러한 용어 사용을 보면, 조합원의 젠더를 의도적으로 무시한 탈젠더 정치학이 생협 내에 작동하는 것은 아닌지 의심하게 된다. 사회학자 아마노 마사코는 "생활클럽 생협은 페미니즘에 둔하다. 감수성이 낮은 한 가지 이유는 '생활자'라는 개념에 있다"고 했다(天野 1996: 61).

생협에서 쓰는 용어를 보자. '소비자'는 '생산자'에 대응하고,

'생활자'는 '노동자'에 대응하는 용어다. 근대가족의 성역할 분담 방식을 보자. 소비 대 생산, 생활 대 노동을 나눈 영역에 배타적으로 성별을 배당한다. 생협은 소비와 생활 영역에 할당된 여성 집단을 전제로 활동한다. 소비는 생산에 의존하고, 생활은 노동에 의존해 성립하므로, 생협의 조합원 여성들은 자신들이 의존하면서도 기여해야 할 남성의 존재를 전제로 활동하는 셈이다. 따라서 생협의 활동 주체가 대부분 무직 기혼 여성, 흔히 말하는 전업주부인 점은 전혀 이상하지 않다. 1980년대 생협운동을 연구한 사토 요시유키의 조사(佐藤編 1988)에 따르면 생협 조합원의 이혼율은 눈에 띄게 낮다. 당시는 일본의 이혼율이 서서히 오르던 시기였는데, 조합원의 이혼율이 낮다고 해서 조합원들의 가정생활이 원만했다는 소리는 아니다. 조합원이 이혼하면 조합원을 계속하기가 어렵다. 이혼한 여성이 엄마들 집단에서 빠지게 되고 조합원을 그만두면서 조합원의 이혼율이 낮게 나타난 것이다.

이러한 사실을 바탕으로 생각해보자. 여태껏 생협과 페미니즘의 관계는 대립적이라고 여겨져왔다(金井 1989, 1992; 天野 1996; 今井 1995). 전통적 사회주의 페미니즘에서는 노동하는 여성의 해방을 중심 과제로 삼았고, 자유주의 페미니즘에서도 여성의 경제적 자립을 통해 여성해방을 이룰 수 있다고 주장했다. 이 두 가지 입장에서 보면, 여성은 남편의 '생산'과 '노동'에 의존하는 한편 '소비'와 '생활'을 받아들이므로, 여성은 가부장제와 자본주의의 상호의존(上野 1990; 2009)을 체현한 존재다. 또 기존의 성질서를 재생산하는 보수적 역할을 담당한다.

활동 주체인 조합원 여성들 역시 페미니즘에 거리를 둔다. 생협의 조직 이념과 마찬가지로 조합원 여성의 가장 큰 관심사는 안전한 먹거리를 확보하는 것이다. 성평등을 이루는 것도 성역할 분담을 타파하는 것도 아니다. 2003년 〈전국 생협 조합원 의식조사〉 결과를 보면, 조합원의 생협 가입 동기는 "자녀를 출산한 뒤 안전한 식품에 관심을 갖게 되어서"라는 응답이 가장 많다. 자녀가 성장하면서 이런 동기는 줄어들지만, 조합원 여성은 아내와 엄마 역할을 하기 위해 생협에 가입했으므로 이를 벗어나려고 하지 않는다. 조합원 활동을 적극적으로 한다고 해서 남편과 갈등을 일으킬 가능성은 없다. 설사 갈등이 있다 해도 그것은 활동 후 일어난 일이지 처음부터 의도한 바는 아니다. 가부장적 결혼제도에서 스스로 결혼을 선택해 전업주부가 된 여성들은 페미니즘을 꺼린다. 여기에는 충분한 이유가 있다. 이제 주부가 되는 것이 여성 전체의 운명이 아니게 된 시대, 주부임을 선택할 수 있는 시대가 됐기 때문이다.[2] 일본의 우먼 리브[3]에서 여성의 섹슈얼리티 해방을 주장했지만, 오늘날 결혼제도에서 섹슈얼리티 해방은 봉인될 수밖에 없었다.

2 전후 일본에서 세 차례에 걸쳐 주부 논쟁[주부의 지위나 신분, 가사노동에 대한 경제적 평가 등을 문제시해서 페미니스트와 작가, 평론가들 사이에서 일어난 논쟁]이 있었다. 여성이 주부가 되는 것을 선택할 수 없던 시대에 일어난 논쟁이 주부 논쟁이다. 1980년대 이후 전업주부를 선택한 이들이 줄어들면서 여성이 선택한 결과로써 주부가 됐다. 작가 하야시 마리코는 주부가 되려면 자기결정의 위험에 따른 자기책임을 져야 한다는 논지로 자신의 주장을 펼치기에 이를 정도였다. 그러나 1980년대에 진행된 계층 분석 과정 연구에서는 "전업주부가 될 수 있는 이들은 경제적 계층이 높은 집단에 속한다"는 점이 밝혀진 바 있다.

3 1960년대 말~1970년대 초의 일본 현대 여성해방운동.-옮긴이

그런데 사회와 여성은 생협보다 훨씬 빠르게 변한다. 탈공업화 과정으로 생산 대 소비, 노동 대 생활을 나누던 선이 급속히 흔들리며 전환했다. 이런 현실에서 워커즈콜렉티브도 소비자협동조합에서 노동자(생산자)협동조합으로 전환하게 됐다.

위에서 나는 성차별적 사회환경을 배경으로 생협이 활동한 바를 살폈다. 생협이 성차별에 대해 이의를 제기하지 않는다고 해도, 생협의 조직 목표가 성평등이 아닌 이상 생협을 책망할 수는 없다. 페미니즘 시각에서 바라본 생협에 대한 기존의 비판은 생협의 목표 등을 살피는 데 그친다. 그런데 여성이 많은 조직이라고 해서 그 조직이 성차별에 문제를 제기하거나 페미니즘을 목표로 삼지는 않는다. 그 점은 전혀 이상하지 않다.

더 핵심적인 질문은 이것이다. 생협 조직 그 자체가 젠더를 구조적으로 재생산하는가? 또 워커즈콜렉티브도 성차별 구조의 재생산에 영향을 미치는가?

생협의 성평등

특정 성별이 얼마나 집단을 대표하는지 집단 내 성비를 집계해서 성차별을 가늠하는 것은 원래 단순하고 형식주의적이다. 성인지 통계도 모집단의 성비에 맞춰 한 집단의 성비가 달성되었는지 여부를 지표로 삼는다. 이러한 자유주의적 지표는 집단의 목표나 이념을 따지지 않는다는 점에서 매우 형식적인데, 결과적으로 현실을 인정하는 보수적 색채를 띠게 된다.[4] 이는 생협이 생협 내부의 젠더 편향을 문제 삼을 때 측정한 지표이기도 하다.

생협의 성평등을 추적한 나카소네 미치코의 보고서에 따르면(仲宗根 2000), 1980년대 말부터 생협 안팎에서 생협의 젠더 편향이 거론되기 시작했다.[5] 그 배경에는 1987년 일본 정부가 성평등을 위해 〈2000년을 향한 신국내행동계획〉을 내놓았다는 것, 그에 앞서 1985년에는 UN 여성차별철폐협약에 서명한 후 일본의 여성 정책이 진전됐다는 것이 있다.[6]

또 1980년대 후반은 제2물결 페미니즘이 시작된 지 20년쯤이 된 때고, 생협도 생긴 지 20년쯤이 된 때다. 그런데 여성이 많은 조직인 생협에서 성평등을 의식하기 시작한 때가 1980년대 후반이라는 점을 보면, 생협의 성평등은 분명 늦었다고 할 수 있다. 일

4 가령 군대나 우익단체의 성평등 문제를 떠올려보면 된다[여성이 어떤 한 집단에 참여하거나 한 집단을 대표할 때 그 집단이 어떤 목표를 지향하고 이루는지 물음이 필요한데 자유주의적 성평등 지표에는 이 물음이 누락되어 있다.]

5 생협의 여성 조합원 비율이 높은 것을 생각해보면 일견 생협의 젠더 편향이 남성 조합원의 참여율이 낮은 것을 가리킨다고 여길 수도 있겠으나, 여기서 말하는 젠더 편향 문제는 의사결정 과정에 참여하는 임원, 이사의 여성 비율이 낮다는 점이다.

6 나카소네 미치코의 논문이 게재된 《생활협동조합연구》 296호('남녀공동참획의 사고방식과 실천' 특집호, 2000년 8월호)에는 저널리스트 다케노부 미에코의 논문도 수록되어 있다. 여기서 다케노부는 "생협에 젠더 관점이 결여되어 있다"는 문제 제기의 "직접적인 계기는 1999년의 남녀공동참획사회기본법 성립이라고 해도 좋을 것이다"라고 썼다(竹信 2000: 5). 그런데 나카소네가 생협에 젠더 편향이 있다고 이야기한 것은 1980년대 후반이므로, 다케노부의 지적과는 10년 이상의 시차가 있다. 여기서 나는 생협 내부인인 나카소네의 견해를 따랐다. 2001년 일본생활협동조합연합회 남녀공동참획 소위원회의 보고서 《남녀공동참획 촉진에 관한 제2차 중기적 행동 과제》에서도 "1990년경부터 생협에서 남녀공동참획에 관해 문제가 제기되었다"는 지적이 있다(日本生活協同組合連合 2001: 8). 이는 일본생활협동조합연합회의 공식 견해라 봐도 좋을 것이며, 나카소네의 의견과도 일치한다.

본 기업은 1985년 남녀고용기회균등법 제정 후 표면적으로나마 성차별 시정을 목표로 삼게 되었는데, 생협의 성평등의식 역시 일반 기업의 수준만큼 뒤처졌다. 또 성평등이라는 목표가 조직 내부에서 나온 것이 아니라 외부의 압력에 의한 반응이었다는 점 역시 일반 기업과 마찬가지다. 이런 점에서 생협은 일반 기업과 딱히 차이가 없다.[7]

나카소네의 정리에 따라, 일본생활협동조합연합회 내부의 남녀공동참획男女共同参画[8]과 관련된 동향을 간결하게 살펴보자. 1980년대 후반 생협 외부에서 [생협 내 성평등에 대해] 문제를 제기하자, 1991년 일본생활협동조합연합회는 여성평의회를 일본생활협동조합연합회 회장의 자문기관으로 발족시켰다. 1993년 〈생협의 의사결정에서 여성의 참가 현황과 앞으로의 방향에 대해〉라는 문건을 발행했고, 생협 내 성평등에 대한 의식조사를 실시했다. 1994

---

7 이 장은 논문 〈생협의 젠더 분석〉(上野 2006b)을 바탕으로 썼다. 이 논문은 생협학을 표방한 《현대생협론 탐구: 이론편》(現代生協論編輯委員会 2006)의 청탁을 받아 썼다. 당시 이 책은 정치적 올바름의 관점에서 구성되었는데, 여기서 젠더 관점으로 쓰인 논문은 이 한 편뿐이다. 1990년대 이후 모든 학문 분야에서 젠더 분석을 주요 의제로 삼아야 한다는 정치적 올바름politically correct 운동이 시작되었고, 이 흐름을 받아들인 편집위원회에서 생협학을 편찬하는 책에 '젠더로 본 생협'을 주제로 한 논문을 내게 요청한 것이다. 〈생협의 젠더 분석〉은 4장에 실렸다. 이러한 책의 구성은 현대생협론편집위원회가 단 한 편만 젠더 분석을 넣는 것으로 '정치적 올바름'을 선택한 조치다. 생협학도 당시 다른 학문 분야와 마찬가지로 한계가 있었다.

8 성평등에 대한 정책적 노력을 드러내기 위해 일본 정부에서 만든 행정 용어. 1999년 남녀공동참획기본법을 공포, 시행하면서 널리 쓰이기 시작했다. '남녀공동참획'이란 성평등을 완곡히 표현한 말로 사회의 모든 면에 남녀가 동등하게 참여(참획)한다는 의미인데, 일본 정부는 일본어로도 생소하고 잘 쓰지 않는 '참획'이라는 용어를 넣었다. 이는 당시 보수파의 반발을 우려해 일본 정부가 채택한 용어로 알려져 있다.-옮긴이

년에는 성평등 홍보 팸플릿 〈이제 남자라서 그래, 여자라서 그래 같은 건 그만하자〉를 발행했다. 1996년에는 일본생활협동조합연합회 이사회가 남녀공동참획을 촉진하기 위해 행동계획책정위원회를 만들었고, 관련 문건을 작성해 생협 총회에 제출했다. 일본생활협동조합연합회 여성평의회는 1997년 발전적으로 해산되어 전국여성회의,[9] 이사회 남녀공동참획소위원회로 재구성되었다. 1999년에는 남녀공동참획소위원회에서 보고서 《남녀공동참획 촉진에 관한 중점 과제 제언》을 정리했다(仲宗根 2000: 11).

2000년에 실시한 생협 조직 내 조사에 따라, 남녀공동참획소위원회는 2001년에 《남녀공동참획 촉진에 관한 제2차 중기적 행동 과제 보고서》를 제출했고 2003년에는 《여성이 빛나고 건강한 직원 조직 관리 사례조사: 생협 사업과 조직 발전을 목표로》를 발간했다.

생협의 남녀공동참획 역사를 살펴보면 생협에서 일어난 성평등 지향의 움직임은 내부에서 스스로 시작된 것이 아니라 국내외 정치나 정책과 같은 외부의 압력에서 비롯했다는 것을 다시 한번 확인할 수 있다. 이러한 사실은 생협이 초기부터 사용하는 용어만 봐도 알 수 있다. 생협은 활동 초기부터 줄곧 '남녀공동참획'이라는 용어를 써왔다. 이 용어는 성평등에 대응하는 행정 용어로, '남녀평등'이나 '차별 시정'이라는 용어로 대체할 수도 있었지만 생협은 그러지 않았다. 이 용어는 페미니즘운동이나 연구에 등장하지 않는 낯선 조어다. 이것이 행정 당국이 '남녀평등'이라는 용어를

9 1997년부터 활동했고, 2000년에 해산했다.

회피하고자 완곡한 용어로 택한 단어라는 점은 생협 초기에도 널리 알려진 사실이다. 여성운동가들은 이러한 용어 사용을 불쾌하게 여겼고, 그래서 이 말을 쓰지 않겠다는 원칙을 정한 여성운동가들이 나올 정도였다. 그런데도 이 말이 행정용어일 뿐이라는 점을 인식하지 못했다는 것은, 생협 내부에서 성평등 문제가 제기되지 않았음을 알 수 있는 증거이다.

활동과 노동의 이중구조

생협은 협동조합법인으로, 조합원 조직이자 직원 조직인 이중구조로 이루어진다. 조합원 조직은 먹거리 공동구매를 위해 반班이나 지구地區를 꾸리고, 단위 생협으로 연합을 이룬다. 대의제 민주주의에 따른 피라미드형 조직구조다. 반면 직원 조직은 고용관계에 의한 지휘명령 체계를 따른다. 종적 조직인 기업과 마찬가지다. 직원 조직이 투표를 해서 직원의 담당 업무를 고르는 건 아니므로 민주적이지는 않다. 생협은 조합원 조직이든 직원 조직이든 위계질서 구조이나, 조합원 조직은 뜻을 모아 위로 전달할 수 있는 반면 직원 조직은 상명하달로 의사결정을 한다는 점은 다르다. 직원 조직은 조합원 조직과 고용관계를 체결하므로, 표면적으로 보면 조합원 조직에 종속된다고 할 수 있다.

대의제 민주주의도 권력구조의 한 가지 형태다. 그래서 계층화된 조직구조하에서 생협 조합원은 선거를 통해 스스로 의사결정권을 건네주고, 이에 따라 집단 구성원인 조합원은 상부 결정에 따르게 된다. 이런 고전적 대의제 민주주의가 생협에서 장기간 유지되는 것을 보면 생협의 오래된 본질을 알 수 있다. 대부분의 생협이 네트워크형 신사회운동[10]의 등장과 함께 시작되었다는 점을 감안하면, 생협의 위계구조는 기존의 정당이나 노동조합의 조직구조에 대해 비판적이지 못할뿐더러 기존의 조직구조를 답습했다고 볼 수 있다. 대의제 민주주의하에서 생협의 이사나 이사장은 임기에 따라 바뀌는 데 반해, 직원 조직 간부의 임기는 계속된다. 형식적으로는 직원 조직이 이사장의 지배에 놓여 있다고 해도 실질적으로는 직원 조직의 간부가 경영에 관한 의사결정권을 쥐고 있다. 민주주의체제에서 관료제가 손쉽게 성립하는 것처럼, 생협의 전무이사는 허울뿐인 이사장보다 실권을 가진 존재다. 민주주의에서도 이런 권력 배치는 쉽게 이루어지는데, 실제로 대부분의 조합원 조직 이사장은 직원 조직의 수장인 생협의 전무이사와의 관계에서 이런 권력을 경험한다.[11]

이러한 조직구조를 그대로 둔 채, 생협의 성평등이 가능한가? 남녀공동참획 관점으로 성비만 적정하게 바꾸면 성평등 목표가 달성된 것인가? 앞서 검토했듯 자유주의 시각의 젠더 대표성 지표로 본다면, 그렇다고 답할 수 있을 것이다. 생협연합이 스스로 과

---

10 1970~1980년대에 일본에서 등장한 새로운 사회운동으로 자원봉사, 재활용운동, 주민운동 등이 그 예다. 운동의 당사자가 자신의 관심사나 생활방식을 기반으로 여러 네트워크를 형성하면서 운동에 참여한다는 점에서 네트워크형 신사회운동이라고 한다.-옮긴이

11 생협을 창립한 이들은 대부분 장기간 전무이사를 역임했다. 대의제 민주주의에서 형식주의를 예상할 수 있는 것처럼, 실권을 가진 이들의 권력을 유지하기 위한 의도적인 장치가 전무이사직이 아닌지 의심스러울 정도다.

제로 삼은 목표도 이 정도의 수준을 넘지는 못했다. 어느 정도 수치면 적정할지를 놓고 이견도 있을 것이다. 사회 전체를 모집단으로 삼아 모집단 성비에 맞춰 남성 조합원을 늘리고 여성 직원을 늘리는 목표를 세울 수도 있을 것이다. 조합원 조직을 모집단으로 상정한다면 직원 조직도 조합원 조직의 성비를 반영한 노동 조직으로 만들 수 있을 것이다. 그러나 이러한 것들은 자유주의적인 형식주의 지표다. 우리는 여기서 더 나아갈 수 없을까?

남성이 생협 조합원으로 참여하지 않는 것은 남녀 모두 먹거리와 가정생활이 여성의 역할이라고 여기기 때문이다. 또 생협에서 여성 직원이 정착하지 못하는 이유는 고용노동이 가정생활과 양립할 수 없기 때문이다. 젠더 규범을 토대로 성립한 조직에서 젠더 규범을 재생산하는 구조를 유지한 채로 성비 수치를 목표로 삼고 성비만 맞춰봤자 논리적 모순에 빠지게 된다. 특정 성별이 얼마나 집단을 대표하는지 자유주의적으로 젠더 대표성을 따져보고 형식적으로 성비를 맞추는 경우라 할지라도, 페미니스트들은 먼저 젠더 규범을 해체해야 한다고 주장한 바 있는데, 생협에서 젠더 규범의 해체와 같은 목표는 어디까지나 외재적이다.

지금까지의 비판은 생협의 페미니즘에 대한 익숙한 비판 내용이다.

나는 여기서 부불노동 개념을 택해 생협 내 젠더 배치를 분석하려 한다. 부불노동 개념은 이론적으로나 실천적으로나 강력한 도구가 될 수 있다. 이론적으로 보자면, 생협은 조합원 조직이 하는 일을 '활동'으로, 직원 조직이 하는 일을 '노동'으로 분리해왔다. 바꿔 말해, 서로의 일을 비교할 수 없도록 범주화한 셈이다. 부불노동 개념은 활동, 노동이라는 두 가지 범주를 모두 포괄하므로 비교할 수 없던 범주를 비교할 수 있도록 해주는 장치다. 또 그간 생협이 '활동'과 '노동'을 구별하고 분리하여 유지하던 구조는 이미 흔들리고 있다. 부불노동 개념을 택해 생협 내 젠더를 분석하면, 현재 흔들리고 있는 현실을 설명하여 변혁을 도모할 실천적 시도가 될 수 있다.

워커즈콜렉티브는 생협 입장에서 보자면 외재적인 요인, 즉 여성을 둘러싼 역사적 변화에 따라 생긴 것이다. 워커즈콜렉티브의 탄생은 여성의 노동이 부불노동에서 지불노동으로 이행한 시대적 변화와 겹친다.

생협 조직의 역사: 이중구조에서 삼중구조로

젠더 시점으로 조직구조를 분석하기 위해 지불노동, 부불노동과 같은 범주에 따라 생협이 노동 조직으로 어떻게 편성되어왔는지를 역사적으로 살펴보자. 후발 주자 생협은 먼저 시작한 생협의 조직구조를 모방했기 때문에 설립 시기에 상관없이 어떤 생협이든 대략 다음의 단계를 거쳐 변화해왔다고 할 수 있다. 생협은 법인격을 획득할 때 일정한 원칙이 요구되므로 대개 서로 비슷한 조직구조를 채택한다. 나는 다음과 같이 시기를 구분했다.

1기: 창립 시기(활동과 노동이 일치하는 시기).

2기: 활동과 노동(지불노동, 부불노동)이 이중구조인 시기.

3기: 노동의 유연화 및 활동의 노동화(파트타임 및 워커즈콜렉티브 도입) 시기.

4기: 삼중구조(지불노동, 반半지불노동, 부불노동)인 시기.

생협 직원인 이토 미도리는 생활클럽 생협 가나가와를 사례로 보면서 나와 비슷하게 시기를 나눈 바 있다(伊藤 1995).

1. 전업주부 시기(창립~1973년).
2. 분업과 협업 시기(1974~1984년).
3. 운동은 조합원, 경영은 상근직원이 하는 시기(1985~1990년).

이토의 구분을 그대로 쓸 수도 있지만, 나는 이를 다시 독자적으로 구분했는데 그 이유는 다음과 같다. 첫째, 이토는 가나가와 사례를 특화해 시기를 구분한 것이므로, 일반 모델을 지향하지 않았기 때문이다. 둘째, 생활클럽 가나가와는 비교적 창립한 지 오래된 곳으로 다른 생협 사례와 창립 연대의 차이가 크기 때문이다. 셋째, 이토의 구분에는 1990년 이후의 시기가 빠졌기 때문이다. 또한 이토는 생협에서 사용하는 용어를 가져와서 각 시기에 이름을 붙였기 때문에, 논의하는 데는 쓸 수 없다. 따라서 나는 생협의 고유 용어 대신 널리 쓰이는 '활동'이나 '노동'과 같은 용어를 썼는데, 부불노동, 지불노동 양쪽을 다 논의하기 위해서다.

생협, 특히 생활클럽 생협에서 활동 주체는 스스로 자신들의 활동을 잘 표현할 수 있다. 생협 활동가들은 [자신의 활동에 대해 이야기할 때] 생협에서만 사용하는 고유 용어를 쓰는데, [연구자가] 생협 활동을 논의할 때는 활동 주체 당사자들이 만든 해석 모델(1차 자료)과 거리를 둬야 한다. 당연한 말이지만, 활동 주체가 실제로 하는 일과 외부에 한다고 알리는 일에는 차이가 있다. 이토가 생협의 상근직원, 즉 내부자의 위치에 있다는 점은 생협 활동을 분석하는 데 유리하기도 하지만 불리하기도 하다. 물론 장기적으로 생협의 역사를 볼 때, 이토의 선행연구는 큰 도움이 된다.

이토 역시 논문에서 1기와 2기는 다루었으므로, 나는 주로 3기, 즉 노동의 유연화, 활동의 노동화 시기 이후의 변화를 다룬다. 3기는 1980년대와 1990년대로, 1980년대에는 여성의 노동력화가 급속히 진행됐고 1990년대에는 남녀를 불문하고 노동 시장의 유연화가 진행됐다. 그 결과 생협 조직에서는 삼중구조가 생겼고, 삼중구조 아래 젠더가 재편되었다. 워커즈콜렉티브는 3기에 위치한다.

많은 생협이 창립 시기에는 먹거리 안전을 추구하며 우유와 달걀을 공동구매하는 운동을 시작했다. 이 시기에는 운동과 사업이 나뉘지 않았다. 즉, 활동과 노동이 일치했다.

운동이 사업화되자, 생협에서는 조직 정비를 위한 과제로 법인격 취득이 대두된다. 생협이 법인격을 취득한다는 것은 대의제 민주주의와 같은 조합원 조직의 의사결정 과정을 정비하고 한편으로는 상근직원과의 고용계약에 기초해 노동 조직을 정비한다는 것을 뜻했다. 생협은 성장기에 급속하게 고용을 확대했고, 기업형 노동 조직을 확립했다. 생협의 노동 조직은 같은 시기 일반 기업의 모델을 답습한 것으로, 일본형 고용이라 일컫는 노사관계를 포함한다. 결과적으로 생협은 다른 일반 기업과 차이가 없이 샐러리맨을 고용하는 노동 형태의 직장이 되었다. 구직자가 취업할 선택지 중 하나가 된 것이다.

일본형 고용의 세 가지 특성인 종신고용, 연공서열 급여 체계, 기업 내 노동조합은 한 세트로 1950년대에서 1960년대까지 일본의 대기업을 중심으로 급속히 보급되고 정착됐다. 역사적으로 보면 [이런 고용 특성은] 비교적 새로운 것으로, 연공서열 급여 체계는 일종의 후불 임금제라 할 수 있는데,[12] 고용 보장이 필수적이다. 노사가 공유한 이해관계에 따라 종신고용, 연공서열 급여 체계, 기업 내 노동조합이 한 세트로 생겨나 같이 정착했다. 고용조직으로서의 생협 역시 이러한 대기업 모델을 답습했다. 이는 생협의 창립자 대부분이 노동조합운동 출신이고, 노동자의 권리를 중요하게 생각하기 때문이었을 것이다. 하지만 여기서 보호하는 노동자의 권리란 남성 정규직 노동자의 권리일 뿐이다.

젠더 연구에서는 이 세 가지 특성 때문에 여성이 조직적, 구조적으로 배제된다고 보는데, 페미니스트 경제학자 오사와 마리는 종신고용과 연공서열, 기업 내 노조가 간접적 여성차별로 작용함을 입증한 바 있다(大沢 1993). 이러한 고용 관행에서는 정규직 모델이 남성으로 젠더화되어 있다. 경험적으로도 근속연수가 늘어

12 기업의 피고용자가 나이가 들거나 근속연수를 더하면서 임금을 더 받도록 해놓은 임금 체계가 연공서열인데, 성과를 쌓고 있는 젊은 노동자가 성과에 관계없이 현재 임금을 적게 받아도 나중에 많이 받을 수 있다는 기대로 계속 오래 근무한다면 기업은 그만큼 이득을 취한다는 뜻에서 연공서열제를 인적자본에 대한 '후불 임금'이라 본다. 연공서열제가 성립하려면 (종신) 고용 보장이 선행되어야 하므로 노동자는 산별노조나 노조연합단체national center 등에 가입하지 않더라도 기업 내 노동조합에 가입 활동해 고용 보장과 임금 인상을 요구하게 된다.-옮긴이

나는 것을 상정한 고용 관행에서는 남성 집단만 눈에 띄게 혜택을 받는다는 점을 알 수 있다. 더군다나 후불 임금제 방식은 평균적인 남성 노동자의 생애주기를 전제로 한 생활급여(가족급여family wage라고도 한다)를 보장하는 것으로서, 남성 단일 수입원을 통해 노동자 표준 세대가 유지될 수 있도록 설계되어 있다.

오래전부터 페미니즘은 가족급여가 내포한 성차별 문제를 지적해왔다. 남편 한 사람이 가계를 책임진다고 본 '남성 생계부양자 모델'로 인해 노동 시장에서 일어나는 성별 임금격차가 오랜 기간 정당화되어왔기 때문이다. 예전에 모 정당[13]에서 "엄마가 일하지 않아도 될 정도의 임금을 아빠한테 주자"라는 슬로건을 내건 적이 있는데, 이만큼 반페미니즘적인 표어도 없을 것이다.

실제로 생협의 상근직 가운데 남성이 차지하는 비율은 80% 이상으로 매우 높다. 더군다나 상근직은 근속연수만큼 직무상 지위가 올라가며, 직무상 높은 지위에 있는 남성 비율이 높다. 이런 점을 보면 생협은 다른 일반 기업과 아무런 차이가 없다. 2003년 일본생활협동조합연합회에서 간행한 보고서 《여성이 빛나고 건강한 직원 조직 관리 사례조사: 생협 사업과 조직 발전을 목표로》를 보자. 보고서에는 "여성 정규직 직원이 줄고 있다"라면서 "왜 여성 정규직 생협 직원이 감소했는지 충분히 조사하지 못했다"고 반성하듯 쓰여 있는데(日本生活協同組合連合会 2003a: 14), 역사적 배경을 보면 여성 정규직이 줄어든 이유를 충분히 추론할 수 있다. 첫

13 일본사회당이 지지하는 총평(일본의 노동조합 연합조직인 일본노동조합총평의회日本労働組合総評議会의 약칭)의 춘투(매년 봄 임금인상을 요구하는 노동투쟁)에서 나온 적이 있는 구호다.-옮긴이

째, 전업으로 취업하려는 여성들에게 생협보다 나은 고용기회가 생겼기 때문이다. 둘째, 기혼 여성이 풀타임 고용보다 파트타임 고용을 선호하는 경향이 있기 때문이다. 일본형 고용의 특징상, 한 번 퇴직한 정규직 고용자는 노동 시장에 재진입하기가 불리한데 이는 연령차별과 함께 간접적인 여성차별로 이어진다. 데이터를 보면, 생협 역시 다른 민간기업처럼 성차별이 존재한다.

한편 생협은 먹거리 유통과 같은 사업 대부분을 조합원 활동에 의존한다. 공동구매를 위해 조합원을 한 반으로 편성하는데, 이런 편성을 비롯해 주문 받기, 배달, 먹거리 배분에 이르기까지 조합원이 다 담당한다.[14] 생협의 유통은 조합원의 활동 없이는 이루어지지 않는다. 그런데 이는 시간도 꽤 들고 신체적으로도 부담이 되는 일인데, 실제로 직업이 없는 주부가 아니고서야 유지할 수 없는 유통구조다. 생협은 이런 구조를 만들어왔다. 생협에서는 배달 업무는 노동으로 보지만, 먹거리 배분과 같은 일은 활동으로 본다. 조합원이 공동구매반을 기초로 사회운동을 한다고 여기기 때문이다. 그러나 여성의 노동력화가 진행되면서 생협 외부에서 하면 보수를 받을 수 있는 일이 왜 생협 내부에서는 무보수인지, 단순하지만 근원적인 물음이 제기됐다. 공동구매반 활동에서는 활동의 부담을 어떻게 나눌지를 놓고 조합원 내에서 항의의 목소리도 나왔다. 맞벌이 여성은 공동구매반 활동을 하지 않으니 무임승차자가

14 가까이 살거나 같은 직장에 다니거나 지인, 친구 사이인 조합원들이 한 반(한 조)을 꾸려서, 공동구매로 농수산물, 우유, 빵 등 안전한 먹거리를 주문하여 구입한 후, 미리 정해놓은 조합원 집, 직장, 생협 점포 등에 배송을 받아, 주문한 먹거리를 나눈다. 이를 공동구매반 활동이라 한다.-옮긴이

아니냐는 일부 조합원들의 불만이었다.

지나간 일에 대한 평가이긴 하나, 생협은 아무런 고민 없이 여타 기업과 마찬가지로 남성중심적 기업 조직의 틀을 채택한 이유를 설명해야 한다. 생협은 운동으로 시작했으나 그 조직을 살펴보면 남성 집단에게 풀타임 고용기회를 제공하는 데 그쳤다. 이에 대해 여성 조합원 입장에서 의문을 품을 여지도 없었다. 여성 조합원은 소비자로서, 남성 노동 조직의 시장이 된 것이다. 조합원의 활동은 소비 영역으로 여겨진 무상노동이었다. 생협이 어째서 활동과 노동을 분리하는지 의심할 수 없었다.

생협의 조직구조에서 노동은 곧 남성의 노동이고, 여성이 노동자가 될 가능성은 고려되지 않았다. 노동 조직은 표면상 젠더 중립성을 유지하며 여성의 참여를 배제하지는 않았다. 하지만 여성이 노동 조직에 참여하려면 남성 노동자와 같은 조건으로 일할 것이라는 기대가 있고, 남성을 위한 규칙으로 노동을 이어가지 못한다면 그것은 여성 노동자의 책임이 된다. 이러한 조직 형태와 운영 방식이 '간접 차별'이다. 표면상 젠더 중립적 규칙은 존재하지만 실제로는 여성을 조직적, 구조적으로 배제한 젠더 편향적으로 작용했다. 생협은 아무런 의문 없이, 일본 기업 조직과 마찬가지의 젠더 질서를 재생산해왔다.

생협의 성별 분리를 살피자면, 조합원의 가정 안에서 아내(여성)와 남편(남성) 간에 성별 분리가 존재한다는 것이 전부는 아니다. 생협은 조합원인 경우 노동자가 아니고, 노동자인 경우에는 조합원으로 활동할 수 없도록 조직상 분리되어 있다. 이것이 바로 생협의 성별 분리다. 생협은 사업을 편성할 때 활동과 노동을 분리하고, 이러한 분리 편성에 따라 무상의 활동과 유상의 노동을 정당화해온 것이다.

배송은 '남자가 하는 일'

생협에서 적용되던 일본형 고용 관행은 간접적인 여성 배제 외에 또 있었다. 생협에서는 적극적으로 남성을 고용하면서 핑계를 댔다. 공동구매한 먹거리를 배송하는 일, 특히 우유를 배송하는 일은 남성 또는 신입 남성이 힘을 써서 하는 일이라고 여겼다. 생활클럽 생협 가나가와를 사례로 삼아 진행한 연구에서 이마이 지에는 급성장기의 생협 조직 내의 노동을 살펴보면, 남성은 힘을 쓰는 일, 여성은 사무를 하는 식으로 성역할에 따라 일을 배치했다고 지적한다.

> 성별에 따라 배속이 결정되는 현상은 생활클럽 생협에서 공통적으로 나타난다. 다른 생협도 마찬가지다. (今井 1995: 303)

결론부터 말해 생협이 성역할에 따라 직원을 배치하는 데는 아무런 근거가 없다. 생협 가운데 비교적 이른 시기인 1991년, 생활클럽 가나가와는 여성 직원을 배송 업무에 배치했다(今井 1995: 302, 305). 그 배경에는 신물류 시스템에 의한 기술 혁신도 있었지만 그게 전부는 아니었다. 배달 업무에서 남성이 차지하는 비율을 70%로 유지하자고 목표를 정한 뒤 "컨테이너를 기존 30kg에서

20kg으로 경량화한 것"이다(今井 1995: 306). 또 1990년대 이후 생협 매장이 급속도로 생겨나면서, 워커즈콜렉티브가 생협의 먹거리를 모아서 나누거나 개별로 배달하는 업무를 점차 위탁하게 됐다. 워커즈콜렉티브에서는 주로 여성이 활동을 하는데, 이미 그들의 활동으로 증명된 것처럼 먹거리 집배나 배달 업무를 담당하는 데 여성은 남성과 기량 차이가 없었다. 여성이 남성보다 근력이 약하다면, 한 번에 배송할 양이나 무게를 줄이면 된다. 보수가 문제라면, 보수 기준을 시간당 단가가 아닌 성과제로 바꾸면 경영비에는 차이가 없다. 힘 쓰는 일에 관한 능력은 성차보다는 개인차에 달려 있다.[15]

한 가지 덧붙이면, 공동구매 방식을 택한 생협에서는 상근직원이 배송 업무를 담당하는 것은 조합원과 접촉하기 위한 유일하고도 중요한 장이 될 것이라고 해왔다. 그간 배송 업무는 상근직원이 책임져야 하는 일이고, 외부에 맡겨서는 안 된다고 말해온 것이다. 이마이의 인터뷰 조사에 따르면, 생협 측의 이러한 논거는 배송 업무에 종사하는 남성 직원의 승진을 설명하는 요인이었다. 이마이는 자신의 논문에서 "경영에서 배송은 없어서는 안 될 기본 업무다. 왜냐하면 이 업무를 통해 공동구매반이 생길 것이고, 이 업무는 조합원과 긴장관계를 유지하면서도 조합원의 자립을 돕는

15 힘쓰는 일인 배송 업무를 보자. 전통 주류를 파는 자영업자 가족을 보면 남편뿐 아니라 아내나 딸도 배송을 한다. 또 어촌이든 농촌이든 전통적으로 여성은 행상을 했고, 날품팔이 짐꾼도 했다. 역사적으로 여성은 집안일 가운데 가장 중노동인 물 긷기를 했고, 이를 남성이 대신한 사례는 거의 없다. 여성이 배송 업무를 하지 못할 이유는 전혀 없다.

역할을 하기 때문이다. 그래서 생협에서는 직원이 배송 업무를 경험한 후 다른 업무를 맡는 게 바람직하다고 보고 있다"고 썼다(今井 1995: 310).[16]

1991년 생협에서는 여성 직원을 배송 업무에 배치하기 시작하여 승진격차를 바로잡고자 했다. 그러나 그 후에도 생협 조직 전체에서 남녀 간 승진격차는 없어지지 않았다. 이 결과를 보면, 배송 업무가 승진을 위한 조건이라는 설명은 들어맞지 않는다. 사후적으로 볼 때, (주로 육체적 능력으로 환원되는) 배송 업무의 유무가 남녀 간 승진격차를 정당화하는 근거로 쓰였다고 보는 게 맞을 것이다. 이마이도 논문의 결론에서 "배송 업무에 종사하는 게 승진 기회를 준다는 설명은 신빙성이 부족하다"고 했다(今井 1995: 311).

워커즈콜렉티브에 배송 업무를 위탁한 이후에는 남녀 직원 간 승진격차의 근거로 배송 업무를 말하는 사람은 없었다. 배송 업무가 조합원과 교류하는 중요한 장이니만큼, 워커즈콜렉티브에서 조합원의 자발성에 의해 배송 업무를 맡겨야 한다는 수사도 등장했다. 이때는 불황이 길어지면서 구조조정을 하는 시기였는데, 틀림없이 생협에서도 배송 업무와 같이 정형화된 업무를 아웃소싱하려는 동기가 작동했을 것이다. 생협은 경영합리화 명목으로 내세운 근거를 금세 잊거나 뒤집을 수 있었다.

그런데 돌이켜보면, 당시 조합원들이 상근직 인사나 고용에 관심이 있었다고는 하기 어렵다. 또 힘이 드는 일이나 땀을 흘리는

16 이마이 지에가 쓴 생활클럽 생협 가나가와의 노동 프로젝트 관련 문서인《협동조합 노동프로젝트 답신》(生活クラブ神奈川協同組合労働プロジェクト 1992: 6-7)에서 인용했다.

일은 남자가 한다는 성역할 분담에 대해서도 의심한 흔적은 찾아볼 수 없다. 여기서 우리는 계급 요인이 작동하고 있음을 볼 수 있다. 조합원이 속한 계층과 채용되는 상근직원이 속한 계층 사이에 차이가 있다는 가설을 세워볼 수 있다. 이 가설을 검증하려면 조합원 세대와 상근직원 세대의 평균소득을 비교하면 되는데, 이 데이터를 얻기가 어렵다. 그렇지만 간접적인 증거로 이를 증명할 수 있다. 사토 요시유키가 이끈 연구팀에서 조사한 바에 따르면, 수도권에 위치한 생활클럽 생협에서 조합원 여성의 학력과 계층은 지역 평균을 웃돈다. 한편 일반 기업과 비교해볼 때, 생협 직원의 임금 수준은 상대적으로 낮게 책정된다. 이마이의 논문에 따르면 "생협 직원들은 줄곧 노동조건 개선을 요구해왔지만, 생협의 경영진 측에서는 '경영과 노동이 일치해야 한다, 즉 운동과 노동이 일치해야 한다'는 것을 전제로 안정적으로 경영을 할 수 있을 때까지 직원 모두 낮은 노동조건으로 일할 것을 이야기했다"고 한다(今井 1995: 305).

따라서 많은 조합원 여성들은 자신은 물론이고 남편이나 자녀가 생협 직원이 될 가능성은 거의 생각해보지 않았을 것이다. 이런 조건을 배경으로 여성 조합원 조직과 남성 상근직원 조직으로 구성된 생협 내 젠더 질서가 성립했다고 할 수 있다. 이마이는 "전업주부인 조합원들은 경제적으로 어렵지 않다는 점을 전제로, '대가를 바라지 않고 돈을 받지 않아도 될 일에서 가치를 찾고' 있으므로 고용되어 일하고 싶어 하지 않는다"고 지적했다. "조합원으로 활동하는 것은 생활비를 벌지 않아도 되고, 생협 사업으로 책임지지 않아도 된다는 면에서는 편한 일인 셈"이라고 날카롭게 비판했다(今井 1995: 319). 이러한 표현을 보면 여성 상근직원과 여성 조합원 간에 긴장이 잠재되어 있음을 알 수 있다.

주지하다시피, 생협 사업은 직원의 노동뿐만 아니라 조합원의 활동으로 유지된다. 그런데 조합원 활동이 '부불노동'으로 문제시된 것은 좀 더 이후의 일이다. 조합원 조직과 직원 조직의 이중구조로 운영되는 생협은 부불노동과 지불노동의 이중구조를 띠고 있으나, 생협에서는 계급 요인과 젠더 요인으로 직원의 노동과 조합원의 노동이 비교되지 않도록 억제되어왔다. 이때 계급 요인이 숨겨진 변수인 반면, 젠더 요인은 명백한 변수였다.

파트타임 노동을 도입한 생협

1980년대 이후 조합원 여성의 취업률이 높아지면서 공동구매반 활동 기반이 흔들렸다. 그래서 조합원의 먹거리 공동구매 원칙이 운동의 출발점이었던 생협은 이 원칙을 바꾸고 개별 배달을 하거나 매장을 냈다. 그렇게 하지 않으면 조합원을 유치하기 힘들어졌기 때문이다. 역사가 오래된 생협은 운동의 이념을 존중해 공동구매 원칙을 유지하는 것을 자랑스럽게 여기고 활동했으나, 이런 생협 중에 조합원의 고령화와 사업 매상 정체로 인해 경영이 허덕이게 된 곳이 나타났다. 반면 후발 주자 생협은 시장 변화에 재빠르게 대응해 개인 가입, 개별 배달을 적극적으로 추진해 성장했다. 운동 이념보다 사업을 우선시했다고 볼 수 있다. 한편 안전한 먹거리를 부가가치로 삼은 시장이 확대되면서 생협은 그 부가가치를 독점할 수 없게 되었다. 소비자에게 생협은 안전하고 편리한 여러 유통업체 식품 중 하나를 고르는 곳일 뿐이었고, 이제 조합원들은 활동을 부담스럽게 여기게 됐다.[17]

생협의 논리에서야 공동구매에서 개별 구매로의 이행이 어떤 측면에서는 부정적이었을 테지만, 역사적으로 보면 우연히도 이 시기는 '동물형 마케팅'[18] 시기와 겹쳤다. 동물형 마케팅이란 근대적 '식물형 마케팅' 단계를 거치고 난 후, 직업을 가진 주부가 늘어난 시대와 어울리는 근대 후기의 마케팅이다. 시간 자원이 점점 희소해진 오늘날에는 점포를 갖추지 않고서 IT와 접목하여 택배 서비스만 하는 유통을 가장 합리적인 유통 양식으로 여긴다. 보관 냉동고나 무인택배함과 같은 기술 인프라를 갖추면 개별 배달이 더 촉진될 것이다. 또 고령화 시대가 되면서 동물형 이동 마케팅에 새로운 수요가 생겼다. 고령자는 이동 약자이므로 곧 장보기 약자다.

생협의 개별 택배는 공동구매와 달리 별도의 배송비가 붙는 경우가 대부분이다. 이 점을 거꾸로 생각해보면 여태까지 생협의 공동구매에 보이지 않는 비용이 존재했다는 뜻이다. 배송을 외주로 주면, 비용이 드는 게 당연하다. 생협 직원이 배송하는 경우에도 임금이 발생한다. 조합원이 배송 업무를 할 때만 비용이 발생하

---

17 1960년대 진행된 유통혁명으로 낮은 가격을 실현할 수 있게 되었으나 생협의 운동 이념에 저렴한 가격은 없었다. 조합원은 안전한 식품이라는 부가가치를 수용하고 조합원이 된 것이므로, 실상 생협이 유통업에서 가격 파괴 효과를 일으킨 적은 한 번도 없었다.

18 행상이나 배달처럼 사업자가 이동하는 상업 형태를 말한다. 반면 '식물형 마케팅'이란 고정된 매장을 갖추고 고객이 점포로 오게끔 하는 상업 형태다. 고정된 점포로 오게끔 하는 형태는 역사적으로 보면 근세 이후에 일어난 상행위로 비교적 새로운 것이다.

지 않는다. 이에 대해 누군가 '보이지 않는 노동'을 하고 있는 것이 아닌지 의문을 품을 수 있다.

조합원 활동이 부불노동이 아니냐고 조합원들이 의문을 품게 된 것은 이런 과정을 거치며 확대되어왔다. 생협 직원의 노동은 부불노동에 의존한다. 같은 일을 직원이 하면 보수가 따르는 노동이고 조합원이 하면 부불노동이다. 배송 업무뿐만이 아니다. 회의에 출석하는 등 경영의 의사결정에 참여하는 것 역시 조합원에게는 '활동'이란 명목의 무상노동이다. 1980년대부터 전국의 생협에서는 대표자 회의 출석에 대해 교통비와 약간의 수당을 지불하기 시작한 바 있다. 이는 같은 시기에 외부 사회에서 많은 기혼 여성이 일하기 시작한 현상이 진행된 것과 관련이 깊다. 여성에게 다른 선택지가 등장하고 나서야 비로소 의문이 생겨났다. 밖에서 일하면 유상노동인데 생협 활동을 위해 들이는 시간과 에너지는 왜 무상노동인가?

생협판 노동의 유연화

1980년대 이후 생협 조직의 이중구조(조합원 조직과 직원 조직)에 변화가 생겼다.

직원의 유상'노동'과 조합원의 무상 '활동' 사이에 비정규 노동, 유상 활동이 도입되었다. 직원 노동도 아니고 조합원 활동도 아닌 범주의 노동이다. 이런 노동의 도입은 생협판 노동 시장의 유연화라 할 수 있다. 유연화된 생협판 노동의 유형은 비정규직 파트타임 노동, 워커즈콜렉티브에서의 유상노동으로 나뉜다. 생협판 노동 시장 유연화는 생협에 따라 시차를 두고 달리 진행되었는데, 일본생활협동조합연합회 계통의 생협에서는 비정규 파트타임 노동을 택했고, 생활클럽 생협 계통의 생협에서는 워커즈콜렉티브의 유상노동을 택했다. 이런 생협 간 전략 차이에는 계층 요인이 반영되어 있다.

생협판 노동의 유연화가 진행된 배경은 다음 세 가지로 볼 수 있다. 첫째, 유통혁명이 진행되면서 생협도 경영합리화 압력을 받게 되었다. 생협이 시장에서 살아남기 위해서는 다른 유통업체와 경쟁을 해야 했다. 둘째, 직업을 가진 기혼 여성이 늘기 시작하면서 조합원 여성을 주부라고 전제한 활동이 불가능해졌다. 셋째, 일본형 고용이 붕괴함에 따라, 조합원 여성들이 취업 압력을 받게 되었다. 이는 1990년대 불황기 이후 나타난 현상이다. 조합원 여성 대부분은 화이트칼라 남편이 있었는데, 경기가 장기불황에 진입하면서 이 여성들이 처음으로 취업 압박을 경험하게 됐다.

1980년대에 여러 생협에서 다른 유통업체(예를 들어, 슈퍼마켓)처럼 파트타임 노동자를 고용하기 시작했다. 게다가 보수는 지역 시세를 따랐다. 즉, 지역 최저임금과 비슷한 수준의 보수를 지급하고 파트타임 노동자를 고용한 것이다. 이는 고용의 유연화 과정에서 정규직으로만 구성된 기업 내 노동조합이 정규직의 이해만 대변하며 사용자와 공범관계로 엮이게 되어 스스로 파트타임 노동자를 차별하게 된 것과 마찬가지 논리였다. 생협 내 노동의 유연화 과정에서도 부당하게 낮은 처우를 받는 파트타임 노동의 차별을 문제화하기 어려웠다. 풀타임 정규 노동과 파트타임 비정규 노동에 놓여 있는 젠더구조 때문이었다.

페미니스트 경제학자 오사와 마리는 "'파트타임은 단시간 고용이기 때문에 임금격차가 난다'라는 주장은 틀렸다. 고용형태의 차이로는 파트타임 노동에 대한 임금차별을 합리적으로 설명할 수 없다"고 했다(大沢 1993). 오사와는 파트타임 노동 차별을 미리 전제로 삼았기 때문에 마치 "신분차별"처럼 임금차별이 일어난다고 논증했다. 여기서 차별 요인은 젠더다. 즉, 파트타임 노동이기 때문에 임금이 낮은 것이 아니고, "파트타임 노동"이 "여성의 일"이기 때문에 임금이 낮게 설정되는 것이다. 이때 여성이란 남편의 경제력에 의존하므로 가계를 보조하는 수입만 받아도 된다고 여겨지는 기혼 여성을 말한다. 하지만 가계를 꾸리기 위해 수입이 필요한 한부모 가장인 여성도 파트타임 노동자로 일한다(그것밖에 달리 선택할 수 없기 때문이다!). 여성이 가계 보조 수입만 받아도 된다고 가정하는 것은 현실과 맞지 않는데도, 이런 가정이 파트타임 노동에 대한 임금차별을 정당화한다. 현재 파트타임 노동의 임금은 풀타임 노동 임금의 절반 내지는 3분의 1 수준이다. 이토록 부당한 임금격차에 대해, 관련 노동법에서조차 사회적으로 허용할 수 있고 합리성이 있는 범위(풀타임 노동 임금의 70%)로 임금을 정하라고 말하는 정도에 그치고 있다.

파트타임 노동자 처우에 대해서는 생협도 같은 시기의 가부장적 기업과 다를 바 없었다. 일본생활협동조합연합회는 《중기 계획》 보고서에서 파트타임 노동자 도입과 고용조건, 임금을 어떻게 설정할 것인지에 대한 전략을 살피면서 "파트타임 노동자의 임금은 지역의 시장 임금으로 결정되는 경향이 강하다"라며, "갑자기 공정한 처우를 목표로 삼기가 어렵다"고 썼다(日本生活協同組合連合会 2001: 14). 이 보고서를 보면, 생협이 파트타임 노동 차별의 부당함을 알면서도 성차별적인 노동 시장에서 벌어지는 임금격차에 편승했음을 알 수 있다.

그런데 여성 생협 조합원은 파트타임 노동의 도입을 어떻게 봤을까? 여기서는 계급 요인을 고려해야 한다. 1980년대는 주부의 계층 분해[19]가 급속도로 진행된 시대다. 육아에 전념하기 위해 어쩔 수 없이 직장을 떠난 많은 여성이 있었는데, 육아를 끝낸 후 전업주부로 남은 여성과 불리한 조건을 감내하고 직장으로 복귀한 여성을 나누는 최대 변수는 남편의 수입이었다. 눈앞에 닥친 현실 앞에서 남편이 경제적 여건을 갖췄는지 아닌지가 육아기가 지난 여성이 전업주부로 있을지 말지를 결정했다.

여기서 우리는 조합원 여성과 파트타임으로 취업한 여성 간에 계층 차가 있을 것이라는 가설을 세울 수 있다. 그리고 조합원 여성은 자신이 속한 생협에서 파트타임 노동을 생각하지 않아도 될 계층이라고 볼 수 있다. 결국 조합원 측도 직원 측도 생협의 파트타임 노동 차별을 문제 삼지 않았던 것이다.

이 가설을 검증하려면 조합원 여성과 생협에서 파트타임으로 일한 여성의 세대 수입을 비교해야 하나 그 데이터를 얻기는 어렵다. 파트타임 여성 가운데 조합원으로 가입한 비율을 조사할 수 있으나, 이는 방증일 뿐이다. 이는 검증이 필요하다. 생협을 직장으

19 1980년대부터는 경제력이 있는 남편을 둔 여성이 전업주부가 될 수 있는 시대, 즉 전업주부는 남편의 높은 계층을 알려주는 상징적 지위였다. 이러한 변화를 두고 주부의 계층 분해라고 한다.-옮긴이

로 삼은 파트타임 여성 노동자는 먼저 파트타임 노동자로 일한 후에 생협 조합원으로 가입했을 가능성이 높기 때문이다. 생협 측이 경영 전략의 일환으로 파트타임 노동을 도입한 목적은 조합원 여성에게 고용기회를 제공한다는 데 있지 않다(만약 그런 목적이었다면 파트타이머 모집 때 그 대상을 조합원으로 제한하는 등 조건을 달았을 것이다). 각 생협마다 시기가 조금 다르긴 하나, 대부분의 생협에서는 1980년대에 진행된 경영 구조조정 시기에 파트타임 노동을 도입했는데, 이 시기에는 취업 압력이 높지 않았다. 설사 취업 압력이 있었다 해도, 당시 고용기회를 찾던 고학력 조합원 여성의 바람과 생협이 제공하는 파트타임 노동 기회는 서로 맞지 않았을 것이다.

이런 사정 때문에 조합원 노동의 무상성에 큰 의미가 있다. 조합원은 파트타임 노동자와 차이를 두기 위해 노동의 무상성을 고집한다. 여기서 우리는 임금과 노동의 가치 사이에 기묘한 아이러니가 발생했다는 점을 알 수 있다. 생협에서 이사나 총대표의 노동은 책임 있는 노동이기 때문에 무상으로 해야 한다고 보는 반면, 파트타임 노동은 책임이 없는 시간제 노동이라 보기 때문에 유상 노동으로 해야 한다고 보는 것이다. 역설적이게도, 노동의 무상성이 노동의 가치를 담보하게 된다.

과도기에 있는 단체도 사정이 비슷하다. 예를 들어 자원 재활용이나 가사일 지원 등을 하는 자원봉사단체에서는 봉사자들이 무상으로 일을 하다가, 점차 수익을 내면서 노동을 유상화하는 길로 가기 시작했다. 그런데 이때 자원봉사단체는 대부분 공통적으로 지역 최저임금을 밑돌게끔 보수를 설정했다. 자원봉사단체들은 기묘한 공통점이 있다. 자원봉사단체가 노동을 유상화할 때에는 지역 최저임금을 밑도는 수준, 즉 자원봉사자들이 단체가 아닌 다른 곳에서 파트타임으로 일한다면 받을 수준보다 낮게 보수를 설정한다는 점이다. 이렇게 해서, 단체들은 파트타임 노동에 나설 수밖에 없는 계층은 암묵적으로 배제하는 동시에, "돈 때문에 일하는 게 아니다"라고 할 수 있는 계층의 자발성을 확보할 수 있게 된다. 낮은 보수에 대한 보상은 단체의 이용자에게 감사 인사를 받으면서 보람을 느끼는 것으로 대신한다.

이러한 단체에서는 일시적으로 얄궂은 현상이 일어난다. 아무리 애를 써도 단체의 자발적인 구성원만으로 사업이 돌아가지 않는 시간대가 있고, 이 시간대에는 파트타임이나 아르바이트 노동자를 하는 수 없이 고용하게 되는데, 이때 파트타임이나 아르바이트 노동에 대한 임금이 구성원에게 지급하는 임금보다 높아진다. 희생 정신으로 참여한 구성원과 파트타임으로 고용된 사람 사이에 임금이 역전되는 현상이 나타난다. 그리고 단체에서는 이런 현상이 구성원이 수행하는 노동의 책임과 가치를 증명하는 것이라고 여긴다.

그래도 1980년대에 조금이나마 유상노동화가 진행된 것에는 시사점이 있다. 부담이 중한 조합원 활동 가운데 회의 참가비, 교통비가 지급되기 시작했다. 조합원의 임원수당도 소액이나마 지급되기 시작했다. 그러나 이러한 보수는 시간급으로 환산하면, 최저임금에도 미치지 못했다. 보수가 이렇게 낮게나마 설정된 이유는 다음과 같다. 첫째, 조합원의 노동은 부불노동이란 점을 점차 인식하게 됐기 때문이다(생협 활동은 생협 조합원의 식재료를 나눠주는 배달 활동, 회의나 연수 참가 및 기타 관리에 필요한 노동 등과 같은 불가결한 조합원의 노동으로 이뤄진다고 인식하게 됐다). 둘째, 조합원 노동이 '임금노동'이 아님을 증명하기 위해 조합원 노동에 대한 보수를 임금노동보다 낮은 수준으로 억제해야 했기 때문이다.

워커즈콜렉티브의 성립

1980년대 후반에서 1990년대에 걸쳐 생활클럽 생협에 워커즈콜렉티브가 만들어졌고, 급속히 보급되었다. 생협은 원래 소비생활협동조합이었으나, 소비 대 생산이라는 구도를 넘어 생산자협동조합이나 노동자협동조합에 해당하는 새로운 일하기 방식이 적용된 워커즈콜렉티브가 만들어졌다. 이 획기적 동향은 생협의 조직구조 속에서 활동과 노동, 어느 쪽에도 속하지 않는 범주의 '유상 활동'이 발생했다는 것을 뜻한다.

워커즈콜렉티브의 초기 활동은 생협 산하에서 이루어졌다. 초기에 생협의 점포 운영, 배송 사업 위탁, 빵이나 반찬 만들기 등 먹거리와 관련된 활동으로 한정했다. 사회학자 아마노 마사코의 사례연구로 유명해진 워커즈콜렉티브 본凡을 보자. 본은 생협의 안전한 식재료를 사용한 가공식품을 사업화했다. 시작할 때는 지역 최저임금을 밑도는 시급을 지급하면서 이념 선행형 사업을 벌였지만, 곧 경영이 안정되었고 이에 따라 배당금이 늘어 지역 임금수준을 웃돌게 됐다.

워커즈콜렉티브는 복지서비스를 펼치면서 생협으로부터 자립할 조건을 갖출 수 있었다. 복지서비스를 시작할 때는 지역 최저임금보다 낮은 보수를 지급했으나, 개호보험의 도입으로 경영이 안정되었고 생협의 새로운 사업 부문으로서 수익을 창출하게 되었다.

워커즈콜렉티브 구성원의 임금수준은 어떻게 결정될까? 생협의 파트타임 노동자와 마찬가지로 지역 노동 시장의 시세 수준의 임금을 받는 구조가 작동한다. 이제부터는 개호보험 시행과 같은 역사적 조건하에서 복지 워커즈콜렉티브가 어떻게 변화했는지 사례에 따라 살펴보자.

개호보험 도입 전 대부분의 복지 워커즈콜렉티브는 '유상의 자원봉사 금액'을 보수로 설정해두었다. 그 결과 파트타임 노동을 해야 하는 계층의 여성이 배제되었다. 또 낮은 보수를 지급함으로써 구성원의 자발성과 노동의 가치를 담보하고, 이용자에게 감사를 받는 것을 '보이지 않는 보수'로 평가했다. 한편 봉사의 특성이 있는 노동이라는 점을 노동의 질이나 책임을 따지지 않아도 된다는 핑계로 삼았다.

그런데 개호보험 도입 후 복지 노동의 여건이 크게 바뀌었다. 개호보험제도에서 신체개호와 가사원조는 서비스 수가가 각각 다르지만, 공정가격으로 보수를 지급함으로써 개호보험 도입 이전보다 상대적으로 높은 임금을 설정할 수 있었다. 자격증을 갖고 있어야 돌봄노동을 할 수 있게 되었고 이런 조건에 따라 파트타임 임금 평균을 웃돌게 되었다. 시장 규모가 확대되고 개호보험이 도입되면서 돌봄 시장에 참여한 복지 관련 NPO는 여타의 NPO보다 강한 재정 기반을 갖추게 됐다.

개호보험은 복지 워커즈콜렉티브의 경영 전환을 촉진했다.

첫째, 복지 워커즈콜렉티브가 개호보험 지정사업소로 참여함에 따라, 정부는 생협의 개호서비스가 '조합원 외 이용 제한'을 두지 않게끔 조치했다. 개호보험 시행에 즈음해 서비스 공급이 수요에 미치지 못할까 염려했기 때문이다. 개호보험 이전에는 정부가 생협 활동에 여러 제약을 두었던 것을 감안할 때 이 조치는 행정편의주의라고 볼 수 있긴 하나, 이 덕분에 순풍이 불었고 생협의 복지서비스 사업이 확대되었다. 둘째, 많은 복지 워커즈콜렉티브에서는 개호보험 시행 후 워커 모집을 할 때 "워커는 생협 조합원이어야 한다"는 제한을 풀었다. 그 결과, 생협으로부터 상대적인 자율성을 갖게 됐다.

워커즈콜렉티브에서는 워커가 스스로 출자금을 내면서 일하고 노동자가 경영에 참여하는 것을 전제하므로 고용노동과 달리 강제성이나 착취가 없다. 잉여금은 워커들에게 배당하는데, 집합적인 자기결정이 가능한 분배다. 개호보험 시행 전에는 보수가 낮게 설정되어 있어서 잉여금이 나올 여유조차 없었는데, 개호보험 시행 후에는 잉여금이 발생했고 경우에 따라 세금을 내게 된 사업체도 등장했다. 그러나 현실적으로 보면 워커즈콜렉티브는 개호서비스의 임금 시세에 맞춰서 워커의 임금을 설정했다. 이유는 다음과 같다.

① 개호보험 시행 후, 요금이 낮은 가사원조(2003년 이후 '생활원조'라고 함)에 이용이 집중되었다. 그래서 워커 임금을 인상하지 못했다.

② "여자라면 누구나 집안일을 할 수 있다"와 같은, 가사노동을

비숙련 노동으로 취급하는 젠더 편향적 가치관의 영향으로, 가사원조는 신체개호에 비해 요금이 낮게 설정된다.

③ 복지 워커즈콜렉티브의 대부분이 가사원조를 "주부 감각으로 한다"고 여기는 탓에 스스로 전문성을 인식하지 못하고, 자기평가 역시 높지 않다.

④ 앞의 요인들이 있음에도 임금을 지역 평균 시세 이하로 아주 낮게 설정할 수는 없었다. 노동력(워커)이 경쟁 사업체(공영사업 및 민간기업 등)로 이동할 수 있음을 염두에 뒀기 때문이다.

민간기업의 돌봄노동자 임금수준은 시급 1300~1500엔이다. 노동의 양이나 밀도에 비춰 높은 수준이라고 할 수 없지만, 그래도 지역 최저임금보다는 높다. 초기에는 최저임금보다 낮은 임금을 지급했지만, 개호보험 시행 후에는 시급 900~1200엔을 지급하게 되어 비숙련 파트타임 노동 임금수준을 넘어섰다.

워커즈콜렉티브의 임금수준이 정해질 때 계급은 어떻게 작용했을까? 주지하다시피, 개호보험 전부터 있던 각지의 복지 워커즈콜렉티브 대부분은 개호보험이 시행될 즈음 개호보험 지정사업소가 되어야 하는지를 망설였다. "주부가 자원봉사하는 감각으로 일하겠다"며 시작한 워커즈콜렉티브에서는 개호보험 도입에 따라 책임이 커지고, 일이 노동으로 바뀐다는 반대가 나오기도 했다. 즉, 낮은 임금은 자원봉사성(노동의 무상성, 활동의 자발성)을 증명하는 것이므로 임금수준이 시장가격이 된다면 워커는 단지 서비스 노동자일 뿐이라고 본 것이다. 가사서비스에 대한 사회적 평가가 낮으므로 가사원조를 하는 워커는 '가정부'로 취급된다. 워커들은 이런 대우를 받으면 크게 반발했다. 이들은 낮은 보수를 받더라도 이용자에게 받는 감사 인사가 보상이라고 여겼다. 계급적 자존심을 지키려 한 선택이었다.

그런데 개호보험 시행 후에는 신규 워커들이 참여하게 된다. 복지 워커즈콜렉티브가 비숙련 파트타임보다 유리한 직장이라고 생각했기 때문이다. 조합원이 아닌 워커도 늘었다. 만약 워커의 임금이 IT 노동자나 의료 관계자처럼 일종의 전문직 파트타임 수준(시급 1800~2500엔)으로 오른다면, 계급 요인은 역방향, 즉 높은 계층의 여성이 워커로 취업하는 것을 촉진하는 방향으로 작용할 것이다. 이렇게 되면, 복지 분야의 노동은 사회적으로 높게 평가되고 보수에서도 유리한 전문직이 될 것이다. 그러나 그 가능성은 낮다.[20]

나는 워커즈콜렉티브가 생협에서 마치 한 사람의 몸에서 같은 편이 아닌 이형세포가 늘어나는 것, 즉 암세포와 같은 역할을 한다고 생각한다. 워커즈콜렉티브는 자기세포가 증식하면서 자신의 면역체계를 파괴해 생명체를 바꾸는 힘을 가진 새로운 생명조직 같다. 활동 주체들은 경영과 사업 노하우를 익혀 리더십을 발휘하고, 열정적으로 일하며 헌신한다. 생협 조직이 활동을 하나둘 외주화하면서 워커즈콜렉티브를 파트너로 삼으려면, 생협의 상근직원들은 워커즈콜렉티브와 경쟁을 피할 수 없을 것이다. 성장한 워

---

20 여러 이유가 있다. 현재 가장 예측 가능한 점은 일본 정부가 복지 노동에 외국인 노동자를 도입하는 것이다. 이렇게 해서 지역 최저임금을 밑돌게 일하게 한다면, 시장에서 지금과 같은 수준의 복지 노동의 임금은 무너질 것이라고 쉽게 예상할 수 있다.

커즈콜렉티브에서 워커의 임금은 생협 내 파트타임 직원이 받는 수준을 이미 넘어섰다. 게다가 노동의 질적 측면을 봐도 생협 내 파트타임 직원보다 훨씬 높은 수행력을 보인다. 생협 내 상근직원과 수행력을 비교해보더라도 아마 워커의 수행력이 나을 것이다.

그런데 생협이 워커즈콜렉티브처럼 하려 해도 진입 장벽이 문제다. 생협은 일본형 기업에 맞춰 직원 조직을 만들었기 때문에 쉽게 참여할 수 없다. 바로 이 장벽이 파트타임 노동자에 대한 임금차별을 정당화한다. 앞서 살펴본 생협의 보고서《여성이 빛나고 건강한 직원 조직 관리 사례조사: 생협 사업과 조직 발전을 목표로》는 여성 파트타임 직원을 늘려 조직의 힘으로 삼고 기간 노동력화[21]하자는 목표를 세우고 "생협 내 노동력이 정규직과 파트타임을 오갈 수 있도록 하자"고 제언한 바 있다(日本生活協同組合連合会 2003a: 114). 나는 워커들과 정규직 생협 직원, 파트타임 직원이 고용형태를 자유롭게 이동하는 게 바람직하다고 생각한다. 그러나 이것은 쉽게 실현될 수 없을 것이다. 정규직 고용을 지켜온 노동조직을 대담하게 개편하는 작업이 불가피하기 때문이다.

노동의 유연화와 조직 재편

생활클럽 생협 가나가와의 조합원 마에다 요코는 파트타임이

---

21 파트타임 노동자의 근속 기간이 늘고 숙련도가 올라가, 정규직 노동자와 마찬가지로 기업의 기간이 될 노동력으로 정착하는 현상을 '기간 노동력화'라고 한다.-옮긴이

나 아르바이트 노동에 대한 임금차별을 일본식 영어 조어 '반지불노동'이라는 용어로 표현했다.[22] 이 탁월한 용어는 후에 저널리스트 다케노부 미에코가 쓰면서 널리 회자됐다. 생협 조직의 제3기인 노동의 유연화 시기에 접어들자, 생협의 노동은 삼중구조, 즉 조합원의 무상노동, 파트타임 노동자 및 워커즈콜렉티브에서 워커가 하는 '반지불노동', 정규직 상근직의 유상노동으로 구성된다.

'반지불노동'이란 생활클럽 생협의 조합원이 하는 여러 활동을 가리킨다. 이 개념이 급속도로 퍼진 이유는 파트타임 노동에 대한 임금차별을 꼬집었기 때문이다. 이런 임금차별은 신분차별이라고 볼 수밖에 없다. 반지불노동이라는 용어를 통해 한 범주로 ['(무상의) 활동'과 '(유상의) 노동'을] 통합함으로써, 워커들의 활동과 생협의 파트타임 노동을 비교할 수 있게 되었다.

일본생활협동조합연합회 계열의 생협은 생활클럽 생협의 워커즈콜렉티브 도입을 따라 하지 않고, 적극적으로 파트타임 노동을 도입했다. 반면, 생활클럽 생협에서는 파트타임 노동을 도입하지 않았다.[23] 생활클럽 생협에서는 노동자들이 스스로 관리하는 새로운 일하기 방식을 택하면 구성원들의 활동 주체성이 활발해질 것이라고 봤기에, 파트타임 노동을 도입하는 대신 워커즈콜렉티

---

22 마에다 요코는 가나가와 네트워크 운동을 하면서 지역 시의회 의원으로 출마해 당선됐다. 마에다 요코가 '반지불노동'이라는 용어를 처음 사용한 것은 1996년에 발표한 논문 〈반지불노동 고찰〉(《부불노동 새로운 공공권을 만들 정책·제도연구회 정보지》 2호)에서였다. 나는 마에다 요코 본인에게서 직접 이 용어를 만든 경위를 들었다.

23 생협 가운데 시기적으로 나중에 생긴 생활클럽 생협이나 그린코프에는 파트타임 노동과 워커즈콜렉티브가 섞여 있다. 후발 주자인 생협에서는 망설임 없이 선발 주자 생협의 사례를 따라 했을 것이다.

브를 만들었다.[24] 그런데 실제 워커즈콜렉티브에서는 생협의 아웃소싱으로서 배송과 판매, 식품가공 등 정형화된 업무를 맡았다. 생활클럽 생협 계열이 아닌 생협에서는 파트타임 노동자가 정형화된 업무를 담당했다. 따라서 생활클럽 생협의 워커즈콜렉티브에서 구성원이 담당하는 업무는 일본생활협동조합연합회 계열 생협의 파트타임 노동과 똑같이 기능하는 등가물이다. 노동 시장의 거시적 동향을 보면, 노동의 유연화가 서로 다른 형태(파트타임 노동, 워커즈콜렉티브의 노동)로 나타난 것이라고 해석할 수 있다. 여기서 이 시기에 생협 조합원인 여성들이 육아기 이후 취업 압박을 받기 시작했다는 점을 떠올려보자. 어째서 노동유연화 현상은 파트타임 노동, 워커즈콜렉티브 노동이라는 두 가지 형태로 나뉘어 시차를 두고 나타났을까? 나는 젠더와 계층이 변수로 작용했다고 생각한다.

일본생활협동조합연합회 계열의 생협 조합원은 파트타임 노동에 딱히 거부감을 느끼지 않았다. 여기서 이 조합원들은 취업 압박을 받는 저소득 계층의 여성이라는 가설을 세워볼 수 있다. 일본생활협동조합연합회의 보고서 《2003년판 전국 생협 조합원 의식조사》를 보면 "1997년 조사 결과와 비교할 때, 조합원의 소득은

---

24 이 장의 바탕이 된 글(上野 2004a; 2006b)에서는 본문 내용과 달리 파트타임 노동 도입기에 이어 워커즈콜렉티브 성립기가 되었다고 썼다. 이렇게 시기를 구분한 이유는 당시 내가 잘 알고 있던 사례인 규슈 지역의 그린코프를 염두에 뒀기 때문이었다. 논문을 쓴 후에 재검토한 결과 생협 내에 파트타임 노동 도입기와 워커즈콜렉티브 성립기는 시기 구분을 할 수 없다는 점, 애초에 경영 전략이 서로 달라서 나온 형태가 각기 생협 내 파트타임 노동, 워커즈콜렉티브라는 점을 알 수 있었다. 규슈 지역의 그린코프는 파트타임과 워커즈콜렉티브가 혼합된 형태다. 이에 대해서는 후에 설명한다.

분명 감소했다"(日本生活協同組合連合会 2003b: 12). 조합원의 절반은 연 소득 600만 엔으로, 같은 해 평균 세대 수입인 660만 엔보다 적다. 세대별로 보면, 20대 조합원 중 74%, 30대 조합원 중 52%의 연 소득이 600만 엔이다. 보고서에는 조합원 소득 감소로 인한 변화로 "파트타임으로 취업한 30~40대 조합원이 늘었다"(日本生活協同組合連合会 2003b: 13)고 나와 있다.

일본생활협동조합연합회 계열의 생협에 비하면, 생활클럽 생협이 택한 새로운 일하기 방식은 당장 경제적 형편을 걱정하지 않아도 되는 계층에게 허용된 사치스러운 실험이었다. 연 소득이 높은 계층의 여성이 최저임금보다 낮은 임금을 받고서 흙이 묻은 채소를 트럭으로 운반하고 판매하는 일을 하려면, 워커즈콜렉티브나 생협의 지향, 이상과 같은 부가가치가 필요하다. 노동을 자주적으로 관리하는 경영참여[워커즈콜렉티브]를 통해 활동 주체성을 보장받는다. 이와 달리 생협 본사에서 위탁받는 외주[파트타임 노동]로 일을 한다면, 경영참여는 극히 제한적이다.

일본생활협동조합연합회와 생활클럽 생협은 조직 전략의 차이가 있었고, 생협 조직에 따라 파트타임 노동과 워커즈콜렉티브로 분화했다. 나는 일본생활협동조합연합회가 워커즈콜렉티브 도입을 주저했던 이유를 내부 관계자에게 들은 적이 있는데, 생협 조직 내부에 생협과 다른 형태의 조직이 생기는 점을 우려했다고 한다. 실제로 파트타임 노동을 도입하면, 기존의 고용관계에도 별다른 영향을 미치지 않고, 조직 내 생협 직원의 우위성도 유지된다. 이미 살폈듯, 파트타임 노동을 도입하면서 생협에서 일하는 여성 비율이 늘었으나, 이 여성들이 생협 내 정규직으로 이동하지 못하기 때문에 생협 직원 중 정규직의 성비 변화는 없었다. 임금 측면에서는 유상, '반지불노동', 무상의 삼중구조가 생긴 것이고, 조직구조로는 직원 조직, 조합원 조직의 이중구조가 온존한다. 이런 점을 보면, 일본생활협동조합연합회 계열의 생협은 생활클럽 생협 계열보다 성차별적 보수성이 더 강하다.

한편 워커즈콜렉티브는 생협에 은혜를 원수로 갚은 격이 되었다. 워커즈콜렉티브는 활동과 노동이 분리된 영역에 진입해 활동하기 시작하면서부터, 이를 근거로 생활클럽 생협에 '반지불노동'이 부당하다고 문제화할 수 있게 되었다.

생협 조직구조에서 워커즈콜렉티브의 위치에 대해 아직 답은 나오지 않았지만, 생활클럽 생협은 각 워커즈콜렉티브를 다양한 방식으로 대응하고 있다. 수도권에 있는 생활클럽 생협에서는 적극적으로 워커즈콜렉티브의 설립을 지원하면서도 생협 본사와 거리를 유지한다. 홋카이도 지역에서는 워커즈콜렉티브가 생활클럽 생협으로부터 아무런 지원을 받지 못한다. 규슈 지역의 그린코프 연합은 생협이 워커즈콜렉티브 설립에 관여하는데, 공동경영을 내세우면서도 워커즈콜렉티브의 경영참여를 경계한다. 지바 지역에서는 워커즈콜렉티브의 해산을 권장해 개호서비스를 생협 직영사업으로 전환했다. 이렇게 다양한 경우를 보면, 생협이 계속 성장하는 워커즈콜렉티브를 어떻게 자리매김해야 할지 난감했던 듯하다.

그런데 워커즈콜렉티브의 확대는 생협의 기회이기도 했다. 조합원이 노동에 참여하게 되면서 조합원과 직원을 분리한 생협의 이중구조를 실질적으로 조합원이 주권을 갖는 조직으로 바꿀 수 있는 계기가 되었기 때문이다. 이는 생협이 창립과 함께 내세운 이념, 즉 활동과 노동을 일치시키겠다는 신념으로 다시 되돌아온 것을 뜻했다. 생협에서 성장한 여성 조합원들이 이런 기회를 이끌어낸 것이다. 창립자를 포함해, 외부에서 온 남성 활동가가 만들어낸 기회가 아니다. 여성 조합원은 창립자, 남성 활동가가 생협 내부에서 성장시킨 이들이다.

지금까지 살펴본 바에 따르면, 다음과 같은 점을 알 수 있다. 워커즈콜렉티브는 생협의 조직구조 면에서 파트타임 노동과 비교할 수 없을 정도로 중요해졌다. 노동 측면에서 파트타임 노동과 비교할 수 있는 위치이면서도, 활동 측면에서는 비교할 수 없을 정도로 생협 조직구조상 중요해졌다. 따라서 생협에서 파트타임 노동을 도입한 것보다 워커즈콜렉티브를 설립한 것이 중대한 사건이었다. [무상의] 활동과 [유상의] 노동, 이 두 가지가 갖는 상반되는 모순적인 의미를 이제 여성 활동 주체들이 스스로 깨닫고 있다. 워커즈콜렉티브의 활동이 파트타임 노동과 차이가 있다고 문제 제기한 것이다.[25] 생협은 사회와 무관한 진공 영역에 존재하는 것이 아니다. 살펴본 것처럼 조직으로서 생협도 가부장적 노동 조직을 만들었다. 노동조합이 가담한 가부장적 조직과 같았다. 결과를 보면 구조적으로 여성을 배제했고, 유통혁명이 진행되던 시기에 타

25 그린코프연합에서는 전무이사가 '부불노동' 개념을 쓰지 말자고 주장했는데, 이는 활동과 노동을 분리한 채 생협을 유지하기 위한 전략이라고 해석할 수 있다. 워커즈콜렉티브의 일부 구성원은 그린코프연합 전무이사가 내놓은 위와 같은 주장을 지지했는데, 이는 활동과 노동을 계속해서 분리하는 것이 직원 조직에 이익을 가져다줄 뿐만 아니라, 생협 조합원에게 신념이나 자긍심을 느낄 수 있게 해주기 때문이었다. 활동과 노동을 분리하면 조합원은 "돈으로는 살 수 없는 가치"를 얻고 생협 직원의 "노동"에 비해 상대적 우위를 확보할 수 있다 (上野·行岡 2003).

유통업체와 마찬가지로 여성을 임금차별하는 파트타임 노동력을 도입했다. 미리 정해놓고 차별하는 신분차별과 마찬가지인 성차별에 가담한 것이다. 이런 점에서 생협 또한 여성의 노동을 성평등하게 인식하지 않았고 여타 기업과 마찬가지로 성차별적 구조를 온존시켜왔다고 할 수 있다.

하지만 1990년대 이후 워커즈콜렉티브가 성장하면서 상황이 바뀌었다. 가장 큰 변화는 조합원 여성이 생협 노동의 주체가 된 것이다. 환경이 바뀌면서 조합원은 생협에 파트타임으로 일하러 나가거나 생협의 정직원 모집에 응모해보거나 워커즈콜렉티브에 참여할 수 있게 됐다. 이런 변화의 이유는 무엇일까. 첫째, 조합원과 생협 노동자의 계층격차가 좁아졌기 때문이다. 둘째, 워커즈콜렉티브가 생협 사업체가 되면서 워커즈콜렉티브의 사회적 지위가 높아졌기 때문이다. 취업 문제에 있어서 중산층 자녀도 NPO와 같은 곳에 관심을 두게 되었다. 그간 생협에서는 노동 문제에 대해 생산[남성] 대 소비[여성], 노동[남성] 대 생활[여성]로 젠더를 할당하고서, 생협 내 노동 문제를 묻지 않았으나 [워커즈콜렉티브의 등장으로] 변화할 수 있는 내부의 기회가 생겼다.

이런 상황에서 노동의 유연화 추세에 저항하도록 정규직 고용을 지키자고 주장하는 것은 반동적이다. 생협에서는 이미 노동 대부분을 파트타임 노동에 의존하고 있으므로, 생협 내 파트타임 노동을 모두 정규직으로 전환하자는 주장은 시대착오적일 것이다. 노동의 유연화는 받아들이지만 [파트타임 노동에 대한] 차별대우에는 반대하는 것이 그래도 젠더에 기초한 공정함이라고 여기는 입장에서 보자면, 파트타임 노동과 정규직 노동 간 격차, 즉 고용

형태 간 격차를 줄이는 것 말고는 방법이 없다. 이 격차를 줄일 수 있다면 파트타임 노동과 정규직 간에 이동 장벽도 낮아질 것이다. 여성 조합원이 생협의 노동력이 되면서 생협 내부로부터 [평등한 대우를 요구하는] 압력이 높아졌으니만큼, 생협은 싫든 좋든 조직을 개편할 수밖에 없을 것이라 예상한다.

워커즈콜렉티브의 일하기 방식은 자주적 경영, 자주적 관리의 이념에 있다. 돌아보면, 생협은 창립기에 운동과 사업이 일치된 노동자 자주 관리 조직이었다. 이 점을 감안하면, 그린코프연합의 이론적 지도자 이시하라 오사무가 "생협의 모든 업무를 워커즈콜렉티브로 바꾸어서 하자"고 주장하는 것을 황당하게만 볼 수 없다. 이시하라가 말했듯 "생협은 애초부터 워커즈콜렉티브"이기 때문이다.

다시 생협과 페미니즘에 관해

이 장을 쓰면서 나는 "일반 기업과 비교할 때"라든지 "여타 기업과 마찬가지로"라고 되풀이하면서 생협을 비판했다. 이러한 비판에는 협 부문 생협이 일반 기업과는 다르기를 기대하는 마음이 스며 있다. 이 장이 생협을 지나치게 비판한다고 여길 수 있겠으나, 이는 생협에 대한 기대를 표현한 것이기도 하다. 이런 나의 입장을 비판하는 이들도 있다. 이들은 생협도 효율을 중시하는 사업체로 노동 조직과 다를 바 없으니 생협이 일반 기업처럼 행동한다고 해서 별로 놀랄 게 없다고 한다. 이들은 나의 생협 비판이 "생협

에 대한 섣부른 짐작과 과도한 기대에서 비롯됐다"고 한다.[26]

그러나 나는 이러한 냉소적 시각에 동의하지 않는다. 생협은 조합원 주권과 조합원 민주주의를 이념으로 내건 단체이며, 여성 조합원은 페미니즘이 함께 투쟁하는 자매다. 생협이 변화해가는 모습 속에는 생협을 페미니즘 방향으로 이끄는 내발적인 과정이 있음을 나는 깨달았다. 생협은 스스로 성장하면서 스스로를 먹어 치우는 역동성을 지니고 있으며, 이 점이 생협에 내가 지속적으로 관심을 두고 있는 이유다.

---

26 13장의 바탕이 된 원고(上野 2004a; 2006b)를 읽은 독자의 감상이다.

14장 협 부문의 선진적인 돌봄 실천: 소규모 다기능형 거택개호 사례

NPO가 운영하는 소규모 다기능형 거택개호

협 부문 가운데, NPO는 생협과 더불어 주민참여형 지역복지의 담당자로 주목을 받아왔다. 이 장에서는 그중에서도 '지역밀착형 서비스'라고 하는 '소규모 다기능형 거택居宅개호사업소' 사례를 살핀다. 이를 통해 소규모 다기능형 거택개호의 선진적 사례의 노동과 경영은 어떻게 이루어지고 있는지를 밝혀보려 한다.

이 장에서는 2006년 지역밀착 서비스의 하나로 도입된[1] 소규모 다기능형 거택개호사업소를 먼저 살핀다. 그다음 본격적인 논의에 앞서, 협 부문에서 사회복지법인의 위치를 논의하며 NPO나 유한회사법인격의 의미를 확인해본다. 그 후 구체적 사례로 도야

1 개호보험 서비스는 크게 재택과 시설 서비스에 더해, 지역밀착형 서비스, 개호예방 서비스로 분류된다. 지역밀착형 서비스는 2006년부터 시행되었다.-옮긴이

마 지역의 '소규모 다기능 공생형 데이서비스'를 살피는데, 그중 '도야마형富山型'을 전국에 알린 시설 고노유비도마레このゆびとまれ를 검토한다. 고노유비도마레의 개요와 역사, 창업자금을 살피고, 선행연구와 현장 관찰 데이터를 바탕으로 이곳에서 돌봄을 어떻게 실천하는지 소개한다. 특히 서비스 효과를 검증했는데, 실제 내가 진행한 면접조사를 통해 확보한 1차 자료를 근거로 이용자와 가족, 워커와 자원봉사자의 경험을 분석한다. 아울러 고노유비도마레를 비롯해 소규모 다기능형 거택개호사업소가 강조한 '가족적 돌봄'이 과연 무엇을 말하는지도 검토한다. 이용자가 원하는 '좋은 돌봄'이 무엇인지를 알기 위해서다. 그리고 마지막으로는 협 부문의 선진적 돌봄 실천을 경영하기 위한 성립 조건이 무엇인지를 논하는데, 복지경영의 관점에서 도야마형(공생 돌봄 모델)의 소규모 다기능형 거택개호사업소를 살필 것이다.

개호보험 개정과 소규모 다기능형 거택개호사업

2005년 개호보험 개정 때부터 '소규모 다기능형 거택개호사업'[2]이 기대를 모았다. 소규모 다기능형 거택개호사업소는 이용자가 집에서 다닐 수도 있고, 숙박이나 생활도 할 수 있는 시설로, 방문개호를 포함해 복합적인 서비스를 제공한다. 돌봄 현장에서 그

---

2 '소규모 다기능형 거택개호사업'은 개호보험법에서 쓰는 용어로, 현장에서는 '소규모 다기능 홈' '소규모 다기능형 데이서비스 시설' '소규모 다기능 서비스' '소규모형 개호' 등 여러 용어로 불린다.

때그때 이용자의 니즈에 유연하게 대처하다 자연스럽게 시작되었는데, 점차 사회적으로 그 필요성이 인식되면서 제도화된 서비스다. 민 부문이 관 부문의 변화를 가져왔다고도 할 수 있다. 나의 관심사인 시민참여 복지 실천의 관점에서 보자면, 협 부문이 현장에서 먼저 실천하자 관 부문의 제도화가 뒤따른 것이다. 선구적인 실천 사례 대부분이 시민사업체에서 나왔다는 점을 보면, 협 부문이 얼마나 큰 역할을 하는지 알 수 있다.

소규모 다기능형 거택개호사업은 후생노동성이 설치한 '고령자개호연구회'[3]가 처음 내놓은 정책 과제(2003년 발표 보고서 《2015년 고령자 개호: 고령자의 존엄을 지지할 개호 확립을 목표로 향해》)에서 제안되었다. 그 후 개호보험 일부 개정 때 '개호 예방 지역밀착 서비스'라며 주목받기도 했다. 소규모 다기능형 거택개호사업을 제도화하는 데는 여러 문제가 있었지만, 이 사업은 다음과 같은 목표를 제시했다. 구체적으로 살펴보자.

① 지역밀착 서비스

개호서비스가 필요한 고령자가 익숙한 자택이나 동네를 떠나지 않고 개호를 받을 수 있도록 지역에 밀착한 서비스를 제공한다. 고령자가 돌봄이 필요한 상태가 되어도 정든 주택과 지역을 떠나지 않아도 된다.

---

3 개호에 관한 정책 제안 모임으로, 사와야카 복지재단 대표이자 변호사인 좌장 홋타 쓰토무, 고령사회를 좋게 만드는 여성 모임의 대표 히구치 게이코 등이 참여한다.-옮긴이

② 24시간, 365일 끊임없이 지원

고령자가 자신의 집에서 다니는 데이서비스를 기본으로, 필요에 따라 유연하게 숙박(쇼트스테이), 생활(그룹홈 시설)을 조합해 이용할 수 있도록 한다. 긴급한 상황이나 밤에 방문개호를 제공한다. 24시간 끊임없이 생활을 지원한다.

③ 소규모의 가정적인 서비스

등록자 수는 25명을 상한선으로 한다.[4] 데이서비스 이용자 정원은 15명, 쇼트스테이 이용자 정원은 9명으로 제한해서 소규모 서비스를 제공한다. 따라서 대규모 시설은 불필요하다. 민가를 개조해 일반 주택의 외관, 내장을 갖춘 가정적 분위기로 돌봄을 할 수 있다.

이 사업의 배경에 있는 이념은 고령자를 있는 그대로, 사는 곳을 바꾸지 않고 지원하는 것이다. 고령자가 생활하는 데는 따로 휴일이 없으므로 당연히 서비스 제공을 쉬는 날도 없다. 고령자가 정든 집과 동네에서 24시간 365일 안심하며 살아갈 수 있게 지원하고, 시설의 집단 돌봄에서 벗어나 고령자 한 사람 한 사람의 존엄을 지키는 개별 돌봄을 지향한다.

그런데 표면상 내세우는 이념과 정책적 의도는 달랐다. 정책 결정권자의 의도는 개호보험 이용의 억제였고, 이 배경에는 신자

---

4 2023년 기준 한 사업소당 이용자 등록 수 상한선이 29명으로 기준치가 늘어났으며, 데이서비스 이용자는 18명, 쇼트스테이는 9명이다.-옮긴이

유주의 행정 개혁 노선의 채택에 따라 사회보장비를 제한하려는 움직임이 있었다. 널리 알려졌듯, 원래 개호보험의 목표는 재택 지원의 확대였으나 실제로는 예상치 못한 결과를 불러일으켰다. 시설 돌봄을 선호하는 경향이 강화된 것이다. 설비 투자가 불필요한 재택개호에 비해 시설 돌봄에는 비용이 들어가기 때문에, 후생노동성은 개호보험 시행 후 3년째(2003년)에 보험수가를 개정할 때, 시설 사업자의 보수를 삭감했다. 또 개호보험 시행 후 6년째(2006년) 개정 때는 재택 이용자와 시설 이용자의 부담을 고르게 맞추겠다는 구실로 시설을 이용할 때 부담할 호텔 코스트를 도입했다. 이런저런 방법으로 시설 돌봄에서 재택 돌봄으로 이용자를 유도해 온 것이다. 소규모 다기능형 거택개호사업은 재택 돌봄을 강화하기 위한 정책의 일환이었다. 또 소규모 거택개호사업이라는 명칭 앞에 붙은 '개호 예방'이라는 단어를 보면 알 수 있듯, 개호를 예방사업으로 전환하겠다는 방향을 표명했다. 제도화된 소규모 다기능형 거택개호사업은 비유하자면, 시설도 집도 아닌 중간 형태로 고령자에게 돌봄서비스를 제공하며 지원하는 사업이 되었다. 건축가 도야마 다다시가 쓴 《자택이 아닌 재택: 고령자의 생활공간론》(外山義 2003)의 제목처럼 말이다.[5]

이렇듯 정책을 도입하는 동기와 표면상 이념은 다르다. 또 정책적 의도와 효과에도 차이가 있다. 여러 차례 언급했듯, 나는 설령 미심쩍은 동기로 만든 정책이라도 아예 없는 것보다는 차라리

5 《자택이 아닌 재택》은 건축가 도야마 다다시가 시설 대 자택이라는 이분법적 틀을 넘어선 발상으로 고령자 돌봄 공간을 창조하고자 자신의 독자적 건축론을 전개한 책이다.-옮긴이

마련되는 게 낫다고 본다. 정책을 운용하며 수정하는 과정에서 개선되기를 기대하기 때문이다. 소규모 다기능형 거택개호는 원래 NPO 등 시민사업체의 선구적 실천을 제도화한 것이다. 그러나 후생노동성이 시범사업으로 시행하면서 전혀 다른 사업이 되고 말았다.

애초에 이 사업은 여러 기능을 갖춘 형태로 만들어지지 않았다. 처음에는 다음과 같은 세 가지 유형의 사업소가 있었다.

① 방문개호사업소가 데이서비스를 겸하는 경우, ② 탁로소나 데이홈デイホーム[6]에서 데이서비스를 시작해 숙박이나 거주로 서비스를 확대한 경우, ③ 인지증 고령자를 위한 그룹홈 시설이 인지증이 아닌 고령자에게도 데이서비스나 쇼트스테이를 복합 제공하게 된 경우다.

자본력이 약한 시민사업체의 입장에서 보자면, ①부터 ③까지 순으로 초기 투자금이 적게 들어간다. 11장에서 봤듯, 누구든 약간의 인프라와 일손만 있다면 방문개호를 시작할 수 있다. 중장년층 주부로 구성된 대부분의 워커즈콜렉티브가 방문개호에 집중할 수 있었던 것도 같은 이유다. 그러나 알다시피 방문개호는 대기시간이나 이동시간을 포함하면, 노동 효율이 떨어진다. 임금도 낮다. 그래서 데이서비스를 겸하면 이익률이 크게 높아진다. 방문개호를 하다가 빈 시간이 나면 데이서비스 인력으로 쓸 수 있고, 장시간 이용자도 안정적으로 확보할 수 있기 때문이다. 전국 각지에

6 탁로소나 데이홈은 개호보험 시행 이전부터 고령자를 대상으로 한 민간의 소규모 데이서비스 시설을 가리키던 명칭이다.-옮긴이

서 생협은 방문개호사업소에 데이홈[데이서비스센터]을 병설해 사업을 펼치게 되었다. 이를 보면 생협에 자금력이 있다는 점을 알 수 있다. 데이홈을 열려면 배리어 프리barrier free 인테리어를 갖춰야 하고, 땅과 건물을 마련하는 등 초기 투자에 비용이 필요하다. 그리고 이 비용은 워커즈콜렉티브의 활동 주체들이 부담할 수 있는 수준이 아니다.

NPO에서 운영하는 데이서비스센터는 땅값이 싼 지역에 많다. 주택이 많을 뿐 아니라 수도권에 비해 초기 투자 비용이 낮기 때문이다. 그런데 생협의 복지사업은 데이서비스에 그쳤다. 설비가 갖춰져 있는 경우에도 생협은 쇼트스테이나 그룹홈을 운영하지 못했다. 생협의 복지사업 담당자는 기혼 여성들이고, 야근을 할 수 없었기 때문이다. 그래서 어느 정도 초기 투자가 필요하고, 일하는 사람의 야근이 필요한 쇼트스테이나 그룹홈 사업체는 방문개호사업체와 중복되지 않는다. 시민사업체의 전제는 시민이 참여한다는 것인데, 사업 내용에 따라 참여하는 시민의 성별, 나이, 계급이 다르다.

복지의료기구[7]의 '소규모 다기능 서비스에 관한 연구 모임'은 《소규모 다기능 서비스에 관한 조사 보고서》(2005년 10월 현황을 조사한 보고서로 2005년 12월 발표)를 발표했는데, 이 보고서에 따르면 NPO 비율이 전체의 5%를 넘는 사업은 방문개호(5.4%), 데이서

---

7 후생노동성 소관의 독립 행정법인으로, 사회복지 시설이나 의료 시설의 설치나 정비에 필요한 자금을 빌려주는 등 의료 및 복지 시설을 지원하는 기구다. 복지·보건·의료 정보 사이트인 WAM NET(www.wam.go.jp)을 운영한다.-옮긴이

비스(5.5%), 인지증 대응형 공동생활 개호(5.8%)이다.

협의의 거택개호 지원 사업(케어매니저 사업소)에 한정해 살피면, NPO 비율은 2.8%로 낮다. 하지만 지방에서 거택개호사업소의 총 개수가 개호보험 시행 때(2000년) 1만 7176개에서 2005년에 2만 7304개로 크게 늘어난 점을 보면, NPO는 비율은 낮지만 그 수는 늘었다.

복지의료기구 집계 자료(2007년 3월 말 현재)에서 설치 주체별로 파악해보면 전국 사업소 560개 중 NPO의 비율은 9.8%를 차지한다. 복지저널리스트 아사카와 스미카즈는 "사업 규모는 영세하더라도 NPO처럼 의식수준이 높은 유한회사도 함께 집계하면, NPO의 비율은 전체의 3분의 1"이라며 높게 평가했다(浅川 2007: 26). 소규모 다기능 서비스 운영 주체 중 가장 높은 비율을 차지하는 것은 주식회사(30.2%)인데, 유한회사와 합하면 기업법인이 50%를 넘는다. 아사카와는 "기존 복지서비스의 주역인 사회복지법인은 이제 완전히 퇴장할 것"이라고 썼다(淺川 2007: 26).

협 부문에서 사회복지법인의 자리매김

이 장의 주제로 들어가기에 앞서 여기서 다시 복지다원사회에서 협 부문이란 무엇인지 되돌아보자. 기존 사회복지협의회나 사회복지법인을 협 부문으로 포함해야 하는지는 지금도 논쟁 중이다. 현재 협 부문은 '제3섹터'라 하지 않고, 생협이나 자원봉사단체(1980년대 말부터 1990년대 이후 등장), NPO법인(1997년 NPO법 입법 후 급속히 등장)을 두루 일컫는다. '시민 부문' 혹은 '협동 부문'이라 하기도 한다.

그런데 9장에서 언급했듯, 사회적기업을 영리법인과 비영리법인으로 나누는 것은 그저 편의상의 구별법이다. 영리법인으로 분류한 주식회사나 유한회사라도 사회적기업이라고 할 수 있는 곳이 있다. NPO법 시행 전에 이미 활동을 하던 NPO 중에는 편의상 기업법인격을 취득한 곳도 많다. 또 회계 공시나 내부 유보액 금지와 같은 규제를 꺼려 유한회사법인격을 취득한 단체도 있다. 자금력이 약한 시민사업체가 유한회사법인격을 취득하기도 하는데, 2003년부터 자본금 1엔이 주식회사 설립 자본금으로 인정되는 등 회사 설립 조건이 크게 완화되어 주식회사법인격을 취득한 시민사업체도 나왔다. 법인격의 종류만 봐서는 시민사업체의 성격을 판단하기가 어려운 것이다. 또 NPO 중에는 활동 목적이 사업이 아닌 운동단체나 자원봉사단체도 있다. 사회적기업이라는 개념에 NPO가 포함되긴 하나, 그것이 곧 사회적기업인 것은 아니다.

게다가 복지사업이 발전하면서 NPO나 생협 가운데 사회복지법인으로 법인격을 취득한 곳도 늘었다. 사회복지법인격의 취득 장벽도 점차 낮아졌다. 현행 NPO법을 보면, 기부금에 세금을 면제하지도 않으므로[8] 비영리법인이라고 해서 딱히 이득이 없다. 그래서 NPO나 생협의 복지사업단체는 조세 면제 등에서 사회복지법

8 현재 일본의 NPO법은 '인정NPO'에게만 세제 혜택을 주는데, 인정NPO가 되기 위해서는 기부자 연간 300명 이상, 5년마다 실사를 받아야 하는 등 조건이 까다롭다. 전체 NPO 중 인정NPO의 비율은 2% 정도다. 내각부 인정NPO법인 홈페이지https://www.npo-homepage.go.jp/. -옮긴이

인격을 취득하는 게 훨씬 유리하다. 현재 사회복지법인 범주에는 기존의 사회복지법인과 신규 사회복지법인이 섞여 있다. 이 탓에 협 부문의 복지사업체를 분류하기가 어렵다.

복지저널리스트 아사카와는 다음과 같이 썼다.

> 고령자 돌봄의 담당자가 크게 바뀌었다. …… 사회복지법과 같은 특별한 법률에 의해 보호받으며 복지를 담당해온 사회복지법인의 시대가 막을 내리고 있다. 고령자 돌봄의 원칙이 지역밀착형이어야 한다면, 앞으로 그룹홈과 같은 소규모 돌봄이 선도적 역할을 할 것이다. 고령자 돌봄의 담당자는 사회복지법인이 아닌 민간 서비스 사업자로 바뀌고 있다. (淺川澄一 2007: 26-27)

이어서 아사카와는 "사회복지법인은 왜 소규모 돌봄에 나서지 않느냐"는 질문을 던지고는 이렇게 답했다.

> 큰 규모의 어느 사회복지법인 이사장에 따르면, "개호보험 시행 전, 기나긴 시혜적 복지의 시대에 관이 우리를 완전히 길들였다. 일거수일투족 감시당하는 사이, 우리의 시선은 늘 관을 향했다. 이용자는 멀리 있는 존재였다. 납세의무가 없으니 사회성[공공성]도 없고 의욕도 없었다"고 한다. (淺川澄一 2007: 27)

특별양호노인홈 대부분은 사회복지법인이 경영한다. 즉, 시장에서 경쟁자가 없다. 특별양호노인홈에 들어가려는 대기자는 줄지어 있다. 과거에도 지금도 경쟁 상대가 없다. 이용자는 불만이 있어도 나가지 않는다. 다른 선택지가 없기 때문이다. 한 번 나가면 언제 다시 들어갈 수 있을지 모르기 때문에 건강 상태가 나아져도 나가기를 꺼린다. 노인보건시설과 같은 곳에서 장기적으로 머물게 되는 이유 역시 비슷하다. 우리가 이미 알다시피, '이용자 중심'이라는 문구는 허울뿐이다. '집으로는 안 돌아왔으면 좋겠다'고 내심 바라는 가족들의 이익을 위해 봉사할 따름이다. 이용자 중심 서비스를 하려면 충분한 돌봄 자원과 다양한 선택지는 필수다. 이런 조건을 갖춰야 건전한 시장 경쟁이 이루어진다.

특별양호노인홈과 같은 대형 시설과 비교하면 지역밀착형 소규모 다기능형 거택개호사업은 초기 투자 비용이 상대적으로 적기 때문에 시민사업체가 더 많이 참여할 수 있었는데, 개호보험 개정 후 정부의 시범사업이 되면서 새로운 국면을 맞이했다.

먼저 정액제 도입이 문제였다. 정액의 이용료를 내면 소규모 다기능형 거택개호사업소에서 데이서비스, 쇼트스테이, 방문개호 등 모든 서비스를 두루 받을 수 있다는 점은 이용자에게 유리하다. 그런데 이 제도의 정책적 의도는 명백히 사회보장비를 억제하려는 것이었다. 데이서비스, 방문개호로 시작한 시민사업체는 인력과 인프라의 한계로 모든 서비스를 다 제공하기 어려웠고, 전체적으로는 수입이 늘지 않았다. 요개호도 중증 이용자를 받으면 정액 상한선까지는 수입이 늘어나지만 인력 부담이 크고, 경증 이용자를 받으면 수입은 줄지만 인력 부담이 적다. 그러나 자신의 정액 상한까지 서비스를 쓰고 싶은 경증의 이용자는 불만이다. 결국 시민사업체는 사업 유지를 위해 정액 상한선에 맞춰 서비스 공급을 억제하게 된다. 이렇게 되면 이용자의 서비스 이용은 제한되고 마는 것이다.

가장 심각한 문제는 포괄계약이었다. 소규모 다기능형 거택개호사업에서는 한 사업체가 이용자 한 명에게 모든 서비스를 제공하므로, 케어매니저가 필요하지 않다. 이용자가 한 개호사업소만 이용하게 되므로, 시민사업체들은 이용자 유치를 위해 타 사업체와 경쟁하지 않게 되고 케어매니저를 통한 외부의 시선이나 점검도 느슨해진다. 소규모 다기능형 거택개호사업이 제도화되기 이전에는 케어매니저가 이용자를 특정한 사업소로 유치하는 것을 막기 위한 장치가 있었다. 케어매니저가 복수의 사업체를 넣어 이용자의 돌봄 계획을 짜면 케어매니저의 보수를 가산하는 장치였는데, [케어매니저가 필요하지 않게 된] 포괄계약은 [케어매니저 도입 목표에] 역행하는 조치였다. 이용자가 한 사업체와 포괄적으로 계약을 하는데 케어매니저조차 개입할 여지가 없다면, 돌봄 시설은 아무런 감시를 받지 않는 밀실이 된다. 제3자의 시선이 아예 없는 것이고, 이렇게 되면 고령자의 권리를 보호하기가 어렵다. 아사카와는 “포괄계약 도입으로 케어매니저가 불필요해졌다”고 생생한 현장을 전달한 바 있다(淺川 2007). 케어매니저가 이용자를 소개하는 일이 눈에 띄게 줄었고, 소규모 다기능형 사업소에서도 이용자 유치를 위해 케어매니저에게 영업을 하는 노력을 하지 않았다. 한편 이용자 중에는 친한 케어매니저와 계속 연락하려고 사업체와 포괄계약을 하지 않은 이들도 있다. 케어매니저의 역할은 원래 이용자와 사업자를 잇는 것이지만, 이용자 입장에서 보자면 사업자를 감독, 감시하는 역할도 수행한다. 그런데 포괄계약을 도입하면서 사업소나 시설을 외부자 입장에서 감시할 수 있는 케어매니저를 배제하게 되었다. 이는 개호보험이 시행될 때 내건 케어매니저의 도입 목표에 반하는 결과다.

또 한 가지 문제는 공급업체 총량을 규제한 것이었다. 한 중학교구[9]당 소규모 다기능형 시설을 한 곳만 두게 한 것이다. 소규모 다기능형 시설의 총량을 규제하는 것은 시대에 역행하는 처사다. 아사카와는 총량 규제의 불합리성을 지적한 바 있다. 아사카와는 집 근처에 시설이 있는데도 지자체 간 경계 탓에 가까이 있는 시설에 못 가고 멀리 있는 시설에 다녀야 하는 이용자를 예로 들었다. 그런데 내가 실시한 조사에서는 아사카와와 반대되는 사례가 있었다. 집 가까이에 시설이 있어도 일부러 멀리 떨어진 시설을 선택한 것이다. 소규모 시설의 경우, 대인관계가 친밀하다는 점이 단점으로도 작용한다. 시설이 자신에게 맞지 않을 때는 달리 선택할 시설이 있어야 한다. 이용자에게는 다양성과 선택할 자유가 중요하다.

10장에서 언급했듯, 협 부문에서 시민사회는 지역사회와 동일한 말이 아니다. 또 시민은 주민과 동의어가 아니다. 시민사업체는 목표를 같이하는 시민들에게서 출발한 것이지, 근처에 가깝게 산다든지 같은 지역에 산다는 이유로 저절로 생겨난 관계가 아니다. 우리가 선택해서 맺는 관계는 반상회나 초등학교 같은 지연과 엄밀히 구별해야 한다. 고령자가 지역별로 지정된 시설에 가야만 한다면, 그것은 고령자에게 선택할 자유를 뺏는 셈이고, 사업자 간에 건전한 경쟁도 할 수 없게끔 하는 것이다.

---

9 행정 당국에서 고령자 지역복지의 단위로 일상생활권을 정할 때 시·정·촌과 같은 행정구역으로 하지 않고 초·중학생들의 통학구역(중학교구)에 따라 정하는 것.-옮긴이

도야마형, 새로운 형태의 개호서비스

나는 이 장에서 다음과 같은 질문을 던진다. 협 부문의 시민사업체가 지속가능하려면 어떤 경영의 모습이어야 할까? 이미 언급했듯, 2005년 개호보험 개정 때 소규모 다기능형 거택개호사업은 갑자기 지역밀착형 서비스로 제도화되었는데, 그 사업의 대부분을 NPO, 유한회사와 같은 자본력이 약한 시민사업체가 담당한다. 여기서는 그중 선구적 모델로 전국적으로 유명한 고노유비도마레를 다룬다. 도야마 지역에는 고노유비도마레 말고도 '도야마형'이라 불리는 소규모 다기능형 개호사업소가 여러 곳 있다. 내가 조사를 했던 2005년에는 소규모 다기능형 개호사업소 32곳의 연합단체로 구성된 도야마케어네트워크富山ケアネットワーク'(약칭 '도야마케어넷', 대표 소우만 가요코)가 있었고, 여기에 소속된 사업소를 포함해 조사했다.[10]

이 사례를 살필 때 나는 복지의료기구에 마련된 소규모 다기능 서비스에 관한 연구회에서 발간한 《소규모 다기능 서비스에 관한 조사 보고서》(이하 《소규모 다기능 서비스 조사 보고서》)에서 낸 데이터를 수시로 인용했다(小規模多機能サービスに関する研究会 2005). 이 보고서는 개호보험 개정 때 소규모 다기능 서비스의 제도화를 염두에 두고, 선구적 사업 경영 실태를 알아보기 위한 조사 결과다. 이 보고서에 나온 사례는 19곳으로 그 수는 적으나 선구적 실

---

10 조사한 사업소는 다음과 같다. NPO법인 니기야카にぎやか, NPO법인 오라토코おらとこ, NPO법인 시온노이에しおんの家, 유한회사 아사히홈あさひホーム.

천으로 주목을 모은 곳들이다. 보고서를 작성한 연구회 구성원 대부분이 사업소에 소속된 현장 활동가들이라,[11] 경영 실태를 낱낱이 조사할 수 있었으며, 사업소 수입, 지출과 같은 상세한 데이터를 얻을 수 있었다. 《소규모 다기능 서비스 조사 보고서》의 첫머리에는 "이런 사업을 안정적으로 운영하기 위한 조건을 분석하고자 하는 목적으로 조사하고 분석했다"고 쓰여 있다. 나와 관심사가 같은데, 내가 조사하지 못한 다른 사업소 사례도 참조할 수 있다는 점에서 좋은 자료다. 보고서에 나온 19개 단체 가운데 NPO는 6곳, 사회복지법인은 5곳, 유한회사는 2곳으로, 소규모 시민사업체와 사회적기업에 해당한다. 개호보험 이전에 설립되어 소규모 다기능 서비스를 특화해 돌봄서비스를 제공한 곳이 19개 중 5개나 된다. 이런 점에서 선진적인 실천을 가늠해볼 수 있다.

'소규모 다기능 돌봄'도 '공생共生 돌봄'[12]도 원래 행정 용어는 아니었다. 이용자의 니즈에 따라 현장에서 생긴 서비스를 일컫는 말

---

11 연구회 구성원은 다음과 같다. 도호쿠복지대학 사회복지학과 교수 다카하시 세이치(연구회 좌장), 공인회계사 시오바라 슈조, 사회복지법인 신세주카이新生寿会 노인보건시설 '기노코' 시설장 시노자키 진리, NPO법인 무지개회虹の会 탁로소 무지개집 시설장 다카이 무쓰미, 사회복지법인 게이진카이惠仁会복지협회 아자레안사나다アザレアンさなだ 시설장 미야시마 와타루, 주식회사 도시야마사키トシ·ヤマサキ 마을만들기종합연구소 소장 야마자키 사토시. 기타 비정기적 참가자는 다음과 같다. 후생노동성 노건국老建局[고령자 의료 복지를 소관하는 후생노동성 내부 부서] 계획과 인지증대책추진실 실장보좌 이케다 다케토시, NPO법인 전국커뮤니티라이프서포트센터全国コミュニティライフサポートセンター 이사장 이케다 마사히로.

12 고령자와 장애인, 미취학 비장애인 아동 보육 등을 따로 하지 않고, 함께하는 것을 말한다. 이용자의 나이나 속성, 장애 종류와 무관하게 동일한 사업소에서 포괄적인 돌봄을 한다는 뜻에서 '포괄 돌봄'이라고도 한다.-옮긴이

이었다. 즉, 실천이 먼저 있었고 나중에 명칭을 붙였다. 보고서에 따르면, “기존 서비스에 구애되지 않고 이용자의 니즈에 응답하기 위해 생겨났다”고 한다. 구체적으로 보면, “소규모 다기능 사업소는 낮에 오갈 수 있고, 일시적으로 숙박이 가능하며, 긴급할 때나 야간에 방문개호를 제공하고, 나아가 거주할 수도 있는 곳”이다. 하지만 이 모든 서비스를 두루 제공할 수 있는 곳은 적다.

도야마형은 소규모이긴 하나, 후생노동성이 이야기하듯 도야마형을 채택한 모든 사업체가 다기능(왕래·숙박·생활)으로 돌봄사업을 하지는 않는다. 주로 데이서비스를 하는데, 특징은 공생을 표방한다는 점이다. 즉, 아동, 고령자, 장애인을 함께 돌본다. 그런데 ‘도야마케어넷’ 소속 사업체 중에는 아동, 고령자, 장애인을 함께 돌보지 않는 곳도 있다.[13]

도야마현이 발행한 팸플릿을 보면, 도야마형이란 “아동, 고령자 등이 장애 유무에 상관없이 이용할 수 있는 데이서비스 사업”이다. 팸플릿을 보자.

> 아기부터 노인까지, 장애가 있든 아니든 누구든 가까운 지역에서 같이 데이서비스를 받을 수 있는 것. 그것이 도야마형 서비스입니다.
>
> 1993년 퇴직 간호사 세 명이 문을 연 시설 고노유비도마레(도야마시에 있음)에서 이러한 모델을 시작했습니다. 일반 주택을 이용

---

13 고령자만 돌보고 아동이나 장애인(장애아동)을 돌봄 대상으로 하지 않은 데이서비스 사업소도 행정상 도야마형으로 분류한다.

해 가정적인 분위기에서 대상자를 제한하지 않고 서비스를 제공합니다. 시작부터 고노유비도마레는 유연한 서비스로 전국적으로 주목받았습니다. 대상자를 놓고 관할을 정한 기존의 복지제도에서는 찾아볼 수 없는 형태입니다.

개호보험이 마련되지 않았던 때에 개설했기 때문에, 고노유비도마레에는 행정 지원이 꼭 필요했습니다. 사업자와 주변에서 행정 지원을 요청해 1997년부터 민간 데이서비스 시설로 보조금 지급을 시작하게 됐습니다. 어떤 장애가 있든, 나이가 몇 살이든 한 사업소에서 서비스를 받는 방식입니다. 돌봄 대상자의 관할을 정해온 기존의 복지 행정을 깨부수고, 일본 최초로 보조금을 유연히 지급했습니다. 이를 두고 도야마형 또는 도야마 방식이라고 합니다. (富山県厚生部厚生企画課 2005)

"도야마에서 시작해 일본 전역에 내보낸 새로운 형태의 복지 서비스"라는 문구에는 자화자찬의 뉘앙스도 있지만, 전반적으로는 행정 당국이 협 부문의 돌봄 현장 실천을 따른 과정을 솔직히 적은 팸플릿이다.

고노유비도마레는 1993년 일본적십자병원에 근무하던 간호사 세 명(현 대표 소우만 가요코, 현 부대표 니시무라 가즈미 등)이 퇴직금을 출자해 민영 데이케어[데이서비스] 사업으로 시작했다. 소우만 대표는 인터뷰에서 "처음에는 주변에서 무모하다고 했지만 결국 잘했다. 안정만 바랐더라면 지금 고노유비도마레는 없었을 것"이라고 회상했다(惣万·西村 2003). 자원봉사에서 공통적인 자발성과 무상성, 선구적인 면모를 갖춘 모습이다.

팸플릿에는 “행정 지원이 꼭 필요했다”는 문구가 있는데, 고노유비도마레가 재택 장애인·장애아동 데이서비스 사업소로 지정받은 해는 문을 열고 3년째 되던 1996년부터고, 도야마 민간 데이서비스 육성 사업소로 보조금을 받기 시작한 해가 1997년이다. [민간 데이서비스 육성 사업은] 당시 고령자만 대상으로 했으나, 이듬해 사업소 조건이 완화되어 장애인, 장애아동도 대상자가 됐다. 돌봄 대상을 노인, 장애인, 아동으로 나누는 경계를 없애려는 현장 활동에 맞춰 [도야마현은] 보조금을 유연하게 지급하기 시작했다. 이것을 두고 나중에 도야마형이라 하게 됐다.[14] 1998년 고노유비도마레는 발 빠르게 NPO법인격을 취득했다. 도야마현 내에서 인정 NPO를 취득한 인증 제1호였다. 2000년 개호보험법 시행 때는 개호보험 지정사업자였다. 2005년 고이즈미 개혁 때 도야마현과 도야마시는 중앙정부에 ‘구조개혁 특구’[15]를 신청했는데, 그 결과 도야마현은 ‘도야마형 데이서비스 추진 특구’로 지정받았다. 도야마현 후생부 후생기획과에 따르면, 이는 “지역에서 정책을 제안해 기존의 정부 규제를 완화한 것”이고 “특구로 지정되어 지금껏 중앙정부의 규제로 할 수 없던 일을 하게 된 것”이다. 특구 지정 전에는 고령자와 신체장애인만 개호보험 지정사업소를 이용했지만, 특구 지정 후에는 발달장애인과 장애아동도 이용할 수 있게 되었다(富山県厚生部厚生企画課 2005).[16]

---

14 이 내용이 소개된 홈페이지 주소는 다음과 같다. http://konoyubi.g2.xrea.com. 유튜브 채널 https://www.youtube.com/@user-ld6sg5ij4u

15 지역 부흥 사업 등에 관한 지역 재생 계획을 내각에 제출하고 그것이 통과되어 지역 재생 교부금과 세금 혜택을 받는 지자체를 말한다.-옮긴이

'도야마형 복지특구'는 전국으로 확대되었다. 이 모델은 현장의 실천을 통해 국가 제도를 바꾼 사례로 유명해졌다. 앞에서 언급했듯, 현장에서 이용자의 니즈가 무엇인지 알고 난 후 지체할 수 없어서 먼저 실천에 옮긴 시민들이 있었고, 이를 따라 행정이 협력했다. 어느 시민사업체 경영자는 "우리가 행정 당국에 원하는 바는 기껏해야 당국이 돌봄 현장을 방해하지 않는 정도"라고 한 적이 있다. 도야마형은 행정 당국이 만든 게 아니다. 돌봄 현장에서 시작해 나중에 제도화된 사업은 대부분 비영리 시민사업체가 현장에서 먼저 시작한 것이다. 소규모 다기능형 개호사업도 마찬가지다. 그런데 제도화된 후 애초에 시민사업체가 시도한 내용과는 아주 다르게 변질된 경우도 많다.

고노유비도마레의 문을 연 소우만과 니시무라는 자신들의 저서(惣万 2002; 2003; このゆびとまれ 2003)도 많고, 이들을 인터뷰한 기사도 많다. 각종 강연회나 심포지엄 초청 등 사방에서 찾는 돌봄 전문가들이다.[17] 창업자가 발 벗고 나서서 지역 공생 돌봄과 관련한 세미나(2002년부터 2007년까지 5년간 세 차례)를 여는 등 관련 정보를 적극적으로 전한다. 내가 조사했던 2005년에 소우만과 니시무라는 도야마현 당국의 협조를 받아 매달 한 차례 '도야마형 민간 데이서비스 창업자 육성 강좌'를 열었다. 2002년부터 이어오던 강좌였다. 수강 인원은 20명인데, 전국에서 이 강좌를 듣기 위해 많은 이들이 도야마로 왔다. 강좌가 끝난 후 수강자 중 약 60%가 '도

---

16 2005년 4월, 도야마현 내의 10개 시, 2개 정·촌이 특구로 인정되었다.

17 고노유비도마레는 널리 알려진 유명 사례이므로, 이 책에서 내가 제시한 다른 사례와 달리 고노유비도마레 대표자의 실명을 썼다.

야마형'을 모델로 삼아 사업소를 열었다. 나는 창업자들의 선구적 면모와 헌신적 노력을 높게 평가한다. 그런데 이렇게 정보를 전하는 능력이 좋은 이들의 기록이나 회고만 봐서는 알 수 없는 점도 많다.

도야마형에 관한 선행연구는 두 개가 있다. 하나는 '도야마형 데이서비스 시설 조사연구위원회'에서 발간한 보고서 《도야마형 데이서비스富山型デイサービスについて》(富山型デイサービス施設調査研究委員会 2005)다. 이 보고서는 도야마현 내 데이서비스 시설 21곳에서 앙케트와 면접조사를 해 이용 실태를 정리했다. 나는 이 조사를 담당한 지역사회복지학자 세키 요시히로의 이야기를 들을 기회가 있었다. 또 다른 연구는 사회복지학자 히라노 다카유키가 엮은 《공생 돌봄 운영과 지원: 도야마형 고노유비도마레 조사》(平野隆之 2005)로 창업자, 직원, 이용자, 이용자의 가족을 면접조사한 결과와 고노유비도마레 직원이 쓴 2년간의 기록일지를 분석한 연구다. 다음 절부터는 이 두 가지 선행연구를 참조했다.

다음 절에서는 공생 돌봄의 개척자라 할 수 있는 관계자를 비롯해, 이용자와 가족, 직원과 케어매니저, 자원봉사자 등 다양한 행위 주체의 시각으로 고노유비도마레를 살펴본다. 나와 공동연구팀이 함께 조사해 쓴 보고서(東京大学社会学研究室·建築学研究室 2006)에서 직접 인용한 문장은 따로 출처를 표기하지 않았다.

고노유비도마레의 개요와 역사

내가 조사를 했던 2005년 7월을 기준, 고노유비도마레 시설 개요는 다음과 같다.

1993년 도야마시 주택가 도미오카 마을에 고노유비도마레 창업자 소우만은 아버지에게 상속받은 땅에 신축 건물을 지어 민간 데이서비스를 시작했다. 2층 주택 건물에 배리어 프리 인테리어 공사를 했다. 〈그림 22〉와 〈그림 23〉에서 보듯 건물 주변에 동네 주택이 있다. 〈그림 24〉가 시설 평면 배치도다. 2005년에는 창업자 두 사람 명의로 맞은편에 토지를 사서 시설을 하나 더 마련했다. 시설의 명칭은 '고노유비도마레 무카이このゆびとまれ向かい'[18]다. 또 여기서 약간 떨어진 차야 마을에는 쇼트스테이와 그룹홈을 하는 '고노유비도마레 차야茶屋'가 있다.

데이서비스는 고노유비도마레, 고노유비도마레 무카이 두 곳에서 담당한다. 정원은 28명인데, 이용자는 고령자, 장애인(장애아동), 유아다. 하루 평균 약 30명이 이용한다. 65세 이상 고령자가 이용자 중 절반을 차지하는데, 고령자 중 90%가 개호보험 적용 대상자다. 18세 미만 아동 비율은 전체 이용자의 3분의 1이고, 장애아동과 비장애아동의 비율은 6 대 4이다. 전체 이용자 중 장애인(성인) 비율은 약 20%인데, 그중 60%는 개호보험 적용 대상자이며,[19] 40%는 중증장애인이다(惣万·西村 2003). 이용료는 개호도에

---

18 '무카이向かい'는 '맞은편'이란 뜻.-옮긴이

19 일본의 장애인 제도에서는 자립지원비제도나 개호보험제도를 선택할 수 있다.-옮긴이

〈그림 22〉 고노유비도마레 겉모습

〈그림 23〉 고노유비도마레 실내

〈그림 24〉 고노유비도마레 평면도

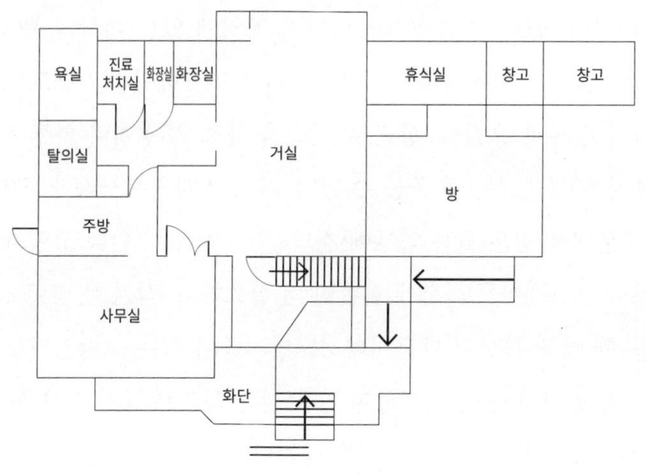

따라 받는데, 하루 2500~5000엔이다. 개호보험 적용자와 장애인은 이보다 더 낮은 금액을 낸다. 개호보험 적용 대상자는 이용료의 10%만 부담하고, 장애인은 장애인지원비를 적용받기 때문이다.

사업 내용을 보자. 고령자 지원(통소개호, '사는 보람 대응형 데이서비스生きがい対応型デイサービス'[20]도 포함), 장애인(장애아동) 지원, 거택개호 지원('케어플랜' 작성 등), 아이 돌봄, 질병이 있는 이들을 위한 지원 등이다. 운영시간은 오전 7시 반부터 오후 6시까지인데, 상황에 따라 오후 8시까지 연장한다. 이용자가 일상생활을 영위하는 데에는 휴일이 따로 없다는 점을 고려해 연중무휴로 시설을 운영한다.

직원은 28명인데, 이 가운데 상근직원이 15명이다. 약간의 사

20 개호보험을 신청하지 않은 비교적 건강한 65세 이상 고령자 대상 데이서비스. '사는 보람 대응형'이라고 이름을 붙인 '개호 예방 서비스'다.-옮긴이

례를 받는 자원봉사자는 6명, 사례를 전혀 받지 않는 자원봉사자는 40명이다(惣万·西村 2003). 도야마 지역에 있는 대학의 복지학과 학생들이 자원봉사를 하러 온다. 내가 조사하던 기간에도 대학생들이 수시로 오갔다. 상근, 비상근을 합해 28명이니 하루 평균 이용자 30명을 충분히 돌볼 수 있다. 게다가 자원봉사자가 도와주기 때문에 직원은 돌봄 업무에 전념할 수 있다. 그런데 고령자 돌봄보다는 장애아동 돌봄에 일손이 더 필요하다. 직원 한 명이 장애아동 한 명을 돌보기 때문이다. 또 인지증이 있는 고령자가 시설 안에 잘 있다가, 문을 잠가놓지 않은 현관 쪽으로 갑자기 성큼성큼 걸어가면, 직원 한 명이 그 뒤를 쫓는다. 현관을 열어둔다. 인지증 고령자라고 해서 딱히 행동을 통제하지 않는다. 한 사람 한 사람의 니즈에 맞는 개별 돌봄을 실천하려면, 고노유비도마레처럼 그만큼 일하는 인원을 배치해야 한다.

원래 도야마 적십자병원의 간호사였던 3명의 창업자가 고노유비도마레를 시작한 데는 계기가 있다. "퇴원 허가가 나도 집에 돌아가지 못하고, 전원하는 환자를 여럿 보았던" 괴로운 경험이었다(惣万·西村 2003). 가족은 집으로 돌아오려는 고령자를 받아들이지 않았다. 고령자들이 집으로 돌아가지 못하고 자신들이 일하던 병원에 장기간 입원하는 현장도 봤다. 이 여성 세 명은 고령자 의료cure를 고령자 돌봄care으로 전환하는 시대적 흐름을 이끌어냈다. 고노유비도마레 시설이 자리 잡은 땅은 창업자 소우만이 유산으로 상속받은 사유지인데, 시설의 건축비는 적십자병원에서 20년간 일한 뒤 받은 퇴직금으로 충당했다. 주위에서는 이들의 시도가 무모하다고 반대했다. 개설 직후, 시설에 오는 고령자는 한두 명에 불과했다. 당시는 고령자를 돌보는 데이서비스 방식이 낯설었다. 1993년 개설 당시 데이서비스 이용료(하루 2500엔)가 비싸다고 여긴 주민도 많았다.

당시 부대표 니시무라는 고노유비도마레 개설을 준비하면서, 좌반신이 마비된 자신의 어머니를 돌보고 있었다. 니시무라와 어머니는 고노유비도마레 2층에 살았다. 니시무라는 어머니를 임종까지 돌보기를 원했지만, 그룹홈인 '고노유비도마레 차야' 개설이 늦어지는 바람에 그렇게 하지 못했다. 결국 니시무라의 어머니는 병원에서 돌아가셨다.

창업자들이 개소 때부터 내세운 신념은 '공생 돌봄'이다. 같은 공간에서 아이나 노인, 장애인에게 돌봄서비스를 제공하려 한다. '언제든 누구든 받아들이겠다'는 신념을 이어왔다. 이용을 신청하면 거절하지 않는다. 그래서 고노유비도마레를 이용하기 위해 기다리는 사람이 없다. 문을 연 지 얼마 되지 않았을 무렵, 이른 아침에 시설 현관에 장애가 있는 어린 남매가 있었다. 남매의 엄마가 말도 없이 아이들을 두고 간 것인데, 고노유비도마레에서는 아이들을 돌봤다. 그러자 저기 가면 급할 때 장애아동을 돌봐준다고 소문이 나면서, 이용자가 계속 늘게 됐다. 장애아동의 돌봄 공간이 없다는 점을 뼛속 깊이 실감하면서, 창업자들은 고령자와 장애아동을 함께 돌봤다.

고노유비도마레에서 처음 국비 보조를 받은 시점은 1993년에 개설하고 3년째 된 때였다. 장애아를 둔 부모들이 장애아를 위탁하는 데이서비스를 제공하라고 요구하는 서명운동을 벌였는데, 행정 당국은 좀처럼 받아들이지 않았다. 그 후에도 관료주의적 행정에서는 여전히 장애인은 장애인끼리, 고령자는 고령자끼리 복지를 하면 된다는 식의 분위기가 있어서, '공생 돌봄'을 채택한 고노유비도마레와 같은 경우 국비 보조금을 받기가 좀처럼 쉽지 않았다. 그러다가 행정 당국이 장애아를 둔 부모 모임과 교섭하게 되면서 태도를 수정해 오늘날과 같은 도야마형 '공생 돌봄'이 인정받기에 이르렀다.

1998년에 NPO법인격을 취득했다. 소우만에 따르면, 이는 2000년부터 시행될 개호보험을 앞두고 사회적 신뢰를 확보하면서 사업을 지속하기 위한 준비의 일환이었다.

개호보험 시행 전, 수입은 주로 이용료와 장애아동 데이서비스 위탁비, 기타 기부금 정도여서 재정적으로 힘들었다. 개호보험 시행 후 경영이 안정되기 시작했다. 소우만은 "경영할 수 있게 된 건 오직 개호보험 덕분"이라고 말했다.

> "일하면 실감하는 게 노인보다 아이를 돌보기가 더 힘들다는 점이다. 일손이 필요하다. 직원들은 고령자보다 장애아동에게 부담감을 더 크게 느낀다. 아이가 있을 때 훨씬 힘들다." (소우만 대표 인터뷰 중에서)

여름방학이면 갈 곳 없는 장애아동이 많이 오는데 이를 어떻게 해결할지가 관건이다. 소우만은 "수익을 낼 수 있는 이용자층은 (개호보험이 적용되는) 고령자뿐이다. 노인으로 돈을 벌어서, 아이들에게 쓴다"고 했다. 그렇다면 고노유비도마레를 이용하는 고령자는 장애아동, 비장애아동과 함께하는 '공생 돌봄'을 어떻게 평가할까?

> "아이들이 시끄럽긴 하지만 대개 노인들은 아이들을 귀여워한다. 멀리 살아도 여기까지 오는 고령자 이용자들이 꼭 있다. 이유를 물어보면, '아이들이 있어서 활기를 띠니까 좋다'고 한다." (소우만 대표 인터뷰 중에서)

소우만은 (만약 아이가 있는 걸 싫어하는 고령자는) "시끄러운 게 싫으면, 조용한 시설에 가면 된다. 우리 시설은 고령자가 선택할 수 있는 곳 중 하나면 된다. 그걸로 족하다"고 강조했다. 고령자만 이용하는 데이서비스 시설은 분위기가 무겁다. 고령자는 움직임이 많지 않기 때문이다. 고노유비도마레에서는 활동량이 많은 아이들이 고령자들 가운데서 뛰어다닌다. 무엇보다 밝은 분위기가 다른 시설에서는 찾아볼 수 없는 특징이다. 나와 공동으로 조사했던 건축학팀은 고령자와 어린이가 어떻게 상호작용하는지 정점관측으로 검증했는데, 아이들이 활발히 움직이면 고령자가 자기 시선을 아이에게 돌리면서 자연스레 아이들을 지켜보았다. 고령자에게 '공생 돌봄'은 [어린이와 상호작용을 하는 등] 긍정적 효과가 있었다.

그러면 움직임이 느리고 적은 고령자와 움직임이 큰 아동이 한 공간을 공유하면, 서로 부딪히거나 고령자가 넘어지는 사고가 일어나지 않을까? 2003년의 인터뷰에 의하면 "자부할 수 있는 것은 최근 10년간 고령자가 넘어져서 골절되는 사고는 전혀 없었다는 점이고, 지금도 그 기록은 경신 중"이라고 한다(惣万·西村

2003)). 2005년 인터뷰에서도 이 기록은 경신되었다. 2009년 개설 16주년을 맞았을 때까지도 아무런 사고가 없었다.[21] 큰 사고는 장애아동의 손톱에서 피가 난 정도인데, 주의력결핍 과잉행동장애ADHD가 있는 아동을 돌보는 현장에서 이 정도 사고는 드문 일이 아니다. 직원 배치도 잘 되어 있고, 자원봉사자가 많아 사고가 방지된다(平野編 2005).

선행연구인 《공생 돌봄 운영과 지원: 도야마형 고노유비도마레 조사》에서는 고노유비도마레에서 사고가 거의 일어나지 않은 이유를 "물리적으로 소규모이기 때문에 서로 지켜보면서 일상생활을 한다. 슬리퍼 등을 벗고 맨발이나 양말을 신고 지내므로, 넘어지는 사고가 일어나지 않는다"고 분석했다. 또 "시설 내에서 휠체어를 타고 이동하면 사고 발생률이 높다"고 지적하며, "고령자가 자기 집에서도 일상생활을 위해 10미터 이상 이동한다면 그 거리는 길다"고 했다(平野編 2005). 생각해보면 당연하다.

일반 주택 크기인 고노유비도마레에는 화장실이 거실 옆에 있다. 직원들이 변을 보려는 이용자를 화장실로 데려가는데, 그때 이동 거리가 짧다. 몇 걸음만 떼면 된다.

---

21 2010년까지 무사고였다[2017년까지 24년간 고노유비도마레에서는 사고가 딱 한 건 있었는데, 인지증이 있는 고령자가 넘어져 골절상을 입은 바 있다].

창업자금

시민사업체의 가장 큰 난제는 높은 뜻을 세워도 자금력이 없다는 점이다. 이런 측면에서 보면, 생협 계열의 시민사업체가 가진 탄탄한 자금력은 높이 평가할 수 있다.

고노유비도마레는 창업자 개인이 자신의 사적 소유지와 퇴직금을 초기 투자 비용으로 투입한 경우다. 예전에 많았던 형태인 독지가의 기부 형태와 같다. 지금도 토지는 대표자 개인 소유이고, 건물은 대표와 부대표 공동명의로 되어 있다. 일부는 주택으로 사용한다.

고노유비도마레를 개설한 뒤 마침 맞은편에 있는 집이 이사를 갔는데, 그 집을 사서 철거한 다음 새로 2층짜리 목조 건물 '고노유비도마레 무카이'를 지었다. 고노유비도마레 무카이 건물은 지역(도야마현)에서 자란 삼나무 목재를 사용해 지었고, 넓은 거실과 주방이 있다. 개인 방은 3개가 있는데, 쇼트스테이 이용자가 쓴다. 겨울철 추위를 대비해 바닥에도 난방을 넣어 쾌적하다. 고노유비도마레와 고노유비도마레 무카이는 서로 마주 보는 형태로, 주거지 구석 안쪽 골목길에 있다. 통행 차량이 적어서 아이와 고령자가 밖으로 나와도 위험하지 않다. 막다른 골목에 있어서 두 건물 사이에 있는 도로가 일종의 구획처럼 보인다. 양쪽 시설을 오가는 이들이 많아지면서, 시설의 개방성도 커졌다. 또 가까이에 있는 빈집을 월세 4만 엔에 빌려서, 질병이 있는 사람이나 조용한 분위기를 선호하는 이용자가 이용할 수 있도록 했다. 이 시설의 이름은 '고노유비도마레 하나레このゆびとまれ はなれ'[22]로, 여기서는 종말기 케어

terminal care도 한다.

고노유비도마레 무카이는 2005년 4월에 개설했는데, 도야마현과 도야마시에서 데이서비스 주택활용시설정비사업을 시행하던 시기여서 도야마현에서 200만 엔, 도야마시에서 300만 엔의 보조금을 받았다. 땅은 대표 소우만과 부대표 니시무라가 사비 2800만 엔을 썼기 때문에 대표와 부대표의 공동명의로 되어 있고, 시설 가옥은 NPO 명의로 되어 있다. 땅을 구입할 돈을 빌려주겠다는 은행도 있었지만, 이자가 높아서 대출을 받지 않고 사비를 지출했다. 대표와 부대표가 받는 수당을 높게 설정해 다음 투자를 대비했고, 그렇게 돈을 모아서 고노유비도마레 무카이, 고노유비도마레 차야를 마련하는 데 투자했다.

창업기 자금 마련, 운용과 관련된 고생담은 시민사업체에서 끊이지 않는 이야기다. 고노유비도마레 건설비는 총 4000만 엔인데, 창업자들의 퇴직금을 투자하고도 모자랐다. 은행에서 건설비를 대출받으려고 했지만 거절당했고, 국민금융공고[23]에서 600만 엔을 빌렸다. 이후 10년에 걸쳐 이 돈을 갚았다. 언론에 개설 소식이 보도되면서 시민들의 소액 기부를 통해 1500만 엔에 달하는 돈이 모이기도 했다. 도쿄에 거주하는 승려 나카시마 노리유키는 "이 시설은 도야마 지역에 생긴 새로운 사찰이라고 보면 된다"고 주위에 홍보해 기부금을 많이 모아줬다고 한다. 개설 때 찬조회[24]가 생겼는데, 2년 뒤 소액 기부로 1000만 엔을 모았다. 나중에 그룹홈을

---

22 '하나레はなれ'는 '떨어져 있다'는 뜻.-옮긴이

23 일본 재무성 소관 특수 금융기관으로, 서민들을 위한 소액 사업자금을 융자한다.-옮긴이

개설했을 때 찬조회로부터 2000만 엔을 무이자로 빌렸다고 한다.

고노유비도마레가 자금을 조달할 수 있었던 것은 언론 덕분이었다. 이런 미디어 효과는 마치 주식 상장 때 회사 창업자가 얻는 이득과 같다. 그래서 비슷한 사업을 따라 하면, 바로 효력이 감소한다. 미디어를 통한 홍보 효과로 직원 채용 때 지원자가 많았다고 한다.

《소규모 다기능 서비스 조사 보고서》에 따르면, 조사 대상 사업소 19곳 가운데, 사업소 소유 건물을 사용하는 곳은 3곳뿐이었고 나머지는 임대해서 운영했다. 매달 임대료는 평균 6만 엔(무상임대 1건), 평균 계약 기간은 30년으로 파격적으로 좋은 조건이다. 리모델링 비용 평균은 약 840만 엔이다. 자기 소유의 건물을 쓰는 사업소 3곳은 사업소 취득 비용이 평균 3960만 엔이다. 취득 비용 내역을 살피면, 자기 자본 1650만 엔, 차입금 1330만 엔, 기부금 980만 엔이다. 정부나 지자체로부터 보조금을 받은 경우는 한 건도 없었다. 보고서는 "기존 건물을 수리해서 사용하는 사업소가 많아서 초기 투자가 적더라도 큰 문제는 아니다. 건물 소유 여부와 상관없이 임차료와 감가상각비 합계 비율은 차이가 나지 않으며, 임차료와 감가상각비가 수지에 미치는 영향도 크지 않다"고 썼다. 그러나 한편으로는 "새로 만든 사업소의 경우, 선행 투자를 하는 데 큰 금액이 필요하다. 소규모 사업소 입장에서는 적지 않은 부담"이라고 지적했다. 행정 당국이 이해도 못 하고, 지원도 하지 않

24 해당 NPO의 활동을 지지하는 회원 조직으로, 정회원과 달리 운영이나 실행에는 관여하지 않는다.-옮긴이

는 시민사업체 모델을 전개하려면, 창업자 자신의 투자에 의존할 수밖에 없다.

행정 당국의 지원은 2004년 도야마현에서 벌인 '데이서비스 주택활용시설정비사업' 때부터 시작되었다. 시설을 신축하는 경우 1000만 엔까지, 증개축하는 경우 300만 엔까지의 지원받을 수 있었다. 이조차도 '도야마케어넷'이 행정 당국을 상대로 끈질기게 요구해 타협을 이룬 결과다. 이 사업으로 지원금을 받은 첫 번째 사례가 '고노유비도마레 무카이'였다. 고노유비도마레는 창업 초기에 정부나 지자체로부터 아무런 지원도 받지 못했지만, 먼저 나서서 움직여 시민사업체가 행정 당국을 변화시킨 성과를 거둔 것이다. 도야마케어넷과 교섭한 도야마현 행정 담당 부서는 고령자복지과도, 장애인복지과도 아닌 후생기획과[25]였다. 나는 도야마케어넷과 교섭했던 담당 공무원(40대 남성)을 면접조사할 때, 넌지시 "두 부서 모두 교섭을 꺼렸느냐"고 물었다. 담당 공무원은 "우리 부서 소관, 다른 부서 소관 나누지 않고 해야 하는 일이긴 한데, 그렇게 하면 다들 싫어한다"고 했다. 도야마시 장애인복지과 담당 공무원(30대 남성)도 "개호보험 담당 부서와 연계해서 하는 일이 거의 없다"고 했다. "중앙정부와 교섭할 부서도 없는데, 그 일은 다 싫어해서 자기 부서 소관이 아니라고 한다. 그런 관료 문화를 바꾸기가 쉽지 않다"고 했다.

2003년 고이즈미 정권이 구조개혁 특구 구상을 내놓자, 도야

---

25 과거에 복지행정, 건강보험 담당 부서인데 현재는 지역 공생 돌봄도 담당하고 있다.-옮긴이

마케어넷은 이에 착안해 도야마현과 도야마시 당국이 중앙정부에 '도야마형 데이서비스 추진 특구'를 신청하도록 제안했다. '복지특구'로 지정되어 도야마 내 돌봄사업소가 개호보험과 장애인자립지원비제도를 활용해 고령자, 장애인(장애아동), 어린이를 함께 돌보는 공생 돌봄을 할 수 있도록 기존 규제를 완화하려 한 것이다. 그 후 2006년 장애인자립지원법이 시행되면서 도야마 지역을 포함해 구조개혁 특구에만 한정된 '복지특구'가 전국에서 가능해졌다. 지역 시민사업체의 선구적 실천이 기존 행정을 바꾼 드문 사례다. NPO와 행정 당국이 협력한 것이다.

도야마현 담당 공무원은 현장과 긴밀히 연락을 주고받으면서, 유연히 대응했다. 현 담당 공무원은 "지원받는 '도야마형' 사업소는 사실 여러 형태로 운영되고 있긴 하지만, 하나하나 연연하지 않고 유연히 지원하려 한다"고 했다. 그래서 행정 지원 후 '도야마형'으로 참여한 사업체는 어떻게 보면 무임승차를 한 셈이지만, 소우만은 "참여하면 그걸로 족하다"고 했다.

도야마현 담당 공무원은 "도야마케어넷과 항상 연락하면서 얻은 정보를 바탕으로 예산을 짠다. 내가 직접 모임에 참가하기도 하고, 시설에 나가서 현장에서 무엇을 바라는지 듣기도 한다"고 했다. 도야마시 담당 공무원은 "시민사업체가 지역에서 뿌리를 내리고 있고, 서로 잘 연결되어 있어서, 제도를 운영하는 행정 쪽에서 어려움이 없다"고 했다. 행정 당국이 민간 시민사업체 주도의 움직임을 따라간 것을 솔직히 인정한 것이다. 또 담당 공무원들이 도야마형을 깊이 이해하고 있고, 적극적이며 유연하게 지원하려는 태도도 보였다. 도야마현 담당 공무원은 "지자체 현縣 지사가 바뀌면 고노유비도마레 현장 방문 시찰 계획을 마련해, 지사가 직접 현장에서 스스로 깨우치게 한다"고 했다.

도야마 지역에서는 시민사업체 창업자의 열의와 창의성, 또 행정 담당자의 사명감과 유연한 태도 덕분에 시민사업체가 공생 돌봄사업을 펼쳐나갈 수 있었다. 하지만 한계가 있다. 협 부문이나 행정 당국 모두 개인적 역량이나 자질에 크게 의존한다. 또 도야마 지역은 주택이 많고 자가 소유 비율이 일본 전역에서 1위인 곳이다. 이런 주택 자원이 있는 지방과 달리, 대도시에서는 부동산 취득만 하려 해도 큰돈이 든다. 대도시에서는 설령 소규모 다기능 시설이라 할지라도, 개인 한두 사람이 초기 투자를 감당할 수 없다. 그래서 더욱 적극적인 공적 지원이 필요하다. 《소규모 다기능 서비스 조사 보고서》에 나온 사례를 보면, 공공단체[26]가 먼저 토지와 주택을 매입한 뒤 협 부문 사업자에게 임대하는 경우가 있다. 공공단체가 시민사업체와 임대계약을 맺고 사업을 위탁하는 방식이다. 생협이 워커즈콜렉티브와 이런 식으로 사업 위탁계약을 맺는다. 이 방식이 널리 보급되면 좋을 것이다.

소규모 다기능 공생 돌봄 실천

고노유비도마레에서는 어떻게 돌봄을 실천할까?

---

26 국가에서 설립한 법인. 일본의 지자체 제도에서 지역 행정을 수행하는 지방공공단체, 또 국가공무원공제조합과 같은 공공조합, 독립행정법인 등을 말한다.-옮긴이

선행연구를 살펴보면 고노유비도마레는 "이용자가 자기 본연의 모습대로 지낼 수 있는 곳"이자, "자원봉사자나 실습생, 견학하러 온 사람, 가족 등 또한 이용자가 지낼 환경이자 일상생활 장소"라고 한다. 다른 시설과 달리, 정해진 일과나 프로그램이 없다. 이른바 "돌봄을 계획하지 않는다". 이러한 특징은 고노유비도마레에서 의도한 것으로, 이용자가 일상생활을 하는 것처럼 시설에서 지낼 수 있도록 하기 위해서다(平野編 2005).

고노유비도마레를 방문하면, 아무런 규칙도 없는 듯 어수선한 느낌이다. 언뜻 보면 그렇다. 직원이 사복을 입고 있어서, 누가 이용자고 누가 직원인지 금방 구분도 안 된다. 우리 조사팀도 방문하자마자 곧 자원봉사자로 투입되었는데, 움직임이 많은 아이들의 꽁무니를 쫓아다녔다. 식사하는 것 말고는 정해진 일과도 없다. 배설 도움이나 목욕도 이용자의 상태를 봐가면서 개별로 진행한다. 어수선하지만, 여유롭게 시간이 흐른다. 거실에서 화장실과 욕실이 가까워서 이용자가 넘어질 위험도 적고, 대소변을 지리지 않는다. 겉보기에는 아무것도 하지 않는 돌봄이지만, 달리 표현하자면, 궁극의 개별 돌봄이라고 할 수 있다.

고노유비도마레에서는 이런 돌봄을 "지켜볼 수 있는 돌봄"이라고 한다. 당연한 소리지만, 이런 돌봄을 임의로 하는 것은 아니다. 항상 이용자와 소통하기 때문에 가능한 개별 돌봄이다. 그래서 "고노유비도마레에서는 기존 시설보다 훨씬 높은 빈도로 직원과 이용자 간의 소통이 일어나는 것으로 추측"되고, "지켜볼 수 있는 돌봄이란 이용자 상태를 봐가면서, 소통하면서 하는 돌봄이다. 이것은 고노유비도마레 직원이 습득해야 할 중요 기술"이다(平野編

2005). 여기서 '지켜볼 수 있는 돌봄'이란, 이런 돌봄을 하면서 저런 돌봄을 하는 그런 종류의 돌봄이다.

그렇다면 이런 돌봄 기량을 어떻게 습득해야 할까?

고노유비도마레의 워커들은 "일하다가 방법을 잘 모르겠을 때, 가장 먼저 물어야 할 상대는 대표도 아니고 동료도 아니다. 이용자라고 생각한다"고 했다. 이용자에게 물어가며 배워서 이용자가 바라는 돌봄을 제공하려 하는 자세가 보인다. 이용자 중심의 당사자 주권을 실천한다고 볼 수 있을 답변이다. 그렇지만 선행연구 《도야마형 데이서비스》는 "좋게 말하면 유연하고, 나쁘게 말하면 아직 돌봄 방법을 찾는 중"이라고 해석했다. 한편 《공생 돌봄 운영과 지원: 도야마형 고노유비도마레 조사》에서는 "다양한 경력을 가진 동료가 하는 돌봄을 옆에서 보면서 배운다. 도제 방식"이라고 지적했다(平野編 2005). 유연한 돌봄을 하려면 그만큼 돌봄 능력이 높아야 한다. 《도야마형 데이서비스》에서는 "직원을 어떻게 재교육하고, 어떻게 새로운 자격 취득 기회를 확보할지, 이것이 바로 고노유비도마레가 직면한 도전"이라며 그 과제를 제시했다.

고노유비도마레에서 직원 연수 기간은 사흘로 짧다. 직원 전체 회의도 매달 한 번만 한다. 가장 놀라운 점은 이용자 인테이크(사례 관리 기록지)를 쓰지 않는다는 점이다. 인테이크는 이용자의 생활력,[27] 가족관계나 상황을 물어봐서 이를 현장에서 공유하는 것으로 복지 현장에서 표준으로 쓰는 방법이다. 모범적인 시설에서는 인테이크가 중요한 사례 관리 과정으로 자리 잡았다. 그러나 고

27 생애에서 중요한 사건이나 특정 시기의 생활 경험.-옮긴이

노유비도마레에서 직원들은 이용자의 삶의 배경을 알지 못한 채 이용자를 만나고, 그때그때 적절하고 유연하게 대응한다. 소규모 시설에서 공통으로 나타나는 특징인데, 경영자는 경영에 몰두할 만큼 여유가 없다. 경영자 자신도 직접 돌봄을 해야 한다. 직원들이 경영자의 돌봄을 보고서 어깨너머로 틈나는 대로 배우는 식의 연수가 효과를 발휘하는 것처럼 보인다. 《소규모 다기능 서비스 조사 보고서》에서는 "소규모 다기능 시설에서는 경영자가 대부분 경영도 관리하고, 이용자 돌봄도 한다. 이런 열의를 바탕으로 사업이 유지된다"고 지적했다(小規模多機能サービスに関する研究会 2005: 16). 경영자가 중요하다.

《공생 돌봄 운영과 지원: 도야마형 고노유비도마레 조사》는 경영자, 직원, 이용자, 이용자의 가족을 두루 인터뷰한 면접조사를 통해 신중하게 결론을 낸 연구다. 그러나 이런 종류의 연구 방법을 쓴 보고서나 논문, 단행본에서 자주 드러나는 문제점이 있다. 조사자는 인터뷰 당사자가 알려준 것이나 당사자 발언을 중심으로 정리하기 때문에, 보고서가 마치 조사자 자신이 조사한 사례나 대상을 찬양하는 모양새가 되고 만다. 이 보고서는 "고노유비도마레는 기존의 시설보다 훨씬 높은 빈도로 직원과 이용자 간의 소통이 일어나는 것으로 추측한다"라고 썼는데, 이는 실증한 결과가 아니다.

나와 공동으로 조사에 참여한 건축학팀은 특별양호노인홈 병설 운영 데이서비스센터, 사회복지협의회 운영 데이서비스센터 등 4개 시설에서 정점관측으로 비교 조사를 실시했다.[28] 그 결과는 〈그림 25〉와 같다. 실증한 고노유비도마레의 특징은 다음과 같다.

① 고노유비도마레에서는 다른 시설에서 '레크리에이션'으로

〈그림 25〉 고노유비도마레 데이서비스 이용자 관찰

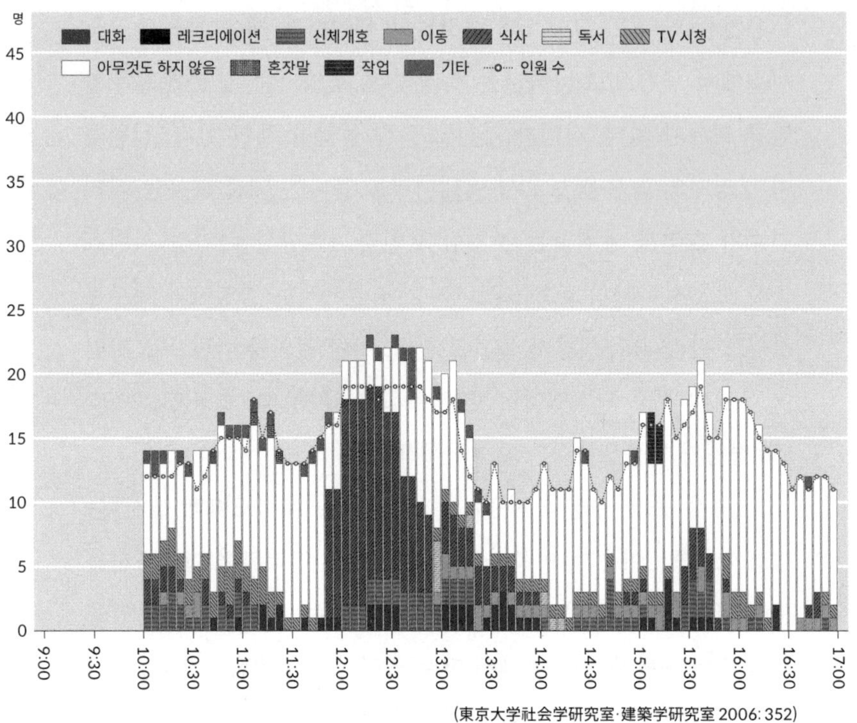

(東京大学社会学研究室·建築学研究室 2006: 352)

분류하는 활동을 거의 하지 않는다. '아무것도 하지 않음'과 같은 이용자의 행위가 눈에 띄게 많다.

② 다른 시설과 달리, 식사시간이 일정하지 않다.

③ 대화하는 시간은 많지 않으나, 대화를 꾸준히 하고 있으며 대화 내용을 기록한다. 다른 시설과 달리, 대화 시간 양의 차이가

28 상세한 내용은 보고서(東京大学社会学研究室·建築学研究室 2006: 333-362)를 참조하라.

〈그림 26〉'라포르 후지사와' 데이서비스 이용자 관찰

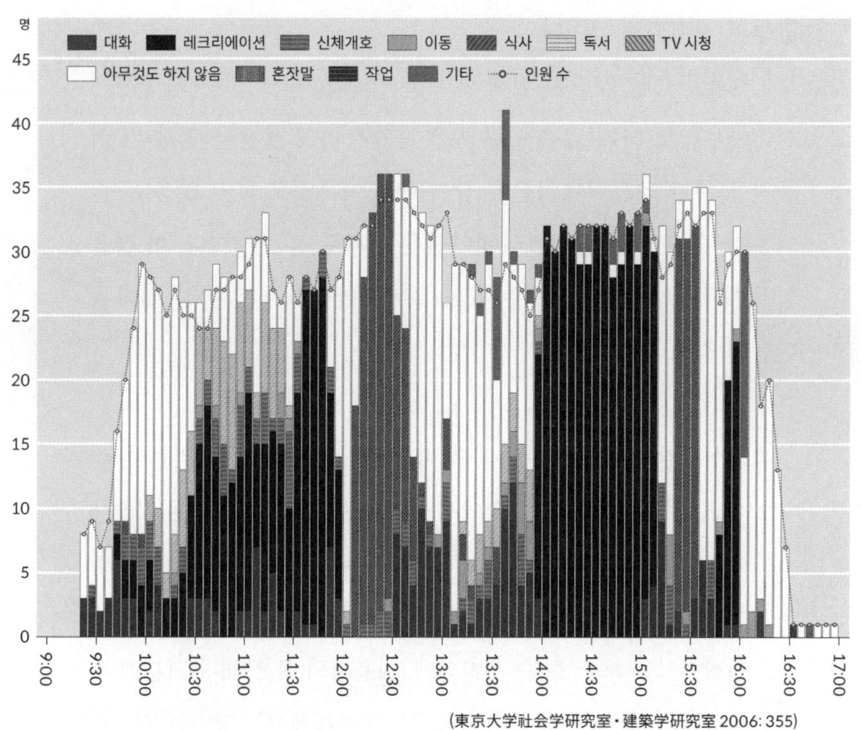

(東京大学社会学研究室・建築学研究室 2006: 355)

두드러지지 않는다.

④ 직원 배치 수도 기복이 적고, 자원봉사자를 포함해 항상 일정한 수가 확보되어 있다.

이 같은 특징은 〈그림 26〉과 비교해보면 확실히 알 수 있다. '라포르 후지사와ラポール藤沢'는 사회복지법인이 경영하는 특별양호노인홈 병설 데이서비스 사업소다. 〈그림 26〉을 보면, 라포르 후지사와에서는 대화나 레크리에이션 활동이 하루 중 특정한 시간대

에 집중되어 있다. 직원의 유도로 이용자가 다 같이 참여하는 집단 활동이 진행되는 것이다.

정점관측을 담당한 건축학자 오카모토 가즈히코는 보고서에서 "'아무것도 하지 않음'이란 무엇인가?" 하고 물음을 던졌다. 이용자 모두가 레크리에이션에 참여하면 '아무것도 하지 않음'은 줄어든다. 그런데 이때 레크리에이션은 강제로 하는 것이다. 이 점을 염두에 두고서, 오카모토는 고노유비도마레에서 관찰한 결과를 다음과 같이 썼다.

> 점심시간이 있으나, 이용자에 따라 각자 다른 시간에 먹는다. 간식도 제각각 다른 것을 먹어서, 식사하는 사람 수가 모든 시간대에 나타난다. 이게 큰 특징이다. 어린이나 장애인을 포함해 다양한 이용자가 같은 하나의 프로그램으로 하루를 보내기란 어렵다. 점심식사는 하루 중 큰 행사인데, 이용자의 몸 상태나 기분에 따라 먹는 시간을 조정한다. 고노유비도마레에서는 당연하다면 당연한 일이다. 식사 도움은 배설 도움이나 목욕 도움과 마찬가지로 중요한 돌봄 행위이다. 이용자가 식사하려면 그때그때 직원들이 지원해야 한다. 자원봉사자를 비롯해 직원 수가 많기 때문에 가능한 일이다. (東京大学社会学研究室·建築学研究室 2006: 353)

또 내가 현장조사를 하고 나서 비로소 알게 된 사실이 있다. 조사를 할 때, 고노유비도마레에는 고령자 2명이 거주하는 중이었는데, 내가 "고령자 2명은 어디서 자느냐?"고 물어보니 소우만은 "이불만 깔면 잘 수 있어요"라고 대답하며 방을 가리켰다.

고노유비도마레에서는 쇼트스테이를 제공하나, 조사 때 거주하던 고령자 2명은 쇼트스테이 이용자는 아니었다. 사업소에서 숙박[거주]까지 하려면 독자적 결정이 필요하다. 이곳은 숙박을 하더라도 이용료는 데이서비스 최장 이용시간인 하루 10시간에 해당하는 이용료만 청구한다. 10시간 이상으로 잡으면 개호보험을 적용할 수 없기 때문이다. 그래서 숙박 서비스를 제공하는 것은 자원봉사다. 고노유비도마레에서 거주 중이던 여성 고령자 1명은 가정사가 복잡했다. 경제적 여유도 있고, 가족도 있지만 가족이 찾아오지 않았다. 나는 "가족이 외면한 고령자를 받아들여 돌보면, 결과적으로 가족이 방치하는 것을 돕는 셈 아니냐?"고 물었다. 소우만은 이렇게 답했다. "그 말도 맞아요. 그렇지만 갈 데가 없는데, 못 본 척할 수는 없으니까."

고노유비도마레에서 돌봄의 지향성이 높은 점을 알 수 있는 에피소드가 또 있다. 데이서비스에는 애초에 종말기 케어는 없다. 그렇지만 이곳에서는 인근에 집을 빌려 '고노유비도마레 하나레' 라는 시설을 마련해 종말기 케어를 실천한다. 병원에서 더 이상 가망이 없다고 퇴원을 권유한 고령자를 임종까지 돌본다. 한 고령자가 의사에게 퇴원을 권유받고, 본인도 집으로 돌아가고 싶어 했으나, 가족이 고령자를 집에서 돌보기가 불안하다고 했다. 이런 상황에서 고노유비도마레 쪽이 "그러면 입원 전에 매일같이 오던 우리 고노유비도마레로 오겠느냐"고 제안했고, 고령자도 그렇게 하겠다고 했다. 그런데 가족이 동의하지 않으면, 데이서비스 사업소에서는 종말기 케어를 할 수 없다. 소우만과 니시무라는 조용한 고노유비도마레 하나레에 병실을 마련하고, 번갈아 매일 밤 고령자와 같이 자면서 돌봤다. 대표와 부대표 모두 간호사 자격증이 있어서 종말기 케어를 하는 데 유리한 점도 있었을 것이다. 가족도 쉽게 엄두가 나지 않는 돌봄을 하고 난 후 고령자의 가족으로부터 깊은 감사 인사를 들었다고 한다. '가족도 할 수 없는 돌봄'은 이용자 가족으로서는 매우 감사한 일이다. 이는 데이서비스 사업소에서 할 수 있는 범위의 일은 아니었다.

공생 모델의 효과

'도야마형'은 소규모이며 데이서비스, 쇼트스테이 등이 가능한 다기능이나, '도야마형'을 택한 모든 시민사업체 사업소가 고령자, 장애인, 어린이를 함께 돌보는 '공생 모델'로 돌봄사업을 하고 있지는 않다.

《도야마형 데이서비스》는 "도야마형 데이서비스를 아직 확고하게 정의할 수 없다. 고령자와 장애인, 어린이를 복합적으로 돌보는 것이 도야마형의 특징이지만 방문 조사를 해보니 조사 대상 21개 시설 전체가 반드시 함께 돌보는 것은 아니었다. 도야마형 데이서비스 시설은 '공생 모델'이라고 자주 이야기하나, 실태는 그렇지 않다"고 썼다.

나의 조사에서도 5개 시설 가운데, '공생 모델'은 2개 시설뿐이었다. 한편 행정 당국에서는 '공생 모델'인지 아닌지 상관없이 '도야마형'이란 명칭을 소규모 다기능 데이서비스 사업소를 총칭하는 말로 사용한다. 도야마케어넷도 다양한 사업체의 연합 조직이다.

'공생 모델'의 효과는 어떨까?

이 장에서 썼듯, 고노유비도마레 대표 소우만은 "아이들이 시끄럽긴 하지만 대개 노인들은 아이들을 귀여워한다"고 했다. 또 부대표 니시무라도 "고령의 이용자들은 아이들이 있어서 마음이 밝다고 한다"고 했다. 한편 도야마에는 보육원[어린이집]에 들어가기 위해 대기하는 아동이 없다.[29] 니시무라는 인터뷰 때 "보육원도 많은데, 부모님들이 아이들을 보육원에 보내지 않고, 굳이 저희 고노유비도마레에 보내는 이유는 아이가 마음이 따뜻한 사람으로 자라길 바라기 때문"이라고 했다(惣万 · 西村 2003).

이런 인터뷰 내용을 보면, 고노유비도마레에는 고령자나 어린이 이용자에게 이롭고 좋은 점만 있는 것처럼 들린다. 그런데 실제 다른 시설에서 받아주지 않는 장애아동 이용자가 많이 온다. 이 점은 시설 측에 큰 부담이다. 《도야마형 데이서비스》에서는 "ADHD 장애아나 괴성을 지르는 장애아동과 장애인, 정신장애인과 함께 지내면, 고령자 이용자는 불편함을 느낄 수 있다"고 단점을 지적하며, "ADHD 장애아를 돌보기 위해 직원 한 사람이 계속 아동 한 명 곁에만 있게 되니 다른 업무를 소홀히 하지 않을지 염려한다"라고 썼다. 나는 이 장에서 소우만이 "수익을 낼 수 있는 이

29 6세까지의 영유아를 오전 8시부터 오후 6시까지 돌보는 보육원이 부족한 현상은 일본의 사회문제다. 지자체의 인가를 받은 보육원에 아이가 들어가면 부모의 경제적 부담이 매우 적은데, 이런 보육원이 부족해 대기하는 아동이 많다. 그런데 도야마 지역은 저출산이 이른 시기부터 나타나 도야마현에서 적극적으로 보육원을 마련하여, 대기 아동 문제가 예외적으로 발생하지 않았다.-옮긴이

용자층은 고령자뿐이다. 노인으로 돈을 벌어서, 아이들에게 쓴다"고 했는데, 일손이 더 필요한 장애인과 장애아동 돌봄은 경영자뿐만 아니라, 워커에게도 부담이 크다. 나의 공동조사에서도 직원 한 사람이 ADHD 장애아를 계속 쫓아다니는 모습을 봤는데, 고노유비도마레에는 자원봉사자가 많아서 직원들이 중증장애인, 장애아동 이용자를 돌보는 데 집중할 수 있었다.

나는 인터뷰 조사에서 다음과 같은 이야기를 들었다.

> "아이부터 어른까지, 여기 오면 다양한 사람들을 만나니까 즐거워요. 고노유비도마레에 오는 것이 재미있어요." (60대 남성 이용자)

> "난 2주에 한 번 여기 와요. 그러면 전에 왔을 때는 기지 못하던 애가 엉금엉금 기어가기도 하고, 또 가까이 걸어오기도 하고. 말을 건네면 저를 향해 걸어오기도 하고, 그럼 안아주기도 하고. 그걸 지켜볼 수 있어요. 아이들이 변화하는 모습을 기대하면서 또 그다음 주 화요일에 오지요. 애들은 정말 금세 커버리니까요." (90대 여성 이용자)

정점관측을 통해 고령자와 아이의 교류를 확인할 수 있었는데, 가령 고령자가 아이의 움직임을 죽 지켜보다가 곁을 지나는 아이에게 손을 내미는 행위, 기저귀를 갈 때 잘 살펴보는 행위를 발견했다. 아이들이 함께 있어서인지 고령자들 간에 자발적인 교류도 더 일어났다. 원래 고령자들은 서로 자발적으로 교류하지는 않는데, 아이라는 존재가 고령자 간 소통과 교류를 자극한 듯 보였다. 이를 두고 《도야마형 데이서비스》는 "정해진 일이나, 집단적으로 함께 참여하는 프로그램이 없다. 그 대신, 아이들이 함께 지내고 있어서 고령자 간 소통에 도움을 주는 것 같다"고 썼다.

《도야마형 데이서비스》에서는 "고령자, 장애인, 아동이 함께 지내는 게 옳으냐 그르냐를 볼 때, 지금 딱히 악영향은 없다. 그러나 이는 어디까지나 이용자의 주관적 평가이므로 이용자 아동에게 어떤 교육적 효과가 있는지, 고령자가 편안히 지낼 수 있는지에 관해서는 객관적으로 평가해야 한다. 따라서 '도야마형'이 좋다고 보기는 아직 이르다"라고 냉담하게 평가했다.

이용자와 가족

《공생 돌봄 운영과 지원》을 보면, "고노유비도마레 직원은 이용자가 돌봄을 받고 있다는 사실에 대해 심리적 부담을 느끼지 않도록 한다. 이용자는 소중하게 여겨지면서 편안함을 느낀다"고 나와 있다. 이 선행연구에서는 이용자의 가족들이 말한 고노유비도마레의 의의를 다음과 같이 분석했다.

첫째, 이용자가 사회참여를 할 수 있는 곳이라는 점, 둘째, 이용자가 자신의 있는 모습 그대로 있을 수 있는 곳이라는 점이다. 이용자의 가족들은 "우리가 억지로 가라고 한 게 아니고, 본인 스스로 고노유비도마레에 가고 싶어 한다"라고 말했다.

내가 했던 공동조사에서도 이 분석을 뒷받침할 인터뷰 발언이 나왔다.

“지금 우리 가족이 고노유비도마레에 매주 닷새나 가고 있어요. 그렇게 많이 안 가도 될 거라 보는데, 본인이 가고 싶어 하니까요.” (이용자의 가족, 50대 여성)

“아내가 인지증이 있는데, 꼭 고노유비도마레에서 점심을 먹으려 해요. 맨 처음에는 가기 싫어해서 시설 문 앞까지 왔는데도, 안 들어가겠다고 버텼거든요. 그러던 게 한두 달 지나니까 달라져서. 집에 차가 데리러 오면 본인이 나서죠. 지금은 매일 가고 싶어 해요.” (이용자의 가족, 60대 남성)

한편 나의 조사에서 이용자 인터뷰 조사가 가능한 인원은 다섯 명이었는데, 이들 모두 높은 만족도를 나타냈다.

“집도 좋지만, 여기도 좋지요. 여기 오면 용기가 나고.” (70대 남성 이용자)

“여기 있으면 집에 있을 때하고 달리, 외롭지 않아요.” (70대 여성 이용자)

도야마 지역은 기혼 여성 취업률이 높다. 그래서 3대가 같이 사는 집이어도, 낮에는 고령자가 혼자 있는 경우가 많다. 여성의 노동력 비율이 높은 지역은 가족을 돌봄 자원으로 삼기 어렵기 때문에 시설이나 데이서비스 수요가 많다. 데이서비스에 가는 것, 즉 데이서비스 이용은 고령자보다는, 사실 고령자 가족의 니즈다.《공생 돌봄 운영과 지원》에서 사회복지학자 히라노 다카유키는 "데이서비스에 고령자를 맡길 때 가족이 꺼림직해하는데, 고령자가 이용하면서 만족하는 모습을 보이니까 이런 점이 가족의 죄책감을 덜어준다"라고 짚었다(平野 2005). 나의 인터뷰에서 가족이 "(고령자가) 스스로 가고 싶어 한다"고 고령자의 자발성을 강조한 발언도 이를 뒷받침한다.

이 밖의 인터뷰 내용을 소개하면, 60대 남성 이용자는 "몸이 여기저기 아픈데, 여기는 간호사가 있으니 안심이 된다. 여기가 없었으면 지금 난 병원에 입원 중일 것"이라고 했다. 90대 여성 이용자는 "병원에서 지내는 건 고통스럽다. 병원 같은 데서 잠들고 싶지 않다. 힘들었지만 그래도 인연이 되어서 여기 올 수 있었다"고 말했다. 고노유비도마레 대표와 부대표 다 간호사 출신인 점도 이용자들이 안심하는 이유다.

60대 남성 이용자는 "여기서는 딱히 구속하는 게 없다. 성실하게 돌봐주니까 다른 곳에 가고 싶지 않다"면서도 "더 욕심을 낼 수도 있겠지만, 사람 욕심은 끝이 없을 것이다. 좋은 점, 안 좋은 점 두루 생각해볼 때 여기에 있고 싶다"고 했다. 이렇듯 고노유비도마레에 100% 다 만족하는 것은 아니다.

이용자들은 직원을 매우 좋게 평가했다.

"직원 모두 친절해요." (70대 여성 이용자)

"직원 교육이 아주 잘되어 있어서 좋아요. 내가 싫은 거는 하나도 안 해요." (60대 남성 이용자)

이용자들이 이렇게 후하게 평가한 이유는 스스로 한 경험뿐만 아니라 다른 이용자에 대한 돌봄을 봤기 때문이기도 하다.

> "남자 직원도 할머니를 재우고. 여기 직원들 대단하지. 마음먹기에 달렸긴 해도, 여간해서 못 하는 일이지. 착한 일을 하니까 다음 생에서도 꼭 복 받을 거야." (90대 여성 이용자)

> "네 살 먹은 아이를 차에 태워 데려왔어. 보니까 여기 남자애랑 여자애(직원을 가리킴)가 웃고 있어. 내가 왜 그러느냐고 물어보니까 "아이가 병원에 갔는데, 이제 퇴원해서 여기 온 거예요" 하고 눈물을 글썽이는 거야. 나도 갑자기 눈물이 나더라고. 이렇게 마음을 써주나 싶고, 나도 모르게 눈물이 나." (90대 여성 이용자)

다른 시설에 가보거나 지내본 적이 있으면, 이용자는 서비스를 비교할 수 있다. 한 이용자는 다른 시설에 대한 불신감을 드러내면서 고노유비도마레를 좋게 평가했다. 또 한 이용자(80대 여성)는 "전에 고령자끼리, 아동끼리 있는 시설에 있었는데, 그렇게 따로 있는 곳이 싫다"고 했다.

이용자 가족은 고노유비도마레를 좋게 평가했다.

> "여기 없었다면 어떻게 했을지. 엄마가 여기 오가면서부터는 내 생활을 바꾸지 않아도 되니까 좋죠. 진짜 자기 딸이어도, 또 진짜 자기 엄마라도 이렇게 돌보는 건 힘든 일이니까요." (이용자의 가족, 50대 여성)

"원래 부부 둘이 살았는데, 여기에 올 때까지는 내가 계속 혼자 아내를 돌보고 있었어요. 눈을 한시도 뗄 수 없어서 힘들었거든요. 이제 저도 편해졌지요. 집에서는 계속 둘이 같이 있어야 했는데, 아내가 여기 오가면서부터는 저도 일에 집중할 수 있고요." (이용자의 가족, 60대 남성)

남편은 인지증이 있는 아내를 돌보면서도 생계를 꾸리기 위해 일해야 했다. 인터뷰에서는 고노유비도마레에 아내를 맡기고 남편이 안심했다는 점을 알 수 있었다. 이 남편은 다른 시설과 비교해 고노유비도마레를 택했다고 말했다.

"집 근처에 데이서비스 시설은 많이 있어요. 가보더니 아내가 싫다고 해요. 특별양호노인홈에도 넣으려 했는데 아내가 싫어하니까 포기했었죠." (이용자의 가족, 60대 남성)

인터뷰 중 남편은 "아내를 고노유비도마레에 데리고 왔을 때도 처음에는 안 들어가려 하더니 지금은 먼저 앞장선다"고 말했다. 또 "개호보험이 생겨서 좋다"고 강조했다.

"개호보험이 없었더라면, 여기에 데리고 올 수 없었겠죠. 10만 엔 넘게 부담해야 했으면 아마 힘들었을 거예요." (이용자의 가족, 60대 남성)

이용자의 가족은 고노유비도마레 분위기를 보고서 때가 되면 자신도 이용하고 싶다고 했다. 장애가 있는 한 남성(이용자의 가족, 40대)은 "지금 아내를 맡기고 있는데, 언젠가 나도 아내와 함께 오고 싶다"고 했다.

그런데 이용자가 마음 편히 잘 지낼 수 있는지는 이용자의 소통 능력에 달려 있다. 나의 공동연구에 참가한 한 조사원은 "도야마형의 시설에서는 소통 능력이 높은 이용자가 잘 적응한다"고 기술한 바 있다. 사업자와 이용자가 선호에 근거해 서로를 선택하기 위해서는 충분한 선택지가 있어야 한다.

90대 여성 이용자는 "고노유비도마레에 오면 재밌긴 한데, 막상 오기 전날 밤이 되면 기분이 좋은 것 같기도 했다가 좀 처지는 것 같기도 하고, 복잡한 마음이야. 얼마 안 돼서 그런지 나는 아직 여기 오는 게 싫은 것 같아. 사람들하고 같이 있어야 하니까 불안해"라고 했다. 솔직한 속마음일 것이다.

조사를 할 때 매주 이틀 데이서비스 시설에 다니는 이용자를 만났다. 이용자가 "여기에 오면 재밌다"고 말하는 것을 듣고서 "그럼 매일 오고 싶지 않느냐"고 물어봤다. 그러자 이용자는 "아니, 딱 이틀이면 된다. 그 정도가 적당하다"고 답했다. 데이서비스를 찾아내고 시설을 선택한 사람, 서비스를 받으라고 권유한 사람은 고령자의 가족이다. 가족이 집에서 고령자를 돌보는 데 한계를 느낀 것이다. 고령자는 집에 머물기를 원하나, 외로움이나 불안함 때문에 시설에 가겠다고 한다. 아무리 시설이 편한 곳이라고 해도, 거기서 살고 싶은 건 아니다. 개인차가 있겠으나, 이용자가 한 말을 두루 살피면, 이용자 대부분이 자신의 집과 시설에 대해 균형감각을 갖고 있다는 걸 알 수 있다. 데이서비스가 '거택지원사업'의 일환으로 자리매김한 이유이다. 데이서비스가 있기 때문에 이용자는 자신의 집과 지역에서 살아갈 수 있다.

워커와 자원봉사자

이용자도 가족도 높이 평가한 고노유비도마레의 직원은 어떤 사람들일까?

《공생 돌봄 운영과 지원》에 따르면 주요 직원을 관찰해 도출한 결과가 있다. 직원들은 ① 생활원조 기술[30]이 뛰어나다. ② 대인관계 조절 능력이 좋다. ③ 대인관계에서 신뢰를 구축할 능력이 있다. ④ 개호 기술[31]이 뛰어나다. ⑤ 공생 돌봄 모델에 대한 신념이 강하다. ⑥ 현장에서 실천을 하면서 지역사회에 적극적으로 의견을 개진한다. 《도야마형 데이서비스》에서도 "도야마형에서는 워커에게 높은 능력이 요구된다"라고 쓰여 있다.

이러한 특징에 이어, 선행연구에서는 "도야마형의 '공생 돌봄'에는 돌봄에 종사하는 직원에게 동기를 부여하는 것과 직원 연수가 반드시 필요하다"라고 썼다. 그렇다면 고노유비도마레는 동기나 의식도 확실하고 능력도 좋은 이들을 대체 어떻게 모았을까? 또 이들은 어떤 노동조건에서 일할까?

---

30 돌보는 이의 식사, 목욕, 청결 유지, 배설, 휴식, 수면, 옷 입히기와 같은 행동을 돕는 기술.-옮긴이

31 생활원조 기술에 더해 돌보는 이의 착석, 일어서기, 휠체어 이동, 차량 이동을 돌보며 돕는 기술.-옮긴이

고노유비도마레의 직원은 28명(상근 15명)이다. 《소규모 다기능 서비스 조사 보고서》에 나오는 사업소 19곳의 평균 직원이 15명(상근은 평균 6.88명, 비상근은 2명)인 점에 비춰보면, 직원 수가 아주 많다. 고노유비도마레에는 자격증 소지자인 직원이 많다. 간호사 4명, 케어매니저 3명, 사회복지사 1명, 사회복지 지도주사[32] 2명, 보육교사 3명, 초중고교 교원(자격증을 갖고 있는 사람) 3명, 개호복지사 3명, 헬퍼 2급 3명, 영양사 1명, 조리사 1명 등이다. 고학력자도 많다. 그 밖에도 유상 자원봉사자, 무상 자원봉사자들이 있기 때문에 돌봄이 잘 진행된다. 《소규모 다기능 서비스 조사 보고서》에는 한 시설당 인건비는 나와 있으나, 직원별 급여 자료는 없다. 조사 대상이 사업자였기 때문이다. 또 조사한 사업소 19곳의 [운영비 중] 인건비 비율은 평균 61%인데, 고노유비도마레는 72%이다(2002년 수입 지출 내역). 민간기업은 인건비 비율이 70%를 넘기면 유지가 어렵다고 하는데, 이를 감안하면 고노유비도마레에서는 인건비를 꽤 많이 지출하고 있다는 점을 알 수 있다.

나는 공동조사에서 고노유비도마레 직원 모두에게 급여를 얼마나 받는지 묻고, 급여에 만족하는지도 물었다.

면접조사에 참여한 상근직 4명 중 경력자 3명의 월급은 17~18만 엔이고, 입사한 지 1년째인 나머지 1명의 월급은 13만 엔이다. 상근직 4명 중 남성 2명은 30대 대졸이다. 직원의 학력이 높은 것도 이곳의 특성이다. 그리고 이들이 받는 급여는 도야마 지

32 지자체에서 취약계층과 관련한 복지행정을 담당하는 사회복지 전담 공무원으로, 시험을 통해 자격증을 취득해야 한다.-옮긴이

역의 최저임금이 낮고(당시 시급 648엔) 월세가 저렴하다는 점(당시 원룸 월세가 5만 1000엔)을 고려하더라도, 30대 대졸 평균 급여에는 미치지 못한다. 하지만 놀랍게도 어느 직원에게서도 급여에 대한 불만은 듣지 못했다.

이 급여는 실수령액이다. 대표에 따르면, 2002년에 "젊은 직원의 임금은 14~20만 엔, 보너스는 월급의 5개월분"이다(惣万·西村 2003: 867). 면접조사 후 상세한 급여명세서(2006년)를 확인할 기회가 있었는데, 대표와 부대표를 뺀 상근직원 중 연봉 300만 엔을 넘는 이는 16명이었고 그중 400만 엔을 넘게 받는 직원도 2명이 있다. 월급은 실수령액으로 20~27만 엔, 보너스는 월급의 4~5개월분이다. 연봉 300만 엔은 지방에서 혼자 생활하기 충분한 액수지만, 많은 것은 아니다. 기혼자의 경우 맞벌이를 해야만 아이를 낳아 키울 수 있는 급여수준이다.

상근직원 중 대졸 남성 2명은 아이가 없는 30대 기혼 남성이고 맞벌이를 한다. 그중 한 명인 A씨는 회사원[특별양호노인홈 직원]이었지만 고노유비도마레로 이직한 경우다. A씨는 "전에 하던 일에 비해 월급은 줄었지만, 배우자가 이해해준다"고 했다. 또 다른 한 명인 B씨는 수도권 생협에서 이직했다. B씨는 아내가 개호복지사 자격증을 따자, 아내를 따라 자신도 자격증을 취득한 뒤 곧 복지 분야로 이직해서 일하게 되었다. 그는 특별양호노인홈에서 일한 후, 고노유비도마레에 왔는데, 초기에는 아내와 함께 파트타임으로 일하다가 4개월 후 정직원이 되었다. 그는 "특별양호노인홈에서는 월급을 더 받았지만, 애도 없고 하니까 급여보다는 즐겁게 일하는 게 중요하다. 돈에 집착하고 싶지 않다"고 했다. 상근직 여성(30대) C씨는 도야마 지역에서 나고 자랐는데, 사회사업대학을 졸업했다. C씨는 "월급을 더 많이 받으면 물론 좋겠지만, 지금 받는 월급에 맞춰 살면 된다. 혼자 살기는 힘들긴 해도, 그래도 충분하다. 오히려 나는 지금 받는 월급만큼 스스로 잘하고 있는지 모르겠다"고 겸허히 말했다. 또 다른 상근직 여성(20대) D씨는 전문대학을 졸업했고 개호복지사 자격증이 있다. 세금을 제하면 실수령액은 월 13만 엔이다. D씨는 "엄청 조금이지만, 이곳의 월급은 괜찮다"고 했다.

상근직 남성의 경우는 부인의 이해와 협력, 또 자신의 현재 일과 직장에 대한 높은 자기평가가 직업을 유지하는 원동력이다. B씨는 "앞으로 사회복지 주거환경 코디네이터 자격증을 따서, 나도 다른 사업소를 경영하고 싶다"고 했다. 이런 꿈을 위해 고노유비도마레에서 현장 경험을 쌓는다고 생각하기 때문에 임금이 적어도 괜찮다고 봤다. B씨 부부는 이미 도야마 지역에 주택을 마련했는데, 이를 개조해 시설을 열 계획을 세웠다. 지금은 월급이 적어서 미래가 불안하고 또 애를 낳아 키우기도 힘들겠다고 생각하지만, 장래에 대한 기대와 의욕으로 버티면서 고노유비도마레에서 일하는 것을 중심으로 삼아 생애 계획을 세웠다. 승진 기회나 임금 인상이 없는 소규모 직장에서는 장기적 목표가 없다면 낮은 임금으로 버티기 어렵다.

전반적으로 고노유비도마레 직원은 윤리의식이 높다. 또 직원의 이직률이 낮다. 개소 때부터 나의 조사 시점까지 이직을 한 사람은 딱 한 명뿐이었다. 대표와 부대표에 따르면 "일을 마다하지 않는다. 일하고 싶다고 여기에 스스로 찾아온 직원들이 많아서 그런지 확실히 다르다"라며 직원들을 높이 평가한다. 언론 보도를 통해 드러난 고노유비도마레의 신념에 공감해서 온 직원이 많다. 언론 효과가 작용하고 있다. A씨는 특별양호노인홈에서 일하다가 이직한 계기를 "이상과 현실의 차이를 깨달았기 때문"이라고 했는데, [이직 전에] 그는 고노유비도마레에서 한동안 자원봉사를 했다. D씨는 전문대학 졸업논문을 '도야마형 데이서비스 비교연구'를 주제로 삼았다. 논문을 쓰고 난 후, 자신의 연구 결과를 참조해 고노유비도마레에서 일하기로 선택했다.

고노유비도마레가 좋아서, 자기 생활의 일부로 받아들여 이곳에서 지내는 것 자체를 즐기는 직원이 많다. 이용자도 자신의 있는 모습 그대로 편안히 있을 수 있고, 직원도 마찬가지다. 이 점이 장점이다. 모두가 이곳을 일상생활 공간이라고 여기기 때문에, 다른 시설처럼 이용자 모두가 참여하는 이벤트를 벌이지 않는다. A씨는 "자원봉사를 하면서 고노유비도마레에 매력을 느꼈다. 여기는 아무것도 안 하니까"라고 했다.

이곳에서 일하는 케어매니저는 시급 800엔을 받는 비상근직이다. 타 시설과 비교해 보수가 훨씬 적지만, 대표와 친분이 있어서인지 불만은 들을 수가 없었다. 케어매니저는 "대표와 친한 덕분에 여기서 일할 수 있게 됐다"고 했다.

도야마형의 특징은 경영자의 인품, 시설의 매력에 이끌려 인재가 모여들었다는 점이다. 단 경영자(대표, 부대표)라 해도 직원, 자원봉사자와 같이 일상적인 돌봄 업무를 행한다. 여기서도 다시 한번 우리는 《소규모 다기능 서비스 조사 보고서》에서 왜 "경영자가 중요하다"고 썼는지를 알 수 있다.

이곳의 또 다른 특징은 자원봉사자가 있다는 점이다. 약간의 사례를 받는 자원봉사자는 6명인데, 이 가운데 3명은 발달장애인이다. 이들은 전에 고노유비도마레의 이용자였다. 고노유비도마레에는 자원봉사자로 등록한 인원만 100명이 넘고, 초등학생부터 여든 살까지 다양한 자원봉사자가 드나들면서 시설 분위기를 개방적으로 만든다. 많은 자원봉사자가 이용자들을 잘 지켜보고 소중히 대한다. 소우만은 "자원봉사자가 마치 옴부즈맨 같다"면서 그 의의를 다음과 같이 짚었다.

> "사람들이 항상 드나들게끔 해서 시설이 열려 있으면, 그러니까 제3자의 시선이 있다면, 좋은 의미에서 긴장감이 생깁니다. 좋은 돌봄을 하려는 마음이 들지요. 자연스럽게 돌봄의 질을 좋게 유지할 수 있어요." (惣万·西村 2003: 886)

또 자원봉사자는 고노유비도마레를 지역과 연결하는 강력한 지지자들이다. 고노유비도마레의 돌봄을 긍정적으로 평가하고 그 내용을 알린다.

약간의 사례를 받는 자원봉사자는 주 5일 8시 반부터 16시까지 근무한다. 사례비는 월 1만 엔, 보너스는 연간 2회 2~3만 엔 정도다. 이 자원봉사자의 임금 액수는 인터뷰 조사에서 알게 된 것으로, 명세서를 보면 이보다 좀 더 많다. 소우만은 "지금처럼 장애인을 복지 차원에서 고용하는 것이 아니라, 앞으로 여기서 일하는 장애인의 그룹홈을 만들고 싶다. 정부에서 받는 생활보호 지원금이 아니라, 여기서 일해서 나오는 급여로 살아갈 수 있도록 하고 싶다”고 했다. 현재 자원봉사자로 일하는 발달장애인의 급여수준은 대표가 말한 꿈과는 한참 동떨어져 있다. 그러나 급여가 아무리 낮아도, 매일 나가서 일하며 시간을 보낼 수 있는 곳이 있고, 일터에서 기대받은 역할을 해내면서 평가와 보수를 받기 때문에, 자원봉사자로 일하는 발달장애인들은 이곳에서 자긍심을 얻는다. 발달장애인들의 가족들도 좋아하며 감사 인사를 한다. 애초에 고노유비도마레에서는 누가 돌보고 누가 돌봄을 받는 쪽인지 경계가 애매하다고 한다. 원래 이용자로 왔던 이가 사례비를 받는 자원봉사자가 되면서, 이들은 고노유비도마레를 상징하는 존재로 언론에 자주 보도된다. 그렇지만 아직 그 임금과 노동조건에는 과제가 남아 있다. 또 무상으로 자원봉사를 하다가 약간의 사례를 받는 자원봉사자가 되는 것인데, 이렇게 바뀌는 인원이 적다. 그래서 자원봉사자 사이에 갈등도 있다.

자원봉사자와 직원은 하는 일에 책임이 있는지 없는지에 따라 나뉜다. 무상 자원봉사자의 경우, 주로 어린이를 돌보는 일을 한다. 유상 자원봉사자는 설거지, 빨래, 어린이 돌보기를 하는데, 무상 자원봉사자보다 책임과 부담이 더 있는 일이다. 고노유비도마레의 특징 중 하나는 외부에서 온 견학자와 자원봉사자를 구별할 수 없다는 점인데, 거꾸로 말하자면 처음 온 견학자라고 해도 자원봉사자를 할 수 있다는 뜻이다. 조사를 해보니, 무상 자원봉사자 중에는 “이용자에 대해 상세히 알려주지 않아서 불안했다”(10대 여성), “새로운 사람이 끊임없이 오가기 때문에, 내가 하는 자원봉사는 뭐지 싶을 때가 있다”(50대 여성)고 말한 사람들이 있었다.

위험 관리 측면에서는 자원봉사자도 일정한 역할을 한다. 한 자원봉사자는(40대 여성) "이용자들을 주의 깊게 살핀다. 이용자가 다치지 않도록 유의한다"고 했다. 다양한 이용자가 오는 상황에서 움직임이 많은 아이의 경우, 전문지식 없이 단지 지켜보는 역할만 해도 사고 방지에 도움이 된다. 자원봉사자가 있어서 직원은 일손이 더 필요한 중증 이용자를 집중적으로 돌볼 수 있다.

'가족적 돌봄'이란 무엇인가

'도야마형'을 살피면서 나는 한 가지 수수께끼를 생각했다. 바로 '도야마형'을 운영하는 사업자가 모두 '가족적'이라는 표현을 긍정적으로 사용하고 있었다는 점이다. 가령 시설 팸플릿에 대가족이 웃는 사진을 싣거나(고노유비도마레), "진짜 가족은 아니지만, 그래도 우리는 가족"(니기야카)이라고 쓴 문구를 넣기도 했다.

두 선행연구도 고노유비도마레는 분위기가 따뜻하고 '가족적'이라고 평했다.

물론 고노유비도마레의 분위기는 따뜻하다. 일반 주택을 개조해 다다미를 깔았고 이용자도 식판을 사용하지 않는다. 각자 다른 밥그릇과 젓가락을 쓰고, 식사와 간식도 시설에서 만들어 준비한다. 부엌이 가까워서 식사를 준비하면 맛있는 냄새가 퍼진다. 이런 물리적인 배경에 더해, 고령자와 아이가 편히 이야기를 나눈다. 또 이용자는 스스로 자기 역할을 찾아내 자신의 공간으로 삼아 편안히 있을 수 있다. 임종까지 개별 돌봄도 철저하다. 하지만 어느 이용자는 자신한테 [아이와 대화를 나누는] 역할이 있는 것을 두고,

마치 자신이 고노유비도마레에 일하러 온 것처럼 파악하기도 했다. 이용자들은 고노유비도마레를 자기 집이나 가정이라 착각하지는 않았다. 또 '뭐든 털어놓을 수 있는 가족'이란 가정폭력이나 학대를 경험한 이들에게는 그저 신화일 뿐이다. '공생 돌봄 모델'이 '가족적 돌봄'이라고 해도, '공생 돌봄 모델'은 고령자와 아이만 있고 생산연령 인구가 없어서 으레 짐작하는 가족상에 해당되지 않는다.

직원들은 좋은 돌봄을 상징하는 말로 "가족처럼 대한다"든지 "가정적인 돌봄"과 같은 표현을 썼다. 생협의 복지 담당자도 자신들이 하는 돌봄이 전문가들의 돌봄보다 낫다고 자부할 때 "나는 가정적인 돌봄을 한다"든지 "주부가 하는 것처럼 돌본다"는 표현을 썼다.

내가 이런 경향을 수수께끼라고 여긴 이유는 다음과 같다.

반복해서 언급했듯, 애초에 개호보험은 가족 돌봄을 지원·대체·보완하는 공적 복지서비스이다. 즉, 돌봄을 가족의 책임이라고 파악한 복지 보완주의적 정책에 바탕을 두고 성립한 것이 개호보험이다. 사회복지학자 하기와라 기요코는 현재 공적 복지는 감점주의減點主義, 즉 가족 돌봄을 100점 만점으로 보는 시각에서 출발해 나머지 공적 복지는 100점에서 감점을 해나가는 풍조에 바탕을 둔다고 주장했다(萩原 2000). 《도야마형의 데이서비스》에서 "가족의 기능을 돌봄이라고 가정할 경우, 도야마형 사업소는 가족의 기능을 잘 대체하고 있다"고 평가한 대목도 하기와라의 견해를 뒷받침한다(富山型報告書 2005). 돌봄 기능을 담당하면 가족인가? 나는 5장에서 이를 비판적으로 논했다. 돌봄 기능을 하는 것이 가족이라는 전제에는, 현실 가족이 돌봄 기능을 하든 하지 않든 가족이라면 마땅히 돌봐야 한다는 규범성이 분명히 영향력을 미치고 있음을 알 수 있다.

그런데 규범성을 감안하더라도, 여전히 풀리지 않는 수수께끼가 있다. 높은 신념과 뜻을 갖고서, 현장에서 가족조차 하지 못하는 돌봄을 실천하는 이들도 정작 가족 돌봄이 최선이라고 생각할까? 자신들이 하는 돌봄을 두고, 가족 돌봄을 보완하거나 아니면 불행하게도 가족에게 돌봄받지 못하는 이들을 위한 차선책, 대체물로 여기는 것일까? 나는 깊은 회의가 있었고, 그래서 면접조사 때 직원들이 '가족적, 가정적' 등과 같은 단어를 말할 때마다, 끈질기게 묻곤 했다.

《도야마형 데이서비스》에서 조사를 담당한 세키 요시히로는 다음과 같이 말했다.

> 직원들이 왜 "가족처럼 돌본다"고 하는지 모르겠다. 직원들은 사실 '내가 프로로서 돌보고 있다, 이용자의 가족과 달리, 나는 전문적 돌봄을 한다'는 자부심이 있다.

세키는 "가족처럼 돌본다"는 표현에 거리를 두고 해석하면서, "가족처럼 돌본다거나, 주부처럼 돌본다는 말을 자신이 뭔가 양해를 구해야 할 때나 전문성이 없다는 의미로 쓴다"고 말했다. 이런 경향은 생협에서 일하는 이들에게서도 찾아볼 수 있다.

도야마형 사업소는 창업자의 개성이 각자 다양하고 강하게 드러난다. 그래서 마치 개인이 운영하는 가게 같은 느낌을 준다.

데이케어하우스 니기야카デイケアハウスにぎやか[33]도 개성이 강한 도야마형 사업소인데, 대표 사카이 유카코(30대 여성)가 '가족적인 돌봄'이라는 말을 쓰는 이유에 대한 답을 줬다. 니기야카는 도야마형 사업소 중 매우 개성 있게 공생 모델을 실천하는 곳이다. 고노유비도마레처럼 자주 화제에 오르고, 고령자 돌봄 관련 정보지 《브리콜라주Bricolage》 등에도 자주 등장한다. 일반 주택을 개조해 사업소를 열었다가, 3000만 엔의 융자와 일본자전거진흥회의 보조금 2400만 엔을 받아 NPO법인으로 2층 건물을 신축했다. 건물은 지역 목재를 사용해 따뜻한 느낌이 나는데, 데이서비스와 쇼트스테이를 제공한다. 고령자, 장애인, 유아가 이용자다. 사카이는 한부모 여성 가장인데, 니기야카를 열고서 자신의 아이(4세)도 함께 돌봤다. "나는 이곳을 열었기 때문에 아이를 낳고 기를 수 있었다"고 했다.

내가 "가족적인 돌봄은 무엇인지"를 묻자, 사카이는 "아, 그러고 보니 저희는 가족이 하지 못하는 돌봄을 하고 있네요"라고 말을 꺼냈다. "그럼, 가족이 하지 못하는 돌봄이란 건 뭐냐"고 되묻자, 사카이는 이렇게 답했다.

"다정하게 돌볼 수 있어요."

과거에 쌓인 응어리나 기억이 없어서, 가족이 아니라서 더욱 다정해질 수 있다고 한다. 인터뷰 당시, 사카이는 배회 증상이 심한 인지증 이용자와 지내고 있었는데, 사업소에서 같이 자면 이용자도 안정이 되고 본인도 푹 잘 수 있다고 했다. 당시 사카이는 어

---

33 물리치료사 출신 사카이 유카코가 1999년 NPO법인으로 설립한 도야마형 사업소. https://www.nigiyaka.net/.-옮긴이

머니하고는 그렇게 편하게 있을 수 없다고 했다. 내 가족에게 해주고 싶지만 할 수 없는 것을 이곳에서는 기분 좋게 할 수 있다고 했다. 사카이는 언젠가 자신의 어머니에게 돌봄이 필요할 때가 오면, 이곳이 아니라 다른 믿을 만한 곳에 맡길 거라고 했다. “염두에 둔 곳이 있느냐”고 묻자, “있어요. 고노유비도마레로 모실 거예요”라고 답했다. 도야마형이 지역 내에서 점차 성장하고, 확장했기 때문에 사카이가 이런 선택을 생각할 수 있게 된 것이다.

다정하게 돌볼 수 있으려면, 시간(기간) 한정과 같은 조건이 필요하다. 오후 5시까지 돌본다든지 하는 식이다. 가족이 하는 돌봄은 아무리 해도 끝이 없고, 아무리 해도 충분하다고 할 수 없으며, 그래서 부담감을 수반한다. 사회학자 이구치 다카시가 언급한 ‘무한정성無限定性’이다(井口 2002). 앞서 2장에서도 언급했듯, 집에서 가족을 돌보는 이가 집을 ‘수용소’(信田さよ子 2004)로 느끼거나, 자신의 돌봄을 ‘강제노동’(Daly 2001)으로 느낄 때는 집에서 도망칠 곳이 없을 때다. 도망치기를 선택할 수 없어서 답답하고 꽉 막힌 심정을 느끼는 가족에게 집은 수용소가 될 수 있고(信田さよ子 2003), 강제노동이 될 수 있다(Daly 2001).

소규모 다기능 사업소에서 하는 ‘가족적 돌봄’을 결코 가족을 대신할 돌봄으로 봐서는 안 된다. 이 책에서 내가 취한 복지다원사회 모델 관점에 따르면, 관·민·협·사 부문은 각기 역할을 분담하나, 한 부문이 다른 부문을 대체할 수 없다. 가령 가족(사 부문)은 이용자의 생사와 관련된 의사를 결정해야 하거나 심리적 지원을 하는 것과 같이, 가족으로서 역할이 있다. 협 부문은 어디까지나 대가를 받으면서 프로가 아니면 할 수 없는 돌봄을 제공한다는 점을 자각하고, 이에 자긍심을 가져야 한다.

'가족처럼 돌본다'는 표현은 가족 돌봄이 가진 무한정성을 은폐하고, 또다시 이를 이상화한다. 이런 표현이나 감각은 복지를 단지 가족을 보완하는 역할로 파악하고 마는 결과를 초래한다.

복지경영 관점에서 본 '도야마형'

10장에서 나는 복지경영이 ① 돌봄을 받는 쪽과 주는 쪽 양쪽 이익을 최대화할 수 있도록 ② 지속가능한 사업을 하고 ③ 소프트와 하드를 아우르는 경영 관리 ④ 시민 합의와 자원을 조달하며 ⑤ 사회적 설계의 제안과 실천을 가능하게 하는 것이라고 정의했다.

《도야마형 데이서비스》에서는 "도야마형의 '공생 돌봄'에는 돌봄에 종사하는 직원에게 동기를 부여하는 것과 직원 연수가 반드시 필요하다"고 했다. 내가 수행한 조사에서도 경영자에게 높은 신념이 있고, 이용자와 그 가족에게 높은 평가를 받으며, 워커에게 열의와 높은 윤리의식이 있을 때 도야마형을 유지할 수 있다는 점을 확인했다. 그렇다면 고노유비도마레 사례는 어떤 조건에서 만들어졌고, 어떻게 해야 지속가능할까?

단적으로 말해, 고노유비도마레를 비롯해 NPO의 선진적인 돌봄은 ① 독지가라고 할 만한 창업자가 자기 재산으로 초기 투자를 하고 ② 열의가 있고 유능한 워커가 ③ 수당 없이 시간 외 잔업을 하는 등의 저임금을 받는 것으로 유지되고 있다. 또 앞서 내가 '미디어 효과'라고 쓴 ④ 창업자 이득도 하나의 요인이다.

지역사회복지학자 세키는 ① 초기 투자에 대해 다음과 같이 말했다.

> 도야마형 사업소는 일반 주택을 그대로 쓰거나 개조해서 쓴다. 이 점에서 지방과 수도권의 차이가 크다. 지방 도시는 초기 투자 리스크가 적다. 지방은 주택 자원이 풍부해서 유리하다. (세키 요시히로 인터뷰 조사)

그런데 아무리 지방이라도 토지와 건물을 포함하면 초기 비용으로 수천만 엔이 필요하다. 쉽게 마련할 수 있는 금액이 아니다. 민간 금융기관에서는 융자를 거절당하게 마련이고, 대부분은 시민들의 소액 기부금에 기댄다. 시민사업체 창업자들은 이렇게 [초기 비용을 마련하느라] 줄타기를 하는 게 현실이다. 공적인 창업 지원 제도를 갖춰가는 중이긴 하나, 초기 창업자들에게는 별 이득이 없다.

② 도야마형 사업소의 워커들은 고학력에 여러 자격증이 있고, 윤리의식도 매우 높다. 휴일에도 "이용자가 아무래도 신경이 쓰인다"면서 자발적으로 출근하며, 게다가 무보수인 시간 외 업무도 마다하지 않는다. 나와 공동연구를 수행한 사회학자 아베 마사히로는 이를 두고 "과로하는 워커"라고 했다(阿部 2007). 워커들은 경영자를 따라서 과로하게 되는데, 경영자가 개호보험이 적용되지 않는 종말기 케어를 하거나 무상으로 숙박을 제공하는 모습에 존경과 신뢰가 생겼다고 했다. 비영리 시민사업체에서는 '이용자의 니즈가 있을 때 결코 도망가지 않고, 이에 부응한다'는 것이 신념으

로 작용하나, 이 때문에 가혹한 장시간 노동을 하는 것도 현실이다. 이 점은 이미 생협의 워커즈콜렉티브 사례에서도 살핀 바 있다.

③ 보수는 말할 나위 없이 낮다. 지방도시에서 생활비는 적게 들긴 하나 임금수준은 혼자서 생활할 수 있는 정도에 불과하다. 결혼해서 아이를 키우기는 어려울 것이다. 대졸 남성 직원이 이 수준의 임금을 견딜 수 있는 이유는 나중에 자기도 관련 사업소를 열 계획이 있기 때문이다. 이렇듯 장래 경영자가 될 계획을 세우고 훈련 삼아 일한다든지, 일터를 정말 편안하게 느끼는 것과 같은 부가가치가 없다면 현 수준의 보수에 만족할 수 없을 것이다.

④ 신문이나 지역 대안언론 등에서 도야마형 사업소를 보도한 덕분에 이용자를 모집할 때나 직원을 구할 때 유리하다. 기부나 지원을 모으는 데도 언론 보도는 무시할 수 없는 힘을 발휘했다. 이는 눈에 보이는 않지만, 선진적 돌봄사업의 개척자가 갖는 일종의 창업자 효과라고 할 수 있겠다. 이런 미디어 효과는 워커가 자신의 일에 자부심을 느끼도록 작용하기도 한다.

그런데 도야마형은 지역명 '도야마'가 붙은 것에서 알 수 있듯, 지역도시형 사업 모델이다. 도야마형은 초기 투입 비용이 적게 들고(토지와 건물이 싸다), 저임금이라도 직원을 모을 수 있지만(최저임금이 낮지만 생활비가 적게 든다), 대도시에서 전개하기는 어렵다고 봐야 할 것이다. 대도시에서는 불황으로 고용기회가 없을 때 성별, 나이, 장애 유무 등 노동 시장에서 불리한 이들을 관련 노동자로 구할 수 있다. 그러나 경기가 회복되거나 고용이 확대될 때 복지 관련 취업자는 현저히 줄어든다. 사회복지학과 졸업생도 복지 분야로 취업하지 않는다. 도야마형을 적용한 사업소조차 직원 모

집에 애를 먹는다.

즉, 도야마형이 성립하려면, 윤리의식이 높은 워커가 저임금으로 일해야 한다. 이런 면을 감안할 때, 도야마형 사업소에서 워커를 구하기 위해서는 돌봄 관련 시설 창업 계획 전망이나, 아니면 [사업소에서] 관련 자격증을 취득하게끔 하는 경력 관리 계획이 있어야 할 것이다.

개호보험이 도입, 시행되면서 제도 시행 전부터 사업을 펼치던 돌봄 관련 사업소는 경영 면에서 크게 안정됐다. 적자가 나던 사업소라도 채산에 맞춰 적자를 상쇄하고 초기 투자를 회수해 다음 투자를 할 수 있을 정도의 수익을 얻을 수 있게 되었다. 도야마형의 경우 대부분 인건비 비율이 70% 이상이다. 민간 영리기업에서는 있을 수 없는 수준이다. 그런데도 놀랍게도 고노유비도마레, 니기야카는 인건비 비율이 현저히 높아서 경영이 쉽지 않을 텐데도, 이익을 내서 세금을 내고 있다.

복지다원사회에서 협 부문 시민사업체의 특징은 경영 효율도 높고, 노동분배율도 높다는 점이다. 소규모 다기능 사업소의 경영비는 상대적으로 낮다. 예를 들어 경영자가 자발적으로 실무를 하면서 노동자 교육 연수를 했고, 언론 효과와 입소문을 타서 광고비도 들지 않았다. 하지만 경영자들은 임금을 올리지 않는다. 시민사업체의 노동분배율(인건비 비율 70%가 상한선)을 보면, 임금은 억제한 채, 직원 수를 더 늘리는 식으로 서비스를 제공하려 한다. 또 다음 투자로 이어나가기를 선택한다. 시민사업체의 경영자도 임금에 시세 이상을 주지 않고 노동분배율을 개선하지 않는다.[34]

NPO라고 해서 임금이 낮아도 된다고 보면 안 된다. 세금을 낼 수 있을 정도로 여유는 있지만, 노동분배율이나 임금을 높이는 선택을 할 수 없는 것인가? NPO에서 일하면 당연히 민간 영리기업보다 노동조건이 안 좋아도 된다고 보는 '상식'은 언제까지 계속될 것인가? 윤리의식이 높고, 자부심을 갖고 일하는 노동자가 좋은 노동조건으로 일하는 것을 막을 이유는 없다.

고노유비도마레의 대표와 부대표의 급여는 합쳐서 월 70만 엔, 연봉으로 치면 보너스 없이 840만 엔이다. 대표와 부대표는 "아주 많이 받고 있다"고 했지만, 헌신적으로 일하고 리스크에 대한 투자도 하는데 그에 대한 보상으로 보면 많다고 볼 수 없다. 개인 소유의 토지와 건물을 NPO법인에 무상으로 제공하면서 차기 투자를 위해 축적했기 때문에 '고노유비도마레 무카이'와 '고노유비도마레 차야'의 토지와 건물을 취득할 수 있었다. 많은 벤처기업에서 오너 경영자가 큰 이익을 가져가는 것을 생각해보면, 사회적 기업의 창업자가 공공의 이익을 위해 리스크 투자까지 하고 보수를 적게 받아야 할 이유는 없다. 사회적으로 가치 있는 일이라면, 그에 맞는 사회적 평가와 보수가 따르는 게 당연하지 않은가?

고노유비도마레는 복지경영의 조건 가운데 ④ 시민 합의와 자원 조달 ⑤ 사회적 설계의 제안과 실천을 충족한다. 많은 사람이 오가기 때문에 개방성이 높고, 자원봉사자는 100명이 넘는 등 지

---

34 13장까지 논의해온 생협 계통 시민사업체에도 같은 경향이 보인다. 그린코프연합의 워커즈콜렉티브는 대부분 개호보험사업에 참여하기 전에도 이익을 냈는데, 이는 스스로 노동의 대가를 낮게 설정했기 때문이다. 그린코프연합에서 출발한 워커즈콜렉티브는 그린코프연합(생협)이 출자한 복지연대기금으로 활동했기 때문에 이용료나 구성원의 보수를 결정할 권한은 없었다. 하지만 워커즈콜렉티브나 생협 내에서도 노동분배율을 높이자는 의견은 나오지 않았다.

역 내 인적자원을 조달할 수 있는 능력이 있다. 데이서비스 시설이나 그룹홈은 한때 지역에서 혐오 시설로 취급당했으나, 이제는 지지를 받고 있으며 완전히 지역에 녹아들었다.

정책 제안 능력도 살펴보자. 고노유비도마레는 2003년부터 도야마현과 도야마시 당국과 함께 '도야마형 소규모 다기능 시설 창업 세미나'를 실시해왔다. 내가 조사를 수행하던 시점에 이 세미나는 수료생 총 60명(1기 20명)을 배출했는데, 실제 수강생의 창업 비율은 60%로 매우 높았다. 이렇게 씨를 뿌리면서 도야마형이 점차 성장했다. 도야마형 사업소는 [공생 돌봄을 위해] 대부분 주택가에 자리 잡고 있어서 [통학구역당 사업소 총량 규제가 실시되기 전에는] 한때 사업소 간에 이용자를 서로 데려가려고 쟁탈전이 벌어졌다고 한다. 사업소가 늘어나자, 이들의 연합체인 '도야마케어넷'이 조직되었고, 소우만이 대표를 맡고 있다. 내가 조사를 하던 시점에 가입 사업소 수는 26개였는데, 2010년에 55개로 늘었다.[35] 이미 썼듯 '도야마케어넷'은 행정 당국에 창업 지원을 요구하며 교섭했고 또 도야마형 복지특구를 실현시켰다.

인터뷰 조사 때 소우만은 "개호보험 이용자 중 소규모 다기능 시설 이용자가 10% 정도면 적당하다"고 했다. 도야마형이 개호보험 이용자 전체에 효력이 있다고는 과대평가하지 않았다. 그런데 개호보험 이용자 중 10%만 해도 매우 많다. 도야마형이 성장하면서 고노유비도마레 창업자들이 애초에 뜻한 바는 이루어졌다. 고

35 2022년 집계로 도야마케어넷에 가입된 사업소는 125개이며, 도야마형 사업소 수는 일본 전국에서 2000개에 이른다.-옮긴이

령자의 불필요한 장기간 입원이 줄었다. 집에서 임종을 맞이하고 싶다는 고령자를 지원할 수 있다면, 도야마형은 노후의 대안적 생활방식을 제시한 셈이다.

후생노동성은 2006년 개호보험 개정 때 소규모 다기능 서비스 시설에 포괄계약 정액제를 도입했고, 그 결과 도야마형 시민사업체의 경영 상황은 악화했다. 포괄계약 정액제는 사회보장비 총량 규제라는 배경에서 나온 제도로, 사업자나 이용자에게 이점이 별로 없다. 그래서 포괄계약 정액제를 실시하겠다는 사업소는 적다. 역설적이게도, 소규모 다기능 시설의 상징인 고노유비도마레는 개호보험 내 소규모 다기능 서비스 시설로 전환하지 않았다. 그 이유는 제약이 많기 때문인데, 고노유비도마레는 개호보험을 활용하면서도, 한편으로는 개호보험을 벗어나 현장의 니즈에 대응해 유연하게 서비스를 제공하고 있다. 이런 줄타기 덕분에 선진적 시민사업체가 경영을 지속할 수 있다. 이것은 기적이라고 할 수밖에 없다.

15장 관 부문의 성공과 좌절: '케어타운 다카노스' 사례

관 부문과 협 부문의 경계

협 부문 사업체는 영리를 목적으로 삼지 않는다. 관 부문 역시 비영리 공공성을 이끌어가는 주체의 사업체다.

관련 연구자들은 '새로운 공공성'이나 '비영리협동 부문'으로 부르기도 하는 협 부문에 사회복지법인이나 사회복지협의회, 복지공사를 포함할지 계속 고민해왔다. 행정 당국이 시혜적 조치로 구빈 대책의 일종으로 복지를 하던 시대에 사회복지법인은 특별양호노인홈과 같은 시설을 위탁받아 운영했다. 그런 가운데 시설 입주자는 '이용자'로 인식되지 못했고, 자기 권리를 주장하는 일도 드물었다. 또 사회복지협의회나 복지공사는 명칭에서 알 수 있듯 관에서 출자한 외곽단체로 인사권과 경영권이 행정 감독하에 있었다.

일본에서 사회복지법인이나 복지공사는 제3섹터로 분류된

다. 그런데 협 부문에서 사업체가 등장하자, 사회복지법인이나 복지공사가 제3섹터로 분류되기를 스스로 거부했다는 점을 생각해 보자(上野 2007). 복지 관련 비영리법인 연구자 대부분도 사회복지협의회나 사회복지법인과 거리를 두려 한다. 일본에서 '제3섹터'는 반은 관官이고 반은 민民인 영역, 주로 관이 출자한 행정 당국의 외곽단체를 가리키는 용어로 쓰여왔다. 그래서 일본에서 '제3섹터' 개념은 비영리 부문의 대표적 연구자 샐러먼이 '새로운 공공성의 주체'라고 한 '비영리 섹터'(Salamon 1992; 1999), 또는 사회적 경제 연구자인 페스토프(Pestoff 1992), 에베르스와 라빌(Evers & Laville 2004)이 말하는 '제3섹터'와 비슷하게 보이지만 분명 다르다.[1] 즉, 일본에서 '제3섹터'는 '유사정부 조직QUANGO, quasi-autonomous non-governmental organisation'이라고 볼 수 있다.[2]

1990년대 일본 정부의 행정 개혁 노선의 영향으로 지자체들이 복지서비스를 직영하는 방식을 피하는 경향이 발생했고, 점차 외부 단체에 복지서비스를 위탁하게 되었다. 위탁처는 주로 사회복지법인, 사회복지협의회, 복지공사와 같은 공익단체로, 행정 당

---

1 샐러먼은 '비영리 섹터'가 정부나 시장의 실패와 같은 틈새 영역에서 소극적, 보조적 역할과 기능을 담당하는 것이 아니라 공공서비스에 대한 정부의 대안으로서 적극적인 역할을 수행한다고 본다. 에베르스는 시장 부문, 공공 부문, 비공식 부문 등 서로 다른 영역 간에 자원과 원리를 매개하는 시민사회 내의 공공 영역을 '제3섹터'라고 규정한다.-옮긴이

2 유럽과 미국의 NPO 연구자들도 비슷한 고민을 안고 있다. 유럽이나 미국에서는 전통적으로 비영리 봉사단체로 종교단체(천주교, 개신교 교회)가 조직이나 규모에서 큰 역할을 하는데, 국가·시장과 분명히 구별되는 이러한 종교적 영역을 '새로운 공공성'이나 '제3섹터'로 포함할지 고민하는 것이다. 대부분의 연구자는 포함해서는 안 된다고 본다.

국의 외곽단체가 많다. 이러한 외곽단체를 나는 관 부문으로 본다. 이미 밝혔듯 외곽단체는 경영비용의 비효율성이라는 문제를 안고 있는데, 그 외에 또 어떤 문제가 있을까?

이 장에서는 고령자 돌봄에서 협 부문의 상대적 우위성을 관 부문 사례와 비교하며 논한다. 여기에서 살펴볼 관 부문의 사례는 한때 '일본 제일의 복지 마을'로 이름을 떨친 아키타현의 다카노스 마을(현재 기타아키타시로 합병)에서 재단법인 다카노스복지공사가 운영한 케어타운 다카노스[3]다. 이 장은 관 부문의 돌봄을 폄훼하기 위한 글이 아니고, 관 부문의 고령자 돌봄 실천 모델 가운데 가장 우수한 성과를 이룬 사례가 어떻게 좌절하게 되었는지 점검하기 위한 글이다. 여기에서 관 부문은 무엇을 할 수 있고 무엇을 할 수 없는지, 협 부문이 관 부문의 경험을 검토해 배워야 할 교훈이 무엇인지를 찾고자 한다.

일본에서 제일가는 복지를 목표로 삼은 마을

일본 최초의 복지공사는 복지에서 앞서가는 지역으로 알려진 수도권 무사시노시에 위치한 재단법인 무사시노복지공사(1980년 임의단체로 출발해 1988년 재단법인이 됨)다. 무사시노시가 기본자본 100%인 약 4억 엔을 출자했고, 1981년에 일본 최초로 유료 재

3 현재 기타아키타시 사회복지법인 사회복지협의회에서 운영하는 케어타운 다카노스의 홈페이지 주소는 다음과 같다. http://kitaakita-shakyo.or.jp/caretown/.-옮긴이

택 돌봄서비스 사업을 시작했다. 현재 일본에 복지공사(전국복지공사연락협의회에 등록한 단체)는 32개가 있는데, 다카노스복지공사도 그중 하나다.

여기서 다카노스복지공사가 운영하는 케어타운 다카노스 사례를 살피려는 이유는 다음과 같다. 다카노스복지공사가 경영하는 개호 노인보건시설 케어타운 다카노스는 덴마크형 복지를 모델로 삼고 하드, 소프트 면에서 일본 제일의 고령자 복지를 자랑했다. 한때 견학자가 연간 4000여 명이 모여들 정도로 '복지의 성지'와도 같은 곳이었다. 그런데 지자체가 정책을 바꾸면서 사업의 규모가 축소, 후퇴했고 그 지위도 떨어졌다. 개호보험 시행 안팎의 10년 남짓한 짧은 기간에 성공과 좌절의 양극단을 경험한 독특한 사례다.

이곳이 성공과 좌절을 두루 겪은 배경에는 다카노스 마을의 지방자치를 둘러싼 치열한 대립이 있었다. 관 부문의 복지서비스는 지자체 복지 정책에 직접적으로 의존하는데, 케어타운 다카노스의 성공과 좌절 사례는 고령자 복지 측면뿐 아니라, 지방자치의 특수한 사례로도 살필 수 있어서 관련 연구자들의 관심이 집중되기도 했다. 케어타운 다카노스 사례를 보면 중앙정부와 지방정부의 정치적 이해관계가 엇갈리는 가운데, 관 부문 고령자 돌봄에서 무엇이 가능하고 무엇이 한계인지를 알 수 있다.

다카노스 마을은 2005년 지자체 합병으로 기타아키타시 일부가 되어 지금은 마을 이름이 사라진 상태다. 이 장에서는 다카노스 마을을 연구 대상 지역으로 삼고 인구 등 지역 특성을 본다. 나는 2005년에 현지 조사를 실시했고,[4] 통계 데이터는 2003~2004

년의 것이다. 나중에 이야기하겠으나 이 시기는 케어타운 다카노스의 운명이 어두워지는 전환기라서, 이 시기 안팎을 비교하면 큰 의의가 있을 것으로 봤다. 15장에서 제시한 데이터는 내가 실시한 조사연구 결과인《주민참여형 지역복지의 비교연구》(東京大学社会学研究室·建築学研究室 2006)를 따른다.

다카노스복지공사에 대한 선행연구는 주로 케어타운 다카노스를 성공 사례로만 주목한 경우가 많았다(岩川·大熊 2003; 橘 2000; 外山 2000). 그러나 전환기인 2003년 이후, 2010년 안팎에 이르러서야 이곳의 좌절을 다룬 연구가 나타나기 시작했다(大友 2004; 大友 2008; 朴 2007, 2009; 明路·塚口 2009). 이 장은 그러한 선행연구에서 영향을 받았다. 다카노스 마을의 고령자 복지를 연구 사례로 삼는다면, 이곳에서 복지가 성공할 수 있었던 이유뿐만 아니라, 성공한 복지가 좌절하게 된 이유가 무엇인지 두 질문에 동시에 답할 수 있어야 한다. 그리고 이 질문과 답이 관 부문 복지사업의 특징과 어떻게 관련되는지를 고찰해야 한다.

케어타운 다카노스의 설립 배경과 역사

이 장에서는 다카노스복지공사와 케어타운 다카노스를 다룬다. 케어타운 다카노스는 1999년 개설한 개호 노인보건 종합 시설

4 2005년 3월에 예비 조사, 2005년 7월에 본 조사를 했고 이듬해 2006년에 추가 조사를 했다.

〈표 5〉 다카노스 마을 복지 연표

1991년	4월	이와카와 데쓰 마을 정장 당선
1992년	4월	복지 전문가 등이 '복지 마을 만들기 간담회' 발족
	6월	'복지 마을 만들기 간담회'에서 주민활동그룹 발족
1993년	2월	주민활동그룹이 고령자종합복지시설을 건설하자고 제안→ 지자체 중 처음으로 24시간 대응 홈헬프 서비스 실시
1994년	3월	다카노스 마을, 고령자종합복지시설 '케어포트 다카노스'를 계획하고 예산안을 의회에 제출, 유권자 65%에 해당하는 주민 1만 1578명이 고령자종합복지시설의 조기 건설을 촉구하는 서명을 의회에 제출, 의회에서 부결
1995년	4월	이와카와 데쓰 정장 재선, 2기 시작
	5월	케어포트 다카노스 안을 대신해 케어타운 다카노스를 계획
1996년	2월	케어타운 다카노스 계획예산안을 의회에 제출, 의회에서 부결
	3월	정의회 선거
	6월	검토한 케어타운 다카노스 계획예산안을 새 의회에 제출, 의회에서 가결
1997년	3월	주민활동그룹이 시설 기본 설계에 대해 제언
	9월	케어타운 다카노스 건설 공사 착수
1998년	4월	주민활동그룹 케어타운 탐험대에 건설 중인 케어타운 다카노스 일부를 개방, 마을 주민 700명이 참가해 90가지 항목에 달하는 개선안을 제언
	12월	케어타운 다카노스 완공, 다카노스복지공사가 재단법인 인가를 받음
1999년	3월	케어타운 다카노스 일반 공개, 나흘간 견학자가 2600명에 달함
	4월	이와카와 데쓰 마을 정장 3선 당선, 이와카와 정장에 맞설 후보가 없었음, 케어타운 다카노스 개관
2000년	4월	보조기구센터 다카노스 개관
2001년		다카노스 마을 고령자 안심조례 제정
2002년	4월	지원센터 다카노스 개관

2003년	3월	의회, 다카노스복지공사 운영보조금 7000만 엔 전액 삭감 의결
	4월	이와카와 데쓰 마을 정장 낙선, 기시베 스스무 마을 정장 당선, 다카노스복지공사는 잠정 예산으로 케어타운 다카노스 운영 시작→ 케어타운 다카노스 초대 전무이사, 간호부장 사임
	5월	케어타운 다카노스 노동조합 결성, 다카노스복지공사 운영보조금이 의회에서 가결
	7월	푸드센터 다카노스 신체장애인 보호작업장 개관
	9월	케어타운 다카노스 업무 개선 조사를 해서 조사원 4명이 의회에서 보고
	11월	'마을 주민이 케어타운 다카노스 업무 개선 조사원에게서 조사 내용을 듣는 모임' 개최
	12월	마을 의회에서 마쓰바 마을 그룹홈 폐지안이 가결
2005년	3월	마쓰바 마을 그룹홈 폐지 결정, 다카노스복지공사 이사장으로 주민활동그룹을 거친 건축사 마쓰하시 마사코가 취임
	4월	지자체 합병으로 다카노스 마을은 기타아키타시가 됨, 시장으로 전 다카노스 마을 정장인 기시베 스스무 당선, 구 다카노스 마을 기존 개호보험 한도액 넘은 서비스에 대해 독자적으로 개호보험 수급하도록 하던 서비스를 폐지하고 개호보험 한도액에 대해서 이용자 전액 부담으로 함
	9월	기타아키타시 의회, 고령자안심조례 폐지
	10월	케어타운 다카노스에 재정 지원 제로 선언
2006년	4월	기타아키타시, 케어타운 다카노스에 지정관리자제도를 도입, 다카노스복지공사가 계약 기간 2년으로 지정관리자가 됨
2007년	9월	기타아키타시, 케어타운 다카노스의 지정관리자로 기타아키타시 사회복지협의회를 결정(이듬해 4월부터 이관하고 계약 기간은 10년으로 정함)
	11월	다카노스복지공사는 기타아키타시의 결정에 불복해 소송 제기(그러나 2009년에 아키타 지방법원에서 전면 기각)
2008년	4월	케어타운 다카노스 지정관리자로 기타아키타시 사회복지협의회 이관, 다카노스복지공사는 업무를 축소해 유지
2010년	7월	기타아키타시 시장 선거에 이와카와 데쓰 전 다카노스 마을 정장이 출마, 낙선.

(케어타운 다카노스 2003년 팸플릿을 기초로 작성한 것이며,2004년 이후는 필자가 추가함)

로 정원은 80명이다. 쇼트스테이 시설(정원 30명), 데이서비스 시설(케어타운 30명, 서포트 하우스 20명)이 있고, 배식, 방문개호, 방문간호, 거택개호 지원사업, 재택개호 지원센터, 복지용구 판매와 대여(보조기구센터 다카노스) 서비스를 실시한다.

2008년 3월까지는 다카노스복지공사가 케어타운 다카노스를 운영하는 형태였는데, 지정관리자제도[5]가 생긴 후 2008년 4월부터 관리·운영 주체는 기타아키타시 사회복지협의회가 되었다. 다카노스복지공사는 케어타운 다카노스를 경영하던 당시에 이미 거택개호 지원사업, 방문간호, 복지용구 판매 등에서 사업 규모를 줄였다. 나는 케어타운 다카노스 시설 내의 노인보건시설을 중심으로 돌봄서비스를 논할 것이다.

케어타운 다카노스 시설은 넓은 부지에 지은 콘크리트 단층 건물로, 총면적은 8593m²다. 원래 계획은 '케어타운'이란 명칭에서 알 수 있듯 주택, 학교, 운동장, 수영장 등 종합 시설을 완비하고 복지 중심 마을을 만들려던 것인데, 도중에 실패했다. 다카노스 마을 근처에 공항이 건설되면 외부에서 인구가 흡수돼 활기찬 마을이 되리란 기대가 있었다. 케어타운 다카노스는 8장에서도 소개한 건축가 도야마 다다시(설계 당시는 도호쿠대학 교수로 재직)가 설계했다. 전 시설을 개인실 유니트 케어로 마련해 주목받았고, 많은 이가 견학을 왔다. 2002년 후생노동성이 새로 짓는 특별양호노인홈 시설의 설계 기준에 유니트 케어를 넣자, 케어타운 다카노스는 하

5 지방 공공단체뿐 아니라 민간기업이나 시민단체 등에도 공공 시설의 관리 운영을 맡길 수 있도록 한 제도. 고이즈미 정권 시절 신자유주의적 행정 개혁의 하나로 도입되었다.-옮긴이

드 면과 소프트 면 측면에서 모두 주목을 받았다.

다카노스 마을은 기타아키타시로 합병되기 전에 인구는 2만 1000명이었고, 인구 고령화율은 28%였는데 이는 같은 해 전국 평균인 19%보다 높은 수치였다. 2004년 지자체 합병으로 다카노스 마을과 그 주변 산간 마을을 통합한 기타아키타시는 인구 4만 명, 고령화율은 32%였다. 이 가운데 75세 이상 후기 고령자율은 15.7%로 전국 평균인 8.7%의 약 2배에 가까웠다.

다카노스 마을은 아오모리현과 인접한 곳으로 북쪽으로는 시라카미 산지가 있다. 전형적인 인구 과소화過疎化[6] 지방이다. 이런 곳이 일본에서 제일가는 복지 마을로 주목을 모은 데는 다음과 같은 경위가 있다(〈표 5〉 참조).

1991년 이상을 꿈꾸는 젊은이 이와카와 데쓰(당선 당시 42세)가 다카노스 마을 정장町長[마을의 장]으로 당선됐다. 이와카와는 주민 대상으로 마을을 위해 무엇을 할지 의견 조사를 했는데, 고령화율이 높은 다카노스 마을 주민들이 고령자 복지에 높은 관심이 있다는 사실을 알게 되었다. 일본의 국제청년회의소JCI, Junior Chamber International의 초대 이사장이자 자민당 당원(당내 부부장)인 이와카와가 처음부터 다카노스 마을을 복지 마을로 만들겠다는 공약을 내걸고 정장으로 당선된 것은 아니었다. 이와카와가 마을 주민 의견 조사 후 복지 마을 만들기를 추진하자, 지역 의회에서 이와카와가 속한 자민당 의원들은 반대를 표명하고 야당인 공산당이 중심이

6 지역 인구가 줄어서 교육, 의료, 경제 등에서 일정한 생활 기반을 유지하기 어려운 상태가 되어가는 것.-옮긴이

되는 희한한 구도가 생겼다.

지역 의원 다수와 대립하는 구도 안에서 이와카와는 1992년 주민참여형 지방자치를 위해 주민활동그룹을 조직했다. 그러자 처음에는 마을 주민 60명으로 시작해, 최전성기에는 100명 넘는 이들이 활동하기에 이른다. 주민활동그룹은 육아 지원, 유원지 만들기 등 15가지 주제에 따라 소그룹을 나눴는데 고령자 복지가 주민활동그룹의 활동 중심 과제였다.

이와카와는 주민활동그룹이 "주민들이 의회에 불만을 가져 생긴 것"이라고 했다. 주민활동그룹에 참가한 주민들의 요구는 각기 다양했는데, 마을 행정이 불만인 사람, 자신의 고민을 어떻게 해결할지 모르는 사람 등 주민들이 자발적으로 참여하며 마을 당국에 요구할 수 있는 모임이 되자 활기를 띠었다. 일반적으로 주민참여형 직접민주주의는 의회정치와 같은 대의민주주의와는 달리 우회적인 방법을 써서 정책 결정이나 정치에 참여하여 일종의 의회 기능을 하므로 의회에서는 주민활동그룹에 대한 반발이 거셌다. 주민활동그룹에 의지하는 이와카와 정장과 의회는 여러 차례 대립했다.

주민 의견 조사 후 복지 마을을 만들겠다는 포부를 갖게 된 이와카와는 1992년에 복지 선진국으로 알려진 덴마크를 방문하고 온다. 이때부터 이와카는 다카노스 마을을 덴마크처럼 만들자는 목표를 세웠고, 고령자 재택 돌봄을 지원하는 복지를 하겠다면서 사회복지협의회에서 보내는 재택 헬퍼를 5명에서 30명으로 늘렸다. 1993년에는 일본의 지자체 가운데 처음으로 24시간 대응 재택 헬퍼 파견사업을 실시해 주목을 받았다.

이와카와는 단지 덴마크의 복지수준에만 감탄한 것이 아니었다. 덴마크에서 높은 수준의 복지가 가능한 것은 단지 덴마크가 인력이나 재원이 풍부해서가 아니라 '이용자 민주주의'[7]가 뿌리내렸기 때문임을 깨달았다. 그래서 덴마크 연수에서 돌아온 이와카와는 다카노스 마을 주민의 주민활동그룹과 같은 주민참여 방식을 더욱 추진하게 되었다.

1993년에 주민활동그룹이 마을에 고령자종합복지시설을 지으라고 제언하자 이를 받아들여 이와카와는 1994년 고령자종합복지시설 케어포트 다카노스 건설 계획 예산안을 의회에 제출한다. 케어포트 다카노스 건설 계획안은 당시 가장 앞선 것으로 언급되던 전 시설 개인실 특별양호노인홈을 다카노스 마을에 건설하려는 것이었다.[8] 이 계획의 예산안을 보면 공사비는 30억 엔에 달하고, 일본선박진흥회(현 일본재단)에서 전체 예산의 절반에 해당하는 보조금 15억 엔을 제공할 예정이었다.[9] 그런데 의회가 이 안을 부결시켰다. 그러자 다카노스 마을 유권자의 65%에 해당하는 주민 1만 1578명이 속히 고령자종합복지시설을 지으라고 주민서

---

7 '민주주의를 사용한다'는 뜻의 덴마크어 'bruger demokrati'의 일역이다. 지자체의 정책 결정 및 실행 과정에 고령자 복지, 육아, 교육, 의료 등 공적 사회보장 서비스를 실제 사용할 이용자가 직접 참여하는 것을 말하는 개념이다. 덴마크는 1970년대 지자체 재편 후 지방분권이 유럽에서 가장 진전되어 있는데, 지방분권이 자리 잡는 과정 가운데 '이용자 민주주의'라는 개념이 널리 퍼졌다.-옮긴이

8 1991년에 전국에서 가장 먼저 전 시설이 개인실인 고령자 시설 케어포트 쇼가와(도야마현 쇼가와시 소재)가 문을 열었다. '케어포트 다카노스' 건설 계획안 명칭은 여기서 영향을 받은 것으로 보인다.

9 이 보조금은 전 시설이 개인실일 때 받는 조건이었다.

명을 해 의회에 제출했는데, 의회는 이것도 무시했다. 더욱이 의회는 이와카와가 예산을 쓸데없이 쓰려고 한다며 지방자치법 제100조에 따라 그를 탄핵하려고 했고 의회 내에 진상조사위원회를 만들고 조사하는 등 의회와 이와카와의 대결 구도가 더 악화했다.

관련 연구자들은 '케어포트 다카노스' 건설 계획안이 의회에서 부결된 시기를 다카노스 마을의 주민자치 전환기로 파악한다. 다카노스 마을에 덴마크형 복지 이념을 불어넣은 전도사라 할 수 있는 저널리스트 오쿠마 유키코는 2003년에 이렇게 말했다.

> "만약 1994년에 다카노스 마을 의회가 현명하게, 주민활동그룹이 내놓은 고령자 종합복지시설 건설 계획에 마을 예산 15억 엔 지출을 가결했다면, 오늘날과 같은 다카노스 마을은 없었을지 모릅니다. …… 다카노스 마을에는 전체 시설이 개인실인 시설을 만드는 것에 반대하는 의원이 있었어요. 그래서 오히려 다카노스 마을 주민들의 의식이 깨어났고, 케어타운 다카노스를 짓는 데까지 도달할 수 있었던 겁니다. 고령자 복지에 반대하는 의원들이 있어서, 역설적으로 다카노스 마을이 발전했다고 봅니다." (岩川徹·大熊一夫·飯田 2006: 50)

1995년 이와카와 정장은 재임 1년이 되자 다시 선거를 치렀는데, 2위 후보를 1411표 차로 이기고 당선됐다. 그러나 의회와의 마찰은 여전했다. 재선한 이와카와 정장과 주민활동그룹은 고령자 종합복지시설 계획안을 다시 마련했는데, 재택 지원을 중심으로 고령자를 단기간 보호하다가 자택으로 보내는 노인보건시설을 중심으로 케어타운 다카노스 시설을 짓겠다고 계획을 짰다. 당초 계획안에는 케어타운 명칭 그대로 마을에 주택, 케어하우스, 아동 시설, 학교 등이 포함되어 있었고, 이 안에 따라 종합적인 복지 마을을 만들려고 했다. 그런데 1996년 2월, 케어타운 다카노스 건설 계획 예산안을 의회에 제출하자 의회는 또다시 부결시켰다. 다시금 이와카와 정장과 의회의 긴장이 높아지는 가운데, 같은 해 3월에 의회 선거가 있자 이와카와 정장을 지지하는 파와 반대파가 대결하게 되었다. 이와카와 정장은 내용을 다시 수정해 케어타운 다카노스 건설 계획 예산안을 의회에 제출했는데 반대하던 의원 한 명이 찬성으로 마음을 바꿨다. 이리하여 케어타운 다카노스 건설 계획안은 찬성 12표, 반대 11표로 의회를 아슬아슬하게 통과했다. 그 후 부지를 마련해 1997년 9월에 착공해 1998년 12월에 시설 건물을 완공했고, 1999년 4월에 문을 열었다. 케어타운 다카노스(노인보건시설, 쇼트스테이 입소 시설, 데이서비스센터, 재택개호지원센터, 급식서비스 스테이션, 헬퍼 스테이션[방문개호사업소] 등)의 총공사비는 약 26억 엔으로, 정부와 지자체 현縣에서 나온 보조금이 약 5억 엔, 지방채가 13억 엔, 지방교부세가 5억 엔, 일반 재원이 3억 엔이었다. 1994년 처음 고령자종합복지시설을 짓겠다는 이야기가 나왔을 때 일본선박진흥회에서 내준다고 했던 보조금은 의회가 반대하는 사이에 흐지부지되고 말았다.

다카노스 마을을 일본에서 유명하게 만든 이는 다큐멘터리 감독 하네다 스미코다. 하네다 감독은 다카노스 마을에서 추진한 케어타운 다카노스 건설 계획안을 소재로 1997년 다큐멘터리 〈주민이 선택한 마을 복지〉, 1999년 〈주민이 선택한 마을 복지 속편:

앞으로가 문제다〉를 만들었고, 공동체 등을 통해 일본 전국에서 상영했다. 하네다 감독은 1994년 가와사키시에서 열린 한 심포지엄에서 이와카와 정장과 만난 후 다카노스 마을 복지에 관심을 가지게 되었고, 다큐멘터리를 찍기 위해 1995년 마을을 방문했다. 그는 의회가 이와카와 정장을 조사하던 모습, 1996년 2월 의회에서 케어타운 다카노스 건설 계획안이 부결되고 그 후 1표 차이로 의회에서 가결된 것, 의회와 마을 주민들이 크게 대립하던 상황을 카메라로 찍었다. 다큐멘터리 〈주민이 선택한 마을 복지〉를 보면, 마을 주민이 고령자 복지를 선택했음에도 그것을 이루는 과정이 결코 평탄하지 않았고 파란이 일던 과정을 알 수 있다. 속편인 〈주민이 선택한 마을 복지 속편: 앞으로가 문제다〉는 케어타운 다카노스 시설이 착공에 들어간 후 주민활동그룹이 시설 설계에 대해 제언하는 모습, 시설 건설 도중에 주민활동 조직인 케어타운 탐험대가 [시설] 공개를 요구하고 [건설] 개선안을 제시하는 모습, 1999년 4월에 시설을 열기까지의 과정을 담았다. 이 속편은 첫 장면부터 [주민과 마을의회 간 갈등의] 절정을 보여주는데, 고령자 복지를 무조건 긍정적으로 보여주지는 않는다. '앞으로가 문제다'라는 부제처럼, 다카노스 마을에 계속 과제가 남아 있음을 암시한다. 하네다 감독이 내다본 대로 케어타운 다카노스는 나중에 예상치 못한 운명에 처하게 되는데, 감독은 그 후에도 다카노스 마을을 계속 취재해 2006년에 세 번째 다큐멘터리인 〈다카노스 마을, 그 후〉를 발표했다. 하네다 감독뿐 아니라, 전국에서 많은 이가 이 마을의 행보에 눈을 떼지 못했다.

케어타운 다카노스가 문을 열 무렵에 이와카와는 다른 정장

후보가 없는 상태로 3선으로 당선됐다. 그런데 4년 후인 2003년, 4선을 노린 이와카와 정장에게 맞선 후보가 나타났는데, 그는 다카노스 마을의 고령자 복지를 비판하기 시작했다. 다카노스 마을에 일본에서 제일가는 고령자 복지는 필요 없고, 마을 수준에 맞는 복지를 하면 된다는 비판이었다. 2003년 선거에서 이와카와는 3000표 차이로 졌다. 다카노스 마을의 새로운 정장은 후생농업협동조합연락회厚生農業協同組合連合会[10] 산하의 호쿠슈 중앙병원 원장 기시베 스스무였다. 기시베 정장은 선거 출마 때 ① 지자체 합병으로 특례채[지방채]를 발행해 지역 경제를 부흥시키고, ② 다카노스 마을에 종합병원을 건설할 것이며, ③ 마을 재정을 압박하는 복지를 중지하겠다는 공약을 내걸었다. 반면, 이와카와는 다카노스 마을의 고령자 복지를 지키기 위해 지자체 합병에 신중한 태도를 보였다. 선거 후 2005년, 다카노스 마을과 주변의 4개 마을이 기타아키타시로 통합되었다. 이에 따라 시장 선거를 치르게 됐는데 당시 다카노스 마을 정장이던 기시베가 다카노스 마을 의회 의원 출신 후보를 이기고 시장으로 당선되었다. 2010년 기타아키타시 시장 선거에서는 기시베의 후계자를 자칭하는 쓰다 에코와 이와카와가 붙었는데, 이와카와가 크게 패했다. 그 후 이와카와는 공직자선거법 위반 혐의로 체포되어 장기간 구류되었다. 재판에서 이와카와는 무죄를 주장했으나 2011년 4월 1심에서 집행유예 판결을 받았다.

케어타운 다카노스의 전성기는 약 4년간으로, 문을 열었던

10 농촌, 산간 지역에 있는 병의원이 연합한 이익단체.-옮긴이

1999년부터 이와카와가 낙선한 2003년까지다. 그리고 이 짧은 황금기 이후 쇠락의 길을 걸었다.

2003년 의회에서는 전해에 가결된 마을 복지 예산 중 다카노스복지공사 운영보조금 7000만 엔 삭감안을 가결했다. 2003년 4월부터는 케어타운 다카노스 관련 예산이 잠정예산[11]으로 처리되는 등 마을 정장이 바뀐 영향이 곧바로 나타났다. 그전에 케어타운 다카노스는 지자체 일반재원에서 보조금을 지급받아왔는데 정장이 바뀐 후에 시 당국은 "지자체 합병을 했으니 이제 다카노스 마을의 케어타운 다카노스를 동일 지자체 내 시설과 달리 특별하게 취급할 수는 없다"고 하면서 다카노스복지공사 측에 "개호보험법이 이미 시행되고 있으니, 케어타운 다카노스도 개호보험제도의 틀 안에서 다른 시설과 마찬가지로 재정 독립을 하라"고 요구했다. 이에 다카노스복지공사는 당시 중앙정부의 행정 개혁으로 인해 어차피 2006년 봄에 지정관리자제도가 실시되는 상황 등을 감안해 자발적으로 기타아키타시에서 지자체 보조금을 받지 않겠다고 선언했다. 지정관리자제도 실시 후, 다카노스복지공사는 케어타운 다카노스의 지정관리자로 응모해 2006년에 지정받았으나 계약 기간이 2년으로, 이례적으로 짧았다.

2007년 케어타운 다카노스 시설에 대한 두 번째 지정관리자 공모에서는 다카노스복지공사와 기타아키타시 사회복지협의회가 응모했는데, 이후 선고위원회를 거쳐 같은 해 9월 기타아키타

11 회계연도 개시 전날까지 의회에서 예산이 의결되지 않는 경우 행정부가 잠정적으로 쓸 수 있도록 잡아놓은 예산.-옮긴이

시 의회는 케어타운 다카노스 시설의 지정관리자를 기타아키타시 사회복지협의회로 결정했다. 그리고 기타아키타시 사회복지협의회는 2008년 4월부터 10년간 케어타운 다카노스를 운영, 관리하게 되었다. 이에 다카노스복지공사는 케어타운 다카노스 시설의 지정관리자 선고 과정이 불투명하다며 기타아키타시를 상대로 행정소송을 제기했는데, 2009년 지방법원은 전면 기각했다. 2008년 4월부터 케어타운 다카노스 관리는 기타아키타시 사회복지협의회로 전부 이관되었고, 이에 따라 다카노스복지공사는 데이서비스, 홈헬프만 남기고 나머지 사업을 정리하고 고용 인력을 감축해야 했다. 이 과정에서 노동조합과 격하게 대립했고 노조 측에서 다카노스복지공사를 상대로 소송을 제기하는 등 다양한 어려움을 겪었다.

다카노스 마을에서 거둔 고령자 복지의 성과는 하나둘 없어지고 말았다. 예를 들어 2001년 이와카와가 마을 정장이던 때 제정한 고령자안심조례는 고령자 학대 방지를 위한 첫 지자체 조례로 고령자를 시설 침대에 묶어두는 것, 학대하는 것을 막는 내용이 담겨 있었다. 그러나 2005년 시 의회는 이 조례가 고령자를 돌보는 이들이 위축된다며 폐지했다.[12] 또 다카노스복지공사가 고령자 복지사업의 일환으로 마련한 인지증 고령자를 위한 그룹홈 시설도 2005년 문을 닫도록 했다. 입소자가 뻔히 있는데도 그룹홈 시

---

12 상세한 것은 다음 보도를 참조하라. 〈기타아키타시 의회는 고령자안심조례를 폐지하기로 의결했다. 고령자를 돌보는 이가 조례 때문에 위축된다고 한다〉, 《아사히신문》 아키타현 판, 2005.9.29.; 〈왜 기타아키타시는 고령자안심조례를 폐지했나?〉, 《요미우리신문》, 2005.9.29.

설의 문을 닫게 한 과정은 제대로 알려지지 않았다(大友 2008).

이후 다카노스 마을에서 이러한 고령자 복지의 후퇴 경과를 조사했는데, 케어타운 다카노스 시설 업무 개선 조사의 일환으로 진상조사에 나선 조사원 오오토모 노부가쓰는 보고서 《지자체 복지의 빛과 어둠》을 작성했다(大友 2008). 오오토모는 고령자 복지를 쇠락으로 이끈 행정 당국을 비판적으로 보면서도, "다카노스 마을의 선진적 고령자 복지에 빛을 준 것도, 또 어둠을 불러온 것도 마을 주민들"이라고 썼다.

케어타운 다카노스의 돌봄 실천: 하드 면

다카노스복지공사가 운영하던 케어타운 다카노스를 하드 측면과 소프트 측면에서 검증해보자.

케어타운 다카노스는 건축가 도야마 다다시의 지도로 다카노스 마을의 건축설계사 사무소가 설계했다. 케어타운 다카노스는 시설 내 모든 방이 개인실일 뿐 아니라, 사적private 공간, 준사적semi private 공간, 준공용semi public공간, 공영public공간으로 시설 공간을 나눠 일본 최초로 유니트 케어를 도입한 것으로 유명하다(〈그림 27〉, 〈그림 28〉).[13] 설계에 참여한 건축사 모테기 사토시는 "케어타운 다카노스 설계는 일본의 복지 시설을 완전히 바꿨다"고 했는데, 케어타운 다카노스의 성공을 계기로 후생노동성은 2002년 신형 특별

13 유니트 케어의 자세한 내용은 이 책의 8장을 참조할 것.

〈그림 27〉 케어타운 다카노스 평면도

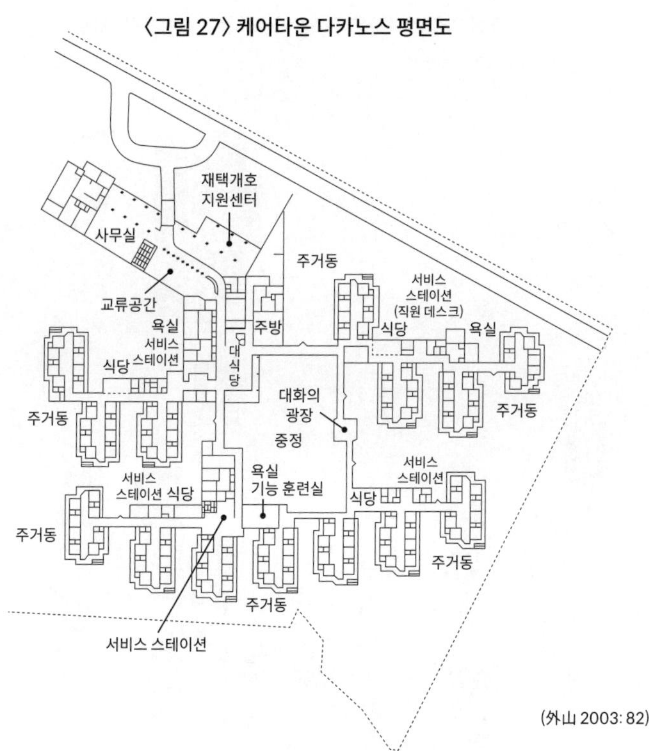

(外山 2003: 82)

양호노인홈 시설 설치 기준을 유니트 케어로 할 것으로 방침을 세우고 시행한 바 있다.

케어타운 다카노스에서는 복도와 유니트에 이름을 붙였는데, 유니트는 14개가 있으며, 각 유니트에는 개인실 8개가 있다. 설계자 도야마 다다시가 시설 내 모든 방을 개인실로 할 것을 고집한 이유는 시설이 바로 고령자가 살아가는 장소이기도 하고, 북유럽의 노인시설처럼 인간의 존엄성을 지키는 돌봄을 위해서는 개인실이 필요하다고 봤기 때문이다. 당시 일본의 특별양호노인홈이나 노인시설에서는 침대 4~6개를 놓은 다인실이 일반적이었기 때

〈그림 28〉 케어타운 다카노스 유니트 케어 공간 모델

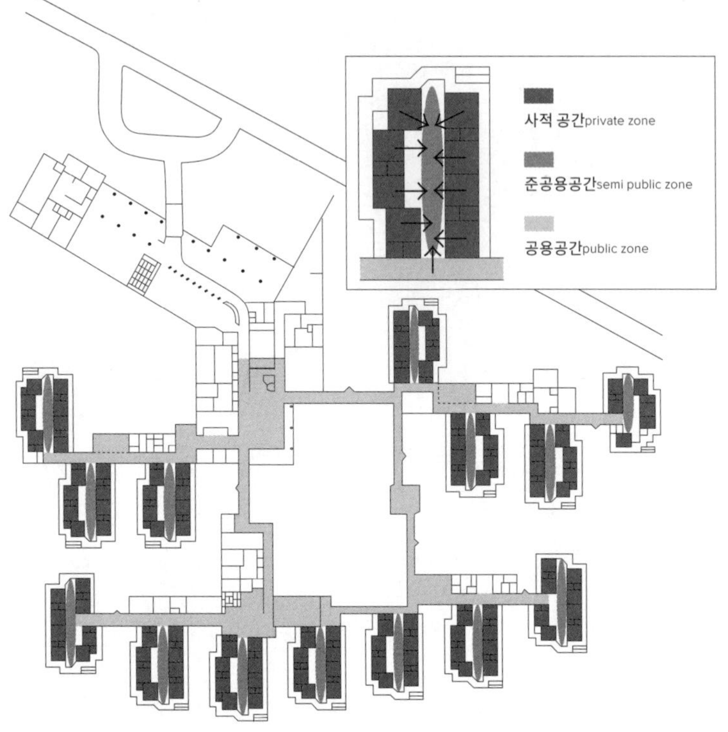

문에 도야마의 방식을 '사치'라며 반발하는 이들도 있었다.

그런데 이와카와 마을 정장은 "나도 노인이 되면 들어가고 싶은 시설을 만들자. 자식들이 노부모를 시설에 맡긴 것에 긍지를 느끼게끔 하자. 최고의 시설을 만들자"는 목표를 제시했다. 케어타운 다카노스는 입소하는 마을 내 고령자가 원래 살던 자신의 집보다 훨씬 더 좋은 설비와 서양식 인테리어를 갖춘 곳이다. 이는 일반 주택과의 차이를 강조해서 시설 입소에 따른 낙인을 없애는 동시에 고령자를 시설에 맡기는 가족들의 죄책감을 덜어주려는 의도

〈그림 29〉 케어타운 다카노스의 피라미드 유리 타워(2005년 3월 촬영)

였다.

유니트 14개는 케어타운 다카노스의 넓은 부지에 흩어져 있다. 통로를 거쳐 중앙에는 케어타운 다카노스를 상징하는 피라미드 유리 타워가 있는데, 이 타워가 마치 시설 내 랜드마크 역할을 한다(〈그림 29〉). 아무리 땅값이 싼 지역이라 해도 케어타운 다카노스의 총면적은 약 8500m²에 달해 지나치게 넓은 것처럼 보인다. 그러나 다카노스 마을이 겨울의 눈 탓에 1년 중 절반이 통행이 힘든 적설지대에 있다는 점을 감안하면, 시설 안에서 일상생활을 보내는 고령자들이 넓은 건물을 자유롭게 이동할 수 있다는 점은 중요하다. 실제로 조사를 해보니, 하루에 한 번 휠체어를 끌고 피라미드 유리 타워까지 산책하는 것이 생활 습관인 고령자들도 있었다. 설계자 도야마는 케어타운 다카노스에 입소한 고령자들이 언제든 자연을 느낄 수 있도록 피라미드 유리 타워 공간을 마련했다. 그런데 피라미드 유리 타워도, 철근 콘크리트 단층 건물도 냉난방 광열비가 경제적 부담이었다. 지자체의 운영 보조금을 받지 못하게 되자, 건물 유지 관리비만 약 2000만 엔에 달해, 다카노스복지공사는 큰 부담을 지게 되었다. 내가 조사하던 때 다카노스복지공사는 시설 내 피라미드 유리 타워 공간에 난방을 끊어서 유지비를 아끼고 있었다.

다카노스 마을은 건물 기본 설계 단계부터 주민참여 방식을 채택했다. 특히 건물 완공 전에 주민들로 구성한 케어타운 탐험대를 조직해 공사 중인 시설을 공개했다. 일반적으로 시공자는 공사가 끝나기 전까지 건물을 공개하기를 꺼리나, 이례적으로 시설을 공개했다. 케어타운 탐험대는 시설 완공 전에 개선해야 할 점이나 설비를 제안했고, 주민 의견 대부분이 반영되었다. 그런데 주민 의견은 대체로 시설 설비를 상향하자는 것이어서 결과적으로 건설비가 상승했다.

유니트 케어의 장점은 이미 언급했지만(8장), 여기서 다시 확인해보자(東京大学社会学研究室·建築学研究室 2006: 364).

① 입소자가 개인실을 생활공간으로 써서 개성과 프라이버시를 확보할 수 있다.
② 개인실 가까이에 공용공간이 있으므로 다른 입소자와 대인관계를 쌓고 서로 교류할 수 있다.
③ 자신의 생활공간도 있고, 입소자들끼리 소수로 교류할 수 있

〈그림 30〉 개인실과 복도의 분리

는 공간도 있어서 입소자의 스트레스가 줄어든다(인지증이 있는 고령자가 시설 내에서 왔다 갔다 하는 현상도 줄어든 것으로 다수 사례가 보고된 바 있다).

④ 가족이 주변 입소자를 신경 쓰지 않고 방문할 수 있게 되어 고령자와 가족의 관계가 깊어진다.

⑤ 인플루엔자 등 감염 방지에 효과가 있다.

직접 조사를 해보니 유니트 케어를 도입한 케어타운 다카노스에서도 이러한 효과가 있었다. 반면 문제점도 발견되었다. 돌봄의 사각지대가 많이 생기는 점, 직원이 일하면서 이동하는 거리가 길어지는 점 등 공간과 직결된 문제점 외에, 야근할 때 한 유니트에서 직원이 혼자 일해야 한다는 문제도 있었다(上野 2008: 116-118). 직원이 입주자 개인실로 들어가 개별 돌봄를 하는 경우 유니트 내 공용공간에 아무도 없는 시간대가 많았고, 야간에 직원이 혼자 유니트 한 곳에서 근무하는 데서 비롯한 스트레스가 컸다.

나는 2005년에 케어타운 다카노스에 들어가 조사했는데, 이때는 개설 후 6년째에 접어든 무렵이었다. 당시 입주자들은 유니트 케어를 공간적으로 어떻게 인식했을까? 내부에서 관찰해보니 각 유니트 입구에 가리개 역할을 하는 포렴이 걸려 있었는데, 입주자들이 유니트 입구에서 신발을 신고 벗는 습관이 있음을 분명히 알게 되었다. 직원에게 이유를 묻자, 케어타운 다카노스는 신발을 신고 생활하도록 설계했는데, 입주자들이 지내면서 점차 유니트 입구에서 신발을 벗게 되었고, 그러다보니 직원들도 신발을 신고 벗게 되었다고 한다. 포렴은 시설 견학자가 너무 많이 와서 가리기 위해 친 것인데, 자신의 방이 어느 유니트에 있는지 모르는 입주자들이 포렴을 보고 쉽게 찾는 효과도 있었다. 이러한 변화를 보면 설계자가 목표한 대로 입주자들이 유니트를 준사적 공간으로 인식한 것이라 해석할 수 있다. 입주자들은 자발적으로 복도와 같은 공용공간과 개인실을 나누는 상징적 경계인 유니트 입구에 포렴을 치고 신발을 신고 벗는 공간을 만들었다(〈그림 30〉).

그런데 이런 모습이 '가족적인 돌봄'인지는 의문이 남는다. [요개호도나 인지증 유무 정도에 따라 유니트가 정해져 있으므로] 입주자는 유니트를 고를 수 없다. 입주자들은 유니트 내 공용공간을 한 가정의 '거실'이 아니라 '한 마을'이라고 인식했고, 자신의 사적 공간으로 여긴 곳은 개인실뿐이었다. 개인실에만 있고 공용공간에 잘 나오지 않으려는 입주자도 낮에는 유니트 내 공용공간(준사적 공간)에는 나오긴 했는데, 이는 사실 직원이 사각지대 없이 돌봄을 하겠다고 마음을 먹고 유니트 안 공용공간으로 나오라고 [요청]했기 때문이었다. 8장에서 말한 대로 유니트 케어의 질은 하드 조건만으로 결정할 수 없다. 유니트 케어에서 돌봄의 질은 인적 조건이 깊이 관련되어 있다. 이는 다음 절에서 논한다.

케어타운 다카노스의 돌봄 실천: 소프트 면

케어타운 다카노스에서 일하는 직원 구성과 그 수는 〈표 6〉에 있다. 참고로 마을 정장이 바뀐 영향을 받지 않은 2003년 7월 데이터와 마을 정장이 바뀐 2005년 10월 데이터를 비교해보자. 2003~2005년 케어타운 다카노스 직원 수는 205명에서 182명으로 11%가 줄었다. 그중 상근직 비율은 72.7%에서 69.2%로 떨어졌으나 약 70%의 상근직 비율은 다른 시설과 비교해볼 때 여전히 높은 수치다. 상근직은 비상근직에 비해 평균 근속연수도 길고 이직률도 낮다. 경험 축적이 요긴한 돌봄 현장에서는 베테랑 직원이나 중간 리더의 존재가 중요한데 이러한 인재들의 이직률이 높으면 직장에 큰 손실이 생긴다. 노동자들의 정착률을 높이는 데는 정규직이라는 노동조건이 중요하다.

정부에서 제시한 개호보험 인력 배치 기준[14]은 이용자 3명당

14 하루 8시간 일하는 직원 수로 환산한 수.-옮긴이

〈표 6〉 케어타운 다카노스 직원 현황

직원 수	2003년 7월	2005년 10월
상근직(촉탁직 포함)	149명	126명
임시직	16명	21명
파트타임직	40명	35명
합계	205명	182명

직원 1명이다. 케어타운 다카노스는 개별 돌봄과 동시에 팀 케어를 이상으로 삼았기 때문에 인력을 이용자 1.4명당 직원 1명으로 배치했다. 그러다가 2005년에는 일손이 부족한 탓에 1.5명당 1명으로 떨어졌으나, 그래도 정부 기준 2배의 인원을 배치한 것이다.

돌봄의 질을 유지하려면 무엇보다 일손이 중요하다. 인력은 상근 정규 고용을 기본으로 보장해야 한다. 다카노스 마을 정장이자 '다카노스복지공사' 초대 이사장을 겸한 이와카와와 케어타운 다카노스의 초대 전무이사 이이다 쓰토무[15]의 신념도 마찬가지였다. 그런데 높은 비율로 정규직 고용을 한 것은 전체 운영비 중 인건비 비율을 높이는 결과를 낳아 2003년에는 약 70%를 차지했고, 재정이 궁핍해진 2005년에는 80%에 달했다. 지출을 억제하려면 케어타운 다카노스 재건안을 짤 때 직원 해고안을 넣을 수밖에 없는 상황에 이르렀다. 케어타운 다카노스의 앞날이 불안해지자 직원들이 계속 이직했는데, 이직으로 결원이 생겨도 보충하지 않거나 정규직 자리를 비정규 자리로 대체하는 형국이었다.

무사시노복지공사가 첫해 채용 때 직원 대우를 연봉 300만엔 수준으로 높게 책정하자, 대졸 남성이 응시해 주목을 모은 적이 있다. 다카노스복지공사도 개설할 즈음에는 비교적 좋은 조건으로 전국에서 직원을 공개 채용하려 했고, 실제 많은 지역에서 구직에 응모했다. 그러나 나중에 이와카와의 반대파들은 이러한 사실조차도 "케어타운 다카노스를 만들면서 정작 다카노스 마을에서 고용을 창출하지 않았다"고 비판했다. 실제 케어타운 다카노스에 채용된 직원은 다카노스 마을 출신이 50%, 다카노스 마을 출신이 아니라 해도 인근 지역인 아키타현 출신이 40%다. 그 밖의 외부 출신 직원은 10%에 불과하다. 외부 지역 출신 직원이 있다는 점 역시, 달리 보면 외부에서 왕성하게 일하는 연령대 인구가 유입된 것이니만큼 생활 관련 산업이 풍성해져 다카노스 마을의 활성화로 이어진다고 할 수 있다.

---

15 이이다 쓰토무는 1990년 후생성 공무원이 되어 기초생활수급 관련 업무를 맡았다. 1993년 다카노스 마을 정장이 후생성에 인력 지원을 요청하자 후생성이 이에 응했는데, 후생성 공무원이 지역에 파견업무를 나오는 것은 이례적인 일이었다. 이이다는 다카노스 마을에서 복지보건과 소속으로 일하며 주민활동그룹과 함께 케어포트 다카노스 건설 계획안을 짰다. 그러나 1994년 의회에서 안이 부결되자, 다카노스 마을에서 근무한 지 3년이 되는 시점에 후생성을 그만두었다. 다카노스 마을의 일들로 지방정치에 관심을 갖게 된 그는 주민의 의견이 어떻게 정책이 되는지를 배우기 위해 덴마크 유학을 결심한다. 이이다는 덴마크의 폴케호이스콜레Folkehøjskole[성인 대상 대안시민학교]에 입학해 장애인과 비장애인이 같이 공부하고 서로를 북돋는 시스템을 배웠다. 또 덴마크의 특별양호노인홈 시설에서 워커로 일했던 A씨를 만나는데, A씨는 후에 케어타운 다카노스에서 일하며 인지증 고령자 돌봄 프로그램 등을 만든 중요한 인물이다. 유학을 떠날 때만 해도 이이다는 공부를 마친 후에 다카노스 마을로 돌아올 작정은 아니었다. 그런데 유학 당시 이와카와 정장과 만났고 이때 유학 후 자신과 함께 다카노스 마을에서 북유럽 수준으로 고령자 돌봄의 사회화를 함께 일구자는 제안을 받는다. 이이다는 이를 받아들여 귀국 후 다카노스 마을로 가 34세의 나이에 케어타운 다카노스의 전무이사로 취임했다. 이이다는 내게 "다카노스 마을에 가서 제 인생이 바뀌었죠"라고 말했다.

돌봄의 질을 살피는 데서 소프트 측면은 어때야 할까? 케어타운 다카노스를 막 열었을 때, 초대 전무이사 이이다 쓰토무는 직원 채용과 인사 관리를 담당했는데, 이이다가 한 이야기를 재구성해 보자. 이이다는 케어타운 다카노스 개설 때부터 4년 6개월 동안 근무하다가 이와카와가 정장 선거에서 낙선하자 전무이사를 사임했다.

이이다는 돌봄의 질을 결정하는 것은 ① 인력, ② 직원 연수, ③ 이용자 중심이라고 한다. 여기서 ① 인력은 충분한 워커의 수, ② 직원 연수는 워커들의 실력 향상, ③ 이용자 중심은 개별 돌봄에 기반을 두고 고령자의 존엄을 중시하는 것을 말한다. 순서대로 짚어보자.

① 이이다는 케어타운 다카노스에서 일하는 동안 이용자 1.5명당 직원 1명 이하로 인력 배치를 하는 것이 목표였고, 적어도 이용자 1.45명당 직원 1명 수준까지는 이루고 싶었다고 했다. 실제 이와카와가 재임하던 시절에는 그 수준에 도달했고, 정규직으로 워커를 대우하겠다는 목표도 달성했다. 그런데 고용안정과 같은 노동조건만 돌봄의 질을 결정하는 것은 아니다.

케어타운 다카노스에서 힘쓴 것은 ② 직원 연수였다. 선진적인 개별 돌봄를 실시하는 국내 시설과 덴마크에 직원들을 보냈다. 또 시설 안 다목적홀에서 국내외 전문가를 초청해 자주 연수 교육 프로그램을 열었다. 덴마크와 같은 수준의 돌봄을 목표로 삼고 덴마크에서 강사를 불러 현장실무연수OJT, on the job training를 실시한 적도 있다.[16] 이러한 연수나 교육은 근무시간이 끝난 후에 했는데도 직원들이 많이 참가했고 의욕도 높았다. 그러나 정권 교체 후 재정 압박으로 인해 연수도 영향을 받았다. 일손이 부족해지자 직원들은 여유를 잃게 되었고 근무시간 외에 실시하는 연수 교육에 참가하는 비율도 떨어졌다.

매년 케어타운 다카노스에는 연간 4000여 명 규모로 견학자나 외부 자원봉사자가 오는데, 이런 것들이 긍정적인 영향을 미쳐 직원들은 자부심도 강하고 윤리의식도 높았다. 전국 언론에서 "일본에서 제일가는 복지 마을이 다카노스 마을, 케어타운 다카노스"라고 떠들썩했는데, 이렇게 언론이 주목하자 직원 채용 응모에도 많은 이들이 지원했다.

이이다는 인재 관리에서 중간 리더의 중요성을 지적했다. 그는 "슈퍼맨과 같은 직원을 한 명 만들기보다, 직원 한 사람 한 사람의 실력을 두루 향상시키는 게 중요하다"면서, "연수 교육이 성공하려면 중간 리더의 역할이 중요하다. 직원 연수 프로그램을 짤 때는 누가 연수를 받을 것인지, 무엇을 배울지 처음부터 기획을 잘해야지, 그렇지 않으면 효과가 없다"고 했다. 중간 리더를 키우려면 시간이 걸린다. 정권 교체 후 중간 리더격 직원들이 줄지어 그만두면서 케어타운 다카노스는 어려움을 겪었다.

③ 유니트 케어는 이용자 중심의 개별 돌봄을 이상으로 삼는다. 유니트 케어 시설의 공간을 지탱할 서비스 측면은 이용자 한 사람에게 맞춘 개별 돌봄이다. 팀 케어는 개별 돌봄을 지탱한다. 개별 돌봄과 팀 케어를 잘 조합해야 이용자 중심의 돌봄이 될 수

16 예를 들어 덴마크의 전문가를 불렀는데, 덴마크 전문가는 일본어를 전혀 할 줄 몰라도 종일 현장을 관찰한 후 직원들에게 정확하게 조언했다. 이러한 연수로 인해 덴마크에 직접 갈 기회가 없는 직원들도 좋은 자극을 받았다.

있다. 이이다는 유니트 케어에서는 직원이 '외톨이'가 되기 쉽다고 지적했다. 또 야간에는 [한 유니트 내에서] 혼자서 일하니까 불안이 커진다고 했다. 직원 한 사람에 의존하는 것을 바로잡아 직원의 불안을 없애는 게 팀 케어다.

케어타운 다카노스가 문을 열 때 기타아키중앙병원에서 스카우트되어 초대 간호부장을 지낸 나리타 야스코는 이이다와 함께 이용자 중심의 개별 돌봄을 만든 인물이다. 나리타는 이용자 한 사람 한 사람 개인사에 바탕을 두고 개인의 생활장소로 기능할 수 있는 돌봄을 중시했다. 그래서 새로 입주자가 들어오면 아침 직원회의 때 신규 입주자의 가정 배경이나 생애, 생활 등의 정보를 직원들과 공유했다. 또 직원 각자가 맡은 전문 영역을 뛰어넘어 팀 케어를 했고, 간호와 개호에는 일관성이 있어야 한다고 주장했다. 이를테면, 간호사도 개호복지사처럼 고령자의 목욕을 보조하기도 하고, 개호복지사도 간호 지식을 배워 투약 등을 하는 것이다. 이는 직원들 간의 위계질서를 없애 서로 협동할 수 있도록 하기 위한 조치이기도 했다. 간호직이나 개호직이나 직원들은 일의 부담이 늘어난 것은 사실이나, 자신의 직무 능력을 키울 수 있었다. 또한 사무직 직원이라 해도 돌봄노동을 하도록 요구했다. 뒤에 다시 말하겠으나, 케어타운 다카노스 업무 개선 조사를 한 오오토모는 이를 두고 "유니트 케어 공간을 살린 서비스"라고 높이 평가했다(大友 2004: 63). 그런데 초대 간호부장 나리타도 이와카와가 선거에서 떨어지자 이이다처럼 사직하고 말았다.

한편 돌봄의 질을 판정하는 지표가 되는 인지증 케어, 종말기 케어는 어땠을까?

이이다는 인터뷰에서 "인지증 케어를 할 수 있다면 실상 어떤 고령자든 다 돌볼 수 있다"고 했는데 케어타운 다카노스에서는 인지증 케어 부문에서도 선진적이었다. 인지증이 있는 고령자라 해도 본인의 의사를 존중해 돌보는 것을 기본으로 삼고, 침대에 몸을 묶어두거나 혼자 따로 격리하지 않았다. 인지증 고령자의 몸을 묶지 않으려면 필수적으로 돌봄 일손이 충분해야 한다. 내가 여러 돌봄 실천 현장 시설을 관찰한 바에 따르면, 현장에서는 각 유니트에 비슷한 정도의 돌봄수준을 요하는 이용자들을 모으는 경향이 있다. 인지증 고령자는 인지증 고령자끼리 한 유니트로 모아놓는다. 케어타운 다카노스에서는 입주자를 신체 억제대[보호대]로 묶지 않는데, 현장에 가서 보면 중증 인지증 고령자만 있는 유니트에서 혼자 근무하는 직원이 얼마나 무거운 부담을 지고 있는지 잘 알 수 있다. 내가 조사를 할 때 한 30대 남성 직원은 "유니트에 있으면 잠시도 벗어날 수 없어 괴롭다"고 했다. 그 밖에도 케어타운 다카노스는 시내에 주택을 개조한 그룹홈을 열어 직원이 돌봄을 하러 나가기도 했다. 인지증 고령자의 가족들은 이런 그룹홈을 매우 좋게 평가했으나, 정장이 바뀐 후 그룹홈도 문을 닫고 말았다.

종말기 케어는 어떨까? 케어타운 다카노스 개설 후 종말기 케어를 받은 고령자는 2000년에 4명, 2001년에 10명, 2002년에 11명, 2003년에 3명, 2004년에 6명이다. 초대 간호부장이 사임하고 간호부장이 바뀌자 2003년에 갑자기 종말기 케어 고령자 수가 줄어든 것인데, 2003년부터는 거의 받지 않고 병원에 입원하도록 한 사례가 늘어난 것으로 보인다.

특별양호노인홈과 같이 이용자가 시설에 들어와서 죽을 때까지 있는 게 아니라, 단기 입주를 하다가 자신의 집으로 돌아가는 것을 목표로 한 노인보건시설에서 종말기 케어를 하는 이용자 사례가 연간 두 자릿수에 달할 정도로 이례적으로 많다. 이것도 자세히 살펴보면, 노인보건시설에서 현실적으로 오갈 데 없는 고령자를 어쩔 수 없이 돌본 결과다. 한 노인보건시설 관리자인 의사(70대 남성)는 "노인보건시설에서 종말기 케어를 하는 입주자를 들이면 돈을 번다고 하지만 그렇지 않다. 어쩔 수 없이 하는 것"이라고 말한 적이 있다. 종말기 케어를 받는 이가 있으면 시설 측은 일손 부담도 늘고, 투약을 해도 병원과 달리 의료보험 지급청구를 할 수 없다. 이용자 본인이나 가족이 바라니까 어쩔 수 없이 받는 것이다. 케어타운 다카노스에서도 이러한 배경으로 종말기 케어를 받는 이들이 많았는데, 정장 선거 때 이와카와의 상대 후보 측에서는 "거기에 가기만 하면 죽는다"고 비난하며 네거티브 선거 전략을 썼다.

더욱이 유니트 케어 시설 그 자체가 후생노동성 정책 변경 때문에 변화를 겪게 되기도 했다. 2005년 10월 후생노동성이 개인실 유니트에 호텔 코스트를 도입하자, 케어타운 다카노스는 이용료에 입실 비용을 추가해야 했다. 그러자 그전에 월 약 6만 엔이었던 이용료가 약 14만 엔으로 오르고 말았다. 비용을 부담할 수 있는 이용자 또는 이용료 감면을 받는 기초생활수급자만 입소할 수 있게 된 것이다. 호텔 코스트 도입 후 이용자 가족들은 1인실을 2인실로 바꿔달라는 요구를 하기도 했으나, 하는 수 없이 케어타운 다카노스를 나온 경우도 있었다. 지역 경제 수준에서 보면 월 14만 엔 이용료는 비싸다. 지역 주민이 안심하며 살 수 있도록 공적 비용을 투입해 지은 시설을 부유층만 쓰게 되면 반발이 일어나는 게 당연하다. 개인실 유니트를 완비한 신형 특별양호노인홈을 만들었다가 후생노동성이 갑자기 정책을 바꾸자 이러지도 저러지도 못하게 된 시설장들은 정부가 "2층에 올라가자마자, 사다리를 치워버렸다"면서 크게 분노했다.

케어타운 다카노스의 이용자들

그렇다면 이용자와 이용자의 가족은 케어타운 다카노스의 돌봄을 어떻게 받아들였을까? 나는 이용자와 이용자의 가족들을 조사했다.

먼저 케어타운 다카노스의 이용 개요를 보자. 2002년 실적을 보면 정원이 80명인 노인보건시설의 연간 이용자 수는 128명인데 이들의 연간 이용일 수는 2만 8005일, 하루 평균 이용자 수는 76.7명이다. 정원이 30명인 쇼트스테이 시설은 연간 이용자 수 209명으로 이들의 이용일 수는 1만 28일, 하루 평균 이용자 수는 27.5명이다. 그 밖에도 케어타운 다카노스는 2곳의 통소 시설, 배식서비스, 방문개호, 방문간호, 그룹홈 등의 사업까지 풀가동했다. 케어타운 다카노스의 노인보건시설을 이용하고 퇴소한 경우는 71건이었는데, 그중 집으로 돌아간 건이 38건, 의료기관으로 간 경우가 9건, 개호보험 시설로 간 경우가 13건, 사망한 경우가 11건이었다. 여기서 집으로 돌아간 이용자의 비율이 높은 점은 노인보건시설이 원래 의도한 역할을 제대로 해낸 것으로 볼 수 있으며, 사망 건

수가 많은 점은 앞 절에서 언급한 것처럼 현실적으로 병원에 갈 수 없지만 종말기 케어가 필요한 고령자들을 받았기 때문이다.

이용자의 대부분은 케어매니저의 소개로 입소했다. 이용자들은 다른 시설과 비교해 돌봄의 질을 가늠할 만큼의 정보가 없었다. 자신이 보험료를 낸 개호보험으로 값을 치르고 있다는 생각도 하지 못했다. 그래서 7장에서 말한 대로, 이용자 만족도를 지표로 시설의 돌봄 질을 평가하는 것은 부적절하다.

다른 시설을 이용한 적이 있는 고령자나 가족은 케어타운 다카노스를 높이 평가했다. 특히 병원이나 6인실 시설에 있다가 이곳으로 옮긴 사람들이 개인실을 높이 평가했다.

이용자도 가족도 모두 높이 평가한 것은 직원들의 돌봄이다. 조사 때, "직원들이 자존심을 지켜줘서 공황 상태에 빠지지 않았다"(가족 60대 여성), "화장실에 가다가 소변을 지렸는데 큰 소리 내지 않고 다른 사람 모르게 살짝 잘 돌봐줬다"(가족 60대 여성), "누구한테 뭘 물어봐도 잘 가르쳐준다. 직원들이 하나같이 친절하다"(가족 60대 여성) 등 가족들이 개별적으로 직원과 신뢰를 쌓게 된 일화를 많이 들었다. 입소한 뒤 이용자의 상태가 좋아졌다는 증언도 있었고, "나도 나중에 케어타운 다카노스에 들어오고 싶다"고 말한 가족도 있었다. 특히 종말기 케어를 경험한 가족은 직원들에게 감사하는 마음이 컸다.

이용자 가족들은 "직원들이 일을 지나치게 많이 하는 게 큰 문제"라고 봤다. 그들은 직원들이 스스로 나서 시간 외 연수뿐 아니라 무급 잔업이나 휴일 출근 등을 하고 있다고 지적했다.

그런데 선거로 마을 정장이 바뀐 후 불안해하는 이용자도 있었다. 한 80대 여성 입주자는 "시정의 영향으로 시설 이용에 제한이 생길 것 같다"고 했다. 한 이용자는 "2003년 선거 때 사위 차를 타고 투표소에 갔는데 선거 때는 사위가 말하는 대로 이와카와 정장의 경쟁자에게 투표했다"고 했다. 이 이용자는 각 후보의 주장이나 공약이 자기 생활에 어떤 영향을 끼칠지 몰랐던 것이다.

케어타운 다카노스의 직원

살펴본 것과 같이 이용자들과 그 가족들은 서비스와 공간 양 측면에서 돌봄의 질을 높이 평가한다는 점을 확인했다. 그렇다면 직원들은 케어타운 다카노스의 돌봄의 질을 어떻게 인식했을까?

케어타운 다카노스에서 공모로 채용한 이들이 모두 개호직 경험자는 아니다. 채용된 이들의 이직 당시 직업은 사무직, 전기기사 등 다양한데, 40대 여성 주방 직원과 같이 이와카와 마을 정장이나 이이다 전무이사가 가진 이상에 공감해 제2의 인생을 살겠다는 마음가짐으로 일하게 된 이들도 있었다. 케어타운 다카노스는 이름도 널리 알려지고 평판도 좋아서 동기 의식이 높은 인재를 끌어모으는 데 유리했다.

직원 급여를 보면, 노인보건시설 상근직은 월 22~23만 엔, 거택 지원 상근직은 월 16만 엔을 지급했고 통소 시설의 비상근직에게는 월 12만 엔을 지급했다. 기혼 남성 노동자가 "보수에 만족한다"고 말한 데서 알 수 있듯, 다카노스 마을처럼 물가가 싸 생활비가 적게 드는 지방에서는 직원들이 보수에 대해 대체로 큰 불만이 없었다.

직원들의 일에 대한 사명감이나 의욕은 매우 높았다. 내가 2005년에 조사를 했을 때도 마찬가지였다. 임시직원도 평소 시간 외 근무를 당연히 여겼고, 정해진 퇴근시간에 집에 돌아가는 이도 적었다. 조사 때, 데이서비스 부문에서 일하는 임시직원도 "퇴근이 6시 반이라서 일이 끝나는 게 아니고, 스스로 일이 끝났다고 여길 때 퇴근한다"고 할 정도로 의욕이 강했다. 한 임시직 여성은 부모님에게 "그렇게 해도 돈을 더 안 주는데 왜 열심히 일하냐? 넌 혹사당하고 있다"는 소리를 들었다고 했다. 이용자의 가족들도 직원들이 임금 이상으로 열심히 일하고 있다고 이야기하는 경우가 많았다.

그런데 마을 정장이 바뀌고 나서, 퇴직한 직원을 대신할 인력을 2년간이나 보충하지 않았다. 나는 조사를 하면서 직원들에게 "일하면서 불안하다"라거나 "초조하다"라는 이야기를 많이 들었다. 인력이 줄었지만 남은 직원들은 전만큼 돌봄의 질을 유지하려고 집념을 갖고 일했다. 한 직원은 다음과 같이 증언했다.

> "지난 2년 동안 우리 시설에서 돌봄의 질이 확실히 떨어졌어요. 그래도 이용자들의 몸을 묶는 것과 같이 극단적인 행위는 안 했어요. 저희야 이용자의 옆에 앉아 있거나, 함께 TV를 보거나 하면서 더 교류하고 싶은데 그럴 여유가 없어요. 생활의 질도 지켜주고 싶고, 서비스 질도 떨어뜨리고 싶지 않은데, 앞으로 어떨지 장담을 못 하겠네요." (노인보건시설 상근직 30대 남성)

정장이 바뀌자 2003년 5월 다카노스복지공사에 처음으로 노동조합 '케어타운 다카노스 유니온'이 생겼다. 정장이 바뀌기 전에 마을 측은 다카노스복지공사의 전면적인 지지자였으나 이제는 대결 국면이 되어 이에 두려움을 느낀 직원들이 노동조합을 세웠다. 2005년 7월 조사 때는 전 직원 182명 중 177명이 노조에 가입해 가입률이 97%였는데, 그 가운데 정직원 122명, 임시직원 20명, 파트타임이 34명이었다. 당시 노조는 [다카노스복지공사의] 이사회와 노사협력 노선임을 표방했는데, 단체교섭에서 앞으로 안심하고 일할 수 있도록 기본급을 올려달라고 요구했다. 행정 당국으로부터 보조금이 끊겼는데도 노조가 임금 인상을 요구하자, 이사회는 당황했다. 그 뒤 다카노스복지공사는 행정 당국의 재정 지원을 받지 않겠다는 '보조금 제로 선언'을 발표했다. 그러면서 직원 수를 줄이고 정규직을 비정규직으로 바꿔 임금을 삭감하는 감축안을 들고 왔다. 노조는 이사회와 노사협력 노선을 더는 계속해나갈 수 없는 상황이 되었다. 이후 케어타운 다카노스의 지정관리자를 사회복지협의회로 교체하기로 확정됐고, 노조는 더 궁지에 몰렸다. 사업의 계속성이라는 측면에서 보면 경영을 이관한다 해도 노동자를 바꾸기는 어렵다. 다카노스복지공사에서 사회복지협의회로 이동을 확정한 노동자 중 노조 관계자는 많지 않았다.

2007년 가을에 사회복지협의회가 확보한 직원 인원 보고서를 보면, 의사 1명, 간호사 15명, 개호직 70명에 사무직 등을 더해 전체 직원 수는 모두 153명이다. 2003년 의사 1명, 간호사 16명, 개호직 81명 기타 사무직을 더해 총 205명이었던 것과 비교하면 약 4분의 3에 해당하는 숫자다. 사회복지협의회 회장은 170명의 응모자 가운데 107명을 채용했는데, 그간 관리와 운영을 하던 다카노스복지공사의 직원을 상당히 포함했다고 밝혔다. 기시베 기타아키타시 시장은 "이용자나 가족이 불안하지 않게 이용할 수 있도록 서비스를 제공하겠다"고 하면서 동시에 효율적인 시설 운영을 말하는 것도 잊지 않았다.[17] 케어타운 다카노스는 경영자가 바뀌면서 관리 이관에 따른 설명회를 열기도 했다. 시 측은 기존의 서비스 질을 유지하겠다고 강조했으나 새로운 체제로 기존과 같은 높은 서비스의 질을 유지했는지는 경영 이관 후 실태를 검증해봐야 알 수 있는 문제였다.

돌봄의 질을 높인 조건

이이다는 케어타운 다카노스를 그만둔 뒤 도야마 다다시가 설계한 사회복지법인 생활클럽이 운영하는 유니트 케어 시설 가제노무라 시설장으로 취임해 1년간 근무했다. 그러고는 도쿄에 있는 특별양호노인홈 시설장으로 옮겼다. 이이다는 자신의 근무지 가운데 "케어타운 다카노스, 가제노무라, 도쿄의 특별양호노인홈 순으로 돌봄의 질이 좋았다"고 했다. 이이다가 기준으로 삼은 것은 인력, 돌봄의 질, 하드(건물) 이렇게 세 가지인데 '가제노무라'에서는 상근과 비상근이 각기 반씩 차지했고, 도쿄의 특별양호노인홈

17 기타아키타시 홈페이지(http://www.city.kitaakita.akita.jp/) 참조. 2007년 12월 10일 기타아키타시 사회복지협의회 정보.

은 이용자들이 개인실이 아닌 4인실을 썼다고 했다.

이이다는 "개호보험제도하의 독립채산으로는 돌봄의 질을 높게 할 수가 없다"고 단언한다. 케어타운 다카노스에서 높은 돌봄의 질을 유지할 수 있던 것은 무엇 때문이었을까?

이와카와의 설명에 따르면, 다카노스 마을 복지의 장점은 행정 당국이책임 소재를 명확히 한 것이다.

> "복지 현장에서 일하는 사람들은 오로지 이상적인 돌봄만 좇으면 됩니다. 행정 당국이 복지에 책임이 있도록 명확히 한 이상, 경영의 책임은 공사나 이사회에 있으니, 최종적으로는 행정 당국 책임입니다." (이와카와 마을 정장 인터뷰 조사 중)

다카노스복지공사는 100% 지자체 출자로, 이사장은 마을 정장이 겸임하도록 되어 있는데, 새 지자체장(기타아키타시 시장)이 겸임에 난색을 표하자, 이사회에서 이사장을 뽑는 선거를 했다. 이사였던 마쓰하시 마사코가 이사장으로 당선됐는데, 내가 조사할 당시 이사장직을 맡고 있었다. 1급 건축사인 마쓰하시는 케어타운 다카노스를 만든 주민활동그룹의 일원이었다.

이와카와가 말한 행정 당국의 복지 책임이란 구체적으로는 지자체가 복지예산을 짜고 케어타운 다카노스를 공적으로 전면 지원하는 것을 뜻했다. 이와카와가 마지막 임기를 맡은 해인 2002년 [마을 재정] 예산은 총 79억 7000만 엔이었고, 그중 복지예산을 포함해 민생비[18]는 24억 9000만 엔으로, 전체 예산의 31.2%였다. 이 비용은 전국 평균인 24%보다 많기는 하나, 그렇다고 해서 아주 많은 것도 아니었다. 더군다나 지자체 합병 후 2004년 기타아키타시 예산 중 민생비 비율은 25.8%로 전국 평균 수준으로 떨어졌다. 한편 전환기 직전의 2003년 다카노스복지공사 예산은 총액 9억 8000만 엔이었데 그중 다카노스 마을에서 받은 사업 위탁비가 9억 7000만 엔, 보조금 800만 엔, 사업 수입 300만 엔, 기타 200만 엔이었다. 다카노스복지공사는 분명 행정 당국에 의존했다. 당시 사무국 차장의 증언에 따르면 인건비 비율은 80%로, 적자를 각오하고 행정 당국의 지지하에 경영했다고 한다. 개호보험사업만 보면 2005년에 8200만 엔이 적자였는데, 이 적자를 메꾸는 데 마을 일반회계의 보조금 8000만 엔을 썼다. 2003년 3월에는 [합병된 지자체] 시의회에서 보조금 7000만 엔 전액을 삭감했으나, 6월에 재가결되었다. 그런데 새로운 시장은 다카노스복지공사가 2005년 2월에 자발적으로 세운 '업무 개선 3개년 계획'을 승인하여, 2005년 10월 다카노스복지공사 측에서는 '보조금 제로 선언'을 하게 된 것이다.

지자체가 지출하는 일반재원은 세금이다. 2005년 조사 시점에 다카노스 마을의 개호보험료는 월 3894엔으로 전국 평균인 3293엔보다 약간 많았으나, 다른 지자체와 비교해 아주 많은 것은 아니었다.[19]

다카노스의 복지는 단지 돈으로 이룬 것이 아니었다. 지자체 수장은 강한 리더십을 보였고, 주민활동그룹으로 시민들이 참여

---

18 기초생활수급, 고령자 복지, 장애인 복지, 아동 복지, 한부모 가정 복지의 지원에 쓰는 지자체의 지출 비용.-옮긴이

19 개호보험료는 지자체별로 다르게 3년에 한 번씩 재책정된다.-옮긴이

했다. 의회와의 갈등에 따른 위기감과 긴장감에도 덴마크의 돌봄 모델을 따르는 이념을 도입해, 개별 돌봄이 가능한 물리적 측면과 내용적 측면을 갖췄다. 미디어가 주목해서 브랜드 효과가 생겼고, 높은 윤리의식을 갖춘 직원들이 있었다. 이런 여러 요인이 어우러져 다카노스의 복지를 일궜다.

그런데 지방자치의 선구적 모델이라 불리고 21세기 주민참여형 복지를 이끌던 다카노스 마을의 복지는 왜 극히 짧은 시간 동안 어둡게 변하고 말았는가?

다카노스와 함께 전국적으로 이름을 떨친 지역복지 모델 사례로 나가노현 야스오카 마을이 있다. 야스오카 마을은 촌장 마쓰시마 데지의 강한 리더십하에 마을이 경영하는 24시간 재택개호를 실시했는데, 시·정·촌 합병에 동의하지 않고 사업을 전개했다. 마쓰시마는 다카노스 마을의 복지 위기를 논하는 심포지엄에서 "야스오카 마을의 복지는 마을 주민이 아니라, 행정이 지켜나가고 있다"고 밝혔는데, 자신이 지자체 수장으로서 야스오카 마을의 복지를 끝까지 지켜나가겠다는 의지와 자부심을 엿볼 수 있었다. 그러나 동시에 이 말은 마쓰시마의 임기가 끝나면 복지도 사라진다는 것을 의미한다. 복지가 지자체의 정책 과제가 되었더라도, 지자체 수장의 교체로 간단히 복지 정책을 뒤엎을 수 있다. 그러나 고령자의 생활, 돌봄에는 계속성이 필요하다. 복지가 정책의 쟁점이 되면 무슨 일이 일어나는가?

다카노스 마을이 전부터 정쟁이 심하고 비타협적인 분위기여서 이곳의 복지가 실패했다거나 마을의 정치 풍토가 특수하다고 보는 시각도 있지만, 같은 여건일 때 다른 지자체에서 다카노스 마을과 비슷한 일이 벌어지지 않으리라는 보장은 없다. 이어지는 절에서 이를 검증해보자.

'업무개선위원회' 보고

2003년 정장이 바뀐 후 의회에서는 8월 1일 케어타운 다카노스 업무개선위원회를 꾸렸다. 업무개선위원회는 같은 해 9월 16일에 보고서를 마감했는데, 위촉위원 4명은 만나는 과정 없이 이례적으로 각각 보고서를 제출했다. 위촉위원 중 오오토모 노부카쓰는 케어타운 다카노스의 경과를 적나라하고 상세하게 작성했다(大友 2004; 2008).

오오토모 외의 위촉위원으로는 그 지역 회사의 경영자 1명, 전 아키타현 복지사무소 소장, 의료 개호 계통 기업의 이사가 있었다. 오오토모는 사회복지학 연구자로 도요대 교수가 되기 전 아키타현 청에서 근무한 경력이 있어 다카노스복지공사 측에서 추천한 인물이었다. 오오토모는 이와카와 마을 정장 등과 만난 적이 없어서 정치적으로 중립적일 것이라는 기대로 위촉되었는데, 막상 조사 결과가 어떻게 나오게 될지는 오오토모 자신도, 그를 추천한 쪽도 예상하지 못했던 것 같다. 다른 위촉위원 셋은 새로운 마을 정장 쪽에서 추천했는데, 이 중 케어타운 다카노스가 '방만한 경영'을 하고 있다고 비판한 회사 경영자는 나중에 사회복지협의회 회장직을 맡은 다카사카였다. 지자체 합병에 따라 다카노스 마을의 사회복지협의회는 기타아키타시로 통합됐는데 다카사카는 합병 후에도 사회복지협의회 회장을 맡았다. 2008년 4월부터 사회복지협의회는 케어타운 다카노스의 지정관리자가 되었다.

오오토모는 단기간 집중적으로 조사했는데, 자세한 내용은 오오토모가 노인 복지 관련 잡지에 연재한 글(大友 2004)에 상세히 나와 있다. 오오토모가 쓴 보고서는 케어타운 다카노스의 돌봄의 질이 높은 수준으로 유지되고 있음을 인터뷰와 관찰로 실증했고, 돌봄의 질을 유지하기 위한 비용이 결코 부당하다고는 할 수 없고 지역복지의 책임은 행정 당국이 지는 것이 타당하다고 주장했다. 다른 세 위원은 돌봄의 질이 높다는 점에는 동의하면서도, 이러한 돌봄이 "마을 주민들의 혈세를 쓸데없이 써서 유지되고 있다"며 비판적으로 봤다. 오오토모를 제외한 나머지 세 위원의 보고서는 "행정 당국으로부터 자립할 것" "독립채산과 자주 경영을 할 것" "서비스 이용자의 수익자 부담을 지킬 것" "효율적인 경영과 일반적인 기업의 경영 감각을 기를 것" 등을 요구했다.

반면 오오토모의 보고서에서는 케어타운 다카노스에 대한 비난을 하나씩 반론한다. 첫째, "복지에 돈을 너무 지출해 마을 재정이 위기"라는 비난은 ① 선거전에서 쟁점이 된 2002년 예산의 경상수지 비율을 보면 재정이 악화한 것은 틀림없으나, 지방교부세가 대폭 감소한 것이 그 주된 요인이며, ② 같은 해 민생비는 전해보다 줄었고, ③ "[고령자] 복지를 너무 많이 해서 [아이들] 교육에 돈을 쓰지 않게 된다"는 비판에 대해서도 오히려 교육비는 늘었다는 점을 지적했다. 또 ④ 마을의 부채라고 할 수 있는 지자체 기채율[지자체 사업비 중 지방채 충당 비율]은 아키타현 내 다른 시·정·촌에 비해 7.6%로 낮은데 이는 69개 시·정·촌 중 뒤에서 두 번째로 낮은 편이라 재정이 건전한 편에 속한다는 것이다. 합병을 예정한 주변 지자체 중 아이카와 마을의 지방채 발행률은 14.7%, 모리요시 마을 18.6%, 아니 마을 16.1%로, 전부 고령화율이 다카노스 마을보다 높다. 그러니 애초에 다카노스 마을이 합병을 통해 이점을 얻을 수 있다고는 볼 수 없는 상황이었다.

둘째, "많은 세금을 사용했지만 특정한 사람들만 케어타운 다카노스를 이용한다"는 부정적 선전에 대해서는 "중상모략이다. 입소판정위원회가 조사를 해서 입소 우선순위를 공정하게 정한다. 마을 의원 등 유지들의 실력 행사가 통하지 않는다"라고 썼다. 케어타운 다카노스에 가면 "입소자가 사망한다"는 비난 역시 다카노스복지공사가 이용자와 이용자 가족의 희망에 따라 부담스러운 종말기 케어를 실천한 결과일 뿐이라고 보고했다.

업무개선위원회의 의회 보고가 끝난 후 11월에 조사원에게 보고서 내용을 듣는 마을 주민 모임이 열렸다. 오오토모도 이 소식을 모임 개최일 사나흘 전에 전해 들었는데, 자비를 들여 참석해야 했다. 오오토모는 아버지의 임종을 앞둔 상황에서도 모임에 참가했는데, 다른 3명의 위촉위원과 달리 케어타운 다카노스를 긍정적으로 평가했다는 이유로 반대파 주민들로부터 격한 비난을 받고 모임에서 어쩔 줄 몰라 했다. 하네다 감독의 다큐멘터리를 보면 당시 마을 모임의 긴박한 분위기가 잘 포착되어 있다.

이와 같은 일이 벌어진 이유를 오오토모는 다음과 같이 추측했다.

다카노스 마을의 복지를 비난하는 소문은 죄다 주민과 당사자,

> 직원, '복지 마을 만들기'에 참여한 관련자들을 분열시키려는 것이었다. 노림수가 잘 보였는데, 주도면밀하게 준비하고 여론을 호도해서 다음 단계를 준비하는 느낌을 받았다. 뒤에 정치적인 계산이 있구나 하고 그 의도가 뻔히 보였다. (大友 2008: 92)

업무 개선 조사에 대해 오오토모는 "예단과 편견이 작용해 처음부터 마치 결론이 정해져 있었다"고 봤다.

오오토모가 어떤 인물인지 충분히 알지 못한 채 위촉위원으로 추천한 인사들은 그가 예상과 다른 보고서를 쓴 데 놀랐을 것이다. 이렇게 오오토모는 다카노스 마을 복지의 명암을 적극적으로 평가한 사람으로 역사로 남게 되었다.

마을 복지가 좌절된 경위 검증

주민이 선택한 마을 복지가 주민에 의해 거부되었다. 왜 이런 일이 일어났을까?

이와카와 진영과 다카노스복지공사 측은 2003년 마을 정장 선거에서 완전히 패배한 원인을 찾으려 했다. 일부 사람들은 "지금도 이유를 모르겠다" "악몽이었다"고 말한다.

오오토모는 마을 정장 선거에서 이와카와가 낙선한 이유를 ① 시·정·촌 지자체 합병에 따른 특례채에 대한 환상[20] ② 편중된 복지라며 비난하는 풍문에 의한 타격에서 찾았다. 하지만 특례채는 조금만 생각해봐도 그저 환상이라는 것을 알 수 있고, 풍문 역시 근거가 빈약한 날조된 소문이었다. 전에는 이와카와를 선택했던 주민들이 그토록 속기 쉬운 유권자들이었을까? 오오토모는 시내에 있는 그룹홈이 불합리한 이유로 문을 닫은 경위, 마을의 사회복지협의회가 일시적인 자금 [차입] 부족으로 이사장을 어쩔 수 없이 교체해야 했던 점, 지정관리자 선택 과정에서 드러난 의문 등을 들면서 "누군가 계략을 짰다"고 봤다(大友 2008: 100). 일종의 모략이 있었다고 보는 것이다. 그렇다면 이 모략에 속을 정도로 주민들은 속기 쉬운 사람들인가? 다카노스에서 복지가 후퇴하는 시기를 분석한 오오토모의 필치는 불공정함에 대한 분노로 가득한데, 이러한 관점은 마을의 복지가 후퇴한 원인을 지방자치의 미성숙함에서 찾는 논지로 이어질 수 있다.

그런데 이상하게도 다카노스 주민들은 얼마 전까지만 해도 지방자치의 모범 사례, 이용자 민주주의를 이룬 주민참여형 복지의 주체로 불렸다. 같은 마을 주민들이 자신들이 선택한 복지를 단기간에 뒤집은 셈이다. 결국은 변덕스럽고 속기 쉬운 유권자가 시류에 휩쓸려 선택한 결과에 스스로 농락당한 것에 불과하다고 볼 수 있을까? 그렇다면 이와카와가 외친 "한 사람 한 사람에게 맞춘 복지"는 단순한 구호에 불과했던 것일까? 일종의 우민 정치에 불

---

20 지자체가 합병했을 때 합병한 지자체가 차입할 수 있는 지방채로 중앙정부가 채권 상환액 70%를 부담한다. '합병특례채'라 부르기도 한다. 새로운 지자체 마을 만들기 목적의 사업에 대해서만 한정되어 발행할 수 있는 지방채이므로, 도로 정비나 역 주변 정비, 초중등학교 건물 내진 시설 마련 등에 사용되는 경우가 많았고 새로운 건설 사업으로 지방 경제의 활성화를 목표로 했다. 그러나 한편으로는 인구도 별로 없는 지역에 도로, 터널, 다리, 공원 등 불필요한 건설을 계속해 토건사업 이해관계자들만을 위한다는 비판과 결국 지자체에 빚이 되어 재정을 압박하는 등 달콤한 환상에 지나지 않는다는 비판을 받았다.-옮긴이

과했던 것일까?

이런 의문을 어떻게 풀 수 있을까?

이 의문을 다음 세 가지로 검증해보자. ① 케어타운 다카노스에 대한 부정적 캠페인이 성공한 이유 ② 지자체 합병이 불러일으킨 꿈 ③ 갑자기 동력을 잃은 주민활동그룹.

① 케어타운 다카노스에 대한 부정적 캠페인이 성공한 이유.

다카노스 마을은 인구 2만 2000명, 고령화율 27.2%, 고령자 수 6005명(2002년)인 지자체이다. 약 30억 엔을 들여 지은 훌륭한 시설 케어타운 다카노스의 연간 이용자 수는 576명(개호 시설만 집계)으로, 시설 내 정원은 노인보건시설 80명, 쇼트스테이 30명, 데이서비스 케어 50명이다. 연간 이용자 수는 다카노스 마을 전체 고령자 인구 6005명 중 약 10%에 해당한다. 75세 이상 후기 고령자 인구만 보면 2537명이니, 케어타운 다카노스의 이용자는 지자체의 노인 인구 4명당 1명인 셈이다. 또 연간 이용자 수에 다카노스 마을 한 세대당 평균 구성원 수 2.87명을 곱해보면 1700명 정도이다. 그러니까 마을 전체 인구의 약 7.5%에 해당하는 주민은 이용자 혹은 가족으로 케어타운 다카노스의 수혜를 받은 셈이다. 케어타운 다카노스 시설 업무 개선 조사에 나선 다카사카가 계산한 바에 따르면, 개호보험의 적자를 메꾸고 있는 마을의 일반재원 가운데 케어타운 다카노스의 노인보건시설 입소자 1명당 보조액은 연간 135만 엔이다. 과연 다카사카의 주장대로 이 정도 금액의 보조가 사치이고, 불공평한가?

물론 고령자 돌봄에 대한 부담은 가족 중에 요개호 고령자가 있는지 없는지에 따라 다르다. 이용자 가족은 다카노스 마을의 복지로 큰 수혜를 받았지만, 그렇지 않은 주민은 직접 받는 혜택이 없다. 그리고 돌봄의 질이 아무리 높다고 해도 이를 비교할 대상이 없다면 그 가치를 이해했다고 볼 수 없다. 다카노스 마을은 겨울에 적설량이 많은 등 폐쇄적인 지역이라 가족 중 이용자가 없는 일반 주민에게 케어타운 다카노스의 정보가 알려지지 않았을 것이라고 추측해볼 수 있다. 또 일본 제일의 복지 마을이라고 전국의 언론이 보도했다 한들, 지역 주민들이 이를 접하지 못했을 수도 있다.[21] 노동조합 관련자들은 "매일 돌봄에 열중하느라 케어타운 다카노스의 활동을 지역 주민에게 전달하는 노력을 할 수 없었다고 반성한다"(필자의 인터뷰 조사)고 했다.

여기에다 케어타운 다카노스의 시설이 지역의 거주조건을 뛰어넘은 곳이라는 점 역시 반감을 산 요인으로 보인다. 조사 당시 자택에 사는 고령자들 가운데 자신의 방이 없는 이들도 있었는데, 케어타운 다카노스에서 "개인실을 쓰는 건 사치"라는 비난도 있었다. 전 간호부장은 "평소 자기 주장을 하지 않은 이용자들에게 어떻게 요구를 끌어낼 것인가를 과제로 삼고 있다"고 말했는데, 지역성, 세대 요인, 젠더 요인 등으로 이용자의 권리의식은 낮은 편이었다. 이에 따라 이용자들이 케어타운 다카노스의 돌봄이 "내 분수에 맞지 않는다"고 받아들였을 것이라는 점도 상상하기 어렵지 않다. "가난한 지자체에 일본 제일의 복지는 필요없다" "분수에 맞는

---

21 지역 신문《아키타사키가케신보秋田魁新報》의 점유율이 높고, 전국지를 같이 읽지 않으면 전국 언론의 보도 정보는 잘 알려지지 않는다.

복지로 충분하다"는 식의 주장이 지지를 모으게 된 기반이었을 것이다. 노인에게 돈을 쓰게 되니, 아이나 젊은이들은 뒤처지게 된다는 식의 선거 당시 네거티브 캠페인도 한몫했을 것이다. 그 배경에 '나이주의ageism'(노인은 노인 분수에 맞춰라)와 같은 차별의식이 있다는 점은 쉽게 알 수 있다.

덴마크식 복지라고는 하지만, 본 적도 들은 적도 없는 해외의 모델이고, 케어타운 다카노스에서 일하기 위해 공모에 응한 다른 지역 출신자들, 차례로 방문하는 외부 전문가들과 견학자들 등 외부인에 대한 반감도 작용했을지 모른다.[22] "케어타운 다카노스는 지역 고용 창출 효과가 없다"는 식의 네거티브도 나왔다. 긍정적으로 본다면 다른 지역에서 한창 일할 나이의 인구가 유입되는 것은 다카노스 마을을 활성화하는 것이고, 전국에서 견학을 오면 지역 숙박업체나 요식업계에 돈을 쓰니 지역 경제를 활성화하는 효과를 불러일으키는 관광자원으로 받아들일 수도 있었을 것이다.

정장이 바뀐 후 케어타운 다카노스를 견학하는 이는 급격히 줄었다. '다카노스'라는 지명도 지자체 합병 후 사라지고 말았다. 지명조차 바꾼 것은 어쩌면 이와카와 정장의 흔적을 아예 지워버리고 싶은 새로운 체제의 사람들의 집념으로도 보였다. 자원이 부족하고 인구가 줄어드는 지자체는 지역의 브랜드 이미지만 창출

22 가령 핵발전소에 반대하는 지역의 시민운동이 일어나면, 운동을 무너뜨리기 위해 전략적으로 다른 지역에서 반핵운동을 도와주러 온 외부 시위꾼들이 있다고 부정적인 소문을 낸다. 이를 통해 핵발전소 반대 시민운동에 대한 지역 주민의 반감을 유도하는 것이다. 이와 같은 사실은 야마아키 신의 르포(山秋真 2007)에 잘 나타나 있다. 동일한 전략이다.

해도 큰 자원이 되고 이것을 이용할 방법은 얼마든지 있는데, 새로운 정장 체제에서는 그 유산을 전부 버려버렸다.

② 지자체 합병이 불러일으킨 꿈.

다카노스의 복지가 좌절된 또 하나의 요인은 합병특례채로 앞으로 지역에 10년간 1200억 엔이 들어올 것이라는 선전이었다. 이는 합병 후 10년간 지방교부세로 들어올 예정인 금액을 개략적으로 잡은 금액에 실제 발행할 특례채 200억 엔을 더한 금액이다. 특례채는 모두 공공사업에만 써야 하고, 실상 빚이다. 1990년 중반부터 지자체 대합병을 유도한 합병특례채의 기한은 2005년이었다. 2005년이 되자 막바지에 합병하게 된 지자체가 많았는데 기타아키타시도 그런 곳이었다. 그 전해에 지방교부세가 대폭 줄어 마을 재정이 더욱 경직되었고, 이는 이와카와 정장에게 타격을 줬다. 중앙정부의 행정 개혁 노선에서 본다면 지방교부세는 앞으로 더 줄어들 것으로 보여 충분히 예상된 사태였다. 지방교부세로 들어올 예정인 금액을 포함해 1200억 엔은 오오토모의 표현에 따르면 그저 '환상'에 지나지 않은 금액이었다. 또 불필요한 도로, 공원 등과 같은 공공 시설을 짓는 데만 사용해야 하는 특례채는 공공사업에 의존해 지역 경제를 활성화하려고 한다는 점에서 구태의연한 수법이다. 그래서 이 특례채로 인한 거품경제에 들뜬 지자체는 이후 무거운 재정 부담에 시달린 곳이 많았다.

이러한 특례채로 인한 환상은 가령 "대형 사업으로 건설업이 성장한다"거나 "대형 가게를 건설해 지역의 젊은이 고용을 창출한다"거나 "지역 의료에서 거점이 될 병원을 지어서 안심하고 살 수 있는 중점 도시를 만들겠다"는 장밋빛 미래를 불러일으켰다. 이러한 미래를 제시하면, 많은 지역 유권자를 설득할 수 있었다. 또 전국적으로 일어난 지자체 합병 붐에서 우리 지자체만 뒤처지면 안 된다는 초조함도 많은 작은 지자체에 영향을 미쳤다. 다카노스에서도 "합병을 하지 않으면 고립된 섬과 같은 신세가 될 것"이라는 식의 캠페인이 등장했다.

③ 갑자기 동력을 잃은 주민활동그룹.

다카노스 마을 복지의 특징은 주민참여형 자치의 성과에 있었다. 케어타운 다카노스를 만든 부모라고 할 수 있는 주민활동그룹의 참가자는 최전성기엔 약 150명 규모였는데, 이는 마을 주민 100명당 1명인 셈이다. 1994년에 제출한 케어포트 다카노스[1995년 케어타운 다카노스 건설 계획안 전에 제출한 시설명]의 빠른 설립을 요구하는 서명에는 1만 1000명의 주민이 참가했다. 1998년 주민활동그룹 케어타운 탐험대에는 700명이 참가했다. 이렇게 큰 규모로 확산을 보인 '풀뿌리 민주주의'가 왜 뒤집히고 말았는지 누구든 의문을 품을 법하다.

주민활동그룹의 활동이 가장 활발했던 시기는 케어타운 다카노스 시설이 완성되기 직전, 케어타운 탐험대가 활동하던 시기였다. 이들은 시설에 희망 사항을 하나씩 실현해가는 데서 보람을 느꼈다. 당시 활약한 주민(90대 남성)은 "케어타운을 만드는 것이 우리의 목표였다"고 말했다.

인터뷰 조사에서 한 관계자는 "목표를 달성하자 성과에 안도해 활동이 주춤했다"며 반성하는 모습을 보였다. 특정한 주민 일부가 주민활동그룹에서 고정적으로 활동하게 되자 회의도 전만큼 활발하게 열리지는 않았고, 마을 정장이 바뀐 후에는 활동이 멈추는 상태에 이르렀다.

여기서 주민활동그룹의 활동 과정에 몇 가지 문제점을 지적해볼 수 있다. 활동 초기 주민활동그룹은 다양한 욕구에 맞춰 여러 집단이 활동했는데, 점차 고령자 복지 중심으로 활동하게 되었다. 한 주민(60대 남성)은 "주민활동그룹은 이와카와 마을 정장이 없으면 활동을 하지 못했다"고 전하는데, 이를 보면 완전히 자발적인 활동체라고 할 수는 없었다. 주민활동그룹은 제2의 마을 의회로 야당이 다수를 차지한 의회를 우회하는 장치로 기능했다. 나중에 주민활동그룹에서 마을 의회 의원이나 시의회 의원이 나오기도 했지만, 지자체 합병 후 시장 선거에서 주민활동그룹에서 낸 후보가 낙선하고 의회에서 다수파가 되지 못했다. 주민활동그룹과 이와카와 마을 정장이 밀월시대를 보내던 시절은 행정 당국이 주민활동그룹의 희망 사항을 들어주는 형태였기 때문에 주민청원운동의 형태를 벗어나지는 못했다. 주민활동그룹 스스로 어떤 사업의 주체가 된 것은 아니었던 것이다.

그런데 현재 기타아키타시에도 주민활동그룹에서 활동한 경험이 있는 인적자원이 100명 이상 있다. 이런 주민들이 언제까지 활동을 중지한 상태에 머물러 있을 것인가? 달성한 목표를 잃게 된 후, 이 주민들이 어떤 움직임을 보일지 아직 예단할 수 없다.

신자유주의 개혁에 놓아난 마을 복지

다카노스 복지의 성공과 좌절을 설명하기 위해 좀 더 거시적인 사회변동을 보자. 일본 사회에는 1990년대에 시작한 두 가지 큰 정치적 개혁이 있었다. 지방분권 개혁과 사회보장 기초구조 개혁이다. 그리고 이 개혁들의 뒤에는 복지국가의 위기를 초래하고, 결국 사회보장비의 억제로 귀결한 세계화에서 진행된 신자유주의 정치 개혁이 있다. 지방분권 개혁은 지방 자립과 행정 비용 절감을 추구했고, 사회보장 기초구조 개혁은 복지에서 민간 활성화, 수익자 부담 원칙을 초래했다. 잘 알려져 있듯 이 두 가지 개혁이 어우러져 2000년 시행된 개호보험법이 생겼다. 개호보험은 그 태생부터 빛과 그림자의 양면을 모두 띠고 있었다.

지방분권 개혁은 '지방의 자립' '지방 주권'이란 명목하에 중앙정부의 책임을 차례로 지자체에 이관했다. 1995년 지방분권추진법을 제정해 2003년 지방자치법에서 대담한 개정을 했는데 이를 통해 지자체는 큰 재량을 갖게 되었다. 삼할자치[23]로 제약을 받는 환경에 있던 지자체들은 자주적 개혁을 하는 절호의 기회를 얻었다. 그러나 지방분권 개혁은 법률상 자치 재량권을 대폭 주면서도 이를 실현하기 위한 재정의 자주성은 주지 않는 식의 모순이 있었다. 원래 지방분권 개혁의 동기는 재정 파탄을 피하기 위한 중앙정부의 행정 개혁에서 나온 것이고, 중앙정부가 부담하는 경비를 줄

23 중앙집권적 행정, 재정 제도로 인해 중앙정부와 지자체가 상하관계에 있고, 지방자치의 재량이 작다는 것을 상징하는 말이다. 총재정 중 지방세 비율이 3할밖에 되지 않았다는 데서 유래했다.-옮긴이

이려는 것이었다. 개호보험 자체가 중앙정부가 관장하는 의료보험의 재정 파탄을 조정하려는 일종의 불순한 목적에서 나온 것임은 자명했다. 그래서 개호보험의 사업 주체가 될 것으로 기대를 모았던 전국 시·정·촌 지방자치협의회에서는 "중앙정부가 책임을 전가했다"고 입을 모아 비판했고, 이는 많은 이가 생생하게 기억하고 있는 바다.

사회복지 기초구조 개혁을 추진한 전 후생성 사회원호국장 스미타니 시게루에 따르면 사회복지 기초구조 개혁이란 "위에서 주는 것이라거나 해주는 것으로 여긴 사회복지를 복지서비스 이용자가 제공자와 대등한 관계를 맺고 서비스를 선택하게끔 하고 사회복지를 권리로서 확립하려 한 것이고, 일본 사회에 뿌리내린 사회복지관을 180도 전환하기 위한 것"이라고 했다(炭谷, 2003). 스미타니의 표현을 보면 개혁 주체로서 느끼는 자부심과 열의가 넘치나, 그가 수행한 사회복지 기초구조 개혁이 수익자 부담 원칙과 동시에 자기결정, 자기책임을 내세우는 신자유주의적 가치관과 이어져 있음을 잊어서는 안 된다. 그가 본 대로 개호보험은 고령자 복지를 기존의 행정 시혜적 조치에서 계약으로, 동시에 수혜에서 권리로 바꿨다. 그가 제도 설계자로서 의도한 대로 복지가 관의 수혜라는 낙인은 사라졌고, 또 낙인이 사라지면서 중간계층이 시설에 입소하는 거부감도 사라졌다. 그런데 이미 잘 알려진 대로, 재택 복지를 지원하려던 개호보험은 고령자의 시설 입소를 촉진하는 결과를 가져왔다.

역사에 '만약'이라는 가정은 무의미할지 모른다. 그런데 만약 지방분권 개혁과 사회보장 기초구조 개혁이 없었다면, 그리고 지방자치가 다카노스 마을 정장으로 이와카와가 처음 당선되던 1990년대 초반의 상황 그대로라면 어땠을까? 지자체 수장이 강한 리더십으로 이끌고 주민활동그룹은 참여민주주의를 실현하면서 자동차의 양 바퀴처럼 돌아가면 행정 당국이 주민에게 보증한 관제 복지는 높은 수준으로 유지될 수 있었을지도 모른다. 1990년대의 경제 불황과 인구 감소 속에서 세수가 감소하자 지방교부세가 감액되었는데도, 2003년 다카노스 마을의 민생비 비율은 특별히 많은 액수라고 할 수 없고, 지자체 공채 발행률도 높지 않았다. 많은 돈이 들어가는 케어타운 다카노스 건설은 공공사업 투자를 촉진했고 관련 시설 수요도 커졌다. 고용 창출 효과, 케어타운 다카노스 방문 견학자가 쓰는 체류비와 관광 지출 등 경제 효과도 제법 됐을 것이다.

하지만 만약 이렇게 되었더라도 행정 당국이 주도하는 수혜가 곧 복지라고 바라보는 시각이 변함이 없다면 관이 만든 복지에 대한 낙인은 없어지지 않았을지 모른다. 이용자의 권리의식은 싹트지 않았고, 다른 시설과 경쟁도 생기지 않았으며, 만일 케어타운 다카노스의 초기 이념을 계승하기 어려운 상황이 생긴다면 보통의 일반 시설로 전락하는 정도가 아니라, 효율이 최악인 관 시설로 변할 우려도 있었다. 다카노스 마을의 복지에서 돌봄의 질을 지탱한 것은 인재가 얼마나 있는지뿐만 아니라, 복지를 이끄는 주체들의 자긍심과 도덕성, 외부에서 온 많은 견학자와 자원봉사자의 높은 평가와 감시의 눈이었다.

개호보험은 복지의 세계에 수익자 부담과 독립채산성과 같이 예전에는 없던 규칙을 이식했다. 그 결과 관, 민, 협 부문의 모든 사업자가 동일한 기반과 조건에서 출발해 공평한 경쟁에 돌입하게 되었다. 다카노스복지공사는 이러한 변화에 대응할 것을 전제로 만들어진 것은 아니었다.

관, 민, 협 부문의 사업자 가운데 공사나 사회복지협의회는 초기 투자를 행정 당국에 의존하므로 자금 조달에 고심하는 민간이나 시민사회 사업체보다 유리하다. 다카노스복지공사가 윤택한 자금을 바탕으로 복지용구 대여사업을 실시했을 때 동종 사업을 하려던 지역 내 민간사업자들은 어쩔 수 없이 사업을 접어야 했다. 관 부문의 사업은 민 부문을 압박하는 영향이 있었다.[24]

개호보험이 공사나 사회복지협의회 등 관 부문의 사업자를 도입한 이유는 '경영' 때문이었다. 나와 공동연구를 한 연구자 박희숙은 다카노스 마을의 복지는 경영이라는 측면에서 봤을 때 경영과 관리의 분리가 특징이라고 파악했다. 다카노스복지공사의 조직을 들여다보면, 경영 책임은 복지공사의 이사회에 있고, 이사장은 마을 정장이 겸임하므로 실질적으로 지자체 수장이 경영 책임을 지는 것과 같다. 이와카와는 "행정 당국이 현장에 책임을 지고 있으므로 복지 현장에서 일하는 사람들은 오직 이상적인 돌봄을 추구하면 좋다고 생각한다"고 했는데, 이를 두고 박희숙은 "경영은 행정이 하고 현장은 돌봄만 하는 역할 분담 체제"라고 했다. 전무이사는 현장에서 돌봄을 실천하는 최고책임자이고, 경영의 최고책임자는 마을 정장이었다. 그런데 이이다의 사직 후 전무이사

---

24 이와 같은 민간 부문 압박 효과는 NPO에 대한 공적 지원에서도 마찬가지다. 민간사업자들은 동일한 기반, 조건에서 출발해 경쟁한다면 NPO라고 해서 특별한 지원이나 보호를 받을 이유는 없다고 주장한다.

직은 공석으로 있었고 따라서 돌봄 실천의 최고책임자가 부재한 상태가 이어졌다. 전 다카노스 마을 사무국장인 남성은 “케어타운 다카노스에는 경영본부가 없고, 사무국은 관청에서 준 예산을 나누는 일만 하고 지휘명령이 없다”고 증언했다(필자의 인터뷰 조사).

관 부문도 협 부문과 마찬가지로 공익단체로 본다면, “NPO에는 두 종류의 고객이 있다”고 했던 다나카 나오키의 말을 적용해 볼 수 있다. NPO의 첫 번째 고객은 서비스 이용자, 두 번째 고객은 회비를 내고 사업을 지원하는 회원이다. 지자체의 경우 두 번째 고객은 주민, 즉 유권자다. NPO도 경영은 필수적인데, 여기에는 첫째 서비스 경영, 둘째 자금 조달 경영이 있다. 서비스 경영에서는 일하는 이들이 윤리성을 지킬 수 있도록 하고, 자금 조달 경영에서는 NPO를 응원하는 회원들이 동의할 수 있도록 해야 한다. 다카노스 마을의 복지는 서비스 경영에서는 성공했으나, 자금 조달 경영에서는 불충분했다. 확실히 전국적으로 언론이나 다카노스 마을 외부의 지지를 얻는 데는 성공했지만, 언론이나 외부자들은 유권자도 아니고 납세자도 아니다. 지역 주민들의 동의를 얻어내는 정치적 방법으로 주민활동그룹을 택했지만 이 활동이 확산하고, 심화하기 전에 특정한 사람들만 활동하게 되었고, 그들은 나이가 들었으며, 또 일단 케어타운 다카노스를 지었다는 목표를 달성하자 활력을 잃었다. 주민이 행정 당국과 긴장하는 가운데 권리를 쟁취하는 모습이 없었던 점, 또 얻은 권리에 안주해버린 점도 활력을 갉아먹은 요인이라고 할 수 있다. 사실 주민활동그룹은 케어타운 다카노스를 짓고자 의회와 대결했을 때에는 매우 활발하게 활동했다. 하지만 선거에 이와카와의 경쟁 후보가 없었을 때는 긴장감을 잃었다.

케어타운 다카노스 업무개선조사위원으로 나중에 기타아키타시 사회복지협의회 이사장이 된 다카사카는 자신이 회사 경영자이기도 해서 케어타운 다카노스에 기업 경영과 같은 경영 방법을 도입하려고 했다. 개호보험제도하에서 독립채산제가 요구되는 사업체에 효율과 수지 균형은 불가결하다고 볼 수 있으나, 이 책에서 논의해온 것처럼 복지경영은 일반 기업 경영과는 다르다.

여기서 10장에서 서술한 복지경영의 정의를 되새겨보자.

복지경영이란 ① 돌봄을 받는 쪽과 주는 쪽 양쪽 이익을 최대화할 수 있도록 ② 지속가능한 사업을 하고 ③ 소프트와 하드를 아우르는 경영 관리 ④ 시민 합의와 자원 조달 ⑤ 사회적 설계의 제안과 실천을 가능하게 하는 것을 말한다.

케어타운 다카노스는 이런 복지경영의 정의에 들어맞았을까?

① 돌봄을 받는 쪽과 주는 쪽 양쪽 이익을 최대화하는 문제를 보자. 선진적 돌봄을 실천하는 시설을 비교한 나의 공동연구를 보면, 마을 정장이 교체되기 전의 케어타운 다카노스는 이용자와 직원의 만족도가 일치한 드문 사례였다. 나와 공동연구를 한 아베 마사히로는 보고서에서 다음과 같이 말했다.

> 이용자의 만족도는 높지만 직원들의 만족도는 낮다.[25] 직원들의 높은 수준의 헌신으로 현재 시설(선진적인 시설)에서 돌봄의 질

25 조사 데이터에 바탕을 두고 정확하게 표현하자면 "직원들의 만족도는 높으나 노동조건은 낮다. 노동조건에 대한 불만을 억제하도록 되어 있다"고 해야 할 것이다.

> 을 담보하고 있다. 이는 매우 불균형적인 상태라고 할 수 있다. …… 그러나 조사한 가운데 유일하게 이런 상태를 타파한 시설이 있었는데 그게 다카노스 마을이었다. …… 지자체 행정의 전면적인 지지를 받은 케어타운 다카노스에서는 이용자와 직원의 만족도가 매우 높은 수준으로 안정되어 있었다. …… 만약 다카노스 마을이 예전 그대로 있었더라면, 조사자로서 나는 관이 이상적인 돌봄을 실천했다고 결론을 냈을 것이다. (東京大学社会学研究室·建築学研究室 2006: 290)

사실 노조 관계자(30대 남성)도 "노조를 설립한 목적은 케어타운 다카노스를 지키기 위해서다. 이용자, 직원, 서비스를 지키고자 한다. 이용자와 직원은 대등하고 어느 한쪽을 우선할 수는 없다. 이용자와 직원의 생활의 질을 똑같은 비중으로 여기고 행동하는 것"이라고 노조가 낸 원칙을 말했다. 돌봄이 상호행위라는 점에서 지당한 원칙이라 할 것이다. 그런데 이미 살폈듯 ② 사업의 지속가능성을 보면, 관 부문 사례에는 예상치 못한 함정이 있다. 첫째는 정권에 따라 정책이 바뀌는 것이고, 둘째는 제도 개혁에 따라 환경 조건이 바뀌는 것이다. 지방 행정에서 국가 제도는 선택의 여지가 없는 요건이고 복지 정책이 바뀌면 지방에서는 마치 게임을 하던 중에 게임 규칙이 바뀌는 것 같은 영향을 받는다. 케어타운 다카노스의 실패는 1990년대 신자유주의적 행정 노선과 이에 따른 사회보장 개혁에 휩쓸린 비극이라고 할 것이다. 게다가 국정 제도를 개혁하는 것에 일관성이 없어서, 지방 자립을 말하면서도 재원을 주지 않고, 또 신형 특별양호노인홈을 장려하면서도 호텔 코스트를 만드는 등과 같은 일이 일어나 "2층에 올라가자마자, 사다리를 치워버린" 꼴과 같은 모양새였다.

효율과 수지 균형을 요구하면, 케어타운 다카노스의 경영은 ① 인력 배치를 후생노동성의 기준인 이용자 3명당 직원 1명 수준까지 떨어뜨려서 이용자 서비스 질을 저하시키거나 ② 상근직을 비상근직으로 바꾸어 인건비를 절감하려고 하는 방법 말고는 없다. 비상근직원은 경력이 짧고 이직률이 높아서 자주 직원이 교체되기 때문에 인력과 서비스의 질이 낮아진다. 그러니까 [국가 행정의] 복지경영 기준에서 돌봄을 받는 쪽의 이익은 돌봄을 받는 쪽의 이익과 돌봄을 주는 쪽의 이익을 같이 줄여야 경영이 지속가능해지는 것이다.

이렇게 비교해보면, 개호보험하의 경영은 이용자와 직원 모두의 조건을 극히 낮은 수준으로 유지할 것을 전제하고 있다는 것을 알게 된다. 선진적인 돌봄을 실천하는 시설 경영자 대부분이 "개호보험 틀 안에서는 이상적인 돌봄을 할 수 없다"고 말하는 이유다.

③ 소프트와 하드를 아우르는 경영 관리를 보면 어떨까? 많은 공공투자 없이는 유니트 케어 시설을 만들 수 없다. 30억 엔에 가까운 공공투자를 할 수 있는 곳은 정부나 지자체밖에 없다는 것은 분명하다.[26] 그러나 유니트 케어는 하드만 있다고 할 수 있는 게 아니다. 유니트 케어에 대응할 소프트가 있어야 설계한 목적을 이룰

---

26 자금력을 살피면, 11장에서 다룬 것처럼 협 부문 가운데 생협 계열의 사업체가 드물게 자금력이 있는 경우다. 생협 복지를 이끈 주체이자 사회복지법인 생활클럽(가제노무라) 이사장 이케다 도오루는 이 점을 잘 알고 있었다.

수가 있다. 케어타운 다카노스는 하드 측면의 조건이 오히려 상황을 어렵게 만드는 요인이었다. 큰 건물은 유지 관리에 비용이 많이 들기 때문에 시설관리비 부담이 커지고 유니트 케어형 시설은 애초에 인력을 많이 배치해야 하는데, 줄어든 일손으로 인해 직원들은 더 일하는 수밖에 없었다. 현장 직원들의 노동 강도가 높아지면 노동 윤리성의 저하와 이직률 증가가 이어졌다. 이렇게 되면 케어타운 다카노스는 단지 전국 어디에나 있는 평범한 시설 정도에 그치는 게 아니라, 시설의 물리적 조건이 걸림돌로 작용해 평균 이하의 시설이 될 우려도 있다. 그렇게 된다면 결국 불만을 이야기하지 못하는 이용자, 케어타운 다카노스 말고는 선택지가 없는 가족만 여기에 남게 될 것이다. 전에 있었던 다카노스 마을의 고령자안심조례도 폐지되고 말았기 때문에 이용자를 침상에 묶어두거나 학대하는 것을 막을 길도 없다. 일본 전국 어디서나 존재하는 고령자 복지의 빈약한 현실이 케어타운 다카노스에서도 시작된 것이다.

④ 시민의 합의와 자원 조달 면에서 케어타운 다카노스는 가장 크게 실패했다. 시민이 합의하지 않았다는 점은 선거에서 유권자의 선택으로 나타났다. 다카노스의 교훈은 '두 번째 고객'[주민]의 합의는 한 번의 조달로 끝나는 게 아니라, 몇 차례나 계속 그 합의를 조달하기 위한 노력이 필요하다는 것이다. 민간기업의 제2의 고객은 곧 주주인데, 주주의 합의를 이끌어내기는 좀 더 어렵다. 신뢰를 잃어버린 기업은 전통 있는 가게든 대기업이든 주식시장에서 투자자들이 가차 없이 일제히 자금을 빼내기 때문이다. 지자체의 복지 정책으로 시민이 어떤 결과물을 얻을지 설득하는 것은 단지 지자체 행정을 홍보하는 영역을 넘어서는 일이다.

⑤ 다카노스는 덴마크형 복지를 제안했으나, 그것이 신자유주의적 사회보장 기초구조 개혁에 의해 개호보험의 수익자 부담 원칙으로 흡수되고 말았다. 만약 옛 다카노스 마을 주민이 높은 수준의 복지에 드는 높은 부담에 합의하고 이를 지방자치에 실현했더라면, 다카노스 마을은 일본에서 예외적 모델이 되었을 것이다. 그러나 1990년대 지자체의 대대적인 합병은 지방을 평준화하는 경향이 있었고, 더군다나 이는 주민 서비스의 수준을 낮추는 방향이었다. 다카노스 마을도 이런 파도에 휩쓸리고 말았다. 재정 능력이 없는 지자체에 국가[중앙정부]로부터 자립성을 요구하는 데도 한계가 있다. 다카노스 마을의 비극은 다카노스 마을만의 것은 아니다.

다카노스의 실패에서 무엇을 배울까

다카노스의 실패에서 협 부문이 배워야 할 교훈은 무엇인가?

2004년 나는 오오토모를 만난 뒤 칼럼을 썼다. 좀 길지만 인용한다.

> 나는 복지에 관심이 있는 몇 명의 연구자와 함께 오오토모 씨를 초대해 공부하는 모임을 열었다. 4시간에 걸쳐 오오토모 씨가 알려지지 않은 사실을 말해줬는데, 그 가운데 잊지 못할 이야기가 있었다. 당시에 나는 복지 관련 NPO에 관심이 깊었는데 지역복지를 맡길 주체는 비효율적인 관(행정)도 아니고, 믿을 수 없

는 민간(영리기업)도 아니고 시민이 비영리로 사업을 이끄는 협 부문에 기대하는 것이 가장 좋다고 봤다. 그래서 이를 위해서는 NPO 단체를 의도적으로 성장시켜야 한다고 생각했다.

"다카노스 마을에 협 부문에 해당하는 주체가 있는가?"라고 질문하자, 오오토모 씨는 내 질문의 의도를 이해하고 다음과 같이 답했다.

"다카노스 마을에서는 주민활동그룹을 조직함으로써 관이 협 부문 주체를 길러내려고 했어요. 그런데 그게 목적지에 다 이르지도 못해서, 정권이 바뀌고 실패한 것이죠." (上野 2004b)

주민참여형 지역복지란 단지 지방자치 의사결정에 주민이 참여하는 것만 의미하지 않는다. 스스로 수혜자일 뿐 아니라 지역복지를 이끌어가는 주체로 참여하는 것을 의미한다. 그렇게 해서 관으로부터 상대적인 자립을 이루고 관과 교섭하는 능력을 갖춰갈 필요가 있다. 그렇지 않으면 어디까지나 관에 의존하는 체질이 바뀌지 않을 것이다. 관이 선정을 펼치든 온정주의적 복지를 하든 관은 관일 따름이다. 이렇게 말하는 까닭은 지자체와 주민자치가 괴리되어 있기 때문이다. 우리는 지자체가 공공단체라고 하지만, 지자체가 공익을 대표하는 것은 아니란 점을 잘 알고 있다. 그래서 공익을 이끌어갈 주체를 관에 맡기는 것으로는 충분하지 않다. 이것이 협 부문의 존재 이유다. 이러한 비판적 시각 위에서 나는 공공 부문이라고 하지 않고 관 부문이라는 용어를 쓰고 있다.

나는 협 부문 사업체의 책임자가 한 말을 잊지 못한다.

"행정에 의존하지 않으니까, 행정에 휘둘릴 일이 없어요."

내가 연구 대상으로 삼은 많은 협 부문 사업체는 제도 변화에 따라 영향받는 일이 적었고, 개호보험 개혁 이행기에도 연착륙에 성공했다. 애초에 아무 공적 지원 없이 자조 노력으로 달려온 협 부문의 사업체는 개호보험이 생기자 순풍을 탔다고 할 정도였다. 협 부문에서는 자신들이 쓰기 편하도록 제도를 바꿀 것을 요구해서 제도를 고쳤다. 협 부문의 실천에서 강점은 제도나 서비스가 마련되어 있다는 점이 아니다. 제도가 없어도, 니즈가 있다면 서비스를 만들겠다고 계속 초심으로 노력한 것이 강점이다. 일부 협 부문 사업체는 나쁜 제도가 있는데도, 서비스를 만들어냈다.

마지막으로 복지 NPO 관계자들이 했던 말을 소개한다.

“행정에 기대하지 않는다. 행정 당국은 우리가 하는 일을 방해만 하지 않아도 괜찮다.”

16장 협 부문의 우위

협 부문의 경쟁 우위

이 책에서 나는 복지다원사회에서 돌봄의 사회화 담당 주체는 관, 민, 협, 사 이렇게 네 영역이 있고, 이 가운데 협 부문이 다른 부문보다 상대적으로 우위에 있음을 논해왔다. 동일한 조건(준시장)인 개호보험제도로 서비스를 제공하는 사업 주체 가운데 협 부문은 이용자에게도 노동자에게도 이익이 크고 동시에 경영 측면에서도 지속가능한 선택지라고 판단할 수 있다. 또 시민의 합의와 지역 자원을 동원해서 새로운 사업 모델과 제도를 설계하고, 운용 규칙을 만드는 측면에서도, 협 부문에 높은 창의력과 실천력이 있다. 예외가 있다면, 15장에서 검토한 것처럼, 현행 개호보험하에서 상당히 많은 재정적 지원으로 소프트와 하드 양 측면에서 높은 수준의 돌봄을 달성한 관 부문의 사례(다카노스 마을)가 있다. 하지만 관 부문은 공적 자금이 투입된 사례이므로 예외적으로 봐야 하고,

게다가 나중에는 유권자의 합의를 이끌어내는 데 실패했다. 다카노스 마을의 복지는 좌절되었다.

각 부문의 우위를 비교하는 이유는 가장 궁극적인 질문에 대한 답, 그러니까 어떻게 하면 이용자가 질 좋은 돌봄을 받을 수 있을지에 대한 답을 찾기 위해서다.

협 부문 가운데 선진적 돌봄으로 일본 전역에 이름을 떨친 사례가 몇 개나 생겼다. 그 가운데에 리더십이 있고 열정적인 경영자나 관리자 등도 나왔다. 그런데 경영자나 관리자의 힘만으로는 사업체를 유지할 수 없다. 윤리의식이 높은 워커가 질 좋은 돌봄을 유지할 수 있도록 지탱하는 조건은 대체 무엇인가? 독지가 출신 경영자나 관리자의 인격적인 역량에 따라 우연히 질 좋은 돌봄이 발생한 것인가? 아니면 이것은 이전 가능하며 지속가능한 실천인가?

노동조건과 인력 배치

선진적인 돌봄의 복지경영을 효율이 아니라 최종적으로 돌봄의 질로 측정한다면, 객관적으로 복지경영을 측정할 지표로는 워커의 ① 노동조건 ② 인력 배치가 있다.

복지사업체는 서비스 재화를 공급하며, 그 생산자는 케어 워커이므로 직접적인 생산비용은 인건비다. 복지사업에서 인건비 비율은 경영비용을 증가시키는 최대 요인이다. 선진적인 돌봄 모델이라고 꼽는 시설에서 인건비 비율은 70%에 달한다. 70% 이상으로 인건비 비율이 높게 되면, 경영을 유지할 수 없다. 70%가 한

계치라는 점은 자주 거론된다.

관, 민, 협 부문의 각 사업체는 서비스 행위별 수가제로 운영되는 개호보험제도라는 동일한 조건하에서 경쟁하게 된다. 복지경영의 주체인 경영자의 역량은 한정적 자원을 한정적 케어 워커에게 어떻게 분배할지에 달려 있다. 한 가지 해답은 노동조건을 좋게 하는 것, 즉 풀타임 고용으로 고용안정성을 보장하고 높은 임금수준을 확보하는 것이다. 그런데 이렇게 하면 필연적으로 고용할 수 있는 케어 워커 수가 줄어드는 탓에, 이용자들에게 세심한 손길이 미치지 않거나 케어 워커의 노동 악화를 초래한다. 또 한 가지 해답은 인력을 늘리는 것인데, 그러려면 케어 워커의 노동조건을 끌어내릴 수밖에 없다. 그 결과 파트타임, 파견직과 같은 불안정한 형태의 고용이 늘어 케어 워커의 노동조건이 더 나빠진다.

워커의 노동조건과 돌봄의 질에 상관관계가 있다는 점은 쉽게 추측할 수 있지만, 이를 실증한 연구는 많지 않다. 사회복지학자 미토미 기요시는 "이런 연구가 일본에 많지 않다"라며 "서비스를 담당하는 주체인 돌봄 전문직의 노동조건과 사회적 지위가 서비스 수준에 어떤 영향을 미치는지에 대한 연구가 필수적"이라고 주의를 촉구했다(三富 2005).

미토미가 말하는 '노동조건'이란 구체적으로 고용형태와 임금을 뜻한다. 여기에 더해 '사회적 지위' 역시 노동조건에서 중요한 지표인데, 이를 객관적인 지표로 측정하기는 어렵다. 그러나 일반적으로 직업의 사회적 지위는 임금과 연동한다는 점을 고려하면, 임금이 최대 지표가 될 것이다. 잘 알려졌듯, 복지노동자는 열악한 노동조건 때문에 다른 직종에 비해 현저히 이직률이 높다. 그런데 워커의 노동조건과 돌봄의 질의 상관관계는 추측하는 범위를 넘어서지 못하고 있다. 가령 이직자가 많으면 평균 근속연수는 짧으므로, 결과적으로 경험을 중시하는 돌봄서비스에서 질이 낮아지는 경향이 있을 것이라고 추측할 수는 있지만, 노동조건과 돌봄의 질이 상관관계가 있음을 직접 실증한 연구는 없다.

예외적으로 사회학자 사토 히로키, 경영학자 오오키 에이치, 공공정책학자 홋타 사토코의 공동연구서인 《헬퍼의 능력 개발과 고용관리》(佐藤·大木·堀田 2006)가 있다. 이 책은 헬퍼의 돌봄 능력과 경험 기간(일한 햇수), 돌봄 능력과 보수(시급) 사이의 상관관계를 데이터로 실증했다. 그런데 이 데이터에는 치명적인 결함이 있다. 헬퍼의 돌봄 능력을 측정할 때 이용자 당사자가 평가를 하게 한 것이 아니라 헬퍼가 스스로 자기평가를 하게끔 한 것이다.[1] 통계학적으로 보면 돌봄 능력과 보수는 허위상관관계spurious correlation[2]에 있다. 그러므로 케어 워커의 경험 기간(일한 햇수)과 보수가 상관관계가 있는 것으로도 볼 수 있다. 또 시급 분산 그래프를 보더라도, 자기평가에 따른 돌봄 능력 점수 4단계 평가 가운데, 점수가 높은 그룹과 낮은 그룹의 차이는 매우 적다. 신체개호는 1576엔부터 1531엔까지 45엔 차이, 생활원조는 1098엔부터 1068엔까지 30엔 차이에 불과하다. 그래서 설사 월 200시간 일을 한다 해도

---

1 이 책을 쓴 연구자들은 헬퍼의 업무를 식사·갱의(옷 갈아입히기)·탈의·배설·목욕 지원, 침대 청소, 체위 변환, 이동·외출 지원, 건강 체크, 긴급 대응, 설명과 관계 구축 등으로 나눴다. 각 업무의 난이도, 숙련도를 5단계로 나눠서 이에 대해 헬퍼들이 스스로 평가하게끔 했다.-옮긴이

2 두 가지 현상에 아무런 인과관계가 없는데도 보이지 않는 요인(잠재적 변수)에 의해 인과관계가 있는 것처럼 추측하는 것을 뜻하는 통계학 용어.-옮긴이

점수가 높은 그룹과 낮은 그룹에서 보수는 급여 6000~9000엔밖에 차이 나지 않는다. 현 개호보험제는 공정가격으로 운용하므로, 케어 워커의 자격이나 경험, 능력이 달라도 보수에 별반 차이가 없다. 서비스 관리 책임자나 케어매니저 등과 같은 관리직이 되어야만 노동조건 향상을 기대할 수 있는 구조다.

그러나 이 실증연구는 워커의 고용관리 방식이 워커들의 번아웃과 같은 스트레스 요인과 상관이 있다는 점을 밝혔다는 점에서 기여한 바가 크다. 즉, 동일 노동조건에서는 고용관리가 충분한지가 워커의 이직률과 직접적인 관계가 있다. 이 연구는 경영자나 서비스 제공 책임자의 역할이 중요하다고 지적했다(佐藤·大木·堀田 2006: 149).

그런데 나는 선진적인 돌봄 모델로 거론되는 시설의 사례 몇몇을 조사한 결과, 생각을 달리하게 되었다. 돌봄의 질을 측정하는 데 워커의 노동조건이나 이용자에 대한 워커의 인원 배치 등 꼭 객관적 지표만으로 돌봄의 질을 측정할 수 있는 건 아니라고 생각하게 된 것이다. 왜냐하면 선진적 돌봄을 실천하는 사람들은 똑같은 조건에서도 다른 시설에서는 흉내 낼 수 없을 정도의 돌봄을 실천하기 때문이다. 이때 선진적 돌봄을 지탱하는 이는 단순히 '낮은 노동조건에서 일하는 워커'가 아니라, '낮은 노동조건에도 불구하고 높은 도덕성과 능력을 갖추고 돌봄을 실천하는 이들'이었다. 선진적 돌봄이란 어떻게 가능한 것일까?

결론부터 말하자면 다음의 조건, 즉 ① 높은 이상과 리더십이 있는 경영자가 ② 높은 도덕심과 능력을 갖춘 워커를 ③ 낮은 노동조건으로 고용할 때, 선진적 돌봄이 성립한다.

선진적인 돌봄을 지탱하는 복지경영을 고찰하면서, 나는 현재의 여건에서 선진적 돌봄이란 기적이나 마찬가지라고 여기게 되었다. 선진적 돌봄이 이루어지는 곳의 복지경영을 검토한다는 것은 곧 왜, 어떻게 기적이 일어나는지를 알아보는 것과 같은 문제였다. 그리고 이 기적에 가까운 사례들을 보면, 현재 일본 개호보험의 한계가 명확히 드러난다.

생협다운 복지란?

생협이 협 부문의 돌봄에서 큰 역할을 하고 있다는 점은 이미 서술했는데, 그렇다면 [관이나 민 부문과 같은] 다른 사업자와 비교했을 때 생협의 복지는 돌봄의 질에서 우위에 있다고 할 수 있을까? 또 '생협다운 복지'란 어떤 점을 말하는 것일까?

도쿄대 사회학 연구실과 그린코프연합의 공동조사 결과에서는 생협 복지 이용자들의 만족도는 높은 것으로 나오지만, 이 결과는 신뢰할 수 없는데 바로 다음과 같은 이유 때문이다. 첫째, 생협 외의 사업자가 제공하는 돌봄을 여럿 경험해보지 않으면, 이용자가 돌봄의 질을 비교할 수 없다. 둘째, 당시 저 공동조사 시기를 보면, 이용자 대부분은 생협 복지를 이용한 기간이 짧아서 비교할 대상이 없다. 셋째, 조사 대상자가 사업자를 통해 모집되었기 때문에, 생협 복지에 대한 만족도가 높아 표집 편향sampling bias이 있었다고 봐야 한다. 넷째, 돌봄과 관련해서 고령자들이 자주 갑질하는 사례가 거론되지만 이용자가 사업자에게 느끼는 불만은 좀처럼 듣기 어렵다. 여러 사업체의 돌봄서비스를 비교한 목소리는 더욱 듣기 어렵다.

공동조사 문항 가운데 "그린코프연합의 복지서비스를 선택한 이유는?"에 대한 응답을 보면, "직원들과 의사소통이 잘되어서"와 "가격이 괜찮아서"라는 응답 비율이 높다. 개호보험 외 이용 시, 생협이 제공하는 서비스 가격이 싸다는 점이 이용자가 생협 복지를 선택한 이유라고 추측할 수 있다. 워커즈콜렉티브 계열 사업체가 제공하는 서비스 가운데 이용자의 수요가 집중되는 서비스는 주로 가사원조(생활원조) 등 낮은 가격으로 제공하는 서비스다. 사회복지법인이나 민간사업체가 신체개호 등 비싼 가격의 서비스와 주요 시간대 수요를 독점한다. 워커즈콜렉티브는 다른 사업체가 제공하지 않는 시간대 수요에도 응한다. 결국 이용자들이 생협, 워커즈콜렉티브를 택한 이유는 낮은 비용으로 쓰기 편한 서비스를 제공하는 데 있다. 이용자(고령자 본인이라기보다 주로 그의 가족)는 돌봄의 질을 문제 삼지 않는 것처럼 보인다. 그도 그럴 것이 돌봄의 질을 문제화할 수 있을 정도로 이용자에게 여러 선택지가 있는 게 아니기 때문이다.

그렇다면 서비스를 제공하는 쪽에서는 자신들의 돌봄의 질을 어떻게 파악할까?

그린코프연합의 조사를 보면, [워커들로부터] 서비스 제공 때 "주부처럼 돌본다"는 답이 많았다. 여기서 우리는 그린코프연합에서 일하는 워커 여성들이 자신들의 주부 경력이 돌봄노동에 유리하다고 여긴다는 점을 알 수 있다. 이들이 "주부가 하는 것처럼 한다"고 말할 때, 그 뜻은 '싹싹하고 배려를 잘하며, 상황에 유연하게 대처하고, 어떤 요구에도 응한다'이다. 그런데 여기서 싹싹하고 배려를 잘한다는 것은 상대방이 자기 욕구를 말하기 전에 미리 잘 살펴서 충족할 수 있게끔 하는 태도를 말한다. 이는 남편이나 자식과의 관계에서 길러진 특성일 수 있으나, 한편으로 이용자와의 관계라는 면에서 보자면 자기 방식대로 돌보는 것을 관철한다는 것을 의미하기도 한다. 또 유연하게 이용자의 다양한 요구에 맞춰 임기응변으로 대응한다는 것은 이용자의 부적절한 [개호보험] 이용을 초래할 수도 있다. 이용자의 요구를 거절하지 못해 어쩔 수 없이 하는 [강아지 산책이나 마당 잡초 제거 등과 같은] 잔업을 하게 되는 것이다. 또 어떤 요구에도 응할 준비 태세를 보이는 것은 가족이나 가정을 위해 대기하는 시간이 긴 주부의 특성이라고 볼 수도 있겠으나, 반대로 그 무엇에 대해서도 전문성이 없다는 점이기도 하다. '주부처럼 돌본다'는 의식으로 인해 워커들은 저임금인 가사원조에는 적극적으로 나서는 반면, 책임과 부담이 중한 신체개호는 기피하기도 한다. "주부처럼 돌본다"라는 말은 여성의 돌봄이 아마추어로 저평가되거나 혹은 낮은 질의 돌봄에 대한 핑계가 될 수 있다. 즉 '주부다움'이라는 말은 긍정적으로 쓰지만, 실제로는 양의적이다.

생협다움과 워커즈콜렉티브

생협다운 돌봄이 무엇인지 가나가와현 지역의 두 가지 사례를 보면서 검증해보자.

먼저 사회복지법인 '이키이키복지회いきいき福祉会'가 경영하는 시설 특별양호노인홈 라포르 후지사와(이용자 정원 50명)이다. 이키이키복지회는 생활클럽 생협 가나가와가 출자한 법인이다.

사회복지법인 이키이키복지회는 워커들과 통상적인 고용관계를 맺는다. 이 점은 일반 사회복지법인과 다르지 않다. 1994년에 개업한 곳으로, 창업의 모체였던 생협으로부터 독립했기 때문에 이사장과 시설장이 생협 관계자라는 점 말고는 생협과 특별한 관계는 없다. 설립 후 채용한 직원들도 대부분 생협과 무관해서 생협이 라포르 후지사와를 설립했다는 점을 직원들도 모르는 경우가 많고, 알아도 별로 신경 쓰지 않는다. 생협 복지는 원래 조합원이 서로 노후를 돕자는 취지의 공조共助 정신에서 출발했으나, 생협 조합원만 특별양호노인홈 시설을 이용할 수 있도록 제한하지는 않았다. 애초의 설립 목적에 맞지 않게 시설을 운영한다고 할 수 있으나, 그럴 수밖에 없는 사정이 있긴 하다. 가나가와 지역 생협 조합원들은 비교적 높은 계층인데, 생협 조합원들은 주로 다인실을 갖춘 라포르 후지사와를 매력적인 시설로 여기지 않는다. 초기의 특별양호노인홈 시설 중에는 고령자 돌봄 시설이 절대적으로 부족한 상황에서 급히 지은 건물이 많다. 개호보험 시행 후 각종 시설이 급속도로 보급되고 고령자 시설의 설비가 고급스러워졌다. 오늘날 수준으로 보면 초기 시설은 설비가 약간 처진다.

라포르 후지사와의 돌봄의 질에 대한 외부 평가를 보자. 시설 소재지인 후지사와시에 있는 다른 시설에 비해 평가가 좋지는 않다. 후지사와시 소재 특별양호노인홈 시설장 모임에서 실시한 〈시내 특별양호노인홈 조사: 입소자 가족 앙케트 조사〉(2005년 2월)에 따르면, 라포르 후지사와는 입소자 가족의 시설 설비 만족도가 조사 대상 12개 시설 가운데 가장 낮다. 식사 내용과 목욕, 화장실 지원에 대한 만족도는 평균 이하, 직원 태도나 입소자와 의사소통 면에서는 평균을 약간 웃도는 수준으로 평가되었다. 라포르 후지사와만 놓고 보면, 초창기 시민사업체로서 이상은 높았지만, 현실에서는 이제 평범한 시설로 바뀌고 말았다.

2005년 내가 조사할 당시, 라포르 후지사와의 이사장 요코타 가쓰미, 시설장 오가와 야스코는 '생협다운 돌봄'은 워커즈콜렉티브의 참여에서 나온다고 강조했다. 그런데 2006년 시설 주방에서 일하는 워커즈콜렉티브 '하나모멘花もめん'이 철수했다. 데이서비스를 담당하는 워커즈콜렉티브 '미유이実結'만 남았다. 주방에서 일하던 하나모멘은 정부 위탁사업 확대, 영양사 도입에 따른 노동조건 악화로 주방에서 일할 때 자율성을 잃게 됐고 이에 철수를 결정하기에 이르렀다. 한편 데이서비스를 위탁받은 미유이는 애초에 시설 직원(관리 책임자)의 관리를 받다가, 점차 자립성을 키웠다. 워커즈콜렉티브 구성원 가운데 관리 책임자를 배출하게 되었고, 데이서비스 전체 업무를 위탁받게 되었다. 그사이 배분액(워커즈콜렉티브 구성원 임금)이 늘어 하나모멘보다 시급이 올랐다. 이런 차이는 대체 어디서 비롯했을까?

주방 워커즈콜렉티브는 이른 아침부터 오랜 시간을 서서 일한다. 격무다. 더욱이 위생상 이유로 주방 문을 닫은 채 일하면서 구성원들은 시설 직원들, 이용자들과 격리된다. 또 생협 조합원인 구성원들은 시설 이용자에게 안전한 먹거리를 제공한다는 자부심이 있었는데, 영양사가 들어오고 나서 이 점을 놓고 다투게 되어 자신들의 윤리성이 떨어지는 것 같은 경험을 했다. 생협은 원래 먹거리 공동구매에서 시작했기 때문에 조합원들은 공통적으로 먹거리에 대한 자부심이 있다. 초창기 워커즈콜렉티브는 대부분 도시락이나 반찬 만들기, 가공식품 제조 사업을 했다. 이 역사를 보면, 워커즈콜렉티브가 새로 생긴 특별양호노인홈 시설에서 주방을 맡는 것은 자연스러운 흐름이었다. 그러나 라포르 후지사와 시설 입소자 50명 식사에 더해, 후지사와시 지역에 배식 서비스로 200인분 식사를 준비하는 일을 맡으면서, 부담이 가중되었다. 주방에서 일하는 조합원의 노동량이 전보다 훨씬 늘었다. 내가 한 조사에서 하나모멘 대표(50대 여성)는 "온종일 튀김만 튀긴 적도 있다"고 회상했다. 생산지가 분명한 생협의 안심 식자재로 이용자의 식사를 만든다는 자부심이 있지만, 생협 식자재는 싼 가격이 아니라서 생산 단가를 맞추기 힘들었다고 했다. 또 2006년 개호보험 개정 후 시설 식비 예산이 줄고, 요개호도에 따라 개별 식사 지도[3]가 시작되자, 사정이 더 어려워졌다. 그러다가 결정적인 파국이 일어났다. 시설 경영 측이 개호보험 개정에 따라 고령자의 식사 지도를 하기 위해 관리영양사(국가자격증이 있는 영양사)를 도입하기로 한 것이다. 개정 전, 시설에서는 주방 워커즈콜렉티브가 영양사를 추천하고 직접 뽑았는데, 워커즈콜렉티브에서 관리영양사를 구하지 못하자 라포르 후지사와 측에서 독자적으로 영양사를 채용했다. 그 후 워커즈콜렉티브와 시설 경영 측에서 채용한 영양사 간에 갈등

3 고령자의 개별 영양 상태를 평가하고 적절한 식사를 할 수 있도록 돕고 지도하는 프로그램을 계획하는 것을 말한다.-옮긴이

이 일어났다. 영양사는 설거지 때 특정 세제를 쓰라고 지시했지만, 워커즈콜렉티브 구성원들은 지시를 따르려 하지 않았다. 될 수 있으면 인체에 유해한 세제를 쓰지 않겠다는 신념 때문이었는데, 워커즈콜렉티브 구성원들에게 의사결정권이 없는 관계로 어쩔 수 없이 영양사의 지시에 따르게 되었다. 애초에 과중한 노동을 하던 차에 영양사와 몇 차례 갈등을 겪고 조정하면서 대부분 회의를 느꼈다. 결국 주방 워커즈콜렉티브는 철수를 결정했다.

내가 조사할 무렵은 갈등이 막 생길 때였는데, 시설장과 이사장은 "워커즈콜렉티브에서 독자적인 제안을 들고 왔으면 한다"라며 "워커즈콜렉티브의 활동을 기대한다"고 했다. 그런데 면접조사에서 주방 워커즈콜렉티브 구성원들은 "이미 일의 양도 많고 질적인 면도 유지하느라 부담스럽다. 한정된 인력으로 주방 일을 하는 것만도 벅차서, 그런 기대에 응할 수 없다. 여력이 없다"고 말했다.

하나모멘이 결국 철수한 이유는 라포르 후지사와를 경영하는 이키이키복지회와 주방 노동에 관해서만 계약을 맺었기 때문이었다. 이 계약 내용에는 워커즈콜렉티브에 식자재 결정권, 인사권, 경영권 등이 없었다. 여기에서 갈등이 시작되었다. 워커즈콜렉티브의 의사결정권은 제한적이었는데, 교대근무나 위탁계약료를 정하는 데에서만 결정권이 있었다. 민간기업에서는 사업 매출이 늘어나면 이익도 좋다. 하지만 주방 워커즈콜렉티브는 저임금을 받은 채 노동시간만 늘어났다. 이러한 좋지 못한 노동조건으로 신규 채용도 어려웠다. 이런 환경이 현장에서 일하는 구성원들에게 다시 영향을 주는 악순환이 이어졌다. 관리영양사를 도입하기 전에는 워커즈콜렉티브에서 직접 영양사를 채용했고, 시설 이용자들의 식사 메뉴와 먹거리를 자율적으로 결정할 수 있었다. 생협의 안전한 식재료가 가격이 다소 비싸더라도 쓰겠다는 원칙을 지키려고도 했다. 그러나 시설을 경영하는 사회복지법인이 식재료 예산을 관리했기 때문에, 경비 절감을 하려야 할 수도 없었다. 사회복지법인이 채용한 영양사와 워커즈콜렉티브 간에 의사소통 문제가 생기고, 워커즈콜렉티브 구성원들은 단지 주방에서 일하는 일손이 되고 말았다. 그렇게 되니, 직접 영양사를 채용하거나 구성원 가운데서 영양사를 정하거나, 또는 사회복지법인이 채용하는 관리영양사라 해도 워커즈콜렉티브 조합원 중에서 알아보던 것과 같은 노력, 전문성에 대한 지향을 잃게 되었다.

상황을 더 악화시킨 건 닫힌 주방이었다. 라포르 후지사와에서는 위생상 이유로 항상 주방 문을 굳게 닫았다. 워커즈콜렉티브 구성원들은 그 닫힌 주방에만 있었고, 주방 바깥과 분리되고 말았다. 시설 직원들은 주방에서 무슨 일이 일어나는지 알지 못했다. 주방 구성원들이 시설 이용자들과 접촉하는 횟수는 매우 적었다.

내가 조사한 워커즈콜렉티브 구성원 중에는, 자신의 직업윤리로 시설 입소자들과의 교류에 큰 의미를 느끼며 주방에서 일한다고 이야기한 사례가 있었다. 내가 방문해 조사한 아이치현 사회복지법인 '센넨무라せんねん村'에서는 2006년 개호보험 개정 후, 시설 주방을 대담하게 개혁했다. 주방 직원들은 자신들이 만든 음식을 시설 입소자 개인실(유니트 케어)로 직접 가져다주는 방식으로 배식을 담당하고 싶다고 했다. 시설은 2층 목조건물이고 부지가 넓어서 주방 직원이 각 개인실로 배식할 경우, 일하는 부담이 늘어나는데도 주방 직원들이 나서서 제안한 것이다. 그 결과, 시설 입

소자들이 식사를 남기는 비율이 눈에 띄게 줄어들었다. 주방 직원들은 자신들이 일한 성과(요리)를 이용자들에게 직접 전달하면서 보람과 강한 자긍심을 느끼며 일에 대해 스스로 동기를 부여했다. 배식의 마지막 과정까지 담당하는 데 대한 불만은 찾아볼 수 없었다(이사장 인터뷰 조사).

이런 성공 사례에서 시설 주방 노동에 대한 교훈을 얻을 수 있다. 케어 워커는 이용자와 직접 교류함으로써 보람도 느끼고 감사 인사도 받지만, 주방에서 일하는 워커는 의식적으로 일하지 않는 한 보람을 느끼며 일하기 힘들다. 라포르 후지사와에서 위생관리를 핑계로 주방을 따로 격리하자, 이는 곧 주방 노동자들의 고립으로 이어졌다. 만약 주방 노동자들이 조직 형태로 분리되지 않았더라면, 케어 워커와 주방 워커의 연대는 유연할 수도 있었을 것이다. 시설에서 일하는 케어 워커 입장에서 보자면, 주방 워커즈콜렉티브는 같은 조직에 속하지 않은 일종의 자치구처럼 보이는 셈이었다. 주방에서 무엇을 하는지 잘 알지 못하기 때문이다.

하나모멘이 주방에서 철수하자, 라포르 후지사와에서는 주방을 외부 업자에게 위탁하기로 했다. 즉, 외부 업자에게 주방 업무를 외주화한 것인데, 이 업자는 낮은 임금의 가혹한 노동을 받아들일 만한 노동자를 파트타임으로 고용했다. 외주화는 시설 내 주방의 노동조건은 바꾸지 않은 채 고용형태만 바꾼 것인데, 외주화한 고용 노동력으로 주방 업무를 채우면서, 라포르 후지사와의 주방 노동은 점점 더 자기결정권을 갖지 못하는 소외된 노동이 되고 말았다. 라포르 후지사와도 평범한 특별양호노인홈처럼 그저 경영 합리화를 선택하고 만 것이다. 이런 경과를 보면, 워커즈콜렉티브의 활동 주체와 일반적인 시설 노동자는 서로 다른 계층이라는 점을 추측할 수 있다.

한편 데이서비스 업무 위탁을 받은 미유이는 하나모멘과는 대조적인 길을 걸었다. 원래 데이서비스의 책임자는 시설 직원이 맡았는데, 미유이에서는 시설 직원이 책임자에서 물러나도록 하고, 데이서비스를 전면 위탁받았다. 그러자 사업의 자립성이 높아졌다. 워커즈콜렉티브 구성원 가운데 책임자를 정했고, 구성원이 데이서비스 책임자가 되면 경영 측인 사회복지법인의 직원으로 고용해달라고 요구했다.

워커즈콜렉티브는 유상의 자원봉사자들이 시작했기 때문에 저런 요구를 내는 데에는 큰 결단이 필요했다. 워커즈콜렉티브에서 책임자가 생기자 데이서비스 부문은 시설 내 자치구처럼 되었다. 워커즈콜렉티브 미유이 대표였다가 데이서비스 담당 책임자가 되어 정규직이 된 50대 여성은 이런 경과를 예상치 못했다. 이 여성은 "바쁘지만 후회하지 않는다"고 했다. 라포르 후지사와에는 지역에 사는 여성들이 데이서비스 자원봉사를 나오는데, 이들은 미유이의 데이서비스를 높이 평가했다. 한 60대 여성 자원봉사자는 "활동을 해보니 여기와 같은 특별양호노인홈에서는 자원봉사를 하고 싶지 않다. 또 내가 나중에 특별양호노인홈 시설에 입소하고 싶지도 않다. 그런데 미유이가 하는 데이서비스는 나중에 나도 와서 받고 싶다"고 했다.

흥미로운 점은 데이서비스 부문에서 인력이 부족하게 되자, 워커즈콜렉티브에서 인력을 메꾸려고 파트타임 노동자를 고용했다는 사실이다. 워커즈콜렉티브 구성원들은 위탁사업비를 나눠서 자신들의 임금으로 가져간다. 이들은 자신들이 고용한 파트타임 노동자보다 더 적게 임금을 받았다. 워커즈콜렉티브 구성원이 파트타임 노동자와 똑같이 받는 경우가 있긴 하나, 회의나 보이지 않는 노동을 하는 것도 임금에 포함해 살피면, 시급이 더 적다. 그런데 워커즈콜렉티브 구성원들은 워커즈콜렉티브라는 일하기 방식을 택한 것이고, 파트타임 노동자들은 워커즈콜렉티브의 일원이 될 수 있지만 파트타임 노동 방식을 선택한 것이다. 워커즈콜렉티브 구성원이든 파트타임 노동자든 대부분 자신의 수입을 일정액 이하로만 벌었다. 배우자특별공제를 적용할 수 있는 연 수입 한도액 130만 엔 이하로만 돈을 벌면 되기 때문에 임금이 적어도 불만이 없었다. 내가 조사했을 때, 임금(월급 16만 엔)에 대한 불만을 털어놓은 이는 워커즈콜렉티브 구성원 한 명뿐이었다. 20대 싱글 남성이었는데, 그는 구성원이면서도 워커즈콜렉티브가 무엇인지 잘 모르겠고, 회의에서도 이해할 수 없는 이야기가 나온다고 했다. 한편 데이서비스를 담당하던 라포르 후지사와의 상근직원(30대 남성)도 불만을 나타냈다. 얼마 전 아이를 낳았는데 이 월급으로는 자식을 키울 수 없다고 했다. 이 상근직원과 비슷한 시기에 입사한 동기 6명 중 절반은 경제적인 이유로 이미 이직했다.

미유이에는 창업 때부터 오랜 기간 활동해온 구성원이 많다. 이 여성들은 시설 직원의 관리하에서 돌봄 경험을 쌓으며 자신감을 얻었고, 그 뒤 자립한 실적이 있다. 워커즈콜렉티브 구성원들은 구성원 가운데 [사회복지법인의] 상근직원을 뽑는 데 거부감이 없었다. 이용자와 얼굴을 마주하고 직접 감사와 신뢰를 받는 만큼 자기 일에 긍지를 느낀다. 회의와 잔업을 하다가 때로는 저녁 8~9시까지 야근을 해야 할 때도 있는데, 이 역시 꺼리거나 마다하지 않는다. 시설에서 휴일에 행사를 열면 자원봉사로 적극 참여한다. 워커즈콜렉티브 구성원 외에도, 요일마다 다른 자원봉사자가 시설에 오는 등 라포르 후지사와의 개방성은 풍부하다. 직원이 많으니, 이용자의 여가 활동도 노래 부르기, 바느질, 자수, 서예, 바둑 등으로 다채롭다. 특별한 때만 빼고 이용자 전부가 집단으로 참여하는 여가 활동은 하지 않는다. 이용자의 자발성을 존중해, 이용자가 마음에 드는 것을 골라 각자 자유롭게 참여하도록 한다.

라포르 후지사와의 입장에서 보자면, 워커즈콜렉티브는 고마운 노동력이다. 데이서비스를 제공해서 시설에서 가장 많은 수익을 내는데, 연간 일정 정도의 사업 위탁비만 받으므로 실상 라포르 후지사와의 수익을 올려주고 있다. 워커즈콜렉티브는 관리비용이 들지 않을 뿐만 아니라, 윤리성이 높은 이들이 많으며, 열악한 노동조건에서도 이직률이 대체로 낮다.

라포르 후지사와 시설의 데이서비스 성공 사례는 역설적이다. 데이서비스 담당 워커즈콜렉티브는 사회복지법인의 관리에서 벗어나 자립했기 때문에 성공할 수 있었다. 이와 대조적으로 주방 담당 워커즈콜렉티브는 사회복지법인의 관리에서 벗어나 자립하지 못해 철수했다. 라포르 후지사와의 데이서비스가 계속 성공할 수 있던 것은 ① 윤리성이 높은 워커즈콜렉티브 구성원들이 ② 열악한 노동조건에서 일했기 때문이다. 생협 복지의 높은 이상, 신념과 더불어, 워커즈콜렉티브의 자발성이 성공 요인이다. 낮은 임금을 지탱하는 워커즈콜렉티브 구성원 여성들은 파트타임 노동자에 비해 상대적으로 고학력, 상위층인 생협 조합원이다. 이 여성들에게는 자기 임금을 억제해도 될 동기가 있다. 임금이 낮아야 기업에 고용된 남편의 부양가족으로 세액공제를 받을 수 있기 때문이다. 데이서비스 관리 책임자로서 시설 상근직원이 된 워커즈콜렉티브 구성원은 "상근직이 되고 내 월급은 올랐지만, 내 가족 전체로 따져보면 손해를 봤다. 월급이 올라 배우자 세액 공제를 받지 못해서 가족 전체 수입은 줄었다"라고 했다.

워커즈콜렉티브 성공 사례가 데이서비스에서만 나온 이유가 또 있다. 첫째, 가정 내 주부 역할을 맡은 여성들은 근무시간이 낮으로 한정되어 있어서 야근이 어렵다. 둘째, 시설 내에서 하는 데이서비스는 홈헬프와 비교할 때, 상대적으로 오랜 시간 안정적으로 일할 수 있다.

냉소적으로 보자면, 생협 복지가 내건 '높은 이상'은 윤리의식이 높고 임금을 적게 받아도 괜찮은 조합원을 동원하는 마법으로 기능한다. 실상 대부분의 워커즈콜렉티브에서 창업기 구성원들이 나중에 들어온 구성원들과 갈등을 빚는다. 창업기 구성원들은 이상을 계승하자고 하지만, 워커즈콜렉티브 초기의 이상을 공유하지 않은 구성원들과의 의견 차이로 고뇌한다. 후발 주자인 워커즈콜렉티브 구성원들은 "워커즈콜렉티브답게 일하자"라는 말, 잦은 회의 등을 이해하지 못하고, 이런 것들을 노동비용으로 파악한다.

노동의 자기결정에 따른 역설

생협 복지의 눈부신 성공 사례인 '서비스 하우스 포포로'를 더

〈그림 31〉 서비스 하우스 포포로 평면도

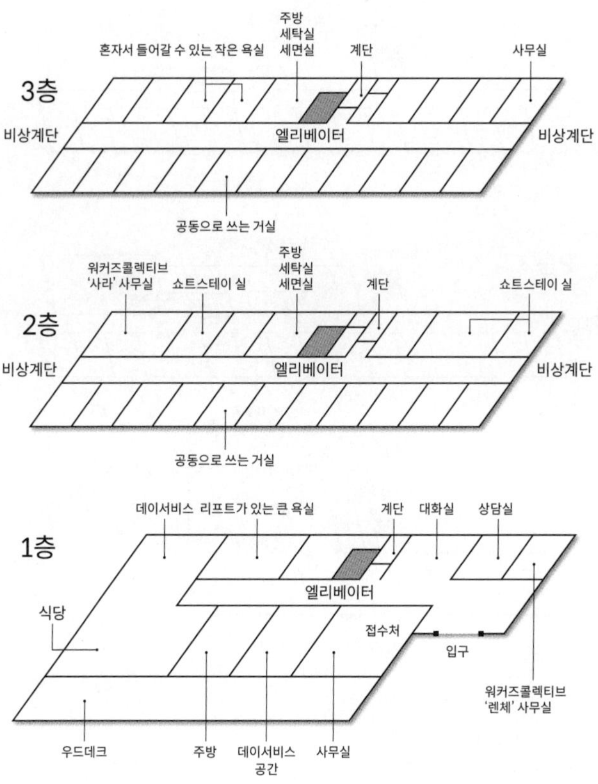

살펴보자. 생협 복지의 선구자인 생활클럽 생협 가나가와는 워커즈콜렉티브에서 점차 자립해 1993년 사회복지법인 도세쓰카이를 설립했고, 2000년에는 가나가와현 아쓰기시에 NPO법인 모모 산하에 서비스 하우스 포포로를 열었다.

'서비스 하우스 포포로'(정원 40명)는 데이서비스와 홈헬프, 쇼트스테이 등 개호보험사업을 병행하는 공동주택이다(〈그림 31〉). 원래는 지은 지 40년이 지난 어떤 회사의 독신 사원 기숙사였는

〈그림 32〉 포로로 나카야마 평면도

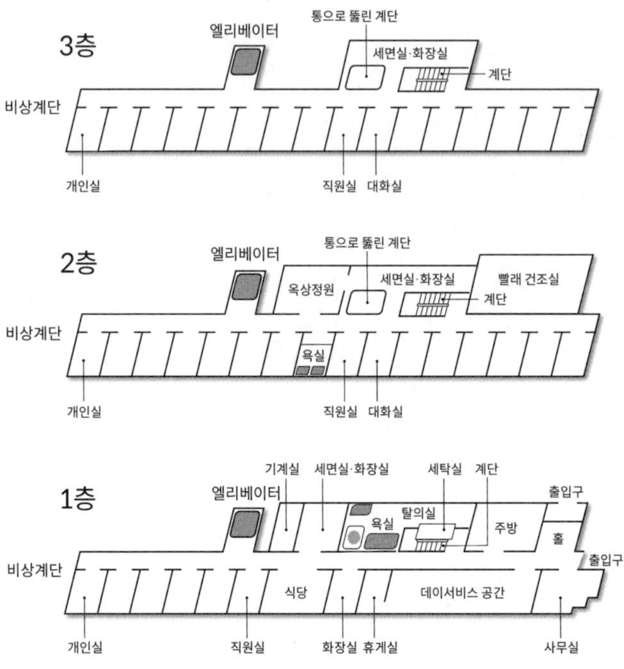

데, 이 철근 콘크리트 건물을 빌려 1억 엔 정도의 개보수 공사비를 들여 새롭게 만들었다. 포포로의 개인실은 주변 지역 월세보다 싸게 이용할 수 있다. 돌봄이 필요한 이용자는 케어매니저를 통해 케어플랜(개호보험 이용계획)을 마련해서 지역의 돌봄 자원을 사용할 수 있다. 포로로는 데이서비스를 제공하는데, 이용자가 지역 내 다른 시설이나 사업체와 비교해서 이용하는 것이 좋다고 보고 이용자가 울타리 없이 다른 사업체를 자유로이 오갈 수 있도록 개방적으로 운영한다는 목표를 갖고 있다. 이렇게 개방적인 시설을 만들려면 지역 내 시민사업체 돌봄 자원이 다양하고 윤택해야 한다. 또 자신들이 제공하는 돌봄의 질에 상당한 자신감이 있어야 가능하다. 포포로는 호평을 받았다. 문을 연 지 얼마 되지 않아 시설이 금세 꽉 찼다. 2003년 두 번째 공동주택으로 '포로로 나카야마'(정원 25명)를 열었다(〈그림 32〉).

이곳의 창업자 마타키 교코는 원래 생협 조합원이고, 워커즈콜렉티브 구성원이었다(又木 2007). 마타키는 사회적기업가라고 부를 만한 인물로, 금융기관에서 창업자금을 빌려주지 않자 시민 모금에 나섰다. 마타키는 시민 250명에게 출자금 4억 엔을 모금해 창업자금을 마련했다.

사회복지법인 도세쓰카이는 1992년에 설립한 데이서비스 시설인 '케어센터 아사히'도 경영하는데, 이곳은 워커즈콜렉티브가 운영하며 생협다운 면모를 지키고 있다. 워커즈콜렉티브는 자신의 노동을 스스로 결정한다. 즉, 구성들의 회의를 통해 노동 강도나 서비스 질의 균형을 고려해 노동조건과 인력 배치를 스스로 결정한다. 그 결과, 이곳은 규정된 인원보다 훨씬 더 많은 인원을 채용해 여유롭게 일한다. 그러다보니 여유 있게 이용자를 대할 수 있고, 이용자 만족도 역시 높아졌다.

직원 수를 늘리면 워커도 이용자도 환영한다고 마타키는 말하는데,[4] 이것이 가능한 이유는 한정된 자원을 분배하는 방법에 워커즈콜렉티브 조합원들이 합의하기 때문이다. 케어센터 아사히의 인건비는 거의 70%로 한계치에 달한다. 원출자금을 늘리지 않은 상태에서 직원 한 명을 늘리는 것은 곧 조합원 한 명이 가져갈 분

---

4 2007년 1월 케어센터 아사히 창립 15주년 기념식에서 마타키 교코를 조사했다.

배금이 줄어드는 것을 뜻한다. 이때 워커즈콜렉티브에서 노동자들이 합의해서 자기결정으로 일하는 방식을 자주적으로 관리한다는 것은 실제로는 자기 몫의 분배금을 줄이는 의사결정이다. 윤리성이 높은 워커들이 자기결정에 따라 스스로 노동조건을 낮춘다. 그리고 그 결과에 대해 워커와 이용자가 모두 만족한다. 나는 이런 사례를 복지경영의 성공 사례로 말하는 데 약간 망설여진다.

경영자가 노동조건 하향을 강조하면 이는 노동쟁의의 불씨가 되는데, 노동자 당사자가 스스로 노동조건을 하향하기로 결정한다면 다를까? 얄궂게도 워커즈콜렉티브는 노동자가 스스로 노동조건을 낮추도록 결정하는 시스템으로 기능한다. 생협 복지의 이상이나 워커즈콜렉티브에서 말하는 노동의 자기결정은 워커들이 스스로를 착취하는 수단으로 작용하고 있는 것이 아닌가. 그리고 윤리성이 높고 희생적인 워커들이 가까스로 지역복지의 선진적 사례를 만들어 지탱하고 있다는 점 역시 위태로워 보인다. 실상 워커즈콜렉티브 구성원들이 새로운 방식으로 노동의 자기결정권을 선택하고 행사할 수 있는 이유는 복지 관련 일을 해서 먹고살지 않아도 괜찮은 일부 고학력, 상류층 기혼 여성이 일하기 때문이다.

워커즈콜렉티브의 미래를 이야기할 때 나는 의문이 든다. 현재 생협 복지를 이끄는 주체인 고학력 상류층 무직 기혼 여성층은 앞으로 재생산되지 않을 가능성이 높다. 현재 잘 알려져 있다시피 일본의 복지노동 시장은 중장년 기혼 여성과 청년층 남녀로 이분화되어 있다. 그러나 워킹푸어나 노동력 추이를 분석할 때는 청년층 남녀만 대상으로 분석한다. 이는 기혼 여성을 가계 내에서 보조노동력으로만 평가하기 때문인데 앞으로 중장년 기혼 여성층이 재생산되지 않는다면 워커를 공급하는 문제는 심각해질 것이다. 가까운 미래에 생협 복지를 그리워하며 한 시대에 잠시 존재한 것으로 이야기할 날이 올지도 모른다.

지역 특성

나는 이 책에서 협 부문의 돌봄 사례로 NPO 고노유비도마레와 관 부문 돌봄 사례로 케어타운 다카노스를 비교했다. 둘 다 선진적 돌봄 모델로 널리 알려진 시설이기 때문이다.

고노유비도마레와 같은 사례, 즉 경영자의 높은 신념, 그것을 높이 평가하는 이용자와 이용자의 가족, 윤리성이 높은 워커들이 돌봄을 지탱하는 사례는 어떤 조건에서 발생하는가? 그리고 이것은 지속가능할까?

고노유비도마레를 포함한 NPO 형태의 법인에서 선진적인 모델은 단적으로 말해 ① 독지가인 창업자가 사비를 초기에 투자하면 ② 의욕과 능력이 있는 워커들이 ③ 무급 잔업을 포함해 저임금으로 일하는 것으로 이루어진다. 또 ④ 언론 효과가 있는데, 창업자가 시민사업체를 이끄는 혁신적인 창업자로 보도되면서 인재를 모으는 등 무형의 창업자 이득이 있다.

이에 비해 다카노스 마을 다카노스복지공사 사례에서는 관 부문 고령자 복지의 성공과 좌절 양 측면이 모두 드러난다. 이 사례로 우리는 다음을 배울 수 있다.

첫째, 관 부문의 돌봄은 행정에 의존할 수밖에 없으므로 정권 교체에 따라 큰 영향을 받고 사업 일관성을 발휘하지 못할 수 있다. 그로 인한 피해는 직원뿐 아니라 이용자에게도 미친다.

둘째, 다카노스 마을 사례는 1990년대 사회보장 기초구조 개혁, 지방분권 개혁과 같은 중앙정부의 정책 전환에 휩쓸린 비극이다. 중앙정부의 제도 개혁에 휘말리지 않았다면, 또 고령자 복지제도가 전과 같았다면 다카노스 마을은 아직도 일본에서 제일가는 마을로 긍지가 높았을 것이다. 이는 관 부문 돌봄 사례가 제도개혁에 얼마나 취약한지 드러난 방증이다.

이런 관 부문 사례에서 교훈을 얻었기 때문에, 협 부문 활동가들은 공통적으로 행정에 의존하거나 혹은 행정으로부터 제도적 관리와 제약을 받는 것을 경계한다. 가령 보답을 해야 하는 기금을 받지 않는다든지, 매출액 가운데 정부나 지자체 사업으로 받는 위탁료를 일정액 이상 늘리지 않는다. 또 사회복지법인이 비과세라서 유리하다는 사실을 잘 알고 있어도, 사회복지법인격을 취득하지 않는다. 행정 당국의 간섭과 규제가 많기 때문이다. 즉, 관으로부터 자립하자는 것이다. 협 부문 돌봄사업체 경영자가 한 말을 빌리자면, "관에 휩쓸리지 않는 경영"이다.

또 각 모델의 지역 특성도 무시할 수는 없다.

① 대도시 교외형=생협 복지

생협 복지란, 이끌어나갈 주체로 고학력 상류층 무직 기혼 여성층의 존재에 크게 의존하고 있으며 [생협 복지의 노동력] 공급원은 주로 대도시 교외 지역으로 한정된다. 그린코프의 경우 지방 도시형이긴 하나, 모두 초기 투자를 자금력이 큰 생협에 의존한다는 점이 특징이다. 아니, 생협이 키워온 인재, 노하우, 조직력, 자금력을 전제로 한다. 그런데 배우자특별공제액을 한도로 [생협이] 고용을 조정할 수 있는 여성층이 감소해, 여성에게 생협 또한 그저 고용기회 중 하나에 그친다면 상대적으로 고용기회가 많고 임금수준이 높은 대도시권에서는 금세 인력난이 일어날 것이다. 생협은 전업주부에게 의존하는 형태에서 벗어나지 못했기 때문에 생협 복지사업에 대해서도 똑같이 말할 수 있다. 그렇게 될 경우에도 생협 복지는 지금과 같은 생협다운 복지를 유지할 수 있을지 의문이다. 실상 개호보험 실시 이후에 생협 복지의 주체는 기존에 생협에 인연이 전혀 없다가 새로 참여한 사람들인데, 이들은 생협 복지를 생협이 시작한 복지 정도로 여긴다. 이용자들도 마찬가지다. 이용자들이 생협 브랜드가 붙어 있어서 그 돌봄서비스를 선택하고 있다고는 볼 수 없다. 한 생협 소속 워커가 자조적으로 말했듯 "이용하는 데 편하고 싹싹한 아줌마"를 쓴다고 생각하는 것 이상도 이하도 아닐지 모른다.

② 지방 도시형=소규모 다기능형

도야마형은 초기 투자[5]가 적게 들고(땅도 건물도 값이 낮고), 최저임금도 생활비도 적게 드는[6](저임금을 지불하더라도 워커들이 모인다) 지방도시형 사업 모델이다. 대도시권에서 이 모델을 따르기는 어려울 것이다. 도야마형이 성립하려면 ① 윤리의식이 높은 워커가 ② 저임금으로 일한다는 조건이 필요하다. 장래에 자신이 돌봄사업체를 만들 수 있다는 전망이나, 자격 취득과 같은 경력을 쌓을 수 있다는 비전을 제시할 수 없다면 청년 인력을 확보하기 어려울 것이다.

도야마형을 여러 번 방문하고 조사하면서, 나는 소규모 다기능 시설이 사업을 지속할 수 있을지, 헌신적인 시민사업체의 현 경영자를 잇는 후계자가 나타날 수 있을지에 대해 기대를 하지 않게 됐다. 소규모 다기능이란 말이 상징하듯 소규모 다기능 시설에는 경영자의 개성이나 이념이 강하게 각인되어 있다. 경영자가 바뀌면 시설의 분위기도, 서비스의 질도 크게 변한다. 조직은 NPO법인 형태이지만, 소규모 다기능 시설의 특성을 만들어내는 것은 조직이라기보다는 경영자 개인에 의한 것이었다. 즉, 소규모 다기능 시설은 일종의 개인 가게라 할 수 있는데, 경영자가 한정된 기간에 서비스 상품을 제공한다고 보면 된다. 이 시설에서 일하는 고학력 워커들은 [경영] 후계자가 되려 하지 않고, 스스로 사업체를 만들 것을 계획한다. 개중에는 시설 설비나 물리적인 환경을 이어나갈 수 있는 이도 있겠지만 설사 그렇더라도 시민사업체로서 특성을

---

5 초기 투자와 관련해 《공생 돌봄 운영과 지원: 도야마형 고노유비도마레 조사》의 담당자 세키 요시히로는 다음과 같이 증언했다. "지방에서는 민가를 개조하거나 민가를 병용하는 형태를 취할 수 있다는 것이 뚜렷이 다른 점입니다. 초기 투자의 리스크가 낮죠. 주택이 많은 지방 도시의 장점이라고 할 수 있어요"(필자의 조사에서). 도야마에 있는 고노유비도마레는 땅값을 제외하고 건물을 신축하는 데 4000만 엔밖에 들지 않았고, 규슈에서는 그린코프가 구입한 데이서비스용 민가는 70평 규모의 땅, 45평 규모의 단층 주택이었는데 2000만 엔대였고, 개보수 비용으로 1000만 엔 정도를 들였다. 또 빈집이 된 집을 빌려서 사용하는 업체도 있다. 초기 투자의 리스크가 낮다.

6 2005년 조사 당시, 조사 대상 지역의 지역별 시간당 최저임금은 다카노스 마을 608엔, 도야마 648엔, 지바 682엔, 후지사와 712엔이었다. 1LDK[방 1칸에 거실, 테이블을 놓는 다이닝룸, 부엌이 있는 집으로 비교적 넓은 원룸이다]의 월세는 당시 시세로 다카노스 마을은 4만 5000엔, 도야마는 5만 2000엔, 지바 5만 1000엔, 후지사와 7만 2000엔이었다.

어떻게 이어나갈지는 별도의 문제다. 니즈가 있는 지역에서는 여러 소규모 다기능 시설이 문을 열고 닫기를 되풀이하고 있는데, 항상 일정한 서비스는 공급되는 셈이다. 그런 점에서 소규모 다기능 시설의 참여 장벽을 더욱 낮춰줄 창업 지원 제도가 꼭 필요하다.

③ 농촌형

다카노스 마을은 인구가 2만 명을 밑돌았는데 농업, 임업 외 생업 인구가 적고 관 주도의 공공사업 의존 체질이 없어지지 않은 지역이다. 강한 리더십을 발휘해 좋은 정치를 해도, 이것은 관 주도에 지나지 않는다. 복지공사는 전면적으로 관에 의존해왔다. 행정 개혁과 지자체 합병의 흐름에 휩쓸린 다카노스 마을의 사례는 비극이라고도 할 수 있지만, 이곳에 주민활동그룹이 싹텄기 때문에 관에 의존하지 않는 협 부문의 탄생과 성장이 기대된다. 관 주도의 고령자 복지 경험을 거친 뒤 현재 다카노스 지역에는 고령자 복지 NPO가 여럿 생겼는데, 그중 하나는 복지공사를 퇴직한 이들이 만든 것이다.

그런데 농촌형 복지가 반드시 관이 주도하게 되리라는 법은 없다. 본래 촌락공동체에는 공유지를 공동소유, 공동관리한 역사가 있다. 공동의 시민 협력으로 공익을 추구하는 시민활동인 '협 부문'을 가리키는 영어 '커먼'은 본디 중세 시대 공유지common land를 가리키는 말이다. 공유 개념이 가장 구체적으로 나타난 사례는 농협이다. 농협은 우체국은행과 더불어 일본 최대 금융기관이며 오랜 기간 보수 정치에 압력단체로 기능했는데, 농협의 출자원이 협동조합임을 아는 이는 드물다. 농협 또한 노동조합이나 생협과 마찬가지로 공익, 서로 돕는 정신을 이념으로 한 조합법인이다. 개호보험이 시행되면서 개호보험사업에 참여하는 농협 내 여성 모임(부인부) 등이 나타났다. 농사 인력의 고령화, 여성 노동력화가 뚜렷이 진행된 농업 부문에서 활동하던 나이 든 여성에게 개호보험은 새로운 고용기회였다. 또 고령자협동조합 가운데서도 개호보험사업을 시작한 곳이 등장했다.

니즈가 있다면, 서비스는 성립한다. 개호보험의 재원은 절반이 세금인데, 고령화율이 높고 마을 인구가 줄어 일정한 생활수준을 유지하기 어려운 상태가 된 한계집락限界集落[7]에서도 고용기회를 창출한다. 인구가 700명 정도인 돗토리현 오키제도의 지부리섬에서 고령자 간병을 포함한 데이서비스 시설인 NPO법인 '나고미노사토なごみの里'를 연 시바타 구미코와 같이 농촌형 NPO법인이 발전할 가능성도 있다.[8]

마치며: 협 부문에 기대하는 이유

사례 비교연구를 통해 나는 다음과 같은 결론에 이르렀다.

앞에서 거론한 모든 시설은 좋은 돌봄, 즉 이용자 만족도가 높

---

7 인구의 절반 이상이 65세 이상 고령자라서 관혼상제와 같은 사회적 공동생활조차 유지하기 힘든 마을.-옮긴이

8 나고미노사토는 지부리섬에서 문을 열었지만 후에 이전했다. 2011년 1월에 보수를 부정 청구했다는 이유로 돗토리현에서 지정사업소 취소 행정처분을 받았다. 2011년 4월 나고미노사토는 요나고 지역을 거점으로 삼아 일반 사단법인으로 다시 문을 열었다.

고 질 좋은 돌봄을 제공하는(혹은 제공했던) 사례다. 그런데 워커들의 낮은 노동조건과 지나친 헌신으로 좋은 돌봄이 유지되고 있다. 돌봄을 상호행위로 파악하는 입장에서 보자면, 현재 이 좋은 돌봄은 이용자에게는 확실히 선진적이나, 워커들에게는 선진적이라고 할 수 없다. 객관적으로 볼 때, 워커들이 낮은 노동조건에 대한 불만이 적기 때문이다. 선진적 사례에서는 경영자의 관리 능력에 워커들의 불만을 억제하는 능력이 포함되어 있다고 할 수 있는데, 이것이 지나친 비약일까?

워커들은 높은 윤리의식을 갖춘 동시에 생협 복지의 경영 이념에 공감하기 때문에 스스로 불만을 억제한다. 반대로 말해, 이들이 높은 윤리의식, 생협 복지 이념에 대한 공감을 잃었을 때, 그들은 단지 일만 하는 사람이 될 것이며, 선진적인 시설은 그 수준이 떨어져 평범한 시설이 될 것이다. 그렇게 되면 필연적으로 노동조건에 대한 불만이 나올 것이고, 이직률도 높아질 것이다. 인터뷰를 하며 직접 확인한 것이기도 한데, 워커가 낮은 임금과 열악한 노동조건에 불만을 제기하게 된 때는 경영자를 신뢰하지 못하게 되는 사건이 발생했거나 다른 업종과 비교한 후였다.

경영자나 관리자는 워커 이상으로 자기희생을 하고 깊은 감사를 받을 만한 헌신을 솔선수범함으로써 그들의 높은 윤리의식과 헌신을 이끌어낸다. 그러나 이런 모습도 사원을 북돋우려고 사원보다 훨씬 더 열심히, 일중독 수준의 강도로 일하는 관리직처럼 보이기도 한다. 선진적 돌봄을 창업자나 경영자의 헌신으로 지탱한다면, 앞으로 후계자나 이념을 따르는 사람이 나오기 어려울 것이고, 시간이 지난 후 시민사업체의 선진적 돌봄사업은 매우 예외적이었던 것으로 평가받을 수도 있다.

사례별로 보면, 워커를 지탱하는 요인은 다양하다. 도야마형에서는 이용자와 개별적인 관계, 소속감과 정체성 부여의 효과, 언론의 주목으로 높아지는 자긍심, 나중에 자신이 시설을 만들기 위한 연수라고 생각하며 일하는 의식 등이 그것이다. 생협 사례에서는 갈 곳이 없는 중장년 고학력 여성들이 사업에 참여하면서 자아실현을 하고, 지역에서 신뢰를 받고, 고령자들의 니즈에 부응하고 있다는 사명감과 성취감을 느낀다. 사업이 성장함에 따라 워커로서 스스로 깊은 깨달음을 얻으면서 성장해가기도 한다. 비틀어 생각해보면, 지역사회 헌신과 같은 높은 이상, 생협 복지의 이념, 워커들의 적극적 참여의식[노동에 대한 자기결정] 등이 임금을 억제하고 동원을 조달하는 자기착취의 장치로 기능하고 있는 현실을 부정할 수는 없다. 또 언론의 주목은 창업자의 이득으로 이어졌는데, 관 부문의 다카노스 마을 사례에서도 일본 제일의 복지 마을이라는 언론의 주목으로 생협의 워커들처럼 높은 윤리의식을 지닌 지역 밖 인재들을 모을 수 있었다. 물론 어떤 사례에서든 이용자의 만족이나 감사와 같은 무형의 보수가 크다는 점은 말할 나위 없다.

그러나 이러한 보이지 않는 이득을 보수로 삼게 하거나, 노동조건의 열악함을 보상할 보람으로 봐서는 안 된다. '상호행위 속에서 성장이나 감사로 이미 노동자는 충분히 보상을 받는다'는 돌봄을 노동으로 여기지 않는 담론에는 함정이 있다. 이런 담론은 대개 돌봄노동의 낮은 보수를 정당화하기 위해 동원하는 것인데, 돌봐주는 상대가 고마워한다는 이유로 돌봄노동의 가치를 낮게 책정해도 되는 것은 아니다.

그런 점에서 관 부문 다카노스복지공사를 대조적인 사례로 다룬 데는 다음과 같은 의의가 있다. 즉, 마을 정장이 바뀌기 전 다카노스복지공사에는 높은 윤리의식을 지닌 워커들이 있었고, 그들의 노동조건도 좋았던(다른 시설과 비교해 상대적으로 좋았다는 점) 극히 드문 사례다. 나와 공동연구를 진행한 사회학자 아베는 보고서에서 "이용자의 만족도는 높은데, 워커들의 만족도는 낮다. 노동자들이 위태로운 수준의 헌신을 해서 지금의 선진적 돌봄의 질을 담보하는 것"이라고 지적한 바 있다(東京大学社会学研究室·建築学研究室 2006: 290). 아베가 "이용자들의 만족도는 높지만 워커들의 만족도는 낮다"라고 쓴 부분을 정확히 짚자면, "워커들의 만족도는 높은데 노동조건이 낮다. 노동조건에 대한 불만은 없든지 혹은 있더라도 억제한다"라고 해야 할 것이다. 즉, 현재 선진적인 시설이란 워커의 높은 윤리의식을 조달하는 데 성공한 경우에 가능하다. 중요한 것은 저임금의 노동조건이다. 현행 개호보험의 보수 규정에 의해 임금은 제약받고 있다.

시설 경영자들은 하나같이 이렇게 단언했다.

"개호보험제도 틀 안에서 우리가 바람직하다고 보는 돌봄은 절대로 하지 못한다."

즉, 제도에서 벗어나야 비로소 선진적인 돌봄이 될 수 있다는 말이다.

생활클럽 가나가와 조합원에서 라포르 후지사와 시설장이 된 오가와 야스코는 "나는 계속 소비자운동을 하고 있다고 여긴다"고 말했다. 생협은 안전한 먹거리를 구하기 위해 시장과는 다른 경로를 찾아 움직이기 시작한 데서 비롯한 운동이다. 워커즈콜렉티브 역시 스스로 받고 싶은 서비스를 찾아서 서비스 제공자가 되는 운동이다. 워커즈콜렉티브에 뛰어든 여성들에게는 현명한 소비자가 아니면 좋은 먹거리를 얻을 수 없다는 신념이 있다. 여기에 좋은 돌봄이라는 과제가 더해졌다. 돌봄의 질을 따져보려면, 돌봄을 하는 쪽과 받는 쪽 양쪽이 모두 성장해야 한다.

위와 같은 함의를 [즉, 받고 싶은 서비스를 받는 것을] 당사자인 이용자 쪽에서 보면 어떨까? 개호보험하에서 동일한 조건으로 서로 경쟁하는 복수의 사업자 가운데, 정말 자신에게 좋은 돌봄을 어떻게 얻을 것인가? 이 책에서 나는 사례 비교 분석을 통해 가격으로는 돌봄의 질을 따질 수 없다는 주장을 논증했다. 현재와 같은 공정가격하에서는 질 좋은 돌봄이든 질 나쁜 돌봄이든 같은 요금이 든다. 그렇다면 '누가 돌봄의 제공자인가?'라는 점을 고려해야 한다. 그 이유로 나는 돌봄의 제공자로서 협 부문의 역할에 높은 기대를 갖고 있다.

4부

돌봄의 미래

17장 다시 돌봄노동에 대해: 세계화와 돌봄

돌봄 인력이 무너지다

돌봄노동은 왜 싼가? 나는 이 책에서 이 물음을 반복했다.

이와 관련해 2006년 개호보험법 개정 후 케어 워커가 받는 보수가 일제히 줄었다는 점이 눈에 띈다. 사업자는 경영난에 시달리게 됐는데 그 여파가 인건비 동결로 나타났다. 협 부문 협동조합 중에는 시급을 100엔 내릴 수밖에 없게 되어, 대표자가 협동조합원(돌봄노동을 하는 협동조합원)에게 사과하고 양해를 구한 곳도 있었다. 결과적으로 케어 워커 인력난이 일어났다. 좀처럼 사람이 구해지지 않았고, 이직도 늘었다. 지역에서는 "복지가 붕괴되었다"면서 인력이 무너진 데 그 원인이 있다고 했다. 수요가 있어도 인력이 부족해 서비스를 제공하지 못하게 된 사업체도 생겼다.

케어 워커를 양성하는 교육기관도 인력 붕괴의 영향을 받았다. 개호보험을 시행하면서 대대적 홍보를 했던 전국 각지의 개호복지사 양성 전문학교의 정원은 미달되었다. 복지 직종에 미래가 없다고 본 청년들과 그 가족이 기피하는 것이다.

현장에서 일하는 이들과 만나보면, 케어 워커들이 고령자 복지에 보람과 사명을 느낀다는 점은 훤히 알 수 있다. 하지만 책임과 부담이 무거운 직장에서 일하는 만큼 제대로 된 보상을 받지 못한다고 여기거나 부당하게 보수나 평가가 낮다고 여기는 이들도 많다.

2000년대에 들어선 후, 일본 경제는 장기 호황을 맞았다. 그런데 이는 수출 관련 기업의 호황일 뿐, 노동자의 호황은 아니었다. 세계화에서는 자본과 생산 거점이 국제적으로 이동하므로 국내에서는 고용 창출 없이 경기가 회복된다. 일본에도 이론 그대로의 현상이 일어났다. 더욱이 일본 기업의 노동분배율은 1990년대 이후 불황기를 거치며 계속 낮아졌으므로, 노동자들은 경기 호황의 열매를 맛볼 수 없었다.

이 와중에 빈부격차가 심화하면서 '워킹푸어'가 나타났다. 일본에서 '워킹푸어'란 전업으로 일해도 연 수입이 200만 엔 이하 수준인 상태 또는 취업했지만 생활보호급여[기초생활수급] 수준에 수입이 못 미치는 세대인 경우를 가리킨다. 생활보호급여는 일본 헌법에서 말하는 "건강하고 문화적인 최저한의 생활"을 영위할 수준으로 설정한다. 어떤 생활이 "건강하고 문화적"인지는 사회와 역사에 따라 변하므로 그 시대의 사회적 합의에 따른다. 생활보호가 끊겨 굶어 죽은 사건이 발생한 바 있으나 일단 생활보호급여를 받는 세대에서는 이와 관련된 사건이 없으므로 생활보호급여 수준은 나름대로 타당성이 있다.

일하는 빈곤층의 연 수입이 생활보호급여 수준보다 낮다는 점은 급여가 적은 것 자체의 문제라기보다는, 노동자의 임금이 노동력의 재생산 비용에 미치지 못한다는 사실, 즉 착취의 현실을 단적으로 보여준다. 그래서 일하는 빈곤층과의 균형을 감안해 생활보호급여를 줄인다는 식의 정책 방향은 아주 잘못된 것이다. 노동력의 재생산 비용을 줄이는 것을 허용하는 행정을 근본적으로 검토해야 한다.

그런데 워킹푸어의 전형적인 사례로 케어 워커가 자주 거론된다. 케어 워커의 월평균 수입은 16만 엔으로 시설에서 근무하는 정직원도 22만 엔, 연 수입이 200만 엔대다. 이런 수입으로는 부모 집에서 나올 수 없다. 부모에게 기대지 않으면 스스로 먹고살 수가 없다. 미래에 희망이 없자, 많은 청년이 돌봄 관련 직장을 떠났다. 개호 시설 직원 이직률은 근무 3년 이내 약 50%로 매우 높다. 요즘처럼 불황이 지속되거나 파견(용역)계약 해지 사건이 빈번한 경우에도 돌봄 시장으로 이동하는 노동력은 적다. 일례로 노동력이 많은 제조업 파견 노동자가 돌봄노동으로 옮기는 경우는 적다. 물론 노동의 성격이 달라서 그렇다는 해석도 가능하다. 자동차 산업 등 제조업 파견 인력의 대부분이 남성이라 개호와 같은 '여성 직종'에 적응할 수 없다는 것이다. 하지만 그게 다는 아니다. 애초에 직종 간 임금격차가 크다는 점을 간과해서는 안 된다. 제조업에서 개호 직종으로 바꾸는 것과 같은 경우를 보자. 정규직조차 월수입이 산업 전체 평균보다 10만 엔이나 낮은 개호 직종에 들어가는 것은 누구나 가장 꺼리는 선택지일 것이다. 유효 구인 배율이 1.0을 넘는데도, 개호 직종의 구인난은 여전하다. 불황이 장기화되었을 때도 개호 직종은 노동조건이 계속 열악했다. 평균 연간 이직률은 20%를 넘어섰다. 최근 이직률이 20% 아래로 내려가긴 했으나, 이는 불황으로 인해 대체할 선택지인 이직처가 줄었기 때문이다. 즉, 개호 직종은 불황기에 찾는 직종으로, 경기가 호황이 되면 다시금 이직률이 바로 오를 것이다. 만성적으로 높은 실업률이 나타나는 가운데 계속 노동력이 부족한 현상을 보면, 개호 직종의 노동조건이 열악하다는 것을 알 수 있다.

한편 홈헬프 사업에는 대부분 '등록 워커'[등록 헬퍼]가 참여하고 있다. 평균 월수입이 7만 엔대이다. 이는 배우자특별공제 130만 엔과 같은 사회보장제도의 틀이 있기 때문이라고 할 수 있다. 이러한 틀 속에서 케어 워커가 된 여성들이 일하고 있다. 그런데 더욱 본질적 요인은 돌봄노동에 대한 보수가 노동자 한 사람을 재생산하는 데 드는 비용에 아예 미치지 못하고 있다는 점이다. 그 결과 케어 워커는 시설에서 일하는 청년 노동자와 중장년층 여성으로 나뉘어 있다. 어느 경우든 재생산 비용에 달하지 못한 조건에서 일한다. 지금 돌봄노동 시장은 이런 노동자가 있다는 것을 전제로 성립되었다.

개호보험은 요개호도를 낮게 인정하고 '부적절한 이용'을 제한하는 방향으로 두 차례에 걸쳐 개정되었다. 이로 인해 개호보험 이용이 억제되는 현상이 일어났다. 또 이미 지적했듯 임금을 낮추는 등 노동조건을 악화하는 결과를 초래했다. 개호보험을 개정하기 전과 비교해 불만이나 비판의 목소리가 크다. 그런데 개호보험이 없던 시기를 비교하는 이는 없는데, 이를 볼 때 일본 사회에서 개호보험은 이미 자리를 잡았다는 점을 알 수 있다. 이제 아무리 보수적인 정치가라 해도 개호보험이 없는 상태로 되돌리는 것과 같은 비현실적 선택은 하지 않을 것이다. 개호보험은 2009년에 세 번째로 개정되었는데, 정부는 돌봄 현장에서 노동자들이 비명을 지르며 힘들어한다는 점을 고려한다면서도 보수를 겨우 3%만 인상했다. 그런데 이 3% 인상액도 케어 워커의 임금에 반영되었다고 보장할 수 없는 상태다.

왜 돌봄노동자의 임금은 싼가

케어 워커의 임금이 낮은 것은 개호보험에서 이용료가 낮게 설정되어 있기 때문이다. 사업자 이익률이 낮고,[1] 인력 붕괴가 가장 심하게 일어나고 있는 홈헬프 사업을 예로 들어보자. 헬퍼의 개호보험 보수[개호보험에서 정해놓은 이용료]는 신체개호 시간당 4020엔, 생활원조 시간당 2080엔으로 설정되어 있다. 개호보험이 적용된 경우 이용자는 개호보험 보수의 10%를 부담한다. 개호보험 보수의 100%를 다 부담한다면 자기 부담액이 크다. 그런데 헬퍼의 인력 붕괴에는 ① 경영비용을 고려하지 않는 경영, ② 이용료 격차에서 나타나는 불합리함, ③ [신체개호와 생활원조 간] 지역계수[2]가 제대로 책정되지 않은 점과 같은 배경이 있다.

우선 ①을 보자. 12장에서 지적했듯 협 부문 사업자는 경영비

1 홈헬프 업체 가운데는 심지어 매상의 80%를 인건비로 쓰는 곳도 있다.

2 개호보험제의 보수에 지역 간 물가, 인건비(임금) 차를 반영한 계수.-옮긴이

를 잘 고려하지 않는다. 구형 사회복지법인 시설은 시혜적 복지 시대의 특권의식과 관습을 유지하고 있고, 새롭게 등장한 시민사업체는 약간의 보수를 지급하며 거의 무상에 가까운 자원봉사로 경영해온 관습이 있어서 경영에 들어가는 비용을 심각히 여기는 태도를 갖추지 못했다. 그런데 조사로 실증한 것처럼 이용 규모가 일정 정도로 큰 시민사업체에서는 경영비용이 217%로 나왔다.[3] 이미 알려졌듯, 이 수치는 영리기업 계통 사업체의 경영비용보다는 효율이 좋다. 돌봄사업에 '규모의 경제'에 따른 장점이 작용하기 어렵다는 점을 감안하면, 경영비용은 매출이 올라도 줄지 않는다. 그렇다면 노동자에 대한 분배율을 보자. 신체개호를 할 경우 노동자는 이용료 4020엔의 절반가량인 2000엔 정도를 시급으로 받지만, 생활원조를 할 경우에는 이용료 2080엔의 절반가량인 1000엔 안팎을 받는다. 이 정도의 낮은 시급으로는 인력이 모이지 않는다.

케어 워커의 임금이 낮은 두 번째 원인은 불합리한 이용료 격차다. 현장의 사업자와 노동자는 개호보험 시행 초기부터 개호서비스 이용료를 신체개호와 생활원조로 나누는 것이 불합리하다고 줄곧 지적해왔다. 이용자의 집이 일터인 홈헬퍼는 그때그때 다르게 대응해서 일해야 한다. 따라서 어디까지가 신체개호이고 어디

---

3 경영비용 217%란 워커즈콜렉티브에서 수익 사업을 1시간 하는 데 들어간 시간이 1시간 정도란 뜻이다. 시민사업체에서는 화폐로 경영비를 계산한 데이터가 없기 때문에, 저자는 시간비용[워커즈콜렉티브 구성원의 활동시간 중 수익이 발생한 시간과 그렇지 않은 시간의 합계]으로 경영비용을 측정한 바 있다. 이 책 12장을 참조할 것.-옮긴이

까지가 생활원조인지 구분하기가 쉽지 않다. 실제로 개호보험 시행 초기의 이용 실태를 살펴보면, 이용료가 낮은 가사원조에 이용이 집중됐다. 개호보험 개정에 따라 이용시간을 세분하거나 행정당국이 부적절한 이용에 대한 감독을 강화하면서, 케어 워커는 재량껏 일할 여지가 크게 줄었다. 이용자도 불편하고 케어 워커도 불편해졌다는 의견이 많다. 2003년 개호보험 1차 개정 때, 후생노동성은 기존에 신체개호와 가사원조를 절충한 것('절충형 지원')에 대한 이용료 2780엔을 폐지했다.[4] 그리고 '가사원조'라는 명칭을 '생활원조'로 바꿨고 이용료를 1530엔에서 2080엔으로 올렸다. 고령사회를 좋게 만드는 여성 모임이 정부에 요구한 것처럼, 신체개호와 가사원조를 일체화한 서비스 이용, 즉 예전과 같은 '절충형' 지원 이용료가 약 3000엔 안팎으로 올랐더라면, 요즘처럼 케어 워커의 임금이 낮아지는 사태는 일어나지 않았을 것이다. 이용료가 3000엔대였더라면 노동분배율을 절반 정도로 맞춘다고 해도, 케어 워커의 시급이 1500엔 안팎으로 형성되어 전문직 파트타임 수준이 되었을 것이다.

세 번째는 지역계수가 제대로 산출되지 못했다는 점인데, 이를 지적하는 이들이 많다. 정확히 짚자면, 개호보험의 보수는 가격이 아니라, 의료보험과 마찬가지로 점수제[5]를 따른다. 1점에 10엔

4 2002년까지 개호보험 이용료 보수 체계에는 신체원조(식사, 배설, 옷 갈아입기, 목욕, 통원 및 외출 지원)와 가사원조(청소, 세탁, 조리 등)를 섞은 '절충형 지원('복합형 지원'이라고도 함) 항목이 있었다.-옮긴이

5 일종의 행위별수가제. 행위별로 점수가 있고 점수당 단가로 보수가 결정된다.-옮긴이

을 곱하면 표준 보수액인데, 지역 간 경제격차를 감안해 지역계수를 설정하여 산출한다. 도쿄도고령자복지시설협의회 부회장 다나카 마사히데는 이러한 "지역계수가 충분치 못하다"고 지적했다(田中雅英 2008). 가령 임금계수 전국 평균이 100일 때 도쿄는 120.3이고 아오모리시는 83.5로 격차가 난다. 그런데도 개호보험의 지역계수 통계를 보면 도쿄 10.48, 아오모리시 10.00으로 분산치에 거의 차이가 없다. 지역별 최저임금(2008년 시급)을 봐도 그렇다. 최고인 도쿄(739엔)와 최저인 오키나와(618엔)는 20% 정도로 크게 차이가 나는데도 지역계수 차는 4.8%에 불과하다.

이 점은 평균임금이 높고, 고용기회가 많은 대도시권의 개호사업자에게 불리하게 작용한다. 그래서 도시에서의 돌봄노동이란 '마지막으로 선택하는 직업', 즉 중장년층 여성과 정년퇴직 남성, 저학력자와 같이 노동 시장에서 상대적으로 자원이 부족한 사람들이 취직하거나, 불황으로 실업률이 높을 때 갈 곳 없는 이들이 유입되는 직장이다. 경기가 회복한 후 좀 더 유리한 선택지가 등장하면, 이들은 돌봄노동을 그만둘 것이다. 돌봄의 인력 붕괴는 얼마든지 예상할 수 있는 사태다. 그런데 상대적으로 인건비와 물가가 싼 지방 도시에서는 케어 워커가 정착하는 경향이 나타나고 있다. 선진적인 돌봄 실천으로 알려진 NPO가 대부분 지역에 있는 것은 우연이 아니다.

시설에서 일하는 직원을 살펴보자. 2006년 개호보험 개정으로 시설 입소자의 이용료는 내려갔다. 잘 알려졌듯 개호보험 초기에는 개호 시설에 이용자가 몰렸다. 더욱이 이용 단가도 올라서 개호 시설의 이익은 상승했다. 면세 대상인 사회복지법인에서 이런 시설 대부분을 담당했고, 그래서 선망이나 비판의 대상이었다. 개호보험료를 어떻게 적정하게 배분할지 고려한다면 정부는 시설 쪽 이익을 줄이도록 보수 개정을 했어야 마땅하다.[6] 정부가 2006년 개정에서 의도한 바대로 고령자의 재택 돌봄 강화 유도를 위해서라도 [이용료 조정 등] 보수 개정을 해야 했다.

개호 시설이 이익을 볼 수 있었던 이유 중 하나는 시설 측 수입이 늘었는데도 케어 워커 인력을 늘리거나 임금을 높여 노동분배율을 높이는 방향으로 투자하지 않았기 때문이다. 그 결과 케어 워커의 책임과 부담은 전혀 줄지 않았다. 따라서 당연하게도, 시설 이용자에 대한 대우도 나아지지 않았다. 케어 워커의 저임금은 그대로 유지되었다. 개호보험 개정으로 이용료를 억제하자, 노동자의 임금을 인상할 길은 점점 더 멀어졌다.

그러나 만약 경영이 안정되어가던 시기에 케어 워커의 임금을 올렸더라면, 이용료를 억제한 정부 정책은 개호 시설의 경영난으로 나타났을 것이다. 일례로 케어 워커를 고임금, 정규직으로 고

---

6 이러한 것 중 하나는 시설 이용자에게 '호텔 코스트'를 부담하도록 하는 것이었다. 고령자전용임대주택에 돌봄서비스를 결합한 '케어하우스' 사업이 늘어나고 있는 점을 감안하면, '호텔 코스트'는 나름대로 합리성이 있다. 설비가 잘된 집에 사는 고령자와 그렇지 않은 고령자 간에 자금력에 따라 주거환경에 차이가 나는 것처럼, 시설도 이용자가 방을 빌리는 임대라는 측면에서는 설비 투자에 따라 '호텔 코스트'가 발생하는 것도 당연하다고 할 수 있다. 여태까지는 시설 내 다인실의 주거환경이 상당히 열악했기 때문에 '호텔 코스트'가 문제가 되지 않았던 것이다. 그러나 나는 현행 유니트 케어에 '호텔 코스트'를 부담하게끔 하는 데는 동의하지 않는다. 현행 15m²[특별양호노인홈의 경우 대개 개인실 면적이 15m²이다. 2018년부터 후생노동성의 개인실 최저 면적 기준은 13.2m²에서 10.65m²로 바뀌었다]인 개인실 유니트는 고령자 돌봄에서 지켜야 할 최소한의 수준이라 보기 때문에 그렇다.

용해오던 다카노스복지공사는 독립채산제를 도입하자마자 경영 위기에 빠졌다. 그런데 거의 모든 개호사업체는 돌봄노동을 저임금노동으로 간주하고 노동조건을 개선하려 하지 않았다.

결국 이와 같은 사태를 보면, 제도권과 정치권, 그리고 유권자인 시민 모두가 돌봄노동을 저평가하고 있다는 점을 고스란히 알 수 있다. 돌봄에 대한 사회적 평가가 낮은 것이다. 정부는 이용료를 싸게 억제할 뿐이고, 사업자는 노동자의 임금을 올려주지 않는다. 이용자는 될 수 있으면 싼 가격을 선호한다.

자신은 받고 싶지만, 자신이 결코 하고 싶지 않은 노동……. 돌봄노동의 실태를 보면 모두에게 이러한 속내가 있다는 점을 알 수 있다.

내가 조사를 하고서 알게 된 것은 개호직을 택한 이들이 일 자체에 대해서는 불만이 없으나 보수에 대해서는 강한 불만이 있다는 사실이었다.

그런데 보수는 얼마면 충분할까? 실제 조사를 해보니 케어 워커들의 요구 수준은 극히 낮았다. 게다가 이들은 조심스레 희망 보수를 말했다. 규슈 지역에 사는 30대 독신 여성은 부모 집에서 살고 있는데, 연 수입 300만 엔대면 불만이 없을 것이라고 했다. 1989년 일본 정부가 '골드 플랜 10개년 계획'으로 1999년까지 헬퍼 10만 명 증원을 계획했을 때의 예산을 보면, 헬퍼의 표준 연 수입은 300만 엔으로 설정되어 있었다. 무사시노복지공사가 출범할 당시, 직원을 연 수입 300만 엔으로 모집하자, 대졸 남성이 구인에 응했다. 남편이 연 수입 300만 엔이라 해도 부인이 같은 개호직에서 맞벌이를 한다면 연 수입은 600만 엔이다. 이 정도면 자녀를 대학에 보낼 수 있는 수준의 수입이다. 개호직에서 일하면 결혼도 하지 못하고 자녀도 키울 수 없다고들 하나, 이런 말은 실은 남편이 외벌이로 가계를 유지하는 옛날식 가족 수입을 가정해서 나온 것이다. 이러한 전제에는 '남성=부양 책임자'로 보는 젠더 규범이 스며 있다. 부부가 맞벌이로 일하기 방식을 바꾸면, 1인 연 수입 300만 엔은 그렇게 적은 금액이 아니다.[7] 그런데 지금은 개호직 임금이 연 수입 300만 엔 수준에 미치지 못하는 것이 큰 문제다.

고령사회를 좋게 만드는 여성 모임은 개호직이 매우 낮은 임금을 받는 데 대해 2007년 〈개호 인재 확보를 위한 긴급 제언〉 성명을 내고, '개호 종사자의 임금으로 1인당 월 3만 엔을 추가로 인상하게끔 하는 법'을 제정하자는 캠페인을 대대적으로 벌였다. 이때 15만 명이 넘는 사람들에게 서명을 받았는데, 그 결과 2008년 5월, 국회에서 이례적으로 개호인재확보법이 통과됐다. 이 법은 다섯 줄로 되어 있는데, 개호 종사자의 임금 인상을 '노력의무'로 규정해 법적 구속력은 없다. 그러나 사회적으로 돌봄노동에 대한 위기의식을 공유하는 데는 기여했다고 볼 수 있다.

고령사회를 좋게 만드는 여성 모임에서 케어 워커의 급여 월 3만 엔을 인상하자고 산정한 근거는 뭘까? 임금을 월 3만 엔 올리

---

7 한부모 여성 가장이 꾸리는 가정의 평균 연 수입은 2006년도에 약 220만 엔이다. 이 정도의 수입으로 고된 와중에 자녀들을 양육하고 있다. 그래서 홀로 사는 단독 세대는 연 수입 300만 엔이 불충분하다고는 할 수 없다. 또 한부모 여성 가장의 자가 소유율은 눈에 띄게 낮다. 적은 연 수입으로 집세까지 부담하고 있는 점을 감안하면, 부모 집에서 함께 살거나 또는 자기 집을 소유하기만 한다면, 한부모 여성 가장의 경우 연 수입 300만 엔은 여유 있는 살림이라 볼 수도 있다.

면 연 수입은 36만 엔이 늘어난다. 풀타임으로 일하는 시설 노동자의 평균 월급이 22만 엔인데 여기에 인상한 월 3만 엔을 더하면, 겨우 연 수입 300만 엔이 된다. 이 보수가 거듭되는 야근에 더해, 무거운 부담과 책임을 짊어지는 노동에 대한 보수로 적절할지는 또 논의해야 할 문제다. 그런데 현재 월 20만 엔을 밑도는 임금은 노동력 재생산 비용조차 감당하지 못한다. 이는 지금까지 청년과 기혼 여성의 노동력, 즉 '가족'이라는 완충재로 부족한 재생산 비용의 부담을 흡수할 수 있는 특수한 조건을 가진 노동자를 전제로 삼아 돌봄노동 시장이 유지되어왔다는 증거다. 우리는 사용자 측이 청년과 기혼 여성을 노동력 재생산에 대해 책임을지지 않아도 될 일회용 노동력으로 간주했다는 점을 확실히 인식해야 한다.

이런 점을 보면, 워킹푸어가 사회문제가 된 역사에서 시사점을 얻을 수 있다. 노동력 재생산 비용 이하로 일하는 청년과 여성은 전부터 있었으나, 오늘날처럼 워킹푸어로 문제시된 적이 없다. 워킹푸어가 사회문제가 된 이유는 이제 이러한 층이 젊지도 않고, 또 그전에 의존하며 생활하던 부모의 나이가 많아지면서 가족이 더 이상 완충재로 작용하지 않게 되었기 때문이다.

젊은 사회학자 기도 리에는 같은 문제의식을 지닌 또래들과 함께 잡지 《프리터스 프리Freeter's Free》를 창간했는데, 여기에서는 이제 고학력자조차 '워킹푸어'인 시대가 왔다고 분석하고 있다(貴戸 2008). 여태껏 성별, 나이, 학력으로 '일하는 빈곤층' 문제가 은폐되어왔다고 볼 수 있는 것이다. 젊거나, 젊지 않더라도 여자이거나, 혹은 남자라도 학력이 낮다면 아무리 낮은 임금을 받아도 아무도 그것을 문제 삼지 않았다는 말이다.

노동과 서비스의 상품화, 비상품화

오사와 마리는 재화 및 서비스의 생산관계를 넷으로 나누어 제시한다(大沢 2008b: 8).

〈그림 33〉의 분류를 통해 우리는 개호보험하 돌봄노동에 대해 무엇을 알 수 있을까? 개호보험으로 인해 정부의 공정가격으로 통제된 준시장이 생겼고, 그래서 정확히 말하자면 개호보험하에서의 돌봄서비스는 상품이 아니다. 노동의 상품화와 서비스의 비상품화의 조합, 즉 표의 ② 부분에 해당한다.[8] 그러나 이는 고용노동(임금노동)에 한해 그렇다. 이 책에서 내가 협 부문이라고 부르는 사업체(오사와는 '비영리협동 조직'이라 한다)에서 노동은 상품화되지 않았다. 오사와는 협 부문 사업체가 네 가지 재화·서비스의 생산관계에 모두 걸쳐 있다고 설명한다. 워커즈콜렉티브가 제공하는 돌봄서비스는 비상품화된 노동으로 비상품화된 서비스를 제공하는 것이다. 그래서 〈그림 33〉을 보면, 워커즈콜렉티브의 돌봄노동은 가사노동과 마찬가지로 ④에 위치한다.

또 돌봄사업체 대부분은 개호보험 외 사업도 제공한다. 개호보험은 요개호도에 따라 이용료 제한이 있어서 도입 당시부터 지적받았듯 이용자의 니즈에는 들어맞지 않는다. 개호보험으로 성립한 준시장 돌봄노동은 주변 수요[9]를 파생시켰고 돌봄서비스 상품 시장도 활성화되었다. 주변 수요 규모는 개호보험 재정 규모의

---

8 개호보험하의 케어 워커의 노동은 서비스 상품으로서 국가 가격의 통제를 받으므로 시장 상품은 아니지만, 고용된 노동은 상품화되어 있다.-옮긴이

〈그림 33〉 재화·서비스를 생산해 소득이 발생하는 관계: 일본의 경우

		사용된 노동	
		상품화(임금노동)	비상품화
생산된 자원	상품	① 영리기업, NPO 유급 직원에 의한 사업 고용 처우는 '남성 생계부양자' 중심	③ 자영업, 생산협동조합원, 노예를 사용한 시장형 생산 성별격차
	비상품	② 공공 부문, NPO 유급 직원에 의한 공공적 서비스 토건 정부, '남성 생계부양자'형 복지 정부	④ 가사노동 외 성별격차

(大沢 2008b: 8)

약 4배다.[10] 이러한 개호보험 외 이용(주변 수요)과 같은 경우는 사업자가 자유롭게 서비스 상품가격을 설정할 수 있기 때문에 〈그림 33〉의 ① 영역에 해당한다.

그런데 개호보험 외 이용을 보면, 민 부문과 협 부문에서 눈에 띄게 차이가 난다. 일반적으로 영리기업은 원가 계산 및 시장가격 메커니즘에 따라 서비스 가격을 정한다. 가격 메커니즘에서 가격 결정은 수요와 공급의 균형에서 나오나, 그것만으로 가격을 결정하지는 않는다. 공급자 측에서 봤을 때 서비스 가격이 투입한 원가

9 개호보험 수가가 적용되지 않는 개호보험 외 서비스를 공급하는 시장. 가령 안부 확인 서비스, 이불침구 세탁 배달, 가구 옮기기 서비스, 방문 미용사 등이 있다. 또 개호보험 이용 한도를 초과한 신체개호, 생활원조 등의 개호서비스도 개호보험 외 주변 수요라고 한다.-옮긴이

10 초기에 16조 엔 시장 규모로 알려졌다.

보다 낮아지면 시장에서 살아남을 수 없으므로 서비스 가격은 적어도 원가보다 높아야 한다.

그런데도 영리기업에서는 개호보험 외 서비스 상품가격에 대해 시장가격 메커니즘을 택하지 않았다. 민 부문 사업체는 개호보험 외 서비스 이용료를 개호보험의 이용료에 준하도록 설정해 이용자가 [개호보험에서 정해놓은 이용료의] 100%를 부담하도록 해놓은 곳이 많다. 정부는 신체개호 이용료를 시간당 4020엔으로 설정했는데, 이용료가 높은 수준인 이유는 사업자들의 참여를 촉진하기 위해서 정부가 그렇게 설정해두었기 때문이다. 만약 통제가 없는 시장 메커니즘에서 맡겨두었다면 개호서비스 요금은 분명 지금보다 조금 낮았을 것이다. 개호보험의 이용자는 신체개호 이용료로 서비스 요금의 10%를 부담하므로 비교적 이용료를 싸다고 느끼며 이용한다. 경험적으로도 증명되었듯 이용자가 서비스 요금 100% 전부를 부담해야 했더라면 일부 고액 소득자를 제외하고서는 신체개호를 이용하지 못했을 것이다. 사업자가 개호보험 외 서비스에 대해 100% 이용자 부담과 같은 요금 설정을 바꾸지 않는 이유는 개호보험 이용자들이 이미 익숙하게 체감하는 가격을 유지하고 싶기 때문이다.

한편 비영리 시민 조직은 전혀 다른 전략을 편다. 개호보험 외 서비스 이용을 '유상 자원봉사'라고 해서 서비스 가격을 낮게 설정했다. 생협 관계자는 이 가격을 '커뮤니티 가격'이라 부른다. 초기에 개호보험 외 서비스 이용료는 시간당 700엔 정도였다가 최근 800~1200엔 정도로 올랐다. 이용자에게 이 이용료를 받아서 조합원에게 보수(돌봄서비스를 행하는 생협 조합원은 임금노동자가 아니기 때문에 그들의 보수는 임금이라고 할 수 없다)로 전달하는데, 정말 기이하게도 이때 조합원이 받는 보수는 지역별 최저임금에 조금 미치지 못하는 수준이다. 개호보험 시행 후 이 보수는 지역별 최저임금을 약간 넘었고, 개호보험에서 생활원조를 제공하는 노동자의 시급과 비슷하다. 여기서 우리는 '유상 자원봉사'란 실상 생협 조합원의 자원봉사가 아니라, '저임금노동'을 완곡히 부르는 말이라는 점을 알 수 있다. 그래서 이들은 상품화된 노동으로 이동할 가능성이 있으며, 사업자도 그 사실을 알고 있으므로 영리기업과 비영리조직에서 워커의 임금이 비슷하게 형성되는 경향이 나타난다.

개호보험 지정사업소가 된 많은 비영리사업체에서는 준시장 공정가격으로 개호보험 서비스를 제공하고, 낮은 보수로 개호보험 외 서비스를 제공한다. 시민복지단체전국협의회 이사 다나카 나오키는 경영비용 면에서 채산이 맞지 않는 것이 명백한 이 사업을 일부러 운영한다는 점에 돌봄 관련 NPO의 존재 이유가 있다고 강조했다(田中尚輝 2003). 생협 복지사업을 주도적으로 추진한 요코타 가쓰미도 "커뮤니티 가격은 시장가격의 50~70% 정도가 좋다"고 했다(横田 2002). 요코타는 그 근거를 대지 않았으나, 생활원조(생활협동조합에서 '서로 돕는 서비스'라고 부르는 것)에만 한해 살피면, 이용료는 공정가격인 2080엔의 절반 정도 수준이다. 워커즈 콜렉티브에서는 이 정도 이용료면 누구나 충분히 낼 수 있다고 본다. 원가보다 싼 것을 알고서도 제공하는 비영리사업체의 개호보험 외 서비스는 오사와의 〈그림 33〉에서 소위 '사랑의 노동'인 가사노동과 똑같이 ④ 자원의 비상품화, 노동의 비상품화로 분류할 수 있다.

나는 개호보험을 적용하거나 적용하지 않는 돌봄서비스를 다음 세 가지로 나눈다. 첫째, 이용자가 개호보험 서비스 이용료를 10% 부담하는 공정가격 제공 준시장 서비스, 둘째, 개호보험 외 서비스를 이용자가 전액 부담하도록 하고 공정가격에 준하는 시장가격으로 제공하는 서비스, 셋째, 개호보험 외 서비스에 대해 채산을 고려하지 않고 낮은 이용료로 제공하는 자원봉사 가격의 서비스다. 그리고 각각 그에 맞게 노동력이 배치되어 있다.

노동과 노동력

오사와가 제안한 분류로는 돌봄노동의 재화·서비스 생산관계를 알 수 있으나, 결정적 한계가 있다.[11] 노동과 노동력을 구분하지 않았다는 점이다. 모든 임금노동이 '노동력의 상품화'를 의미하는 것은 아니며 '노동력의 상품화'와 '노동의 상품화'는 다르다. 이 두 가지를 구별하는 이유는 케어 워커가 저임금을 받는 것을 설명하는 데 유력한 개념인 '불완전하게 상품화된 노동력'을 분석 개념으로 쓸 수 있기 때문이다.

마르크스 이론은 노동을 분석하는 데 뛰어난 도구이며, 여기서 나는 그것을 노동과 노동력을 구분하는 데 적용하려고 한다.

노동력이란 노동을 생산하는 주체인 노동자의 잠재력을 가리

---

11 오사와는 "상품화된 노동력, 즉 임금노동"이라고 한 번 적긴 했으나(大沢 2008: 7), 이후 '노동력' 개념을 쓰지 않고 있다.

키고, 노동이란 노동력을 행사할 때 동반되는 생산 행위를 말한다. 노동력과 노동은 모두 상품화가 되지만, 노동력을 상품화하는 것과 노동을 상품화하는 것은 다르다.

노동력이란 "살아 있는 인간의 신체에 있고 어떤 것을 생산할 때마다 발휘되는 육체적 및 정신적 능력의 총합"이다. 노동이란 "노동력이 발휘(사용·소비)된 상태"를 가리킨다.[12]

노동력의 상품화란 "자신이 가진 노동력을 자유롭게 스스로 쓸 수 있는 동시에, 생산수단으로부터 해방되어 있기 때문에(생산수단이 없기 때문에) 노동력을 팔지 않으면 굶어야 하는 자유를 가진 임금노동자"가 되는 것을 말한다. 즉, 노동력을 상품화한다는 것은 노동력 시장에서 노동력과 교환해 임금을 얻는 것 말고는 생산수단이 없는 상태를 말한다. 자본주의는 노동력의 상품화가 대규모로 일어난 역사의 산물이다.

한편 노동은 상품화하나 노동력은 상품화하지 않는 사람들이 있다. '자영업자self-employed worker'다. 막노동과 하청업체에서 일하는 것 등도 이에 해당한다. 사용자가 하청을 주어 노동자에게 노동력의 재생산 비용을 지불하지 않기 때문이다.

노동력 상품의 가치란 그것을 생산하는 데 필요한 사회적 평균 노동력의 양에 따라 규정된다. 즉, ① 내일 다시 일상생활을 유지하며 노동을 반복하기 위해 필요한 생산수단이라는 가치, ② 노동력의 보충과 세대의 재생산을 위해 필요한 가족의 생활수단이

12 노동력과 노동에 대한 정의는 《경제학 사전 3판》(岩波, 1992)에서 경제학자 후쿠다 요시타카가 쓴 것을 그대로 인용했다.

라는 가치, ③ 특정 노동을 수행하는 데 필요한 숙련과 기능을 습득하는 데 필요한 교육훈련 비용에 의해 규정된다(大阪市立大学経済研究所 1979: 1371). 다시 말해 ① 노동자 개인의 노동력 재생산 비용, ② 노동자의 세대 재생산 비용 ③ 인적 자본의 형성 비용이다. 나는 이 가운데 ①에 대해서만 논하려 한다.

노동력 상품의 가격은 노동 시장의 수요와 공급의 균형과 같은 가격 메커니즘을 따르나, 그와 동시에 이 노동력 상품의 원가인 노동력 재생산 비용(즉 생계 유지 비용와 교육훈련 비용)보다는 낮지 않게 설정된다. 노동력 상품의 가격이 재생산 비용보다 낮으면, 다른 상품처럼 노동력 상품 역시 시장에서 퇴출되기 때문이다. 노동력 상품의 가격이 노동력 재생산 비용보다 낮은 경우는 ① 노동력이 충분히 상품화되어 있지 않은 때, ② 공급 과잉일 때, ③ 퇴출되더라도 다른 선택지가 없는 때다. ① 노동력이 충분히 상품화되어 있지 않은 때란, 노동력의 재생산을 시장 바깥 영역에 의존하는 경우를 말한다. 가령 근대에는 촌락, 현대에는 가족이 시장 바깥 영역에서 노동력 재생산을 담당했다. 최근 워킹푸어 문제를 두고 일부 경제학자들이 "일본에서는 불황일 때 가족이 완충재 역할을 한다"라며 마치 새로운 발견이라도 한 것처럼 말하는데, 그렇지 않다. 워킹푸어는 역설적으로 가족이 노동력 재생산 기능을 잃었기 때문에 나타난 문제라고 할 수 있다.[13]

13 한 세대(가족) 내에서 구성원(가령 주부나 학생)이 불황 때 낮은 임금의 '일하는 빈곤층'으로 일하면서 불황이 초래한 리스크를 감당하며 경기 조절의 완충재 역할을 하고 있다고 일부 경제학자들이 분석하는 것은 틀렸다는 주장이다.-옮긴이

② 공급 과잉인 경우는 줄곧 '산업예비군reserve army of labor force'이라는 개념으로 설명되어왔다. 그런데 산업예비군 역시 촌락이나 가족이라는 영역에서 배출되므로 ①과 ②는 연동된다. 큰 변화가 있다면 세계화의 진행에 따라 ②에 외국인 노동자가 추가되었다는 점이다. ③은 완충 역할을 하던 시장 바깥 영역, 즉 촌락과 가족의 해체를 말한다.

본격적으로 분석을 하기에 앞서 노동·노동력과 상품화의 관계는 4개의 조합이 나올 수 있다(〈그림 34〉).

Ⅰ사분면: 노동 상품화, 노동력 상품화

Ⅱ사분면: 노동 상품화, 노동력 비상품화

Ⅲ사분면: 노동 비상품화, 노동력 비상품화

Ⅳ사분면: 노동 비상품화, 노동력 상품화

이 도식을 돌봄노동 시장에 적용해보자. 돌봄은 상호행위인데, 생산하는 쪽에서 보면 노동이고, 소비하는 쪽에서 보면 서비스다. 오사와가 제시한 도식에서는 노동의 상품화·비상품화, 서비스의 상품화·비상품화가 변수였다. 여기에 나는 노동력의 상품화·비상품화라는 변수를 더했다. 이는 노동력의 완전한 비상품화를 말하기 위해서가 아니라 '불완전하게 상품화된 노동력'이라는 범주를 넣기 위해서다. 현재 이런 종류의 노동력이 돌봄노동력 시장에 많기 때문이다.

돌봄노동이란 돌봄서비스를 생산하는 노동이다. 돌봄서비스는 상품이 되기도 하고, 그렇지 않을 때도 있다. 개호보험이 적용

〈그림 34〉 노동·노동력과 상품화의 관계

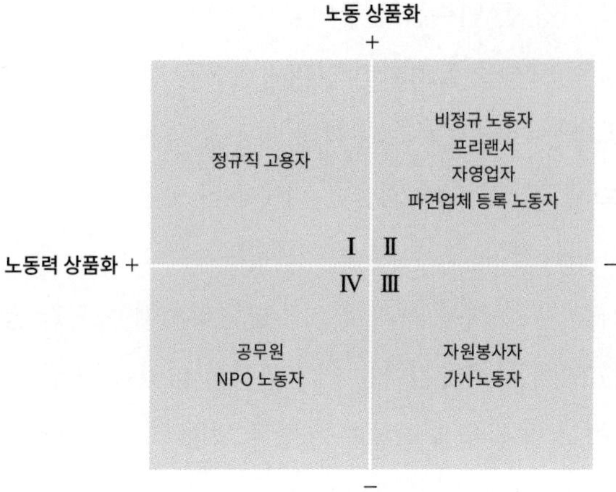

되는 서비스는 공정가격에 의해 통제되는 일종의 공공서비스이므로 상품은 아니나, 이 서비스를 제공하는 노동은 상품이다. 바꿔 말해, 돌봄서비스는 준시장에 있으나, 돌봄노동은 시장에 있다. 나는 노동의 상품화·비상품화와 노동력의 상품화·비상품화를 구별하기 위해 〈그림 34〉와 같은 도식을 그렸다.

상품화된 노동력은 노동력 시장을 자유롭게 이동한다. 자본주의 노동력 시장은 신분제와 노예제의 구속에서 벗어난 자유로운 노동력이 만들어지고 나서야 성립됐다. 현재 우리는 자본이 조금이라도 이익을 더 내려고 금융시장을 자유롭고 매우 빠르게 이동하는 것을 잘 알고 있는데, 노동력도 기본적으로는 노동조건이 나은 곳으로 이동한다. 자본은 조금이라도 더 큰 이익을 위해 금융시장을 자유롭고 매우 빠르게 이동하는데, 노동력 역시 기본적으로 노동조건이 나은 곳으로 이동한다. 이때 노동조건에는 임금

뿐 아니라 노동 여건, 일에서 느끼는 보람 등 다양한 요인이 포함되지만, 그래도 가장 큰 변수는 임금이다. 이는 경험적으로도 타당한데, 돌봄노동력 시장을 살펴보면 영리법인이든 비영리법인이든 서비스를 제공하는 사업체는 노동력의 이동을 막을 수는 없으므로 결과적으로 돌봄노동자의 임금은 비슷하게 낮은 수준으로 수렴되는 경향이 나타난다.

내가 조사한 생협 계통 복지 워커즈콜렉티브에는 민간 영리 사업체에 돌봄 인력을 빼앗긴다는 위기의식이 있었다. 민간 업체의 임금이 더 높고, 보험을 보장해주는 경우 생협 조합원 입장에서는 민간 업체로 이동하는 것이 합리적인 선택이다. 이를 막고자 한다면 비영리 조직은 돌봄 인력인 생협 조합원들에게 임금을 대신할 신념, 사명감, 보람과 같은 비경제적 동기, 화폐가 아닌 대가를 제공해야 한다.

돌봄사업체에는 노동력이 상품인 정규 노동자, 노동력이 상품이 아닌 비정규 노동자 및 파견업체를 통해 파견된 노동자가 같이 고용되어 있다. 공정가격(준시장) 서비스를 생산하는 노동의 제공자라는 점만 보면, Ⅲ사분면(자원봉사자)과 Ⅳ사분면(NPO 노동자)에 있는 이들의 노동력은 차이가 없다. 그런데도 이 두 종류의 노동력을 구분하는 이유는 상품화된 노동력과 상품화되지 않은 노동력, 즉 '불완전하게 상품화된 노동력'을 구별해내기 위해서다. 완전하게 상품화된 노동력이란 노동력 시장 바깥에서 임노동과 같은 수단 말고는 자신의 재생산 비용을 조달할 수 없는 노동자다. '자유로운 노동력'이란 노동력 시장만 빼놓고 모든 제약에서 자유로운 노동력, 즉 노동력 시장에 완전히 의존하는 노동력이다. '자유로운 노동력'에는 비영리 조직과 워커즈콜렉티브, 비상근과 파트타임 워커, 유상·무상의 자원봉사자를 포함할 수 있다. 워커의 저임금을 그대로 머물게 하고, 서비스 상품의 원가에 못 미치는 가격을 허용하게끔 하는 조건은 Ⅱ사분면과 Ⅲ사분면에 있는 '불완전하게 상품화된 노동력'이다.

불완전하게 상품화된 노동력

모든 사람이 점차 임금노동자화될 것이라던 마르스크의 예언과 달리, 역사적으로 노동력의 상품화는 진행되지 않았다. 마르크스의 후계자인 이매뉴얼 월러스틴은 세계사적으로 볼 때 노동력을 완전하게 상품화한 임금노동자의 수는 한계에 달했고, 이제 세계화된 노동력 시장 속에서 [노동력은] '중심부'로 더 들어가고 있다고 하며 세계체제론을 주장했다. 월러스틴이 말한 세계체제의 '중심부'란 유럽이나 미국, 일본과 같은 선진 공업국인데, 중심부의 상용직은 노동력 시장에서 재생산 비용을 100% 조달할 사람, 그러니까 외벌이로 자신 및 자녀의 재생산이 가능한 '남성 생계부양자' 형태의 고용을 가리킨다. 자본주의의 진전에도 이러한 정규고용의 규모는 전혀 늘어날 기미가 없다. 정규 고용은 유리한 기득권으로 여겨지나, 일자리가 줄어들고 있다. 즉 정규 고용의 분배는 통제되고 있다. 그에 반해 월러스틴이 '반半주변부' '주변부'라고 한 지역의 노동력이 늘었다. '반주변부'는 중심부의 주변을 말하는데, 상품이 아닌 노동력이 반주변을 떠받치고 있다. '주변부'는 반주변보다 더 외부에 있고 상품화되지 않은 노동력이다. 월러스틴은 세계화 시대에 맞게 마르크스 이론을 수정해서 자본주의는 노동력 상품에서도, 또 상품화되지 않은 노동력에서도 이익을 얻는다고 주장한 것이다. 월러스틴의 저서 《자본주의 세계경제》 일본어판에는 '계급, 민족의 불평등, 국제정치'라는 부제가 붙어 있는 것처럼, 월러스틴의 세계체제론에서는 노동력을 국적, 인종, 민족으로 나눈다(Wallerstein 1979=1987). 여기서 성별gender은 빠졌다.

사회적 '주변부'에 '여성'을 넣어 세계시스템론을 주장한 이는 페미니스트 마리아 미즈 등이다(Mies, Thomsen, Werlhof 1988=1995; Werlhof 1991=2004). 미즈는 페미니스트 버전 세계시스템론자라고 할 수 있는데, 자본주의에 상품화되지 않은 노동력으로 주부가 포함되며, 중심부 남성 노동자는 '주변부 주부'의 부불노동으로 유지된다고 했다.

이제 돌봄노동을 다시 보자. Ⅱ사분면과 Ⅲ사분면에는 불완전하게 상품화된 노동력이 있다. 노동력이 완전하게 상품화되지 않은 이유는 재생산 비용을 시장 바깥 영역에 의존하기 때문이다.

여기에는 농민, 주부, 청년, 학생 등이 포함된다.[14] 근대에는 촌락, 현대에는 가족이 '반주변부' 노동력을 공급했다. 이 와중에 청년[15]이 의존하던 시장 외부인 가족에서 밀려 나오고서야 비로소 일본 사회에서 워킹푸어 문제가 처음으로 부각되었다고 볼 수 있다.

14 이들이 유상, 무상이든 돌봄노동의 주 담당자라는 점이 흥미롭다. 초기 생협의 돌봄사업은 주부가 담당했고, 시설에서 일하는 워커는 대부분 싱글 청년이다. 개호보험 시행 후에는 농협 내 여성 조직이 돌봄사업에 뛰어들었다. 이전부터 학생은 장애인을 돌보는 자원봉사자의 주된 공급원이었다.

청년층의 비정규 노동은 그간 과도기적 고용형태로 여겨졌으나, 청년층의 비정규 노동 고용 기간이 예상 외로 길어지고 이에 더해 이들 부모 세대가 고령화되면서 가족이 그전과 같은 의존을 더는 받아들일 수 없게 되자 워킹푸어가 사회문제로 드러난 것이다. 그러나 배우자와 이혼하거나 사별한 여성의 경우, 가족에서 밀려나온 것은 청년층과 매한가지인데도 여태까지 한부모 여성을 워킹푸어라고 본 사례는 없었다. 가족에서 밀려나 의존할 아무런 외부 영역이 없어도, 성별에 따라 사회규범이 달리 적용되어 여성은 규범을 일탈한 것으로만 평가되었다. 사회문제도 성별화되어 있는 것이다. 성별에 따라 사회문제가 아닌 것으로 당연하게 여겨지고 은폐('자연화')된다.

케어 워커는 시설에서 일하는 청년층과 방문개호를 하는 중년 주부로 양극화되었는데, 최근에는 퇴직 후 케어 워커가 된 남성도 나타났다. 연금을 받지만 그 액수가 많지 않아서 조금이라도 더 수입이 필요한 계층이다. 마리아 미즈, 베로니카 벤홀트-톰젠, 클라우디아 폰 벨로프는 중심부 속에 '반주변부' 노동력이 늘어

---

15 '청년'이란 묘한 용어다. 젊은이에 대해 연구하는 사회학자 야마다 마사히로의 《패러사이트 싱글의 시대》에서도, 미야모토 미치코의 《포스트 청년기의 부모자식 관계》에서도 조사 대상의 나이는 25~34세로 제한한다. 또 후생노동성이나 총무성에서도 '프리터(짧은 기간 일하는 아르바이트로 생계를 꾸리는 이들)' 조사 대상을 15~34세로 설정했다. 이런 조사에서는 왜 젊은이의 나이를 34세까지로 규정하는지 이유를 설명하지 않았다. 35세가 넘으면 젊은 시절 과도기로 여기던 노동 방식(프리터)이 고착해 계층 상승을 기대할 수 없는 불리한 집단이 된다. 또 35세 이하 기혼 여성은 '프리터'로 포함하지 않는다. 앞서 지적했듯, 워킹푸어 문제는 특정한 성별, 연령이 겪는다고 은폐되어온 사회문제가 비로소 부각된 것이라고 할 수 있다.

난 것을 두고 '노동의 주부화'라고 했다(Mies, Benholdt-Thomsen & Werlhof, 1988). 이 영역에 속한 노동력의 노동 방식이 전형적인 주부의 그것과 같기 때문에 이렇게 부른 것인데, 이들의 예언대로 이제는 주부가 아닌 이들에게도 이 방식이 확산되었다.

노동력 시장에서 '불완전하게 상품화된 노동력'을 구매하는 이는 재생산 비용 아래의 임금수준으로 노동을 조달할 수 있다. 결과적으로 보면, 불완전하게 상품화된 노동력으로 일하는 이들은 일종의 노동 덤핑에 응하는 셈이다. 신념과 선의라고 해도 노동의 가격을 파괴하는 데 가담하는 결과를 초래한다. 나는 워커즈콜렉티브나 NPO 회원들에게 스스로 노동 가격을 싸게 하지 말고 자신의 노동에 대한 적정한 임금을 요구하라고 자주 말해왔다. 이는 노동력의 완전한 상품화를 요구하는 것으로 오해받곤 했는데, 그 의미가 전혀 아니다. 노동자는 자신의 노동만 팔고, 노동력을 상품화하지 않을 자유가 있다.

비정규 고용, 파트타임 노동과 같이 일반적으로 노동의 유연화라고 불리는 현상은 노동의 상품화에 해당되지만, 노동력의 상품화라고는 말할 수 없다. 노동의 유연화가 마치 후기 공업사회에 합당한 유행이라는 듯 이야기되는데, 노동의 유연화 그 자체가 나쁜 것은 아니다. 문제는 노동의 유연화가 곧 임금격차(저임금노동)와 직결된다는 점이다(上野·辻元 2009).[16] 유연한 노동이라고 해서 저임금이어야 할 근거는 전혀 없다. 고용 보장이 되지 않는 비정

16 나는 정치인 쓰지모토 기요미와 '좋은 유연화' '나쁜 유연화'를 나눠 논한 바 있다(上野·辻元 2009).

규 노동이라면 고용 보장을 받는 정규 노동보다 임금이 높아야 한다. 초기 파견 노동은 상대적으로 고임금 전문직에 제한되어 있었으나 파견 노동법이 거듭 개정되면서 규제가 완화되어 노동자의 권익은 보호되지 못했다.[17] 정규 노동의 노동력 재생산 비용이 알맞은 가격으로 거래되고 있는 것처럼, 비정규 노동 역시 '동일노동 동일임금'을 요구해야 합리적일 것이다.

세계화와 돌봄노동

그러나 앞의 주장은 노동 시장이 국내로 닫혀 있을 때만 성립할 수 있다. 세계화, 즉 노동력이 국제적으로 이동하는 시대에 돌봄노동의 가격은 파괴될 것이다. 이렇게 되면 국제노동기구ILO가 말한 '양질의 일자리decent work'로 돌봄노동직을 만들자는 주장 역시 더 이상 나오지 않을 수도 있다. 재생산 비용 수준이 전혀 다른, 서로 다른 사회의 사람들이 이 시장으로 들어오고 있기 때문이다.

세계화란 '정보, 돈, 물건, 사람의 국제 이동이 늘어나고, 이에 따라 국내외 질서가 재편되는 과정'이라고 간략히 정의할 수 있다. 그 속도는 정보, 돈, 물건, 사람 순으로 빠르다. 가장 나중에 사람이 이동하는데, 1990년대 이후 세계화에서 주목할 점은 '사람의 국제

---

17 일본은 1985년 파견법 제정 이래 13개 업무에 관해 파견을 허용했다. 이후 1990년대 중반 이후 파견 업무가 크게 확대되었고 2004년에는 제조업에 대한 파견이 허용되었다. 파견 노동이 확대되면서 소득격차 등의 문제가 발생했다.-옮긴이

이동'이 대규모로 발생한다는 것이다. 세계화는 이미 최종 단계에 도달했다고 할 수 있으나 사람의 자유로운 국제 이동을 막는 국적과 국경은 아직 견고하다. 월러스틴이 말한 바와 같이, 세계체제는 인종, 국적, 문화 등의 격차로 이익을 얻고 있다.

그런데 돈(자본)은 훨씬 전부터 국제 이동을 했다. 사람(노동력)의 이동이 일어나기 전에 이미 자본과 고용이 이동했다. 환율차익을 노려 자본은 재생산 비용이 싼, 즉 임금이 낮은 지역으로 이전했고, 그 결과 상대적으로 인건비가 높은 선진 공업 지역에서는 '고용의 공동화' 현상이 발생했다. 선진 공업 지역은 호황이 와도 고용이 회복되지 않는다. 다국적기업은 자본과 생산 거점의 세계화를 경험하며 단맛을 보고 있다. 그러나 국내 노동자에게는 그 이득이 돌아오지 않는다.

이러한 이유로 선진국에서는 실업률이 만성적으로 높게 나타난다. 실업은 청년층을 강타했는데, 청년층 실업은 유럽과 미국에서는 1990년 이후, 일본은 이보다 20년 뒤에 나타났으며 이제 이를 워킹푸어 문제로 인식하기 시작했다. 일본에서 만성적으로 높은 청년층 실업률이 나중에 나타난 것은 기업이 1991년 거품경제가 무너지기 전까지 사내 정리해고 등의 방법으로 세계적인 산업구조의 전환에 따른 어려움을 극복해 일본식 고용을 유지했기 때문이다. 이것은 사용자와 노동자, 그중에서도 사용자와 정규직 고용으로 기득권을 가진 남성 정규 노동자 간의 정치적 거래로 가능했다. 노사협력 노선으로 인해 일본의 노동단체는 급격히 보수화되었으며 이런 와중에 노동의 유연화가 진행됐다. 이미 여성은 노동의 유연화 문제를 겪고 있었으나 남성중심의 노동단체는 노동의 유연화에 대처할 생각조차 한 적이 없다. 거품경제가 무너진 후, 사용자 측은 일본식 고용을 유지하기가 어려워졌다. 노동 규제는 완화되었고, 노동단체의 단체교섭력은 눈에 띄게 약해졌다.

제조업과 비교하면, 돌봄노동은 자본의 이전을 할 수 없고 생산과 출하를 조정할 수 없다. 돌봄노동은 생산한 노동이 생산된 바로 그 장소에서 소비되는 서비스라서 돌봄노동을 생산하려면 노동자는 소비자가 있는 장소에 있어야 한다. 따라서 돌봄노동에서 노동력은 자본과 반대 방향으로 이전한다. 돌봄서비스 시장이 큰 미국과 유럽에는 국제 이동(이민)한 케어 워커들이 있다. 이민자를 받아들인 미국과 유럽에서는 돌봄노동을 외국인 노동력이 대다수 담당한다. 만성적으로 실업률이 높은 사회인데도 이주노동자를 도입한 것이다. 어떤 상황일까? 이런 사회에서 돌봄노동은 '국적이 있는 독일인(프랑스인, 미국인 등)'이 일하고 싶어 하지 않는 저임금노동이다. 돌봄노동에 정당한 임금을 지급하라는 주장은 국내 노동 시장이 닫혀 있는 조건하에서 성립한다.

일본은 어떨까? 오랜 기간 일본 정부는 이민 노동력을 엄격히 제한했다. 경제인단체인 일본경제단체연합회가 2008년 사상 처음으로 "이민자 1000만 명 시대"를 언급했다. 심한 저출산에 따른 인구 감소를 막기 위해 이 정도 규모의 인구 증가는 확보해야 한다는 재계의 위기감이 표출된 것이다. 그전까지 일본 정부의 공식용어에는 '외국인 노동자'라는 말은 있어도 '이민'이라는 말은 없었기 때문에 재계의 발언은 [일본 정부가] 국경을 개방하는 데 한 걸음 내디딜 것으로 기대하는 것처럼 여겨졌다. 이런 상황에서 돌봄노동을 위한 이민자 도입 같은 논의가 나왔다.

돌봄노동 인력을 구하기 힘들어지고 또 향후 장기간 인력이 부족할 것으로 예측되자 일본 정부는 2008년부터 아시아 각국과 케어 워커를 들이기 위해 경제동반자협정 논의를 시작했다.

그런데 일본에 돌봄노동 일손이 정말 부족할까? 개호복지사 자격 소유자는 47만 명인데 실제 취업한 이는 27만 명이다. 자격 소유자가 일하는 비율이 약 60%다. 요즘 나타나는 돌봄노동 일손 부족은 자격 소유자가 일을 하지 않는 것이지, 케어 워커가 부족한 것은 아니다. 이런 사태는 사회적 요인에 기인한다. 그러니까 열악한 노동조건으로는 케어 워커로 일하려는 사람이 없다는 뜻이다. 여기에는 간호사가 부족한 현상과 마찬가지 배경이 있다. 임금수준을 높이거나 장시간 근무나 지속적인 야근 등의 노동조건을 완화하면, 일손 부족 문제는 해결될 것이다. 가령 의사는 케어 워커나 간호사와 마찬가지로 격무에 시달리지만, 수입이 크고 높은 사회적 평가가 따르므로 의사를 그만두려고 하지는 않는다. 노동력이 부족하다면서 외국인 노동자를 케어 워커로 들이자는 주장은 열악한 노동조건은 그대로 두자는 것이다. 개발도상국 출신 외국인 노동자는 일본인이 일하고 싶어 하지 않는 노동조건에 동의할 것이라고 보기 때문이다. 지금과 같은 상황에서 외국인 노동자가 들어온다면, 케어 워커의 노동조건을 개선하자고 주장하기가 더 힘들어질 것이다.

세계화의 영향

외국인 케어 워커가 들어오면 일본의 돌봄 시장에는 어떤 상황이 나타날 것인가? 아직은 예상이지만 검토를 해보자.

외국인 케어 워커는 〈그림 34〉의 Ⅱ사분면과 Ⅲ사분면에 위치하는 '불완전하게 상품화된 노동력'이다. 이유는 다음과 같다.

첫째, 외국인 노동력은 사회적으로 표준이 된 재생산 비용에 대한 합의에는 이르지 못하고 있다. 외국인 노동자는 일본인보다 더 낮은 재생산 비용에 만족할 것이다. 외국인 노동자는 여러 명이 비좁은 원룸이나 기숙사에 함께 살면서 돈을 벌어 고국에 부치고, 비자를 잃게 될까 두려워 사용자와 부딪히지 않으려 하므로 이직률이 낮다. 외국인 케어 워커가 늘어나면 같이 일할 일본인 케어 워커 역시 노동조건 향상을 요구하기 어려울 것이다.

둘째, 외국인 케어 워커는 대부분 여성(기혼 여성 포함)으로 고국에 가족이 있다. 외국인 여성 케어 워커의 현지 가족은 현물경제로 살며 아이를 기른다. 사용자가 세대 간 재생산 비용을 지불하지 않는다.

셋째, 필리핀, 인도네시아 말고도 여러 아시아 국가들이 인구 증가로 인력이 해외로 나가는 상황이다. 일본의 사용자는 환율 차이가 있으므로 이러한 국가에서 노동력이 무한정으로 공급될 것이라고 여긴다. 법률과 정책으로 통제하지 않는다면 국제 이동을 막는 것은 불가능하다. 국내 노동력 시장은 가격 메커니즘이 작동하지 않게 될 것이며 이렇게 되면 사용자는 얼마든 값싸게 돌봄노동력을 살 수 있게 될 것이다.

넷째, 외국인 케어 워커는 거주 자격 문제로 법적으로 약자 입장에 놓일 것이다. 이미 일본에서는 사용자가 외국인 노동자의 비자를 빼앗아 관리하는 일도 일어났다. 외국인 노동자는 사용자와 갈등하면 비자를 잃을까 두려워한다. 이직하거나 체류 기한을 넘겨 미등록 체류자가 되면, 국내 노동력 시장에 참여할 거주 자격을 잃고 건강보험을 포함해 여러 사회보장도 잃게 된다. 이미 일본의 건설업과 유흥업에서 발생했듯 미등록 외국인 노동자는 일본 국내 노동력 시장에서 일하며 착취당하는 노동력이다.

앞으로 일본에 외국인 케어 워커가 들어온다면 두 부류로 나뉠 것이다. 개호보험 서비스를 제공하는 자격 보유 노동자, 또 개호보험 외 서비스를 저임금으로 제공하는 무자격 혹은 준자격 노동자다. 개호보험 외 서비스에서는 자격 여부나 국적이 상관없다. 그래서 외국인 케어 워커 중 전자는 Ⅲ사분면, 후자는 Ⅱ사분면에 위치한다. 외국인 케어 워커들은 협 부문 시민사업체가 담당하는 분야와 경쟁하듯 노동력 시장에 유입될 것이다.

그리고 돌봄 관련 영리기업에서는 외국인 케어 워커를 고용해 고액과 소액으로 양극화된 요금으로 개호보험 외 서비스를 제공할 것이다. 일본어를 할 줄 아는 자격 보유 외국인 케어 워커를 고용해서는 고가의 이용료를 내는 서비스를 제공하고, 무자격 케어 워커를 고용해서는 저렴한 이용료를 내는 서비스를 제공할 것이다.

외국인 케어 워커가 저렴한 이용료의 돌봄서비스를 담당하게 되면, 협 부문 업체에서 저렴한 이용료로 제공하는 서비스를 지탱해주고 있는 조합원(돌봄노동 담당)들의 '자긍심'은 무너질 것이다.

개호보험 외 서비스에서, 이용자들이 생협의 서비스를 택한 이유는 이용료가 저렴하기 때문이라고 했다. 생협에서는 자신의 이상을 내세우며 노골적으로 저렴한 이용료를 어필하고, 조합원에게 지급하는 낮은 비용은 은근슬쩍 은폐하고 있다. 하지만 현재 서비스 경쟁이 가격 경쟁으로 변할 경우 더 이상 돌봄서비스의 질을 논할 수 없는 사태가 벌어질 것이다.

달리 말해, 돌봄의 질은 서비스를 제공하는 업체가 같은 조건, 대등한 여건에서 경쟁했을 때만 논의할 수 있다는 것이다. 개호보험의 동일한 공정가격에서만 돌봄서비스 질의 차이, 이러한 질의 차이를 구별하는 현명한 소비자가 나타날 수 있다. 그러나 개호보험 외 서비스 상품 시장에서 자유경쟁이 시작되면, 돌봄서비스를 평가할 수 있는 기준 가운데 가격 외의 기준이 있을 것이라고 기대하기는 어렵다. 돌봄서비스 시장화 역사를 보면 알 수 있듯, 여기에서는 시장 도태의 원리가 작동하지 않는다. 다만 나쁜 상품이 좋은 상품을 시장에서 밀어낼 것이다.

재생산 영역의 세계화와 돌봄노동의 국제 이전

사회학자 이토 루리와 경제학자 아다치 마리코는 공동연구에서 '재생산 영역'을 설정해 아시아에서 여성 돌봄노동자가 어떻게 국제 이동을 하는지 경험적으로 연구했다(伊藤·足立 2008). 이들은 '생산 영역'과 구별되는 개념인 '재생산 영역'을 '재생산 양식'이라는 개념으로 제시했다. 아다치가 언급한 대로, 나는 클로드 메이야스가 제창한 '재생산 양식'을 인용하며 생명의 재생산 과정을 포함해 광의의 '재생산 양식'을 정리한 바 있다(上野 1990; 2009d). 이 책에서 나는 '재생산 과정'에 좁은 뜻의 생명 재생산, 즉 출산이나 육아뿐만 아니라 생명을 유지하다가 인생이 끝나려 할 때 돌보는 행위인 '돌봄'도 광의의 생명 재생산에 넣을 수 있다는 정당성을 논한 바 있다. '생산'도, '재생산'도 사회적인 개념이다. 재생산 과정에 무엇을 포함할지는 역사적으로 결정된다.

돌봄노동의 국제 이동이 초래한 '돌봄 연쇄' 관련 연구에서 지금까지 주요하게 문제 삼은 것은 좁은 뜻의 돌봄노동, 즉 육아노동이다.

일본에서 일하는 여성들은 일과 가정 가운데 무얼 우선해야 할지 고민하지만, 싱가포르와 홍콩에 사는 커리어우먼은 필리핀 가사노동자를 고용해 육아를 해결한다. 노동력의 가격이 국가마다 차이가 나는데, 이때 기회비용이 높은 여성의 가사노동은 기회비용이 낮은 여성의 노동으로 간단히 대체된다. 일본 정부가 엄격한 출입국관리법 규제하에서 가사노동자와 같은 비숙련 노동자의 입국을 통제하지 않았다면, 일본에서도 이와 같은 경향이 나타났을 것이다. 외국인 가사노동자를 선택하지 않을 커리어우먼이 예외일 것이다.

글로벌 돌봄 연쇄란 다음과 같은 현상을 가리킨다. 국제적으로 이동하는 노동력에 관한 경험적 연구에 따르면, 돈을 벌기 위해 외국에 나가는 여성 노동자에게는 경제적 압력이라는 요인 외에도 더 좋은 고용기회에 대한 요구, 가계에 대한 기여, 외국에 대한 호기심 등 주체적인 인센티브가 작동한다. 이들은 언어 자원 등 해

외에 대한 접근성이 유리해야 한다는 조건을 갖추고 있어야 하는데, 그 결과 (여성 노동자) 송출국 여성은 도시 출신으로 중간 수준의 학력 소유자가 많다. 예상과 달리, 여성들이 가난하다는 이유로만 해외에 나가 돌봄노동을 하는 게 아니다. 국제 이동에는 이 여성들의 주체성agency이 관련되어 있다(Parreñas 2001=2001).[18] 남편의 가정폭력에서 도망치기 위해 해외로 육아노동을 하러 가는 여성도 있다. 가부장적 규범에서 이탈한 여성들은 국외에 가서 돈을 벌어 송금해 본국의 자기 가족을 부양하면서 가족들 사이에서 자신의 영향력을 키운다. 이 여성들 대부분은 부모와 자식이 있는데, 외국에서 남의 자식을 돌보는 동안 이 여성의 자녀는 그의 부모 또는 그보다 기회비용이 더 작은 시골 출신 가사노동자가 돌본다. 이 시골 출신 가사노동자 여성의 가정에 자식이 있는 경우, 친척이나 남이 그 자식을 돌본다. 이렇게 되면 돌봄의 연쇄 맨 아래에 재생산 기능을 잃은 가족의 해체가 나타난다. 세계체제의 '중심부'는 이민 노동력에 의한 생산노동뿐만 아니라 재생산노동도 필수적인 요소가 된 것이다.

고령자 돌봄도 이와 같다고 말할 수 있다. 선진국의 고령자는 개발도상국에서 온 케어 워커가 돌본다. 이 케어 워커의 늙은 부모는 좀 더 비용이 싼 본국의 케어 워커가 돌본다. 돌봄의 연쇄 맨 아래에는 아무에게서도 돌봄을 받지 못하는 고령자가 있고, 이 고령자는 버려지고 방치된다. 이것을 단지 악몽으로 끝나고 말 일이라

18 라셀 살라자르 파레냐스는 '세계화된 하인들'이라 칭하는 필리핀 여성들의 주체성을 생생하게 그렸다(Parreñas 2001=2001).

고 볼 수는 없다. 재생산 비용에 국제적 격차가 나는 것과 마찬가지로 돌봄수준의 국제적 격차를 전제로, 선진국의 고령자는 개발도상국의 저임금노동자의 세심한 돌봄을 받을 수 있다. 예를 들어 미국의 고령자 시설에 이용자와 돌보는 이들 간의 뚜렷한 인종 차이로 발생하는 위계를 보면 이 점을 여실히 실감할 수 있다.

나는 세계화가 끼칠 영향에 대한 두려움이 있다. 육아의 경우는 자기 자식을 부모 품에서 떠나보내 맡기는 데 동의하는 이들이 많지 않다. 하지만 고령자 돌봄은 그렇지 않다. 이미 일본에서도 도시에 있는 지자체 고령자 시설은 초기 투자 비용과 인건비가 싼 지역으로 이전했다.

2009년 3월 일어난 고령자 시설(군마현 시부카와시) 화재 사건에서 목숨을 잃은 입소자들은 도쿄도의 생활보호 수급자였다. 희생된 이들은 도쿄도 도민인데도 도쿄 바깥에 있는 무허가 유료노인홈에 살고 있었다. 무허가 유료노인홈은 도쿄 안에 있는 시설은 부족하고 도쿄 밖에서는 비용이 적게 들기 때문에 생겼다. 또 지방에는 대도시 지자체의 복지 시설을 유치한 곳도 있다. 관행상 개호서비스를 받는 지역이 개호보험 급여를 받고 있는 지자체와 일치하지 않아도 되게끔 용인하기 때문이다.

일본에서 일어나는 이런 일이 비슷하게 국제적으로 일어나지 않을 것이라 볼 수 없다. 돌봄이 필요한 고령자를 국제적으로 이동시키는 데 사회적 저항이 없는데, 외국인 노동자가 노동력 재생산 비용이 높은 일본으로 이동하는 것보다는 고령자를 외국으로 이동시키는 것이 초기 투자, 인건비, 운영비도 싸고 또 이민자가 들어온 후 일본 국내 사회통합을 위한 사회적 비용도 들지 않는다고 보는 시각이 있다. 이미 필리핀에 사례가 있다(稲葉 2008). 일본에서 연금을 얼마 받지 못하는 중증의 고령자도 필리핀에서는 월약 3만 엔 정도로 24시간 케어 워커를 고용할 수 있다. 필리핀에서 얻을 수 있는 돌봄수준을 유지하고 싶은 고령자들은 일본에 돌아올 수가 없는 것이다. 이런 돌봄사업을 펼치는 사업자 중 일부는 외국에 세운 일본인 고령자 시설을 일본에 보낼 케어 워커 연수 시설로 활용하려고 한다. 경제동반자협정이 체결된 후 일본으로 온 필리핀이나 인도네시아 출신 케어 워커가 일본에서 개호복지사 자격증을 취득하든 하지 못하든 일본 체류 허가 기간인 4년 후에 다시 자국으로 돌아가는 이들이 늘어난다면,[19] 국외에서 개호보험 사업을 실시할 수도 있을 것이다. 일정 정도의 인가 조건을 갖추면 국외에서 개호보험 이용이 가능하도록 제도 개혁이 일어날 수도 있다. 또 개호보험 외 사업은 더 자유로운 시장에 맡겨지게 될 것이다.

이런 일이 일어난다면, 일본에서 자격증이 있는 일본인 케어 워커에게 돌봄을 받는 것 자체가 특권이 될 수 있다. 세계화는 돌봄을 하는 쪽이나 받는 쪽 모두에게 영향을 끼치고, 기존에 이어온 논의 토대를 무너뜨리게 될 것이다.

---

19 경제동반자협정 논의에서는 외국인 케어 워커가 일본의 개호복지사 국가시험에 합격하면 체류 기간을 갱신하여 거주할 수 있게 되는데, 시험에 불합격하면 일본 체류 기간을 4년으로 제한하는 것으로 이야기되고 있다. 그런데 시험 불합격자한테 '개호복지사'에 준하는 자격증을 부여해서 체류 기한을 연장할 가능성도 있다.

돌봄의 값을 다시 논의한다

나는《가부장제와 자본주의》말미에 다음과 같이 썼다. 다시 인용한다.

> 마지막으로 살펴보자. 굳이 있을 수 있는 모든 변수를 따지지 않더라도, 노동이 편성되는 데는 이미 내재한 '격차 문제'가 남아 있다. 그것은 "왜 인간의 생명을 낳아 기르고, 죽음 이전의 인간을 돌보는 노동, 즉 재생산노동은 여타의 모든 노동의 아래에 놓이고 마는가?" 하는 것이다. 우리 앞에는 이 근원적인 문제가 남아 있다. 이 문제가 해결되기까지 페미니즘의 과제는 영원히 남아 있을 것이다. (上野 1990: 308-9; 上野 2009d: 389)

20년 전 나의 이 질문은 지금껏 해결되지 못했다. 그간 20년 사이에 세계화라는 새 환경 변화를 경험하면서, 이 질문은 더 복잡하고 심각해졌다. 이에 관해 이 장에서 계속 논의하고 있다.

돌봄의 연쇄란 기회비용과 국제 환율의 격차를 배경으로, 역량이 높은 여성이 역량이 낮은 여성에게 재생산 비용을 이전하는 것을 뜻한다. 이 격차에는 인종, 민족, 국적, 연령, 문화 등 있을 수 있는 모든 변수가 관여할 것이다. 쉽게 말해, 일본 사회에서 여성의 돌봄노동은 좀 더 조건이 나쁜 다른 여성들(외국인, 이민자, 더 나이 든 여성, 낮은 학력, 비숙련 노동자 등)이 부담함으로써 해결한다는 선택지가 등장했다는 것이다. 이런 선택지가 눈앞에 이용 가능한 형태로 나와 있으면, 누구나 이 선택지를 고르지 않기란 어려울 것

이다.[20]

돌봄이 한 국가의 시장에 닫혀 있을 때는 '돌봄의 값'을 둘러싸고 '젠더 정의gender justice'를 논의할 수 있으나, 세계화 시대에는 이미 이런 논의가 순진하게 들릴 정도로 사태가 급변하고 있다. 만약 가사노동의 가격을 지불하는 기회비용 계산(6장에서 소개한 바 있다)에 (국내) 여성 노동자의 평균임금이 아니라, '외국인 노동자의 평균임금'을 넣는다면, 아마 가사노동 평가액은 훨씬 내려갈 것이다. 이렇게 기회비용의 격차를 확대하는 것이 세계화다. 외국과 비교할 때 일본은 매우 엄격한 출입국관리법으로 가사노동자(비숙련 노동자로 분류한다)의 이민을 배제하고 있어서, 여태껏 '순진한 논의'를 할 수 있는 예외적 국가에 속한다. 이러한 예외가 언제까지 지속될지는 모른다.

20년 하고도 몇 년 더 거슬러 올라가면, 나는 여성의 노동참여가 진행되는데도 남성의 가사참여가 전혀 진전되지 않은 현상을 분석해 '남성의 가사'는 로봇화나 아웃소싱으로 대체될 개연성이 높다고 예측한 적이 있다. 지금 그대로 되고 말았다. 기회비용

---

20 이민 선진국인 미국에서는 일하는 여성이 이주 여성을 베이비시터로 채용하는 것을 자주 볼 수 있다. 공적 육아 지원이 정비되지 않고 여성 간 기회비용 격차가 큰 미국에서는 그것이 가장 쉬운 방법이기 때문이다. 이주한 지 얼마 되지 않아 영어를 잘하지 못하는 이민자(주로 히스패닉 인구)가 자격도 능력도 따지지 않고 취업할 수 있는 일자리가 베이비시터이고 따라서 가장 저임금인 노동이다. 클린턴 정권의 초기에 법무부 장관 후보자 여성 두 명이 잇따라 '불법체류자'를 베이비시터로 고용한 것 때문에 사퇴를 요구당한 사건이 있었다. 법을 지켜야 할 법무부 장관이 과거 불법 행위를 저질렀다는 것이었다. 미국에서 커리어를 쌓은 엘리트 여성들 가운데 이와 비슷한 사람이 많을 것이다. 그러나 미등록 이주노동자를 고용한 '불법 행위'의 책임은 여성(아이 엄마)에게 따지지, 남성(아이 아빠)에게는 따지지 않는다.

이 높은 남성이 기회비용을 내던지고서 현재의 돌봄과 같은 무상노동에 참여할 가능성은 지금도 낮다. 페미니스트는 '부부간 평등'을 주장하나, 이것이 성립하기 어려운 데는 이런 이유가 있다. 이 경향은 육아보다도 고령자 돌봄에서 더 뚜렷이 나타날 것이다.

고령자 돌봄을 받아들이고서 실제로 행하는 남성은 전체 가족의 약 30% 정도라고 알려졌다. 이런 남성은 ① 일 대신 정년퇴직 혹은 조기 정년을 선택해 책임을 받아들인 남편, ② 실업했거나 부모 집에 의존하는 상태로 부모와 같이 살고 있어서 달리 대체할 만한 선택지가 없던 아들이다. 만약 돈을 벌 능력이 있다면, 남성들은 홈헬퍼나 가사노동자를 고용할 것이다. 또 자신이 직접 장보고 요리하여 식사를 준비하며 수고하는 대신에 편의점 도시락이나 반찬을 구매할 것이다. 한편 고령자 돌봄에 로봇이 필요하다는 주장이 있는데, 육아에 관해서는 아무도 그 주장을 하지 않는다. 이런 식의 논의가 거론되는 것은 고령자 돌봄은 누구나 대체할 수 있는 비인격적 노동으로 간주하고 있음을 시사하고 있다. 남편도 아들도 고령자 돌봄을 육아보다도 하기 싫은 노동으로 여기고, 이를 대체할 선택지가 있다면, 가령 외국인이라 해도 망설이지 않고 외주화할지 모른다.

이렇게 분석하고 있으나 나는 이민을 반대하는 배외주의자는 아니다. 세계화란 옳고 그름을 따질 수 없는 세계사적 추세이며, 좋든 싫든 그것에 대응할 수밖에 없는 역사적 변화다. 앞서 제시한 대로 세계화를 '정보, 돈, 물건, 사람의 국제 이동이 증가하는 것, 이에 따른 국내외 질서의 재편 과정'이라 정의한다면, 이미 일어난 '정보, 돈, 물건'의 국제 이동에 더하여, '사람의 국제 이동'을 저지할 이유는 없다. 생존의 새로운 기회를 찾아 국경을 넘어 이동하는 사람들의 존재를 국가라는 인위적인 벽으로 저지할 이유가 전혀 없는 것이다.

이제 우리의 답은 단 하나다. 일본 국내의 노동조건을 국적, 인종, 민족, 나이, 성별에 상관없이 공평하게 적용하고, 이러한 공평한 노동조건을 재분배를 둘러싼 정치 범위에 포함시키는 것이다. 여기에는 현재 '국민'이라는 명칭이 붙은 연금, 그리고 두 가지 보험(건강보험과 개호보험)도 해당된다.[21] 외국인 노동자가 일본에 계속 거주하고 싶어 할지 아닐지는 알 수 없다. 그러나 만약 일본으로 온 외국인 노동자가 일본에서 노후를 보내려 하고 연금 등을 노후의 생활 자원으로 삼고자 한다면 일본은 일본 사회를 위해 기여한 이들에게 '재분배'로 답해야 한다.

하지만 여기서도 다시금 우리는 외국인 노동자가 맡을 '돌봄노동의 값'을 묻지 않을 수 없다. 글로벌 돌봄 연쇄가 일어나 돌봄노동이 외국인에게 계속 이전만 한다면 '페미니즘의 과제'는 해결된 것이 아니다. 단지 과제를 미뤄놓은 상태일 뿐이다. 그래서 이 책은 《가부장제와 자본주의》의 속편에 해당한다.

---

21 국민연금과 국민건강보험은 생기고 나서 [가입 요건인] 국적 조항이 완화되었다. 개호보험은 처음부터 국적 조항을 뺐다.

18장 차세대 복지사회 구상

시장의 실패, 가족의 실패, 국가의 실패

시장만능주의자는 "공황은 100년에 한 번 온다"라고 호언장담하지만 최근 전 세계적 경제위기를 보면 찬물을 끼얹은 느낌일 것이다. 마르크스의 자본주의 분석이 다시금 각광받고 있다. 자유시장은 일정한 주기로 호황과 불황을 반복한다고 예언한 '콘드라티예프 순환'[1]도 재평가되기 시작했다. 2008년 금융위기를 보면, 아무리 시장 원리주의자라 해도 자유시장에서 경제 주체 한 사람 한 사람의 가장 합리적인 선택이 모여 오류를 일으킬 수도 있다는 점을 부정할 수 없는 상황이다.

신자유주의의 발상지 미국에서조차 국가의 시장 개입을 정당하게 보는 정권이 지지받고 있다.[2] 고용, 건강, 안전, 육아, 교육 등

---

1 러시아 경제학자 니콜라이 콘드라티예프의 경기순환론.-옮긴이

'사회보장'이라 일컫는 분야에 사회자본을 투자하는 것이 중요하다는 주장이 나온다. 예전에도 사회적 안전망의 중요성을 주장한 이들이 있었다(神野 1998; 神野·金子 1996; 神野·宮本 2006). 지금의 파국을 보면, 이들의 주장이 옳았다는 점이 증명되었다. 시장만능주의자는 매운맛을 봐야만 교훈을 얻는 듯하다.

그런데 지금껏 사회보장은 '시장의 실패'에 대한 보완 원칙으로 성립되어왔다. 시장이 저절로 기능해 재화와 서비스가 분배된다고 가정하고, 시장 메커니즘이 잘 기능하지 않을 경우 시장에서 교환할 자원이 없는 약자, 즉 한부모 여성, 고령자, 환자, 장애인 등을 제한적으로 사회보장 대상으로 삼는다. 한마디로 시장이 사회를 아우를 수 있다고 전제하고, 시장의 실패를 예외나 일탈로 봤다. '안전망safety net'이라는 말 자체에 시장의 우위가 전제되어 있다. 사회보장을 통한 구제는 시장에서 누락된 사람만을 대상으로 한다는 믿음이 깔린 것이다.

나는 5장에서 시장의 실패에 더해 '가족의 실패'를 거론했다. 지금까지는 시장 바깥의 보이지 않는 영역인 '가족'이 '시장의 실패'를 흡수하고 해결할 것을 요구받아왔다. 마르크스 페미니즘은 암묵적으로 시장이 가족에 의존해온 상호관계를 분석 대상으로 삼았다. 즉, 시장이 자기완결성을 갖지 못하고 시장 바깥 영역에 의존한다는 점을 밝혀냈다.[3]

---

2 금융위기 이후 2009년 집권한 오바마 행정부에서는 의료 개혁, 사회보장 개혁 등 복지 확대를 정책 과제로 내세운 바 있다.-옮긴이

3 마르크스주의 페미니즘에 관한 나의 대표작 《가부장제와 자본주의》(上野 1990)에 해설을 추가해 이와나미 현대문고에서 증보판을 냈다(上野 2009d).

이제 여기에 '국가의 실패'를 추가할 필요가 있다. 복지국가론은 시장이나 가족 한쪽이든, 혹은 시장과 가족 양쪽이 함께하든 개인의 복지와 안녕을 위해 충분히 잘 기능할 것이라고 전제하지 않는다. 시장도 가족도 모두 한계가 있는 제도라는 점에서 국가가 '시장의 실패' '가족의 실패'를 최종적으로 구제하는 행위자라고 봤다. 그런데 여기서도 시장이나 가족에 특권적 위치를 부여할 이유는 없다. 또 국가가 복지를 다 아우를 수 있다고 여길 필요도 없다. '복지다원사회론'은 복지국가의 한계를 인정하는 데서부터 출발했다. 20세기 역사에서 '시장의 실패' '가족의 실패'와 더불어 '국가의 실패'도 명백히 드러났다.

문명사적으로 보면, 20세기는 시장, 가족, 국가와 같이 19세기에 나온 개념이 맹위를 떨친 후 그 한계를 나타낸 시대였다.

먼저 시장을 보자면, 시장 시스템이 전 영역을 아우를 수 없다는 점이 밝혀졌다. 칼 폴라니가 말했듯, 근대의 시장사회market society는 시장이 우위에 있는 사회이긴 하나, 시장이 전 영역을 뒤덮은 사회는 아니었다(Polanyi 1944=1975). 경제 시스템이 변동할 때 새로운 분배 시스템은 경제 시스템의 변동 전부터 존재해오던 것을 대체해 바꾸지는 않는다. 예전 시스템에 새로운 시스템이 더해지는 것일 뿐이다. 폴라니는 분배를 4개 유형으로 구분했는데, 증여, 호혜성, 재분배, (시장) 교환 시스템이다. 이런 유형은 역사상 어느 시대든 있었으며, (시장) 교환 시스템이 우위에 선 경우에도 다른 세 가지 영역이 사라지는 것은 아니다. 증여 원리가 지배하는 사적 영역인 '가족', 교환 원리가 침투하지 않거나 침투할 수 없는 '이타성altruism'의 원리가 작동하는 영역을 전제로 하지 않았다면, 시장만능주의를 표방한 근대경제학은 성립조차 할 수 없었을 것이다.

두 번째로 가족을 보자. 페미니즘과 젠더 연구는 '가족'이라는 보이지 않는 영역(블랙박스)을 헤집고 들어가서 (근대)가족은 제대로 기능하지 않는다고 지적했다. 실증적으로 행한 많은 가족 연구에서 근대경제학이 단정한 이타성의 원리가 사적 영역을 아우를 수 없다는 점이 드러났다. '가족' 영역은 시민사회의 규칙조차 통용하지 않는 무법지대로, 아버지(=남편)에 의한 전제적인 지배가 일어나고 있다는 것이 백일하에 드러났다. 가족을 언제나 사랑의 공동체라고 보는 '가족신화'를 해체한 것이다. 그뿐만 아니라 시장은 경쟁 자원이 없는 이들, 시장이 어엿한 경제 주체로 인정하지 않는 의존적 사람들을 사적 영역으로 내몰았다. 가족, 특히 근대가족은 이 부담을 견디지 못해서 제대로 기능하지 않았다. 가족이 '의존의 사유화privatization of dependency'를 만들어낸다는 것을 꿰뚫어본 파인먼의 저서는 내가 일본어로 옮겼는데, 일본어판은 [원서의 제목과 달리] 《가족, 짐을 너무 많이 실은 방주》(Fineman 1995=2003)라는 제목을 붙였다.[4] 이 제목에 나는 다음과 같은 점을 담고자 했다. 시장은 가족을 자립할 수 없는 모든 의존적인 존재를 받아들일 궁극적인 안전망으로 간주하지만, 실제로는 기대만큼 기능하지 않는다. 또 의존적 존재를 다 짊어진 가족의 모습은 마치 짐을 지나치게 많이 실은 방주와 같아서 머잖아 좌초할 운명이라는 점이다.[5] 나아가 의존적 존재에 대한 책임과 부담이 누구의 어

4 파인먼의 원서 제목은 다음과 같다. 《중성이 된 엄마, 성적인 가정, 그리고 20세기의 비극The Neutered Mother, the Sexual Family and Other Twentieth Century Tragedies》.-옮긴이

깨를 무겁게 짓누르는지 살펴보면, 그 책임과 부담이 여성에게 불공정하게 지워지고 있다는 점도 알 수 있다.

세 번째로 국가를 보자. 국가의 필요성과 한계는 분명해졌다. 1929년의 공황에서 시장의 파국이 명백히 드러난 후 시장에 개입하는 국가의 역할이 커졌다. 그 후 사회 전 영역의 국가화라는 무서운 전체주의 시대를 거치며 우리는 국가에 의해 조종당하면 안 되고, 국가를 도구로 삼아 길들여야 한다는 교훈을 얻었다. 그러나 신자유주의 개혁으로 다시 최소국가론, '작은 정부'가 지배적인 담론이 된 것으로 보인다. 1929년 대공황으로 이미 파산 선고를 받은 시장만능주의가 20세기 후반에 되살아난 데는 몇 가지 역사적 이유가 있다.

우선, 냉전의 종결이다. 또 세계화의 진전이 있다. 냉전은 시장주의의 승리로 끝났으며, 동구권이 세계 시장의 새로운 영역이 되었다. 그렇지만 신자유주의, 시장만능주의 역시 파산 선고를 받기는 마찬가지였다. 국가와 시장의 상호의존성, 국가에 의한 시장의 통제는 시장 우위 원칙에서도 무시할 수 없다. 어떤 경제체제에서도 이제 시장경제와 계획경제를 대립시켜 하나를 선택하는 것이 아니라 혼합 경제체제로 정리할 수밖에 없게 되었다. 물론 국가의 과도한 역할과 지나친 개입에 대한 경계심이 아예 사라진 것은

---

5 파인먼의 《자율성 신화: 의존의 이론에 대해The Autonomy Myth: A Theory of Dependency》(The New Press, 2004)는 《중성이 된 엄마, 성적인 가정, 그리고 20세기의 비극》의 속편으로 볼 수 있는데, 이 책에서는 근대법이 전제로 삼은 '자율적 개인'이라는 개념 자체가 "자율성 신화autonomy myth"라며 철저히 비판한다.

아니다. 세계화의 진전에 따라 자본도 개인도 국경을 넘어 활동 영역이 확대되면서 국가는 19세기에 등장한 '국민국가'라는 장치의 유통기한이 끝났다고 할 수 있는 정도의 상태에 이르렀다.

시장은 모든 영역을 아우를 수 없으며, 가족도 만능이 아니고, 국가에도 한계가 있다. 이런 한계를 전제로 깔고 제도적 다원성을 구성해나가야 하는 것이 복지다원사회라고 보면 어떠한가? 복지다원사회론은 애초에 복지국가론의 파탄 이후에 시작되었으나, 그 이전의 성립 과정을 보면 복지국가론은 '시장의 실패'와 '가족의 실패'를 전제로 삼았다. '복지다원사회'는 초기에는 대인 복지 서비스 공급자의 다양성을 가리키는 용어로만 쓰이다가, 점차 여러 사회 영역 간에 책임과 부담을 최적으로 분배하는 혼합 시스템으로 다시 정의를 내리는 중이다. 이 책이 서 있는 입장 역시 이러한 복지다원사회다. '사회보장'이란 개인의 복지를 보장하는 사회적 안전보장social security을 가리킨다. 사회보장은 일탈과 예외 상황을 대처하는 데만 필요한 사회적 기술이 아니다.

《인간의 살림살이》를 주창한 폴라니는 경제가 "물질적인 요구를 계속 충족하려는 인간과 환경의 상호관계를 제도화한 과정"이라고 실재적으로 정의했다(Polanyi 1977=1980). 다원적인 복지사회를 구성할 네 가지 영역인 관, 민, 협, 사 부문은 폴라니의 네 가지 분배 유형인 재분배, 교환, 호혜성, 증여에 각각 대응하는 경제 영역이라고 볼 수 있다. 교환 메커니즘으로 배분할 수 없는 자원은 다른 배분 메커니즘에 의존할 수밖에 없는데, 이런 다원적 배분 원리는 서로 대립하는 것이 아니라 경쟁적 또는 보완적으로 공존한다고 볼 수 있다. 그리고 각 배분 원리 간에 일관성이 없으므로 최적의 혼합이 필요하며, 또 이는 가능하다.

3장에서 언급한 아마르티아 센 등은 '인간의 안전보장human security' 개념을 제창한 바 있다. 이 개념은 안전보장의 초점을 '국가의 안전보장'에서 '개인의 안전보장'으로 이동시켰다는 데 획기적인 의의가 있다. 어느 국적이든, 어디에 살든, 어떤 사회적 속성을 지녔든 개인의 생존, 생활, 존엄을 지킬 수 있다는 생각은 세계화 시대에 탈국가적 안전보장 개념으로 적절하다.[6] 또 센은 개인의 역량에 따라 개인의 '니즈'에도 차이가 발생한다는 점을 간파했다. 센의 주장처럼 인간의 안전보장을 달성하려면 자원 배분이 개개인의 니즈에 따라 차이가 나는 게 당연하다고 할 것이다. 센의 '인간의 안전보장'이라는 발상은 '언제나 개인의 니즈를 중심에 두자'라고 보는 나의 '당사자 주권' 입장과 겹친다.

이 책에서 논해온 것처럼, 복지다원사회를 구성하는 네 가지 사회 영역인 관, 민, 협, 사 영역에서 미리 각각의 능력과 한계를 살피고, 각 영역을 상호보완적으로 구성할 다원적 사회의 설계가 필요하다. 나는 이 책에서 특히 협 부문의 가능성에 역점을 두었다. 민, 사, 관 영역에서 그 한계가 명백히 드러난 오늘날, 협 부문의 중요성은 몇 번이고 강조해도 지나침이 없다.

문명사적으로 본다면 협 부문은 근대화의 과정에서 민, 관, 사의 삼중주로 인해 파괴된 공동성을 재구축해야 하는 역할을 짊어지고 있다. 세 가지 영역의 한계가 확실하므로 협 부문이 새로운

---

6 개인의 안전보장은 국가의 안전보장과 빈번히 대립한다. 가령 국가의 안전보장을 위해 개인의 생명, 재산을 내놓으라고 요구한다면, 그것은 본말의 전도다. 개인이 수단으로 동원되는 전쟁만큼 '인간의 안전보장'에 반하는 것은 없다.

공동성common, 共助 영역으로 요구되는 것이다. 그런데 '새로운 공동성'이 필요하다는 것은 결코 예전과 같은 공동체를 부활시키자는 의미가 아니다. 탈시장, 탈국가, 탈가족의 공동성이란 시장, 국가, 가족을 모두 거친 후의 개인을 기초로 삼은 것이어야 한다. 협 부문의 공동성 영역은 형성되어가는 과정 중에 있으며, 더 강력하게 추진해야 한다.

복지다원사회의 책임과 부담 나누기

나는 이 장에서 편저 《니즈 중심의 복지사회로: 당사자 주권으로 본 차세대 복지 전략》(上野·中西編 2008)에서 이미 제시한 비전을 논하고자 한다. 인간의 안전보장 실현을 위해 책임과 부담을 최적으로 혼합하는 것이 복지다원사회라고 본다면, 각 영역은 다음 역할을 분담하게 될 것이다(9장 〈그림 11〉 참조).

① 관 부문

소득의 재분배, 재화·서비스의 급여에 관한 최적의 해결 방식을 제도화하는 것, 제도 운용상 관리 및 감독.

② 민 부문

노동과 교환을 통한 자원의 최적 배분, 비즈니스 모델 개발 및 경쟁에 의한 효율화, 법령 준수와 기업의 사회적 책임 달성.

③ 협 부문

당사자의 니즈를 드러내는 것과 그것을 일로 만드는 것, 당사자 권리를 옹호하는 것, 민 부문과 연계하며 관 부문과 협동하고 정책을 제언할 것.

④ 사 부문

대체할 수 없는 정서적 관계를 제공하고, 돌봄과 관련되는 의사결정을 할 것.

이를 상세히 살펴보자.

① 관(중앙정부와 지방정부) 부문

관 부문만 구성원에게 강제력 있는 공권력을 행사할 수 있다. 관 부문의 가장 큰 역할은 시장에 의한 분배를 시정하고 완화하며, 재분배 규모와 방식을 결정하는 것이다. 사회보장 정책이 이에 해당한다. 사회보장 정책의 설계를 거론하는 것은 이 책에서 다루고자 한 범위에서 벗어나는데, 이 설계에 대한 전망은 내가 공저로 참여한 《니즈 중심의 복지사회로》에서 오사와 마리와 공공정책 연구자 히로이 요시노리가 논한 바 있다. 이 책에서는 여태까지 고령자 돌봄을 중심으로 한정적으로 논했지만, 이를 토대로 보편적 해석을 해볼 수 있다.

② 민 부문(시장)

시장 교환과 교환의 주 행위자인 기업법인(회사)은 근대가 낳은 발명품이다. 이 구조에서는 유한 책임하에서 다양한 행위자가 자유롭게 의사를 결정할 수 있다. 냉전의 결과, 최종적으로 시장이 승리한 것은 국가라는 단일 행위자에 의한 결정(계획경제)보다는,

다양한 행위자의 자유로운 의사결정 집적(시장경제)이 합리적이라고 본 역사적 결과다. 그러나 이 합리성이 국소적인 합리성에 그치고, 국소적인 합리성이 모여 전체 시스템을 불합리하게 하는 합성의 오류를 방지할 수 없는 것 또한 역사적으로 증명되어왔다. 따라서 시장은 자유방임이 되어서는 안 되며, 될 수도 없다. 민 부문에는 관 부문의 재정에 의한 개입과 법령을 통한 감시가 포함되어야 한다. 그렇게 된다면 시장의 행위자가 법령을 준수하고 기업의 사회적 책임CSR, corporate social responsibility을 지키는 것은 당연하다. 그뿐만 아니라, 시장의 합리성은 정보의 공개성을 바탕으로 소비자가 시장을 선택하는 메커니즘이 작동하는 것을 통해서만 확보된다.

③ 협 부문

협 부문(일본에서는 협동 부문 또는 시민사회 부문이라고도 한다)은 관 부문과 협력해 공익을 지지하는 비영리 민간단체(이 책에서 나는 '시민사업체'라고도 썼다)의 집합이다. '공공성公共性'의 '공공'은 영어로 '공중public'이 아니라 '커먼common'이다. 협 부문을 공동의 영역으로 보는 점이 시사적이다. 커먼은 중세 시대 공동 소유의 땅을 가리키는데, 근대법이 토지의 공유권을 폐기하고 사유권만 인정하면서부터 커먼은 철저히 파괴되었다.

근대화란 '공동체로부터 자유로운 개인'을 따로 떼어내는 과정이라 일컬어지나, 가족사나 젠더 연구에서는 그 '자유로운 개인'이란 곧 근대가족을 통괄하는 남성 가장임을 밝혀냈다. 국가, 시장, 가족 등 전통적인 공동체로부터의 해방을 추구해온 시대가 근대였다. 전통적 공동체가 파괴되었으나, 그 대체물은 나오지 않았다. 전통적 공동체를 파괴한 비용은 비싸게 치렀으며, 이로 인해 협 부문은 국가의 잔여 범주로 이제 겨우 그 실질적 면모를 드러내고 있다. 사익을 추구하는 시장이 아니라, 공익을 추구하는 시민활동의 장이랄 수 있는 협 부문이 비로소 눈에 보이는 활동을 하게 되었다

④ 사 부문

가족에게는 가족만 짊어질 수밖에 없는 책임과 역할이 남아 있다. 관, 민, 협, 사 네 부문을 최적으로 혼합해야 한다고 말한 것이 가족의 책임을 면하자는 것도, 그 책임을 외부로 이전하자는 것도 아니다. 가족에게는 함께 살아오며 쌓은 대체 불가능한 정서적 관계와 헌신이 있다. 지금도 자녀의 첫 번째 친권자는 출생에 관여한 가족이며, 생애 말기 당사자가 생사에 관계되는 의사를 결정할 수 없을 때는 가족이 대행한다. 5장에서 지적했듯, 법률로 의무를 규정한 것은 아니나 고령자 돌봄의 책임을 자진해 받아들이는 이들 대부분은 가족이다. 단, 여기서 말하려는 '가족'은 다양하며 변화하고 있다. 친족 규범에서도 장남, 며느리, 혈연 규범 등은 약화되고 있으며, 이제 가족 가운데 혈연이나 성sexuality에 근거하지 않은 집단이 등장하고 있다.

그렇지만 가족이 재생산제도이기를 멈추지 않는 한, 또 가족을 대체하는 제도가 발견되지 않는 한, 가족은 당분간 재생산제도로 유지될 것이다.[7] 설령 가족이 어머니와 자식 둘로만 유지되는 최소 단위가 된다 해도, 가족이 인생의 처음과 마지막 시기에 담당하는 역할은 사라지지 않을 것이다.

연대와 재분배

지금까지 사회보장은 [시장 실패에 대한] 보완의 원칙, 잔여적 복지가 근거였다. 이미 썼듯, 이는 가족, 시장이 저절로 조절 기능을 한다고 과대 평가한 결과다. 국가 또한 실패할 것으로 가정한다면, 사회보장을 단지 보완성의 원칙이나 잔여적 복지로 인식해서는 안 된다. 재화와 서비스의 분배 및 재분배 시스템으로 '인간의 살림살이'에 녹아들 사회보장을 생각해봐야 한다. 이러한 사회보장을 위한 키워드는 연대와 재분배다. 연대에는 재분배 범위(경계), 재분배에는 그 규모와 방법, 절차와 같은 문제가 있다.

사회보장, 재분배에 관한 정치경제학을 연구하는 경제학자 겐조 요시카즈는 "사회보장이란 공헌[기여] 원칙을 토대로 분배된 소득을 필요 원칙 중심으로 수정하는 것"이라고 했다(権丈 2009: 61). 이와 똑같이 19세기에 "능력에 따라 일하고, 필요에 따라 분배한다"라고 간명하게 주장한 이론가가 바로 마르크스다. 근대경제학에 비해 평판이 좋지 않게 된 마르크스의 경제 이론은 정치경제학이라고도 하는데, 아마도 겐조는 정치경제학의 학문 분야를 인식하고 마르크스를 염두에 뒀을 것이다.

겐조는 "이제 사회보장에서 해야 할 문제는 재원 조달 문제에

---

7 재생산 공장 또는 공동육아 시설과 같은 재생산제도가 가족을 대체하지 않는 한, 인간의 재생산 비용은 시스템에 내부화될 수 없다. 그리고 장기간에 걸친 사회화 과정을 포함한다면, 재생산 비용은 막대하다. 가족을 대신할 재생산제도가 발견되지 않는 이유는 인간의 사회화가 사람과 사람의 사이, 즉 인간관계에서만 가능하기 때문이다.

집중하는 단계로 들어섰다"라며(權丈 2009b), "시민들은 사회보장에 대한 재원 부담 증가 계획을 제시하지 않은 정당은 거부해야 한다"고 주장했다(權丈 2009b: 55).

사회보장의 큰 역할에는 소득의 재분배가 포함된다. 즉, 사회보장의 근간에는 빈곤 문제의 해결이 있다. 내가 이 장에서 살펴볼 사회보장의 범위는 겐조가 제시한 '의료·개호, 보육·교육' 항목으로 한정된다. 그러니까 이는 시장에서 어떻게 해도 공헌 원칙의 분배가 기능하지 않을 사람들에 대한 문제다. 대체 시장에서 제 몫을 하는 행위자가 될 수 있는 사람이 얼마나 되겠는가. 센의 용어로 바꿔 말하자면, 역량이 낮아서 니즈의 귀속처가 된 사람들에 대한 문제이고, 지금껏 이 책에서 논한 '당사자'에 대한 지원(넓은 의미의 돌봄)을 제공할 서비스를 어떻게 재분배할지에 관한 문제다.

그런데 사회보장에서 재원 조달이 가장 큰 문제이고, 가장 마지막에 남은 문제라고 한다 한들, 재원 조달 외에도 여러 문제가 있고, 이에 대한 답이 미리 주어져 있는 것은 아니다. 그 밖의 문제, 그러니까 ① 재원을 어느 정도 규모로 해서 ② 어떤 방법으로 조달할지 ③ 어떠한 분배 원칙과 ④ 어떠한 이용 원칙을 토대로 해서 ⑤ 어떤 자원을 ⑥ 어떠한 매개의 절차로 ⑦ 누구에게 배분할지와 같은 문제는 여전히 있다. 정리하면, 조달 문제와 분배 문제다. 재분배에 관해서는 사회학자 다케가와 쇼고가 논점을 정확하게 정리했는데(武川 2006), 다케가와가 제시한 도식을 바탕으로 나는 몇 가지 항목을 덧붙여 사회보장에서 염두에 둬야 할 문제를 설정했다. 다케가와의 도식에는 선택지의 제한이 있어서 선택지를 조합한 것도 제시한다.

① 재분배 규모: 부담이 크다/부담이 중간 수준이다/부담이 낮다

② 재분배 재원 조달: 세금 방식(소비세, 누진과세, 법인세)/보험[사회보험] 방식

③ 재분배 배분 원칙: 선별주의/보편주의

④ 재분배 부담 원칙: 무상/수혜에 따른 부담/각자의 지불 능력에 따른 부담

⑤ 재분배 자원: 화폐 급여/서비스 급여

⑥ 재분배 매개체: 공공(관, 협)/민간(시장)

⑦ 재분배 범위: 가입자/국민/주민(거주자, 이민자)

2000년 다케가와는 사회 정책에 대해 유권자 '가치의식'에 관한 실증연구를 했다.[8] 해당 연구는 재분배에 관한 4개 항목을 질문했고, 결과는 다음과 같이 나왔다(武川 2006: 190).

I. 재분배 규모: 높은 복지 높은 부담 vs 낮은 복지 낮은 부담 54.7% vs 44.3%

II. 재분배 방법 ①: 필요 vs 기여 44.8% vs 54.3%

III. 재분배 방법 ②: 선별 vs 보편 60.8% vs 38.5%

IV. 재분배 매개체: 관 vs 민 71.8% vs 27.4%

---

8 조사명은 〈복지와 생활에 관한 의식조사〉다. 2000년 다케가와 쇼고는 사회 정책과 사회의식에 관한 대규모 질문지 조사를 실시했다. 대상자는 일본 전국 만 20세 이상 남녀 5000명으로, 2단계 층화 무작위 표본추출two-stage stratified random sampling로 추출했다. 응답지는 조사원이 응답자에게 가서 회수하는 방식이었으며, 회수율은 79.8%였다.

다케가와에 따르면 전통적인 복지국가란 "큰 정부와 탈상품화의 조합"인데, 그렇다면, 위 의식조사의 네 가지 질문 항목 중 답이 '높은 복지 높은 부담, 니즈 원칙, 보편주의, 공공 부문 중심'으로 나와야 한다. [전통적 복지국가관과는 다르게 나타난] 이러한 의식조사 결과에 대해 분석하면서 다케가와는 "일본인은 높은 복지 높은 부담, 기여 원칙, 선별주의, 공공 부문 중심에 대한 지지가 높다"라고 결론을 냈다.

그러나 이렇게 결론을 내리는 데는 신중함이 필요하다. 우선 다케가와의 질문 가운데 II를 보면 필요 원칙과 기여 원칙은 의미가 다르다. 다케가와는 조사에서 "연금과 의료를 비롯해 사회보장 급여는 그간 보험료 등을 낸 실적에 따라 받아야 한다고 생각하는가"를 물었는데, 이 질문에는 연금, 의료와 같이 재분배 재화의 종류가 서로 다른 것들이 포함되었고, 응답자가 세금 부과 방식과 보험 방식을 헷갈리거나, 수혜에 따른 부담과 각자의 지불 능력에 따른 부담을 혼동할 여지가 있게 문장이 쓰여 있다. 설문 문장이 바뀌면 답이 바뀔 우려가 있기 때문에 다케가와의 조사 결과를 토대로 일본인들이 사회보장에서 기여 원칙에 대한 지지가 높다고 할 수 없다. 또 다케가와는 응답자들이 재분배 매개체로 '공공 부문' 중심을 택했다면서 이에 대해 에스핑 안데르센의 용어를 사용해 '탈상품화'를 선택했다는 해석을 한다. 그런데 에스핑 안데르센이 후에 비판받은 것처럼, 탈상품화의 선택지, 그러니까 공공 부문 아래에는 공公(관 부문)과 공共(협 부문)이라는 하위 범주가 있기 때문에 탈상품화를 곧 국가화로 볼 수 없다. 다만 다케가와가 공공 부문을 좁게 해석한 것은 그 개인의 한계가 아니라 개호보험을 시행한 2000년에 조사가 실시되었다는 시대적 한계일 것이다. 응답한 조사 대상자에게도 이런 시대적 한계가 있을 것이다.

그런데 다케가와의 조사에서 조사 대상자가 대부분 사회보장에 대한 높은 부담에 동의한다는 점은 확실히 알 수 있다.

잘 알려졌듯, OECD 가입국 가운데 일본의 국민 부담률, 즉 세금, 사회보험료가 GDP에서 차지하는 비율은 낮다. 일본의 사회보장액은 ① 국가재정 지출에서 차지하는 비율은 국제적 수준이나, 총액 자체가 작다는 점, ② 사회보장 내역이 고령자 복지에 편중되어 의료, 교육, 보육에 대한 지출이 낮아 불균형하다는 점은 널리 알려져 있다. 그렇다면 유일하게 남은 해법은 국민 부담률을 올리는 것뿐이다.

국민 부담이 증가하는 건 무엇이든 국민이 바로 반대할 것인가? 흥미로운 점은 다케가와의 데이터를 비롯해 각종 국민 의식 조사에서 드러났듯, 응답자의 약 60%는 '높은 복지 높은 부담'(전체 규모가 어떤지와는 별도로)에 동의했다는 점이다. 즉, 이미 많은 사람이 오늘날 복지 붕괴, 의료 붕괴와 같은 현상에 대해 사회보장액 규모를 인상하는 것 외에는 해결책이 없다는 점을 깨닫고 있다는 것이다. 경제학자 겐조 또한 다음과 같이 지적했다.

> 이제 많은 시민이 사회보장제도가 장기간에 걸쳐 효력이 있다는 보장만 된다면, 비용 부담을 받아들일 각오가 되어 있다. (權丈 2009a)

다음으로 '② 재분배 재원 조달'을 보자. 《니즈 중심의 복지사회로》의 저자 중 한 명인 공공정책 연구자 히로이 요시노리는 ① 사회보장 재원 중 현재 사회보험 비중에서 세금 비중을 차차 높일 수밖에 없다는 것을 전제로 ② 소득세의 누진성 강화, ③ 소비세 세율 인상, ④ 상속세, 환경세, 토지 과세 등 세금 신설이나 강화를 주장한 바 있다(上野·中西編 2008: 209-210). 다른 공저자인 페미니스트 경제학자 오사와 마리는 1990년대 들어서 ① 법인세율이 큰 폭으로(37.5%에서 30.0%) 감소했고, ② 소득세의 누진성이 뚜렷이 축소되었으며(개인소득세의 최고세율이 50%에서 37%로), ③ 자산소득과 상속세에 대한 우대 조치가 확대되었다고 지적했다(上野·中西編 2008: 188). 1990년대에 일본 정부는 기업과 자산가, 고액소득자를 우대하며, 격차를 용인하는 신자유주의 개혁으로 정책 방향을 틀었다. 오사와는 계산을 통해 1991년 수준으로 ① 법인세율을 높이고, ② 누진과세율을 높이면 현재 상황에서 요구되는 규모로 사회보장 재원을 조달할 수 있다고 했다.

사회보험 방식에서 세금 방식으로 재원 조달을 이행해야 하는 이유는 고령화에 따라 사회보험 원리(납부한 보험료와 급여로 받는 보험료의 균형)가 더 이상 성립되지 않는다는 점, 또 사회보험이 전제로 삼은 공동체 기반과 기초가 된 기업(고용), 가족의 획일성이 흔들리고 있다는 점 때문이다(上野·中西編 2008: 209). 고용을 바탕으로 한 '기업 중심'의 복지가 성립되기 어려워졌다. 동시에 가족급여를 중심으로 삼은 세대 단위로 세금과 사회보장제도를 설계하는 것이 아무 효과가 없게 됐다.

내가 주장한 '니즈 중심의 복지사회'란 어디까지나 당사자의 니즈 중심을 말하므로, 나의 비전에는 사회보장제도의 단위를 세대 단위가 아닌 개인 단위로 이행하는 것이 포함된다. 즉 고용 여부, 고용형태, 가족 유무, 가족 구성 등에 좌우되지 않는 재분배 원리를 구성하자는 것이다.

니즈 중심의 복지사회로: 사회서비스법을 구상하다

재분배에서 재원 조달 문제는 ①, ②처럼 경제학자에게 맡기자. 우리에게 더 중요한 과제는 분배 방식을 어떻게 할 것이냐 하는 측면이다. 나는《니즈 중심의 복지사회로》에서 다음 선택지를 조합해 제도를 구성하자고 제언했다.

③ 재분배의 분배 원칙으로는 보편주의를 택하고, ④ 재분배의 부담 원칙으로는 무상 또는 각자의 지불 능력에 따른 부담을 택하고, ⑤ 재분배 자원으로는 화폐 급여가 아닌 서비스 급여를 택하고, ⑥ 재분배의 매개체로는 협 부문을 육성하자고 했다. 이를 종합해 제도로 실현할 수 있는 것은 사회서비스법이다.

소득의 재분배로 사회보장을 환원하는 것만으로는 불충분하다. 겐조의 지적처럼 "소득과 필요(니즈)는 독립적으로 발생한다"(權丈 2009: 61). 이 책 3장으로 되돌아가보자. 니즈 가운데 구매력으로 뒷받침되는 것만을 '니즈'라고 본다면, 소득을 동반하지 않아 구매력과 연결되지 않는 니즈는 '협의의 복지 니즈'라고 할 수 있다. 이러한 니즈를 채우는 데는 두 가지 방법이 있는데 하나는 소득 그 자체의 재분배를 통해 구매력을 부여함으로써 니즈를 충족할 수단을 얻게끔 하는 것, 또 하나는 공적 책임으로 니즈를 직접 채울 대인서비스를 제공하는 것이다. 나는 다음의 이유로 후자를 지지한다.

① 복지 니즈를 충족할 대인서비스는 물과 전기와 마찬가지로 생명과 건강을 지탱할 인프라이기에, 이 공급은 시장이 아닌 공적 영역이 책임져야 한다.

② 생명줄에 해당하는 대인서비스는 시장 메커니즘의 수급과 가격 변동에 좌우되어선 안 된다. 대인서비스에서 가격 파괴와 가격 폭등을 막으려면 가격을 통제할 수 있는 준시장에 있어야 한다 (탈상품화).

③ 아무리 구매력이 있다고 해도 시장에 서비스 공급이 있을 것이라고 단정할 수 없다. 시장에만 공급을 맡기면 생명줄에 해당하는 대인서비스를 제공해야 할 공적 책임을 면제하는 꼴이다.

④ 특히 돌봄에서 대인서비스는 서비스의 수익자와 구매자가 일치하지 않는 경우가 많은데, 이 경우 서비스 이용자가 자신에게 좋은 서비스를 고를 시장 선택이 기능하지 않는다.

⑤ 구매력이 생기면 다른 것을 선택할 수 있다. 당사자가 당사자일 수 없는 경우(알코올 중독자가 술을 구매하는 데 돈을 쓴다든지, 생활보호 수급자가 도박에 돈을 쓰는 등)도 염두에 둬야 한다. 그리고 현금 급부가 서비스의 재가족화를 촉진하는 경우도 있다(가정에 현금을 주면 돌봄 제공자가 가족이 되는 경향이 있는데, 현금 급여를 받은 가족이 적절한 돌봄을 제공할 것이란 보장이 없다). 따라서 화폐 급여보다는 현물 급여 쪽이 합리성이 있다.

여기에 더해, 나카니시는 보편적인 '사회서비스법' 제정을 주장했다. 주장의 주된 내용은 ① 재원을 확보한 후 ② 당사자 주권을 바탕으로 ③ 고령·장애를 통합하고 ④ 세금으로 ⑤ 공적 기관이 사회서비스 제공을 보장하는 제도를 구성하자는 것이다(上野·中西編 2008: 248). 나는 여기서 더 나아가 노老(고령자)·장障(장애인)·유幼(영유아)를 통합한 보편적인 사회서비스법을 제안하려 한다.

노·장 통합은 개호보험이 생겼을 때부터 줄곧 정책 과제였다. 장애인단체가 자부하듯, 개호보험의 이념인 '시혜에서 계약으로, 권리로'는 장애인단체가 오랜 기간 투쟁해온 권리운동에서 비롯되었다. 개호보험은 장애인지원비제도를 모델로 한 것인데도 노·장 통합이 정책적으로 논의될 때마다 장애인단체에서는 거세게 반대했다. 2005년 장애인자립지원법 제정 때도 장애인단체는 크게 저항했다. 그 이유는 2003년 장애인지원비제도에서 각자의 지불 능력에 따른 부담이던 서비스 급여가 2006년에 수혜에 따른 부담으로 이행했기 때문이다. 애초에 장애인연금은 1급 장애인이 연간 100만 엔이 채 안 되는 급여수준에 멈춰 있었다. 그리고 지금과 같은 시장 중심 사회에서 많은 장애인이 기여 원칙에 따른 분배를 받기는 불가능하다. 수입이 없는 장애인은 니즈가 있어도 구매력이 수반되지 않는다. 장애인지원비제도가 장애인자립지원법으로 이행함에 따라, 장애인들은 그전까지 이용하던 서비스를 누리지 못하게 되었고 지역에서 유지하던 자립생활을 포기할 수밖에 없었다. 지역에서 자립생활이 위축됨에 따라 가족 부담이 늘면서, "장애인은 죽으란 노릇이냐?"라는 원망을 담은 구호도 등장했다.

장애인지원비제도가 실시될 즈음에 장애인단체들이 개호보험으로 노·장을 통합하는 데 격하게 반대한 이유는 개호보험 이용료에 상한선이 있었기 때문이다. 24시간 돌봄이 필요한 신체장애인에게 이용료 제한을 두는 것은 그대로 죽으라는 소리와 마찬가지다. 휠체어를 탄 장애인단체 소속 장애인들이 휠체어를 타고 후생노동성으로 몰려가 시위하고 항의해 이용료 상한선을 철폐시켰다. 지자체마다 차이가 나긴 했으나, 장애인지원비제도는 재택 장애인의 잠재적 니즈를 찾아내는 효과가 있었고, 그래서 장애인지원비제도에 드는 비용이 정부의 예상치를 넘어 자꾸만 상승했다.

개호보험과 장애인자립지원법 모두 '자립지원'을 내세우지만, 이때 양자 간에 자립의 개념이 뚜렷이 다르다. 이 점은 그다지 알려지지 않았다. 개호보험에서 '자립'이란 돌봄을 받지 않는 상태를 가리킨다. 이에 비해 장애인자립지원법에서 '자립'이란 돌봄을 받아 자기 행동을 자기가 결정할 수 있는 상태를 가리킨다. 장애인들은 '개호'라는 용어를 기피하고 그 대신 '개조介助'라는 용어를 사용한다. '개호care'와 '개조assistance'의 용어에서도 고령자의 자립과 장애인의 자립 개념의 차이가 나타난다. '개호'란 '의존적인 존재'에 대한 돌봄이고, '개조'란 니즈는 있으나 '자립한 개인'에 대한 원조라고 여긴다. 3장에서 논한 것처럼, 이렇듯 대조적인 개념 차이는 장애인과 달리 고령자는 '당사자가 될' 계기가 없었고 그래서 권리를 쟁취하지 못했다는 데서 기인한다.

이런 개념 차이로 인해 두 제도를 운용하는 데서도 차이가 나타난다. 장애의 정도가 동일하다면 고령자는 장애인 인정을 받아 장애인자립지원법 적용 대상이 되는 게 훨씬 유리하다. 특히 차이가 나는 점은 사회참여의 권리 측면이다. 이동 문제로 사회참여가 어려운 장애인의 니즈에 응하는 제도가 장애인자립지원법인데,

이 법이 제공하는 이동 개조[자립지원] 서비스에는 등교, 출근, 친구와의 만남, 교양 및 오락 활동에 참여하는 것 등이 포함되어 있다. 만약 고령자가 이러한 서비스를 자유롭게 이용할 수 있다면, 데이서비스 시설을 다닐 필요가 없다. 가고 싶은 곳에 가고, 만나고 싶은 사람을 만나고, 동료와 취미 활동을 나눌 수도 있다. 개인의 니즈를 중심에 둔 서비스를 철저히 보장한다는 측면에서, 장애인자립지원법은 개호보험보다 '당사자 주권' 기반이 앞서 있다.

따라서 노·장 통합을 한다면, 현재 장애인 복지의 수준에 고령자 복지의 수준을 맞춰야 한다. 반대로 현재 고령자 복지의 제한적 수준에 장애인 복지의 수준을 맞추는 일은 결코 있어서는 안 될 일이다. 이런 우려 때문에 그간 정부의 노·장 통합안이 제시될 때마다 장애인단체가 반대한 것이며, 여기에는 근거가 있다고 할 수 있다. 노·장 통합을 하면 고령자가 '복지에서 장애인을 우대한다'며 불만을 품을 것이라는 일각의 주장은 사회적 약자를 갈라 지배하려는 잘못된 정치적 관점을 유도하는 것이다. 지금까지 일본에서 고령자 복지가 한 걸음 더 전진할 수 있었던 바탕에는 장애인들의 정책적 제안이 있다. 장애인 복지가 도달한 수준으로 고령자 복지 역시 크게 덕을 본 것이다. 초고령사회란 장애의 정도가 크든 작든 누구나 후천적인 '중도장애인'이 되는 사회다. 오사나이 미치코의 말처럼, 이런 의미에서 장애인은 "미래를 앞서가는 모델"을 제시한다.

이용자가 이용에 따라 비용을 부담하는 보험 방식인 개호보험법에 큰 반대가 없었던 데는 연금제도 확립이라는 중요한 배경이 있었다. 연금제도 덕분에 많은 고령자에게는 장애인에게 없는 구매력이 있다. 실제 개호보험 이용료를 조사한 각종 결과를 보면, 이용자 본인이 연금으로 이용료를 내고 있다. 가장 상태가 중한 요개호도 5의 고령자도 이용액 상한액(월 약 36만 엔)의 본인 부담 10%, 그러니까 약 3만 6000엔은 연금으로 부담할 수 있고, 상한액을 넘지 않도록 가족이 조정한다.[9] 이런 조사 결과를 보면, 현재와 같은 고령자 세대와 자녀 세대의 세대 분리 경향이 나타나기 전에도, 가령 동일 세대 내에 고령자 세대와 자녀 세대가 같이 거주하는 경우에도 이미 고령자와 그 자녀 간의 가계 분리가 정착되었음을 추정해볼 수 있다.

놀랍게도, 2008년 개호보험 재정은 흑자였다. 개호보험이 적용되는 이용자 대다수가 이용료를 상한까지 쓰지 않았기 때문일 것이다. 이렇게 이용료를 억제하는 경향의 원인으로 2006년 개호보험 개정으로 서비스 이용이 불편해졌다는 점이 거론되었다. 이뿐만 아니라, 고령자의 돈을 관리하는 가족이 고령자 본인이 받는 연금 내에서 개호보험 이용료를 충당하도록 서비스 이용을 조절했을 것이라는 점도 고려해볼 수 있다. 만약 연금제도가 없다면 어땠을까? 나는 고령자에게 자기 수입이 없다면, 고령자가 이용할 수 있는 개호서비스가 있다고 해도 자녀 세대가 자기 주머니를 털어서 부모에게 개호서비스를 받도록 하게끔 하지는 않을 것이라고 예상한다. 상당한 부유층이 아닌 한, 자녀 세대는 경제적 부담을 견디기보다는 돌봄의 부담을 지는 쪽을 선택할 것이다. 이렇게 되면, 가족이 하는 돌봄의 질은 누구도 문제 삼지 않을 것이다.

9 내가 참여한 그린코프연합 이용자 조사에서도 같은 결과가 나왔다.

그래서 각자의 지불 능력에 따른 부담과 이용하는 만큼 따르는 부담의 조합으로 이루어진 개호보험제도[10]는 고령자 자신의 소득이 발생하는 연금제도의 확립과 밀접하다. 고령자에게 구매력이 있기 때문에 유상으로 이용하는 개호보험제도가 기능하는 것이다.

이런 측면에서 일본의 개호보험에 현금 급여를 도입하지 않은 것을 정당화할 수 있다. 일본의 개호보험은 독일을 모델로 삼았다고 자주 언급되지만, 양자는 실제 그 질이나 양적인 면에서 전혀 다르다. 특히 독일과 달리, 일본의 개호보험은 재택 가족 개호자에게 현금 급여를 선택지로 주지 않는다는 점이 큰 차이다. 집에서 가족이 고령자를 돌볼 경우 현금 급여를 주는 데 반대한 단체는 고령사회를 좋게 만드는 여성 모임이었다. 여기에는 몇 가지 이유가 있었다. 첫 번째는 현금 급여가 며느리의 돌봄을 고착하도록 해 돌봄의 사회화로 진전되지 않을 것이라는 점이다. 두 번째는 현금 급여를 선택하는 이들이 많아지면 개호서비스 공급 기반을 마련하고 정비하는 역할인 보험자(지자체)의 책임이 면제될 것이라고 봤기 때문이다. 실제 독일에서는 제도 시행 후, 현금 급여를 선택한 이용자는 전체 중 절반 수준이었고, 예상대로 서비스를 제공하는 기반이 정비되지 않았다. 그리고 더욱 우려스러운 일은 현금 급여를 선택한 가족이 집에서 어떻게 고령자를 돌보는지 그 누구도 알 수 없게 된다는 점이다.

---

10 개호보험에서 서비스 이용료는 고령자가 받을 수혜에 따라 부담하나, 개호보험료는 소득에 따라 조정되는 각자의 지불 능력에 따른 부담 방식이다. 생활보호 세대만 예외다.

지금까지 반복적으로 노·장 통합에 관련된 제안이 나온 바 있다. 개호보험의 피보험자를 40세 이상에서 20세 이상으로 낮추고, 나이와 상관없이 모든 장애에 관해 돌봄이 필요한 상태가 발생하면 누구든 필요한 서비스를 받을 수 있도록 하자는 제안이다. 장애인을 개호보험법 적용 대상에 넣더라도, 돌봄이 발생할 확률은 젊을수록 낮으므로 현행보다 재정적으로 안정될 것이라는 예상도 나온다.

고령자, 장애인, 유아 돌봄 통합으로

나는 노·장 통합에 이어 영유아 돌봄도 통합해야 한다고 생각한다. 개호보험이 돌봄을 사회화하는 큰 첫걸음이라고 한다면, 두 번째 걸음은 장애인자립지원법이며, 노·장·유 통합이 바로 보편적인 사회서비스법을 완성하는 길이다. 즉, 나이와 가족 구성을 따지지 않고 돌봄이 필요한 개인에게 권리로 대인서비스를 제공하는 제도다. 지원이 필요한 상태를 나이에 따라 구분할 까닭이 없다. 또 돌봄의 니즈가 무엇 때문에 발생했는지 원인을 따져볼 것도 없다. 현 개호보험에서는 1호 피보험자를 65세 이상으로 하는데, 65세 미만은 '나이 듦에 따라 생긴 질병과 장애'로 돌봄이 필요할 때만 개호보험을 이용할 수 있다는 조건이 붙는다. 교통사고에 의한 후유장애라 해도 65세 이상이어야 개호보험 이용 자격이 발생한다. 이런 구분은 논리적이지도 않고 모순적이다. 이렇게 구분하는 목적은 딱 한 가지, 개호보험 이용 억제 효과일 텐데 이는 명백히 불합리하다. 그렇다면 만약 노·장 통합으로 20세 이상만 개호보험의 대상으로 삼는다면 20세 미만은 어떻게 될까? 지원이 필요한 상태에서 나이의 제한은 무의미하다. 또 누구나 알다시피 영유아란 성장하는 데 타인의 지원이 필요한 개인이다

경제학자 겐조는 개호보험은 '돌봄의 사회화'를 일부 실현했으나, 세대 간 분배의 공평함을 고려할 때 '육아의 사회화'도 필요하다고 역설한다. 일본의 사회보장 급여 비용은 고령자에게 편중되어 있고, 자녀 양육 세대로 배분되는 비용이 현저히 적다. 겐조는 "사회보장 정책 가운데 자녀 양육을 사회화하는 것은 우선순위의 가장 앞에 두어야 한다"고 말한다. 사회 전체가 아이를 키운다는 생각으로 자녀 양육을 사회화하는 정책을 전개할 필요가 있다는 것이다. 겐조는 "GDP 대비 사회보장비 비율이 낮아서 고령기 대상 사회보장 지출을 결코 높다고 볼 수 없다. 그런데도 일본에서는 고령자에게 우선 돈이 들어가는 것처럼 보인다. 한시라도 빨리 자녀 양육의 사회화를 이루지 못한다면, 국민이 분열할 것이고 사회보장 전체의 안정을 위협할 것이다"고 했다. 겐조에 따르면, 이미 고령기 대상의 사회보장제도에 대한 공격이 시작되었고, 그 세력이 커지는 분위기가 감지된다고 한다. 겐조는 "속히 자녀 양육의 사회화에 손을 써야 사회보장이 안전할 것"이라고 인식했다(権丈 2009: 252-253).

사회보장이 세대 간 대립으로 각축하는 경기장이 되면, 이는 사회보장을 억제하려는 이들에게만 유리하게 작용할 것이다. 노·장·유를 통합해 언제든 누구나 필요한 때에 돌봄서비스를 획득하는 것을 권리로 보장하는 보편적 사회서비스법이 있다면 이

런 세대 간 대립을 막는 데 효과적일 것이다.

노·장·유 통합은 세대 간의 공정한 분배만을 위해 필요한 것은 아니다. 가족의 노인 돌봄뿐 아니라, 아이 돌봄도 상황이 좋지 못하다. 아니, 파인먼이 《가족, 짐을 너무 많이 실은 방주》에서 논한 바와 같이, 육아·고령자 돌봄을 사적 영역화한 근대가족 자체가 처음부터 파탄을 예기해왔다고 할 수 있다. 가족만 육아나 고령자 돌봄을 해온 것이 아니고, 가족이 있다는 것만으로 자녀가 성장하지도 않는다. 육아의 사회화, 고령자 돌봄의 사회화를 주장하는 데는 잃어버린 공동성을 대신해 새롭게 공동성을 회복할 것을 요구하는 지향이 있다. 혹시나 해서 다시 한번 짚자면, 여기서 '사회화'란 결코 '국가화'와 같은 말이 아니다.

사회서비스법은 육아수당과 같은 현금 급여가 아니라, 직접 서비스가 재분배의 자원이라는 점에서도 당사자 주권의 이념을 따른다. 육아수당은 가족에게 지불하는 현금 급여와 이념상으로 병행하기 때문이다. 게다가 육아수당은 육아를 담당하는 이들의 소득을 보장한다는 함의가 있고, 아동에게 직접 부여하는 급여가 아니다.

보편적인 사회서비스법이 시행된다면 서비스 급여의 대상에는 가령 요개호도 5의 스스로 움직일 수 없고 반드시 식사 도움이 필요하며, 배변을 가릴 수 없는 고령자뿐만 아니라 영유아도 포함된다. 요개호도와 같은 용어가 적절치 않다면 '육아 필요도'라고 이름을 붙여도 된다. 모든 대상에게 적용 가능한 '지원 필요도'라는 용어를 통일해서 써도 좋을 것이다. 고령자와 영유아 사이에 차이가 나는 것은 체중이다. 돌봄이란 체중과 싸우는 것이라고도 하는데, 지원 필요도를 매길 때 체중계수를 만들어 곱하면 된다. 또 움직임이 많은 아동이나 발달장애아 돌봄은 인지증 돌봄과 통하는 부분이 있을 것이다.[11]

고령자 돌봄과 달리, 육아의 좋은 점은 아이의 성장에 따라 지원 필요도가 줄어든다는 점이다. 개중에는 장애아와 발달장애아도 있을 것이다. 이 경우도 지원 필요도를 계속 높게 인정한다면, 장기간 이용 가능한 서비스를 보장할 수 있다. 이렇게 할 수 있다면, 태어나서 죽기까지 전 생애에 몇 살이든지 간에 또 어떤 이유든지 간에, 누구든 돌봄이 필요한 상태가 되면 필요한 서비스를 받을 수 있는 포괄적인 제도가 만들어지는 것이다. 돌봄이 필요한 상태에서 필요치 않은 상태로, 그리고 정반대로 돌봄이 필요하지 않은 상태에서 필요한 상태로 가는 방향도 완만한 연속성을 갖게 되고, '장애인' 범주가 특별한 사람들에게 부여하는 예외적인 범주가 아니라고 인식하게 될 것이다.

누구와 연대할 것인가

마지막으로 남은 물음이 있다. 재분배를 염두에 둔다면 그 연대의 범위를 어디까지 할지, 즉 누구와 연대할 것인지 근원적인 물

---

11 육아를 경험한 이들은 직접 손을 써서 하지 않는 돌봄인 '지켜봄'도 중요한 돌봄의 하나라는 사실을 이미 잘 알고 있다. 정신과의 오자와 이사오가 자폐 아동의 발달장애 연구(小澤 2003)에서 출발해 인지증 연구의 일인자가 됐다는 점은 시사적이다.

음이 남아 있다. 이 장에서 던진 ⑦ 재분배의 범위를 어느 범위까지 확장할 것인지, 그 경계의 정의에 관련한 물음이다. 사회보장의 권리를 사회권과 같은 시민권의 일부로 본다면, 이 물음은 '누가 시민권의 주체가 될 것인가'로 바꿀 수 있을 것이다.

복지다원사회론에서 아무리 다원사회를 주장한다고 해도 주요 행위자에서 국가를 배제할 수 없다. 이 책에서 나는 돌봄에 대한 인권적 접근의 관점을 견지해왔는데, 지금까지 인권이란 어디까지나 국가와의 계약관계에서 발생하는 시민권에 한정되어 있다(上野 2006a). 여기서 우리는 여태껏 묻지 않은 곤란한 물음에 부딪히게 된다. 복지국가에 불가피하게 수반하는 배외주의와 배타성이다. 복지국가론은 복지국가주의와 친화성이 높다는 점을 기억해 둘 필요가 있다. 사회보장은 수혜자를 ① 가입자, ② 국민, ③ 외국인을 포함한 주민, 또는 그 이상으로 제한하거나 확대하는 선택지가 있다. 국민연금과 같은 사회보험제도는 각출에 따른 수혜가 원칙이다. 가입자만 수혜자가 될 수 있다는 점에서 건강보험과 개호보험도 예외가 아니다. 국민건강보험은 시작 당시에 가입 자격을 일본 국적 보유자에 한했으나, 1981년 개정으로 외국인 정주자定住者[12]한테도 가입 자격을 인정했다. 개호보험제도는 성립 당시부터 외국인 정주자의 가입을 인정했다는 점에서 획기적인 법이다. 그러나 국민건강보험이든 개호보험이든 보험료를 납입한 가입자만 수혜 대상에 해당한다.

보편적인 사회서비스법을 만들면, 정주자든 아니든 국적이

12 일본의 법무대신이 일정한 재류 기간을 지정해, 거주를 인정하는 외국인.-옮긴이

무엇이든 사회서비스가 제공될 수 있을 것인가. 나는 복지다원사회의 네 가지 영역이 상호보완적으로 기능한다면 가능하다고 본다. 외국인 주민이 일본 체류에 들어가는 언어와 문화 비용을 감당하면서 일본에서 사는 이유는 시장이 제공하는 노동 기회가 있기 때문이다. 외국인이 '기여에 따른 분배'(고용을 통한 소득)를 받아들이고, 소득에 따른 세금을 납부한다면, 외국인이 '니즈에 따른 분배'를 받는다고 해서 거부할 아무런 까닭이 없다. 그러려면 시장에서 '기여에 따른 분배'가 국적을 따지지 않고 공정해야 한다. 이것이 선결 조건이다. 일본 사회의 생산, 재생산에 공헌한 외국인 노동자들이 일본의 복지다원사회에서 수혜자가 되는 것은 당연하다. 다만 외국인이 일본의 사회보장제도를 신뢰하고 자신의 재생산(출산, 육아, 간병, 노후 등)을 이 사회에 맡길 것인지는 남아 있는 질문이다.

당사자운동을 향하여

이와 같은 구상이 그림의 떡인 것처럼 들릴 수도 있겠지만, 나카니시는 실현 로드맵을 제안한다. 실현 방법은 고령자, 장애인을 포함해 복지서비스를 필요로 하는 당사자 2000만 명을 조직해 연대하게끔 한 '복지 이용자 조합union'을 조직하는 것이다. 2000만이 황당한 수치일까? 나카니시는 다음과 같이 말한다.

현재 65세 이상 고령자는 2500만 명, 장애인은 723만 명으로 합산하면 3200만 명 이상인데, 이들은 복지서비스의 잠재적 이용자다. 이 가운데 복지서비스의 실제 사용자는 2008년 시점에 고령자 368만 명(개호보험 이용자), 장애인 44만 명이다. 2025년의 고령화 비율을 25%로 추정하는데, 초고령화에 따라 75세 이상 후기 고령자도 늘어나므로 돌봄이 필요한 이들도 늘어날 것이다. 그리고 만성질환과 난치병 환자, 장애 인정을 받지 못한 정신질환자들도 복지서비스의 잠재적 이용자가 될 것이다. (上野·中西編 2008: 260)

이에 따르면 초고령사회에서는 누구든 사회서비스의 이용자가 될 잠재적 가능성이 있다고 할 수 있다. 나카니시는 이렇게 덧붙인다.

지금부터 니즈가 계속 커질 것이라면, 사람들의 니즈를 충족하기 위해 우선 복지서비스 재원을 대폭 얻어내야 한다. 그런데 이는 당사자가 강하게 요구해야 성과가 있을 것이다. 요구하지 않는 것을 주는 경우는 없다. 그래서 니즈의 주체인 당사자를 조직화하고 연계해야 한다. (上野·中西編 2008: 260)

잘 알려졌듯, 개호보험 제정 때 1996년에 설립한 '개호의 사회화를 추진하는 1만 인 시민위원회'가 크게 기여했다. 반복되는 개호보험 개정에 대한 위기의식에서 2008년에는 '개호보험을 지속·발전시키는 1000만 명의 고리介護保険を持続・発展させる一〇〇〇万人の輪'가 설립되었다. 2025년 일본 사회의 고령화 비율은 25%로 예상되는

데 이를 고려한다면 당사자와 고령자 예비군, 가족, 사업자, 복지사, 전문가, 연구자 등 관련된 인원 규모가 2000만 명에 달할 것이라고 한다. 이 예측은 전혀 근거가 없는 게 아니다. 나카니시가 모델로 삼은 미국의 전미퇴직자협회는 가입자가 3900만 명이며, 선거 때마다 모든 정당에 영향력을 행사한다. 일본에서도 2000만 명의 당사자를 대표하는 단체가 만들어진다면, 그 정치적 영향력은 무시할 수 없을 것이다. 이들은 정책의 영향을 받는 사람들이 아니라, 정책에 영향을 끼칠 사람들이 될 것이다.

그런데 문제는 이들이 아직 당사자가 되지 못했다는 점, 또 '당사자 주권'을 행사하지 않았다는 점이다. 당사자인 것, 당사자가 되는 것, 그리고 당사자에 대한 상상력이라도 있다면, 당사자의 니즈에 맞춘 사회를 구상할 수 있다. 나와 나카니시는 길은 확실히 있다고 함께 제시했다. 그리고 이것은 현재의 당사자를 위한 것일 뿐만 아니라, 미래에 당사자가 될 가능성이 있는 모든 사람을 위한 것이다.

초고령사회에서 사람은 누구나 빠르든 늦든, 의존적인 존재, 즉 사회적 약자가 된다. 누구나 나이가 든다. 시간과 같은 자원은 모든 사람에게 평등하며, 아무도 통제할 수 없다. 사회적 강자와 약자를 나누는 경계가 흔들리게 될 것이고, 누구든 자신이 약자라는 것을 받아들이지 않을 수 없을 때가 오면, 불가피하게도 위험과 안전의 재분배에 대한 니즈가 높아질 것이다. 세기말인 1997년에 고령사회를 위한 사회적 합의가 개호보험법이라는 형태로 이뤄졌다는 데서, 우리는 사회연대에 대한 희망을 가질 수 있다.[13]

의존적인 존재를 둘러싼 온갖 사회적 돌봄 과제는 고령자뿐만 아니라, 이제는 여성, 아동, 장애인, 환자 등을 아우르고 있다. 초고령사회를 살아가는 모든 사람에게 돌봄의 사상과 실천은 필수적인 과제다.

13 '사회연대', 특히 '세대 간 연대'에 관해 나는 정치인 쓰지모토 기요미와 함께 책을 출간한 바 있다(上野·辻元 2009).

감사 인사를 대신하며

이 책은 과거 10년여간 시행된 개호보험하의 돌봄을 이론적, 경제적으로 연구한 성과다. 1999년부터 2007년까지 8년간 예비조사와 현지조사, 추적조사, 그리고 총 200건 이상의 면접조사를 실시했다.

이 책을 쓰는 과정에서 다음의 단체와 개인으로부터 도움과 협력을 얻었다. 다시 한번 감사드린다.

연구 지원은 다음과 같이 받았다.

・1999-2001년 유니벨재단 연구조성 '돌봄의 시민사업화: 복지 워커즈콜렉티브의 새로운 전개 가능성을 찾아서'

・2001-2002년 문부과학성 과학연구비보조금 기반연구(B)

'지역복지의 구성'(대표: 우에노 지즈코)

· 2004-2007년 문부과학성 과학연구비보조금 기반연구(A) '젠더, 복지, 환경 및 다원주의에 관한 공공성의 사회학적 종합연구'(대표: 우에노 지즈코)

· 그린코프연합 복지연대기금

· 기린복지재단

본 연구는 여러 전문 분야와 대학에 재직 중인 연구자와 돌봄의 실천가로 구성된 공동연구로서 실현되었다. 다음과 같은 사람들이 공동연구에 참가했다(연구 진행 당시 소속으로 기재).

· 제1차 공동연구 〈복지 워커즈콜렉티브 연구회 리포트〉(1999년)

그린코프연합 복지연대기금 복지 워커즈콜렉티브 연구회 구성원: 히구치 유키코(그린코프연합 복지연대기금 이사장), 이치요시 나나미, 쓰다 히로코, 다지마 이쓰코, 기타오카 비산, 오타 지카코, 고사카 다카코, 오쿠마 가즈코, 히라하타 미와코, 다카키 야스요, 마쓰우라 유미코, 미나미 구니코, 이노우에 기요코, 사나다 류코, 다나카 도시코, 미야모토 교코, 시부타 노리코, 히데시마 다카코, 기무라 노부코, 오호 사쓰키, 야마시타 준코(도쿄대학)

복지 워커즈콜렉티브 연구회 지원: 유키오카 요시하루(그린코프연합 전무이사), 가타오카 히로아키(그린코프연합 사무국장)

연구 의견 청취: 이시미 오사무(그린코프생협 오이타 전무이사), 시노하라 마사미(구마모토가쿠인대학)

• 제2차 공동연구 〈지역복지의 구성〉(2000년)

도쿄대학 사회학연구실: 이구치 다카시, 시미즈 도모미쓰, 아케도 다카히로, 아라타 마사후미, 이케다 카즈히로, 가오 루이, 다키카와 히로키, 미타니 다케시, 미나요시 준페, 린 페이홍, 야마네 스미카, 미야자키 도시키, 나카무라 요시야, 아라이 아유미, 하야미 요코, 기타하라 게스케, 아시자와 지에, 이다 사토코, 에노모토 준, 에모리 도시야, 오타 사토미, 오카다 구니요시, 오노제키 이사오, 가와이 마사히코, 고바야시 겐지, 사카시타 요코, 시마다 다쿠, 스기우라 마사시, 다테이시 유지, 다나카 지에, 히사나가 주다이, 히구치 다이조, 후지이 요시히사, 호소카와 마리, 마쓰무라 고타로, 무라이 가오리, 야마모토 도시유키, 요시다 마사시, 쓰치야 아쓰시, 하시모토 가즈아키

규슈대학: 이치바 루미, 후카쓰 유코

아이치가쿠센대학: 이시다 미치코

특별 참여: 가스가 기스요(야스다여자대학)

그린코프연합: 히구치 유키코, 오쿠마 가즈코, 마나카 도모미, 기타오카 비산, 오호 사쓰키, 오타 지카코, 히라하타 미와코, 가토 리쓰요, 이치요시 나나미, 와키모토 다즈코

그린코프연합 조합원사무국: 사무국장 가타오카 히로아키, 조합원 오조노 히로코, 쓰쓰미 마사에, 고가 나오코

• 제3차 공동연구 〈주민참여형 지역복지 비교연구〉(2005년)

도쿄대학 사회학 연구실: 야마네 아야카, 아베 마사히로, 아라이 아유미, 박희숙, 시모하라 료스케, 노무라 마사유키, 사가와 도

모코, 니시다 도모카즈, 이주인 모토후미, 고하시 오리에, 하마다 겐지, 다니 히토미, 다케오카 도루, 가와모토 다로, 조시 슈이치로, 모리야 유카코, 다나카 가나코(농학생명과학연구과)

도쿄대학 건축학 연구실: 나가사와 야스시, 오카모토 가즈히코, 마쓰다 유지, 요시다 마유미, 미나미 도모히데, 하시구치 마이

케어타운 다카노스 영상기록물 제공: 하네다 스미코

고故 도야마 다다시 자료 제공: 도야마 마리

기타아키타 현지조사 도움 제공: 호리에 세쓰코, 다카노 사키코, 후지타 도시지, 야마구치 히데타카, 이다 다이스케, 오토모 노부카쓰, 소노타 마리코, 이와카와 도루, 이다 쓰토무, 나리타 야스코, 모테기 사토시, 마쓰하시 가즈히데, 마쓰하시 마사코, 고쓰카 미쓰코, 기시베 스스무, 스노우치 준이치

도야마 현지조사 도움 제공: 소우만 가요코, 니시무라 가즈미, 사카이 유카코, 노이리 미쓰에, 하야시 가즈오, 야마다 가즈코, 세키 요시히로

가나가와 현지조사 도움 제공: 요코타 가쓰미, 오가와 야스코, 에하라 기미코, 오스미 히로코

지바 현지조사 도움 제공; 이케다 도오루

센넨무라せんねん村 조사 도움 제공: 나카자와 아키코

신세이엔新生苑 조사 도움 제공: 이시하라 미치코

NPO법인 모모 조사 도움 제공: 마타키 교코

게마키라쿠엔けま喜楽園 조사 도움 제공: 이치가와 레이코

현지조사 일부 공동 진행: 홋타 사토코

현지조사에서 직원, 이용자, 가족, 케어매니저, 의사, 간호사,

워커즈콜렉티브 구성원, 행정 담당자 등 성함을 하나하나 다 나열할 수 없을 만큼 많은 분이 면접조사에 응해주셨다. 도움을 주신 분이 참 많다. 이분들의 협력이 없었다면, 이 연구는 결실을 맺지 못했을 것이다. 진심으로 감사드린다.

연구에는 도쿄대학 사회학연구실의 조사실습 일환으로 진행된 연구 내용이 일부 포함되어 있다. 다른 단체 또는 개인과 공동으로 유연하게 조직을 구성해 조사를 진행한 도쿄대 사회학 연구실 학생들께 감사드린다. 참가 학생은 공동연구의 성과를 자신의 연구에 이용할 수 있도록 미리 원칙을 세웠고, 이에 따라 이 연구팀 가운데 돌봄을 연구주제로 삼은 젊은 연구자가 여럿 나왔다. 그 덕분에 나는 학생들을 가르치는 선생으로서 큰 기쁨을 느꼈다.

위 연구를 진행하던 시기에 나는 '돌봄에 관한 연구회'를 조직해 나카니시 쇼지와 나의 편저인 《니즈 중심의 복지사회로》를 의학서원출판사에서 출간했는데, 이때 함께한 돌봄에 관한 연구회 공동연구자 오사와 마리, 히로이 요시노리, 사사타니 하루미, 가스가 기스요, 사이토 아키코, 가와모토 다카시, 이케다 도오루, 다테이와 신야에게서 큰 자극을 받았다. 의학서원출판사 시라이시 마사아키 편집자가 돌봄에 관한 연구회를 지원하는 역할을 맡아주셨으며, 기린복지재단으로부터 연구 지원을 받았다. 이 책에는 돌봄에 관한 연구회의 성과가 포함되어 있다.

또 이 책을 준비하면서 2008년 이와나미쇼텐에서 《돌봄 그 사상과 실천》 총 6권을 간행했고, 다카무라 고지 편집자가 전체를 기획했다. 나도 엮은이로 이 과정에 참가했으며, 편집 과정을 통해 공저자 오쿠마 유키코, 오사와 마리, 진노 나오히코, 소에다 요시야에게 다양한 시사점을 얻을 수 있었다.

이 책이 완성될 때까지 2005년부터 2009년까지 4년간 15차례 그 내용을 계간 《at》에 연재할 수 있도록 해주신 첫 편집자는 고우 마사유키이고, 뒤를 이어 아카마쓰 유키, 오치아이 미사가 함께했다. 단행본으로 이 책을 낼 때는 다카세 요시미치, 오하라 히로아키 편집자가 함께했다. 방대하고 번거로운 편집 작업을 해주신 편집자 여러분께 감사드린다. 여러분의 인내와 격려가 없었더라면, 이 책이 세상에 빛을 볼 일은 없었을 것이다. 연재한 내용을 토대로 이 책에서는 그 구성과 내용을 크게 수정했다. 이 책을 간행하기 전에 교정본을 읽고 의견을 준 소에다 요시야께 감사드린다. 교정본을 열심히 읽어주시고 대담한 표지 디자인을 제안한 스즈키 히토시, 오카와라 사토시께도 감사드린다.

마지막으로 세 권 분량의 이 책을 읽어주신 독자께 깊이 감사드린다. 이 책은 내가 1990년에 쓴 《가부장제와 자본주의》의 속편이자, 이론과 실증 두 가지 측면을 포함한 조사연구의 성과다. 이 책은 연구자의 오랜 인생 가운데 손에 꼽을 만큼만 드물게 쓸 수 있는 저작이다. 어떤 연구든 완성이라 할 수 없고, 한계와 불만도 조금 남아 있다. 하지만 개호보험 시행 후 10여 년이 지난 오늘날, 이 책이 고령사회를 연구 대상으로 하는 이들과 돌봄의 담당자, 실천자 사이에서 조금이나마 공유할 수 있는 지적 자산이 될 수 있다면, 저자로서 나는 더할 나위 없이 기쁘겠다.

2011년 초여름, 우에노 지즈코

더 좋은 사회를 꿈꾸는 사람들을 위한 책

페미니즘과 당사자 주권

이 책은 일본의 대표적 페미니스트 사회학자인 우에노 지즈코가 인권과 페미니즘 관점으로 고령자 돌봄을 고찰, 분석한 사회학서이다. 돌봄을 주는 이와 받는 이의 상호관계에 주목해 좋은 돌봄이 어떻게 가능한지에 대한 사회적 맥락을 살피는데, 특히 돌봄을 받을 권리의 주체인 고령자 당사자, 돌봄(돌봄노동)을 행하는 이를 염두에 두고 당사자 주권의 관점과 페미니즘의 관점에서 돌봄을 이론적, 실천적으로 검토했다.

각 장 초고는 오오타 출판사에서 사상, 사회운동을 소재로 발행하는 계간지 《at》에서 2005년 9월부터 2009년 8월까지 4년여에 걸쳐 게재된 바 있다. 2011년에 책으로 묶여 간행되었는데, 이 책으로 우에노 지즈코는 그해 학술 분야에서 뛰어나고 사회혁신에 기여한 공로를 인정받아 아사히신문문화재단에서 수여하는 아사히상을 받았다. 이 책은 치밀한 이론 구성과 구체적인 돌봄 현장에 대한 사회학적 분석으로 돌봄에 대한 풍부한 시각과 전망을 제시했다는 점이 높이 평가받아왔고, 지금도 일본의 사회학, 사회복지학 대학원 과정에서 교재로 쓰이고 있다. 돌봄의 사회화와 더 좋은 돌봄을 위해 돌봄을 받는 이들의 경험으로부터 배우려 하고, 돌봄을 하는 이들의 노동환경을 개선하려 하는 독자들 또한 여전히 이 책을 읽고 있다.

돌봄과 돌봄노동의 정의를 비롯해 복지다원사회론, 재생산노동(부불노동)론 등 정교한 이론화 작업의 정수를 보여준 1, 2부에 이어, 질적·양적 조사 방법으로 조사한 1차 조사의 데이터를 포함해 협 부문과 관 부분의 돌봄 현장을 생생히 분석한 3부, 앞으로의 돌봄을 전망한 결론 4부에 이르기까지 《돌봄의 사회학》은 돌봄의 사회화를 주제로 한 방대한 분량의 학술서이다. 이 책의 개요는 저자의 서문에 잘 나와 있고, 이 책의 핵심 내용은 양난주 교수님의 명쾌한 해설을 참고하기 바란다.

아래에서는 간단하게나마 몇 가지 제도적 사항과 실태, 최근의 동향과 협 부문의 현황 등을 언급하여 3부의 분석 대상인 일본의 돌봄 현장에 관한 독자의 이해를 돕고자 한다. 또 이 책의 주요한 관점에 대한 이해를 깊이 할 수 있는 몇 가지 참고서적을 소개한다.

돌봄의 사회화 첫걸음: 개호보험과 노인장기요양보험

서문에서 저자는 개호보험이 없었더라면 이 책을 쓰지 못했을 거라고 말했는데, 고령자 돌봄의 사회화의 첫걸음인 한국과 일본의 사회보험(노인장기요양보험, 개호보험)에 대해서는 관련 법령(법과 시행령, 시행규칙)을 읽어보면 제도적 윤곽을 금세 알 수 있다. 이용자 수, 급여 인정률 등 제도 운용 관련 실태는 실태조사(후생노동성의 〈개호 급부비 등 실태조사〉나 〈개호보험사업 상황 보고〉, 보건복지부의 〈장기요양 실태조사〉)를 참조하면 된다.

한국의 장기요양보험이 설계 당시 일본의 개호보험을 참고했다는 점은 널리 알려져 있다. 큰 틀에서 보면 저자가 '한국어판 서문'에서 언급한 대로 요양등급의 판정이나 이용료 상한선과 본인 부담률 설정 등에서 실제로 흡사하다. 보험급여 수급 시에 시설에 들어갈지, 집에서 받는 돌봄을 택할지 이용자가 선택할 수 있다는 점도 같다. 간략히 한일 양국의 재가·시설 돌봄 현황을 보자면, 일본은 재가 66.1% 시설 33.9%이고, 한국은 재가 58.9% 시설 41.1%이다.[1] 2017년부터 고령사회(고령자 인구비가 전체 인구의 14% 이상인 사회)에 진입한 한국에서는 베이비붐 세대가 고령자가 되면서 재가급여가 늘어나고 있는데, 한국의 본인 부담률은 재가의 경우 장기요양급여 비용의 15%, 시설의 경우는 20%이다. 한국에서는 이명박이 집권 전 본인 부담률 인하 대선 공약을 낸 적이 있지만 지

1 후생노동성, 노건국 자료, 2020.; 국민건강보험공단, 〈노인장기요양보험 통계연보〉, 2020.

켜지지 않았다. 일본의 개호보험 이용자는 재가급여든 시설급여든 비용의 10%를 부담한다.[2] 그런데 3년마다 한 번씩 개정되는 개호보험에서 일본 정부는 2014년부터 여러 차례 개호보험의 본인 부담률을 20%로 인상하려는 움직임을 보여왔다.

2024년 일본에서는 본인 부담률을 20%로 높이는 인상안이 방문개호의 보수를 낮추는 개악안과 함께 다시 등장했는데, 본인 부담률이 높아지면 당연히 이용자는 보험 이용을 줄이게 된다. 방문개호의 보수가 인하되면 사업소의 경영난을 비롯해 개호서비스를 담당하는 인력 처우도 나빠질 것으로 예상된다. 저자 우에노 지즈코는 자신이 이끌고 있는 인정NPO WAN(Women's Action Network, 여성행동네트워크), 고령사회를 좋게 만드는 여성 모임과 협력하여 이미 여러 차례 개악 움직임을 저지시켜왔으며, 이번 개악안 예고에도 사단법인 인지증인 사람들과 가족의 모임, 일본장애자협의회 등과 연계해 '케어사회를 만드는 모임(약칭 CareSociety)'을 조직해 공동성명을 내고 긴급 기자회견을 열었다. 또 개호 현장에서 일하는 NPO, 워커즈콜렉티브 관계자들과 '사상 최악의 개호보험 개정을 허용하지 않는다'는 집회를 여러 번 개최하는 등 분주히 반대 활동을 하고 있다. 한국과 일본 정부 모두 방위(군수)산업에는 천문학적인 재정을 쓰면서도 '인간의 안전보장'과 관련된 복지에는 인색하다. 고령화사회 이행에서 필수적인 돌봄의 사회적 비용과 관련해서는 으레 재정 악화만 우려한다. 가령

2 2018년부터 일부 고소득자(연금과 기타소득이 연간 340만엔 이상)의 경우 본인 부담률이 30%인데, 이에 해당하는 이용자가 많지 않다.

돌봄노동 실태에 대한 제대로 된 전수조사도 해보지 않고, 이미 사회적 합의로 성립된 제도조차 실질적으로 형해화하려는 정부의 태도는 한일 양국이 공통적이다. 이런 상황에서 보편적인 돌봄을 포괄하여 일원화된 공공서비스를 제공하는 길 또한 요원하다. 주지하다시피 촛불혁명 후 한국에서는 사회서비스법('사회서비스 지원 및 사회서비스원 설립운영에 관한 법률')이 2021년 제정되어 2022년부터 시행되었고, 국가가 돌봄노동자와 직접고용을 맺기도 했으며 지자체의 사회서비스원 설립이 의무화되었으나, 2024년부터 예산이 대폭 삭감되어 개소한 사회서비스원조차 사실상 폐원에 가까운 상태다. 또 한국의 시설(노인장기요양기관) 중 대부분을 차지하는 민간 노인요양시설을 보면, 노인요양공동생활가정(입소 정원 9명)을 제외하고 입소 정원 10명 이상의 노인요양시설은 입소자들의 주거 안정과 시설의 난립을 막기 위해 사업자가 직접 토지와 건물을 소유하거나 국가나 지자체에서 공공 임차해야 설립할 수 있다. 그러나 이마저도 2023년 보건복지부가 타인 소유의 사유지나 건물을 임대해도 설치, 운용하도록 허용하는 규제 완화 방안을 추진 중이다. 민간 보험사들의 요양서비스 산업 진출이 예상되고 있는 가운데, 시장화의 일로를 걷고 있다는 비판이 대두되고 있다.

열악한 돌봄노동

이런 가운데 한국이나 일본에서 고령자 돌봄의 노동력이 부족하다고 계속 지적되고 있다. 자격증이 있지만 일하지 않는 노동자가 많은 까닭은 열악한 노동조건 때문이다. 돌봄노동직에 종사하는 중장년 여성의 싼 임금, 즉 저자의 표현대로라면 "자신의 재생산 비용에도 미치지 못하는 임금"은 돌봄노동을 하는 중장년 여성의 자립을 가로막는 요인이자, 돌봄의 질을 담보할 수 없게 하고 돌봄의 미래를 어둡게 하는 걸림돌이다. 노동력을 재생산하고, 시장에서 외면당하거나 버려진 생명을 돌보는 돌봄노동을 담당하는 노동자들이 주로 여성이고 자신의 재생산에도 미치지 못하는 임금을 받는 현실…… 현대사회의 가부장제와 자본주의에서 여성의 종속적인 위치를 논의한 저자의 《가부장제와 자본주의》(1990)에서 제기된 중요한 물음은 이 책에서도 되풀이되고 있다. "왜 인간의 생명을 낳아 기르고 그 죽음 이전에 돌보는 노동, 즉 재생산노동은 여타의 모든 노동의 하위에 놓이고 마는가?"

이 책에서 저자는 생협에서 만난 여성 조합원들에게 정당한 임금을 요구하라고 조언해왔다면서, 생협 경영진과 논쟁한 일화를 쓴 바 있는데(12장), 모두가 사회적 돌봄을 외치면서도 돌봄노동의 처우를 모르는 척하는 한, 고령자 돌봄의 질은 좋아질 수 없을 것이다. 한국의 경우 여성 세대주의 빈곤율이 남성의 두 배를 넘고, 65세 이상 여성의 국민연금 수급률과 수급액도 떨어지는 등 여러 사회지표에서 중장년·노년층 여성의 빈곤이 현실에서 뚜렷이 나타나고 있다. 따라서 요양보호사로 일하고 있는 많은 중장년 여성의 저임금 문제는 절박하다.

돌봄노동에서 계속 악순환이 일어나는 이유는 애초에 현행 보험(개호보험, 노인장기요양보험) 체계에 문제가 있기 때문이다. 가령, 제도 운용상 인력 배치 기준은 시설의 경우 일본이 3 대 1(이용자 3명당 1명), 한국이 2.3 대 1(이용자 2,3명당 1명)로 되어 있다. 그러니까 일본은 입소자÷3, 한국은 입소자÷2.3으로 계산한 값을 반올림해 인원을 배치하는데, 이는 본문에 언급된 대로 한일 양국 모두 하루 8시간 일하는 직원 수(주 5일 40시간 근무)로 환산한 수치다. 평일 정상 근무시간에는 이 기준을 지킨다고 해도, 휴일이나 야간에는 요양보호사 1명이 혼자 노동하는 경우가 많다. 일본의 시설에서는 3 대 1 체제로는 돌봄 인력이 충분치 않기 때문에 민간 유료노인홈에서도 대개 2 대 1의 더 낮은 기준으로 인력을 배치하고 있지만, 이를 비정규 인력으로 채운다. 이런 가운데 최근 일본에서는 개호 로봇을 도입하여 인력 배치 기준을 4 대 1로 완화하려는 개악 움직임이 일고 있다. 이 책 6장에서 저자는 "아무도 육아를 하는 로봇을 상상하지 않는다. 그러나 고령자 돌봄에는 로봇을 만들면 된다고 쉽게 말하는 사람들이 있다. 이는 커뮤니케이션 행위인 돌봄의 성격을 무시한 것인 동시에 고령자 차별이다"라고 썼는데, 최근 움직임에 대해 저자는 "개호 현장은 이미 (만성적인 인력 부족으로) 비명을 지르고 있다"며 "고령자의 움직임을 살펴서 알람으로 알려주는 로봇이나 휠체어 이동이나 리프팅을 보조하는 로봇을 실제로 현장에서 사용해보니, 결국 일하는 사람의 손이 필요해 일손에 부담만 늘고 있다"고 피폐한 노동 현장을 전한 바 있다.[3]

개호보험, 노인장기요양보험의 인건비 비율을 보자. 개호보험에서는 사업자가 방문개호 시 70%(방문개호), 55%(소규모 다기능 거택개호), 45%(특별양호노인홈 등 개호노인복지시설·통소개호)를 지켜

3 우에노 지즈코, 〈인간의 삶과 죽음 사이에〉, 《아사히신문》, 2023.4.27.

야 하는 인건비 규정이 있다. 사업자가 이용자에게 개호서비스를 제공했을 때 개호보험에서 사업자에게 지불하는 개호 보수 가운데 인건비 비율을 설정하는데, 물가 차이를 반영한 지역계수를 곱해 산출한다(17장 참조). 양심적인 곳에서 제도 운용상 인건비 비율은 실제 이보다 높게(60~70%) 소요되고 있으나, 원래 개호보험에서 설정된 개호 보수 자체가 무척 낮다. 예를 들어 방문개호의 경우 가사원조의 시간당 단가는 1530엔(가사원조가 생활원조로 바뀐 현재는 시간당 2250엔)으로, 신체개호 4020엔과 비교해서 무척 낮게 설정되어 있다. 한편 한국의 노인장기요양보험에서는 장기요양기관의 장이 일정 비율 이상을 인건비로 지출하도록 고시하고 있는데, 장기요양시설에서 61.4%(노인요양시설), 65.8%(노인요양공동생활가정), 86.6%(방문요양기관) 등이다.[4] 장기요양기관 실태조사 등에서는 평균적으로 고시된 인건비 지출 비율은 상회하고 있다고 보고되고 있으나, 고시된 인건비 지출 비율은 기본급에 관한 규정은 아니다. 또 고시된 인건비 비율을 지키지 않는 장기요양시설이 있으며,[5] 이에 거대한 민간 시장에 대한 행정의 관리·감독의 부실이 지적되어왔다. 야간근무 수당이나 주휴 수당, 유급 병가, 공휴일 근무 가산 수당 등 법정 수당을 지급하지 않거나 야간근무 중 6시간 정도를 취침으로 무급 처리하는 식으로 장기요양급여를 부정

4 '장기요양급여 제공기준 및 급여비용 산정방법 등에 관한 고시' 제11조 2(2008년 시행, 개정 때마다 비율이 조정됨).

5 〈노인장기요양기관 77%, 인건비 제대로 안줬다〉, 《한겨레》, 2019.11.3.; 〈'반값' 돌봄노동자의 눈물: "요양보호사 월급 얼마 줘야?" 요양원장도 헷갈렸다〉, 《한국일보》, 2021.12.28.

수급하는 시설의 실태가 있고 위장 폐업(폐업 후 신설 반복)하는 민간 시설도 종종 뉴스에 나오고 있다. 2017년부터 3년 이상 근무 시 지급되는 장기근속장려금이 신설되었으나, 월 최대 10만 원 정도에 그치며 최저임금을 넘는 수준의 임금 가이드라인은 나오지 않고 있다. 2022년 9월 한국의 국가인권위원회는 요양보호사의 표준임금 가이드라인을 마련하고, 관련 규정을 정비하라고 권고했지만, 보건복지부는 신중한 검토가 필요하다고 사실상 권고 불수용 회신으로 답한 바 있다. 이런 배경하에 몇 년 전부터 한국의 돌봄노동자를 두고 '반값 노동자'란 말이 나와 한국사회의 돌봄노동의 위기를 대변하고 있다. 더욱이 한국이나 일본의 고령자 돌봄에서는 많은 이들이 비정규직으로 일하고 있어서, 근속에 따른 숙련도 향상에 대한 정당한 대가를 기대하기 어렵다.

2024년 2월 2일, 일본에서는 홈헬퍼로 일하는 여성 3명이 국가를 상대로 한 배상 청구에 대한 도쿄 고등법원의 판결이 있었다. 이 소송은 '홈헬퍼 국가배상소송ホームヘルパー国家賠償訴訟'[6]으로 널리 알려졌는데, 2019년 홈헬퍼로 일하고 있는 60~70대 여성 3명이 홈헬퍼의 열악한 노동조건과 저임금의 원인은 낮은 수준의 개호 보수를 책정해둔 개호보험제도에 있고 일본 정부는 노동기준법 위반에 대한 규제 권한을 행사하지 않고 있다며 국가배상을 요구한 소송이다. 도쿄 고법은 "홈헬퍼의 임금수준이 낮고 이로 인해 만성적인 일손 부족이 장기간 계속되어 문제가 되고 있으나 지금껏 해

6 소송의 원고들은 이용자의 방문개호 예약 취소 시 휴업 수당, 방문개호 시 이동이나 대기 시간에 대한 임금 미지불 등에 대해 1인당 330만 엔의 손해배상을 청구했다. https://helper-saiban.net.

결에 이르지 못했다"고 하면서 "홈헬퍼의 상황(권리침해)"을 인정했지만, 원고들은 1심에 이어 항소심에서도 패소했다. 헬퍼에게도 적용되는 개호직원처우개선가산介護職員処遇改善加算[7]도 시행되고 있긴 하나, 전 산업의 노동자 평균임금보다 개호서비스 종사자의 평균임금이 낮은 상황은 변하지 않고 있다. 우에노 지즈코는 "개호보험이 시행되기 전 가정에서 여성이 고령자 돌봄을 해오던 것을 '사적 가부장제'라 한다면, 개호보험 이후 고령자 돌봄이 대가를 지급하는 노동이 되었어도 여전히 저임금에 그치고 있는 점은 '공적 가부장제'라 할 수 있으며, 이것이 개호보험의 제도적 근간"이라고 일갈한 바 있다.[8] 한국과 일본은 '돌봄의 사회화'의 첫걸음에 불과한 제도 시행에서 더 나아가야 한다. 좋은 돌봄으로 나아가려면 돌봄노동자의 저렴한 임금수준과 사회적 지위 개선에 더해, 이 책에서 저자가 지적한 대로 돌봄을 하는 쪽과 받는 쪽 모두 성장해야 하고, 더 많은 사회적 합의가 필요하다.

생협, 워커즈콜렉티브의 최신 동향

온전히 정비되지 못한 제도적 환경 속에서도 일본 생협에서는

---

7 사업자가 임금 체계 등을 정비하면 정부에서 사업소에 가산금을 지급하여 사업소에서 직원 등 개호서비스 종사자에게 수당으로 지급하게 한 제도. 2012년부터 시행. 2009~2011년에는 개호직원처우개선교부금 등이 있었다.

8 우에노 지즈코 인터뷰, 〈노후는 돈만 있으면 되나? 개호보험의 미래, 우에노 지즈코 씨의 염려('케어워커가 사라진다?' 시리즈 7회)〉, 《아사히신문》, 2023.1.16.

시민들에게 필요한 개호서비스를 위해 노력해왔는데, 가령 개호보험 외 서비스로 방문개호를 이용하는 경우(이용 상한액을 넘어 이용하는 경우, 병원 진료 시 도움이나 외출 동행 등) 이용자에게 영리사업체처럼 개호보험 보수의 100%를 받는 게 아니라 50~70%의 이용료(이른바 '커뮤니티 가격')를 받는다. 나는 이러한 일본 생협 복지에 매우 놀랐는데, 이는 한국에서 조모의 방문요양을 알아봤을 때 어디서도 찾아볼 수 없는 서비스 내용과 요금 체계였기 때문이다. 한국의 노인장기요양보험에도 일본과 마찬가지로 요양등급별로 재가급여의 이용시간 제한(한도금액)이 있어서 이를 넘으면 노인장기요양보험에서 정해진 방문요양 수가 그대로(100%)를 부담한다.

저자는 '커뮤니티 가격'에 대해 불완전하게 상품화된 노동력이라고 비판적으로 분석했는데(17장), 이러한 낮은 요금을 받고도 생협 복지의 돌봄의 질이 일정하게 유지될 수 있는 것은 일본의 특정 여성층(가계의 세액공제를 위해 자신의 수입으로는 일정액 이하의 수입만 벌어도 되는 중산층 주부)이 개호서비스의 제공자로 참여하기 때문이다. 2011년에 출간된 이 책에서 저자는 앞으로 긴 역사에서 본다면, 일본의 생협 복지는 높은 이념과 윤리성에 동의한 중산층 주부가 존재한 한시적인 시대 현상일 것이라 예측했다. 저서가 나온 지 13년이 지난 오늘날 생협 복지나 워커즈콜렉티브는 어떻게 변했을까?

생협 복지와 관련된 최근 동향을 언급하자면 고령자와 장애인 돌봄사업을 실시하는 생협은 2022년 일본 전국에서 173곳에 이르고 있으며, 방문개호, 통소개호, 소규모 다기능형 거택개호, 그룹홈(치매 고령자 시설), 고령자임대주택(안부 확인, 가사지원 등 제공) 등 복지·개호 부문 매출액이 약 1000억 엔 규모이다.[9] 이 책 3부에서 '생협의 젠더 편성'을 살피며 저자는 워커즈콜렉티브(노동자협동조합)를 "생명체를 바꾸는 힘을 가진 새로운 생명 조직"(13장)이라고 한 바 있는데, 특히 워커즈콜렉티브의 활약상은 주목할 만하다. 워커즈콜렉티브의 전국 조직 중 하나인 'WNJ(워커즈콜렉티브 네트워크 저팬)'의 조사[10]에 따르면, WNJ에 가맹한 워커즈콜렉티브는 328개이며, 약 7000여 명(90%가 여성)이 참여하고 있다. WNJ에 가맹하지 않은 곳까지 포함하면 일본 전국에서 약 500개 정도가 있다. WNJ 가맹단체의 연간 매출액은 135억 엔인데, 이 중 고령자·장애인 돌봄을 주요 사업으로 하는 단체가 169개로 가장 많다.

일본의 워커즈콜렉티브는 이 책에 나온 대로 생협 조합원들이 지역사회에 필요한 것이나 서비스를 자신의 돈(출자금)과 노동으로 만들어 제공하는 비영리·협동의 시민사업체로, 2020년 12월 워커즈콜렉티브가 법적으로 자리 잡을 수 있게 한 노동자협동조합법이 일본 국회를 통과한 뒤 제도화되었다. 법 시행 전 워커즈콜렉티브는 지자체와 계약을 맺거나 은행에 융자를 신청하는 등 업무상 법인격이 필요한 경우 기업조합이나 특정비영리활동법인의 형태로 운영됐다. 전체 워커즈콜렉티브의 절반가량은 임의단체로 운영해왔는데, 법인격이 없으면 대표 한 사람이 단체에 대해 무한 책임을 져야 했기 때문에 노동자협동조합법은 워커즈콜렉티

---

9 후생노동성, 〈2022년 소비생활협동조합연합회 실태조사 개요〉.

10 워커즈콜렉티브 네트워크 저팬(WNJ) 2020년 기초 조사.

브의 오랜 숙원이었고, 2020년부터 안정적 활동의 법적 기반을 확보하게 되었다. 초기에는 활동으로 먹고살 수가 없다는 평가도 있었지만, 꾸준히 수입이 늘었다. 저자는 이 책에서 "성장한 워커즈콜렉티브에서 워커의 임금은 생협 내 파트타임 직원이 받는 수준을 이미 넘어섰고 …… 노동의 질적 측면을 봐도 생협 내 파트타임 직원보다 훨씬 높은 수행력을 보인다"(13장)고 알려준 바 있는데, 월 160시간 이상(월 20일, 하루 8시간) 일한 기준으로 봤을 때, 2020년 연 수입 200만 엔 이상을 분배금으로 지급받은 WNJ 구성원은 전체 가맹 구성원 중 13%로 증가했다.[11]

워커즈콜렉티브는 여러 독특한 활동을 많이 한다. 고령자 방문개호사업에 한부모 가정의 생활원조와 어린이 식당(지역사회 어린이들에게 무료나 50~100엔의 저렴한 요금으로 식사 제공)을 병행하거나, 장애인과 고령자의 외출 시 개별 이동 서비스를 제공하기도 한다. 또 인구가 적은 지역에서 고령자의 장 보기를 위한 이동 서비스를 하기도 하고, 기업에서 위탁을 받아 유료노인홈과 데이서비스를 운영하기도 한다. 그런가 하면 워커즈콜렉티브가 운영하는 데이서비스센터에서 고립 은둔 청년에게 사회연계 프로그램 제공 차원으로, 청년들에게 데이서비스의 다과 준비·시트 교환·이불 널기·쓰레기 분리수거·어르신 말벗·PC 입력 작업 등의 일하기 지원 기회를 제공하는 곳도 있다. 이런 독자적인 활동을 보면 "워커즈콜렉티브는 약간의 돈과 지혜로 뭉친 집단이라 할 수 있어요.

11 시라이 가즈히로, 〈워커즈콜렉티브의 과제와 가능성〉, 《생활협동조합연구》, 2021, 2쪽.

…… 힘이 없더라도 다 함께 서로 모으는 것으로 해볼 수 있는 게 있지요"라고 말한 한 구성원의 말을 되새기게 된다.[12]

14장에서 저자가 시민사업체의 선도적 돌봄 사례로 분석한 '소규모 다기능형 거택개호'는 2005년 개호보험 개정 후 2006년부터 제도화되었고, 2015년부터는 정원이 25명에서 29명으로 바뀌었으며, 2022년 현재 일본 전국에 5575개소가 있다.[13] 한국어판 서문에서 저자가 언급한 시민사업체의 또 하나의 선도적 돌봄 사례인 '홈 호스피스'는 미야자키현에 있는 '카상노이에'를 말한다. '홈 호스피스'란 지역의 빈집을 빌려 노인의 주거지를 만들고 노인이 사망할 때까지 책임을 지는 소규모 시설이다. 외부에서 온 홈헬퍼(개호보험제도 적용, 비적용 모두 포함)가 24시간 돌보고, 방문간호 등을 이용해 의료적 처치를 받는다. 소규모지만 입소한 노인(정원 5명) 한 명 한 명에게 서로 다른 케어매니저가 딸려 있어서 소규모 시설의 밀실성에 대한 감시의 눈길이 소홀하지 않다. 2004년 미야자키현의 '카상노이에'에서 시작되어 일본 전역으로 퍼졌으며, 2024년 현재 일본 전국에 65곳이 있다.[14]

한편 최근 생협이나 워커즈콜렉티브에서도 기존의 방문개호에 더해 '방문간호 스테이션'과 연계하여 방문간호[15]를 제공하는 사례가 늘고 있다. 방문간호 스테이션은 지자체에서 지정받은

---

12 오자와 쇼지, 《생협이 왜 이런 것까지 할까: 생활클럽치바그룹의 도전》, 조유성 옮김, 한살림, 2022, 234쪽.

13 후생노동성, 〈개호급부비등실태통계〉, 2022.

14 '전국홈호스피스협회' 홈페이지(https://homehospice-jp.org), 우에노 지즈코, 《누구나 혼자인 시대의 죽음》, 송경원 옮김, 어른의시간, 2016, 164~173쪽 참조.

영리·비영리사업체[사회복지법인·협동조합·의료생협·NPO]가 설립·운영할 수 있다.

외국인 돌봄노동

일본에서 외국인 돌봄노동 시장은 2008년부터 경제동반자협정 등으로 논의가 시작되어 문호가 열렸으나 실제 일하는 외국인은 적다. 2019년부터는 특정기능비자에 개호 직종을 도입했으나 외국인 노동자(경제동반자협정을 체결한 인도네시아, 베트남, 필리핀)는 2020년 상반기까지 50명 정도에 그쳤다. 그러다 코로나19가 진정된 후 늘어 이 비자로 일하는 외국인 돌봄노동자는 2023년 현재 635명으로 집계되었다.[16] 개호 직종 외국인 노동자는 방문개호에서는 거의 찾아볼 수 없고, 과반수가 특별양호노인홈에 근무하고 있는데, 대개 시설 내 비정규직 일본인과 동일한 처우를 받고 있다.

한국의 경우를 보면, 중국 동포들이 경증부터 중증 고령자가 입원해 있는 요양병원에서 일하고 있다.[17] 중국 동포들은 방문취업비자(H-2), 재외동포비자(F-4)로 요양병원의 '공동간병인(1인이 다인실에서 여러 명의 환자를 간병)'으로 근무하는데, 대개 실질적 사용

15 2014년 의료·개호일괄법('지역에서 의료 및 개호의 종합적 확보를 추진하기 위한 관계 법률 정비 등에 관한 법')이 일본 국회에서 통과되면서 간호사나 재활치료사 등을 고령자의 자택으로 보내는 '방문간호 스테이션'이 생겼다. 개호보험과 건강보험(75세 이상 또는 65세 이상으로 장애가 있는 고령자를 대상으로 한 '후기 고령자 의료제도')을 이용할 수 있다.

16 후생노동성, 〈개호 분야의 외국인 현황〉, 2023년 3월 집계.

자인 병원의 직접고용이 아닌, 알선업체를 통해 고용되는 특수고용의 형태로 일한다.[18] 이런 배경으로 중국 동포들은 근로기준법상 근로자 지위를 갖지 못해 4대보험에 가입하지 못한다. 중국 동포 간병인은 한국인 간병인처럼 요양보호사 자격을 취득하여 제도권(노인장기요양보험) 공식 노동인 노인장기요양기관으로 이직하면 노동법상 내국인과 같은 처우를 받을 수 있으나, 임금수준이나 같은 중국 동포 동료들이 별로 없다는 점 등으로 인해 요양병원에서 근무하는 경우가 많다.[19] 중국 동포들은 한국인과 의사소통이 가능하므로, 일본어 시험을 통과해야 하는 등 일정한 진입 장벽이 있는 일본의 외국인 돌봄노동 시장과는 사정이 다르다.

참고로 한국의 요양병원과 관련되어서는 사무장 요양병원(의

---

17 상세한 실태조사는 전혀 없다시피 하고(〈간병인은 제도 밖 '유령 노동자' 실태 파악조차 안돼〉, 《MBC 뉴스데스크》 2023.6.13.), 대표성 있는 자료도 거의 없다(국민건강보험 건강보험연구원, 〈요양병원 유형별 특성 분석과 간병비 급여화를 위한 정책 제언〉, 2022, 92쪽 참조). 언론 보도나 관련 연구 등에서 중국 동포는 요양병원 돌봄 인력의 50%~90%를 차지하는 것으로 추정되고 있다.

18 "요양병원이나 일부 급성기병원에서 이루어지는 공동 간병의 경우, 형식적으로는 간병 소개소를 통해 알선이 이루어진 것처럼 보이지만, 실제로는 병원이 직접 환자에게 간병료를 받아 소개 업체로 넘겨서 임금을 지급하고 있는 점, 간병노동자에 대한 인력 배치와 관리를 실질적으로 병원이 하고 있는 점 등으로 보았을 때 병원이 간병노동자에 대한 실제 사용자 지위를 갖고 있다고 할 수 있다"(이상윤, 〈의료기관 간병인 노동〉, 정진주 외 지음, 《돌봄노동자는 누가 돌봐주나?》, 한울, 2012, 106~107쪽 참조). 한편 대다수가 인력 소개소나 간병 업체 등에 소속되어 있어 특수고용형태 업무 종사자에 해당하는 간병인에 대하여, 2022년 국가인권위는 요양병원을 포함하여 간호·간병 통합서비스를 추진하고 간병인의 자격 기준, 업무 범위, 인력 수급 방안 등 간병 인력에 관한 법적 근거 및 관리 체계를 마련할 것을 권고한 바 있다(국가인권위원회, 〈간병의 사회적 책임 확대를 위한 권고 및 의견 표명〉 결정, 2022년 11월 3일 참조).

19 한국보건사회연구원, 〈돌봄서비스의 외국인 종사자에 관한 기초연구〉, 2021, 178~185쪽 참조.

사와 비영리법인만 개설할 수 있는 요양병원을 비의료인이나 가짜 비영리법인 등이 설립해 부정 수급으로 이윤을 챙기는 시설) 문제부터 참사(2014년 장성 요양병원 화재 사건, 2018년 밀양 요양병원 화재 사건 등에서 신체 억제대(보호대)로 결박된 노인들이 사망한 참사) 발생까지 여러 문제점이 지적되고 있다. 공공 요양시설은 입소 대기자가 너무 많아 제때 들어가기가 매우 어렵고, 더욱이 건강보험이 적용되는 요양병원과 장기요양보험이 적용되는 요양원의 기능은 정립되지 않은 채 제도적 정비 과제가 남아 있다. '(의료적) 치료'를 목적으로 요양병원에 입원한 많은 이들은 실제로는 의료 필요도가 높지 않다. 요양병원과 요양원과 역할이 혼재되어 있으므로 제도적 개선이 필요하다는 점이 전문가들 사이에서 공통적으로 제기되고 있다.

더 읽어볼 만한 책

끝으로 이 책에 대한 이해를 깊게 하기 위해 몇 가지 책을 언급해두려 한다. 생협 복지, 워커즈콜렉티브와 관련된 기초 지식으로는 일본의 생협에서 직접 펴낸 책들을 보면 도움이 될 것이다. 이와 관련된 내용은 국내의 생협에서 비교적 많이 소개해왔는데, 《동네에서 협동조합으로 창업하기》《생협이 왜 이런 것까지 할까》《생활 속의 협동》《협동의 재발견》《살아 숨 쉬는 마을 만들기》 등이 있다.

돌봄을 받는 경험과 관련해 저자가 채택한 '당사자 주권' 입장은 7장에 자세히 소개되어 있다. 7장은 일본의 장애인 이동권투쟁과 탈시설 자립운동을 이끈 나카니시 쇼지와 저자가 2003년에 함께 쓴 《당사자 주권》의 내용을 바탕으로 했다. 이 책에서 두 저자는 장애인, 여성, 어린이, 등교 거부 학생, 고령자, 환자 등 사회적 약자가 자신의 권리를 자각하고 권리를 요구하는 운동을 펼치는 과정에서 나온 적극적 개념으로 '당사자 주권'을 이야기한 바 있다. 예를 들어 장애인 자립생활(탈시설)운동으로 24시간 장애인 돌봄이 가능하게 되었는데, 이는 일본의 장애인 복지가 시혜적 차원에서 사회권으로 자리매김해 나아가는 과정이었다. 《당사자 주권》에는 당사자가 자신의 사회적 위치에서 능동적인 정체화 과정(투쟁)을 통해 권리를 확보하고, 이를 통해 사회 전체에서 복지의 개념이 어떻게 확장되고, 사회의 전환과 혁신에 어떻게 공헌하는지 잘 나와 있는데, 아쉽게도 한국어 번역판이 출간되지 못했다. 당사자 주권에 대해 더 알고 싶은 독자는 이 책에서 당사자 주권의 실천 사례로 거론되고 있으며 국내의 사회복지학계에도 널리 알려진 정신장애인 공동체 베델의 집 관련 번역서 《베델의 집 사람들》《지금 이대로도 괜찮아》《베델의 집 렛츠! 당사자 연구》를 참조하면 좋겠다.

아울러 저자가 7장에서 돌봄을 받는 경험에 대한 중요한 저작으로 소개한 오사나이 미치코의 《당신은 내 손이 되어줄 수 있나요?》, 김만리의 자전적 에세이 《꽃은 향기로워도》는 국내에 번역판이 소개되어 있으므로 읽어보면 좋을 것이다.

후기를 마치며

"왜 인간의 생명을 낳아 기르고, 죽음 이전의 인간을 돌보는 노동, 즉 재생산노동은 여타의 모든 노동의 아래에 놓이고 마는가? …… 우리 앞에는 이 근원적인 문제가 남아 있다. 이 문제가 해결되기까지 페미니즘의 과제는 영원히 남아 있을 것이다."

이 책의 번역을 마치고도 저자가 《가부장제와 자본주의》에 이어 이 책에서 몇 차례나 되풀이한 문장이 가슴에 묵직하게 남아 있다. 아마도 이 물음을 빼놓고는 이 책은 물론 저자의 삶을 논할 수는 없을 것이다. 이 중대한 물음에서 우리는 억압된 타자성을 지닌 존재로 출발했으나 자신과 주변의 약자를 돌아보며 스스로 해방되기를, 부당한 착취에 대해 진심으로 화낼 수 있고 의미 있는 상상력으로 더 나은 세계를 직접 만들어나가길 바라는 저자의 지적 탐구 너머에 있는 뜨거운 마음을 만나게 된다.

이 책에서 소개된 선도적인 사례가 높은 이상을 지닌 여성들의 의식과 윤리, 희생과 헌신을 바탕으로 이루어지고 있어 이에 실망한 독자들도 있을 것으로 생각한다. 혹은 공공 부문이 마땅히 해야 할 일을 시민사회에 떠넘기고 있는 것 아니냐고 반문할 수도 있겠다. 그러나 우리가 맞이할 내일은 오늘을 바탕으로 만들어질 것이다. 사회보험으로 한 발짝 내디뎠을 뿐인 돌봄의 사회화 현황, 돌봄노동의 임금수준에 대한 사회적 합의조차 아직 마련되지 않은 가운데, 한일 일각에서는 '내 세금이 복지 재원으로 투입되어서는 안 된다며, 심지어 쓸모없는 이들을 안락사시켜야 한다'는 식으로 약자를 궁지로 몰아넣기만 할 뿐 무의미한 편견과 차별만 부추기는 증오의 언어가 표출되고 있다. 이런 어려운 여건도 포함하여 돌봄의 사회화라는 과제의 해결이 난망한 구조 속에서 "약자가 약자인 그대로도 존중받으며 살아가기"를 바라며 존엄한 삶을 위해 순간순간 돌봄의 현장에서 고령자, 장애인 당사자의 말에 귀를 기울이면서 분투하고 있는 여성들이 있다는 점, 저자를 포함해 그 여성들은 우리의 자매라는 점을 기억해주면 좋겠다. 한국보다 10년 먼저 시작된 일본의 개호 현장에서는 열악한 노동 현실에도 불구하고 24년간의 역사가 쌓이는 동안, 전문지식이 늘고 스킬이 크게 향상되었다고 한다. 나는 돌아가신 조모가 요양원과 요양병원에 계실 때에 가로세로 15cm까지 욕창이 커지는 등 도저히 손을 쓸 수 없는 지경에 이른 적이 있어서 일본의 개호 현장 분석에 대해 관심이 컸다. 일본의 개호 현장에서는 적어도 이제 욕창은 거의 찾아볼 수 없다고 들었다.

저자가 선구자로 개척해온 페미니즘 시각에 바탕을 두고서, 돌봄에 대한 이론과 실천에 각기 고른 균형을 두며 돌봄에 대해 단지 윤리적, 규범적으로 접근하지 않고 사회학적으로 현장을 검증했기 때문에, 이 책을 꼭 한국어로 번역 출간하고 싶었다. 그런데 국내에서 인기가 높은 저자의 대중서에 비해 아주 많은 분량의 학술서라는 점 때문에 출판사를 찾기가 쉽지 않았다. 막막한 가운데 오월의봄에서 손을 내밀어주었다. 이 책을 내기까지 지난한 여정의 시작부터 끝까지 한결같이 고생을 마다하지 않은 오월의봄 관계자께 깊은 감사를 드린다. 이분들이 있지 않았더라면 이 책은 한국에 출간될 수 없었을 것이다. 기꺼이 이 책의 의의를 짚어주는 해제를 써주신 양난주 교수님께도 깊이 감사드린다. 코로나 팬데

믹을 겪고 모두가 안전하지 않으면 아무도 진정으로 안전할 수 없고, 그런 세계에서는 가장 먼저 사회적 약자들, 건강 약자들이 희생된다는 것을 뼈저리게 느끼게 되었지만, 자주 그런 사실을 잊어버리고 살고 있다. 오랜 기간 여성에 대한 폭력과 억압을 정당화해온 가족(주의) 이데올로기가 해체되어가는 가운데에서도, 사회보장 규모 축소를 위해 가족이 동원되곤 하지만 가족은 만능이 아니며 언제든 블랙홀이 될 수 있다는 것은 우리 사회가 '간병 살인' 등으로 경험하고 있는 그대로이다. 가족요양보호사 등 돌봄의 재가족화 시도에 대한 우려는 충분히 경청할 필요가 있다.

이 책 번역을 마칠 즈음, 나는 6년 전에 대기 신청해둔 조모의 공공 요양시설 입소가 가능하다는 연락을 받았다. 건강보험공단이 공개하는 우수기관 정보를 찾아 옮기고 또 옮겨도 신체구속이 횡행하던 요양원과 요양병원을 오갈 때 느낀 분노, 하지만 동시에 퀭한 눈으로 혼자 밤샘 일을 해서 항상 너무나 지쳐 보이는 요양보호사들과 변변찮은 휴게공간 하나 없이 24시간 다인실 요양병원 병실에서 지내며 일하는 중국 동포 간병인들을 마주할 때 느낀 죄송함. 충분한 시간의 방문요양이나 방문간호를 도저히 구할 수 없어서 발을 동동 굴렀던 때…… 나는 뭘 할 수 있을지 아득하기만 했다.

부모나 나 자신의 노후에는 좀 달라졌으면 싶은 미래를 바라며 우에노 지즈코의 지적이며 실천적인 여정에 번역자로서 동행할 수 있었다는 점이 기쁘고, 보람되었다. 모르는 부분에 대해 질문할 때마다 하나하나 성실히 답하며 가르쳐주신 바다 건너의 저자께도 존경과 연대의 인사를 드리고 싶다. 이제 75세 후기 고령자가 되었으나 걸출한 학문 외에도 당사자로서 행동력을 발휘하며 활발히 운동하고 있는 저자처럼 더 나은 사회를 위해 비판적 지성과 낙관적 의지로 하루하루 열심히 살아가는 한 사람의 페미니스트이고 싶다. 예리한 문제의식과 철저한 이론과 현장 검증으로 이루어진 이 책 《돌봄의 사회학》이 돌봄에 관해 공공의 역할, 시민사회와 지역의 역할을 고민하는 활동가와 연구자에게, 돌봄을 공부하는 사회학, 사회복지학 학생에게, 더 좋은 사회를 꿈꾸는 독자 여러분 모두에게 도움이 되기를 바란다.

2024년 봄, 역자를 대표해 조승미 씀

해제

돌봄 사회로 가는 길

양난주 | 대구대 사회복지학과 교수

먼저 고민하고 실천한 학자의 방대한 기록

2020년. 코로나19 감염병이 세계를 휩쓸었을 당시, '돌봄'은 집중적인 조명을 받았다. 정체 모를 감염병에 걸리지 않기 위해 사람 사이의 접촉을 피하라는 '거리 두기' 방침은 역설적으로 사람과 사람 사이의 돌봄을 우리 삶에서 걷어낸다는 것이 얼마나 위험한지 깨닫게 했다. 어린이집과 학교가 닫히고 지역사회 돌봄센터들이 제한적으로 운영되자 당장 돌봄이 필요한 당사자들은 물론 그 가족의 일상과 직장생활이 흔들렸다. 돌봄이 중요하다고, 돌봄은 필수노동이며 돌봄노동자는 필수노동자라는 목소리가 전에 없이 높아졌다. 코로나 팬데믹 이후를 논의하는 토론장에서는 돌봄의 가치에 대한 사회적 인정과 합당한 보상이 필요하다고 했다. 돌봄을 여성만의 일로 간주하지 말고 모두가 돌봄 수행에 참여해야 한다고 했다. 그러나 마스크를 벗게 되자 세상은 언제 그런 일이 있었냐는 듯이 빠르게 과거로 돌아갔다. 낡은 질서로 회귀하는 현실 앞에서 당황하던 어느 날 이 책 《돌봄의 사회학》을 접했다. 우리 앞으로 다가올 돌봄의 문제를 일찌감치 감지한 학자가 먼저 고민하고 실천한 방대하고 빼어난 기록이었다.

일본의 사회학자 우에노 지즈코는 일본 사회의 가부장제와 여성, 가족에 대한 비판적 연구로 한국에 널리 알려진 여성주의자다. 1990년대부터 다양한 책들이 한글로 출판되었다. 《가부장제와 자본주의》(1994), 《내셔널리즘과 젠더》(1999), 《근대가족의 성립과 종언》(2009), 《싱글, 행복하면 그만이다》(2011), 《여성혐오를 혐오한다》(2012), 《독신의 오후: 남자, 나이듦에 대하여》(2014), 《누구나 혼자인 시대의 죽음》(2016), 《집에서 혼자 죽기를 권하다》(2022) 등 번역된 책들 일부의 제목만으로도 저자의 뚜렷한 시각과 목소리를 알 수 있다. 우에노 지즈코는 1948년에 태어나 교토대에서 사회학을 공부하고 1993년 도쿄대 교수가 되어 여성학과 사회학을 가르치며 맹렬하게 연구하고 발언해왔다. 2009년에는 NPO법인 여성행동네트워크 WANWomen's Action Network을 설립하여 이사장을 맡고 있으며 대학에서 퇴임한 현재에도 여성행동네트워크 홈페이지 안에 '우에노의 연구실'을 만들어 여성운동과 여성주의 연구를 이어가고 있다.

저자가 '고령자 돌봄'에 대한 연구를 시작한 것은 2000년 개호보험제도가 도입되기 전인 1990년대 말부터라고 했다. 일본은 2023년 현재 65세 이상 인구 비중이 약 30%에 달하는 세계에서 가장 고령화된 나라다. 1990년대 중반부터 고령화율이 현재의 절반인 15%를 넘기 시작했고, 2000년에 17.8%를 기록하며 급속한 고령화를 보였다. 일본에서 2011년에 출판된 《돌봄의 사회학》은 고령화되는 인류의 가장 앞에 선 국가인 일본에서 쓰인 고령자 돌봄에 대한 여성주의적 사유와 좋은 돌봄을 실현하려는 사회적 실천의 여정이 담겨 있다. 방대한 분량의 이 책은 세 가지 큰 질문을 다루고 있다. 돌봄이란 무엇인가? 좋은 고령자 돌봄이란 무엇인가? 어떻게 좋은 고령자 돌봄을 실현할 것인가? 이 세 가지 질문에 답하기 위해서 저자는 돌봄과 관련하여 여성주의, 인권, 사회학, 경제학, 철학, 윤리학, 사회복지학 분야에서 이루어진 돌봄, 고령자, 복지 분야의 방대한 연구를 살펴본다. 학제 간 경계를 종횡무진 넘나들며 펼쳐지는 이론적 논의는 "무엇이 문제이고 어떻게 해결할 것인가?"라는 뚜렷한 질문 아래 수행되기에 이론의 무게에 눌리지 않고 그 계통과 쓰임이 잘 정리되어 독자의 이해를 돕고 있다. 비교적 많은 분량을 할애하여 자세히 설명하고 있는 생협 등 일본 시민사회의 고령자 돌봄 실천 사례는 개호보험 도입 이전부터 일본의 시민사회 조직이 어떤 활동을 해왔으며 개호보험 도입 이후 어떤 변화를 경험했는지를 알려준다.

돌봄, 인간 생명 주기에 관련된 모든 노동

《돌봄의 사회학》은 새로운 문제이자 사회 영역으로 등장한 돌봄에 대한 새로운 비전을 찾는 여정을 돌봄에 대한 정의에서 시작한다. 영국의 사회학자 메리 데일리가 정의한 "의존적인 성인 또는 아이의 신체적이며 정서적인 요구를, 그것이 수행되는 규범적,

경제적, 사회적 구조상에서 충족시키는 것에 관여된 행위와 관계"가 돌봄이라는 것이다. 다시 말해 돌봄은 첫째, 돌봄이 필요한 '의존적 존재'를 원천으로 하고, 둘째, 복수의 행위자가 관여하는 상호행위이자 상호관계이며, 셋째, 타인에게 이전 가능한 노동이라는 것이다. 저자는 철학, 윤리학, 교육학 연구에서 돌봄을 어머니와 자식 관계와 같은 자연스러운 관계를 원형으로 하거나 문화적, 생물학적 본질주의로 접근하는 것을 비판한다. 돌봄이 역사적, 사회적, 문화적 맥락에서 어떻게 배치되고 수행되는가를 밝히는 것이 중요하다고 말한다. 돌봄이 존재하는 맥락을 살핀다면 돌봄을 '언제나 좋은 것'이라고 할 수 없으며, 돌봄을 하는 쪽에서도, 받는 쪽에서도 될 수 있으면 '피하고 싶은 부담, 무거운 짐, 성가신 것'이기도 하다는 것이다. 돌봄은 좋은 것이기도 하지만 동시에 피하고 싶은 양면성을 가진다. 과도한 돌봄, 부적절한 돌봄, 돌봄을 받는 사람이 원하지 않는 돌봄은 억압이자 강요가 되는 것이다.

저자는 돌봄이 필요한 존재가 돌봄 관계의 원천이 되고, 돌봄은 당사자의 니즈와 권리에 기초한다는 점을 강조한다. 돌봄을 받는 사람은 니즈를 벗어날 수 없지만 돌보는 사람은 돌봄관계를 벗어날 수 있다는 점에서 돌봄은 본질적으로 비대칭적 권력관계라고 한다. 더 구체적으로 "돌봄은 상호행위이지만 둘의 관계는 호혜적이지도 않고 교환적이지도 않"으며 돌봄을 받는 자는 돌봄을 하는 자보다 약자가 된다는 것이다. 대등하지 않은 돌봄관계에서 돌봄에 보수를 지급하는 돌봄의 유상성有償性, paid care은 돌봄을 하는 쪽과 돌봄을 받는 쪽의 비대칭성을 완화하는 기제가 된다고 말한다. 돌봄은 '자연스러운 관계'에서 나오는 것이 아니고 '모성 본능'도 아니며, 사회적으로 구성된다는 것이다. 인권적 관점에서 돌봄을 살펴보면 돌봄이 가지는 상호성과 양면성은 다음과 같은 네 가지 권리를 필요로 한다. 첫째, 돌봄을 할 권리, 둘째, 돌봄을 받을 권리, 셋째, 돌봄을 하라고 강요당하지 않을 권리, 넷째, (부적절한) 돌봄을 받으라고 강요당하지 않을 권리가 그것이다. 복수의 권리가 합쳐져 구성되는 돌봄의 인권은 당사자주의를 기초로 하지만 돌볼 권리는 물론 양자가 자의에 의해 돌봄을 하고, 돌봄을 받을 수 있어야 한다는 점을 포괄하고 있다.

저자는 기존의 돌봄 이론과 연구를 한 발짝 더 진전시켰다. 인권의 접근으로 돌봄의 권리를 조합하는 데도 메리 데일리가 일찍이 제시한 돌봄을 할 권리, 받을 권리, 하라고 강요당하지 않을 권리(일종의 하지 않을 권리)만이 아니라 돌봄을 받으라고 강요당하지 않을 권리를 추가하여 당사자성을 강화한 돌봄 이론을 선보였다. 이뿐만 아니라 아동과 육아 영역에서 발전해온 돌봄 이론이 고령자 돌봄에까지 확장될 수 있다는 점을 '재생산노동' 개념을 재정의해 논리적으로 증명한다. 먼저 아동 돌봄과 달리 고령자 돌봄은 '노동력 재생산'에 포함될 수 없다는 비판을 소개하고 재생산노동은 "생명의 탄생에서 사망에 이르기까지 인간 생명의 주기에 관련된 모든 노동"이기에 돌봄의 대상이 아동이건 장애인이건 고령자건 모두 포괄된다고 반박한다. 사실상 모든 인간은 전 생애에 걸쳐 의존적 시기와 상태를 불가피하게 경험할 수밖에 없으며 인간은 상호의존적 존재이고 의존의 정도는 생애주기에 따라 혹은 개인 특성에 따라 다를 수 있는 것이다. 그동안의 돌봄 개념이 생명의 재생산 과정 가운데 성장과 관련된 인간의 전반 과정에만 초점을 맞춰왔고 쇠퇴기의 후반 과정을 놓쳐왔으며 사회 변화에 따라 재생산노동으로서 돌봄을 포괄적으로 재정의하는 것이 필요하다고 한다. 사회가 존속하기 위해 불가결한 노동인 재생산 비용을 성별화된 무급노동으로 가족 내 여성에게 할당한 것이 가사노동의 문제였듯이 고령자 돌봄을 가족 돌봄에 맡기는 것도 의존의 사적 영역화로 볼 수 있다는 것이다. 따라서 고령자 돌봄은 가족, 시장, 국가라는 영역에서 재생산 비용을 분배하는 문제로 접근하고 해법을 찾아야 한다는 것이다.

일본과 한국, 인구 고령화 사회

해법을 모색하기 위한 첫 단계는 '당연하고' '바람직하다'고 여겨지는 가족 돌봄이 과연 그러한지 살펴보는 것이다. 가족에 의해 이루어지는 고령자 돌봄에 대한 양적·질적 연구를 검토한 우에노 지즈코의 결론은 '가족의 실패'다. 가족에 의한 고령자 돌봄에서 당사자 주권이 보장되지도 않고, 주로 의무와 책임감에 의해 이루어지고 있으며 젠더 비대칭성이 강하게 영향을 미친다는 실증연구의 결과들을 언급하면서, 저자는 "가족 돌봄이 당연하지도 않고 자연스럽지도 않으며, 동시에 바람직하지 않다"고 말한다. 이 결론은 가족 우선주의, 가족 만능주의, 가족 책임주의로 고령자 돌봄의 해법을 찾으려는 태도를 비판하는 것으로 이해할 수 있다. 왜냐하면 가족은 돌봄 당사자와 불가분의 관계이며 고령자 돌봄의 해법으로 제시된 복지다원사회론에서 가족은 중요한 돌봄의 주체로 자리하고 있기 때문이다. 복지다원사회론은 국가官, 시장民, 시민사회協, 가족私 부문 모두 한계가 있기에 서로서로 보완한다는 것을 말한다. 특히 저자는 만능으로 기능하리라 믿었던 근대의 가족·시장·국가의 3종 세트가 한계를 드러낸 시점에서 새로운 공동성common의 틀, 자조自助도 아니고 공조公助도 아닌 공조共助라는 틀을 제4의 주체로 추가된 시민사회, 즉 협協 부문에서 찾는다.

일본의 생협과 지방정부에서 더 나은 고령자 돌봄을 실현하기 위해 수행한 다양한 활동은 주목할 만하다. 특히 1인실 기준의 유니트 케어[1]가 케어타운 다카노스에서 지방자치단체에 의해 선도적으로 시행되고 차후 후생노동성에 의해 제도적으로 수용된 것은 흥미롭다. 특정 유형의 서비스 기관이 아니라 이용자가 필요로 하는 다양한 유형의 서비스를 한 기관에서 제공하는 '소규모 다기능 거택보호'라든지 아동, 고령자, 장애인이 함께 데이서비스를

---

1 현재 한국의 노인요양시설은 4명이 한방을 쓰는 다인실을 기준으로 하고 있다. 일본의 특별양호노인홈(개호노인복지시설)은 한국의 노인장기요양시설과 같은 기능을 한다고 볼 수 있다. 일본에 개호보험법이 도입되면서 특별양호노인홈은 2000년 4463개소, 2008년 6000여 개소에 이를 정도로 양적으로 많이 증가했다. 이와 함께 입소자에게 획일적이고 집단적인 서비스를 제공하는 케어 시스템에 대한 비판과 성찰이 현장에서 일기 시작했고, 자발적으로 입소자를 집단별로 나누어 가정적인 분위기에서 입소자의 욕구와 생활 패턴에 맞춰 서비스를 제공하는 방식이 시도되기 시작했다. '일반 가정과 같은 주거환경 속에서 가능한 입소자 한 사람 한 사람에 맞춰 생활할 수 있도록 돌봄서비스를 제공한다'는 유니트 케어는 2002년부터 정부에 의해 제도적으로 권장되었다. 유니트 케어는 다인실이 아니라 1인 1실 원칙, 10~15명의 입소자를 한 개의 유니트로 하는 생활 단위 소규모화, 유니트별 요양보호사 배치, 거실과 같은 공동생활실 설치를 특징으로 한다. 장윤정, 〈일본 노인 입소시설의 유니트케어 실시에 따른 케어워커의 소진과 케어 업무 및 케어 환경에 관한 연구〉, 《보건사회연구》 29(2), 2009, 77~97쪽.

이용하는 '공생 모델'은 일본 개호보험 도입 이전에 생협 등 시민사업체에 의해 창출된 돌봄 모델이고 후생노동성이 차후에 이 모델을 제도에 수용했다. 저자는 시민사업체에서 발견한 선진적 돌봄의 조건을 "① 높은 이상과 리더십이 있는 경영자가 ② 높은 도덕심과 능력을 갖춘 돌봄노동자를 ③ 낮은 노동조건으로 고용할 때"라고 제시한다. 시민사회의 자발성이 토대가 되는 셈인데 특히 고학력 전업주부의 생협 활동 참여가 중요한 자원이다. 저자는 일본의 '전업주부 우대 정책'[2]이 여성을 고령사회 돌봄 역량으로 가정에 묶어두는 것이라고 비판하고 있는데, 이런 성차별 구조를 유지하는 정책으로 만들어지는 전업주부의 저임금노동 때문에 생협의 선진적 돌봄 실천이 가능해진다는 것은 기막힌 아이러니가 아닐 수 없다.

일본과 한국은 여러 가지로 다른 사회지만 인구 고령화가 빠르다는 점은 매우 흡사하여 전 세계에서 상위권을 다툰다. 사회구성원의 기대 수명이 몇십 년 길어지고, 노인 인구가 사회 전체의 10~30%로 늘어가는 변화를 일본은 한국보다 먼저 경험했고, 한국은 더 빠른 속도로 이를 경험하는 중이다. 일본은 2000년에 개

2 일본은 공적 연금제도의 피보험자를 1호, 2호, 3호로 나누는데, 1호는 자영업과 학생, 임시직 등에 속하는 모든 남녀(기초연금), 2호는 회사원이나 공무원 등으로 일하는 남녀(기초연금, 후생연금), 그리고 3호는 2호 피보험자에 의해 부양되는 배우자로서 연간 소득이 130만 엔 미만인 자이다. 소득이 130만 엔을 넘으면 국민연금의 1호 피보험자가 되어 의무적으로 보험료를 납부해야 한다. 이 때문에 상당수 기혼 여성들이 3호 피보험자 자격을 유지하려고 노동시간이나 소득을 조정한다. 3호 피보험자는 2022년 말 현재 763만 명인데, 대부분 전업주부 여성이다. 고마무라 고헤이, 〈일본 연금제도의 현황과 과제〉, 《국제노동브리프》 21(6), 한국노동연구원, 2023, 29~42쪽.

호보험을 도입했고, 한국은 2008년 노인장기요양보험제도를 시행하여 사회보험 방식으로 고령자 돌봄에 대한 사회적 대책을 마련했다는 공통점도 있다. 두 나라 모두 거동이 불편해진 노인이 살던 곳에서 다양한 지원을 받으며 살 수 있어야 한다며 '커뮤니티케어' 정책을 강조하고 재택의료, 지역사회통합돌봄 등 다양한 사업을 추진하지만, 여전히 고령자 '간병 살인'이나 '고독사'로 불리는 사건들이 끊이지 않는다는 것도 비극적인 공통점이다.

돌봄노동, 낮은 보상, 불안정한 일자리

《돌봄의 사회학》은 노인 천만 시대를 맞이한 우리 사회에서 고령자 돌봄 문제를 새롭게 인식하도록 도와준다. 이 책이 주장하는 바는 고령자 돌봄은 사회문제이고 국가, 시장, 시민사회, 가족 모두가 협력하여 복지다원사회를 구성하는 방식으로 해결을 모색해야 한다는 것이다. 지금 한국사회는 다른 나라에서 찾아보기 힘들 정도로 급속한 인구 고령화를 경험하고 있다. 1970년 62.3세였던 기대 수명은 2020년 83.5세로 20년 이상 길어졌다. 1980년에 65세 이상 인구는 전체 인구의 3.8%로 약 145만 명에 불과했으나, 40년이 조금 넘게 지난 2023년에는 18.4%로 노인 인구 천만 시대를 앞두고 있다. 그동안 가구 규모도 많이 축소되어 2015년부터 1인 가구가 전체 가구 중 가장 큰 비중을 차지한다. 노인 가구만 보면 독거노인과 노인 부부 가구가 거의 80% 가까이 차지하며, 자녀와 동거하는 노인 가구는 20%에 불과하다.[3] 기대 수명 증가, 1인

가구 증가, 노인 단독가구 증가는 서구 여러 나라에서 이미 오래전부터 경험해온 변화이지만 우리의 문제는 이 변화가 비교할 바 없이 빠르게 진행되고 있다는 것이다.

그러나 우리 사회의 고령화에 발맞춘 사회 정책의 대응은 더디고 충분하지 않다. 2008년부터 시행된 노인장기요양보험제도는 고령자 돌봄의 사회화에 획기적으로 기여했다. 혼자 생활할 수 없는 노인은 장기요양등급 인정을 받아 요양시설에 입소하거나 방문요양이나 주간보호 등 재가서비스를 이용할 수 있다. 2022년 기준 노인 인구의 약 10%인 100만 명이 혜택을 받고 있다. 그러나 요양시설·요양병원의 다인실 구조와 돌봄 인력 기준 등을 생각하면 입소형 장기요양이 존엄한 고령자 돌봄을 실현하고 있다고 보기 어려우며 불충분한 재가요양은 고령자와 가족의 추가적인 가계 부담이나 원치 않는 입소의 원인으로 작용하고 있다. 이뿐만 아니라 돌봄의 사회화를 표방한 노인장기요양제도에서 요양보호사 자격증을 가진 가족에 의해 돌봄이 이루어지는 가족인 요양보호 방식도 문제적이다. 2011년 정부는 가족관계인 요양보호사에게 방문요양을 받을 경우 인정 시간을 줄여 규제하려 했지만, 가족인 요양보호사는 잠시 주춤하다가 꾸준히 증가해왔다. 현재 방문요양 이용의 18.3%[4]를 차지하는 가족인 요양보호 방식의 돌봄관계는 비공식 가족 돌봄과 공식 장기요양서비스 사이에서 고령자 돌봄의 회색지대를 만들고 있다.

---

3 이윤경 외, 〈2020년 노인 실태조사〉, 보건복지부·한국보건사회연구원, 2020.

4 이윤경 외, 〈2022년 장기요양 실태조사〉, 보건복지부·한국보건사회연구원, 2022.

한국에서 고령자 돌봄을 직업으로 하는 노동자가 요양보호사라는 정식 자격과 명칭을 가지기까지는 오랜 시간이 걸렸다. 정부가 공적 재원으로 운영하는 사업임에도 1990년대부터 노인 돌봄사업 제공 인력은 유급봉사자, 가정봉사원, 노인도우미, 노인돌보미 등으로 불려왔다. 돌봄은 최소한의 자격 기준이 요구되는 일이고, 아무에게나 쉽게 맡겨도 되는 일로 간주되면서 돌봄서비스업은 저임금 불안정 일자리로 자리 잡게 되었다. 특히 요양보호사는 90% 이상이 여성이며 평균 연령이 약 60세인 중고령 여성 일자리로 고착되고 있다. 시설 요양보호사는 월평균 200만 원 내외, 방문 요양보호사의 경우 월평균 96.2만 원을 받는다.[5] 전체 노동자의 월평균 임금이 186.1만 원(2008년)에서 282만 원(2021년)으로 95만 9000원 증가하는 동안 돌봄직 평균임금은 119.7만 원(2008년)에서 169.4만 원(2021년)으로 49만 7000원만 증가했다.[6] 돌봄직 월평균 임금이 전체 노동자 월평균 임금에서 차지하는 비중은 64.3%(2008년)에서 60%(2021년)로 감소하여 시간이 갈수록 고용의 질은 더 나빠지고 있다. 국가자격증으로 제도화되어 자격증 소지자가 250만 명을 넘어도 현장에서는 '낮은 급여' 때문에 요양보호사 채용에 어려움을 겪고 있다.[7] 우에노 지즈코는 돌봄 직종의 낮은 임금 이면에는 제도권과 정치권, 그리고 유권자인 시민 모두가 돌봄노동을 저평가하는 현실이 있음을 지적한다. 돌봄에 대한

---

5 같은 글.

6 양난주 외, 〈사회서비스 시장화 정책의 성평등 효과 분석: 보육, 장기요양, 장애인활동지원을 중심으로〉, 여성가족부·대구대학교 산학협력단, 2022.

7 이윤경 외, 〈2022년 장기요양 실태조사〉, 2022.

사회적 평가가 낮기에 정부는 이용료를 싸게 억제하고 사업자는 임금을 올리지 않으며 이용자는 될 수 있으면 싼 가격을 선호한다는 것이다. 낮은 보상을 받는 일자리, 불안정한 일자리를 통해 좋은 돌봄서비스가 제공될 가능성은 희박하다. 한국뿐 아니라 전 세계적으로 돌봄 일자리의 질을 높여 안정적으로 노동력을 확보하고 신뢰할 수 있는 돌봄서비스를 마련하는 것은 시급한 과제이다. 이 지점에서 우에노 지즈코가 대안적 공급으로 주목한 생협 등 시민사업체에서 가능한 '고학력 전업주부의 자발적 저임금노동'에 기초한 '좋은 돌봄'이 과연 중추적인 사회적 돌봄이 될 수 있을지 의문이다. 자발적 저임금노동이 가능한 전업주부라는 지위가 일본의 '전업주부 우대 정책'에도 불구하고 점차 줄어들고 있기 때문이다. 1980~1990년대 일본의 홑벌이 가구 비중은 압도적으로 높았으나 2014년을 기점으로 맞벌이 가구 비중이 높아지기 시작해 2022년 70%를 넘었다.[8] 고령자 돌봄의 사회적 수요가 증가하는 데 비해 시민사업체의 '좋은 돌봄' 공급은 줄어들 수밖에 없는 것이다. 따라서 복지다원사회론에 의해 시민사회에 돌봄 공급 역할을 맡기자는 제안도 한계가 있다고 하겠다.

8 박소연, 〈"일본女는 살림만 한다?" 日, 20년간 350만 전업주부가 사라졌다〉, 《파이낸셜뉴스》. 2023. 7.29.

모두가 오래 사는 시대, 돌봄의 미래는?

현대사회에서 고령자 돌봄은 새롭게 맞이하게 된 도전이다. 일본이나 한국만이 아니라 전 세계의 인류가 이전에는 경험하지 못한 '오래 사는 시대'에 접어들고 있다. 아동 돌봄과 다르게 이미 성인이 되어 독립 가구로 지내던 사회구성원을 대상으로 막대한 사회적 돌봄이 필요해진다. 돌봄노동이 이전보다 더욱 대규모로 안정적으로 공급되어야 그 수요를 충당할 수 있을 것이다. ILO는 일찍이 돌봄노동의 고진로 전략을 제안한 바 있다.[9] 돌봄 분야에서 새롭게 만들어지는 노동이 합당한 대우를 받는 좋은 일자리가 되어야 좋은 질의 서비스가 제공될 수 있으며, 돌봄서비스를 신뢰할 수 있어야 가족들이 고용과 사회생활을 유지한다. 이를 통해 조세 기반이 확충되어야 돌봄서비스를 수준 높게 보상할 수 있게 된다. 반대로 저임금 기반 돌봄서비스는 공급과 서비스 질이 불안정해지는 결과로 이어지고, 돌봄 필요자와 가족들은 시장에서 더 나은 서비스를 구매하거나 고용을 중단하고 직접 돌보게 된다. 이는 다시 가계 부담을 높이고 조세 기반을 약화하여 돌봄서비스에 투입할 재정을 축소하고 돌봄서비스 보상을 낮추게 된다는 것이다. 사회적으로 무급 돌봄은 줄이고 고르게 나누어 수행하고, 유급의 돌봄노동은 더 보상하고 좋은 일자리로 만드는 방향으로 정책이 추진되는 것이 필요하다고 한다.

《돌봄의 사회학》은 보편적 돌봄 사회를 제안하며 마무리하

---

9 ILO, "Care work and Care jobs: for the future of decent work", 2018.

고 있다. 의존적 존재 모두, 곧 아동, 장애인, 노인 모두에게 통합적으로 제공되는 보편적 사회서비스법을 제정하고 세금으로 재원을 확보한 후 공적 기관이 사회서비스 제공을 책임지는 제도를 구성하자는 것이다. 현재 돌봄서비스의 불충분성과 분절성을 생각하면 포괄적이고 보편적인 돌봄 보장이라는 지향은 설득력이 있다. 그러나 방향 제시만으로 정부, 당사자, 가족, 제공자, 제공 기관의 욕구와 이해가 복잡하게 얽혀 형성된 현재의 돌봄 제도를 어떻게 변화시킬 수 있을지는 다소 막막하다. 한국만 봐도 표면적으로는 보편적 돌봄 제도가 있다. 아동, 노인, 장애인이 하나로 통합된 것은 아니지만 아동보육제도와 노인장기요양보험제도, 장애인활동지원제도가 있다. 그러나 개별 제도들 모두 당사자가 필요로 하는 서비스의 양과 질을 보장하지 못하고 있고 지역별, 기관별 격차도 적지 않다. 현재 돌봄서비스는 정부 재원으로 육성된 시장 안에서 주로 민간 영리사업자가 경쟁적으로 생산하고 있다. 이러한 유사시장 메커니즘에서 비영리기관도 상업적 운영 논리를 벗어나기 어렵고 고령자와 가족들은 상품화된 서비스를 구매하는 소비자 지위에 익숙해져 있다. 무엇을 어디서부터 바꿔야 할 것인가. 《돌봄의 사회학》은 돌봄이 필요한 사람과 돌보는 사람이 자신이 원하는 삶을 누리면서 돌봄관계 안에서 평등한 사회로 가야 한다고 제시하고 있다. 이를 위해서는 돌봄이 여성의 일이라는 오래된 고정관념을 버리고 가사와 돌봄을 남녀노소 모두가 수행하는 문화와 제도가 정착되어야 한다. 고령자 돌봄이라는 당대의 문제를 제대로 해결하기 위해서는 인권 보장과 성평등 실현이라는 오래된 문제를 같이 풀어야 한다는 것을 이 책은 말해주고 있다.

연도	제도	사회 정치 현상
1946	패전 후 본토로 돌아온 일본인을 돕는 것을 주목적으로 생활보호법 공포, 시행	
1947	아동복지법 공포	
1948		영국, 복지 3법(국민보험법, 국민건강서비스법, 국가지원법) 발효
1949	신체장애인복지법 제정	
1950	빈곤층 지원을 목적으로 (현재 시행 중인) 생활보호법 제정, 시행	
1951	사회복지사업법 시행	
1952	모자복지자금대부법 제정, 시행	
1953		
1954	후생연금보험법 개정	
1955		
1956		제1회 일본노년학Gerontology 학회 개최 제1회 《후생백서》 발표. 백서의 첫 항목은 '고령자 대책' 나가노현에서 처음으로 홈헬프(가정방문 돌봄) 서비스 시작
1957		노인의 건강과 복지를 향상시키는 국민회의 개최 뇌성마비 장애인단체 '푸른잔디회青い芝の会' 발족
1958	사회복지사업 등 시설에 관한 조치법 성립	

1959	국민연금법 성립 (전 국민 적용 대상)	덴마크, 노멀라이제이션Normalization 운동으로 장애인복지법 시행
1960	지적장애인복지법, 신체장애인고용촉진법 성립	
1961	아동부양수당법 성립	전국노인클럽연합회 설립
1962		나다고베생협과 고베생협 합병으로 나다고베생활협동조합(현 일본 최대 생협 '코프 고베' 전신) 설립
1963	노인복지법 공포, 시행	
1964	모자복지법 제정, 시행 후생성에 사회국 노인복지과 설치	미국, 민권법 제정
1965	후생연금보험법 개정 모자보호법 성립	'생활클럽 생협' 발족
1966		
1967		
1968		
1969	후생성이 〈전국노인실태조사〉 첫 실시	
1970		푸른잔디회, 장애아 살해 감형 판결에 항의운동 전개 일본 최초 우먼 리브(여성해방) 대회 개최
1971	아동수당법 성립	도쿄 후추 소재 중증장애인 시설 (요육센터療育センター)에서 일어난 장애인 인권 침해 사건 항의 투쟁
1972	근로부인복지법 성립	미국 버클리에서 장애인 자립생활센터 설립
1973	노인의료비공비부담제도 (노인 의료비 무료화) 시행 일본 정부 복지 원년 선언	우생보호법 개악 (장애 태아의 선별적 중절 가능 조항)을 저지하는 전국 집회
1974	고용보험법 성립	
1975		
1976		1976~1985년 '유엔 여성 10년' 시작
1977		
1978		
1979		영국, 마거릿 대처 총리 취임

1980		일본 정부, 유엔여성차별철폐협약에 서명 교토에서 '치매 노인이 있는 가족 모임'[사단법인 '인지증인 사람들과 가족의 모임' 전신] 발족
1981	모자 및 과부 복지법 (모자복지법 개정) 시행 일본, 복지 6법(생활보호법, 아동복지법, 신체장애인복지법, 지적장애인복지법, 노인복지법, 모자복지법) 체제 확립	미국, 로널드 레이건 대통령 취임 스웨덴, 사회서비스법 제정
1982	신체장애인 가정봉사원제도 개정 (장애인 지원 파견 대상이 확대됨)	제1차 나카소네 야스히로 내각 공적 개호 보장을 요구하는 장애인운동으로, 장애인 방문개호에 유상의 요금을 지급하는 파견사업 시작
1983	노인보건법 시행 (일부 의료비 부담 도입)	
1984		'베델의 집'(일본 홋카이도 우라카와 소재 정신장애인 공동체) 설립
1985	공제연금 개정(기초연금 도입) 국고보조금 부담액 삭감 남녀고용기회균등법 성립	일본 정부, 유엔여성차별철폐협약 비준 플라자 합의
1986	노인보건법 일부 개정 (노인보건시설 창설) 3호피보험자 보험료 면제 제도화	
1987	사회복지사 및 개호복지사법 제정, 시행	
1988		전국공적개호보장요구자조합 결성 그린코프연합 발족
1989	고령자보건복지추진10개년전략 (골드플랜) 제정	베를린장벽 붕괴 워커즈콜렉티브연합회 발족
1990	노인복지법, 신체장애인복지법, 모자복지법 개정에 따라 재택복지서비스 추진, 시·정·촌으로 권한 일원화, 복지계획제출 의무화 등이 규정됨	우에노 지즈코, 《가부장제와 자본주의》 출간
1991	육아·개호휴업법 성립	소련 붕괴 일본 거품경제 붕괴 전국자립생활센터협의회 발족

1992		스웨덴 '에델 개혁'
1993	사회복지사업법 등 일부 개정 (민간 헬퍼를 대상으로 퇴직수당 도입)	도야마현에 '고노유비도마레' 개소
1994	정년 60세 의무화 고령자보건복지추진5개년계획 (신골드플랜) 제정	독일 공적개호보험법 제정, 시행
1995	고령사회대책기본법 제정, 시행	고베 대지진(일본 자원봉사 원년)
1996	시·정·촌 장애인생활지원사업 각 지역 자립생활센터 홈헬프 사업 위탁	1차 하시모토 류타로 내각 발족
1997	노동기준법, 건강보험법, 남녀고용기회균등법 개정 개호보험법 제정(2000년 시행)	영국, 토니 블레어 총리 취임('제3의 길') 아시아 금융위기
1998	특정비영리활동촉진법(NPO법) 제정, 시행	오부치 게이조 내각 발족
1999	노동자파견법 개정 (파견 허용 업종 확대), 남녀공동참획사회기본법 제정, 시행	'케어타운 다카노스' 개설
2000	후생연금보험법 개정(수급 연령 65 세부터 단계적으로 상향) 교통베리어프리법 제정, 시행 개호보험제도 실시, 케어매니저 제도 발족, '골드 플랜21' 제정	NPO '모모MOMO' 설립 [서비스 하우스 포포로 개설]
2001	후생성과 노동성 통합으로 후생노동성이 됨	미국 9·11 사태
2002	홈리스자립지원법 성립	
2003	모자가정의 어머니 취업 지원에 관한 특별조치법, 저출산사회대책기본법 제정, 시행 장애인지원비제도 시행	우에노 지즈코·나카니시 쇼지 《당사자 주권》 출간 복지사회학계 발족
2004	노동자파견법 개정(제조업 부문 파견 허용), 후생연금보험법 개정	
2005	개호보험법 개정 고령자학대방지·양호자지원법 성립 고령자고용안정법 개정 (정년 연령을 65세로 상향)	

2006	장애인자립지원법 시행 국고보조부담금제도 개혁 (지방정부에 대한 국고보조부담금 폐지·축소, 중앙정부에서 지방정부로 세원을 이양, 지방교부세 개혁)에 의한 보조금 부담액 하향 조정 노인보건법 폐지. 후기 고령자 (75세 이상) 의료제도 시행	
2007	개호보험법 재개정	
2008		리먼 쇼크 연말부터 히비야공원에서 '파견촌운동'[파견노동 전면 확대에 대한 노동자들의 반빈곤운동] 시작
2009		우에노 지즈코·나카니시 쇼지 《니즈 중심의 복지사회로》 출간 노인시설 '홈 타마유라' 화재 사건 발생 하토야마 유키오 내각 발족(정권 교체)
2010		'새로운 공공 원탁회의'(행정 당국과 시민사회가 새로운 공공 개념이나 전망을 논의하기 위한 회의체) 설치 간 나오토 내각 발족

참고문헌

A

阿部真大 2007『働きすぎる若者たち「自分探し」の果てに』NHK出版
Abel, Emily, 1991, *Who Cares for the Elderly?: Public Policy and the Experience of Adult Daughters*. Philadelphia: Temple University Press.
Abel, Emily, 2000, "A historical perspective on care", in Meyer, ed., 2000.
阿保順子 2004『痴呆老人が創造する世界』岩波書店
安立清史 1998『市民福祉の社会学—高齢化·福祉改革·NPO』ハーベスト社
安立清史 2003「第2章 介護系NPOとは何か」[田中·浅川·安立 2003]
安立清史 2006「米国のシニアムーブメントはなぜ成功したか—Npoと社会運動の相補性を巡って」『社会学評論』57(2)
安立清史 2008『福祉NPOの社会学』東京大学出版会
足立真理子 2003「予めの排除と内なる排除—グローバリゼーションの境界閾」『現代思想』31(1)
アグネス論争を楽しむ会編 1988『アグネス論争を楽しむ』JICC出版局
秋元美世·芝野松次郎·森本佳樹·大島巌·藤村正之·山県文治編 2003『現代社会福祉事典』有斐閣
秋山弘子 2008「自立の神話『サクセスフルエイジング』を解剖する」[上野·大熊·大沢·神野·副田編 2008a]
秋山正子 2010『在宅ケアの不思議な力』医学書院
天田城介 2003『〈老い衰えていくこと〉の社会学』多賀出版
天田城介 2004『老い衰えてゆく自己の/と自由—高齢者ケアの社会学的実践論·当事者論』ハーベスト社
天野正子 1988「「受」働から「能」働への実験—ワーカーズ·コレクティブの可能性」[佐藤慶幸編 1988]
天野正子 1996『生活者とはだれか』中公新書
天野正子 1997『高齢者と女性を中心とする新しい「働き方」についての研究』(平成7-8年度科研費基礎研究研究成果報告書)

天野正子 1999『老いの近代』岩波書店
天野正子 2005a「8 老いの変容」佐口和郎·中川清編著『講座福祉社会2 福祉社会の歴史』ミネルヴァ書房
天野正子 2005b「女性と高齢者が担う「働く人びとの協働組合」—その可能性と困難—」[現代生協論編集委員会編 2005]コープ出版
Arendt, Hannah, 1958, *Human Condition*. Chicago: University of Chicago Press. =1994 志水逸雄訳『人間の条件』ちくま学芸文庫 (한국어판: 한나 아렌트,《인간의 조건》, 이진우 옮김, 한길사, 2019.)
Aries, Philippe, 1960, *L'Enfant et la Vie familiale sous l'Ancient Regime*. Paris: Plon, Editions du Seuil. =1980 杉山光信·杉山恵美子訳『〈子供〉の誕生』みすず書房 (한국어판: 필리프 아리에스,《아동의 탄생》, 문지영 옮김, 새물결, 2003.)
有吉佐和子 1972『恍惚の人』新潮社 (한국어판: 아리요시 사와코,《황홀한 사람》, 김욱 옮김, 청미, 2021.)
朝日新聞論説委員室·大熊由紀子 1996『福祉が変わる医療が変わる—日本を変えようとした70の社説+α』ぶどう社
安積遊歩 1999『車椅子からの挑戦—私が幸せになるために私は政治的になる』太郎次郎社
安積純子·岡原正幸·尾中文哉·立岩真也 1990『生の技法—家と施設を出て暮らす障害者の社会学』藤原書店
浅川澄一 2006『これこそ欲しい介護サービス! 安心できるケア付き住宅を求めて』日本経済新聞社
浅川澄一 2007『高齢者介護を変える「高専賃+小規模介護」登場!ケア付き住宅の本命』筒井書房
朝倉美江 2002『生活福祉と生活協同組合福祉—福祉NPOの可能性』同時代社
朝倉美江編 2004『高齢社会と福祉』ドメス出版
新しい社会保障像を考える研究会 2008「提言 新しい社会保障像の構想」『世界』785

B

Barnes, Marian, 2001, "From private carer to public actor: the Carer's movement in England", in Daly, Mary, ed., 2001.
Beechey, Veronica, 1987, *Unequal Work*. London: Verso.
べてるの家の本制作委員会 1992『べてるの家の本』べてるの家
Boden, Christine, 1998, *Who Will I Be When I Die?* Sydney, Australia: Harper Collins. =2003 桧垣陽子『私は誰になっていくの?—アルツハイマー病者から見た世界』クリエイツかもがわ
企業組合ワーカーズ·コレクティブ凡 2006『ブルーベリーソース物語』ユック舎
Boris, Elizabeth T., Boris, & C. Eugene Steruerle, 1999, *Nonprofits and Government*. Washington D. C.: the Urban Institute. =2007 上野真城子·山内直人『NPOと政府』ミネルヴァ書房

Borzaga, Carlo & Jacques Defourny, 2001, *The Emergence of Social Enterprise*, Routledge. =2004 内山哲朗·石塚秀雄·柳沢敏勝訳『社会的企業(ソーシャルエンタープライズ)雇用·福祉のEUサードセクター』日本経済評論社 (한국어판: 카를로 보르자가·자크 데포니, 《사회적기업 I: 이론과 실제편》, 박상하·고두갑·박대석 옮김, 시그마프레스, 2009.)
Bryson, Valerie, 1999, *Feminist Debate: Issues of Theory and Political Practice*. London: Macmillan Press. =2004 江原由美子監訳『争点·フェミニズム』勁草書房
Bubeck, Diemut Elisabet, 1995, *Care, Gender and Justice*. Oxford: Clarendon Press.

C

Campbell, Creighton J., 2008「国際比較の中の日本介護保険」[上野·大熊·大沢·神野·副田編 2008e]
Chambliss, Daniel F., 1996, *Beyond Caring: Hospitals, Nurses, and the Social Organizations of Ethics*. Chicago: The University of Chicago press. =2002 浅野祐子訳『ケアの向こう側—看護職が直面する道徳的·倫理的矛盾』日本看護協会出版会

D

第一回地域共生ホーム全国セミナーinとやま実行委員会編 2003a『第一回地域共生ホーム全国セミナーinとやま報告書 いっしょにできること』筒井書房
第一回地域共生ホーム全国セミナーinとやま実行委員会編 2003b『地域共生ケアとはなにか—地域共生白書2003』筒井書房
Dalla Costa, Jovanna Franca, 1978, *Un lavoro d'amour*. Rome: Edizioni delle donne. =1991 年伊田久美子訳『愛の労働』インパクト出版会
Daly, Mary, ed., 2001, *Care Work: The Quest for Security*. Geneva: International Labour Office.
Daly, Mary & Katherine Rake, 2003, *Gender and Welfare State: Care, Work and Welfare in Europe and the USA*. Cambridge: Polity Press.
Daly, Mary & Standing, Guy, 2001, "Introduction", in Daly, Mary, ed., 2001.
Decalmer, Peter & Glendenning, Frank, ed., 1993, *Mistreatment of Elderly People*. Sage Publications Ltd. =1998 田端光美·杉岡直人監訳『高齢者虐待』ミネルヴァ書房
出口泰靖 2004a「『呆け』たら私はどうなるのか? 何を思うのか?」[山田富秋編 2004]
出口泰靖 2004b「『呆け』について私はもの語れるのか?〈本人の『呆けゆく』体験の語り〉が生成される, 場〉」[山田富秋編2004]
出口泰靖 2004c「『呆けゆく』体験を〈語り, 明かすこと〉と〈語らず, 隠すこと〉」[山田富

秋編 2004]
出口泰靖 2004d 「『呆けゆく』体験を〈語らず, 隠すこと〉と〈語り, 明かすこと〉のはざまで」[山田富秋編 2004]
Delphy, Christiane, 1984, *Close to Home: A Materialist Analysis of Women's Oppression*, trans. By Diana Leonard. Amherst: The University of Massachusetts Press. =1996 井上たか子, 杉藤雅子, 加藤康子訳『なにが女性の主要な敵なのか—ラディカル·唯物論的分析』勁草書房
土場学 2007 「テーマ別研究動向(当事者性)」『社会学評論』58(2)
Drucker, Peter F. & Stern, Gary J., 1998, *The Drucker Foundation of Self-Assessment Tool: Participant Workbook*. Jossey-Bass; Revised Edition =2000 田中弥生監訳『非営利組織の成果重視マネジメント—NPO·行政·公益法人のための[自己評価手法]』ダイヤモンド社

E

江上渉 1994 「コミュニティからみた在宅福祉サービス 住民参加型の場合」[針生誠吉·小林良二編 1994]
江原由美子編 1995『フェミニズムの主張2 性の商品化』勁草書房
江原由美子 2000『フェミニズムのパラドックス—定着による拡散』勁草書房
Ekeh, Peter, P., 1974, *Social Exchange Theroy: the Two Traditions*. London: Heineman Educational. =1980小川浩一訳『社会的交換理論』新泉社
Esping-Andersen, Gosta, 1990, *The Three Worlds of Welfare Capitalism. Lon*don: Polity Press. =2001 岡沢憲芙·宮本太郎監訳『福祉資本主義の三つの世界: 比較福祉国家の理論と動態』ミネルヴァ書房 (한국어판: 요스타 에스핑 안데르센,《복지자본주의의 세 가지 세계》, 박형신 옮김, 일신사, 2006.)
Esping-Andersen, Gosta, 1999, *Social Foundations of Post-Industrial Economies*. London & Oxford: Oxford University Press. =2000 渡辺雅男·渡辺景子訳『ポスト工業経済の社会的基礎』桜井書店 (한국어판: 요스타 에스핑 안데르센,《복지체제의 위기와 대응: 포스트 산업경제의 사회적 토대》, 박시종 옮김, 성균관대학교출판부, 2007.)
Evers, Adalbert, & Jean-Louis Laville, eds., 2004, *The Third Sector in Europe: Edward Elgar*. =2007 内山哲朗·柳沢敏勝訳『欧州サードセクター: 歴史·理論·政策』日本経済評論社 (한국어판: 아달베르트 에베르스 & 장-루이 라빌,《세계화 시대의 새로운 복지: 사회적 경제와 제3섹터》, 자활정보센터 옮김, 나눔의집, 2008.)

F

Faludi, Susan, 1991, *Backlash: The Undeclared War against American Women*. New York: Crown. =1994 伊藤由美子他訳『バックラッシュ—逆襲される女たち』新潮社 (한국어판: 수전 팔루디,《백래시: 누가 페미니즘을 두려워하는가?》, 성원 옮

김, 아르테, 2017.)
Finch, J. & Groves, eds., 1983, *A Labour of Love: Women, Work and Caring*. London: Routledge and Kegan Paul.
Fineman, Martha A., 1995, *The Neutered Mother, the Sexual family and other Twentieth Century Tragedies*. New York: Taylor and Francis Books Inc. =2003 上野千鶴子監訳 / 速水葉子·穐田信子訳『家族 積みすぎた方舟—ポスト平等主義のフェミニズム法理論』学陽書房
Fineman, Martha A., 2004, *The Autonomy Myth: A Theory of Dependency*. New York: The New Press. =2009穐田信子·速水葉子訳『ケアの絆—自律神話を超えて』岩波書店
Folbre, Nancy, 2001, "Accounting for care in the United States", in Daly, Mary, ed., 2001.
Frazer, Nancy, 1993, "After the family wage: Gender equality and the welfare state", *Political Theory*, Vol. 22, No. 4.
藤井正雄 2001「介護における「個」と「家族」の役割」比較家族史学会監修『扶養と相続』早稲田大学出版部
藤森克彦 2010『単身急増社会の衝撃』日本経済新聞社
藤崎宏子 2006「『介護の社会化』—その問題構成」『法律時報』78(11)
藤原智美 2007『暴走老人!』文藝春秋 (한국어판: 후지와라 토모미,《폭주노인》, 이성현 옮김, 좋은책만들기, 2008.)
福祉クラブ生活協同組合編 2005『ワーカーズ·コレクティブ—地域に広がる福祉クラブのたすけあい』中央法規出版
古川孝順·岩崎晋哉·稲沢公一編 2002『援助するということ—社会福祉実践を支える価値規範を問う』有斐閣

G

現代生協論編集委員会編 2005『現代生協論〈現状分析編〉』コープ出版
現代生協論編集委員会編 2006『現代生協論〈理論編〉』コープ出版
Gilligan, Carol, 1982, In a Different Voice: Psychological Theory and Women's Developement. Cambridge: Harvard University Press. =1986 岩男寿美子監訳『もうひとつの声—男女の道徳観の違いと女性のアイデンティティ』川島書店 (한국어판: 캐롤 길리건,《다른 목소리로》, 허란주 옮김, 동녘, 1997.)
グリーンコープ連合福祉連帯基金福祉ワーカーズ·コレクティブ研究会 2000a『福祉ワーカーズ·コレクティブ研究会レポート'99』グリーンコープ連合福祉連帯基金
グリーンコープ連合福祉連帯基金福祉ワーカーズ·コレクティブ研究会 2000b『福祉ワーカーズ·コレクティブ研究会報告書 思いから自立へ ワーカーズの挑戦』グリーンコープ連合福祉連帯基金

H

萩原清子2000『在宅介護と高齢者福祉のゆくえ』白桃書房

Hall, Edward T., 1966, *The Hidden Dimensions*. New York: Anchor Books. =2000 日高敏隆·佐藤信行訳『かくれた次元』みすず書房 (한국어판: 에드워드 홀,《숨겨진 차원》, 최효선 옮김, 한길사, 2002.)

羽根文 2006「介護殺人·心中事件にみる家族介護の困難とジェンダー要因:介護者が夫·息子の事例から」『家族社会学研究』18-1日本家族社会学会

針生誠吉·小林良二編 1994『高齢社会と在宅福祉 都市研究叢書10』日本評論社

治田友香 2007「NPO法の成立と日本NPOセンターの取り組み」日本NPOセンター『市民社会創造の10年 支援組織の視点から』ぎょうせい

橋本宏子 1994「8登録ヘルパーの法的性格」[針生·小林編 1994]

初谷勇 2005「11戦後社会福祉政策とNPO政策」佐口和郎·中川清編著『講座福祉社会2 福祉社会の歴史』ミネルヴァ書房

服部良子 2001「ケアワークとボランタリーセクター」竹中恵美子編『労働とジェンダー』明石書店

Held, Virginia, de., 1995, *Justice and Care*. Boulder: Westview Press.

Held, Virginia, 2006, *The Ethics of Care: Personal, Political and Global*. Oxford: Oxford University Press. (한국어판: 버지니아 헬드,《돌봄: 돌봄윤리-개인적, 정치적, 지구적》, 김희강·나상원 옮김, 박영사, 2017.)

樋口陽一 1985「日本憲法学と"福祉"問題」東京大学社会科学研究所編『福祉国家4』東京大学出版会

Himmelweit, Susan, 1995, "The Discovery of "Unpaid Work": The Social Consequencesof the Expansion of "Work"". =1996 久場嬉子訳「「無償労働」の発見─「労働」概念拡張の社会的諸結果」『日米女性ジャーナル』20

Himmelweit, Susan, 1999, "Caring labor", *The Annals of The American Academy of Political and Social Science*, Vol. 561.

平野隆之編 2005『共生ケアの営みと支援─富山型「このゆびとーまれ」調査から』筒井書房

平岡公一 2002『福祉国家体制の再編と市場化』小笠原浩一·武川正吾編『福祉国家の変貌』東信堂

広井良典 1997『ケアを問い直す』ちくま新書

広井良典 2000『ケア学: 越境するケアへ』医学書院

広井良典 2003『生命の政治学─福祉国家·エコロジー·生命倫理』岩波書店

広井良典 2005『ケアのゆくえ科学のゆくえ』岩波書店

広井良典 2006「『持続可能な福祉社会』の構想」『思想』983

ひろたまさき 2005『女の老いと男の老い』吉川弘文館

Hobsbawm, Eric & Ranger, Terence, 1983, *The Invention of Tradition*. Cambridge University Press. =1992 前川啓治·梶原景昭他訳『創られた伝統』紀伊國屋書店 (한국어판: 에릭 홉스봄,《만들어진 전통》, 박지향·장문석 옮김, 휴머니스

트, 2004.)
Hochschild, Arlie, 1983, *The Managed Heart: Commercialization of Human Feeling*. Univ of California Pr. =2000 石川准·室伏亜希訳『管理される心』世界思想社 (한국어판: 앨리 혹실드,《감정노동》, 이가람 옮김, 이매진, 2009.)
本間正明·金子郁容·山中直人·大沢真知子·玄田有史 2003『コミュニティビジネスの時代 NPOが変える産業, 社会, そして個人』岩波書店
堀内隆治 2003『福祉国家の危機と地域福祉—地域社会政策論の試み』ミネルヴァ書房
細内信孝 1999『コミュニティ·ビジネス』中央大学出版部
堀田力 2000「家事援助は助け合い組織で」『信濃毎日新聞』2000. 9. 4
堀田力 2001『「定年後」設計腹づもり』三笠書房
堀田力 2004「流山裁判事件について」『市民福祉サポートセンターニュース』4, 市民福祉サポートセンター

I

市野川容孝 2000「ケアの社会化をめぐって」『現代思想』28(4)
出井康博 2008『年金夫婦の海外移住』小学館
出井康博 2009『長寿大国の虚構—外国人介護士の現場を追う』新潮社
NPO法人 家づくりの会 編著 2007『「老い」の発想で家づくり』彰国社
井口高志 2002「家族介護における「無限定性」」『ソシオロゴス』26
井口高志 2006「呆けゆく者の自己をめぐるコミュニケーション—認知症ケア「変革期」における他者理解の問題」(東京大学学位論文)
井口高志 2007『認知症家族介護を生きる—新しい認知症ケア時代の臨床社会学』東信堂
飯田勤·大友信勝·松島貞治 2004「鼎談〈福祉のまち〉秋田県鷹巣町のこれから〈鷹巣ショック〉から何を学ぶか」前編·後編『月刊総合ケア』14-6&14-7
池田徹 2008「生協の介護事業」[上野·大熊·大沢·神野·副田編 2008f]
池田省三 1999「介護保険制度の"読み方"」『介護保険制度のマネジメント』医学書院
今田高俊 2001『意味の文明学序説—その先の近代』東京大学出版会
今井千恵 1995「女性職員からみた専従労働と生協運動—フェミニズムの視点からみた専従労働と生協運動」[佐藤·天野·那須編著 1995]
稲葉敬子 2008『どこへ行く介護難民—フィリピン人介護士にケアを受けるということ』ぺりかん社
稲沢功一 2003「3 援助者は「友人」たりうるのか」[古川孝順·岩崎晋哉·稲沢功一編 2002]有斐閣
猪熊律子 2007『社会保障のグランドデザイン』中央法規出版
猪瀬直樹 1986; 2005『ミカドの肖像』小学館, 小学館文庫
井上勝也 1978「ポックリ信仰の背景」『ジュリスト増刊総合特集12 高齢化社会と老人問題』

井上勝也 2007『歳をとることが本当にわかる50の話—老後の心理学』中央法規出版
石田妙·外山義·三浦研 2001「空間の使われ方と会話特性から見た特別養護老人ホームにおける六床室の生活実態」『日本建築学会大会学術講演梗概集』E1分冊
石井京子 2003『高齢者への家族介護に関する心理学的研究』風間書房
石川准 2004『見えないものと見えるもの—社交とアシストの社会学』医学書院
石川准·倉本智明編 2002『障害学の主張』明石書店
石川准·長瀬修編 1999『障害学への招待—社会·文化·ディスアビリティ』明石書店 (한국어판: 이시카와 준·나가세 오사무, 《장애학에의 초대: 사회, 문화, 디스어빌리티》, 조원일 옮김, 청목출판사, 2009.)
石川実 1997「12章 家族と高齢者」『現代家族の社会学』有斐閣
石躍保広 2005「介護のボランティア活動と地域プログラム」[山田誠編 2005]
伊藤シヅ子 2006「高齢者聞き取り調査—特別養護老人ホームの事例より」『向老学研考察』6
伊藤淑子 1996『社会福祉職発達史研究—米英日3カ国比較による検討』ドメス出版
伊藤周平 1999「介護保険制度のジェンダー問題」女性労働研究会編『女性労働研究』36
伊藤周平 2000『検証介護保険』青木書店
伊藤美登里 1995「生協運動の発展と専従職員労働」[佐藤·天野·那須編 1995]
伊藤るり·足立真理子編 2008『国際移動と〈連鎖するジェンダー〉』作品社
伊藤陽一 1997『女性と統計—ジェンダー統計論序説』梓出版社
岩淵勝好 2001『介護革命—制度の検証と課題分析』中央法規出版
岩垂弘 1995「国際共同組合運動からみた社会的経済の転換」協働総合研究所編『非営利協働の時代研究年報 I』
岩川徹·大熊一夫·飯田勤編著 2006『こんな町なら老後は安心!』筒井書房
石見尚 2007『日本型ワーカーズ·コープの社会史—働くことの意味と組織の視点』緑風出版
石見尚編 2000『仕事と職場を協同で創ろう—ワーカーズ·コープとシニア·コープ』社会評論社
岩波書店編集部編 1999『定年後「もうひとつの人生」への案内』岩波書店
岩根邦雄 2009「生活クラブと私の魂胆 その1 六八年革命の流れに棹さして」『atプラス』01
岩根邦雄 2010「生活クラブと私の魂胆 その5 指導者の条件」『atプラス』05
岩崎晋哉 2003「なぜ「自立」社会は援助を必要とするのか—援助機能の正当性」[古川·岩崎·稲沢編 2003]
伊予谷登士翁編 2001『現代の経済·社会とジェンダー 第5巻 経済のグローバリゼーションとジェンダー』明石書店
泉原美佐 2005「4 住宅からみた高齢女性の貧困」岩田正美·西澤晃彦編著『講座福祉社会9 貧困と社会的排除』ミネルヴァ書房

J

神野直彦 1998『システム改革の政治経済学』岩波書店
神野直彦·宮本太郎編 2006『脱「格差社会」への戦略』岩波書店
神野直彦·金子勝編 1999『「福祉政府」への提言—社会保障の新体系を構想する』岩波書店
女性労働研究会編 2002「介護労働の国際比較」『女性労働研究』42

K

鎌田とし子·矢澤澄子·木本喜美子編 1999『講座社会学14 ジェンダー』東京大学出版会
金井淑子 1989『ポストモダン·フェミニズム』勁草書房
金井淑子 1992『フェミニズム問題の転換』勁草書房
金井淑子編 2005『岩波講座倫理学 性 / 愛』岩波書店
金子善彦 1994『老人虐待』星和書店
春日キスヨ 1997『介護とジェンダー』家族社
春日キスヨ 2000『介護にんげん模様』朝日新聞社
春日キスヨ 2001a『介護問題の社会学』岩波書店
春日キスヨ 2001b「男性ケアワーカーの可能性—在宅訪問男性ヘルパーを中心として」『介護問題の社会学』岩波書店
春日キスヨ 2003「高齢者介護倫理のパラダイム転換とケア労働」『思想』955, 2003.11 岩波書店
春日キスヨ 2008a「高齢者ニーズ生成のプロセス」[中西·上野編 2008]
春日キスヨ 2008b『高齢者とジェンダー—ひとりと家族のあいだ』広島女性学研究所
春日耕夫·春日キスヨ 1992『孤独の労働』広島修道大学総合研究所研究叢書67
春日井典子 2004『介護ライフスタイルの社会学』世界思想社
片多順 1979「中年と老年」綾部恒雄編『人間の一生—文化人類学的探求』アカデミア出版会
加藤秀一 1995「〈性の商品化〉をめぐるノート」[江原編 1995]
加藤春恵子 2003『福祉市民社会を創る—コミュニケーションからコミュニティへ』新曜社
河畠修·厚美薫·島村節子 2001『増補 高齢者生活年表 1925-2000年』日本エディタースクール出版部
川口清史 1994『非営利セクターと協同組合』日本経済評論社
川口清史 1999『ヨーロッパの福祉ミックスと非営利·協同組織』大月書店
河東田博監修 2006『福祉先進国に学ぶ しょうがい者政策と当事者参画—地域移行, 本人支援, 地域生活支援国際交流委員会フォーラムからのメッセージ』現代書館
河合克義 2009『大都市のひとり暮らし高齢者と社会的孤立』法律文化社
川本隆史 1995『現代倫理学の冒険—社会理論のネットワーキングへ』創文社

川本隆史編 2005『ケアの社会倫理学—医療·看護·介護·教育をつなぐ』有斐閣
川村匡由編著 2005『地域福祉論』ミネルヴァ書房
河村幹夫 2005『50歳からの定年準備』角川書店
特別養護老人ホーム「風の村」2002『個室·ユニットケア読本 実践編: 特養「風の村」のハードとソフト』ミネルヴァ書房
経済企画庁経済研究所国民経済計算部編 1997『あなたの家事の値段はおいくらですか?』大蔵省印刷局
権丈善一 2009b『社会保障の政策転換—再分配政策の政治経済学V』慶應義塾大学出版会
権丈善一·権丈英子 2004; 2009a『年金改革と積極的社会保障政策—再分配政策の政治経済学II[第2版]』慶應大学出版会
貴戸理恵 2004「『〈当事者〉の語り』の意義と課題—不登校経験の言語化をめぐって」『相関社会科学』14 東京大学大学院総合文化研究科
貴戸理恵 2005『不登校は終わらない』新曜社
貴戸理恵 2008「『不登校の“その後”を生きる女性の語り』へ向けて」『フリーターズ·フリー』1
木本至 1988「戦後のベストセラー75 昭和47年『恍惚の人』有吉佐和子著」『ダカーポ』1988年1月号
金満里 1996『生きることの始まり』筑摩書房 (한국어판: 김만리,《꽃은 향기로워도》, 정미영 옮김, 도서출판 품, 2020.)
金満里 2000「21世紀的課題としての態変の身体の特殊性と普遍性」『イマージュ』20
金満里 2001「21世紀的課題としての態変の身体の特殊性と普遍性その2」『イマージュ』31
金満里 2003「身体論『政治と身体』」『イマージュ』29
金満里 2004「身体論『皮膚感覚』」『イマージュ』31
木下武徳 2004「アメリカにおける非営利団体と市場化—社会福祉における進展状況と論点·課題」[渋谷博史·平岡公一編 2004]
Knijin, Trudie, 2001, “Care work: Innovations in the Netherlads”, in Daly, Mary, ed., 2001. Daly, Mary, ed., 2001, *Care Work: The Quest for Security*. Geneva: International Labour Office.
小林篤子 2004『高齢者虐待』中公新書
小林良二 2007「社会福祉対象の認識方法」[仲村他監修 / 岡村他編2007]
小林雅彦 2002「思いを力に—住民参加の推進力」村田幸子·小林雅彦編『地域福祉を拓く2 住民参加型の福祉活動—きわめく実践例』ぎょうせい
児島亜紀子 2003「誰が「自己決定」するのか」[古川孝順·岩崎晋哉·稲沢功一編2003]
国立婦人教育会館内婦人教育研究会編 1994『平成6年度版 統計にみる女性の現状』垣内出版
駒村康平 2004「第9章 疑似市場論—社会福祉基礎構造改革と介護保険に与えた影響」[渋谷博史·平岡公一編2004]
小宮英美 1999『痴呆性高齢者ケア』中公新書

このゆびとーまれ 2003『ともに10周年記念写真集』特定非営利法人デイサービスこのゆびとーまれ
高齢社会をよくする女性の会 2006『高齢者と家族が介護職員に期待するもの』高齢社会をよくする女性の会
厚生労働省 2006「平成17年介護サービス施設·事業所調査結果の概要」厚生労働省HP
厚生省 1978『昭和五三年度版 厚生白書』厚生省
厚生省 1998『厚生白書 平成10年版 子どもを産み育てるのに夢を持てる社会を』厚生省
久場嬉子 2001「第2章 経済のグローバル化における労働力の女性化と福祉国家の危機」[伊予谷登士翁編 2001]
Kuhse, Helga, 1997, *Caring: Nurses, Women and Ethics*. Oxford: Blackwell. =2000 竹内徹·村上弥生監訳『ケアリング―看護婦·女性·倫理』メディカ出版
熊谷晋一郎 2008「身体介助に必要な『怯え』と『覚悟』―『介護されるプロ』, 古武術介護を体験する」『看護学雑誌』72(7)
熊谷晋一郎 2009『リハビリの夜』医学書院
草柳千早 2004『「曖昧な生きづらさ」と社会―クレイム申し立ての社会学』世界思想社
桑原隆広 2004「地方行政判例解説 福祉NPO流山訴訟控訴事件」『判例自治』263
京極高宣 1984『市民参加の福祉計画―高齢化社会における在宅福祉サービスのあり方』『京極高宣著作集3 福祉計画』所収中央法規出版
京極高宣 1997『介護保険の戦略』中央法規出版
京極高宣 1998『改訂 社会福祉学とは何か―新·社会福祉原論』全国社会福祉協議会
京極高宣 2002『生協福祉の挑戦』[京極2003] 中央法規出版
京極高宣 2003a『京極高宣著作集3 福祉計画』中央法規出版
京極高宣 2003b『京極高宣著作集6 福祉政策の課題』中央法規出版
京極高宣 2006「第10章 福祉社会論からみた生協」[現代生協論編集委員会編 2006]コープ出版
京極高宣·武川正吾編 2001『高齢社会の福祉サービス』東京大学出版会

L

Lewis, Jane, 1992, "Gender and Development of Welfare Regimes", *Journal of European Social Policy*, 2(3).
Lewis, Jane, 2001, "Legitimizing care work and the issue of gender equality", in Daly, Mary, ed., 2001

M

前田拓也 2009『介助現場の社会学―身体障害者の自立生活と介助者のリアリティ』

生活書院
牧里毎治·野口定久 2007『協働と参加の地域福祉計画 福祉コミュニティの形成に向けて』ミネルヴァ書房
増田樹郎·山本誠編著 2004『解く 介護の思想—なぜ人は介護するのか』
又木京子 2007「10章 厚木市における市民の協同の実践」[大沢編著2007] (한국어판: 마타키 교코, 〈10장 아츠기시의 시민 협동 실천〉, 오사와 마리 편, 《생활 속의 협동》, iCOOP생활협동조합연구소 옮김, 푸른나무, 2009.)
Mayeroff, Milton, 1971, *On Caring*. =1987 田村真·向野宣之『ケアの本質—生きることの意味』ゆみる出版
McGowin, Diana Friel, 1993, *Living in the Labyrinth*. New York: Elder Books. =1993 中村洋子訳『私が壊れる瞬間—アルツハイマー病患者の手記』DHC出版
明路咲子·塚口伍喜夫 2009「北秋田市·鷹巣における福祉の興亡—住民主体は福祉のまちづくりにどう活かされたか」『流通科学大学論集 人間·社会·自然編』21(2)
Mellor, Mary, J. Hannah & J. Stirling, 1988, *Worker Cooperatives in Theory and Practice*. London: Open University Press. Milton Keynes =1992 佐藤紘毅·白井和宏訳『ワーカーズ·コレクティブ—その理論と実践』緑風出版
Meyer, Maddonna Harrington, ed., 2000, *Care Work: Gender, Class, and the Welfare State*. New York & London: Routledge.
Mies, Maria, Veronika Benholdt-Thomsen & Claudia von Werlhof, 1988, *Women: The Last Colony*. London: Zed Books. =1995 古田睦美·善本裕子訳『世界システムと女性』藤原書店
嶺学編著 2008『高齢者の住まいとケア—自立した生活, その支援と住環境』お茶の水書房
三富紀敬 2005『欧米のケアワーカー—福祉国家の忘れられた人々』ミネルヴァ書房
三井さよ 2004『ケアの社会学—臨床現場との対話』勁草書房
三浦文夫 1985「社会福祉におけるニードについて」『社会福祉政策研究』
宮本太郎 2001「訳者解説」[Espin-Andersen 1990=2001]
宮本太郎 2009『生活保障—排除しない社会へ』岩波新書
宮本憲一 1995「地方自治と働きがいのある仕事のための協働」協働総合研究所編『非営利協働の時代 研究年報 I』
三好春樹 2001『男と女の老い方講座』ビジネス社
三好春樹 2001「男の介護の功罪」『男と女の老い方講座』ビジネス社
三好春樹 2006「「ユニット·個室」の誤りの理由」『Bricolage』150
三好春樹 2007「介護夜汰話「認知症は病気」, よく言うよ.」『Bricolage』154
水野治太郎 1991『ケアの人間学: 成熟社会が拓く地平』ゆみる出版
森川美絵 1998「〈参加型福祉社会における在宅介護労働の認知構造—ジェンダー, 二重労働市場, 専門化の観点から」山脇直司他編『現代日本のパブリック·フィロソフィ』新世社
森川美絵 1999「在宅介護労働の制度化過程」『大原社会問題研究所雑誌』486
森川美絵 2004「高齢者介護における家族介護の「費用化」と「代替性」」[大沢編 2004]

森村修 2000『ケアの倫理』大修館書店
森實公輔 2009「介護の現場から何が見えるか—高齢者介護, 福祉の最前線で何が起こっているか, またそこから見えるもの」αシノドスvol. 23, 2009. 4. 17
本沢己代子 2000「介護保険と家族介護の社会的評価」『現代思想』28(4)
向谷地生良 2008『べてるな人々』一麦社 (한국어판: 무카이야치 이쿠요시, 《베델의 집 렛츠! 당사자 연구》, 이진의 옮김, EM커뮤니티, 2016.)
村田幸子·小林雅彦編著 2002『住民参加型の福祉活動—きらめく実践例』ぎょうせい
妙木忍 2010『女同士の対立はなぜ起きるのか』青土社

N

長澤泰·伊藤俊介·岡本和彦 2007『建築地理学—新しい建築計画の試み』東京大学出版会
内閣府 2005『高齢社会白書(平成17年版)』ぎょうせい
内閣府経済社会総合研究所·国民経済研究所編 2007『国民経済年報 2007年版』メディアランド
内藤和美 1999「ケアとジェンダー」女性学研究会編『女性学研究』5
内藤和美 2000「第4章 ケアの規範」[杉本貴代栄編著 2000]
中河伸俊 1999『社会問題の社会学—構築主義アプローチの新展開』世界思想社
中河伸俊·平英美編 2000『構築主義の社会学—論争と議論のエスノグラフィー』世界思想社
仲正昌樹 2003『「不自由」論—「何でも自己決定」の限界』ちくま新書
仲村優一他監修/岡本民夫他編 2007『エンサイクロペディア社会福祉学』中央法規出版
中西泰子 2007「若者の老親扶養志向にみるジェンダー「娘」の意識に注目して」『家族社会学研究』19-2
中西正司·上野千鶴子 2003『当事者主権』岩波新書
中野敏男 1999「ボランティア動員型市民社会の陥穽」『現代思想』27(5)
仲宗根迪子 2000「生協における男女共同参画」『生活協同組合研究』295号
成田直志 2005「社会福祉と生協」[現代生協論編集委員会編2005]コープ出版
NHKクローズアップ現代取材班 2010『助けてと言えない—いま30代に何が』文藝春秋
日本高齢者生活協同組合連合会 2004『高齢者·障害者のサービス利用の実態·意識調査』日本高齢者生活協同組合連合会
日本生活協同組合連合会 2001『男女共同参画小委員会答申 男女共同参画促進に関する第二次中期的行動課題』日本生活協同組合連合会
日本生活協同組合連合会 2003a『男女共同参画小委員会調査報告 女性が輝く元気な職員組織のマネジメント事例調査—生協の事業と組織の発展をめざして』日本生活協同組合連合会
日本生活協同組合連合会 2003b『全国生協組合員意識調査報告書 詳細版』日本生活

協同組合連合会
西山志保 2007「ガバナンスを導く協働(パートナーシップ)の可能性—NPOと行政の公共サービスをめぐるせめぎあい」『社会政策研究7 特集 市民活動·NPOと社会政策』
野邊政雄 2006『高齢女性のパーソナルネットワーク』お茶の水書房
信田さよ子 2004『家族収容所』講談社
信田さよ子 2008「専門家は当事者から何を学ぶか」[上野·大熊·大沢·神野·副田編 2008c]
Noddings, Nel, 1984, *Caring: a Feminine Approach to Ethics & Moral Education*. Berkeley: University of California Press. =1997 立山善康他訳『ケアリング倫理と道徳の教育: 女性の観点から』晃洋書房
野口裕二 2002『物語としてのケア—ナラティヴ·アプローチの世界へ』医学書院
野尻哲史 2010『老後難民—50代夫婦の生き残り術』講談社+α新書
社会福祉法人ノテ福祉会·特別養護老人ホーム幸栄の里編集委員会編 2004『都市のまんなかで20年—ユニットケアが気づかせてくれたこと』筒井書房
野崎泰伸 2004「当事者性の再検討」『人間文化学研究集録』14

O

O'Mally et al., 1983, "Identifying and Preventing Family-Mediated Abuse and Neglect of Elderly Persons", *Annals of International Medicine*, 98.
Oakley, Ann, 1974, *Women's Work: the Housewife Past and Present*. New York: Vintage Books. =1986 岡島茅花訳『主婦の誕生』三省堂
落合恵美子 1989『近代家族とフェミニズム』勁草書房
落合恵美子 1994『21世紀家族へ』有斐閣 (한국어판: 오치아이 에미코,《21세기 가족에게》 이동원 옮김, 양서원, 2004.)
大江正章 2003「ルポ 秋田県鷹巣町 合併慎重派福祉町長はなぜ敗れたのか」『世界』718
小笠原和彦 2006『出口のない家』岩波書店
小熊英二 2002『〈民主〉と〈愛国〉』新曜社 (한국어판: 오구마 에이지,《민주와 애국》, 조성은 옮김, 돌베개, 2019.)
小國英夫他編著 2008『福祉社会の再構築—人と組織と地域を結んで』ミネルヴァ書房
岡部耕典 2006『障害者自立支援法とケアの自立—パーソナルアシスタンスとダイレクトペイメント』明石書店
岡原正幸 1990「7 制度としての愛情—脱家族とは」[安積·岡原·尾中·立岩編 1990]
岡村重夫 1974『地域福祉論』光生館
岡村重夫 1983『社会福祉原論』全国社会福祉協議会 (한국어판: 오카무라 시게오,《사회복지원론》, 송정부 옮김, 경진사, 1999.)
岡野八代 2010「消極的·積極的自由論の手前で」岡野八代編 2010『自由への問い7 家

族:新しい親密圏を求めて』岩波書店[岡野編2010] (한국어판: 오카노 야요, 〈소극적 적극적 자유론 이전에〉, 오카노 야요 편, 《가족: 새로운 「친밀권」을 찾아서》, 이수진·박경희 옮김, 한국문화사, 2023.)
岡澤憲芙·連合総合生活開発研究所編 2007『福祉ガバナンス宣言:市場と国家を超えて』日本経済評論社
沖藤典子 2010『介護保険は老いを守るか』岩波新書
大熊一夫 1973『ルポ 精神病棟』朝日新聞社
大熊一夫 1985『新ルポ 精神病棟』朝日新聞社
大熊一夫 1988『ルポ 老人病棟』朝日新聞社
大熊一夫 1992『母をくくらないでください』朝日新聞社
大熊由紀子 1990『「寝たきり老人」のいる国のいない国—愼の豊かさへの挑戦』ぶどう社 (한국어판: 오쿠마 유키코, 《노인복지혁명》, 노명근·노혜련 옮김, 예영커뮤니케이션, 1998.)
大熊由紀子 2010『物語介護保険—いのちの尊厳のための70のドラマ』上·下 岩波書店
奥山恭子 1998「少子高齢社会における扶養と相続」比較家族史学会監修『扶養と相続』早稲田大学出版会
大岡頼光 2004『なぜ老人を介護するのか—スウェーデンと日本の家と死生観』勁草書房
大森彌·東日本監査法人 2002『新型特別養護老人ホーム—個室化·ユニットケアへの転換』中央法規出版
Orloff, A. S., 1993, "Gender and social rights of citizenship: state policies and gender relations in comparative research", *Americacn Sociological Review*, Vol. 49.
大阪市立大学経済研究所編 1979『経済学事典 第2版』岩波書店
小山内美智子 1995『車椅子で夜明けのコーヒー—障害者の性』ネスコ / 文藝春秋
小山内美智子 1997『あなたは私の手になれますか—心地よいケアを受けるために』中央法規出版 (한국어판: 오사나이 미치코, 《당신은 내 손이 되어줄 수 있나요?: 흡족한 케어를 받기 위하여》, 변은숙 옮김, 깊은자유, 2002.)
小山内美智子 2007『私の手になってくれたあなたへ』中央法規出版
小山内美智子 2008「"ケアされるプロ"としての半世紀—日本のケアは変わったか」[上野·大熊·大沢·神野·副田編 2008c]
大沢真理 1993『企業中心社会を超えて—現代社会を〈ジェンダー〉で読む』時事通信社 (한국어판: 오사와 마리, 《회사인간사회의 성》, 정진성·장화경 옮김, 나남출판, 1995.)
大沢真理 2007a『現代日本の生活保障システム』岩波書店 (한국어판: 오사와 마리, 《현대일본의 생활보장체계》, 김영 옮김, 후마니타스, 2009.)
大沢真理 2007b「いま, なぜ「生活の協同」なのか 排除を超えてともに生きる社会へ」[大沢真理編 2007]
大沢真理 2008a「三つの福祉政府体系と当事者主権」[上野·中西編 2008]
大沢真理 2008b「福祉の最適混合をめざして」[上野·大熊·大沢·神野·副田編 2008f]

大沢真理編 2004『現代の経済·社会とジェンダー 叢書第4巻 福祉国家とジェンダー』明石書店
大沢真理編著 2007『生活の協同—排除を超えてともに生きる社会へ』日本評論社 (한국어판: 오사와 마리 편,《생활 속의 협동: 배제를 뛰어넘어 더불어 사는 사회로》, iCOOP 생활협동조합연구소 옮김, 푸른나무, 2009.)
大田仁史·三好春樹監修 2005『実用介護事典』講談社 (한국어판: 오타 히토시·미요시 하루키,《새로운 케어 기술》, 김영주 옮김, 동학사, 2005.)
大谷強 1999『自治と当事者主体の社会サービス:「福祉」の時代の終わり, マイノリティの権利の時代の始まり』現代書館
大友信勝 2004「鷹巣町に何が起こっているか—岐路に立つ『ケアタウンたかのす』」全8回『月刊総合ケア』14(1)-14(8)
大友信勝 2008「自治体福祉の光と影」[上野·大熊·大沢·神野·副田編 2008e]
大山博·炭谷茂·武川正吾·平岡公一編著 2000『福祉国家への視座—揺らぎから再構築へ』ミネルヴァ書房
小澤勲 2003『痴呆を生きるということ』岩波新書 (한국어판: 오자와 이사오,《치매를 산다는 것》, 이근아 옮김, 이아소, 2009.)
小澤勲 2006『ケアってなんだろう』医学書院
小澤勲·土本亜里子 2004『物語としての痴呆ケア』三輪書店

P

Parrenas, Rachel Salazar, 2001, *Servants of Globalization: Women, Migration and Domestic Work*. California: Stanford University Press. =2001 小ヶ谷千穂抄訳「グローバリゼーションの使用人—ケア労働の国際移動」『現代思想』2002. 6 青土社 (한국어판: 라셀 살라자르 파레냐스,《세계화의 하인들》, 문현아 옮김, 여성문화이론연구소, 2009.)
朴姫淑 2007「介護保険以後『福祉経営』の戦略と課題」『日本の地域福祉』21
朴姫淑 2009「1990年代以後地方分権改革における福祉ガバナンス—旧鷹巣町(北秋田市)の福祉政策から」(東京大学学位論文)
Pestoff, Victor A., 1992, "Third Sector and Co-operative Service–An Alternative to Privatization", *Journal of Consumer Policy*, No. 15. =1993 岩田正美訳「ソーシャル·サービスの第3部門—社会福祉の民営化に対するもうひとつの選択肢」『スウェーデンの福祉と消費者政策』(『生協総研レポート』No. 5)
Pestoff, Victor A., 2009, *A Democratic Architecture for the Welfare State*. Oxford: Routledge.
Phelan, Shane, 1994, "(Be)coming out: Lesbian Identity and the Politics of Difference, Signs", *Journal of Women in Culture and Society*, vol. 18, no. 4. Chicago: The University of Chicago Press. =1995 上野直子訳「(ビ)カミング·アウト—レズビアンであることとその戦略」富山太佳夫編『現代批評のプラクティス3 フェミニズム』研究社出版

Pierson, Christopher, 1991, *Beyond the Welfare State?*. Oxford: Basil Blackwell Ltd. =1996 田中浩·神谷直樹訳『曲がり角に来た福祉国家—福祉の新政治経済学』未來社

Polanyi, Karl, 1944, *The Great Transformation*. =1975 吉沢英成·野口建彦·長尾史郎·杉村芳美訳『大転換—市場社会の形成と崩壊』東洋経済新報社 (한국어판: 칼 폴라니, 《거대한 전환》, 홍기빈 옮김, 도서출판 길, 2009.)

Polanyi, Karl, 1977, *The Livelihood of Man*. =1980 玉野井芳郎·栗本慎一郎訳『人間の経済1 市場経済の虚構性』玉野井芳郎·中野忠訳『人間の経済2 交易·貨幣および市場の出現』岩波書店 (한국어판: 칼 폴라니, 《인간의 살림살이》, 나익주 옮김, 후마니타스, 2017.)

S

佐江衆一 1995『黄落』新潮社 (한국어판: 사에 슈이치, 《아내에게》, 김혜원·김영순 옮김, 프리미엄북스, 1998.)

妻鹿ふみ子 2008「NPOの可能性と限界—NPO大国アメリカにおける貧困問題への取り組み」[小國他編著 2008]

Sainsbury, Diane, ed., 1994, *Gendering Welfare State*. London: Sage Publications.

最首悟 2005「ケアの淵源」[川本編 2005]

齋藤曉子 2008a「ニーズはなぜ潜在化するのか」[中西·上野編 2008]

齋藤曉子 2008b「高齢者のニーズ生成のプロセス—介護保険サービス利用者の語りから」[上野·中西編 2008]

斎藤道雄 2002『悩む力』みすず書房

榊原裕美 2003「生活クラブ生活協同組合運動の実践と展望—ワーカーズコレクティブの試みの20年後の検証」横浜国立大学大学院環境情報学府修士論文

坂田伸子 2001「7 高齢者虐待の予防対策」[山手監修 2001]

崎山治男 2005『「心の時代」と自己—感情社会学の視座』勁草書房

Salamon, Lester M., 1992; 1999, *America's Nonprofit Sector: A Premier* (2nd ed.). New York: The Foundation Center. (한국어판: 레스터 샐러먼, 《NPO란 무엇인가》, 이형진 옮김, 아르케, 2000.)

Salamon, Lester M., 1997, *Holding the Center: America's Nonprofit Sector at a Crossroads*. The Nathan Cummings Foundation. =1999 山内直人訳『NPO最前線—岐路に立つアメリカ市民社会』岩波書店

Salamon, Lester M., 1995, *Partners in Public Service*. Baltimore: The Johns Hopkins University Press. =2007 江上哲監訳 大野哲明·森康博·上田健作·吉村純一訳『NPOと公共サービス 政府と民間のパートナーシップ』ミネルヴァ書房

Salamon, L. M. & Anheieir, 1997, *Defining the Nonprofit Sector: A Cross-National Analysis*. Manchester: Manchester University Press.

三本松政之·朝倉美江編 2007『福祉ボランティア論』
「参加型福祉社会を拓く」出版プロジェクト編著 2000『参加型福祉社会を拓く』風土社
笹谷春美 1999「家族ケアリングをめぐるジェンダー関係」[鎌田·矢澤·木本編 1999]
笹谷春美 2000『家族ケアリングの構造分析:家族変動論の視点から』(平成9,10年度科研費研究成果報告書)
笹谷春美 2001「ケアワークのジェンダーパースペクティブ」女性労働研究会編『女性労働研究』59
Sassen, Saskia, 2003 小ヶ谷千穂訳「移民とローカル労働」『現代思想』31(6)
佐藤慶幸編 1988『女性たちの生活ネットワーク—生活クラブに集う人々』文眞堂
佐藤慶幸編 1996『女性と協同組合の社会学—生活クラブからのメッセージ』文眞堂
佐藤慶幸·天野正子·那須壽編 1995『女性たちの生活者運動—生活クラブを支える人々』マルジュ社
佐藤博樹·大木栄一·堀田聰子 2006『ヘルパーの能力開発と雇用管理—職場定着と能力発揮に向けて』勁草書房
瀬地山角 1996『東アジアの家父長制—主婦の比較社会学』勁草書房
瀬地山角 2001「3章 高齢社会と家族—労働力再生産システムの転換へ向けて」[京極·武川編 2001]
生活クラブ神奈川協同組合労働プロジェクト1992『協同組合労働プロジェクト答申』
盛山和夫 1993「『核家族化』の日本的意味」直井優·盛山和夫·間々田孝夫編 1993『日本社会の新潮流』東京大学出版会
世古一穂 2009『参加と協働のデザイン—NPO·行政·企業の役割を再考する』学芸出版社
Sen, Amartia, 1992, *Inequality Reexamined*. Oxford: Oxford University Press. =1999 池本幸生·野上裕生·佐藤仁訳『不平等の再検討—潜在能力と自由』岩波書店 (한국어판: 아마르티아 센,《불평등의 재검토》, 이상호 옮김, 한울, 1999.)
セン, アマルティア·後藤玲子 2008『福祉と正義』東京大学出版会
千田有紀 1999「『家』のメタ社会学—家族社会学における『日本近代』の構築」『思想』898
千田有紀 2011『日本型近代家族』勁草書房 (한국어판: 센다 유키,《일본형 근대가족》, 김복순 옮김, 논형, 2016.)
千田有紀編 2011『上野千鶴子に挑む』勁草書房
Sialoff, 1994, "Work, walfare and gender equality: a new typology", in Sainsbury, Diane, ed. 1994.
渋川智明 2001『福祉NPO—地域を支える市民起業』岩波新書
渋谷望 2003『魂の労働 ネオリベラリズムの権力論』青土社
渋谷典子 2007「NPO『活動者』と労働法についての予備的考察—ジェンダー視点を踏まえて」『ジェンダー研究』10
渋谷博史·平岡公一編 2004『福祉の市場化をみる眼—資本主義メカニズムとの整合性』ミネルヴァ書房

冷水豊 2009『「地域生活の質」に基づく高齢者ケアの推進』有斐閣
清水洋行 2007「NPO研究における社会的企業アプローチの可能性と課題 イギリスとイタリアでの社会的企業調査をふまえて」『社会政策研究7 特集 市民活動·NPOと社会政策』
下村恵美子·高口光子·三好春樹 2005『あれは自分ではなかったのか—グループホーム虐待致死事件を考える』ブリコラージュ·ブックス
品川哲彦 2007『正義と境を接するもの—責任という原理とケアの倫理』ナカニシヤ出版
白波瀬佐和子 2006「5章 ジェンダーからみた福祉国家」[武川編 2006]
白崎朝子 2009『介護労働を生きる—公務員ヘルパーから派遣ヘルパーの22年』現代書館
小規模多機能サービスに関する研究会 2005「小規模多機能サービスに関する調査報告書」福祉医療機構
小規模多機能ホーム パンフレット制作委員会 2006『小規模多機能型居宅介護の手引き』全国コミュニティライフサポートセンター
Shorter, Edward, 1975, *The Making of the Modern Family*. London: Basic Books. =1987 田中俊宏訳『近代家族の形成』昭和堂
袖井孝子編著 2004『少子社会の家族と福祉』ミネルヴァ書房
副田義也 1995『生活保護制度の社会史』東京大学出版会
副田義也 2008『福祉社会学宣言』岩波書店
Sokoloff, Natalie J, 1980, *Between money and love: The dialectics of women's home and market work*. Praeger =1987 江原由美子他訳『お金と愛情の間—マルクス主義フェミニズムの展開』勁草書房 (한국어판: 나탈리 소콜로프, 《여성 노동시장 이론》, 이이효재 엮음, 이화여대출판문화원, 1990.)
惣万佳代子 2002『笑顔の大家族このゆびとーまれ「富山型」デイサービスの日々』水書房
惣万佳代子·西村和美 2003「インタビュー 富山型大家族の日常—「このゆびとーまれ」11年目に思うこと」『訪問看護と介護』8(11)
曽根ひろみ 1990「『売女』考—近世の売春」女性史総合研究会編『日本女性生活史』第三巻 東京大学出版会
曾野綾子 1972; 1996『完本戒老録』祥伝社
Spector, Malcolm & Kitsuse, John I., 1987, *Constructing Social Problems*. Cummings. =1990 村上直之·中河信俊·鮎川潤·森俊太訳『社会問題の構築—ラベリング理論をこえて』マルジュ社
Standing, Gay, 2001, "Care Work: Overcoming Insecurity and Neglect", in Mary Daly, 2001.
杉本千代子 2006「高齢者虐待防止に関する研究」『向老学研考察』6
杉本貴代栄 1997『女性化する福祉社会』勁草書房
杉本貴代栄編著 2000『ジェンダー·エシックスと社会福祉』ミネルヴァ書房
炭谷茂 2004『社会福祉の原理と課題-「社会福祉基礎構造改革」とその後の方向』社会

保険研究所
炭谷茂 2003『社会福祉基礎構造改革の視座』ぎょうせい
住谷かおる·右田紀久惠編 1973『現代の地域福祉』法律文化社
鈴木宏康 2009『息子介護—40息子のぐうたら介護録』CLC
鈴木広監修 2001『家族·福祉社会学の現在』ミネルヴァ書房

T

田端博邦 2004「福祉国家と労働政策—ジェンダーの視点から」[大沢真理編 2004]
橘弘志 2000「『福祉の町』鷹巣にみる施設づくり」『病院建築』128
高木光太郎 2001「4章 介護労働者の専門的力量形成」[京極·武川編 2001]
高口光子 2004『ユニットケアという幻想』雲母書房
高口光子 2005a「生活課題」[太田·三好 監修2005]
高口光子 2005b「ニーズ優先アプローチ」[太田·三好 監修2005]
高口光子 2005c「サービス利用者主導アプローチ」[太田·三好 監修2005]
高口光子 2006「介護の問題点はどこにあるか—介護アドバイザーの活動を通して見えてきたこと」『Bricolage』Vol. 150
武川正吾 1996「社会政策における参加」社会保障研究所編『社会福祉における市民参加』東京大学出版会
武川正吾 1999『社会政策のなかの現代』東京大学出版会
武川正吾 2001『福祉社会論 社会政策とその考え方』有斐閣アルマ
武川正吾 2005「3 福祉オリエンタリズムの終焉」[武川·キム編 2005]
武川正吾 2006『地域福祉の主流化 福祉国家と市民社会III』法律文化社
武川正吾 2009「社会福祉学におけるカタカナ用語の氾濫」社会福祉士養成講座編集委員会編『現代社会と福祉—社会福祉原論』中央法規出版
武川正吾編 2006『福祉社会の価値意識—社会政策と社会意識の計量分析』東京大学出版会
武川正吾·キムヨンミョン編 2005『韓国の福祉国家·日本の福祉国家』東信堂
武川正吾·イヘギョン編2006『福祉レジームの日韓比較—社会保障·ジェンダー·労働市場』東京大学出版会 (한국어판: 다케가와 쇼고, 이혜경 엮음,《한국과 일본의 복지국가 레짐 비교연구: 사회보장, 젠더, 노동시장을 중심으로》, 연세대학교출판부, 2007.)
武井麻子 2001『感情と看護』医学書院
竹信三恵子 2000「ジェンダーに基礎を置かないNPO活動—生協活動の新しいリソースのために」『生活協同組合研究』295
田間泰子 2001『母性愛という制度—子殺しと中絶のポリティクス』勁草書房
田中尚輝 2003「第1章 NPOと『介護保険法』」[田中·浅川·安立 2003]
田中尚輝·浅川澄一·安立清史 2003『介護系NPOの最前線—全国トップ16の実像』ミネルヴァ書房
田中雅英 2008「介護報酬の地域係数の是正について」東京都社会福祉協議会提出論文
田中弥生 1999『「NPO」幻想と現実』同友館

田中弥生 2005『NPOと社会をつなぐ—NPOを変える評価とインターメディアリ』東京大学出版会
田中弥生 2006『NPOが自立する日—行政の下請け化に未来はない』日本評論社
立岩真也 1990「7 はやく·ゆっくり—自立生活運動の展開」「8 私が決め, 社会が支える, のを当事者が支える」[安積·岡原·尾中·立岩編 1990]
立岩真也 2006「『不払い労働』について1」『現代思想』34(8)
立岩真也 2008「終末期医療全国病院アンケート 福祉やケア不足 延命 苦悩の現場」『読売新聞』2008.7.27
立山善康 1991「実践的課題としての『ケアリング』について」関西倫理学会編『現代倫理の課題』晃洋書房
立山善康 1995「正義とケア」杉浦宏編著『アメリカ教育哲学の動向』晃洋書房
高橋絹子 2003「高齢者虐待の現状と課題」渡辺俊之編『現代のエスプリno.437 介護家族という新しい家族』至文堂
徳永理沙 2003「ケア労働のグローバルな供給回路」『現代思想』31(6)
特養·老健·医療施設ユニットケア研究会編 2007『ユニットケアを味方にする方法: 17の試行錯誤に学ぶ』筒井書房
東京大学文学部社会学研究室 2000『集合住宅とコミュニティ』東京大学社会学研究室
東京大学文学部社会学研究室·グリーンコープ福祉連帯基金 2001『地域福祉の構築 福祉ワーカーズコレクティブ研究会2000年利用者調査報告書—地域に根づくか ワーカーの挑戦』東京大学社会学研究室·グリーンコープコープ福祉連帯基金
東京大学社会学研究室·建築学研究室 2006『住民参加型地域福祉の比較研究』東京大学社会学研究室·建築学研究室
冨江直子 2007『救貧のなかの日本近代 生存の義務』ミネルヴァ書房
富山型デイサービス施設調査研究委員会 2005『富山型デイサービスについて(平成16年度報告書)』
外山義 2000「ケアタウンたかのす」『病院建築』128
外山義 2003『自宅でない在宅—高齢者の生活空間論』医学書院 (한국어판: 도야마 다다시,《자택이 아닌 재택: 고령자 생활공간론》, 이기량 옮김, 공동체, 2015.)
富山県厚生部厚生企画課 2005『富山型デイサービス—地域の中のみんなの家』富山県
富山県民間デイサービス連絡協議会 2003『富山からはじまった共生ケア—お年寄りも子どもも障害者もいっしょ』筒井書房
Tronto, Joan, C., 1996, Care, in Hirschman, Nancy J. & Stefano, Christine Di, eds., *Revisioning the Political: Feminist reconstructions of Tradtional Concepts in Western Political Theory.* Westview Press.
坪郷實 2007「福祉多元主義の時代 新しい公共空間を求めて」[岡澤憲芙·連合総合生活開発研究所編 2007]
津止正敏·斎藤真緒 2007「男が『介護』に直面するとき 家事にうろたえ, 孤立に悩む夫たち, 息子たち 全国データが示した現実」『論座』146
辻元清美 2005『へこたれへん。』角川書店
鶴見和子·上田敏 2003『患者学のすすめ』藤原書店

U

右田紀久惠 2005『自治型地域福祉の理論』ミネルヴァ書房
右田紀久惠編 1995a『自治型地域福祉の展開』法律文化社
右田紀久惠編 1995b『地域福祉総合化への途』ミネルヴァ書房
上野千鶴子 1982『主婦論争を読む·全資料』I&II 勁草書房
上野千鶴子 1985『資本制と家事労働』海鳴社
上野千鶴子 1986「老人問題と老後問題の落差」鶴見俊輔他編『シリーズ老いの発見2 老いのパラダイム』岩波書店 (한국어판: 우에노 지즈코 〈살아온 경험으로서의 노후〉(5부 2장)《근대가족의 성립과 종언》, 이미지문화연구소 옮김, 당대, 2009.)
上野千鶴子 1988『「女縁」が世の中を変える』日本経済新聞社
上野千鶴子 1990; 2009d『家父長制と資本制: マルクス主義フェミニズムの地平』岩波書店, 岩波現代文庫(増補新刊) (한국어판: 우에노 지즈코,《가부장제와 자본주의》, 이승희 옮김, 녹두출판사, 1994.)
上野千鶴子 1994『近代家族の成立と終焉』有斐閣 (한국어판: 우에노 지즈코,《근대가족의 성립과 종언》, 이미지문화연구소 옮김, 당대, 2009.)
上野千鶴子 1997「協同社会」の未来(1996.1.26 北九州での講演会記録)『福祉と協同』vol. 4
上野千鶴子 2000「月曜評論 家事援助と身体介護は一体」『信濃毎日新聞』2000. 10. 9
上野千鶴子 2002a『差異の政治学』岩波書店
上野千鶴子 2002b「私の視点 星の数ほどケアマネを」『朝日新聞』2002. 4. 7朝刊
上野千鶴子 2002c「ケアワークの市民事業化—福祉ワーカーズ·コレクティブの新しい展開の可能性を求めて」『ユニベール財団助成金報告書』ユニベール財団
上野千鶴子 2003a「解説」[Finemann1995=2003]
上野千鶴子 2003b「市民権とジェンダー」『思想』955
上野千鶴子 2003c「ヘルパーは『社会の嫁』か?」大阪女子大学女性学研究センター『第8期女性学連続講演会 ケアの現在—制度と現実のはざま』大阪女子大学女性学研究センター
上野千鶴子 2004a「生協·労働·ジェンダー」『生活協同組合研究』340 生協総合研究所
上野千鶴子 2004b「政変で挫折した『福祉の町』」『信濃毎日新聞』2004.6.28
上野千鶴子 2005a『老いる準備 介護することされること』学陽書房
上野千鶴子 2005b「ケアの社会学 序章 ケアとは何か」『at』1
上野千鶴子 2005c「ケアの社会学 1章 ケアに根拠はあるか」『at』2
上野千鶴子 2006a『生き延びるための思想』岩波書店
上野千鶴子 2006b「生協のジェンダー分析」[現代生協論編集委員会2006]

上野千鶴子 2006c「ケアの社会学 2章 家族介護は「自然」か?」『at』3
上野千鶴子 2006d「ケアの社会学 3章 介護費用負担の最適混合へ向けて」『at』4
上野千鶴子 2006e「ケアの社会学 4章 ケアとはどんな労働か?」『at』5
上野千鶴子 2006f「ケアの社会学 5章 ケアされるとはどんな経験か?」『at』6
上野千鶴子 2006g「ケアの社会学 2章 家族介護は「自然」か?」『at』3
上野千鶴子 2007a『おひとりさまの老後』法研 (한국어판: 우에노 지즈코,《화려한 싱글, 돌아온 싱글, 언젠간 싱글》, 나일등 옮김, 이덴슬리벨, 2011.)
上野千鶴子 2007b「ケアの社会学 6章 市民事業体と参加型福祉」『at』7
上野千鶴子 2007c「ケアの社会学 7章 生協福祉の展開1」『at』8
上野千鶴子 2007d「ケアの社会学 8章 生協福祉の展開2」『at』9
上野千鶴子 2007e「ケアの社会学 9章 小規模多機能型居宅介護の場合」『at』10
上野千鶴子 2008a「当事者とはだれか」[中西·上野編 2008]
上野千鶴子 2008b『女縁を生きた女たち』岩波現代文庫
上野千鶴子 2008c「ケアの社会学 10章 集団ケアから個別ケアへ: ユニットケアの場合」『at』11
上野千鶴子 2008d「ケアの社会学 11章」『at』13
上野千鶴子 2008e「ケアの社会学 12章 ふたたびケア労働をめぐって: グローバリゼーションとケア」『at』14
上野千鶴子 2008f「介護の日 広告特集 よりよいケアを実現するために」『朝日新聞』2008.11.11
上野千鶴子 2009a『男おひとりさま道』法研 (한국어판: 우에노 지즈코,《여자가 말하는 남자 혼자 사는 법》, 오경순 옮김, 현실문화, 2020.)
上野千鶴子 2009b「ケアの社会学 13章 当事者とは誰か」『at』15
上野千鶴子 2009c「ケアの社会学 14章」『atプラス』01
上野千鶴子 2010「単身も安心 在宅支援の充実を」『読売新聞』2010. 3. 16朝刊
上野千鶴子·肥口征子 2000『思いから自立へ—福祉ワーカーズ·コレクティブの挑戦』グリーンコープ福祉連帯基金·東京大学社会学研究室
上野千鶴子·前みち子·田中美由紀 1993『ドイツの見えない壁』岩波新書
上野千鶴子·副田義也 2011「『ケアの社会学』をめぐって—ケアすること, ケアされること」『atプラス』07
上野千鶴子·辻元清美 2009『世代間連帯』岩波新書
上野千鶴子·行岡良治 2003『論争 アンペイドワークをめぐって』太田出版
上野千鶴子編 2001『構築主義とは何か』勁草書房
上野千鶴子編 2005『脱アイデンティティ』勁草書房
上野千鶴子·中西正司編 2008『ニーズ中心の福祉社会へ—当事者主権の次世代福祉戦略』医学書院
上野千鶴子·大熊由紀子·大沢真理·神野直彦·副田義也編 2008a『ケア その思想と実践 1 ケアという思想』岩波書店
上野千鶴子·大熊由紀子·大沢真理·神野直彦·副田義也編 2008b『ケア その思想と実践 2 ケアすること』岩波書店

上野千鶴子·大熊由紀子·大沢真理·神野直彦·副田義也編 2008c『ケア その思想と実践 3 ケアされること』岩波書店
上野千鶴子·大熊由紀子·大沢真理·神野直彦·副田義也編 2008d『ケア その思想と実践 4 家族のケア 家族へのケア』岩波書店
上野千鶴子·大熊由紀子·大沢真理·神野直彦·副田義也編 2008e『ケア その思想と実践 5 ケアを支えるしくみ』岩波書店
上野千鶴子·大熊由紀子·大沢真理·神野直彦·副田義也編 2008f『ケア その思想と実践 6 ケアを実践するしかけ』岩波書店
上野雅和 2001「介護と家族法」比較家族史学会監修·山中永之佑他編『介護と家族』早稲田大学出版会
上農正剛 2003『たったひとりのクレオール—聴覚障害児における言語論と障害認識』ポット出版
梅澤直樹 2001「第3章「再生産労働」の越境化をめぐって」[伊予谷編 2001]
梅棹忠夫 1959「妻無用論」[上野編 1982]
UNDP 1995, "Human Development Report 1995: Gender and Human Development". New York: UNFP
Ungerson, Clare, 1987, *Policy Is Personal: Sex, Gender and Informal Care*. London: Routledge & Kegan Paul. =1999 平岡公一·平岡佐智子訳『ジェンダーと家族介護—政府の政策と個人の生活』光生館
浦河べてるの家 2002『べてるの家の「非」援助論』医学書院 (한국어판: 베델의 집 사람들, 《베델의 집 사람들》, 송태욱 옮김, 궁리, 2008.)
浦河べてるの家 2005『べてるの家の「当事者研究」』医学書院
後房雄 1996「ワーカーズ·コープ, NPO, 社会的協同組合—『市民社会主導の自由主義改革』のために」『NPOと新しい協同組合 研究年報II』シーアンドシー出版
宇津木朋子他 1987『もうひとつの暮らし·働き方をあなたに—ワーカーズ·コレクティブ入門]』協同図書サービス

W

和田秀樹 1999『わがまま老後のすすめ』ちくま新書
若尾典子他 1997『家族データブック1945〜96』有斐閣
和気純子 1998『高齢者を介護する家族』川島書店
Wallerstein, Immanuel, 1979, *The Capitalist World-Economy*. Paris & Cambridge: Maison des Sciences de L'Homme and Cambridge University Press. =1987 日南田静眞監訳『資本主義世界経済—階級·エスニシティの不平等, 国際政治』I & II名古屋大学出版会
Wallerstein, Immauel, 1989, *The Modern World System III: The Second Era of Great Expansion of the Capitalist World-Economy, 1730-1840s*. London: Academic Press. =1997 川北稔訳『近代世界システム1730〜1840s—大西洋革命の時代』名古屋大学出版会 (한국어판: 이매뉴얼 월러스틴, 《근대세계체제 3》, 이

동기·김인중 옮김, 까치, 2013.)
鷲田清一 1999『「聴く」ことの力』TBSブリタニカ (한국어판: 와시다 기요카즈,《듣기의 철학》, 길주희 옮김, 아카넷, 2014.)
渡辺淳一 2008『熟年革命』講談社
渡辺一史 2003『こんな夜更けにバナナかよ—筋ジス·鹿野靖明とボランティアたち』北海道新聞社
ワーカーズ·コレクティブ連合会 1998『ワーカーズ·コレクティブが市民社会をつくり·かえる』ワーカーズ·コレクティブ連合会
Werlhof, Claudia von, 1991, *Was haben die Hühner mit dem Dollar zu tun?: Frauen und Ökonomie*. München: Verlag Frauenoffensive. =2004 伊藤明子訳·近藤和子協力『女性と経済—主婦化·農民化する世界』日本経済評論社 ヴェールホフ, クラウディア&ドゥーデン, バーバラ / 丸山真人編訳1986『家事労働と資本主義』岩波書店

Y

八木誠一 2004「コミュニカントとしての介護者—介護の豊かさについて」[増田·山本編著 2004]
山秋真 2007『試された地方自治—原発の代理戦争にゆれた能登半島·珠洲市民の13年』桂書房
山田昌弘 1994『近代家族のゆくえ—家族と愛情のパラドックス』新曜社
山田昌弘 1999「男に高齢者介護はできない?」『家族のリストラクチュアリング』新曜社 (한국어판: 야마다 마사히로, 〈남자는 고령자 개호를 할 수 없나?〉,《우리가 알던 가족의 종말》, 장화경 옮김, 그린비, 2010.)
山田富秋編 2004『老いと障害の質的社会学—フィールドワークから』世界思想社
山田誠編著 2005『介護保険と21世紀型地域福祉—地方から築く介護の経済学』ミネルヴァ書房
山中永之佑 2001「介護と家族」比較家族史学会監修『扶養と相続』早稲田大学出版部
山手茂監修 2001『福祉社会の最前線 その現状と課題』相川書房
安岡博之 2007『妻はなぜ夫に満足しないのか: 中高年「仮面夫婦」のカルテ』角川書店
矢澤澄子 2008「介護保険のケアモデルと認知症高齢者グループホーム実践の展開」『東京女子大学紀要 論集』59(1)
矢澤澄子 2009「ジェンダー化された介護労働と『家庭的なケア』の陥穽—認知症高齢者グループホームの調査から」『東京女子大学紀要 論集』59(2)
山根純佳 2004『産む産まないは女性の権利か』勁草書房
柳原和子 2000『ガン患者学』晶文社 (한국어판: 야나기하라 가즈코,《암환자학》, 이규원 옮김, 은행나무, 2005.)
横田克巳 1992『参加型市民社会論』現代の理論社
横田克巳 2002『愚かな国の, しなやか市民—女性たちが拓いた多様な挑戦』ほんの木 (한국어판: 요코타 가쓰미,《어리석은 나라의 부드러우면서도 강한 시민》, 나일경 옮김,

논형, 2004.)
米山公啓 2009『おとこの老後』集英社
米山久美子 2001「生協福祉活動の展開」[山手茂 2001]
吉田忠彦 2007「日本NPOセンターの誕生まで」日本NPOセンター『市民社会創造の10年 支援組織の視点から』ぎょうせい
吉田民人 2001「「新しい学術体系」の必要性と可能性」『学術の動向』6(12)日本学術会議
吉田民人 2010「新しい科学論: 情報論的·プログラム論的·設計論的転回」吉田民人先生の想い出を語る会編『吉田民人先生の想い出』
吉本隆明 2006『老いの超え方』朝日新聞社
吉岡充·田中とも江編著 1999『縛らない看護』医学書院
要田洋江 1999「第8章 現代家族と障害者の自立—日本型近代家族を超えて」『障害者差別の社会学』岩波書店
湯沢雍彦 1979『図説家族問題』日本放送協会出版会
湯沢雍彦 1998「戦後日本の老人扶養と相続の変容」比較家族史学会 監修『扶養と相続』早稲田大学出版部

Z

全国社会福祉協議会 1996『特別養護老人ホームの個室化に関する研究』全国社会福祉協議会

찾아보기(인명)

ㄱ

ㄴ

ㄷ

ㄹ

ㅁ

ㅂ

ㅅ

ㅇ

ㅈ

ㅊ

ㅋ

ㅌ

ㅍ

ㅎ

돌봄의 사회학

초판 1쇄 펴낸날 2024년 5월 27일
초판 2쇄 펴낸날 2024년 8월 12일
지은이 우에노 지즈코
옮긴이 조승미·이혜진·공영주
펴낸이 박재영
편집 임세현·한의영
마케팅 신연경
디자인 조하늘
제작 제이오
펴낸곳 도서출판 오월의봄
주소 경기도 파주시 회동길 363-15 201호
등록 제406-2010-000111호
전화 070-7704-5018
팩스 0505-300-0518
이메일 maybook05@naver.com
트위터 @oohbom
블로그 blog.naver.com/maybook05
페이스북 facebook.com/maybook05
인스타그램 instagram.com/maybooks_05

ISBN 979-11-6873-103-5 93300

만든 사람들
책임편집 이정신·박재영
디자인 조하늘